HAFFMANSTASCHENBUCH 124

ARTHUR SCHOPENHAUERs WERKE IN FÜNF BÄNDEN

NACH DEN
AUSGABEN LETZTER HAND
HERAUSGEGEBEN VON
LUDGER LÜTKEHAUS

BAND IV

W0368723

Non multa. – –

PARERGA UND PARALIPOMENA:

KLEINE PHILOSOPHISCHE SCHRIFTEN,

VON

ARTHUR SCHOPENHAUER

ERSTER BAND.

Vitam impendere vero.

HAFFMANS VERLAG

Die vorliegende Neuedition folgt als erste
Schopenhauer-Werkausgabe wort- und zeichengetreu
des Autors Ausgaben letzter Hand,
hier: der Erstausgabe der PARERGA UND PARALIPOMENA,
Berlin: A. W. Hayn 1851

Diese Ausgabe erschien erstmals
zum 200. Geburtstag
Arthur Schopenhauers am 22. 2. 1988

Veröffentlicht als
HaffmansTaschenBuch 124, Herbst 1991
Konzeption und Gestaltung von
Urs Jakob

Alle Rechte vorbehalten
Copyright © 1988 by
Haffmans Verlag AG Zürich
Herstellung:
Offizin Andersen Nexö, Leipzig
ISBN 3 251 01124 3

1 2 3 4 5 6 – 96 95 94 93 92 91

VORWORT.

Diese, meinen wichtigeren, systematischen Werken nachgesandten Nebenarbeiten bestehn theils aus einigen Abhandlungen über besondere, sehr verschiedenartige Themata, theils aus vereinzelten Gedanken über noch mannigfaltigere Gegenstände, – Alles hier zusammengebracht, weil es, meistens seines Stoffes halber, in jenen systematischen Werken keine Stelle finden konnte, Einiges jedoch nur weil es zu spät gekommen, um die ihm gebürende daselbst einzunehmen.

Hiebei nun habe ich zwar zunächst Leser im Auge gehabt, denen meine zusammenhängenden und inhaltsschwereren Werke bekannt sind; sogar werden solche vielleicht noch manche ihnen erwünschte Aufklärung hier finden: im Ganzen aber wird der Inhalt dieser Bände, mit Ausnahme weniger Stellen, auch Denen verständlich und genießbar seyn, welche eine solche Bekanntschaft nicht mitbringen. Jedoch wird der mit meiner Philosophie Vertraute immer noch etwas voraushaben; weil diese auf Alles, was ich denke und schreibe, stets ihr Licht, und sollte es auch nur aus der Ferne seyn, zurückwirft; wie denn auch andrerseits sie selbst von Allem, was aus meinem Kopfe hervorgeht, immer noch einige Beleuchtung empfängt.

Frankfurt a. M., im December 1850.

Inhalt.

SKITZE EINER GESCHICHTE

der

LEHRE VOM IDEALEN UND REALEN.

Multi pertransibunt, et augebitur scientia.
Dan. 12, 4.

CARTESIUS gilt deshalb mit Recht für den Vater der neuern Philosophie, weil er zuerst sich das Problem zum Bewußtseyn gebracht hat, um welches seitdem alles Philosophiren sich hauptsächlich dreht: das Problem vom Idealen und Realen, d.h. die Frage, was in unserer Erkenntniß objektiv und was darin subjektiv sei, also was darin etwanigen, von uns verschiedenen Dingen, und was uns selber zuzuschreiben sei. – In unserm Kopfe nämlich entstehen, nicht auf innern, – etwan von der Willkür, oder dem Gedankenzusammenhange ausgehenden, – folglich auf äußern Anlaß, Bilder. Diese Bilder allein sind das uns unmittelbar Bekannte, das Gegebene. Welches Verhältniß mögen sie haben zu Dingen, die völlig gesondert und unabhängig von uns existirten und irgendwie Ursache dieser Bilder würden? Haben wir Gewißheit, daß überhaupt solche Dinge nur dasind? und geben, in diesem Fall, die Bilder uns auch über deren Beschaffenheit Aufschluß? – Dies ist das Problem, und in Folge desselben ist, seit 200 Jahren, das Hauptbestreben der Philosophen, das Ideale, d.h. Das, was unserer Erkenntniß allein und als solcher angehört, von dem Realen, d.h. dem unabhängig von ihr Vorhandenen, rein zu sondern, durch einen in der rechten Linie wohlgeführten Schnitt, und so das Verhältniß Beider zu einander festzustellen.

Wirklich scheinen weder die Philosophen des Alterthums, noch auch die Scholastiker, zu einem deutlichen Bewußtseyn dieses philosophischen Urproblems gekommen zu seyn; wiewohl sich eine Spur davon, als Idealismus, ja auch als Lehre von der Idealität der Zeit, im PLOTINOS findet, und zwar *Enneas III, lib. 7. c. 10,* woselbst er lehrt, die Seele habe die Welt gemacht, indem sie aus der Ewigkeit in die Zeit getreten sei. Da heißt es, z.B. *ου γαρ τις αυτου τουτου του παντος τοπος, η ψυχη. (neque datur alius hujus universi locus, quam anima.)* wie auch: *δει δε ουκ εξωθεν της ψυχης λαμβανειν τον χρονον, ὡσπερ ουδε τον αιωνα εκει εξω του οντος. (oportet autem nequaquam extra animam tempus accipere, quemadmodum neque aeternitatem ibi extra id, quod ens appellatur.)*; womit eigentlich schon Kants Idealität der Zeit ausgesprochen ist. Und im folgenden Kapitel: *οὑτος ὁ βιος τον χρονον γεννᾳ· διο και ειρηται ἁμα τῳδε τῳ παντι γεγονεναι, ὁτι ψυχη αυτον μετα τουδε του παντος εγεννησεν (haec vita nostra tempus gignit: quamobrem dictum est, tempus simul cum hoc universo factum esse; quia anima tempus una cum hoc universo progenuit).* Dennoch bleibt das deutlich erkannte und deutlich ausgesprochene Problem das charakteristische Thema der NEUERN Philosophie, nachdem die hierzu nöthige Besonnenheit im CARTESIUS zuerst erwacht war, als welcher ergriffen wurde von der Wahrheit, daß wir zunächst auf unser eigenes Bewußtseyn beschränkt sind und die Welt uns allein als VORSTELLUNG gegeben ist: durch sein bekanntes *dubito, cogito, ergo sum* wollte er das allein Gewisse des subjektiven Bewußtseyns, im Gegensatz des Problematischen alles Uebrigen, hervorheben. Er also deckte die Kluft auf, welche zwischen dem Subjektiven, oder Idealen, und dem Objektiven, oder Realen, liegt. Diese Einsicht kleidete er ein in den Zweifel an der Existenz der Außenwelt: allein durch seinen dürftigen Ausweg aus diesem, – daß nämlich der liebe Gott uns doch wohl nicht betrügen werde, – zeigte er, wie tief und schwer zu lösen das Problem sei. Inzwischen war durch ihn dieser Skrupel in die Philosophie gekommen und mußte fortfahren beunruhigend zu wirken, bis zu seiner gründlichen Erledigung. Das Bewußtseyn, daß ohne gründliche Kenntniß und Aufklärung des dargelegten Unterschiedes kein sicheres und genügendes System möglich sei, war von Dem an vorhanden, und die Frage konnte nicht mehr abgewiesen werden.

Sie zu erledigen, erdachte zunächst MALEBRANCHE das System der gelegentlichen Ursachen. Er faßte das Problem selbst, in seinem ganzen Umfange, deutlicher, ernstlicher, tiefer auf, als CARTESIUS. *(Recherches de la vérité, livre III, seconde partie.)* Dieser hatte die Realität der Außenwelt auf den Kredit Gottes angenommen; wobei es sich freilich wunderlich ausnimmt, daß, während die andern theistischen Philosophen aus der Existenz der Welt die Existenz Gottes zu erweisen bemüht sind, Cartesius umgekehrt erst aus der Existenz und Wahrhaftigkeit Gottes die Existenz der Welt beweist: es ist der umgekehrte kosmologische Beweis. Auch hierin einen Schritt weiter gehend, lehrt MALEBRANCHE, daß wir alle Dinge unmittelbar in Gott selbst sehn. Dies heißt freilich ein Unbekanntes durch ein noch Unbekannteres erklären. Ueberdies sehen wir, nach ihm, nicht nur alle Dinge in Gott; sondern dieser ist auch das allein Wirkende in denselben, so daß die physischen Ursachen es bloß scheinbar, bloße *causes occasionelles* sind. *(Rech. d. l. vér. liv. VI. seconde partie, ch. 3).* So haben wir denn schon hier im Wesentlichen den Pantheismus des SPINOZA, der mehr von MALEBRANCHE als von CARTESIUS gelernt zu haben scheint.

Ueberhaupt könnte man sich wundern, daß nicht schon im 17. Jahrhundert der Pantheismus einen vollständigen Sieg über den Theismus davon getragen hat; da die originellsten, schönsten und gründlichsten Europäischen Darstellungen desselben (denn gegen die Upanischaden der Veden gehalten ist freilich das Alles nichts) sämmtlich in jenem Zeitraum ans Licht traten: nämlich durch BRUNO, MALEBRANCHE, SPINOZA und SKOTUS ERIGENA, welcher Letztere, nachdem er viele Jahrhunderte hindurch vergessen und verloren gewesen war, zu Oxford wiedergefunden wurde und 1681, also 4 Jahre nach Spinoza's Tode, zum ersten Male gedruckt, an's Licht trat. Dies scheint zu beweisen, daß die Einsicht Einzelner sich nicht geltend machen kann, so lange der Geist der Zeit nicht reif ist, sie aufzunehmen; wie denn gegentheils in unsern Tagen der Pantheismus, obzwar nur in der eklektischen und konfusen Schellingischen Auffrischung dargelegt, zur herrschenden Denkungsart der Gelehrten und selbst der Gebildeten geworden ist; weil nämlich Kant mit der Besiegung des theistischen Dogmatismus vorangegangen war und ihm Platz gemacht hatte, wodurch der Geist der Zeit auf ihn vorbereitet war, wie ein gepflügtes Feld auf die Saat. Im 17. Jahrhundert hingegen verließ die Philosophie wieder jenen Weg und gelangte danach einerseits zu LOCKE, dem Bako und Hobbes vorgearbeitet hatten, und anderseits, durch LEIBNITZ, zu Christian WOLF: diese Beiden herrschten sodann, im 18. Jahrhundert, vorzüglich in Deutschland, wenn gleich zuletzt nur noch sofern sie in den synkretistischen Eklektismus aufgenommen worden waren.

Des MALEBRANCHE tiefsinnige Gedanken aber scheinen den nächsten Anlaß gegeben zu haben zu LEIBNITZENS System der *harmonia praestabilita*, dessen zu seiner Zeit ausgebreiteter Ruhm und hohes Ansehn einen Beleg dazu giebt, daß das Absurde am leichtesten in der Welt Glück macht. Obgleich ich mich nicht rühmen kann, von Leibnitzens Monaden, die zugleich mathematische Punkte, körperliche Atome und Seelen sind, eine deutliche Vorstellung zu haben; so scheint mir doch soviel außer Zweifel, daß eine solche Annahme, wenn ein Mal festgestellt, dazu dienen könnte, alle ferneren Hypothesen zur Erklärung des Zusammenhangs zwischen Idealem und Realem sich zu ersparen und die Frage dadurch abzufertigen, daß Beide schon in den Monaden völlig identifizirt seien, (weshalb auch in unsern Tagen SCHELLING, als Urheber des Identitätssystems, sich wieder daran geletzt hat). Dennoch hat es dem berühmten philosophirenden Mathematikus, Polyhistor und Politikus nicht gefallen, sie dazu zu benutzen; sondern er hat, zum letzteren Zweck, eigens die prästabilirte Harmonie ersonnen. Diese nun liefert uns zwei gänzlich verschiedene Welten, jede unfähig, auf die andere irgend zu wirken *(principia philos. §. 84.* und *examen du sentiment du P. Malebranche, p. 500 sq.* der *Oeuvres de Leibnitz, publ. p. Raspe)*, jede die völlig überflüssige Doublette der andern, welche nun aber doch ein Mal beide daseyn, genau einander parallel laufen und auf ein Haar mit einander Takt halten sollen; daher der Urheber beider, gleich Anfangs, die genaueste Harmonie zwischen ihnen stabilirt hat, in welcher sie nun schönstens neben einander fortlaufen. Hierbei hat LEIBNITZ die bloße Thatsache, welche das Problem ausmacht, daß nämlich die Welt uns unmittelbar bloß als unsere Vorstellung gegeben ist, schon verlassen, um ihr das Dogma von einer Körperwelt und einer Geisterwelt, zwischen denen keine Brücke möglich sei, zu substituiren; indem er die Frage nach dem Verhältniß der Vorstellungen zu den Dingen an sich selbst zusammenflicht mit der nach der Möglichkeit der Bewegungen des Leibes durch den Willen, und nun beide zusammen auflöst, durch seine *harmonia praestabilita (Brucker hist. ph. Tom*

IV. P. II, p. 425). Die monstrose Absurdität seiner Annahme wurde schon durch einige seiner Zeitgenossen, besonders BAYLE, mittelst Darlegung der daraus fließenden Konsequenzen, ins hellste Licht gestellt. (Siehe, in Leibnitzens kleinen Schriften, übersetzt von Huth *anno* 1740, die Anmerkung zu S. 79, in welcher Leibnitz selbst die empörenden Folgen seiner Behauptung darzulegen sich genöthigt sieht.) Jedoch beweist gerade die Absurdität der Annahme, zu der ein denkender Kopf, durch das vorliegende Problem, getrieben wurde, die Größe, die Schwierigkeit, die Perplexität desselben und wie wenig man es durch bloßes Wegläugnen, wie in unsern Tagen gewagt worden ist, beseitigen und so den Knoten zerhauen kann. –

SPINOZA geht wieder unmittelbar vom CARTESIUS aus: daher behielt er Anfangs, als Cartesianer auftretend, sogar den Dualismus seines Lehrers bei, setzte demnach eine *substantia cogitans* und eine *substantia extensa*, jene als Subjekt, diese als Objekt der Erkenntniß. Später hingegen, als er auf eigenen Füßen stand, fand er, daß beide eine und dieselbe Substanz wären, von verschiedenen Seiten angesehn, also Ein Mal als *substantia extensa*, das andere als *substantia cogitans* aufgefaßt. Dies heißt nun eigentlich, daß die Unterscheidung von Denkendem und Ausgedehntem, oder Geist und Körper, eine ungegründete, also unstatthafte sei; daher nun nicht weiter von ihr hätte geredet werden sollen. Allein er behält sie insofern immer noch bei, als er unermüdlich wiederholt, daß Beide Eins seien. Hieran knüpft er nun noch, durch ein bloßes *Sic etiam*, daß *modus extensionis et idea illius modi una eademque est res (Eth. P. II. prop. 7 schol.)*; womit gemeint ist, daß unsere Vorstellung von Körpern und diese Körper selbst Eins und Dasselbe seien. Hierzu ist jedoch das *Sic etiam* ein ungenügender Uebergang: denn daraus, daß der Unterschied zwischen Geist und Körper oder zwischen dem Vorstellenden und dem Ausgedehnten, ungegründet ist, folgt keineswegs, daß der Unterschied zwischen unserer Vorstellung und einem außerhalb derselben vorhandenen Objektiven und Realen, dieses von Cartesius aufgeworfene Ur-Problem, auch ungegründet sei. Das Vorstellende und das Vorgestellte mögen immerhin gleichartig seyn; so bleibt dennoch die Frage, ob aus Vorstellungen in meinem Kopf auf das Daseyn von mir verschiedener, an sich selbst, d.h. unabhängig davon, existirender Wesen sicher zu schließen sei. Die Schwierigkeit ist nicht die, wozu vorzüglich LEIBNITZ sie verdrehen möchte, daß zwischen den angenommenen Seelen und der Körperwelt, als zweien ganz heterogenen Arten von Substanzen, gar keine Einwirkung und Gemeinschaft Statt haben könne, weshalb er den physischen Einfluß leugnete: denn diese Schwierigkeit ist bloß eine Folge der rationalen Psychologie, braucht also nur, wie von Spinoza geschieht, als eine Fiktion bei Seite geschoben zu werden: und überdies ist gegen die Behaupter derselben, als *argumentum ad hominem*, ihr Dogma geltend zu machen, daß ja Gott, der doch ein Geist sei, die Körper-Welt geschaffen habe und fortwährend regiere, also ein Geist unmittelbar auf Körper wirken könne. Vielmehr ist und bleibt die Schwierigkeit bloß die Cartesianische, daß die Welt, welche allein uns unmittelbar gegeben ist, schlechterdings nur eine ideale, d.h. aus bloßen Vorstellungen in unserm Kopf bestehende ist; während wir, über diese hinaus, von einer realen, d.h. von unserm Vorstellen unabhängig daseienden Welt zu urtheilen unternehmen. Dieses Problem also hat SPINOZA, dadurch daß er den Unterschied zwischen *substantia cogitans* und *substantia extensa* aufhebt, noch nicht gelöst, sondern allenfalls den physischen Einfluß jetzt wieder zulässig gemacht. Dieser aber taugt doch nicht, die Schwierigkeit zu lösen: denn das Gesetz der Kausalität ist erwiesenermaaßen subjektiven Ursprungs; aber auch wenn es umgekehrt aus der äußern Erfahrung stammte, dann würde es eben mit zu jener in Frage gestellten, uns bloß ideell gegebenen Welt gehören; so daß es keinen Falls eine Brücke zwischen dem absolut Objektiven und dem Subjektiven abgeben kann, vielmehr bloß das Band ist, welches die Erscheinungen unter einander verknüpft. (Siehe Welt als W. und V. Bd. 2. S. 12.)

Um jedoch die oben angeführte Identität der Ausdehnung und der Vorstellung von ihr näher zu erklären, stellt SPINOZA etwas auf, welches die Ansicht des MALEBRANCHE und die des LEIBNITZ zugleich in sich faßt. Ganz gemäß nämlich dem MALEBRANCHE, sehen wir alle Dinge in Gott: *rerum singularium ideae non ipsa ideata, sive res perceptas, pro causa agnoscunt, sed ipsum Deum, quatenus est res cogi-*

tans. Eth. P. II, pr. 5; und dieser Gott ist auch zugleich das Reale und Wirkende in ihnen, eben wie bei MALEBRANCHE. Da jedoch SPINOZA mit dem Namen *Deus* die Welt bezeichnet; so ist dadurch am Ende nichts erklärt. Zugleich nun aber ist bei ihm, wie bei LEIBNITZ, ein genauer Parallelismus zwischen der ausgedehnten und der vorgestellten Welt: *ordo et connexio idearum idem est, ac ordo et connexio rerum. P. II. pr. 7.* und viele ähnliche Stellen. Dies ist die *harmonia praestabilita* des LEIBNITZ; nur daß hier nicht, wie bei diesem, die vorgestellte und die objektiv seiende Welt völlig getrennt bleiben, bloß vermöge einer zum voraus und von außen regulirten *harmonia* einander entsprechend; sondern wirklich Eines und Dasselbe sind. Wir haben hier also zuvörderst einen gänzlichen REALISMUS, sofern das Daseyn der Dinge ihrer Vorstellung in uns ganz genau entspricht, indem ja Beide Eins sind; demnach erkennen wir die Dinge an sich: sie sind an sich selbst *extensa,* wie sie auch, sofern sie als *cogitata* auftreten, d.h. in unsrer Vorstellung von ihnen, sich als *extensa* darstellen. (Beiläufig bemerkt, ist hier der Ursprung der Schellingischen Identität des Realen und Idealen). Begründet wird nun alles Dieses eigentlich nur durch bloße Behauptung. Die Darstellung ist schon durch die Zweideutigkeit des in einem ganz uneigentlichen Sinne gebrauchten Wortes *Deus,* und auch noch außerdem, undeutlich; daher er sich in Dunkelheit verliert und es am Ende heißt: *nec impraesentiarum haec clarius possum explicare.* Undeutlichkeit der Darstellung entspringt aber immer aus Undeutlichkeit des eigenen Verstehens und Durchdenkens der Philosopheme. Was in der Musik der »reine Satz«, das ist in der Philosophie die vollkommene Deutlichkeit, sofern sie die *conditio sine qua non* ist, ohne deren Erfüllung Alles seinen Werth verliert und wir sagen müssen: *quodcunque ostendis mihi sic incredulus odi.* Muß man doch sogar in Angelegenheiten des gewöhnlichen, praktischen Lebens sorgfältig, durch Deutlichkeit, möglichen Mißverständnissen vorbeugen; wie denn sollte man im schwierigsten, abstrusesten, kaum erreichbaren Gegenstande des Denkens, den Aufgaben der Philosophie, sich unbestimmt, ja räthselhaft ausdrücken dürfen? Die gerügte Dunkelheit in der Lehre des Spinoza entspringt daraus, daß er nicht, unbefangen, von der Natur der Dinge, wie sie vorliegt, ausging, sondern vom Cartesianismus, und demnach von allerlei überkommenen Begriffen, wie *Deus, substantia, perfectio etc.*, die er nun, durch Umwege, mit seiner Wahrheit in Einklang zu setzen bemüht war. Hinsichtlich des Verhältnisses der Lehre Spinoza's zu der des Cartesius erinnere ich hier an Das, was ich in der »Welt als W. und V.,« Bd. 2. S. 639, darüber gesagt habe. Aber durch jenes Ausgehn von den Begriffen der Cartesianischen Philosophie ist nicht nur viel Dunkelheit und Anlaß zum Mißverstehn in die Darstellung des Spinoza gekommen; sondern er ist dadurch auch in viele schreiende Paradoxien, offenbare Falschheiten, ja Absurditäten und Widersprüche gerathen, wodurch das viele Wahre und Vortreffliche seiner Lehre eine höchst unangenehme Beimischung von schlechterdings Unverdaulichem erhalten hat und der Leser zwischen Bewunderung und Verdruß hin und her geworfen wird. In der hier zu betrachtenden Rücksicht aber ist der Grundfehler des Spinoza, daß er die Durchschnittslinie zwischen dem Idealen und Realen, oder der subjektiven und objektiven Welt, vom unrechten Punkte aus gezogen hat. Die AUSDEHNUNG nämlich ist keineswegs der Gegensatz der VORSTELLUNG, sondern liegt ganz innerhalb dieser. Als ausgedehnt stellen wir die Dinge vor, und sofern sie ausgedehnt sind, sind sie unsere Vorstellung: ob aber, unabhängig von unserm Vorstellen, irgend etwas ausgedehnt, ja überhaupt irgend etwas vorhanden sei, ist die Frage und das ursprüngliche Problem. Dieses wurde später, durch KANT, soweit unleugbar richtig, gelöst, daß die Ausdehnung, oder Räumlichkeit, einzig und allein in der Vorstellung liege, also dieser anhänge, indem der ganze Raum die bloße Form derselben sei; wonach denn unabhängig von unserm Vorstellen kein Ausgedehntes vorhanden seyn kann, und auch ganz gewiß nicht ist. Die Durchschnittslinie des Spinoza ist demnach ganz in die ideale Seite gefallen und er ist bei der VORGESTELLTEN Welt stehn geblieben: diese also, bezeichnet durch ihre Form der Ausdehnung, hält er für das Reale, mithin für unabhängig vom Vorgestelltwerden, d. h. an sich, vorhanden. Da hat er dann freilich Recht zu sagen, daß Das, was ausgedehnt ist, und Das, was vorgestellt wird, – d. h. unsere Vorstellung von Körpern und diese Körper selbst, – Eines und Dasselbe sei *(P. II. pr. 7.*

schol.). Denn allerdings sind die Dinge nur als Vorgestellte ausgedehnt und als Ausgedehnte vorstellbar: die Welt als Vorstellung und die Welt im Raume ist *una eademque res*: dies können wir ganz und gar zugeben. Wäre nun die Ausdehnung eine Eigenschaft der Dinge an sich; so wäre unsere Anschauung eine Erkenntniß der Dinge an sich: er nimmt es auch so an, und hierin besteht sein Realismus. Weil er aber diesen nicht begründet, nicht nachweist, daß unserer Anschauung einer räumlichen Welt eine von dieser Anschauung unabhängige räumliche Welt entspricht; so bleibt das Grundproblem ungelöst. Dies aber kommt eben daher, daß die Durchschnittslinie zwischen dem Realen und Idealen, dem Objektiven und Subjektiven, dem Ding an sich und der Erscheinung, nicht richtig getroffen ist: vielmehr führt er, wie gesagt, den Schnitt mitten durch die ideale, subjektive, erscheinende Seite der Welt, also durch die Welt als Vorstellung, zerlegt diese in das Ausgedehnte oder Räumliche, und unsere Vorstellung von demselben, und ist dann sehr bemüht zu zeigen, daß Beide nur Eines sind; wie sie es auch in der That sind. Eben weil Spinoza ganz auf der idealen Seite der Welt bleibt, da er in dem zu ihr gehörigen Ausgedehnten schon das Reale zu finden vermeinte, und wie ihm demzufolge die anschauliche Welt das einzige Reale AUSSER uns und das Erkennende *(cogitans)* das einzige Reale IN uns ist; – so verlegt er auch andrerseits das alleinige wahrhaft Reale, den Willen, ins Ideale, indem er ihn einen bloßen *modus cogitandi* seyn läßt, ja, ihn mit dem URTHEIL identifizirt. Man sehe *Eth. II.* die Beweise der *prop. 48 et 49*, wo es heißt: *per* voluntatem *intelligo affirmandi et negandi facultatem.* – und wieder: *concipiamus singularem aliquam* volitionem*, nempe modum cogitandi, quo mens affirmat, tres angulos trianguli aequales esse duobus rectis.* – Ueberhaupt hat Spinoza den großen Fehler, daß er absichtlich die Worte mißbraucht zur Bezeichnung von Begriffen, welche in der ganzen Welt andere Namen führen, und dagegen ihnen die Bedeutung nimmt, die sie überall haben: so nennt er »Gott«, was überall »die Welt« heißt; »das Recht«, was überall »die Gewalt« heißt; und »den Willen«, was überall »das Urtheil« heißt. Wir sind ganz berechtigt, hierbei an den Hetmann der Kosaken in Kotzebue's Benjowsky zu erinnern. –

Berkeley, wenn gleich später und schon mit Kenntniß Locke's, ging auf diesem Wege der Cartesianer konsequent weiter und wurde dadurch der Urheber des eigentlichen und wahren Idealismus, d.h. der Erkenntniß, daß das im Raum Ausgedehnte und ihn Erfüllende, also die anschauliche Welt überhaupt, sein Daseyn als ein solches schlechterdings nur in unserer Vorstellung haben kann, und daß es absurd, ja widersprechend ist, ihm als einem solchen noch ein Daseyn außerhalb aller Vorstellung und unabhängig vom erkennenden Subjekt beizulegen und demnach eine an sich selbst existirende Materie anzunehmen. Dies ist eine sehr richtige und tiefe Einsicht: in ihr besteht aber auch seine ganze Philosophie. Das Ideale hatte er getroffen und rein gesondert; aber das Reale wußte er nicht zu finden, bemüht sich auch nur wenig darum und erklärt sich nur gelegentlich, stückweise und unvollständig darüber. Gottes Wille und Allmacht ist ganz unmittelbar Ursache aller Erscheinungen der anschaulichen Welt, d.h. aller unserer Vorstellungen. Wirkliche Existenz kommt nur den erkennenden und wollenden Wesen zu, dergleichen wir selbst sind: diese also machen, neben Gott, das Reale aus. Sie sind Geister, d.h. eben erkennende und wollende Wesen: denn Wollen und Erkennen hält auch er für schlechterdings unzertrennlich. Er hat mit seinen Vorgängern auch Dies gemein, daß er Gott für bekannter, als die vorliegende Welt, und daher eine Zurückführung auf ihn für eine Erklärung hält. Ueberhaupt legte sein geistlicher, sogar bischöflicher Stand ihm zu schwere Fesseln an und beschränkte ihn auf einen beengenden Gedankenkreis, gegen den er nirgends anstoßen durfte; daher er denn nicht weiter konnte, sondern, in seinem Kopfe, Wahres und Falsches lernen mußte, sich zu vertragen, so gut es gehn wollte. Dies läßt sich sogar auf die Werke aller dieser Philosophen, mit Ausnahme des Spinoza, ausdehnen: sie alle verdirbt der jeder Prüfung unzugängliche, jeder Untersuchung abgestorbene, mithin wirklich als eine fixe Idee auftretende jüdische Theismus, der bei jedem Schritte sich der Wahrheit in den Weg stellt; so daß der Schaden, den er hier im Theoretischen anrichtet, als Seitenstück desjenigen auftritt, den er, ein Jahrtausend hindurch, im Praktischen, ich meyne in Religionskriegen, Glaubenstribunalen und Völkerbekehrungen durch das Schwerdt, angerichtet hat.

Die genaueste Verwandtschaft zwischen MALEBRANCHE, SPINOZA und BERKELEY ist nicht zu verkennen: auch sehn wir sie sämmtlich ausgehn vom CARTESIUS, sofern sie das von ihm in der Gestalt des Zweifels an der Existenz der Außenwelt dargelegte Grundproblem festhalten und zu lösen suchen, indem sie die Trennung und Beziehung der idealen, subjektiven, d.h. in unserer Vorstellung allein gegebenen, und der realen, objektiven, unabhängig davon, also an sich bestehenden Welt zu erforschen bemüht sind. Daher ist, wie gesagt, dieses Problem die Axe, um welches die ganze Philosophie neuerer Zeit sich dreht.

Von jenen Philosophen unterscheidet nun LOCKE sich dadurch, daß er, wahrscheinlich weil er unter Hobbe's und Bako's Einfluß steht, sich so nahe als möglich an die Erfahrung und den gemeinen Verstand anschließt, hyperphysische Hypothesen möglichst vermeidend. Das REALE ist ihm die MATERIE, und ohne sich an den Leibnitzischen Skrupel über die Unmöglichkeit einer Kausalverbindung zwischen der immateriellen, denkenden, und der materiellen, ausgedehnten Substanz zu kehren, nimmt er zwischen der Materie und dem erkennenden Subjekt geradezu physischen Einfluß an. Hierbei aber geht er, mit seltener Besonnenheit und Redlichkeit, so weit, zu bekennen, daß möglicherweise das Erkennende und Denkende selbst auch Materie seyn könne *(on hum. underst. L. IV. c. 3. §. 6)*; was ihm später das wiederholte Lob des großen VOLTAIRE, zu seiner Zeit hingegen die boshaften Angriffe eines verschmitzten anglikanischen Pfaffen, des Bischofs v. Worcester, zugezogen hat.* Bei ihm nun erzeugt das REALE, d.i. die Materie,

* Es giebt keine lichtscheuere Kirche, als die englische; weil eben keine andere so große pekuniäre Interessen auf dem Spiel hat, wie sie, deren Einkünfte 5 Millionen Pfund Sterling betragen, welches 40000 Pfd. St. mehr seyn soll, als die des gesammten übrigen Christlichen Klerus beider Hemisphären zusammen genommen. Andererseits giebt es keine Nation, welche es so schmerzlich ist, durch den degradirendesten Köhlerglauben methodisch verdummt zu sehn, wie die an Intelligenz alle übrigen übertreffende englische. Die Wurzel des Uebels ist, daß es in England kein Ministerium des öffentlichen Unterrichts giebt, daher dieser bisher ganz in den Händen der Pfaffenschaft geblieben ist, welche dafür gesorgt hat, daß ⅔ der Nation nicht lesen und schreiben können, ja sogar sich gelegentlich erfrecht, mit der lächerlichsten Vermessenheit gegen die Naturwissenschaften zu belfern. Es ist

im Erkennenden, durch »Impuls«, d.i. Stoß, Vorstellungen, oder das IDEALE *(ibid. L. I. c. 8, §. 11)*. Wir haben also hier einen recht massiven Realismus, der, eben durch seine Exorbitanz den Widerspruch hervorrufend, den Berkeley'schen Idealismus veranlaßte, dessen spezieller Entstehungspunkt vielleicht Das ist, was LOCKE, am Ende des 2. § des 21. Kap. des 2. Buchs, mit so auffallend geringer Besonnenheit vorbringt und unter Anderm sagt: *solidity, extention, figure, motion and rest, would be really in the world, as they are, whether there were any sensible being to perceive them, or not.* (Undurchdringlichkeit, Ausdehnung, Gestalt, Bewegung und Ruhe würden, wie sie sind, wirklich in der Welt seyn, gleichviel ob es irgend ein empfindendes Wesen, sie wahrzunehmen, gäbe, oder nicht.) Sobald man nämlich sich hierüber besinnt, muß man es als falsch erkennen: dann aber steht der Berkeley'sche Idealismus da und ist unleugbar. Inzwischen übersieht auch LOCKE nicht jenes Grundproblem, die Kluft zwischen den Vorstellungen in uns und den unabhängig von uns existirenden Dingen, also den Unterschied des Idealen und Realen: in der Hauptsache fertigt er es jedoch ab durch Argumente des gesunden, aber rohen Verstandes und durch Berufung auf das Zureichende unserer Erkenntniß von den Dingen für praktische Zwecke *(ibid. L. IV. c. 4 et 9)*; was offenbar nicht zur Sache ist und nur zeigt, wie tief hier der Empirismus unter dem Problem bleibt. Nun aber führt eben sein Realismus ihn dahin, das in unserer Erkenntniß dem REALEN Entsprechende zu beschränken auf die den Dingen, WIE SIE AN SICH SELBST SIND, inhärirenden Eigenschaften und diese zu unterscheiden von den bloß unsrer ERKENNTNISS derselben, also allein dem IDEALEN, angehörenden: demgemäß nennt er nun diese die SEKUNDÄREN, jene ersteren aber die PRIMÄREN Eigenschaften. Dieses ist der Ursprung des später, in der Kantischen Philosophie, so höchst wichtig werdenden Unter-

daher Menschenpflicht, Licht, Aufklärung und Wissenschaft durch alle nur ersinnliche Kanäle nach England einzuschwärzen, damit jenen wohlgemästetesten aller Pfaffen ihr Handwerk endlich gelegt werde. Engländern von Bildung auf dem Festlande soll man, wenn sie ihren jüdischen Sabbatsaberglauben und sonstige stupide Bigoterie zur Schau tragen, mit unverhohlenem Spotte begegnen, – *until they be shamed into common sense.* Denn Dergleichen ist ein Skandal für Europa und darf nicht länger geduldet werden.

schiedes zwischen Ding an sich und Erscheinung. Hier also ist der wahre genetische Anknüpfungspunkt der Kantischen Lehre an die frühere Philosophie, nämlich an LOCKE. Befördert und näher veranlaßt wurde jene durch HUME's skeptische Einwürfe gegen LOKKE's Lehre: hingegen hat sie zur Leibnitz-Wolfischen Philosophie nur ein polemisches Verhältniß.

Als jene PRIMÄREN Eigenschaften nun, welche ausschließlich Bestimmungen der Dinge an sich selbst seyn, mithin ihnen auch außerhalb unsrer Vorstellung und unabhängig von dieser zukommen sollen, ergeben sich lauter solche, welche man an ihnen NICHT WEGDENKEN kann: nämlich Ausdehnung, Undurchdringlichkeit, Gestalt, Bewegung, oder Ruhe, und Zahl. Alle übrigen werden als SEKUNDÄR erkannt, nämlich als Erzeugnisse der Einwirkung jener primären Eigenschaften auf unsere Sinnesorgane, folglich als bloße Empfindungen in diesen: dergleichen sind Farbe, Ton, Geschmack, Geruch, Härte, Weiche, Glätte, Rauhigkeit u.s.w. Diese haben demnach mit der sie erregenden Beschaffenheit in den DINGEN AN SICH nicht die mindeste Aehnlichkeit, sondern sind zurückzuführen auf jene primären Eigenschaften als ihre Ursachen, und diese allein sind rein objektiv und wirklich in den Dingen vorhanden. *(ibid. L. I. c. 8. §. 7, seqq.)* Von diesen sind daher unsere Vorstellungen derselben wirklich getreue Kopien, welche genau die Eigenschaften wiedergeben, die in den Dingen an sich selbst vorhanden sind. *(l.c. §. 15.* Ich wünsche dem Leser Glück, welcher hier das Possirlichwerden des Realismus wirklich empfindet). Wir sehn also, daß LOCKE von der Beschaffenheit der Dinge an sich, deren Vorstellungen wir von außen empfangen, in Abrechnung bringt, was Aktion der Nerven der SINNESORGANE ist: eine leichte, faßliche, unbestreitbare Betrachtung. Auf diesem Wege aber that später KANT den unermeßlich größern Schritt, auch in Abrechnung zu bringen was Aktion unsers GEHIRNS (dieser ungleich größern Nervenmasse) ist; wodurch alsdann alle jene angeblich primären Eigenschaften zu sekundären und die vermeintlichen Dinge an sich zu bloßen Erscheinungen herabsinken, das wirkliche Ding an sich aber, jetzt auch von jenen Eigenschaften entblößt, als eine ganz unbekannte Größe, ein bloßes *x*, übrig bleibt. Dies erforderte nun freilich eine schwierige, tiefe, gegen Anfechtungen des Mißverstandes und Unverstandes lange zu vertheidigende Analyse.

Locke deducirt seine primären Eigenschaften der Dinge nicht, giebt auch weiter keinen Grund an, warum gerade diese und keine andern rein objektiv seien, als nur den, daß sie unvertilgbar sind. Forschen wir nun selbst, warum er diejenigen Eigenschaften der Dinge, welche ganz unmittelbar auf die Empfindung wirken, folglich geradezu von außen kommen, für nicht objektiv vorhanden erklärt, hingegen Dies denen zugesteht, welche (wie seitdem erkannt worden) aus den selbsteigenen Funktionen unsers Intellekts entspringen; so ist der Grund hiervon dieser, daß das objektiv anschauende Bewußtseyn (das Bewußtseyn anderer Dinge) nothwendig eines komplicirten Apparats bedarf, als dessen Funktion es auftritt, folglich seine wesentlichsten Grundbestimmungen schon von innen festgestellt sind, weshalb die allgemeine Form, d.i. Art und Weise, der Anschauung, aus der allein das *a priori* Erkennbare hervorgehn kann, sich darstellt als das Grundgewebe der angeschauten Welt und demnach auftritt als das schlechthin Nothwendige, Ausnahmslose und auf keine Weise je Wegzubringende, so daß es als Bedingung alles Uebrigen und seiner mannigfaltigen Verschiedenheit schon zum voraus feststeht. Bekanntlich ist Dies zunächst Zeit und Raum und was aus ihnen folgt und nur durch sie möglich ist. An sich selbst sind Zeit und Raum leer: soll nun etwas hineinkommen; so muß es auftreten als Materie, d.h. aber als ein Wirkendes, mithin als Kausalität: denn die Materie ist durch und durch lautere Kausalität: ihr Seyn besteht in ihrem Wirken, und umgekehrt: sie ist eben nur die objektiv aufgefaßte Verstandesform der Kausalität selbst. (Ueb. d. vierf. Wurzel d. Satzes v. Grund, 2. Aufl., S. 77; wie auch Welt als W. und V. Bd. 1 S. 9 und Bd.2, S. 48 und 49). Daher also kommt es, daß Locke's primäre Eigenschaften lauter solche sind, die sich nicht wegdenken lassen, – welches eben deutlich genug ihren subjektiven Ursprung anzeigt, indem sie unmittelbar aus der Beschaffenheit des Anschauungsapparats selbst hervorgehn, – daß er mithin gerade Das, was, als Gehirnfunktion, noch viel subjektiver ist, als die direkt von außen veranlaßte, oder doch wenigstens näher bestimmte Sinnesempfindung, für schlechthin objektiv hält.

Inzwischen ist es schön zu sehn, wie, durch alle diese verschiedenen Auffassungen und Erklärungen, das von CARTESIUS aufgeworfene Problem des Verhältnisses zwischen dem Idealen und dem Realen immer mehr entwickelt und aufgehellt, also die Wahrheit gefördert wird. Freilich geschah Dies unter Begünstigung der Zeitumstände, oder richtiger der Natur, als welche in dem kurzen Zeitraum zweier Jahrhunderte über ein halbes Dutzend denkender Köpfe in Europa geboren werden und zur Reife gedeihen ließ; wozu, als Angebinde des Schicksals, noch kam, daß diese, mitten in einer nur dem Nutzen und Vergnügen fröhnenden, also niedrig gesinnten Welt, ihrem erhabenen Berufe folgen durften, unbekümmert um das Belfern der Pfaffen und das Faseln, oder absichtsvolle Treiben, der jedesmaligen Philosophieprofessoren.

Da nun LOCKE, seinem strengen Empirismus gemäß, auch das Kausalitätsverhältniß uns erst durch die Erfahrung bekannt werden ließ, bestritt HUME nicht, wie Recht gewesen wäre, diese falsche Annahme; sondern, indem er sofort das Ziel überschoß, die Realität des Kausalitätsverhältnisses selbst, und zwar durch die an sich richtige Bemerkung, daß die Erfahrung doch nie mehr, als ein bloßes Folgen der Dinge auf einander, nicht aber ein eigentliches Erfolgen und Bewirken, einen nothwendigen Zusammenhang, sinnlich und unmittelbar, geben könne. Es ist allbekannt, wie dieser skeptische Einwurf HUME's der Anlaß wurde zu KANT's ungleich tieferen Untersuchungen der Sache, welche ihn zu dem Resultat geführt haben, daß die Kausalität, und dazu auch noch Raum und Zeit, *a priori* von uns erkannt werden, d. h. vor aller Erfahrung in uns liegen, und daher zum SUBJEKTIVEN Antheil der Erkenntniß gehören; woraus dann weiter folgt, daß alle jene primären, d. i. absoluten Eigenschaften der Dinge, welche LOCKE festgestellt hatte, da sie sämmtlich aus reinen Bestimmungen der Zeit, des Raums und der Kausalität zusammengesetzt sind, nicht den Dingen an sich selbst eigen seyn können, sondern unserer Erkenntnißweise derselben inhäriren, folglich nicht zum Realen, sondern zum Idealen zu zählen sind; woraus dann endlich sich ergiebt, daß wir die

Dinge in keinem Betracht erkennen, wie sie AN SICH sind, sondern einzig und allein in ihren ERSCHEINUNGEN. Hiernach nun aber bleibt das Reale, das Ding an sich selbst, als ein völlig Unbekanntes, ein bloßes *x*, stehn, und fällt die ganze anschauliche Welt dem Idealen zu, als eine bloße Vorstellung, eine Erscheinung, der jedoch, eben als solcher, irgendwie ein Reales, ein Ding an sich, entsprechen muß. –

Von diesem Punkte aus habe endlich ich noch einen Schritt gethan und glaube, daß es der letzte seyn wird. Ich habe nämlich mich darauf besonnen, daß zwar, wie sich aus den hier dargelegten Forschungen aller meiner Vorgänger ergiebt, das absolut Reale, oder das Ding an sich selbst, uns nimmermehr geradezu von außen, auf dem Wege der bloßen VORSTELLUNG, gegeben werden kann, weil es unvermeidlich im Wesen dieser liegt, stets nur das Ideale zu liefern; daß hingegen, weil doch wir selbst unstreitig real sind, aus dem Innern unsers eigenen Wesens die Erkenntniß des Realen irgendwie zu schöpfen seyn muß. In der That nun tritt es hier, auf eine unmittelbare Weise, in's Bewußtseyn, nämlich als WILLE. Danach fällt nunmehr bei mir die Durchschnittslinie zwischen dem Realen und Idealen so aus, daß die ganze anschauliche und objektiv sich darstellende Welt, mit Einschluß des eigenen Leibes eines Jeden, sammt Raum und Zeit und Kausalität, mithin sammt dem Ausgedehnten des Spinoza und der Materie des Locke, als VORSTELLUNG, dem IDEALEN angehört; als das REALE aber allein der WILLE übrig bleibt, welchen meine sämmtlichen Vorgänger unbedenklich und unbesehens, als ein bloßes Resultat der Vorstellung und des Denkens, ins Ideale, geworfen hatten, ja, welchen Cartesius und Spinoza sogar mit dem Urtheil identifizirten.* Dadurch ist nun auch bei mir die ETHIK ganz unmittelbar und ohne allen Vergleich fester mit der Metaphysik verknüpft, als in irgend einem andern Systeme. WILLE UND VORSTELLUNG allein sind von Grund aus verschieden, sofern sie den letzten und fundamentalen Gegensatz in allen Dingen der Welt ausmachen und nichts weiter übrig lassen. Das vorgestellte Ding und die Vorstellung von ihm ist das

---

* *Spinoza, l. c. – Cartesius, in meditationibus de prima philosophia, Medit. 4, p. 28.*

Selbe, aber auch nur das VORGESTELLTE Ding, nicht das Ding AN SICH selbst: dieses ist stets WILLE, unter welcher Gestalt auch immer er sich in der Vorstellung darstellen mag.

ANHANG.

Leser, welche mit Dem, was im Laufe dieses Jahrhunderts in Deutschland für Philosophie gegolten hat, bekannt sind, könnten vielleicht sich wundern, in dem Zwischenraume zwischen KANT und mir, weder den Fichte'schen Idealismus noch das System der absoluten Identität des Realen und Idealen erwähnt zu sehn, als welche doch unserm Thema ganz eigentlich anzugehören scheinen. Ich habe sie aber deswegen nicht mit aufzählen können, weil, meines Erachtens, FICHTE, SCHELLING und HEGEL keine Philosophen sind, indem ihnen das erste Erforderniß hiezu, Ernst und Redlichkeit des Forschens, abgeht. Sie sind bloße Sophisten: sie wollten scheinen, nicht seyn, und haben nicht die Wahrheit, sondern ihr eigenes Wohl und Fortkommen in der Welt gesucht. Anstellung von den Regierungen, Honorar von Studenten und Buchhändlern und, als Mittel zu diesem Zweck, möglichst viel Aufsehn und Spektakel mit ihrer Scheinphilosophie, – Das waren die Leitsterne und begeisternden Genien dieser Schüler der Weisheit. Daher bestehn sie nicht die Eintrittskontrole und können nicht eingelassen werden in die ehrwürdige Gesellschaft der Denker für das Menschengeschlecht.

Inzwischen haben sie in Einer Sache excellirt, nämlich in der Kunst, das Publikum zu berücken und sich für Das, was sie nicht waren, geltend zu machen; wozu unstreitig Talent gehört, nur nicht philosophisches. Daß sie hingegen in der Philosophie nichts Wirkliches leisten konnten, lag, im letzten Grunde, daran, daß IHR INTELLEKT NICHT FREI GEWORDEN, sondern im Dienste des WILLENS geblieben war: da kann er zwar für diesen und dessen Zwecke außerordentlich viel leisten, für die Philosophie hingegen, wie für die Kunst, nichts. Denn diese machen gerade zur ersten Bedingung, daß der Intellekt bloß aus eigenem Antriebe thätig sei und, für die Zeit dieser Thätigkeit, aufhöre, dem Willen dienstbar zu seyn, d.h. die Zwecke der eigenen Person im Auge zu haben. Er selbst aber, wenn allein aus eigenem Triebe thätig, kennt, seiner Natur nach, keinen andern Zweck, als eben nur die Wahrheit. Daher reicht es, um ein Philosoph, d.h. ein Liebhaber der Weisheit (die keine andere als die Wahrheit ist) zu seyn, nicht hin, daß man die Wahrheit liebe, soweit sie mit dem eigenen Interesse, oder dem Willen der Vorgesetzten, oder den Satzungen der Kirche, oder den Vorurtheilen und dem Geschmack der Zeitgenossen, vereinbar ist: so lange man es dabei bewenden läßt, ist man nur ein *φιλαυτος*, kein *φιλοσοφος*. Denn dieser Ehrentitel ist eben dadurch schön und weise ersonnen, daß er besagt, man liebe die Wahrheit ernstlich und von ganzem Herzen, also unbedingt, ohne Vorbehalt, über Alles, ja, nöthigenfalls, Allem zum Trotz. Hiervon nun aber ist der Grund eben der oben angegebene, daß der Intellekt FREI geworden ist, in welchem Zustande er gar kein anderes Interesse auch nur kennt und versteht, als das der Wahrheit: die Folge aber ist, daß man alsdann gegen allen Lug und Trug, welches Kleid er auch trage, einen unversöhnlichen Haß faßt. Damit wird man freilich es in der Welt nicht weit bringen; wohl aber in der Philosophie. – Hingegen ist es, für diese, ein schlimmes Auspicium, wenn man, angeblich auf die Erforschung der Wahrheit ausgehend, damit anfängt, aller Aufrichtigkeit, Redlichkeit, Lauterkeit, Lebewohl zu sagen, und nur darauf bedacht ist, sich für Das geltend zu machen, was man nicht ist. Dann nimmt man, eben wie jene drei Sophisten, bald ein falsches Pathos, bald einen erkünstelten hohen Ernst, bald die Miene unendlicher Ueberlegenheit an, um zu imponiren, wo man überzeugen zu können verzweifelt, schreibt unüberlegt, weil man, nur um zu schreiben denkend, das Denken bis zum Schreiben aufgespart hatte, sucht jetzt palpable Sophismen als Beweise einzuschwärzen, hohlen und sinnleeren Wortkram für tiefe Gedanken auszugeben, beruft sich auf intellektuelle Anschauung, oder auf absolutes Denken und Selbstbewegung der Begriffe, perhorrescirt ausdrücklich den Standpunkt der »Reflexion«, d.h. der vernünftigen Besinnung, unbefangenen Ueberlegung und redlichen Darstellung, also überhaupt den eigentlichen, normalen Gebrauch der Vernunft, deklarirt demgemäß eine unendliche Verachtung gegen die »Reflexionsphilosophie«, mit welchem Namen man jeden zusammenhängenden, Folgen aus Gründen ableitenden Gedankengang, wie er alles frühere Philosophiren ausmacht, bezeichnet, und wird demnach, wenn man dazu mit genugsamer und durch die Erbärmlichkeit des Zeitalters ermuthigter Frechheit ausgestattet ist, sich etwan so darüber auslassen: »es ist nicht schwer einzusehn, »daß die MANIER, einen Satz aufzustellen, Gründe für ihn anzuführen, und den entgegengesetzten durch Gründe eben so zu widerlegen, nicht die Form ist, in der die Wahrheit auftreten kann. Die »Wahrheit ist die Bewegung ihrer an sich selbst« u.s.w. (Hegel, Vorrede zur Phänomenologie des Geistes, S. LVII, in der Gesammtausgabe S. 36). Ich denke, es ist nicht schwer einzusehn, daß wer Dergleichen voranschickt, ein unverschämter Scharlatan ist, der die Gimpel bethören will und merkt, daß er an den Deutschen des 19. Jahrhunderts seine Leute gefunden hat.

Wenn man also demgemäß, angeblich dem Tempel der Wahrheit zueilend, die Zügel dem Interesse der eigenen Person übergiebt, welches seitabwärts und nach ganz andern Leitsternen blickt, etwan nach dem Geschmack und den Schwächen der Zeitgenossen, nach der Religion des Landes, besonders aber nach den Absichten und Winken der Regierenden, – o wie sollte man da den auf hohen, abschüssigen, kahlen Felsen gelegenen Tempel der Wahrheit erreichen! – Wohl mag man dann, durch das sichere Band des Interesses, eine Schaar recht eigentlich hoffnungsvoller, nämlich Protektion und Anstellungen hoffender Schüler an sich knüpfen, die zum Schein eine Sekte, in der That eine Faktion bilden, von deren vereinigten Stentorstimmen man nunmehr als ein Weiser ohne Gleichen in alle vier Winde ausgeschrien wird: das Interesse der Person wird befriedigt, das der Wahrheit ist verrathen.

Aus diesem Allen erklärt sich die peinliche Empfindung, von der man ergriffen wird, wenn man, nach dem Studio der im Obigen durchmusterten wirklichen Denker, an die Schriften Fichtes und Schellings, oder gar an den, mit gränzenlosem, aber gerechtem Vertrauen zur deutschen Niaiserie, frech hingeschmierten

Unsinn Hegels geht.* Bei Jenen hatte man überall ein REDLICHES Forschen nach Wahrheit und ein eben so REDLICHES Bemühen, ihre Gedanken Andern mitzutheilen, gefunden. Daher fühlt wer im Kant, Locke, Hume, Malebranche, Spinoza, Cartesius liest sich erhoben und von Freude durchdrungen: dies wirkt die Gemeinschaft mit einem edlen Geiste, welcher denkt und zu denken giebt. Das Umgekehrte von diesem Allen findet Statt, beim Lesen der oben genannten drei deutschen Sophisten. Ein Unbefangener, der ein Buch von ihnen aufmacht und dann sich frägt, ob Dies der Ton eines Denkers, der belehren, oder der eines Scharlatans, der täuschen will, sei, kann nicht fünf Minuten darüber in Zweifel bleiben: so sehr athmet hier Alles UNREDLICHKEIT. Der Ton ruhiger Untersuchung, der alle bisherige Philosophie charakterisirt hatte, ist vertauscht gegen den der unerschütterlichen Gewißheit, wie er der Scharlatanerie in jeder Art und jeder Zeit eigen ist, die aber hier beruhen soll auf vorgeblich unmittelbarer, intellektualer Anschauung, oder absolutem, d.h. vom Subjekt, also auch seiner Fehlbarkeit, unabhängigem Denken. Aus jeder Seite, jeder Zeile spricht das Bemühen, den Leser zu berücken, zu betrügen, bald ihn durch Imponiren zu verdutzen, bald ihn durch unverständliche Phrasen, ja durch baaren Unsinn, zu betäuben, bald ihn durch die Frechheit im Behaupten zu verblüffen, kurz, ihm Staub in die Augen zu streuen und ihn nach Möglichkeit zu mystifiziren. Daher kann die Empfindung, welche man bei dem in Rede stehenden Uebergange, in Hinsicht auf das Theoretische, spürt, derjenigen verglichen werden, welche, in Hinsicht auf das Praktische, Einer haben mag, der, aus einer Gesellschaft von Ehrenmännern kommend, in eine

---

* Die Hegel'sche Afterweisheit ist recht eigentlich jener Mühlstein im Kopfe des Schülers im Faust. Wenn man einen Jüngling absichtlich verdummen und zu allem Denken völlig unfähig machen will; so giebt es kein probateres Mittel, als das fleißige Studium Hegelscher Originalwerke: denn diese monstrosen Zusammenfügungen von Worten, die sich aufheben und widersprechen, so daß der Geist irgend etwas dabei zu denken vergeblich sich abmartert, bis er endlich ermattet zusammensinkt, vernichten in ihm allmälig die Fähigkeit zum Denken so gänzlich, daß, von Dem an, hohle, leere Floskeln ihm für Gedanken gelten. Dazu nun noch die durch Wort und Beispiel aller Respektspersonen dem Jünglinge beglaubigte Einbildung, jener Wortkram sei die wahre, hohe Weisheit! – Wenn ein Mal ein Vormund besorgen sollte, sein Mündel könnte für seine Pläne zu klug werden; so ließe sich durch ein fleißiges Studium der Hegel'schen Philosophie diesem Unglück vorbeugen.

Gaunerherberge gerathen wäre. Welch ein würdiger Mann ist doch der von eben jenen drei Sophisten so gering geschätzte und verspottete CHRISTIAN WOLF, in Vergleich mit ihnen! Er hatte und gab doch wirkliche Gedanken: sie aber bloße Wortgebilde, Phrasen, in der Absicht zu täuschen. Demnach ist der wahre, unterscheidende Charakter der Philosophie dieser ganzen, sogenannten Nachkantischen Schule UNREDLICHKEIT, ihr Element blauer Dunst und persönliche Zwecke ihr Ziel. Ihre Koryphäen waren bemüht, zu SCHEINEN, nicht zu SEYN: sie sind daher Sophisten, nicht Philosophen. Spott der Nachwelt, der sich auf ihre Verehrer erstreckt, und dann Vergessenheit warten ihrer. Mit der angegebenen Tendenz dieser Leute hängt, beiläufig gesagt, auch der zankende, scheltende Ton zusammen, der, als obligate Begleitung, überall Schellings Schriften durchzieht. – Wäre nun diesem Allen nicht so, wäre mit Redlichkeit, statt mit Imponiren und Windbeuteln zu Werke gegangen worden; so könnte SCHELLING, als welcher entschieden der Begabteste unter den Dreien ist, in der Philosophie doch den untergeordneten Rang eines vor der Hand nützlichen Eklektikers einnehmen; sofern er aus den Lehren des Plotinos, des Spinoza, Jakob Böhms, Kants und der Naturwissenschaft neuerer Zeit ein Amalgam bereitet hat, das die große Leere, welche die negativen Resultate der Kantischen Philosophie herbeigeführt hatten, einstweilen ausfüllen konnte, bis ein Mal eine wirklich neue Philosophie herankäme und die durch jene geforderte Befriedigung eigentlich gewährte.

Wie Kinder mit den zu ernsten Zwecken bestimmten Waffen, oder sonstigem Geräthe der Erwachsenen spielen, so haben die hier in Betracht genommenen drei Sophisten es mit dem Gegenstande, über dessen Behandlung ich hier referire, gemacht, indem sie zu den mühsäligen, zweihundertjährigen Untersuchungen grübelnder Philosophen das komische Widerspiel lieferten. Nachdem nämlich KANT das große Problem des Verhältnisses zwischen dem an sich Existirenden und unsern Vorstellungen mehr als je auf die Spitze gestellt und dadurch es der Lösung um ein Vieles näher gebracht hatte, tritt FICHTE auf mit der Behauptung, daß hinter den Vorstellungen weiter nichts stäke; sie wären eben nur Produkte des erkennenden Subjekts, des Ich. Während er hiedurch KANTEN zu überbieten suchte, brachte er bloß eine Karikatur der Philosophie desselben zu Tage, indem er, unter beständiger Anwendung der jenen drei Pseudophilosophen bereits nachgerühmten Methode, das Reale ganz aufhob und nichts als das Ideale übrig ließ. Dann kam SCHELLING, der, in seinem System der absoluten Identität des Realen und Idealen, jenen ganzen Unterschied für nichtig erklärte, und behauptete, das Ideale sei auch das Reale, es sei eben Alles Eins; wodurch er das so mühsam, mittelst der allmälig und schrittweise sich entwickelnden Besonnenheit, Gesonderte wieder wild durch einander zu werfen und Alles zu vermischen trachtete (Schelling, vom Verhältniß der Naturphil. zur Fichte'schen, S. 14–21). Der Unterschied des Idealen und Realen wird eben dreist weggeläugnet, unter Nachahmung der oben gerügten Fehler Spinoza's. Dabei werden sogar Leibnitzen's Monaden, diese monstrose Identifikation zweier Undinge, nämlich der Atome und der untheilbaren, ursprünglich und wesentlich erkennenden Individuen, genannt Seelen, wieder hervorgeholt, feierlich apotheosirt und zu Hülfe genommen (Schelling, Ideen z. Naturphil. 2. Aufl. S. 38 u. 82.) Den Namen der Identitätsphilosophie führt die Schelling'sche Naturphilosophie, weil sie, in Spinoza's Fußstapfen tretend, drei Unterschiede, die dieser aufgehoben hatte, ebenfalls aufhebt, nämlich den zwischen Gott und Welt, den zwischen Leib und Seele, und endlich auch den zwischen dem Idealen und Realen in der angeschauten Welt. Dieser letztere Unterschied aber hängt, wie oben, bei Betrachtung Spinoza's, gezeigt worden, keineswegs von jenen beiden andern ab; so wenig, daß, je mehr man ihn hervorgehoben hat, desto mehr jene beiden andern dem Zweifel unterlegen sind: denn sie sind auf dogmatische Beweise (die Kant umgestoßen hat) gegründet, er hingegen auf einen einfachen Akt der Besinnung. Dem Allen entsprechend wurde von Schelling auch die Metaphysik mit der Physik identifizirt, und demgemäß auf eine bloß physikalisch-chemische Diatribe der hohe Titel »von der Weltseele« gesetzt. Alle eigentlich metaphysischen Probleme, wie sie dem menschlichen Bewußtseyn sich unermüdlich aufdringen, sollten durch ein dreistes Wegläugnen, mittelst Machtsprüchen, beschwichtigt werden. Hier ist die Natur eben weil sie ist, aus sich selbst und durch sich selbst, wir ertheilen ihr den Titel Gott, damit ist sie abgefunden und wer mehr verlangt ist ein Narr: der Unterschied zwischen Subjektivem und Objektivem ist eine bloße Schulfakse, so auch die ganze Kantische Philosophie, deren Unterscheidung von *a priori* und *a posteriori* nichtig ist: unsere empirische Anschauung liefert ganz eigentlich die Dinge an sich u.s.w. Man sehe »Ueber das Verhältniß der Naturphilosophie zur Fichte'schen S. 51 und 67,« woselbst auch S. 61. ausdrücklich gespottet wird über Die, »welche recht eigentlich darüber erstaunen, daß nicht nichts ist, und sich nicht satt darüber wundern können, daß wirklich etwas existirt.« So sehr also scheint dem Herrn von Schelling sich Alles von selbst zu verstehn. Im Grunde aber ist ein dergleichen Gerede eine in vornehme Phrasen gehüllte Appellation an den sogenannten gesunden, d.h. rohen Verstand. Uebrigens erinnere ich hier an das im 2. Bande meines Hauptwerks, Kap. 17 gleich Anfangs, Gesagte. Für unsern Gegenstand bezeichnend und gar naiv ist im angeführten Buche Schellings noch die Stelle S. 69: »hätte »die Empirie ihren Zweck vollkommen erreicht; so würde ihr »Gegensatz mit der Philosophie und mit diesem die Philosophie »selbst, als eigene Sphäre oder Art der Wissenschaft, verschwin»den: alle Abstraktionen lösten sich auf in die unmittelbare »»freundliche« Anschauung: das Höchste wäre ein Spiel der Lust »und der EINFALT, das Schwerste leicht, das Unsinnlichste sinn»lich, und der Mensch dürfte froh und frei im Buche der Natur »lesen.« – Das wäre freilich allerliebst! Aber so steht es nicht mit uns: dem Denken läßt sich nicht so die Thüre weisen. Die ernste, alte Sphinx mit ihrem Räthsel liegt unbeweglich da und stürzt sich darum, daß ihr sie für ein Gespenst erklärt, nicht vom Felsen. Als, eben deshalb, Schelling später selbst merkte, daß die metaphysischen Probleme sich nicht durch Machtsprüche abweisen lassen, lieferte er einen eigentlich metaphysischen Versuch, in seiner Abhandlung über die Freiheit, welche jedoch eine bloße metaphysische Phantasie, ein *conte bleu*, ist, daher es eben kommt, daß der Vortrag, so oft er den demonstrirenden Ton annimmt (z.B. S. 453, ff.), eine entschieden komische Wirkung hat.

Durch seine Lehre von der Identität des Realen und Idealen hatte demnach SCHELLING das Problem, welches, seit Cartesius es auf die Bahn gebracht, von allen großen Denkern behandelt und endlich von Kant auf die äußerste Spitze getrieben war, dadurch zu lösen gesucht, daß er den Knoten zerhaute, indem er den Gegensatz zwischen Beiden ableugnete. Mit Kanten, von dem er auszugehen vorgab, trat er dadurch eigentlich in geraden Widerspruch. Inzwischen hatte er wenigstens den ursprünglichen und eigentlichen Sinn des Problems festgehalten, als welcher das Verhältniß zwischen unserer ANSCHAUUNG und dem Seyn und Wesen, an sich selbst, der in dieser sich darstellenden Dinge betrifft: allein, weil er seine Lehre hauptsächlich aus dem SPINOZA schöpfte, nahm er bald von Diesem die Ausdrücke DENKEN und SEYN auf, welche das in Rede stehende Problem sehr schlecht bezeichnen und später Anlaß zu den tollsten Monstrositäten wurden. SPINOZA hatte mit seiner Lehre, daß *substantia cogitans et substantia extensa una eademque est substantia, quae jam sub hoc jam sub illo attributo comprehenditur (II., 7. sch.)*; oder *scilicet mens et corpus una eademque est res, quae jam sub cogitationis, jam sub extensionis attributo concipitur (III, 2. sch.)*, zunächst den Cartesianischen Gegensatz von Leib und Seele aufheben wollen: auch mag er erkannt haben, daß das empirische Objekt von unserer Vorstellung davon nicht verschieden ist. SCHELLING nahm nun von ihm die Ausdrücke DENKEN und SEYN an, welche er allmälig denen von ANSCHAUEN, oder vielmehr Angeschautem, und Ding an sich substituirte. (Neue Zeitschrift für spekul. Physik, ersten Bandes erstes Stück: »Fernere Darstellungen« u.s.w.) Denn das Verhältniß unserer ANSCHAUUNG der Dinge zum SEYN und WESEN AN SICH derselben ist das große Problem, dessen Geschichte ich hier skitzire; nicht aber das unserer GEDANKEN, d.h. BEGRIFFE; da diese ganz offenbar und unleugbar bloße Abstraktionen aus dem anschaulich Erkannten sind, entstanden durch beliebiges Wegdenken, oder Fallenlassen, einiger Eigenschaften und Beibehalten anderer; woran zu zweifeln keinem vernünftigen Menschen einfallen kann.* Diese BEGRIFFE und GEDANKEN, welche die Klasse der NICHTANSCHAU-

* Ueber die vierfache Wurzel des Satzes vom Grund, 2. Aufl. §. 26.

LICHEN Vorstellungen ausmachen, haben daher zum WESEN UND SEYN AN SICH der Dinge nie ein UNMITTELBARES Verhältniß, sondern allemal nur ein MITTELBARES, nämlich unter Vermittelung der ANSCHAUUNG: diese ist es, welche einerseits ihnen den Stoff liefert, und andererseits in Beziehung zu den Dingen an sich, d.h. zu dem unbekannten, in der Anschauung sich objektivirenden, selbsteigenen Wesen der Dinge steht.

Der von Schelling dem Spinoza entnommene, ungenaue Ausdruck gab nun später dem geist- und geschmacklosen Scharlatan HEGEL, welcher in dieser Hinsicht als der Hanswurst Schellings auftritt, Anlaß, die Sache dahin zu verdrehen, daß das DENKEN selbst und im eigentlichen Sinn, also die BEGRIFFE, identisch seyn sollten mit dem Wesen an sich der Dinge: also das *in abstracto* Gedachte als solches und unmittelbar sollte Eins seyn mit dem objektiv Vorhandenen an sich selbst, und demgemäß sollte denn auch die Logik zugleich die wahre Metaphysik seyn: demnach brauchten wir nur zu denken, oder die Begriffe walten zu lassen, um zu wissen, wie die Welt da draußen absolut beschaffen sei. Danach wäre Alles, was in einem Hirnkasten spukt, sofort wahr und real. Weil nun ferner »je toller je besser« der Wahlspruch der Philosophaster dieser Periode war; so wurde diese Absurdität durch die zweite gestützt, daß nicht WIR dächten, sondern die Begriffe allein und ohne unser Zuthun den Gedankenprozeß vollzögen, welcher daher die dialektische Selbstbewegung des Begriffs genannt wurde und nun eine Offenbarung aller Dinge *in et extra naturam* seyn sollte. Dieser Fratze lag nun aber eigentlich noch eine andere zum Grunde, welche ebenfalls auf Mißbrauch der Wörter beruhte und zwar nie deutlich ausgesprochen wurde, jedoch unzweifelhaft dahinter steckt. SCHELLING hatte, nach Spinoza's Vorgang, die Welt GOTT betitelt. HEGEL nahm Dies nach dem Wortsinn. Da nun das Wort eigentlich ein persönliches Wesen, welches, unter andern mit der Welt durchaus inkompatibeln Eigenschaften, auch die der ALLWISSENHEIT hat, bedeutet; so wurde von ihm nun auch DIESE auf die WELT übertragen, woselbst sie natürlich keine andere Stelle erhalten konnte, als unter der albernen Stirn des Menschen; wonach denn dieser nur seinen Gedanken freien Lauf (dialektische

Selbstbewegung) zu lassen brauchte, um alle Mysterien Himmels und der Erde zu offenbaren, nämlich in dem absoluten Gallimathias der Hegel'schen Dialektik. Eine Kunst hat dieser Hegel wirklich verstanden, nämlich die, die Deutschen bei der Nase zu führen. Das ist aber keine große. Wir sehn ja, mit welchen Possen er die deutsche Gelehrtenwelt 30 Jahre lang in Respekt halten konnte. Doch genug von ihnen und ihrem Urheber, dessen Verehrung wir der Dänischen Akademie der Wissenschaften überlassen wollen, als welche in ihm einen *summus philosophus* nach ihrem Sinn erkannt hat und daher Respekt vor ihm fordert, in ihrem, meiner Preisschrift über das Fundament der Moral, zu bleibendem Andenken, beigedrucktem Urtheile, welches eben so sehr wegen seines Scharfsinns, als wegen seiner denkwürdigen Redlichkeit, der Vergessenheit entzogen zu werden verdiente, wie auch, weil es einen lukulenten Beleg liefert zu Labruyere's gar schönem Ausspruch: *du même fonds, dont on néglige un homme de mérite, l'on sait encore admirer un sot.*

FRAGMENTE

zur

GESCHICHTE DER PHILOSOPHIE.

§. 1.
UEBER DIESELBE.

Statt der selbsteigenen Werke der Philosophen allerlei Darlegungen ihrer Lehren, oder überhaupt Geschichte der Philosophie zu lesen, ist wie wenn man sich sein Essen von einem Andern kauen lassen wollte. Würde man wohl Weltgeschichte lesen, wenn es Jedem freistände, die ihn interessirenden Begebenheiten der Vorzeit mit eigenen Augen zu schauen? Hinsichtlich der Geschichte der Philosophie nun aber ist ihm eine solche Autopsie ihres Gegenstandes wirklich zugänglich, nämlich in den selbsteigenen Schriften der Philosophen; woselbst er dann immerhin, der Kürze halber, sich auf wohlgewählte Hauptkapitel beschränken mag; um so mehr, als sie alle von Wiederholungen strotzen, die man sich ersparen kann. Auf diese Weise also wird er das Wesentliche ihrer Lehren authentisch und unverfälscht kennen lernen, während er aus den, jetzt jährlich zu halben Dutzenden erscheinenden Geschichten der Philosophie bloß empfängt, was davon in den Kopf eines Philosophieprofessors gegangen ist und zwar so, wie es sich daselbst ausnimmt; wobei es sich von selbst versteht, daß die Gedanken eines großen Geistes bedeutend einschrumpfen müssen, um im drei-pfund-Gehirn so eines Parasiten der Philosophie Platz zu finden, aus welchem sie nun wieder, in den jedesmaligen Jargon des Tages gekleidet, hervorkommen sollen, begleitet von seiner altklugen Beurtheilung. – Ueberdies läßt sich berechnen, daß so ein geldverdienender Geschichtschreiber der Philosophie kaum den zehnten Theil der Schriften, darüber er Bericht erstattet, auch nur gelesen haben kann: ihr wirkliches Studium erfordert ein ganzes, langes und arbeitsames Leben, wie es ehemals, in den alten, fleißigen Zeiten, der wackere BRUCKER daran gesetzt hat. Was hingegen können wohl solche Leutchen, die, abgehalten durch beständige Vorlesungen, Amtsgeschäfte, Ferienreisen und Zerstreuungen, meistens schon in ihren früheren Jahren mit Geschichten der Philosophie auftreten, Gründliches erforscht haben? Dazu aber wollen sie auch noch pragmatisch seyn, die Nothwendigkeit des Entstehens und der Folge der Systeme ergründet haben und darthun, und nun gar noch jene ernsten, ächten Philosophen der Vorzeit beurtheilen, zurechtweisen und meistern. Wie kann es anders kommen, als daß sie die älteren, und Einer den Andern, ausschreiben, dann aber, um Dies zu verbergen, die Sachen mehr und mehr verderben, indem sie ihnen die moderne Tournüre des laufenden Quinquenniums zu geben bestrebt sind, wie sie denn auch nach dem Geiste desselben solche beurtheilen. – Sehr zweckmäßig dagegen würde eine von redlichen und einsichtigen Gelehrten gemeinschaftlich und gewissenhaft gemachte Sammlung der wichtigen Stellen und wesentlichen Kapitel sämmtlicher Hauptphilosophen seyn, in chronologisch-pragmatischer Ordnung zusammengestellt, ungefähr in der Art, wie zuerst Gedicke, und später Ritter und Preller es mit der Philosophie des Alterthums gemacht haben; jedoch viel ausführlicher: also eine mit Sorgfalt und Sachkenntniß verfertigte große und allgemeine Chrestomathie.

Die Fragmente, welche nun ich hier gebe, sind wenigstens nicht traditionell, d.h. abgeschrieben; vielmehr sind es Gedanken, veranlaßt durch das eigene Studium der Originalwerke.

§. 2.
VORSOKRATISCHE PHILOSOPHIE.

Die Eleatischen Philosophen sind wohl die ersten, welche des Gegensatzes inne geworden sind, zwischen dem Angeschauten und dem Gedachten, *φαινομενα* und *νοουμενα*. Das Letztere allein war ihnen das wahrhaft Seiende, das *οντως ον*. – Von diesem behaupteten sie sodann, daß es Eines, unveränderlich und unbeweglich sei; nicht aber eben so von den *φαινομενοις*, d.i. dem Angeschauten, Erscheinenden, empirisch Gegebenen, als von welchem so etwas zu behaupten geradezu lächerlich gewesen wäre; daher denn einst der so mißverstandene Satz, auf die bekannte Art, vom Diogenes widerlegt wurde. Sie unterschieden also eigentlich schon zwischen ERSCHEINUNG, *φαινομενον*, und DING AN SICH, *οντως ον*. Letzteres konnte nicht sinnlich angeschaut, sondern nur denkend erfaßt werden, war demnach *νοουμενον*. *(Arist. metaph. I, 5. p. 986 et Scholia edit. Berol. p. p. 429, 430, et 509.)* In den Scholien zum Aristoteles *(p. 460, 536, 544 et 798)* wird des Parmenides Schrift *τα κατα δοξαν* erwähnt: das wäre also die Lehre von der ERSCHEINUNG, die Physik, gewesen: ihr wird ohne Zweifel ein anderes Werk, *τα κατ' αληθειαν*, die Lehre vom DING AN SICH, also die Metaphysik, entsprochen haben. Von MELISSOS sagt ein Scholion des Philoponos geradezu: *εν τοις προς αληθειαν έν ειναι λεγων το ον, εν τοις προς δοξαν δυο* (müßte heißen *πολλα*) *φησιν ειναι*. – Der Gegensatz der Eleaten, und wahrscheinlich auch durch sie hervorgerufen, ist HERAKLEITOS, sofern er unaufhörliche Bewegung aller Dinge lehrte, wie SIE die absolute Unbeweglichkeit: er blieb demnach beim *φαινομενον* stehn. *(Arist. de coelo, III, 1. p. 298, edit. Berol.)* Dadurch nun wieder rief er, als SEINEN Gegensatz, die Ideenlehre PLATO's hervor; wie dies aus der Darstellung des Aristoteles *(Metaph. p. 1078)* sich ergiebt.

Es ist bemerkenswerth, daß wir die sehr wenigen Haupt-Lehrsätze der vorsokratischen Philosophen, welche sich erhalten haben, in den Schriften der Alten unzählige Mal wiederholt finden; darüber hinaus jedoch sehr wenig: so z.B. die Lehren des Anaxagoras vom *νους* und den *ὁμοιομεριαι*, – die des Empedokles von *φιλια και νεικος* und den vier Elementen, – die des Demokritos und Leukippos von den Atomen und den *ειδωλοις*, – die des Herakleitos vom beständigen Fluß der Dinge, – die der Eleaten, wie oben auseinandergesetzt, – die der Pythagoreer von den Zahlen, der Metempsychose u.s.w.

Die erwähnten beiden Dogmen des ANAXAGORAS stehn übrigens in genauer Verbindung. – Nämlich *παντα εν πασιν* ist seine symbolische Bezeichnung des Homoiomeriendogma's. In der chaotischen Urmasse staken demnach, ganz fertig vorhanden, die *partes similares* (im physiologischen Sinne) aller Dinge. Um sie auszuscheiden und zu specifisch verschiedenen Dingen *(partes dissimilares)* zusammenzusetzen, zu ordnen und zu formen, bedurfte es eines *νους*, der, durch Auslesen der Bestandtheile, die Konfusion in Ordnung brächte; da ja das Chaos die vollständigste Mischung aller Substanzen enthielt *(Scholia in Aristot. p. 337.)*. Jedoch hatte der *νους* diese erste Scheidung nicht vollkommen zu Stande gebracht; daher in jedem Dinge noch immer die Bestandtheile aller übrigen, wenn gleich in geringerem Maaße, anzutreffen waren: *παλιν γαϱ παν εν παντι μεμικται (ibid.)* –

Empedokles hingegen hatte, statt zahlloser Homoiomerien, nur vier Elemente, – aus welchen nunmehr die Dinge als Produkte, nicht, wie beim Anaxagoras, als Edukte hervorgehn sollten. Die vereinende und scheidende, also ordnende Rolle des *νους* aber spielen bei ihm *φιλια και νεικος*, Liebe und Haß. Das ist Beides gar sehr viel gescheuter. Nicht dem Intellekt *(νους)* nämlich, sondern dem Willen *(φιλια και νεικος)* überträgt er die Anordnung der Dinge, und die verschiedenartigen Substanzen sind nicht, wie beim Anaxagoras, bloße Edukte; sondern wirkliche Produkte. Ließ Anaxagoras sie durch einen sondernden Verstand, so läßt sie hingegen Empedokles durch blinden Trieb, d.i. erkenntnißlosen Willen, zu Stande gebracht werden.

Ueberhaupt ist Empedokles ein ganzer Mann, und seinem *φιλια και νεικος* liegt ein tiefes und wahres *apperçu* zum Grunde. Schon in der unorganischen Natur sehn wir die Stoffe, nach den Gesetzen der Wahlverwandtschaft, einander suchen oder fliehen, sich verbinden und trennen. Die aber, welche sich chemisch zu verbinden die stärkste Neigung zeigen, die jedoch nur im Zustande der Flüssigkeit befriedigt werden kann, treten in den entschiedensten elektrischen Gegensatz, wenn sie im festen Zustande in Berührung miteinander kommen: sie gehn jetzt in entgegengesetzte Polaritäten feindlich auseinander, um sich sodann wieder zu suchen und zu umarmen. Und was ist denn überhaupt der in der ganzen Natur unter den verschiedensten Formen durchgängig auftretende polare Gegensatz Anderes, als eine stets erneuerte Entzweiung, auf welche die inbrünstig begehrte Versöhnung folgt? So ist denn wirklich *φιλια και νεικος* überall vorhanden und nur nach Maaßgabe der Umstände wird jedesmal das Eine, oder das Andere hervortreten. Demgemäß können auch wir selbst mit jedem Menschen, der uns nahe kommt, augenblicklich befreundet, oder verfeindet seyn: die Anlage zu Beidem ist da und wartet auf die Umstände. Bloß die Klugheit heißt uns, auf dem Indifferenzpunkt der Gleichgültigkeit verharren; wiewohl er zugleich der Gefrierpunkt ist. Eben so ist auch der fremde Hund, dem wir uns nähern, augenblicklich bereit, das freundliche, oder das feindliche Register zu ziehn und springt leicht vom Bellen und Knurren zum Wedeln über; wie auch umgekehrt. Was diesem durchgängigen Phänomene des *φιλια και νεικος* zum Grunde liegt ist allerdings zuletzt der große Urgegensatz zwischen der Einheit aller Wesen, nach ihrem Seyn an sich, und ihrer gänzlichen Verschiedenheit in der Erscheinung, als welche das *principium individuationis* zur Form hat.

Vor Allem aber ist, unter den Lehren des Empedokles, sein entschiedener Pessimismus beachtenswerth. Er hat das Elend unseres Daseyns vollkommen erkannt und die Welt ist ihm, so gut wie den wahren Christen, ein Jammerthal, – *Ατης λειμων*. Schon er vergleicht sie, wie später Plato, mit einer finstern Höhle, in der wir eingesperrt wären. In unserm irdischen Daseyn sieht er einen Zustand der Verbannung und des Elends, und der Leib ist der Kerker der Seele. Diese Seelen haben einst sich in einem unendlich glücklichen Zustande befunden und sind durch eigene Schuld und Sünde in das gegenwärtige Verderben gerathen, in welches sie, durch sündigen Wandel, sich immer mehr verstricken und in den Kreislauf der Metempsychose gerathen, hingegen durch Tugend und Sittenreinheit, zu welcher auch die Enthaltung von thierischer Nahrung gehört, und durch Abwendung von den irdischen Genüssen und Wünschen wieder in den ehemaligen Zustand zurückgelangen können. – Also die selbe Urweisheit, die den Grundgedanken des Brahmanismus und Buddhaismus, ja, auch des wahren Christenthums (darunter nicht der optimistische, jüdisch-protestantische Rationalismus zu verstehn ist) ausmacht, hat auch dieser uralte Grieche sich zum Bewußtseyn gebracht; wodurch der *consensus gentium* darüber sich vervollständigt. Daß Empedokles, den die Alten durchgängig als einen Pythagoreer bezeichnen, diese Ansicht vom Pythagoras überkommen habe, ist wahrscheinlich; zumal, da im Grunde auch Plato sie theilt, der ebenfalls noch unter dem Einflusse des Pythagoras steht. Zur Lehre von der Metempsychose, die mit dieser Weltansicht zusammenhängt, bekennt Empedokles sich auf das Entschiedenste. – Die Stellen der Alten, welche, nebst seinen eigenen Versen, von jener Weltauffassung des Empedokles Zeugniß ablegen, findet man mit großem Fleiße zusammengestellt in *Sturzii Empedocles Agrigentinus, S. S. 448–458.*

Auch in den übrigen Lehrmeinungen dieser vorsokratischen Philosophen läßt sich viel Wahres nachweisen, davon ich einige Beispiele geben will.

Nach KANT's und LAPLACE's Kosmogonie, welche durch HERSCHELS Beobachtungen noch eine faktische Bestätigung *a posteriori* erhalten hat, die nun wieder wankend zu machen, Lord ROSSE mit seinem Riesenreflektor, zum Trost des Englischen Klerus, bemüht ist, – gestalten sich aus langsam gerinnenden und dann kreisenden, leuchtenden Nebeln, durch Kondensation, die Planetensysteme: da behält, nach Jahrtausenden, wieder ANAXIMENES Recht, welcher Luft und Dunst für den Grundstoff aller Dinge erklärte *(Schol. in Arist. p. 514.).* Zugleich aber auch erhalten EMPEDOKLES und DEMOKRITOS Bestätigung; da schon sie, eben wie LAPLACE, Ursprung und Bestand der Welt aus einem Wirbel, *δινη*, erklärten *(Arist. op. ed. Berol. p. 295, et Scholia p. 351.)*, worüber, als eine Gottlosigkeit, auch schon ARISTOPHANES *(Nubes, v. 820.)* spottet; eben wie heut zu Tage über die Laplace'sche Theorie die englischen Pfaffen, denen dabei, wie bei jeder zu Tage kommenden Wahrheit, unwohl zu Muthe, nämlich um ihre Pfründen Angst wird. – Ja, sogar führt gewissermaaßen unsere chemische Stöchiometrie auf die Pythagorische Zahlenphilosophie zurück: *τα γαρ παθη και αἱ ἑξεις των αριθμων των εν τοις ουσι παθων τε και ἑξεων αιτια, οἱον το διπλαδιον, το επιτριτον, και ἡμιολιον (Schol. in Arist. p. 543 et 829.).* – Daß das Kopernikanische System von den PYTHAGOREERN anticipirt worden war ist bekannt; ja, es war dem Kopernikus bekannt. Aber selbst FOURIER's und CORDIER's Entdeckungen über die Wärme im Innern der Erde sind Bestätigungen der Lehre Jener: *ελεγον δε Πυθαγορειοι πυρ ειναι δημιουργικον περι το μεσον και κεντρον της γης, το αναθαλπουν την γην και ζωοποιουν. Schol. in Arist. p. 504.* Und wenn, in Folge eben jener Entdeckungen, die Erdrinde heut zu Tage angesehn wird als eine dünne Schichte zwischen zwei Medien (Atmosphäre und heiße, flüssige Metalle und Metalloide), deren Berührung einen Brand verursachen muß, der jene Rinde vernichtet; so bestätigt Dies die Meinung, daß die Welt zuletzt durch Feuer verzehrt werden wird; in welcher alle alten Philosophen übereinstimmen und welche auch die HINDU theilen *(lettres édifiantes édit. de 1819. Vol. 7. p. 114.).* – Bemerkt zu werden verdient auch noch, daß, wie aus Aristoteles *(Metaph. 1, 5. p. 986)* zu ersehn, die Pythagoreer, unter dem Namen der *δεκα αρχαι*, gerade das YN und YANG der Chinesen aufgefaßt hatten.

Daß die Metaphysik der Musik, wie ich solche in meinem Hauptwerke (Bd. 1. §. 52 und Bd. 2 Kap. 39) dargelegt habe, als eine Auslegung der Pythagorischen Zahlenphilosophie angesehn werden kann, habe ich schon dort kurz angedeutet und will es hier noch etwas näher erläutern; wobei ich nun aber die eben angeführten Stellen als dem Leser gegenwärtig voraussetze. – Demzufolge also drückt die MELODIE alle Bewegungen des Willens, wie er sich im menschlichen Selbstbewußtseyn kund giebt, d. h. alle Affekte, Gefühle u. s. w. aus; die HARMONIE hingegen bezeichnet die Stufenleiter der Objektivation des Willens in der übrigen Natur. Die Musik ist, in diesem Sinn, eine zweite Wirklichkeit, welche der ersten völlig parallel geht, übrigens aber ganz anderer Art und Beschaffenheit ist; also vollkommene Analogie, jedoch gar keine Aehnlichkeit mit ihr hat. Nun aber ist die Musik, ALS SOLCHE, nur in unserm Gehörnerven und Gehirn vorhanden: außerhalb, oder AN SICH (im LOCKISCHEN Sinne verstanden), besteht sie aus lauter Zahlenverhältnissen: nämlich zunächst, ihrer Quantität nach, hinsichtlich des Takts; und dann, ihrer Qualität nach, hinsichtlich der Stufen der Tonleiter, als welche auf den arithmetischen Verhältnissen der Vibrationen beruhen; oder, mit anderen Worten, wie in ihrem rhythmischen, so auch in ihrem harmonischen Element. Hienach also ist das ganze Wesen der Welt, sowohl als Mikrokosmos, wie als Makrokosmos, allerdings durch bloße Zahlenverhältnisse auszudrücken, mithin gewissermaaßen auf sie zurückzuführen: in diesem Sinne hätte dann Pythagoras Recht, das eigentliche Wesen der Dinge in die Zahlen zu setzen. – Was sind nun aber Zahlen? – Successionsverhältnisse, deren Möglichkeit auf DER ZEIT beruht.

Wenn man liest was über die Zahlenphilosophie der Pythagoreer in den Scholien zum Aristoteles *(p. 829 ed. Berol.)* gesagt wird; so kann man auf die Vermuthung gerathen, daß der so seltsame und geheimnißvolle, an das Absurde streifende Gebrauch des Wortes *λογος* im Eingang des dem Johannes zugeschriebenen Evangeliums, wie auch die früheren Analoga desselben beim Philo, von der Pythagorischen Zahlenphilosophie abstammen, nämlich von der Bedeutung des Wortes *λογος* im arithmetischen Sinn, als Zahlenverhältniß, *ratio numerica*; da ein solches Verhältniß, nach den Pythagoreern, die innerste und unzerstörbare Essenz jedes Wesens ausmacht, also dessen erstes und ursprüngliches Principium, *αρχη*, ist; wonach denn von jedem Dinge gälte *εν αρχη ην ὁ λογος*. Man berücksichtige dabei, daß Aristoteles *(de anima 1, 1)* sagt: *τα παθη λογοι ενυλοι εισι, et mox: ὁ μεν γαρ λογος ειδος του πραγματος.* Auch wird man dadurch an den *λογος σπερματικος* der Stoiker erinnert, auf welchen ich bald zurückkommen werde.

Nach der Biographie des PYTHAGORAS von Jamblichos hat derselbe seine Bildung hauptsächlich in Aegypten, wo er von seinem 22. bis zum 56. Jahre geweilt, und zwar von den Priestern daselbst, erhalten. Im 56. Jahre zurückgekehrt, hatte er wohl eigentlich die Absicht, eine Art Priesterstaat, eine Nachahmung der Aegyptischen Tempelhierarchien, wiewohl unter den bei Griechen nothwendigen Modifikationen, zu gründen: dies gelang ihm nicht im Vaterlande Samos, jedoch gewissermaaßen in Kroton. Da nun Aegyptische Kultur und Religion ohne Zweifel aus Indien stammte; so erklärt sich hieraus des Pythagoras Vorschrift der Enthaltung von thierischer Nahrung, namentlich das Verbot Ochsen zu schlachten *(Jambl. vit. Pyth. c. 28, §. 150)*, wie auch die anbefohlene Schonung aller Thiere, desgleichen seine Lehre von der Metempsychose, seine weißen Gewänder, seine ewige Geheimnißkrämerei, welche die symbolischen Sprüche veranlaßte und sich sogar auf mathematische Theoreme erstreckte, ferner die Gründung einer Art Priesterkaste, mit strenger Disciplin und vielem

Ceremoniell, das Anbeten der Sonne *(c. 35, §. 256)* und viel Anderes. Ich glaube demnach, daß die allerdings hoch anzuschlagende Weisheit und Erkenntniß des Pythagoras nicht sowohl in Dem bestanden hat, was er gedacht, als in Dem, was er gelernt hatte; also weniger eigene, als fremde war. Sonst würde er sie auch aufgeschrieben haben, um seine Gedanken vom Untergange zu retten: hingegen das erlernte Fremde blieb an der Quelle gesichert.

§. 3.
SOKRATES.

Die Weisheit des Sokrates ist ein philosophischer Glaubensartikel. Daß der Platonische Sokrates eine ideale, also poetische Person sei, die Platonische Gedanken ausspricht, liegt am Tage; am Xenophontischen hingegen ist nicht gerade viel Weisheit zu finden. Nach Lukianos (Philopseudes, 24) hätte Sokrates einen dicken Bauch gehabt; welches eben nicht zu den Abzeichen des Genies gehört. – Eben so zweifelhaft jedoch steht es, hinsichtlich der hohen Geistesfähigkeiten, mit allen Denen, welche nicht geschrieben haben, also auch mit dem Pythagoras. Ein großer Geist muß doch allmälig seinen Beruf und seine Stellung zur Menschheit erkennen, folglich zu dem Bewußtseyn gelangen, daß er nicht zur Heerde, sondern zu den Hirten, ich meyne zu den Erziehern des Menschengeschlechtes, gehört: hieraus aber wird ihm die Verpflichtung klar werden, seine unmittelbare und gesicherte Einwirkung nicht auf die Wenigen, welche der Zufall in seine Nähe bringt, zu beschränken; sondern sie auf die Menschheit auszudehnen, damit sie, in dieser, die Ausnahmen von ihr, die Vorzüglichen, also Seltenen, erreichen könne. Das Organ aber, womit man zur Menschheit redet, ist allein die Schrift: mündlich redet man bloß zu einer Anzahl Individuen; daher was so gesagt wird, im Verhältniß zum Menschengeschlechte, Privatsache bleibt. Denn solche Individuen sind für die edle Saat meistens ein schlechter Boden, in welchem sie entweder gar nicht treibt, oder in ihren Erzeugnissen schnell degenerirt: die Saat selbst also muß bewahrt werden. Dies aber geschieht nicht durch Tradition, als welche bei jedem Schritte verfälscht wird, sondern allein durch die Schrift, dieser einzigen treuen Aufbewahrerin der Gedanken. Zudem hat nothwendig jeder tiefdenkende Geist den Trieb, zu seiner eigenen Befriedigung, seine Gedanken festzuhalten und sie zu möglichster Deutlichkeit und Bestimmtheit zu bringen, folglich sie in Worten zu verkörpern. Dies aber geschieht vollkommen allererst durch die Schrift: denn der schriftliche Vortrag ist ein wesentlich anderer, als der mündliche; indem er allein die höchste Präcision, Koncision und prägnante Kürze zuläßt, folglich zum reinen Ektypos des Gedankens wird. Diesem Allen zufolge wäre es in einem Denker ein wunderlicher Uebermuth, die wichtigste Erfindung des Menschengeschlechts unbenutzt lassen zu wollen. Sonach wird es mir schwer, an den eigentlich großen Geist Derer zu glauben, die nicht geschrieben haben: vielmehr bin ich geneigt, sie für hauptsächlich praktische Helden zu halten, die mehr durch ihren Charakter, als durch ihren Kopf wirkten. Die erhabenen Urheber des Upanischads der Veden haben geschrieben: wohl aber mag die Sanhita der Veden, aus bloßen Gebeten bestehend, sich Anfangs nur mündlich fortgepflanzt haben.

Zwischen SOKRATES und KANT lassen sich gar manche Aehnlichkeiten nachweisen. Beide verwerfen allen Dogmatismus: Beide bekennen eine völlige Unwissenheit in Sachen der Metaphysik und setzen ihre Eigenthümlichkeit in das deutliche Bewußtseyn dieser Unwissenheit. Beide behaupten, daß hingegen das Praktische, Das, was der Mensch zu thun und zu lassen habe, völlig gewiß sei und zwar durch sich selbst, ohne fernere theoretische Begründung. Beide hatten das Schicksal, daß ihre nächsten Nachfolger und deklarirten Schüler dennoch in eben jenen Grundlagen von ihnen abwichen und, die Metaphysik bearbeitend, völlig dogmatische Systeme aufstellten; daß ferner diese Systeme höchst verschieden ausfielen, jedoch alle darin übereinstimmten, daß sie von der Lehre des Sokrates, respective Kants, ausgegangen zu seyn behaupteten. – Da ich selbst Kantianer bin, will ich hier mein Verhältniß zu ihm mit Einem Worte bezeichnen. Kant lehrt, daß wir über die Erfahrung und ihre Möglichkeit hinaus nichts wissen können: ich gebe Dies zu, behaupte jedoch, daß die Erfahrung selbst, in ihrer Gesammtheit, einer Auslegung fähig sei, und habe diese zu geben versucht, indem ich sie wie eine Schrift entzifferte, nicht aber wie alle früheren Philosophen, mittelst ihrer bloßen Formen über sie hinauszugehn unternahm, was eben Kant als unstatthaft nachgewiesen hatte. –

Der Vortheil der Sokratischen Methode, wie wir sie aus dem Plato kennen lernen, besteht darin, daß man sich die Gründe der Sätze, welche man zu beweisen beabsichtigt, vom Kollokutor oder Gegner, einzeln zugeben läßt, ehe er die Folgen derselben übersehn hat; da er hingegen aus einem didaktischen Vortrage, in fortlaufender Rede, Folgen und Gründe gleich als solche zu erkennen Gelegenheit haben und daher diese angreifen würde, wenn ihm jene nicht gefielen. – Inzwischen gehört zu den Dingen, die Plato uns aufbinden möchte, auch dieses, daß, mittelst Anwendung jener Methode, die Sophisten und andere Narren sich so in aller Gelassenheit hätten vom Sokrates darthun lassen, daß sie es sind. Daran ist nicht zu denken; sondern etwan beim letzten Viertel des Wegs, oder überhaupt sobald sie merkten wo es hinaus sollte, hätten sie, durch Abspringen, oder Leugnen des vorher Gesagten, oder absichtliche Mißverständnisse, und was noch sonst für Schliche und Schikanen die rechthaberische Unredlichkeit instinktmäßig anwendet, dem Sokrates sein künstlich angelegtes Spiel verdorben und sein Netz zerrissen; oder aber sie wären so grob und beleidigend geworden, daß er bei Zeiten seine Haut in Sicherheit zu bringen, rathsam gefunden haben würde. Denn, wie sollte nicht auch den Sophisten das Mittel bekannt gewesen seyn, durch welches Jeder sich Jedem gleich setzen und selbst die größte intellektuelle Ungleichheit augenblicklich ausgleichen kann: es ist die Beleidigung. Zu dieser fühlt daher die niedrige Natur eine sogar instinktive Aufforderung, sobald sie geistige Ueberlegenheit zu spüren anfängt. –

§. 4.
PLATO.

Schon beim PLATO finden wir den Ursprung einer gewissen falschen Dianoiologie, welche in heimlich metaphysischer Absicht, nämlich zum Zweck einer rationalen Psychologie und daran hängender Unsterblichkeitslehre, aufgestellt wird. Dieselbe hat sich nochmals als eine Truglehre vom zähesten Leben erwiesen; da sie, durch die ganze alte, mittlere und neue Philosophie hindurch, ihr Daseyn fristete, bis KANT, der Alleszermalmer, ihr endlich auf den Kopf schlug. Die hier gemeinte Lehre ist der Rationalismus der Erkenntnißtheorie, mit metaphysischem Endzweck. Sie läßt sich, in der Kürze, so resumiren. Das Erkennende in uns ist eine, vom Leibe grundverschiedene immaterielle Substanz, genannt Seele: der Leib hingegen ist ein Hinderniß der Erkenntniß. Daher ist alle durch die Sinne vermittelte Erkenntniß trüglich: die allein wahre, richtige und sichere hingegen ist die von aller Sinnlichkeit (also aller Anschauung) freie und entfernte, mithin das REINE DENKEN, d.i. das Operiren mit abstrakten Begriffen ganz allein. Denn dieses verrichtet die SEELE ganz aus eigenen Mitteln: folglich wird es am besten nachdem sie sich vom Leibe getrennt hat, also wenn wir todt sind, von Statten gehn. – Dergestalt also spielt hier die Dianoiologie der rationalen Psychologie, zum Behuf ihrer Unsterblichkeitslehre, in die Hände. Diese Lehre, wie ich sie hier resumirt habe, findet man ausführlich und deutlich im Phädo Kap. 10. Etwas anders gefaßt ist sie im Timäus, aus welchem Sextus Empirikus sie sehr präcis und klar mit folgenden Worten referirt: *Παλαια τις παρα τοις φυσικοις κυλιεται δοξα περι του τα ὁμοια των ὁμοιων ειναι γνωριστικα. Mox: Πλατων δε, εν τῳ Τιμαιῳ, προς παραστασιν του ασωματον ειναι την ψυχην, τῳ αυτῳ γενει της αποδειξεως κεχρηται. Ει γαρ ἡ μεν ὁρασις, φησι, φωτος αντιλαμβανομενη, ευθυς εστι φωτοειδης, ἡ δε ακοη αερα πεπληγμενον κρινουσα, ὁπερ εστι την φωνην, ευθυς αεροειδης θεωρειται, ἡ δε οσφρησις ατμους γνωριζουσα παντως εστι ατμοειδης, και ἡ γευσις χυλους, χυλοειδης· κατ' αναγκην και ἡ ψυχη τας ασωματους ιδεας λαμβανουσα, καθαπερ τας εν τοις αριθμοις και τας εν τοις περασι των σωματων* (also reine Mathematik) *γινεται τις ασωματος (adv. Math.* VII, *116 et 119). (vetus quaedam, a physicis usque probata, versatur opinio, quod similia similibus cognoscantur. – – Mox: Plato, in Timaeo, ad probandum, animam esse incorpoream, usus est eodem genere demonstrationis: »nam si visio,« inquit, »apprehendens lucem statim est luminosa, auditus autem aërem percussum judicans, nempe vocem, protinus cernitur ad aëris accedens speciem, odoratus autem cognoscens vapores, est omnino vaporis aliquam habens formam, et gustus, qui humores, humoris habens speciem; necessario et anima, ideas suscipiens incorporeas, ut quae sunt in numeris et in finibus corporum, est incorporea.«)*

Selbst Aristoteles läßt, wenigstens hypothetisch, diese Argumentation gelten, da er im ersten Buch *de anima (c. 1.)* sagt, daß die gesonderte Existenz der Seele danach auszumachen wäre, ob dieser irgend eine Aeußerung zukäme, an welcher der Leib nicht Theil hätte: eine solche schiene vor Allem das Denken zu seyn. Sollte aber selbst DIESES nicht ohne Anschauung und Phantasie möglich seyn; dann könne dasselbe auch nicht ohne den Leib Statt finden. *(ει δε εστι και το νοειν φαντασια τις, η μη ανευ φαντασιας, ουκ ενδεχοιτ' αν ουδε τουτο ανευ σωματος ειναι.)* Eben jene oben gestellte Bedingung nun aber, also die Prämisse der Argumentation, läßt Aristoteles nicht gelten, sofern er nämlich Das lehrt, was man später in dem Satz *nihil est in intellectu, quod non prius fuerit in sensibus* formulirt hat: man sehe hierüber *de anima* III, *8*. Schon er also sah ein, daß alles rein und abstrakt Gedachte seinen ganzen Stoff und Inhalt doch erst vom Angeschauten erborgt hat. Dies hat auch die Scholastiker beunruhigt. Deshalb bemühte man sich schon im Mittelalter darzuthun, daß es REINE VERNUNFTERKENNTNISSE gäbe, d.h. Gedanken, die auf keine Bilder Bezug hätten, also ein Denken, welches allen Stoff aus sich selbst nähme. Die Bemühungen und Kontroverse über diesen Punkt findet man im *Pomponatius, de immortalitate animi*, zusammengestellt, da dieser eben sein Hauptargument daher nimmt. – Dem besagten Erforderniß zu genügen sollten nun die *Universalia* und die Erkenntnisse *a priori*, als *aeternae veritates* aufgefaßt, dienen. Welche Ausführung die Sache sodann durch CARTESIUS und seine Schule erhalten hat, habe ich bereits dargelegt in der dem §. 6 meiner Preisschrift über die Grundlage der Moral beigefügten ausführlichen Anmerkung, in welcher ich auch die lesenswerthen eigenen Worte des Cartesianers DE LA FORGE beigebracht habe. Denn gerade die falschen Lehren jedes Philosophen findet man, in der Regel, am deutlichsten von seinen Schülern ausgedrückt; weil diese nicht, wie wohl der Meister selbst, bemüht sind, diejenigen Seiten seines Systems, welche die Schwäche desselben verrathen könnten, möglichst dunkel zu halten; da sie noch kein Arg daraus haben. SPINOZA nun aber stellte bereits dem ganzen Cartesianischen Dualismus seine Lehre *Substantia cogitans et substantia extensa una eademque est substantia, quae jam sub hoc, jam sub illo attributo comprehenditur* entgegen, und zeigte dadurch seine große Ueberlegenheit. LEIBNITZ hingegen blieb fein artig auf dem Wege des Cartesius und der Orthodoxie. Dies aber eben rief sodann das der Philosophie so überaus heilsame Streben des vortrefflichen LOCKE hervor, als welcher endlich auf Untersuchung des URSPRUNGS DER BEGRIFFE drang und den Satz *no innate ideas* (keine angeborne Begriffe), nachdem er ihn ausführlich dargethan, zur Grundlage seiner Philosophie machte. Die Franzosen, für welche seine Philosophie durch CONDILLAC bearbeitet wurde, giengen, wiewohl aus demselben Grunde, in der Sache bald zu weit, indem sie den Satz *penser est sentir* aufstellten und ihn urgirten. Schlechthin genommen ist dieser Satz falsch: jedoch liegt das Wahre darin, daß jedes Denken theils das Empfinden, als Ingrediens der Anschauung, die ihm seinen Stoff liefert, voraussetzt, theils selbst, eben sowohl wie das Empfinden, durch körperliche Organe bedingt ist; nämlich wie dieses durch die Sinnennerven, so jenes durch das Gehirn, und Beides ist Nerventhätigkeit. Nun aber hielt auch die französische Schule jenen Satz nicht seiner selbst wegen so fest, sondern ebenfalls in metaphysischer und zwar materialistischer, Absicht; eben wie die Platonisch-Cartesianisch-Leibnitzischen Gegner den falschen Satz, daß die allein richtige Erkenntniß der Dinge im reinen Denken bestehe, auch nur in metaphysischer Absicht festgehalten hatten, um daraus die Immaterialität der Seele zu beweisen. – KANT allein führt zur Wahrheit aus diesen beiden Irrwegen und aus einem Streit, in welchem beide Parteien eigentlich nicht redlich verfahren; da sie Dianoiologie vorgeben, aber auf Metaphysik gerichtet sind und deshalb die Dianoiologie verfälschen. KANT also sagt: allerdings giebt es reine Vernunfterkenntniß, d.h. Erkenntnisse *a priori*, die aller Erfahrung vorhergängig sind, folglich auch ein Denken, das seinen Stoff keiner durch die Sinne vermittelten Erkenntniß verdankt: aber eben diese Erkenntniß *a priori*, obwohl nicht AUS der Erfahrung geschöpft, hat doch nur ZUM BEHUF der Erfahrung Werth und Gültigkeit: denn sie ist nichts Anderes als das Innewerden unsers eigenen ERKENNTNISSAPPARATS und seiner Einrichtung (Gehirnfunktion), oder wie Kant es ausdrückt, die FORM des erkennenden Bewußtseyns selbst, die ihren STOFF allererst durch die, mittelst der Sinnesempfindung, hinzukommende empirische Erkenntniß erhält, ohne diese aber leer und unnütz ist. Dieserhalb eben nennt sich seine Philosophie die KRITIK DER REINEN VERNUNFT. Hiedurch nun fällt alle jene metaphysische Psychologie und fällt mit ihr alle reine Seelenthätigkeit des Plato. Denn wir sehn, daß die Erkenntniß, ohne die Anschauung, welche der Leib vermittelt, keinen Stoff hat, daß mithin das Erkennende, als solches, ohne Voraussetzung des Leibes, nichts ist, als eine leere Form; noch zu geschweigen, daß jedes Denken eine physiologische Funktion des Gehirns ist, eben wie das Verdauen eine des Magens.

Wenn nun demnach PLATO's Anweisung, das Erkennen abzuziehn und rein zu halten von aller Gemeinschaft mit dem Leibe, den Sinnen und der Anschauung, sich als zweckwidrig, verkehrt, ja unmöglich ergiebt; so können wir jedoch als das berichtigte Analogon derselben meine Lehre betrachten, daß nur das von aller Gemeinschaft mit dem WILLEN rein gehaltene, und doch intuitive Erkennen die höchste Objektivität und deshalb Vollkommenheit erreicht; – worüber ich auf das dritte Buch meines Hauptwerks verweise.

§. 5.
ARISTOTELES.

Als Grundcharakter des Aristoteles ließe sich angeben der allergrößte Scharfsinn, verbunden mit Umsicht, Beobachtungsgabe, Vielseitigkeit und Mangel an Tiefsinn. Seine Weltansicht ist flach, wenn auch scharfsinnig durchgearbeitet. Der Tiefsinn findet seinen Stoff in uns selbst; der Scharfsinn muß ihn von außen erhalten, um Data zu haben. Nun aber waren zu jener Zeit die empirischen Data theils ärmlich, theils sogar falsch. Daher ist heut zu Tage das Studium des Aristoteles nicht sehr belohnend, während das des Plato es im höchsten Grade bleibt. Der gerügte Mangel an Tiefsinn beim Aristoteles wird natürlich am sichtbarsten in der Metaphysik, als wo der bloße Scharfsinn nicht, wie wohl anderwärts, ausreicht; daher er dann in dieser am allerwenigsten befriedigt. Seine Metaphysik ist größtentheils ein Hin- und Her-Reden über die Philosopheme seiner Vorgänger, die er von seinem Standpunkt aus, meistens nach vereinzelten Aussprüchen derselben, kritisirt und widerlegt, ohne eigentlich in ihren Sinn einzugehn, vielmehr wie Einer, der von außen die Fenster einschlägt. Eigene Dogmen stellt er wenige, oder keine, wenigstens nicht im Zusammenhange, auf. Daß wir seiner Polemik einen großen Theil unsrer Kenntniß der älteren Philosopheme verdanken ist ein zufälliges Verdienst. Den Plato feindet er am meisten gerade hier an, wo dieser so ganz an seinem Platz ist. Die »Ideen« desselben kommen ihm, wie etwas, das er nicht verdauen kann, immer wieder in den Mund: er ist entschlossen, sie nicht gelten zu lassen. – Scharfsinn reicht in den Erfahrungswissenschaften aus: daher hat Aristoteles eine vorwaltend empirische Richtung. Da nun aber, seit jener Zeit, die Empirie solche Fortschritte gemacht hat, daß sie zu ihrem damaligen Zustande sich verhält wie das männliche Alter zu den Kinderjahren; so können die Erfahrungswissenschaften heut zu Tage direkte nicht sehr durch sein Studium gefördert werden, wohl aber indirekte, durch die Methode und das eigentlich Wissenschaftliche, was ihn charakterisirt und durch ihn in die Welt gesetzt wurde. In der Zoologie jedoch ist er auch noch jetzt, wenigstens im Einzelnen, von direktem Nutzen. Ueberhaupt nun aber giebt seine empirische Richtung ihm den Hang, stets in die Breite zu gehn; wodurch er von dem Gedankenfaden, den er aufgenommen, so leicht und so oft seitwärts abspringt, daß er fast unfähig ist, irgend einen Gedankengang auf die Länge und bis ans Ende zu verfolgen: nun aber besteht gerade hierin das TIEFE Denken. Er hingegen jagt überall die Probleme auf, berührt sie jedoch nur und geht, ohne sie zu lösen, oder auch nur gründlich zu diskutiren, sofort zu etwas Anderm über. Daher denkt sein Leser so oft »jetzt wird's kommen«; aber es kommt nichts: und daher scheint, wann er ein Problem angeregt hat und auf eine kurze Strecke es verfolgt, so häufig die Wahrheit ihm auf der Zunge zu schweben; aber plötzlich ist er bei etwas Anderm und läßt uns im Zweifel stecken. Denn er kann nichts festhalten, sondern springt von Dem, was er vorhat, zu etwas Anderm, das ihm eben einfällt, über, wie ein Kind ein Spielzeug fallen läßt, um ein anderes, welches es eben ansichtig wird, zu ergreifen: Dies ist die schwache Seite seines Geistes: es ist die Lebhaftigkeit der Oberflächlichkeit. Hieraus erklärt es sich, daß, obwohl Aristoteles ein höchst systematischer Kopf war, da von ihm die Sonderung und Klassifikation der Wissenschaften ausgegangen ist, es dennoch seinem Vortrage durchgängig an systematischer Anordnung fehlt und wir den methodischen Fortschritt, ja die Trennung des Ungleichartigen und Zusammenstellung des Gleichartigen darin vermissen. Er handelt die Dinge ab, wie sie ihm einfallen, ohne sie vorher durchdacht und sich ein deutliches Schema entworfen zu haben: er denkt mit der Feder in der Hand, was zwar eine große Erleichterung für den Schriftsteller, aber eine große Beschwerde für den Leser ist. Daher das Planlose und Ungenügende seiner Darstellung; daher kommt er hundert Mal auf das Selbe zu reden, weil ihm Fremdartiges dazwischen gelaufen war; daher kann er nicht bei einer Sache bleiben, sondern geht vom Hundertsten ins Tausendste; daher führt er, wie oben beschrieben, den auf die Lösung der angeregten Probleme gespannten Leser bei der Nase herum; daher fängt er, nachdem er einer Sache mehrere Seiten gewidmet hat, seine Untersuchung derselben plötzlich von vorne an mit *λαβωμεν ουν αλλην αρχην της σκεψεως*, und Das sechs Mal in einer Schrift; daher paßt auf so viele Exordien seiner Bücher und Kapitel das *quid feret hic tanto dignum promissor hiatu*; daher, mit Einem Wort, ist er so oft konfus und ungenügend. Ausnahmsweise hat er es freilich anders gehalten; wie denn z. B. die drei Bücher Rhetorik durchweg ein Muster wissenschaftlicher Methode sind, ja, eine architektonische Symmetrie zeigen, die das Vorbild der Kantischen gewesen seyn mag.

Der radikale Gegensatz des Aristoteles, wie in der Denkungsart, so auch in der Darstellung, ist PLATO. Dieser hält seinen Hauptgedanken fest, wie mit eiserner Hand, verfolgt den Faden desselben, werde er auch noch so dünn, in alle Verzweigungen, durch die Irrgänge der längsten Gespräche, und findet ihn wieder nach allen Episoden. Man sieht daran, daß er seine Sache, ehe er an's Schreiben ging, reiflich und ganz durchdacht, und zu ihrer Darstellung eine künstliche Anordnung entworfen hatte. Daher ist jeder Dialog ein planvolles Kunstwerk, dessen sämmtliche Theile wohlberechneten, oft absichtlich auf eine Weile sich verbergenden Zusammenhang haben und dessen häufige Episoden von selbst und oft unerwartet zurückleiten auf den, durch sie nunmehr aufgehellten Hauptgedanken. Plato wußte stets, im ganzen Sinne des Worts, was er wollte und beabsichtigte; wenn er gleich meistens die Probleme nicht zu einer entschiedenen Lösung führt, sondern es bei der gründlichen Diskussion derselben bewenden läßt. Es darf uns daher nicht so sehr wundern, wenn, wie einige Berichte, besonders im Aelian *(var. hist. III, 19. IV, 9 etc.)*, angeben, zwischen dem Plato und dem Aristoteles sich bedeutende persönliche Disharmonie gezeigt hat, auch wohl Plato hin und wieder etwas geringschätzend vom Aristoteles geredet haben mag, dessen Herumflankiren, Irrlichterliren und Abspringen eben mit seiner Polymathie verwandt, dem Plato aber ganz antipathisch ist. Schillers Gedicht »Breite und Tiefe« kann auch auf den Gegensatz zwischen Aristoteles und Plato angewandt werden.

Trotz dieser empirischen Geistesrichtung war dennoch Aristoteles kein konsequenter und methodischer Empiriker; daher er vom wahren Vater des Empirismus, dem BAKO VON VERULAM, gestürzt und ausgetrieben werden mußte. Wer recht eigentlich verstehn will, in welchem Sinn und warum dieser der Gegner und Ueberwinder des Aristoteles und seiner Methode ist, der lese die Bücher des Aristoteles *de generatione et corruptione*. Da findet er so recht das Räsonniren *a priori* über die Natur, welches ihre Vorgänge aus bloßen Begriffen verstehn und erklären will: ein besonders grelles Beispiel liefert *L. II, c.4*, als wo eine Chemie *a priori* konstruirt wird. Dagegen trat Bako auf, mit dem Rath, nicht das Abstrakte, sondern das Anschauliche, die Erfahrung, zur Quelle der Erkenntniß der Natur zu machen. Der glänzende Erfolg desselben ist der gegenwärtige hohe Stand der Naturwissenschaften, von welchem aus wir mitleidig lächelnd auf diese Aristotelischen Quälereien herabsehn. In der besagten Hinsicht ist es sehr merkwürdig, daß die eben erwähnten Bücher des Aristoteles sogar den Ursprung der Scholastik ganz deutlich erkennen lassen, ja, die spitzfindige, wortkramende Methode dieser schon darin anzutreffen ist. – Zu demselben Zweck sind auch die Bücher *de coelo* sehr brauchbar und daher lesenswerth. Gleich die ersten Kapitel sind ein rechtes Muster der Methode aus bloßen Begriffen das Wesen der Natur erkennen und bestimmen zu wollen, und das Mißlingen liegt hier zu Tage. Da wird uns Kap. 8 aus bloßen Begriffen und *locis communibus* bewiesen, daß es nicht mehrere Welten gebe, und Kap. 12, eben so über den Lauf der Gestirne spekulirt. Es ist ein konsequentes Vernünfteln aus falschen Begriffen, eine ganz eigene Natur-Dialektik, welche es unternimmt, aus gewissen allgemeinen Grundsätzen, die das Vernünftige und Schickliche ausdrücken sollen, *a priori* zu entscheiden, wie die Natur seyn und verfahren müsse. Indem wir nun einen so großen, ja stupenden Kopf, wie bei dem Allen Aristoteles doch ist, so tief in Irrthümern dieser Art verstrickt sehn, die ihre Gültigkeit bis noch vor ein Paar hundert Jahren behauptet haben, wird uns zuvörderst deutlich, wie sehr viel die Menschheit dem Kopernikus, Kepler, Galiläi, Bako, Robert Hook und Neuton verdankt. Im Kap. 7 u. 8 des zweiten Buchs legt Aristoteles uns seine ganze absurde Anordnung des Himmels dar: die Sterne stekken fest auf der sich drehenden Hohlkugel, Sonne und Planeten auf ähnlichen näheren: die Reibung beim Drehen verursacht Licht und

Wärme: die Erde steht ausdrücklich still. Das Alles möchte hingehn, wenn vorher nichts Besseres dagewesen wäre: aber wenn er selbst uns, Kap. 13, die ganz richtigen Ansichten der Pythagoreer über Gestalt, Lage und Bewegung der Erde vorführt, um sie zu verwerfen; so muß dies unsre Indignation erregen. Sie wird steigen, wenn wir aus seiner häufigen Polemik gegen Empedokles, Herakleitos und Demokritos sehn, wie alle diese sehr viel richtigere Einsichten in die Natur gehabt, auch die Erfahrung besser beachtet haben, als der seichte Schwätzer, den wir hier vor uns haben. EMPEDOKLES hatte sogar schon eine durch den Umschwung entstehende und der Schwere entgegenwirkende Tangentialkraft gelehrt (*II. 1 et 13*, dazu die Scholien, *p. 491*). Weit entfernt dergleichen gehörig schätzen zu können, läßt Aristoteles nicht ein Mal die richtigen Ansichten jener Aelteren über die wahre Bedeutung des Oben und Unten gelten, sondern tritt auch hierin der, dem oberflächlichen Scheine folgenden Meinung des großen Haufens bei *(IV, 2.)*. Nun aber kommt in Betracht, daß diese seine Ansichten Anerkennung und Verbreitung fanden, alles Frühere und Bessere verdrängten und so späterhin die Grundlage des Hipparchus und dann des Ptolemäischen Weltsystems wurden, mit welchem die Menschheit sich bis zum Anfang des 16. Jahrhunderts hat schleppen müssen, allerdings zum großen Vortheil der jüdisch-christlichen Religionslehren, als welche mit dem Kopernikanischen Weltsysteme im Grunde unverträglich sind; wie denn auch die katholische Kirche dies sofort richtig erkannt und demgemäß jenes System verfolgt hat; worüber daher sich so sehr und mit Zetergeschrei über die Bedrängniß des Galiläi zu verwundern einfältig ist: denn *omnis natura vult esse conservatrix sui.* Wer weiß, ob nicht irgend eine stille Erkenntniß, oder wenigstens Ahndung dieser Kongenialität des Aristoteles mit der Kirchenlehre, und der durch ihn beseitigten Gefahr, zu seiner übermäßigen Verehrung im Mittelalter beigetragen hat? Wer weiß, ob nicht Mancher, angeregt durch die Berichte desselben über die älteren astronomischen Systeme, im Stillen, lange vor Kopernikus, die Wahrheiten eingesehn hat, die dieser, nach vieljährigem Zaudern und im Begriff aus der Welt zu scheiden, endlich zu proklamiren wagte?

§. 6.
STOIKER.

Ein gar schöner und tiefsinniger Begriff bei den Stoikern ist der des *λογος σπερματικος*, wiewohl ausführlichere Berichte über ihn, als uns zugekommen, zu wünschen wären *(Diog. Laert. VII, 136. – Plut. de plac. phil. I, 7. – Stob. ecl. I, p. 372.)*. Doch ist soviel klar, daß dadurch Das gedacht wird, was in den successiven Individuen einer Gattung, die identische Form derselben behauptet und erhält, indem es vom Einen auf das Andere übergeht; also gleichsam der im Samen verkörperte Begriff der Gattung. Ihm sehr nahe verwandt ist der Begriff der *forma substantialis* bei den Scholastikern, als durch welchen das innere Princip des Komplexes sämmtlicher Eigenschaften eines jeden Naturwesens gedacht wird: sein Gegensatz ist die *materia prima*, die reine Materie, ohne alle Form und Qualität. Die Seele des Menschen ist eben seine *forma substantialis*. Was beide Begriffe unterscheidet ist, daß der *λογος σπερματικος* bloß lebenden und sich fortpflanzenden, die *forma substantialis* aber auch unorganischen Wesen zukommt; imgleichen, daß diese zunächst das Individuum, jener geradezu die Gattung im Auge hat: inzwischen sind offenbar beide der Platonischen Idee verwandt. Erklärungen der *forma substantialis* findet man im Skotus Erigena *de divis. nat. Lib. III. p. 139* der Oxforder Ausgabe; im *Giordano Bruno, della causa, dial. 3. p. 252 seqq.* und ausführlich in den *disputationibus metaphysicis* des Suarez *(Disp. 15, sect. 1.)*, diesem ächten Kompendio der ganzen Scholastischen Weisheit, woselbst man ihre Bekanntschaft zu suchen hat, nicht aber in dem breiten Geträtsche geistloser deutscher Philosophieprofessoren, dieser Quintessenz aller Schaalheit und Langweiligkeit. –

Ueber den wahren Geist und die eigentlichen Principien der Stoischen Moral wird man aus des Arrian's Dissertationen zur Epikteteischen Philosophie keine gründliche Aufschlüsse erhalten: vielmehr ist dies Buch in Form und Gehalt unbefriedigend. Erstlich, die Form anlangend, vermißt man darin jede Spur von

Methode, von systematischer Abhandlung, ja auch nur von regelmäßiger Fortschreitung. In Kapiteln, die ohne Ordnung und Zusammenhang an einander gereiht sind, wird unablässig wiederholt, daß man alles Das für nichts zu achten habe, was nicht Aeußerung unsers eigenen Willens ist, daß man mithin Alles, was Menschen sonst bewegt, durchaus antheilslos ansehn solle: Dies ist die Stoische *αταραξια*. Nämlich, was nicht *εφ' ἡμιν* ist, das wäre auch nicht *προς ἡμας*. Dieses kolossale Paradoxon wird aber nicht abgeleitet, aus irgend welchen Grundsätzen; sondern die wunderlichste Gesinnung von der Welt wird uns zugemuthet, ohne daß zu derselben ein Grund angegeben würde. Statt dessen findet man endlose Deklamationen, in unermüdlich wiederkehrenden Ausdrücken und Wendungen. Denn die Folgesätze aus jenen wunderlichen Maximen werden auf das Ausführlichste und Lebhafteste dargelegt, und wird demnach mannigfaltig geschildert, wie der Stoiker sich aus nichts in der Welt etwas mache. Dazwischen wird jeder anders Gesinnte beständig Sklav und Narr geschimpft. Vergebens aber hofft man auf die Angabe irgend eines deutlichen und triftigen Grundes zur Annahme jener seltsamen Denkungsart; da ein solcher doch viel mehr wirken würde, als alle Deklamationen und Schimpfwörter des ganzen dicken Buches. So aber ist dieses, mit seinen hyperbolischen Schilderungen des Stoischen Gleichmuthes, seinen unermüdlich wiederholten Lobpreisungen der heiligen Schutzpatrone Kleanthes, Chrysippos, Zeno, Krates, Diogenes, Sokrates, und seinem Schimpfen auf alle anders Denkenden eine wahre Kapuzinerpredigt. Einer solchen angemessen ist dann freilich auch das Planlose und Desultorische des ganzen Vortrags. Was die Ueberschrift eines Kapitels angiebt ist nur der Gegenstand des Anfangs desselben: bei erster Gelegenheit wird abgesprungen und nun, nach dem *nexus idearum*, vom Hundertsten aufs Tausendste übergegangen. Soviel von der FORM.

Was nun den GEHALT betrifft, so ist derselbe, auch abgesehn davon, daß das Fundament ganz fehlt, keineswegs ächt und rein stoisch; sondern hat eine starke fremde Beimischung, die nach einer christlich-jüdischen Quelle schmeckt. Der unleugbarste Beweis hiervon ist der Theismus, der auf allen Seiten zu finden und auch Träger der Moral ist: der Kyniker und der Stoiker handeln hier im Auftrage Gottes, dessen Wille ist ihre Richtschnur, sie sind in denselben ergeben, hoffen auf ihn u. dgl. m. Der ächten, ursprünglichen Stoa ist dergleichen ganz fremd: da ist Gott und die Welt Eines, und so einen denkenden, wollenden, befehlenden, vorsorgenden Menschen von einem Gott kennt man gar nicht. Jedoch nicht nur im Arrian, sondern in den meisten heidnischen, philosophischen Schriftstellern der ersten Christlichen Jahrhunderte, sehn wir den jüdischen Theismus, der bald darauf, als Christenthum, Volksglaube werden sollte, bereits durchschimmern, gerade so wie heut zu Tage, in den Schriften der Gelehrten, der in Indien einheimische Pantheismus durchschimmert, der auch erst später in den Volksglauben überzugehn bestimmt ist. *Ex oriente lux.*

Aus dem angegebenen Grunde nun wieder ist auch die hier vorgetragene Moral selbst nicht rein stoisch: sogar sind manche Vorschriften derselben nicht mit einander zu vereinigen; daher sich freilich keine gemeinsame Grundprincipien derselben aufstellen ließen. Eben so ist auch der Kynismus ganz verfälscht, durch die Lehre, daß der Kyniker es hauptsächlich um Andrer Willen seyn solle, nämlich, um durch sein Beispiel auf sie zu wirken, als ein Bote Gottes, und um, durch Einmischung in ihre Angelegenheiten, sie zu lenken. Daher wird gesagt: »in einer Stadt von lauter Weisen, würde gar kein Kyniker nöthig seyn«; desgleichen, daß er gesund, stark und reinlich seyn solle, um die Leute nicht abzustoßen. Wie fern liegt doch Dies vom Selbstgenügen der alten ächten Kyniker! Allerdings sind Diogenes und Krates Hausfreunde und Rathgeber vieler Familien gewesen: aber Das war sekundär und accidentell, keineswegs Zweck des Kynismus.

Dem Arrian sind also die eigentlichen Grundgedanken des Kynismus, wie der Stoischen Ethik, ganz abhanden gekommen: sogar scheint er nicht ein Mal das Bedürfniß derselben gefühlt zu haben. Er predigt eben Selbstverläugnung, weil sie ihm gefällt, und sie gefällt ihm vielleicht nur weil sie schwer und der menschlichen Natur entgegen, das Predigen inzwischen leicht ist. Die Gründe zur Selbstverläugnung hat er nicht gesucht: daher glaubt man bald einen Christlichen Asketen, bald wieder einen Stoiker zu hören.

Denn die Maximen Beider treffen allerdings oft zusammen; aber die Grundsätze, worauf sie beruhen, sind ganz verschieden. Ich verweise in dieser Hinsicht auf mein Hauptwerk, Bd. 1, §. 16, und Bd. 2, Kap. 16, – woselbst, und wohl zum ersten Male, der wahre Geist des Kynismus und der Stoa, gründlich dargelegt ist.

Die Inkonsequenz des ARRIAN tritt sogar auf eine lächerliche Art hervor, in diesem Zuge, daß er, bei der unzählige Mal wiederholten Schilderung des vollkommenen Stoikers, auch allemal sagt: »er tadelt Niemanden, klagt weder über Götter noch Menschen, schilt Niemanden«, – dabei aber ist sein ganzes Buch größtentheils im scheltenden Ton, der oft ins Schimpfen übergeht, abgefaßt.

Bei dem Allen sind in dem Buche hin und wieder ächt Stoische Gedanken anzutreffen, die Arrian, oder Epiktet, aus den alten Stoikern geschöpft hat: und eben so ist der Kynismus in einzelnen Zügen treffend und lebhaft geschildert. Auch ist stellenweise viel gesunder Verstand darin enthalten, wie auch treffende, aus dem Leben gegriffene Schilderungen der Menschen und ihres Thuns. Der Stil ist leicht und fließend, aber sehr breit.

Daß Epiktets Encheiridion ebenfalls vom Arrian abgefaßt sei, wie F. A. Wolf uns in seinen Vorlesungen versicherte, glaube ich nicht. Dasselbe hat viel mehr Geist in wenigeren Worten, als die Dissertationen, hat durchgängig gesunden Sinn, keine leere Deklamationen, keine Ostentation, ist bündig und treffend, dabei im Ton eines wohlmeinend rathenden Freundes geschrieben; da hingegen die Dissertationen meistens im scheltenden und vorwerfenden Tone reden. Der Gehalt beider Bücher ist im Ganzen derselbe; nur daß das Encheiridion höchst wenig vom Theismus der Dissertationen hat. – Vielleicht war das Encheiridion das eigene Kompendium des Epiktet, welches er seinen Zuhörern diktirte; die Dissertationen aber, das seinen, jenes kommentirenden, freien Vorträgen vom Arrian nachgeschriebene Heft.

§. 7.
NEUPLATONIKER.

Die Lektüre der Neuplatoniker erfordert viel Geduld; weil es ihnen sämmtlich an Form und Vortrag gebricht. Bei Weitem besser, als die andern, ist jedoch, in dieser Hinsicht, Porphyrius: er ist der einzige, der deutlich und zusammenhängend schreibt; so daß man ihn ohne Widerwillen liest.

Hingegen ist der schlechteste Jamblichos: voll krassen Aberglaubens und plumper Dämonologie, und dazu eigensinnig. Zwar hat er noch eine andere, gleichsam esoterische Ansicht der Magie und Theurgie: doch sind seine Aufschlüsse über diese nur flach und unbedeutend. Im Ganzen ist er ein höchst elender Skribent: beschränkt, verschroben, grob, abergläubisch und konfus. Man sieht deutlich, daß was er lehrt durchaus nicht aus seinem eigenen Nachdenken entsprungen ist; sondern es sind fremde, kaum halb verstandene, aber desto hartnäckiger behauptete Dogmen: daher auch ist er voll Widersprüche.

Proklus nun wieder ist ein seichter, breiter, fader Schwätzer. Sein Kommentar zu Plato's Alkibiades, einem der schlechtesten Platonischen Dialogen, der auch unächt seyn mag, ist das breiteste, weitschweifigste Gewäsche von der Welt. Da wird über jedes, auch das unbedeutendeste Wort Plato's endlos geschwätzt und ein tiefer Sinn darin gesucht. Das von Plato mythisch und allegorisch Gesagte wird im eigentlichen Sinne und streng dogmatisch genommen, und Alles in's Abergläubische und Theosophische verdreht. Dennoch ist nicht zu leugnen, daß in der ersten Hälfte jenes Kommentars einige sehr gute Gedanken anzutreffen sind, die aber wohl mehr der Schule, als dem Proklus, angehören mögen. Ein höchst gewichtiger Satz sogar ist es, der den *fasciculum primum partis primae* beschließt: *αἱ των ψυχων εφεσεις τα μεγιστα συντελουσι προς τους βιους, και ου πλαττομενοις εξωθεν εοικαμεν, αλλ' εφ' ἑαυτων προβαλλομεν τας αἱρεσεις, καθ' ἁς διαζωμεν. (animorum appetitus [ante hanc vitam concepti] plurimam vim habent in vitas eligen-*

das, nec extrinsecus fictis similes sumus, sed nostra sponte facimus electiones, secundum quas deinde vitas transigimus). Das hat freilich seine Wurzel im Plato, kommt aber auch nahe an Kants Lehre vom intelligibeln Charakter und steht gar hoch über den glatten und bornirten Lehren von der Freiheit des individuellen Willens, der jedes Mal so und auch anders kann, mit welchen unsere Philosophieprofessoren, stets den Katechismus vor Augen habend, sich bis auf den heutigen Tag schleppen. Augustinus und Luther ihrerseits hatten sich mit der Gnadenwahl geholfen. Das war gut für jene gottergebenen Zeiten, da man noch bereit war, wenn es Gott gefiele, in Gottes Namen zum Teufel zu fahren: aber in unsrer Zeit ist nur bei der Aseität des Willens Schutz zu finden, und muß erkannt werden, daß, wie Proklus es hat, *ου πλαττομενοις εξωθεν εοικαμεν.*

Plotinos nun endlich, der wichtigste von Allen, ist sich selber sehr ungleich, und die einzelnen Enneaden sind von höchst verschiedenem Werth und Gehalt: die vierte ist vortrefflich. Darstellung und Stil sind jedoch auch bei ihm meistentheils schlecht: seine Gedanken sind nicht geordnet, nicht vorher überlegt; sondern er hat eben in den Tag hineingeschrieben, wie es kam. Von der liederlichen, nachlässigen Art, mit der er dabei zu Werke gegangen, berichtet, in seiner Biographie, Porphyrius. Daher übermannt seine breite, langweilige Weitschweifigkeit und Konfusion oft alle Geduld, so daß man sich wundert, wie nur dieser Wust hat auf die Nachwelt kommen können. Meistens hat er den Stil eines Kanzelredners, und wie dieser das Evangelium, so tritt er Platonische Lehren platt: wobei auch er was Plato mythisch, ja halb metaphorisch gesagt hat zum ausdrücklichen prosaischen Ernst herabzieht, und Stunden lang am selben Gedanken kaut, ohne aus eigenen Mitteln etwas hinzuzuthun. Dabei verfährt er revelirend, nicht demonstrirend, spricht also durchgängig *ex tripode*, erzählt die Sachen, wie er sie sich denkt, ohne sich auf eine Begründung irgend einzulassen. Und dennoch sind bei ihm große, wichtige und tiefsinnige Wahrheiten zu finden, die er auch allerdings selbst verstanden hat: denn er ist keineswegs ohne Einsicht; daher er durchaus gelesen zu werden verdient und die hiezu erforderliche Geduld reichlich belohnt.

Den Aufschluß über diese widersprechenen Eigenschaften des

Plotinos finde ich darin, daß er, und die Neuplatoniker überhaupt, nicht eigentliche Philosophen, nicht Selbstdenker sind; sondern was sie vortragen ist eine fremde, überkommene, jedoch von ihnen meistens wohl verdauete und assimilirte Lehre. Es ist nämlich Indo-Aegyptische Weisheit, die sie der Griechischen Philosophie haben einverleiben wollen und als hiezu passendes Verbindungsglied, oder Uebergangsmittel, oder *menstruum*, die Platonische Philosophie, namentlich ihrem in's Mystische hinüberspielenden Theile nach, gebrauchen. Von diesem indischen, durch Aegypten vermittelten Ursprunge der Neuplatonischen Dogmen zeugt zunächst und unleugbar die ganze All-Eins-Lehre des Plotinos, wie wir sie vorzüglich in der 4. Enneade dargestellt finden. Gleich das erste Kapitel des ersten Buches derselben, *περι ουσιας ψυχης*, giebt, in großer Kürze, die Grundlehre seiner ganzen Philosophie, von einer *ψυχη*, die ursprünglich Eine und nur mittelst der Körperwelt in viele zersplittert sei. Besonders interessant ist das 8. Buch dieser Enneade, welches darstellt, wie jene *ψυχη* durch ein sündliches Streben in diesen Zustand der Vielheit gerathen sei: sie trage demnach eine doppelte Schuld, erstlich, die ihres Herabkommens in diese Welt, und zweitens die ihrer sündhaften Thaten in derselben: für jene büße sie durch das zeitliche Daseyn überhaupt; für diese, welches die geringere, durch die Seelenwanderung, *(c. 5)*. Offenbar der selbe Gedanke, wie die Christliche Erbsünde und Partikularsünde. Vor Allem lesenswerth aber ist das 9. Buch, woselbst, im Kap. 3, *ει πασαι αἱ ψυχαι μια*, aus der Einheit jener Weltseele, unter Anderm, die Wunder des animalischen Magnetismus erklärt werden, namentlich die auch jetzt vorkommende Erscheinung, daß die Somnambule ein leise gesprochenes Wort in größter Entfernung vernimmt, – was freilich durch eine Kette mit ihr in Rapport stehender Personen vermittelt werden muß. – Sogar tritt beim Plotinos, wahrscheinlich zum ersten Male in der occidentalischen Philosophie, der dem Orient schon damals längst geläufige IDEALISMUS auf, indem *(Enn. III, L. 7, c. 10)* gelehrt wird, die Seele habe die Welt gemacht, indem sie aus der Ewigkeit in die Zeit trat; mit der Erläuterung: *ου γαρ τις αυτου τουδε του παντος τοπος, η ψυχή (neque est alter hujus universi locus, quam anima)*, ja, die Idealität der

Zeit wird ausgesprochen, in den Worten: *δει δε ουκ εξωθεν της ψυχης λαμβανειν τον χρονον, ὡσπερ ουδε τον αιωνα εκει εξω του οντος, (oportet antem nequaquam extra animam tempus accipere.)* Jenes *εκει* (jenseits) ist der Gegensatz des *ενθαδε* (diesseits) und ein ihm sehr geläufiger Begriff, den er näher erklärt durch *κοσμος νοητος* und *κοσμος αισθητος, mundus intelligibilis et sensibilis*, auch durch *τα ανω, και τα κατω*. Die Idealität der Zeit erhält noch, in Kap. 11 und 12, sehr gute Erläuterungen. Daran knüpft sich die schöne Erklärung, daß wir in unserm zeitlichen Zustande nicht sind, was wir seyn sollen und möchten, daher wir von der Zukunft stets das Bessere erwarten und der Erfüllung unsers Mangels entgegensehn, woraus denn die Zukunft und ihre Bedingung, die Zeit, entsteht *(c. 2 et 3.)*. Einen ferneren Beleg des indischen Ursprungs giebt uns die vom JAMBLICHOS *(de mysteriis, Sect. 4, c. 4 et 5.)*, vorgetragene Metempsychosenlehre, wie auch ebendaselbst *(Sect. 5, c. 6.)* die Lehre von der endlichen Befreiung und Erlösung aus den Banden des Geborenwerdens und Sterbens, *ψυχης καθαρσις, και τελειωσις, και ἡ απο της γενεσεως απαλλαγη*, und *(c. 12.) το εν ταις θυσιαις πυρ ἡμας απολυει των της γενεσεως δεσμων*, also eben jene, in allen indischen Religionsbüchern vorgetragene Verheißung, welche Englisch durch *final emancipation*, als Erlösung, bezeichnet wird. Hiezu kommt endlich noch (a.a.O. *Sect. 7, c. 2.*) der Bericht von einem Aegyptischen Symbol, welches einen schaffenden Gott, der auf dem Lotus sitzt, darstellt: offenbar der weltschaffende Brahma, sitzend auf der Lotusblume, die dem Nabel des Wischnu entsprießt, wie er häufig abgebildet ist, z.B. in *Langlès, monuments de l'Hindoustan, Vol. 1. ad p. 175*; in *Coleman's Mythology of the Hindus, Tab. 5,* u.a.m. Dies Symbol ist, als sicherer Beweis des Hindostanischen Ursprungs der Aegyptischen Religion, höchst wichtig, wie, in derselben Hinsicht, auch die vom PORPHYRIUS, *de abstinentia Lib. II*, gegebene Nachricht, daß in Aegypten die Kuh heilig war und nicht geschlachtet werden durfte. – Sogar der, von Porphyrius, in seinem Leben des Plotinos, erzählte Umstand, daß dieser, nachdem er mehrere Jahre Schüler des Ammonius Sackas gewesen, mit dem Heere Gordians nach Persien und Indien hat gehn wollen, was durch Gordians Niederlage und Tod vereitelt wurde, deutet darauf hin, daß die Lehre des Ammonius Indischen Ursprungs war und Plotinos sie jetzt aus der Quelle reiner zu schöpfen beabsichtigte.

§. 8.
GNOSTIKER.

Die KABBALISTISCHE und die GNOSTISCHE PHILOSOPHIE, bei deren Urhebern, als Juden und Christen, der Monotheismus vorweg feststand, sind Versuche, den schreienden Widerspruch zwischen der Hervorbringung der Welt durch ein allmächtiges, allgütiges und allweises Wesen, und der traurigen, mangelhaften Beschaffenheit eben dieser Welt aufzuheben. Sie führen daher, zwischen die Welt und jene Weltursache, eine Reihe Mittelwesen ein, durch deren Schuld ein Abfall und durch diesen erst die Welt entstanden sei. Sie wälzen also gleichsam die Schuld vom Souverän auf die Minister. Angedeutet war dies Verfahren freilich schon durch den Mythos vom Sündenfall, der überhaupt der Glanzpunkt des Judenthums ist. Jene Wesen nun also sind, bei den Gnostikern, das *πληρωμα*, die Aeonen, die *ὑλη*, der Demiurgos u.s.w. Die Reihe wurde von jedem Gnostiker beliebig verlängert.

Das ganze Verfahren ist dem analog, daß, um den Widerspruch, den die angenommene Verbindung und wechselseitige Einwirkung einer materiellen und immateriellen Substanz im Menschen mit sich führt, zu mildern, physiologische Philosophen Mittelwesen einzuschieben suchten, wie Nervenflüssigkeit, Nervenäther, Lebensgeister und dergl. Beides verdeckt was es nicht aufzuheben vermag.

§. 9.
SKOTUS ERIGENA.

Dieser bewundernswürdige Mann gewährt uns den interessanten Anblick des Kampfes zwischen selbsterkannter, selbstgeschaueter Wahrheit und lokalen, durch frühe Einimpfung fixirten, allem

Zweifel, wenigstens allem direkten Angriff, entwachsenen Dogmen, nebst dem daraus hervorgehenden Streben einer edlen Natur, die so entstandene Dissonanz irgendwie zum Einklang zurückzuführen. Dies kann dann aber freilich nur dadurch geschehn, daß die Dogmen gewendet, gedreht und nöthigenfalls verdreht werden, bis sie sich der selbsterkannten Wahrheit *nolentes volentes* anschmiegen, als welche das dominirende Princip bleibt, jedoch genöthigt wird, in einem seltsamen und sogar beschwerlichen Gewande einherzugehn. Diese Methode weiß Erigena, in seinem großen Werke *de divisione naturae*, überall mit Glück durchzuführen, bis er endlich auch an den Ursprung des Uebels und der Sünde, nebst den angedrohten Quaalen der Hölle, sich damit machen will: hier scheitert sie, und zwar am Optimismus, der eine Folge des jüdischen Monotheismus ist. Er lehrt, im 5. Buch, die Rückkehr aller Dinge in Gott und die metaphysische Einheit und Untheilbarkeit der ganzen Menschheit, ja, der ganzen Natur. Nun frägt sich: wo bleibt die Sünde? sie kann nicht mit in den Gott; – wo ist die Hölle, mit ihrer endlosen Quaal, wie sie verheißen worden? – wer soll hinein? die Menschheit ist ja erlöst, und zwar ganz. – Hier bleibt das Dogma unüberwindlich. Erigena windet sich kläglich, durch weitläuftige Sophismen, die auf Worte hinauslaufen, wird endlich zu Widersprüchen und Absurditäten genöthigt, zumal da die Frage nach dem Ursprung der Sünde unvermeidlicherweise mit hineingekommen, dieser nun aber weder in Gott, noch auch in dem von ihm geschaffenen Willen liegen kann; weil sonst Gott der Urheber der Sünde wäre; welches Letztere er vortrefflich einsieht, S. 287 der Oxforder *editio princeps* von 1681. Nun wird er zu Absurditäten getrieben: da soll die Sünde weder eine Ursache noch ein Subjekt haben: *malum incausale est, ... penitus incausale et insubstantiale est: ibid.* – Der tiefere Grund dieser Uebelstände ist, daß die Lehre von der ERLÖSUNG der Menschheit und der Welt, welche offenbar indischen Ursprungs ist, eben auch die indische Lehre voraussetzt, nach welcher der Ursprung der Welt (dieses Sansara des Buddhaisten) selbst schon vom Uebel, nämlich eine sündliche That des Brahma ist, welcher Brahma nun wieder wir eigentlich selbst sind: denn die indische Mythologie ist überall durchsichtig.

Hingegen im Christenthum hat jene Lehre von der Erlösung der Welt gepfropft werden müssen auf den jüdischen Theismus, wo der Herr die Welt nicht nur gemacht, sondern auch nachher sie vortrefflich gefunden hat: *παντα καλα λιαν. Hinc illae lacrimae:* hieraus erwachsen jene Schwierigkeiten, die Erigena vollkommen erkannte, wiewohl er, in seinem Zeitalter, nicht wagen durfte, das Uebel an der Wurzel anzugreifen. Inzwischen ist er von Hindostanischer Milde: er verwirft die vom Christenthum gesetzte ewige Verdammniß und Strafe: alle Kreatur, vernünftige, thierische, vegetabilische und leblose, muß, ihrer innern Essenz nach, selbst durch den nothwendigen Lauf der Natur, zur ewigen Seeligkeit gelangen: denn sie ist von der ewigen Güte ausgegangen. Aber den Heiligen und Gerechten allein wird die gänzliche Einheit mit Gott, *Deificatio*. Uebrigens ist Erigena so redlich, die große Verlegenheit, in welche ihn der Ursprung des Uebels versetzt, nicht zu verbergen: er legt sie, in der angeführten Stelle des 5. Buches, deutlich dar. In der That ist der Ursprung des Uebels die Klippe an welcher, so gut wie der Pantheismus, auch der Theismus scheitert: denn Beide impliciren Optimismus. Nun aber sind das Uebel und die Sünde, Beide in ihrer furchtbaren Größe, nicht wegzuleugnen, ja, durch die verheißenen Strafen für die Letztere, wird das Erstere nur noch vermehrt. Woher nun alles Dieses, in einer Welt, die entweder selbst ein Gott, oder das wohlgemeinte Werk eines Gottes ist? Wenn die theistischen Gegner des Pantheismus diesem entgegen schreien »was? alle die bösen, schrecklichen, scheußlichen Wesen sollen Gott seyn?« – so können die Pantheisten erwidern: »wie? alle jene bösen, schrecklichen, scheußlichen Wesen soll ein Gott, *de gaieté de coeur,* hervorgebracht haben?« – In derselben Noth, wie hier, finden wir den Erigena auch noch in dem andern seiner auf uns gekommenen Werke, dem Buche *de praedestinatione*, welches jedoch dem *de divisione naturae* weit nachsteht; wie er denn in demselben auch nicht als Philosoph, sondern als Theolog auftritt. Auch hier also quält er sich erbärmlich mit jenen Widersprüchen, welche ihren letzten Grund darin haben, daß das Christenthum auf das Judenthum geimpft ist. Seine Bemühungen stellen solche aber nur in noch helleres Licht. Der Gott soll Alles, Alles und in Allem Alles gemacht haben; das steht fest: – »folglich auch das Böse und das Uebel.« Diese unausweichbare Konsequenz ist wegzuschaffen und Erigena sieht sich genöthigt, erbärmliche Wortklaubereien vorzubringen. Da sollen das Uebel und das Böse gar nicht SEYN, sollen also nichts seyn. – Den Teufel auch! – Oder aber der FREIE WILLE soll an ihnen Schuld seyn: diesen nämlich habe der Gott zwar geschaffen, jedoch FREI; daher es ihn nicht angeht, was derselbe nachher vornimmt: denn er war ja eben FREI, d.h. konnte so und auch anders, konnte also gut, sowohl wie schlecht seyn. – Bravo! – Die Wahrheit aber ist, daß Freiseyn und Geschaffenseyn zwei einander aufhebende, also sich widersprechende Eigenschaften sind; daher die Behauptung, Gott habe Wesen geschaffen, und ihnen zugleich Freiheit des Willens ertheilt, eigentlich besagt, er habe sie geschaffen und zugleich nicht geschaffen. Denn *operari sequitur esse,* d.h. die Wirkungen, oder Aktionen, jedes irgend möglichen Dinges können nie etwas anders, als die Folge seiner Beschaffenheit seyn; welche selbst sogar nur an ihnen erkannt wird. Daher müßte ein Wesen, um in dem hier geforderten Sinne FREI zu seyn, gar keine Beschaffenheit haben, d.h. aber gar NICHTS seyn, also seyn und nicht seyn zugleich. Denn was IST muß auch ETWAS seyn: eine Existenz ohne Essenz läßt sich nicht ein Mal denken. Ist nun ein Wesen GESCHAFFEN; so ist es so geschaffen, wie es BESCHAFFEN ist: mithin ist es schlecht GESCHAFFEN, wenn es schlecht BESCHAFFEN ist, und schlecht BESCHAFFEN, wenn es schlecht handelt, d. h. wirkt. Demzufolge wälzt die SCHULD der Welt, eben wie ihr UEBEL, welches so wenig wie jene abzuleugnen ist, sich immer auf ihren Urheber zurück, von welchem es abzuwälzen, wie früher Augustinus, so hier Skotus Erigena sich jämmerlich abmühet.

Soll hingegen ein Wesen moralisch FREI seyn; so darf es nicht geschaffen seyn, sondern muß Aseität haben, d.h. ein ursprüngliches, aus eigener Urkraft und Machtvollkommenheit existirendes seyn, und nicht auf ein anderes zurückweisen. Dann ist sein Daseyn sein eigener Schöpfungsakt, der sich in der Zeit entfaltet und ausbreitet, zwar eine ein für alle Mal entschiedene Beschaffenheit dieses Wesens an den Tag legt, welche jedoch sein eigenes Werk ist, für deren sämmtliche Aeußerungen die Verantwortlichkeit also auf ihm selbst haftet. – Soll nun ferner ein Wesen für sein Thun VERANTWORTLICH, also soll es ZURECHNUNGSFÄHIG seyn; so muß es FREI seyn. Also aus der Verantwortlichkeit und Imputabilität, die unser Gewissen aussagt, folgt sehr sicher, daß der Wille frei sei; hieraus aber wieder, daß er das Ursprüngliche selbst, mithin nicht bloß das Handeln, sondern schon das Daseyn und Wesen des Menschen sein eigenes Werk sei. Ueber alles Dieses verweise ich auf meine Abhandlung über die Freiheit des Willens, wo man es ausführlich und unwiderleglich auseinandergesetzt findet; daher eben die Philosophieprofessoren diese gekrönte Preisschrift durch das unverbrüchlichste Schweigen zu sekretiren gesucht haben. – Die Schuld der Sünde und des Uebels fällt allemal von der Natur auf ihren Urheber zurück. Ist nun dieser der in allen ihren Erscheinungen sich darstellende WILLE selbst; so ist jene an den rechten Mann gekommen: soll es hingegen ein Gott seyn; so widerspricht die Urheberschaft der Sünde und des Uebels seiner Göttlichkeit. –

Beim Lesen des DIONYSIUS AREOPAGITA, auf den Erigena sich so häufig beruft, habe ich gefunden, daß derselbe ganz und gar sein Vorbild gewesen ist. Sowohl der Pantheismus Erigena's, als seine Theorie des Bösen und des Uebels, findet sich, den Grundzügen nach, schon beim Dionysius: freilich aber ist bei Diesem nur angedeutet was Erigena entwickelt, mit Kühnheit ausgesprochen und mit Feuer dargestellt hat. Erigena hat unendlich mehr Geist, als Dionysius: allein den Stoff und die Richtung der Betrachtungen hat ihm Dionysius gegeben und ihm also mächtig vorgearbeitet. Daß Dionysius unächt sei, thut nichts zur Sache: es ist gleichviel, wie der Verfasser des Buches *de divinis nominibus* geheißen hat. Da er indessen wahrscheinlich in Alexandrien lebte, so glaube ich, daß er, auf eine anderweitige, uns unbekannte Art, auch der Kanal gewesen ist, durch welchen ein Tröpfchen indischer Weisheit bis zum Erigena gelangt seyn mag; da, wie COLEBROOKE in seiner Abhandlung über die Philosophie der Hindu *(in Colebrooke's miscellaneous essays Vol. 1, p. 244.)* bemerkt hat, der Lehrsatz III. der KARIKA des KAPILA sich beim Erigena findet.

§. 10.
DIE SCHOLASTIK.

Den eigentlich bezeichnenden Charakter der Scholastik möchte ich darin setzen, daß ihr das oberste Kriterium der Wahrheit die heilige Schrift ist, an welche man demnach von jedem Vernunftschluß immer noch appelliren kann. – Zu ihren Eigenthümlichkeiten gehört, daß ihr Vortrag durchgängig einen polemischen Charakter hat: jede Untersuchung wird bald in eine Kontroverse verwandelt, deren *pro et contra* neues *pro et contra* erzeugt und ihr dadurch den Stoff giebt, der ihr außerdem bald ausgehn würde. Die verborgene, letzte Wurzel dieser Eigenthümlichkeit liegt aber in dem Widerstreit zwischen Vernunft und Offenbarung. –

Die gegenseitige Berechtigung des Realismus und Nominalismus und dadurch die Möglichkeit des so lange und hartnäckig geführten Streites darüber läßt sich folgendermaaßen recht faßlich machen.

Die verschiedenartigsten Dinge nenne ich roth, wenn sie diese Farbe haben. Offenbar ist roth ein bloßer Name, durch den ich diese Erscheinung bezeichne, gleichviel, woran sie vorkomme. Eben so nun sind alle Gemeinbegriffe bloße Namen, Eigenschaften zu bezeichnen, die an verschiedenen Dingen vorkommen: diese Dinge hingegen sind das Wirkliche und Reale. So hat der Nominalismus offenbar Recht.

Hingegen wenn wir beachten, daß alle jene wirklichen Dinge, welchen allein die Realität soeben zugesprochen wurde, zeitlich sind, folglich bald untergehn; während die Eigenschaften, wie Roth, Hart, Weich, Lebendig, Pflanze, Pferd, Mensch, welche es sind, die jene Namen bezeichnen, davon unangefochten fortbestehn und demzufolge allezeit dasind; so finden wir, daß diese Eigenschaften, welche eben durch Gemeinbegriffe, deren Bezeichnung jene Namen sind, gedacht werden, kraft ihrer unvertilgbaren Existenz, viel mehr Realität haben; daß mithin diese den

Begriffen, nicht den Einzelwesen, beizulegen sei: demnach hat der Realismus Recht.

Der Nominalismus führt eigentlich zum Materialismus: denn, nach Aufhebung sämmtlicher Eigenschaften, bleibt am Ende nur die Materie übrig. Sind nun die Begriffe bloße Namen, die Einzeldinge aber das Reale; ihre Eigenschaften, als einzelne an ihnen, vergänglich; so bleibt als das Fortbestehende, mithin Reale, allein die Materie.

Genau genommen nun aber kommt die oben dargelegte Berechtigung des Realismus eigentlich nicht ihm, sondern der Platonischen Ideenlehre zu, deren Erweiterung er ist. Die ewigen Formen und Eigenschaften der natürlichen Dinge, *ειδη*, sind es, welche unter allem Wechsel fortbestehn und denen daher eine Realität höherer Art beizulegen ist, als den Individuen, in denen sie sich darstellen. Hingegen den bloßen, nicht anschaulich zu belegenden Abstraktis ist Das nicht nachzurühmen: was ist z.B. Reales an solchen Begriffen wie »Verhältniß, Unterschied, Sonderung, Nachtheil, Unbestimmtheit« u.dgl.m.?

Eine gewisse Verwandtschaft, oder wenigstens ein Parallelismus der Gegensätze, wird augenfällig, wenn man den Plato dem Aristoteles, den Augustinus dem Pelagius, die Realisten den Nominalisten gegenüberstellt. Man könnte behaupten, daß gewissermaaßen ein polares Auseinandertreten der menschlichen Denkweise hierin sich kund gäbe, – welches, höchst merkwürdigerweise, zum ersten Male und am entschiedensten sich in zwei sehr großen Männern ausgesprochen hat, die zugleich und neben einander lebten.

§. 11.
BAKO VON VERULAM.

In einem anderen und specieller bestimmten Sinn, als der eben bezeichnete, war der ausdrückliche und absichtliche Gegensatz zum Aristoteles Bako von Verulam. Jener nämlich hatte zuvörderst die richtige Methode, um von allgemeinen Wahrheiten zu besondern zu gelangen, also den Weg abwärts, gründlich dargelegt: das ist die Syllogistik, das *Organum Aristotelis*. Dagegen zeigte Bako den Weg aufwärts, indem er die Methode, von besondern Wahrheiten zu allgemeinen zu gelangen, darlegte: dies ist die Induktion, im Gegensatz der Deduktion, und ihre Darstellung ist das *novum organum*, welcher Ausdruck im Gegensatz zum Aristoteles gewählt, besagen soll: »eine ganz andre Manier es anzugreifen.« – Des Aristoteles, aber noch viel mehr der Aristoteliker Irrthum lag in der Voraussetzung, daß sie eigentlich schon alle Wahrheit besäßen, daß diese nämlich enthalten sei in ihren Axiomen, also in gewissen Sätzen *a priori*, oder die für solche gelten, und daß es, um die besonderen Wahrheiten zu gewinnen, bloß der Ableitung aus jenen bedürfe. Ein Aristotelisches Beispiel hievon gaben seine Bücher *de coelo*. Dagegen nun zeigte Bako, mit Recht, daß jene Axiome solchen Gehalt gar nicht hätten, daß die Wahrheit noch gar nicht in dem damaligen System des menschlichen Wissens läge, vielmehr außerhalb, also nicht daraus zu entwickeln, sondern erst hineinzubringen wäre, und daß folglich erst durch Induktion allgemeine und wahre Sätze, von großem und reichem Inhalt, gewonnen werden müßten.

Die Scholastiker, an der Hand des Aristoteles, dachten: wir wollen zuvörderst das Allgemeine feststellen: das Besondere wird daraus fließen, oder mag überhaupt nachher darunter Platz finden, wie es kann. Wir wollen demnach zuvörderst ausmachen, was dem *ens*, dem Dinge überhaupt zukomme: das den einzelnen Dingen Eigenthümliche mag nachher allmälig, allenfalls auch durch die Erfahrung, herangebracht werden: am Allgemeinen kann Das nie etwas ändern. – Bako dagegen sagte: wir wollen zuvörderst die einzelnen Dinge so vollständig, wie nur immer möglich, kennen lernen: dann werden wir zuletzt erkennen, was das Ding überhaupt sei.

Inzwischen steht Bako dem Aristoteles darin nach, daß seine Methode zum Wege aufwärts keineswegs so regelrecht, sicher und unfehlbar ist, wie die des Aristoteles zum Wege abwärts. Ja, Bako selbst hat, bei seinen physikalischen Untersuchungen, die im neuen Organon gegebenen Regeln seiner Methode bei Seite gesetzt.

Bako war hauptsächlich auf Physik gerichtet. Was er für diese that, nämlich von vorne anfangen, das that, gleich darauf, für Metaphysik Cartesius.

§. 12.
DIE PHILOSOPHIE DER NEUEREN.

In den Rechenbüchern pflegt die Richtigkeit der Lösung eines Exempels sich durch das Aufgehen desselben, d. h. dadurch, daß kein Rest bleibt, kund zu geben. Mit der Lösung des Räthsels der Welt hat es ein ähnliches Bewandtniß. Sämmtliche Systeme sind Rechnungen, die nicht aufgehn: sie lassen einen Rest, oder auch, wenn man ein chemisches Gleichniß vorzieht, einen unauflöslichen Niederschlag. Dieser besteht darin, daß, wenn man aus ihren Sätzen folgerecht weiter schließt, die Ergebnisse nicht zu der vorliegenden realen Welt passen, nicht mit ihr stimmen, vielmehr manche Seiten derselben dabei ganz unerklärlich bleiben. So z. B. stimmt zu den materialistischen Systemen, welche aus der mit bloß mechanischen Eigenschaften ausgestatteten Materie, und gemäß den Gesetzen derselben, die Welt entstehn lassen, nicht die durchgängige bewundrungswürdige Zweckmäßigkeit der Natur, noch das Daseyn der Erkenntniß, in welcher doch sogar jene Materie allererst sich darstellt. Dies also ist ihr Rest. – Mit den theistischen Systemen wiederum, nicht minder jedoch mit den pantheistischen, sind die überwiegenden physischen Uebel und die moralische Verderbniß der Welt nicht in Uebereinstimmung zu bringen: diese also bleiben als Rest stehn, oder als unauflöslicher Niederschlag liegen. – Zwar ermangelt man in solchen Fällen nicht, dergleichen Reste mit Sophismen, nöthigenfalls auch mit bloßen Worten und Phrasen zuzudecken: allein auf die Länge hält das nicht Stich. Da wird dann wohl, weil doch das Exempel nicht aufgeht, nach einzelnen Rechnungsfehlern gesucht, bis man endlich sich gestehn muß, der Ansatz selbst sei falsch gewesen. Wenn hingegen die durchgängige Konsequenz und Zusammenstimmung aller Sätze eines Systems bei jedem Schritte begleitet ist von einer eben so durchgängigen Uebereinstimmung mit der Erfahrungswelt, ohne daß zwischen Beiden ein Mißklang je hörbar würde; – so ist Dies das Kriterium der Wahrheit desselben, das verlangte Aufgehn des Rechnungsexempels. Imgleichen, daß schon der Ansatz falsch gewesen sei, will sagen, daß man die Sache schon Anfangs nicht am rechten Ende angegriffen hatte, wodurch man nachher von Irrthum zu Irrthum geführt wurde. Denn es ist mit der Philosophie wie mit gar vielen Dingen: Alles kommt darauf an, daß man sie am rechten Ende angreife. Das zu erklärende Phänomen der Welt bietet nun aber unzählige Enden dar, von denen nur Eines das rechte seyn kann: es gleicht einem verschlungenen Fadengewirre, mit vielen daran hängenden, falschen Endfäden: nur wer den wirklichen herausfindet kann das Ganze entwirren. Dann aber entwikkelt sich leicht Eines aus dem Andern, und daran wird kenntlich, daß es das rechte Ende gewesen sei. Auch einem Labyrinth kann man es vergleichen, welches hundert Eingänge darbietet, die in Korridore öffnen, welche alle, nach langen und vielfach verschlungenen Windungen, am Ende wieder hinausführen; mit Ausnahme eines einzigen, dessen Windungen wirklich zum Mittelpunkte leiten, woselbst das Idol steht. Hat man diesen Eingang getroffen, so wird man den Weg nicht verfehlen: durch keinen andern aber kann man je zum Ziele gelangen. – Ich verhehle nicht, der Meinung zu seyn, daß nur der Wille in uns das rechte Ende des Fadengewirres, der wahre Eingang des Labyrinthes, sei.

Cartesius hingegen gieng, nach dem Vorgang der Metaphysik des Aristoteles, vom Begriff der Substanz aus, und mit diesem sehn wir auch noch alle seine Nachfolger sich schleppen. Er nahm jedoch zwei Arten von Substanz an: die denkende und die ausgedehnte. Diese sollten nun durch *influxus physicus* auf einander wirken; welcher sich aber bald als sein Rest auswies. Derselbe hatte nämlich Statt, nicht bloß von außen nach innen, beim Vorstellen der Körperwelt, sondern auch von innen nach außen, zwischen dem Willen (der unbedenklich dem Denken zugezählt wurde) und den Leibesaktionen. Das nähere Verhältniß zwischen diesen beiden Arten der Substanz ward nun das Hauptproblem, wobei so große Schwierigkeiten entstanden, daß man in Folge derselben zum

System der *causes occasionelles* und der *harmonia praestabilita* getrieben wurde. MALEBRANCHE nämlich hielt den *influxus physicus* für undenkbar; wobei er jedoch nicht in Erwägung zog, daß derselbe bei der Schöpfung und Leitung der Körperwelt durch einen Gott, der ein Geist ist, ohne Bedenken angenommen wird. Er setzte also an dessen Stelle die *causes occasionelles* und *nous voyons tout en Dieu*: hier liegt sein Rest. – Auch SPINOZA, in seines Lehrers Fußstapfen tretend, ging noch von jenem Begriffe der SUBSTANZ aus; gleich als ob derselbe ein Gegebenes wäre. Jedoch erklärte er beide Arten der Substanz, die denkende und die ausgedehnte, für Eine und dieselbe; wodurch denn die obige Schwierigkeit vermieden war. Dadurch nun aber wurde seine Philosophie hauptsächlich negativ, lief nämlich auf ein bloßes Negiren der zwei großen Cartesischen Gegensätze hinaus; indem er sein Identificiren auch auf den andern von Cartesius aufgestellten Gegensatz, Gott und Welt, ausdehnte. Die hiedurch entstehende Deifikation der Welt ließ nun aber keine wahre Ethik zu und war zudem in schreiendem Widerspruch mit den physischen Uebeln und der moralischen Ruchlosigkeit dieser Welt. Hier also ist sein Rest.

Den Begriff der SUBSTANZ, von welchem dabei auch SPINOZA ausgeht, nimmt er, wie gesagt, als ein Gegebenes. Zwar definirt er ihn, seinen Zwecken gemäß: allein er kümmert sich nicht um dessen Ursprung. Denn erst LOCKE war es, der, bald nach ihm, die große Lehre aufstellte, daß ein Philosoph, der irgend etwas aus Begriffen ableiten oder beweisen will, zuvörderst den URSPRUNG jedes solchen Begriffs zu untersuchen habe; da der Inhalt desselben, und was aus diesem folgen mag, gänzlich durch seinen Ursprung, als die Quelle aller mittelst desselben erreichbaren Erkenntniß, bestimmt wird. Hätte aber SPINOZA nach dem Ursprung jenes Begriffes der Substanz geforscht; so hätte er zuletzt finden müssen, daß dieser ganz allein die MATERIE ist und daher der wahre Inhalt des Begriffs kein anderer, als eben die wesentlichen und *a priori* angebbaren Eigenschaften dieser. In der That findet Alles, was Spinoza seiner Substanz nachrühmt, seinen Beleg an der Materie, und nur da: sie ist unentstanden, also ursachslos, ewig, eine einzige und alleinige, und ihre Modifikationen sind Ausdehnung und Erkenntniß; Letztere nämlich als ausschließliche Eigenschaft des Gehirns, welches materiell ist. Spinoza ist demnach ein unbewußter Materialist: jedoch ist die Materie, welche, wenn man es ausführt, seinen Begriff realisirt und empirisch belegt, nicht die falsch gefaßte und atomistische des Demokritos und der spätern Französischen Materialisten, als welche keine andern, als mechanische Eigenschaften hat; sondern die richtig gefaßte, mit allen ihren unerklärlichen Qualitäten ausgestattete: über diesen Unterschied verweise ich auf mein Hauptwerk, Bd. 2. Kap. 24, S. 315 ff. – Diese Methode, den Begriff der SUBSTANZ unbesehen aufzunehmen, um ihn zum Ausgangspunkt zu machen, finden wir aber schon bei den ELEATEN, wie besonders aus dem Aristotelischen Buche *de Xenophane etc.* zu ersehn. Auch Xenophanes nämlich geht aus vom *ον*, d.i. der Substanz, und die Eigenschaften derselben werden demonstrirt, ohne daß vorher gefragt oder gesagt würde, woher er denn seine Kenntniß von einem solchen Dinge habe: geschähe hingegen Dieses, so würde deutlich zu Tage kommen, wovon er eigentlich redet, d.h. welche Anschauung es zuletzt sei, die seinem Begriff zum Grunde liegt und ihm Realität ertheilt; und da würde am Ende wohl nur die Materie sich ergeben, als von welcher alles Das gilt, was er sagt. In den folgenden Kapiteln, über ZENO, erstreckt nun die Uebereinstimmung mit Spinoza sich bis auf die Darstellung und die Ausdrücke. Man kann daher kaum umhin anzunehmen, daß Spinoza diese Schrift gekannt und benutzt habe; da zu seiner Zeit Aristoteles, wenn auch vom Bako angegriffen, noch immer in hohem Ansehn stand, auch gute Ausgaben, mit Lateinischer Version, vorhanden waren. Danach wäre denn Spinoza ein bloßer Erneuerer der Eleaten, wie Gassendi des Epikur. Wir aber erfahren abermals, wie über die Maaßen selten, in allen Fächern des Denkens und Wissens, das wirklich Neue und ganz Ursprüngliche ist.

Uebrigens, und namentlich in formeller Hinsicht, beruht jenes Ausgehn des Spinoza vom Begriff der SUBSTANZ auf dem falschen Grundgedanken, den er von seinem Lehrer Cartesius und dieser vom Anselmus von Kanterbury überkommen hatte, nämlich auf diesem, daß jemals aus der *essentia* die *existentia* hervorgehn könne, d.h. daß aus einem bloßen Begriff ein Daseyn sich folgern lasse, welches demgemäß ein nothwendiges seyn würde; oder, mit andern Worten, daß, vermöge der Beschaffenheit, oder Definition, einer bloß GEDACHTEN Sache, es nothwendig werde, daß sie nicht mehr eine bloß gedachte, sondern eine wirklich vorhandene sei. CARTESIUS hatte diesen falschen Grundgedanken angewandt auf den Begriff des *ens perfectissimum*; SPINOZA aber nahm den der *substantia* oder *causa sui*, (welches Letztere eine *contradictio in adjecto* ausspricht): man sehe seine erste Definition, die sein πρωτον ψευδος ist, am Eingang der Ethik, und dann *prop.* 7 des ersten Buchs. Der Unterschied der Grundbegriffe beider Philosophen besteht beinahe nur im Ausdruck: dem Gebrauche derselben aber als Ausgangspunkte, also als Gegebener, liegt beim Einen, wie beim Andern, die Verkehrtheit zum Grunde, aus der abstrakten Vorstellung die anschauliche entspringen zu lassen; während in Wahrheit alle abstrakte Vorstellung aus der anschaulichen entsteht und daher durch diese begründet wird. Wir haben also hier ein fundamentales ὑστερον προτερον.

Eine Schwierigkeit besonderer Art hat Spinoza sich dadurch aufgebürdet, daß er seine alleinige Substanz *Deus* nannte; da dieses Wort zur Bezeichnung eines ganz andern Begriffs bereits eingenommen war und er nun fortwährend zu kämpfen hat gegen die Mißverständnisse, welche daraus entstehen, daß der Leser, statt des Begriffs, den er nach Spinoza's ersten Erklärungen bezeichnen soll, immer noch den damit verbindet, den es sonst bezeichnet. Hätte er das Wort nicht gebraucht, so wäre er langer und peinlicher Erörterungen im ersten Buche überhoben gewesen. Aber er that es, damit seine Lehre weniger Anstoß fände; welcher Zweck dennoch verfehlt wurde.

Im zweiten Buche legt er die zwei Modi seiner alleinigen Substanz dar als Ausdehnung und Vorstellung *(extensio et cogitatio)*, welches eine offenbar falsche Eintheilung ist, da die Ausdehnung durchaus nur für und in der Vorstellung da ist, also dieser nicht entgegenzusetzen, sondern unterzuordnen war.

LEIBNITZ nun wieder seinerseits hatte es ebenfalls mit SUBSTANZEN zu thun, deren er aber eine Unzahl annahm, jedoch solche, die, nach Umständen, bald ausgedehnt, bald denkend und auch beides zugleich wären, – genannt Monaden: die Vermittelung zwischen den bloßen Gedanken dieser Substanzen und dem wirklich und an sich selbst Ausgedehnten übernahm eine, von der Centralmonade prästabilirte Harmonie. – Hier, möchte man sagen, ist Alles Rest. Indessen muß man, um LEIBNITZEN Gerechtigkeit widerfahren zu lassen, an die Betrachtungsweise der MATERIE, die damals Locke und Neuton geltend machten, erinnern, in welcher nämlich diese, als absolut todt, rein passiv und willenlos, bloß mit mechanischen Kräften begabt und nur mathematischen Gesetzen unterworfen, dasteht. Dagegen nun erinnerte LEIBNITZ zuvörderst an die *formas substantiales* der Scholastiker und gelangte danach zu der Einsicht, daß selbst die bloß mechanischen Kräfte der Materie, außer welchen man damals kaum noch andere kannte, oder gelten ließ, etwas Geistiges zur Unterlage haben mußten. Dieses nun aber wußte er sich nicht anders deutlich zu machen, als durch die höchst unbeholfene Fiktion, daß die Materie aus lauter Seelchen bestände, welche zugleich Atome wären und meistens im Zustande der Betäubung sich befänden, jedoch ein Analogon der *perceptio* und des *appetitus* hätten. Hiebei führte ihn Dies irre, daß er, wie alle Andern, sammt und sonders, zur Grundlage und *conditio sine qua non* alles Geistigen die Erkenntniß machte, statt des Willens; welchem ich zuallererst das ihm gebührende Primat vindicirt habe; wodurch Alles in der Philosophie umgestaltet wird. Indessen verdient Leibnitzens Bestreben, dem Geiste und der Materie ein und dasselbe Prinzip zum Grunde zu legen, Anerkennung. Sogar könnte man darin eine Vorahndung meiner Lehre finden, aber *quam velut trans nebulam vidit.* – Die belobte Grundansicht Leibnitzens ist am deutlichsten ausgesprochen in einigen kleinern Französischen Schriften, wie *systême nouveau de la nature* u.a.m., die aus dem *Journal des savans* und der Ausgabe von DÜTENS in die Erdmann'sche Ausgabe aufgenommen sind. Auch befindet sich eine wohlgewählte Zusammenstellung hieher gehöriger Stellen Leibnitzens S. 335–340 seiner »kleineren philosophischen Schriften, übersetzt von Köhler und revidirt von Huth.« Jena 1740.

KANT wurde von dem Substanzen-Problem nicht direkt berührt: er ist darüber hinaus. Bei ihm ist der Begriff der Substanz eine Kategorie, also eine bloße Denkform *a priori*. Durch diese, in ihrer nothwendigen Anwendung auf die sinnliche Anschauung, wird nun aber nichts so, wie es an sich selbst ist, erkannt: daher mag das Wesen, welches sowohl den Körpern, als den Seelen zum Grunde lieget, an sich selbst gar wohl Eines und Dasselbe seyn. Dies ist seine Lehre. Sie bahnte mir den Weg zu der Einsicht, daß der eigene Leib eines Jeden nur die in seinem Gehirn entstehende Anschauung seines Willens ist, welches Verhältniß sodann auf alle Körper ausgedehnt die Auflösung der Welt in Wille und Vorstellung ergab.

Jener Begriff der SUBSTANZ nun aber, welchen CARTESIUS, dem Aristoteles getreu, zum Hauptbegriff der Philosophie gemacht hatte, und mit dessen Definition demgemäß, jedoch nach Weise der Eleaten, auch SPINOZA anhebt, ergiebt sich, bei genauer und redlicher Untersuchung, als ein höheres, aber unberechtigtes, Abstraktum des Begriffs der MATERIE, welches nämlich, neben dieser, auch das untergeschobene Kind IMMATERIELLE SUBSTANZ befassen sollte; wie ich Dies ausführlich dargelegt habe in meiner »Kritik der Kantischen Philosophie« S. 550 ff. der 2. Aufl. Hievon aber auch abgesehn, taugt der Begriff der SUBSTANZ schon darum nicht zum Ausgangspunkte der Philosophie, weil er jedenfalls ein OBJEKTIVER ist. Alles Objektive nämlich ist für uns stets nur MITTELBAR; das Subjektive allein ist das Unmittelbare: dieses darf daher nicht übergangen, sondern von ihm muß schlechterdings ausgegangen werden. Dies hat nun zwar CARTESIUS auch gethan, ja, er war der Erste, der es erkannte und that; weshalb eben mit ihm eine neue Haupt-Epoche der Philosophie anhebt: allein er thut es bloß präliminarisch, beim allerersten Anlauf, nach welchem er sogleich die objektive, absolute Realität der Welt, auf den Kredit der Wahrhaftigkeit Gottes, annimmt und von nun an ganz objektiv weiter philosophirt. Hiebei läßt er überdies sich nun eigentlich noch einen bedeutenden *circulus vitiosus* zu Schulden kommen. Er beweist nämlich die objektive Realität der Gegenstände aller unsrer anschaulichen Vorstellungen aus dem Daseyn Gottes, als ihres Urhebers, dessen Wahrhaftigkeit nicht zuläßt, daß er uns täusche: das Daseyn Gottes selbst aber beweist er aus der uns angebornen Vorstellung, die wir von ihm, als dem allervollkommensten Wesen, angeblich hätten.

Mit dem subjektiven Ausgangspunkt hat also zuerst BERKELEY wahren Ernst gemacht und das unumgänglich Nothwendige desselben unumstößlich dargethan. Er ist der Vater des Idealismus: dieser aber ist die Grundlage aller wahren Philosophie, ist auch seitdem, wenigstens als Ausgangspunkt, durchgängig festgehalten worden, wenn gleich jeder folgende Philosoph andere Modulationen und Ausweichungen daran versucht hat. So nämlich ging auch schon LOCKE vom Subjektiven aus, indem er einen großen Theil der Eigenschaften der Körper unsrer Sinnesempfindung vindicirte. Jedoch ist zu bemerken, daß seine Zurückführung aller QUALITATIVEN Unterschiede, als sekundärer Eigenschaften, auf bloß QUANTITATIVE, nämlich der Größe, Gestalt, Lage u.s.w., als die allein primären, d.h. objektiven Eigenschaften, im Grunde noch die Lehre des DEMOKRITOS ist, der eben so alle Qualitäten zurückführte auf Gestalt, Zusammensetzung und Lage der Atome; wie Dieses besonders deutlich zu ersehn ist aus des Aristoteles Metaphysik, Buch I, Kap. 4, und aus Theophrastus *de sensu c. 61–65*. – Locke wäre insofern ein Erneuerer der Demokritischen Philosophie, wie Spinoza der Eleatischen. Auch hat er ja wirklich den Weg zum nachherigen Französischen Materialismus angebahnt. Unmittelbar jedoch hat er, durch diese vorläufige Unterscheidung des Subjektiven vom Objektiven der Anschauung, KANTEN vorgearbeitet, der nun, seine Richtung und Spur in viel höherem Sinne verfolgend, dahin gelangte, das Subjektive vom Objektiven rein zu sondern, bei welchem Proceß nun freilich dem Subjektiven so Vieles zufiel, daß das Objektive nur noch als ein ganz dunkler Punkt, ein nicht weiter erkennbares Etwas stehn blieb, – das Ding an sich. Dieses habe nun ich wieder auf das Wesen zurückgeführt, welches wir in unserm Selbstbewußtseyn als den Willen vorfinden, bin also auch hier abermals an die subjektive Erkenntnißquelle zurückgegangen. Anders konnte es aber auch nicht ausfallen; weil eben, wie gesagt, alles Objektive stets nur ein Sekundäres, nämlich eine Vorstellung ist. Daher also dürfen wir den innersten Kern der Wesen, das Ding an sich, durchaus nicht außerhalb, sondern nur in uns, also im Subjektiven suchen, als dem allein Unmittelbaren. Hiezu kommt, daß wir beim Objektiven nie zu einem Ruhepunkt, einem Letzten und Ursprünglichen gelangen können, weil wir daselbst im Gebiete der VORSTELLUNGEN sind, diese aber sämmtlich und wesentlich den SATZ VOM GRUNDE, in seinen vier Gestalten, zur Form haben, wonach der Forderung desselben jedes Objekt sogleich verfällt und unterliegt: z. B. auf ein angenommenes objektives Absolutum dringt sogleich die Frage Woher? und Warum? zerstörend ein, vor der es weichen und fallen muß. Anders verhält es sich, wenn wir uns in die stille, wiewohl dunkele Tiefe des Subjekts versenken. Hier aber droht uns freilich die Gefahr, in Mysticismus zu gerathen. Wir dürfen also aus dieser Quelle nur Das schöpfen, was als thatsächlich wahr, Allen und Jedem zugänglich, folglich durchaus unleugbar ist.

§. 13.
NOCH EINIGE ERLÄUTERUNGEN ZUR KANTISCHEN PHILOSOPHIE.

Der eigentliche Geist der Kantischen Philosophie, ihr Grundgedanke und wahrer Sinn, läßt sich auf mancherlei Weise fassen und darstellen: dergleichen verschiedene Wendungen und Ausdrücke der Sache aber werden, der Verschiedenheit der Köpfe gemäß, die eine vor der andern geeignet seyn, Diesem oder Jenem das rechte Verständniß jener sehr tiefen und deshalb schwierigen Lehre zu eröffnen. Folgendes ist ein abermaliger Versuch dieser Art, welcher auf Kants Tiefe meine Klarheit zu werfen unternimmt.*

Der Mathematik liegen ANSCHAUUNGEN unter, auf welche ihre Beweise sich stützen: weil aber diese Anschauungen nicht empirisch, sondern *a priori* sind; so sind ihre Lehren apodiktisch. Die Philosophie hingegen hat, als das Gegebene, davon sie ausgeht und

---

* Ich bemerke hier, ein für allemal, daß die Seitenzahl der ersten Aufl. der Kritik der reinen Vernunft, nach der ich zu citiren pflege, auch der Rosenkranzischen Auflage beigefügt ist.

welches ihren Beweisen Nothwendigkeit (Apodikticität) ertheilen soll, bloße BEGRIFFE. Denn auf der bloß EMPIRISCHEN Anschauung geradezu fußen, kann sie nicht; weil sie das Allgemeine der Dinge, nicht das Einzelne, zu erklären unternimmt, wobei ihre Absicht ist, über das empirisch Gegebene hinaus zu führen. Da bleiben ihr nun nichts, als die allgemeinen Begriffe, indem diese doch nicht das Anschauliche, rein Empirische, sind. Dergleichen Begriffe müssen also die Grundlage ihrer Lehren und Beweise abgeben, und von ihnen muß, als einem Vorhandenen und Gegebenen, ausgegangen werden. Demnach nun ist die Philosophie eine Wissenschaft aus bloßen BEGRIFFEN; während die Mathematik eine aus der KONSTRUKTION (anschaulichen Darstellung) ihrer Begriffe ist. Genau genommen jedoch ist es nur die Beweisführung der Philosophie, welche von bloßen BEGRIFFEN ausgeht. Diese nämlich kann nicht, gleich der mathematischen von einer ANSCHAUUNG ausgehn; weil eine solche entweder die reine *a priori*, oder die empirische seyn müßte: die letztere giebt keine Apodikticität; die erstere liefert nur Mathematik. Will sie daher irgendwie ihre Lehren durch Beweisführung stützen; so muß diese bestehn in der richtigen logischen Folgerung aus den zum Grunde gelegten Begriffen. – Hiermit war es denn auch recht gut von Statten gegangen, die ganze lange Scholastik hindurch und selbst noch in der von Cartesius begründeten neuen Epoche; so daß wir noch den SPINOZA und LEIBNITZEN diese Methode befolgen sehn. Endlich aber war es dem LOCKE eingefallen, den URSPRUNG der Begriffe zu untersuchen und da war das Resultat gewesen, daß alle Allgemein-Begriffe, so weit gefaßt sie auch seyn mögen, aus der Erfahrung, d.h. aus der vorliegenden, sinnlich anschaulichen, empirisch realen Welt, oder aber auch aus der innern Erfahrung, wie sie die empirische Selbstbeobachtung einem Jeden liefert, geschöpft sind, mithin ihren ganzen Inhalt nur von diesen Beiden haben, folglich auch nie mehr liefern können, als was äußere, oder innere Erfahrung hineingelegt hat. Hieraus hätte, der Strenge nach, schon geschlossen werden sollen, daß sie nie über die Erfahrung hinaus, d.h. nie zum Ziele führen können: allein LOCKE gieng, mit den aus der Erfahrung geschöpften Grundsätzen, über die Erfahrung hinaus.

Im weitergeführten Gegensatz zu den früheren und zur Berichtigung der Lockischen Lehre zeigte nun KANT, daß es zwar einige Begriffe gebe, die eine Ausnahme von obiger Regel machen, also NICHT aus der Erfahrung stammen; aber zugleich auch, daß eben diese theils aus der reinen, d.i. *a priori* gegebenen Anschauung des Raumes und der Zeit geschöpft sind, theils die eigenthümlichen Funktionen unsers Verstandes selbst, zum Behuf der, beim Gebrauch, nach ihnen sich richtenden Erfahrung, ausmachen; daß mithin ihre Gültigkeit sich nur auf mögliche, und allemal durch die Sinne zu vermittelnde, Erfahrung erstreckt, indem sie selbst bloß bestimmt sind, diese, mit sammt ihrem gesetzmäßigen Hergange, auf Anregung der Sinnesempfindung, in uns zu erzeugen; daß sie also, an sich selbst gehaltlos, allen Stoff und Gehalt allein von der SINNLICHKEIT erwarten, um mit ihr alsdann die Erfahrung hervorzubringen, abgesehn von dieser aber keinen Inhalt, noch Bedeutung haben, indem sie nur unter Voraussetzung der auf Sinnesempfindung beruhenden Anschauung gültig sind und sich wesentlich auf diese beziehn. Hieraus nun folgt, daß sie nicht die Führer abgeben können, uns über alle Möglichkeit der Erfahrung hinaus zu leiten; und hieraus wieder, daß METAPHYSIK, als Wissenschaft von Dem, was jenseits der Natur, d.h. eben über die Möglichkeit der Erfahrung hinaus, liegt, UNMÖGLICH ist.

Weil nun also der eine Bestandtheil der Erfahrung, nämlich der allgemeine, formelle und gesetzmäßige, *a priori* erkennbar ist, eben deshalb aber auf den wesentlichen und gesetzmäßigen Funktionen unsers eigenen Intellekts beruht; der andere hingegen, nämlich der besondere, materielle und zufällige, aus der Sinnesempfindung entspringt; so sind ja beide SUBJEKTIVEN Ursprungs. Hieraus folgt, daß die gesammte Erfahrung, nebst der in ihr sich darstellenden Welt, eine bloße ERSCHEINUNG, d.h. ein zunächst und unmittelbar nur für das es erkennende Subjekt Vorhandenes, ist: jedoch weist diese Erscheinung auf irgend ein ihr zum Grunde liegendes DING AN SICH SELBST hin, welches jedoch, als solches, schlechthin unerkennbar ist. – Dies sind nun die negativen Resultate der Kantischen Philosophie.

Ich habe dabei zu erinnern, daß Kant thut, als ob wir bloß erkennende Wesen wären und also außer der VORSTELLUNG durchaus kein Datum hätten; während wir doch allerdings noch ein anderes, in dem von jener *toto genere* verschiedenen WILLEN in uns, besitzen. Er hat diesen zwar auch in Betrachtung genommen, aber nicht in der theoretischen, sondern bloß in der bei ihm von dieser ganz gesonderten praktischen Philosophie, nämlich einzig und allein um die Thatsache der rein moralischen Bedeutsamkeit unsers Handelns festzustellen und darauf eine moralische Glaubenslehre, als Gegengewicht der theoretischen Unwissenheit, folglich auch Unmöglichkeit aller Theologie, welcher wir, laut Obigem, anheim fallen, zu gründen. –

Kants Philosophie wird auch, zum Unterschiede und sogar im Gegensatz aller andern, als TRANSSCENDENTALPHILOSOPHIE, näher, als TRANSSCENDENTALER IDEALISMUS, bezeichnet. Der Ausdruck »transscendent« ist nicht mathematischen, sondern philosophischen Ursprungs, da er schon den Scholastikern geläufig war. In die Mathematik wurde er allererst durch Leibnitz eingeführt, um zu bezeichnen *quod Algebrae vires transscendit,* also alle Operationen, welche zu vollziehn die gemeine Arithmetik und die Algebra nicht ausreichen, wie z.B. zu einer Zahl den Logarithmus, oder umgekehrt, zu finden; oder auch zu einem Bogen, rein arithmetisch, seine trigonometrischen Funktionen, oder umgekehrt; überhaupt alle Probleme, die nur durch einen ins Unendliche fortgesetzten Kalkul zu lösen sind. Die Scholastiker aber bezeichneten als TRANSSCENDENT die allerobersten Begriffe, nämlich solche, welche noch allgemeiner, als die zehn Kategorien des Aristoteles wären: noch SPINOZA braucht das Wort in diesem Sinn. JORDANUS BRUNUS *(della causa etc. dial. 4.)* nennt TRANSSCENDENT die Prädikate, welche allgemeiner sind, als der Unterschied der körperlichen und unkörperlichen Substanz, welche also der Substanz überhaupt zukommen: sie betreffen, nach ihm, jene gemeinschaftliche Wurzel, in der das Körperliche mit dem Unkörperlichen Eines sei, und welche die wahre, ursprüngliche Substanz ist, ja er sieht eben hierin einen Beweis, daß es eine solche geben müsse. KANT nun endlich versteht zuvörderst unter TRANSSCENDENTAL die Anerkennung des Apriorischen und daher bloß Formalen in unsrer Erkenntniß, ALS

EINES SOLCHEN; d. h. die Einsicht, daß dergleichen Erkenntniß von der Erfahrung unabhängig sei, ja, dieser selbst die unwandelbare Regel, nach der sie ausfallen muß, vorschreibe; verbunden mit dem Verständniß, warum solche Erkenntniß dies sei und vermöge; nämlich weil sie die FORM unsers Intellekts ausmache; also in Folge ihres subjektiven Ursprungs: demnach ist eigentlich nur die Kritik der reinen Vernunft TRANSSCENDENTAL. Im Gegensatz hiezu nennt er TRANSSCENDENT den Gebrauch, oder vielmehr Mißbrauch, jenes rein Formalen in unsrer Erkenntniß über die Möglichkeit der Erfahrung hinaus: Dasselbe benennt er auch hyperphysisch. Demnach heißt, kurz gesagt, TRANSSCENDENTAL so viel, wie »vor aller Erfahrung«; TRANSSCENDENT hingegen »über alle Erfahrung hinaus«. Demgemäß läßt Kant die Metaphysik nur als Transscendentalphilosophie gelten, d.h. als die Lehre von dem in unserm erkennenden Bewußtseyn enthaltenen Formalen, ALS EINEM SOLCHEN, und von der dadurch herbeigeführten Beschränkung, vermöge welcher die Erkenntniß der Dinge an sich uns unmöglich ist, indem die Erfahrung nichts, als bloße Erscheinungen liefern kann. Das Wort »METAPHYSISCH« ist jedoch bei ihm nicht ganz synonym mit »transscendental«: nämlich alles *a priori* Gewisse, aber die Erfahrung Betreffende heißt bei ihm METAPHYSISCH; hingegen die Belehrung darüber, daß es eben nur wegen seines subjektiven Ursprungs und als rein Formales *a priori* gewiß sei, heißt allein TRANSSCENDENTAL. Darum also ist, wie gesagt, allein die Kritik der reinen Vernunft, und überhaupt die kritische (d.h. Kantische) Philosophie, transscendental: METAPHYSISCH hingegen sind die »Anfangsgründe der Naturwissenschaft«, auch die der »Tugendlehre« u.s.w. –

Indessen läßt der Begriff einer Transscendentalphilosophie sich noch in tieferm Sinne fassen, wenn man den innersten Geist der Kantischen Philosophie darin zu koncentriren unternimmt, etwan in folgender Art. Daß die ganze Welt uns nur auf eine SEKUNDÄRE Weise, als Vorstellung, Bild in unserm Kopfe, Gehirnphänomen, hingegen der eigene Wille uns, im Selbstbewußtseyn, unmittelbar gegeben ist; daß demnach eine Trennung, ja ein Gegensatz, zwischen unserm eigenen Daseyn und dem der Welt Statt findet, –

Dies ist eine bloße Folge unsrer individuellen und animalischen Existenz, mit deren Aufhören es daher wegfällt. Bis dahin aber ist es uns unmöglich, jene Grund- und Urform unsers Bewußtseyns, welche Das ist, was man als das Zerfallen in Subjekt und Objekt bezeichnet, in Gedanken aufzuheben; weil alles Denken und Vorstellen sie zur Voraussetzung hat: daher lassen wir sie stets als das Urwesentliche und die Grundbeschaffenheit der Welt stehn und gelten; während sie in der That nur die Form unsers animalischen Bewußtseyns und der durch dasselbe vermittelten Erscheinungen ist. Hieraus nun aber entspringen alle jene Fragen, über Anfang, Ende, Gränzen und Entstehung der Welt, über unsere eigene Fortdauer nach dem Tode u.s.w. Sie beruhen demnach alle auf einer falschen Voraussetzung, welche Das, was nur die Form der Erscheinung, d.h. der durch ein animalisches, cerebrales Bewußtseyn vermittelten Vorstellungen ist, dem Dinge an sich selbst beilegt und demnach für die Ur- und Grundbeschaffenheit der Welt ausgiebt. Dies ist der Sinn des Kantischen Ausdrucks: alle solche Fragen sind transscendent. Sie sind daher, nicht bloß *subjective*, sondern an und für sich selbst, d.h. *objective*, gar keiner Antwort fähig. Denn sie sind Probleme, welche mit Aufhebung unsers cerebralen Bewußtseyns und des auf ihm beruhenden Gegensatzes gänzlich wegfallen und doch als wären sie unabhängig davon aufgestellt werden. Wer z.B. frägt, ob er nach seinem Tode fortdauere, hebt, *in hypothesi,* sein animalisches Gehirnbewußtseyn auf; frägt jedoch nach Etwas, das nur unter Voraussetzung desselben besteht, indem es auf der Form desselben, nämlich Subjekt, Objekt, Raum und Zeit, beruht; nämlich nach seinem individuellen Daseyn. Eine Philosophie nun, welche alle diese Bedingungen und Beschränkungen als solche zum deutlichen Bewußtseyn bringt, ist transscendental und, sofern sie die allgemeinen Grundbestimmungen der objektiven Welt dem Subjekt vindicirt, ist sie transscendentaler Idealismus. – Allmälig wird man einsehn, daß die Probleme der Metaphysik nur insofern unlösbar sind, als in den Fragen selbst schon ein Widerspruch enthalten ist.

Der transscendentale Idealismus macht inzwischen der vorliegenden Welt ihre empirische Realität durchaus nicht streitig, sondern besagt nur, daß diese keine unbedingte sei, indem sie unsere Gehirnfunktionen, aus denen die Formen der Anschauung, also Zeit, Raum und Kausalität entstehn, zur Bedingung hat; daß mithin diese empirische Realität selbst nur die Realität einer Erscheinung sei. Wenn nun in derselben sich uns eine Vielheit von Wesen darstellt, von denen stets das Eine vergeht und ein Anderes entsteht, wir aber wissen, daß nur mittelst der Anschauungsform des Raumes die Vielheit, und mittelst der der Zeit das Vergehn und Entstehn möglich sei; so erkennen wir, daß ein solcher Hergang keine ABSOLUTE Realität habe, d.h. daß er dem in jener Erscheinung sich darstellenden Wesen an sich selbst nicht zukomme, welches wir vielmehr, wenn man jene Erkenntnißformen, wie das Glas aus dem Kaleidoskop, wegziehn könnte, zu unserer Verwunderung, als ein einziges und bleibendes vor uns haben würden, als unvergänglich, unveränderlich und, unter allem scheinbaren Wechsel, vielleicht sogar bis auf die ganz einzelnen Bestimmungen herab, identisch. In Gemäßheit dieser Ansicht lassen sich folgende drei Sätze aufstellen:

1) Die alleinige Form der Realität ist die Gegenwart: in ihr allein ist das Reale unmittelbar anzutreffen und stets ganz und vollständig enthalten.

2) Das wahrhaft Reale ist von der Zeit unabhängig, also in jedem Zeitpunkt Eines und das Selbe.

3) Die Zeit ist die Anschauungsform unsers Intellekts und daher dem Dinge an sich fremd.

Diese drei Sätze sind im Grunde identisch. Wer sowohl ihre Identität, als ihre Wahrheit deutlich einsieht, hat einen großen Fortschritt in der Philosophie gemacht, indem er den Geist des transscendentalen Idealismus begriffen hat.

Ueberhaupt, wie folgenreich ist nicht Kants Lehre von der Idealität des Raumes und der Zeit, welche er so trocken und schmucklos dargelegt hat; – während eben gar nichts sich ergiebt aus dem hochtrabenden, prätensionsvollen und absichtlich unverständlichen Geschwätze der drei bekannten Sophisten, welche die Aufmerksamkeit eines, Kants unwürdigen Publikums von ihm auf sich zogen. Vor Kant, läßt sich sagen, waren wir in der Zeit; jetzt ist die Zeit in uns. Im erstern Falle ist die Zeit REAL, und wir werden, wie Alles, was in ihr liegt, von ihr verzehrt. Im zweiten Fall ist die Zeit IDEAL: sie liegt in uns. Da fällt zunächst die Frage hinsichtlich der Zukunft nach dem Tode weg. Denn, bin ich nicht; so ist auch keine Zeit mehr. Es ist nur ein täuschender Schein, der mir eine Zeit zeigt, die fortliefe, ohne mich, nach meinem Tode: alle drei Abschnitte der Zeit, Vergangenheit, Gegenwart und Zukunft, sind auf gleiche Weise mein Produkt, gehören mir an; nicht aber ich vorzugsweise dem einen, oder dem andern von ihnen. – Wiederum eine andere Folgerung, die sich aus dem Satze, daß die Zeit dem Wesen an sich der Dinge nicht zukommt, ziehn ließe, wäre diese, daß, in irgend einem Sinne, das Vergangene NICHT vergangen sei, sondern Alles, was jemals wirklich und wahrhaft gewesen, im Grunde auch noch seyn müsse; indem ja die Zeit nur einem Theaterwasserfall gleicht, der herabzuströmen scheint, während er, als ein bloßes Rad, nicht von der Stelle kommt; – wie ich, Diesem analog, schon längst, in meinem Hauptwerke, den Raum einem in Facetten geschliffenen Glase verglichen habe, welches uns das einfach Vorhandene in zahlloser Vervielfältigung erblicken läßt. Ja, wenn wir auf die Gefahr hin, an Schwärmerei zu streifen, uns noch mehr in die Sache vertiefen; so kann es uns vorkommen, als ob wir, bei sehr lebhafter Vergegenwärtigung unserer eigenen, weit zurückliegenden Vergangenheit, eine unmittelbare Ueberzeugung davon erhielten, daß die Zeit das eigentliche Wesen der Dinge nicht antastet, sondern nur zwischen dieses und uns eingeschoben ist, als ein bloßes Medium der Wahrnehmung, nach dessen Wegnahme Alles wieder daseyn würde; wie auch andrerseits unser so treues und lebendiges Erinnerungsvermögen selbst, in welchem jenes Längstvergangene ein unverwelkliches Daseyn behält, Zeugniß davon ablegt, daß ebenfalls in uns etwas ist, das nicht mit altert, folglich nicht im Bereich der Zeit liegt. –

Die Haupttendenz der Kantischen Philosophie ist, die gänzliche DIVERSITÄT DES REALEN UND IDEALEN darzuthun, nachdem schon Locke hierin die Bahn gebrochen hatte. – Obenhin kann man sagen; das IDEALE ist die sich räumlich darstellende, anschauliche Gestalt, mit allen an ihr wahrnehmbaren Eigenschaften; das REALE hingegen ist das Ding an, in und für sich selbst, unabhängig von seinem Vorgestelltwerden im Kopf eines Andern, oder seinem eigenen. Allein die Gränze zwischen Beiden zu ziehn ist schwer und doch gerade Das, worauf es ankommt. LOCKE hatte gezeigt, daß Alles, was an jener Gestalt, Farbe, Klang, Glätte, Rauhe, Härte, Weiche, Kälte, Wärme u.s.w. ist, (sekundäre Eigenschaften) bloß IDEAL sei, also dem Dinge an sich selbst nicht zukomme; weil nämlich darin nicht das Seyn und Wesen, sondern bloß das WIRKEN des Dinges uns gegeben sei, und zwar ein sehr einseitig bestimmtes Wirken, nämlich das auf die ganz specifisch determinirte Empfänglichkeit unsrer fünf Sinneswerkzeuge, vermöge welcher z.B. der Schall nicht auf das Auge, das Licht nicht auf das Ohr wirkt. Ja, das Wirken der Körper auf die Sinneswerkzeuge besteht bloß darin, daß es diese in die ihnen eigenthümliche Thätigkeit versetzt; fast so, wie wenn ich den Faden ziehe, der die Flötenuhr ins Spiel versetzt. Als das Reale hingegen, welches dem Dinge an sich selbst zukäme, ließ Locke noch stehn Ausdehnung, Form, Undurchdringlichkeit, Bewegung oder Ruhe, und Zahl, – welche er deshalb primäre Eigenschaften nannte. Mit unendlich überlegener Besonnenheit zeigte nun später KANT, daß auch diese Eigenschaften nicht dem rein objektiven Wesen der Dinge, oder dem Dinge an sich selbst, zukommen, also nicht schlechthin REAL seyn können; weil sie durch Raum, Zeit und Kausalität bedingt seien, diese aber, und zwar ihrer ganzen Gesetzmäßigkeit und Beschaffenheit nach, uns VOR aller Erfahrung gegeben und genau bekannt seien; daher sie präformirt in uns liegen müssen, so gut wie die specifische Art der Empfänglichkeit und Thätigkeit jedes unserer Sinne. Ich habe demgemäß es geradezu ausgesprochen, daß jene Formen der Antheil des GEHIRNS an der Anschauung sind, wie die specifischen Sinnesempfindungen der der respectiven SINNESORGANE. Schon KANTEN zufolge also ist das rein objektive, von unserm Vorstellen und dessen Apparat unabhängige Wesen der Dinge, welches er das Ding an sich nennt, also das eigentlich Reale, im Gegensatz des Idealen, ein von der sich uns anschaulich darstellenden Gestalt ganz und gar Verschiedenes, dem sogar, da es von Raum und Zeit unabhängig seyn soll, eigentlich weder Ausdehnung, noch Dauer beizulegen ist; obwohl es allen Dem was Ausdehnung, und Dauer hat, die Kraft dazuseyn ertheilt.

Das LOCKE'sche Reale, im Gegensatz des Idealen, ist im Grunde die MATERIE, zwar entblößt von allen den Eigenschaften, die er, als sekundäre, d.h. durch unsre Sinnesorgane bedingte, beseitigt; aber doch ein, an und für sich, als ein Ausgedehntes u.s.w. Existirendes, dessen bloßer Reflex, oder Abbild, die Vorstellung in uns sei. Hiebei bringe ich nun in Erinnerung, daß ich (über die vierfache Wurzel, 2. Aufl. S. 77, und, weniger ausführlich, in der Welt als W. und V. Bd. 1, S. 9 und Bd. 2, S. 48.) dargethan habe, daß das Wesen der Materie durchaus nur in ihrem WIRKEN besteht, mithin die Materie durch und durch Kausalität ist, und daß, da bei ihr, als solcher gedacht, von jeder besondern Qualität, also von jeder specifischen Art des Wirkens, abgesehn wird, sie das Wirken, oder die reine, aller nähern Bestimmungen entbehrende Kausalität, die Kausalität *in abstracto* ist; welches ich, zu gründlicherem Verständniß, a.a.O. nachzusehn bitte. Nun aber hatte KANT schon gelehrt, wiewohl erst ich den richtigen Beweis dafür gegeben habe, daß alle Kausalität nur Form unsers Verstandes, also nur für den Verstand und im Verstande vorhanden sei. Hienach sehn wir jetzt jenes vermeinte Reale Locke's, die Materie, auf diesem Wege ganz und gar in das Ideale, und damit in das Subjekt, zurückgehn, d.h. allein in der Vorstellung und für die Vorstellung existiren. – Schon KANT hat allerdings, durch seine Darstellung, dem Realen, oder dem Ding an sich, die Materialität genommen: allein ihm ist es auch nur als ein völlig unbekanntes *x* stehn geblieben. Ich aber habe zuletzt als das wahrhaft REALE, oder das Ding an sich, welches allein ein wirkliches, von der Vorstellung und ihren Formen unabhängiges Daseyn hat, den WILLEN in uns nachgewiesen; während man diesen, bis dahin, unbedenklich dem IDEALEN beigezählt hatte. Man sieht hienach, daß Locke, Kant und ich in genauer Verbindung stehn, indem wir, im Zeitraum fast zweier Jahrhunderte, die allmälige Entwickelung eines zusammenhängenden, ja einheitlichen Gedankenganges darstellen. Als ein Verbindungsglied in dieser Kette ist auch noch DAVID HUME zu betrachten, wiewohl eigentlich nur im Betreff des Gesetzes der KAUSALITÄT. In Hinsicht auf diesen und seinen Einfluß habe ich die obige Darstellung nun noch durch Folgendes zu ergänzen.

LOCKE, wie auch der in seine Fußstapfen tretende CONDILLAC und dessen Schüler, zeigen und führen aus, daß der in einem Sinnesorgan eingetretenen Empfindung eine Ursache derselben außerhalb unsers Leibes, und sodann den Verschiedenheiten solcher Wirkung (Sinnesempfindung) auch Verschiedenheiten der Ursachen entsprechen müssen, endlich auch, welche dies möglicherweise seyn können; woraus dann die oben berührte Unterscheidung zwischen primären und sekundären Eigenschaften hervorgeht. Damit nun sind sie fertig und jetzt steht für sie eine objektive Welt im Raume da, von lauter Dingen an sich, welche zwar farblos, geruchlos, geräuschlos, weder warm noch kalt u. s. w., jedoch ausgedehnt, gestaltet, undurchdringlich, beweglich und zählbar sind. Allein das Axiom selbst, kraft dessen jener Uebergang vom Innern zum Aeußern und sonach jene ganze Ableitung und Installirung von Dingen an sich geschehn ist, also DAS GESETZ DER KAUSALITÄT, haben sie, wie alle früheren Philosophen, als sich von selbst verstehend genommen und keiner Prüfung seiner Gültigkeit unterworfen. Hierauf richtete nun HUME seinen skeptischen Angriff, indem er die Gültigkeit jenes Gesetzes in Zweifel stellte; weil nämlich die Erfahrung, aus der ja, eben jener Philosophie zufolge, alle unsere Kenntnisse stammen sollten, doch niemals den kausalen Zusammenhang selbst, sondern immer nur die bloße Succession der Zustände in der Zeit, also nie ein Erfolgen, sondern ein bloßes Folgen liefern könne, welches, eben als solches, sich stets nur als ein zufälliges, nie als ein nothwendiges erweise. Dies schon dem gesunden Verstande widerstrebende, jedoch nicht leicht zu widerlegende Argument veranlaßte nun KANTEN, dem wahren URSPRUNG des Begriffs der Kausalität nachzuforschen: wo er denn fand, daß dieser in der wesentlichen und angeborenen Form unseres Verstandes selbst, also im Subjekt, liege, nicht aber im Objekt, indem er nicht erst von außen uns beigebracht würde. Hiedurch nun aber war jene ganze objektive Welt LOCKE's und CONDILLAC's wieder in das Subjekt hineingezogen; da Kant den Leitfaden zu ihr als subjektiven Ursprungs nachgewiesen hatte. Denn, so subjektiv die Sinnesempfindung ist, so subjektiv ist jetzt auch die Regel, welcher zufolge sie als Wirkung einer Ursache aufzufassen ist; welche Ursache es doch allein ist, die als objektive Welt angeschaut wird; indem ja das Subjekt ein draußen befindliches Objekt bloß in Folge der Eigenthümlichkeit seines Intellekts, zu jeder Veränderung eine Ursache vorauszusetzen, annimmt, also eigentlich nur es aus sich herausprojicirt, in einem zu diesem Zwecke bereiten Raum, welcher selbst ebenfalls ein Produkt seiner eigenen und ursprünglichen Beschaffenheit ist, so gut wie die specifische Empfindung in den Sinnesorganen, auf deren Anlaß der ganze Vorgang eintritt. Jene Locke'sche objektive Welt von Dingen an sich war demnach durch KANT in eine Welt von bloßen Erscheinungen in unserm Erkenntnißapparat verwandelt worden, und dies um so vollständiger, als, wie der Raum, in dem sie sich darstellen, so auch die Zeit, in der sie vorüberziehn, als unleugbar subjektiven Ursprungs von ihm nachgewiesen war.

Bei allem Diesen aber ließ KANT noch immer, so gut wie LOCKE, das Ding an sich bestehn, d.h. etwas, das unabhängig von unsern Vorstellungen, als welche uns bloße Erscheinungen liefern, vorhanden wäre und eben diesen Erscheinungen zum Grunde läge. So sehr nun Kant auch hierin, an und für sich, Recht hatte; so war doch aus den von ihm aufgestellten Principien die Berechtigung dazu nicht abzuleiten. Hier lag daher die Achillesferse seiner Philosophie, und diese hat, durch die Nachweisung jener Inkonsequenz, die schon erlangte Anerkennung unbedingter Gültigkeit und Wahrheit wieder einbüßen müssen: allein im letzten Grunde geschah ihr dabei dennoch Unrecht. Denn ganz gewiß ist keineswegs die Annahme eines Dinges an sich hinter den Erscheinungen, eines realen Kerns unter so vielen Hüllen, unwahr; da vielmehr die Ableugnung desselben absurd wäre; sondern nur die Art, wie Kant ein solches Ding an sich einführte und mit seinen Principien zu vereinigen suchte, war fehlerhaft. Im Grunde ist es demnach nur seine Darstellung (dies Wort im umfassendesten Sinne genommen) der Sache, nicht diese selbst, welche den Gegnern unterlag, und in diesem Sinne ließe sich behaupten, daß die gegen ihn geltend gemachte Argumentation doch eigentlich nur *ad hominem*, nicht *ad rem* gewesen sei. Jedenfalls aber findet hier das Indische Sprichwort wieder Anwendung: kein Lotus ohne Stengel. Kanten leitete die sicher gefühlte Wahrheit, daß hinter jeder Erscheinung ein an sich selbst Seiendes, von dem sie ihren Bestand erhält, also hinter der Vorstellung ein Vorgestelltes liege. Aber er unternahm, dieses aus der gegebenen Vorstellung selbst abzuleiten, unter Hinzuziehung ihrer uns *a priori* bewußten Gesetze, welche jedoch, gerade weil sie dieses sind, nicht auf ein von der Erscheinung, oder Vorstellung, Unabhängiges und Verschiedenes leiten können; weshalb man zu diesem einen ganz andern Weg einzuschlagen hat. Die Inkonsequenzen, in welche Kant, durch den fehlerhaften Gang, den er in dieser Hinsicht genommen, sich verwickelt hatte, wurden ihm dargethan von G. E. SCHULTZE, der, in seiner schwerfälligen und weitläuftigen Manier, die Sache auseinandergesetzt hat, zuerst anonym im »AENESIDEMUS« (besonders S. 374–381), und später in seiner »Kritik der theoretischen Philosophie« (Bd. 2. S. 205 ff.); wogegen REINHOLD Kant's Vertheidigung, jedoch ohne sonderlichen Erfolg, geführt hat.

Ich will hier das der ganzen Kontroverse zum Grunde liegende eigentlich Wesentliche der Sache selbst, unabhängig von der Schultzeschen Auffassung derselben, ein Mal auf meine Weise recht deutlich hervorheben. – Eine strenge Ableitung des Dinges an sich hat KANT nie gegeben, vielmehr hat er dasselbe von seinen Vorgängern, namentlich LOCKE, überkommen und als etwas, an dessen Daseyn nicht zu zweifeln sei, indem es sich eigentlich von selbst verstehe, beibehalten; ja, er durfte dies gewissermaaßen. Nach Kants Entdeckungen nämlich enthält unsre empirische Erkenntniß ein Element, welches nachweisbar subjektiven Ursprungs ist, und ein anderes, von dem dieses nicht gilt: dieses letztere bleibt also objektiv, weil kein Grund ist, es für subjektiv zu halten. Demgemäß leugnet Kants transscendentaler Idealismus das objektive Wesen der Dinge, oder die von unserer Auffassung unabhängige Realität derselben, zwar soweit, als das *Apriori* in unserer Erkenntniß sich erstreckt; jedoch nicht weiter; weil eben der Grund zum Ableugnen nicht weiter reicht: was darüber hinausliegt läßt er demnach bestehn, also alle solche Eigenschaften der

Dinge, welche sich nicht *a priori* konstruiren lassen. Denn keineswegs ist das ganze Wesen der gegebenen Erscheinungen, d. h. der Körperwelt, von uns *a priori* bestimmbar, sondern bloß die allgemeine Form ihrer Erscheinung ist es, und diese läßt sich zurückführen auf Raum, Zeit und Kausalität, nebst der gesammten Gesetzlichkeit dieser drei Formen. Hingegen das durch alle jene *a priori* vorhandenen Formen unbestimmt Gelassene, also das hinsichtlich auf sie Zufällige, ist eben die Manifestation des Dinges an sich selbst. Nun kann der EMPIRISCHE Gehalt der Erscheinungen, d. h. jede nähere Bestimmung derselben, jede in ihnen auftretende physische Qualität, nicht anders, als *a posteriori* erkannt werden: diese empirischen Eigenschaften (oder vielmehr die gemeinsame Quelle derselben) verbleiben sonach dem Dinge an sich selbst; als Aeußerungen seines selbsteigenen Wesens, durch das Medium aller jener apriorischen Formen hindurch. Dieses *Aposteriori*, welches, bei jeder Erscheinung, in das *Apriori* gleichsam eingehüllt, auftritt, aber doch jedem Wesen seinen speciellen und individuellen Charakter ertheilt, ist demnach der STOFF der Erscheinungswelt, im Gegensatz ihrer FORM. Da nun dieser Stoff keineswegs aus den von Kant so sorgfältig nachgesuchten und, durch das Merkmal der Apriorität, sicher nachgewiesenen, am Subjekt haftenden FORMEN der Erscheinung abzuleiten ist, vielmehr nach Abzug alles aus diesen Fließenden noch übrig bleibt, also sich als ein zweites völlig distinktes Element der empirischen Erscheinung und als eine jenen Formen fremde Zuthat vorfindet; dabei aber auch andrerseits keineswegs von der Willkür des erkennenden Subjekts ausgeht, vielmehr dieser oft entgegensteht; so nahm Kant keinen Anstand, diesen STOFF der Erscheinung dem Dinge an sich selbst zu lassen, mithin als ganz von außen kommend anzusehn; weil er doch irgend woher kommen, oder, wie Kant sich ausdrückt, irgend einen Grund haben muß. Da wir nun aber solche allein *a posteriori* erkennbare Eigenschaften durchaus nicht isoliren und von den *a priori* gewissen getrennt und gereinigt auffassen können, sondern sie immer in diese gehüllt auftreten; so lehrt KANT, daß wir zwar das DASEYN der Dinge an sich, aber nichts darüber hinaus erkennen, also nur wissen, DASS sie sind, aber nicht WAS sie sind; daher denn das Wesen der Dinge an sich bei ihm als eine unbekannte Größe, ein x, stehn bleibt. Denn die Form der Erscheinung bekleidet und verbirgt überall das Wesen des Dinges an sich selbst. Höchstens läßt sich noch Dieses sagen: da jene apriorischen Formen allen Dingen, als Erscheinungen, ohne Unterschied zukommen, indem sie von unserm Intellekt ausgehn; die Dinge dabei aber doch sehr bedeutende Unterschiede aufweisen; so ist Das, was diese Unterschiede, also die specifische Verschiedenheit der Dinge, bestimmt, das Ding an sich selbst.

Die Sache so angesehn, scheint also Kants Annahme und Voraussetzung der Dinge an sich, ungeachtet der Subjektivität aller unserer Erkenntnißformen, ganz wohl befugt und gegründet. Dennoch weist sie sich als unhaltbar aus, wenn man jenes, ihr alleiniges Argument, nämlich den empirischen Gehalt in allen Erscheinungen, genau prüft und ihn bis zu seinem Ursprunge verfolgt. Allerdings nämlich ist in der empirischen Erkenntniß und deren Quelle, der anschaulichen Vorstellung, ein von ihrer, uns *a priori* bewußten Form unabhängiger Stoff vorhanden. Die nächste Frage ist, ob dieser Stoff objektiven, oder subjektiven Ursprungs sei; weil er nur im erstern Falle das Ding an sich verbürgen kann. Gehn wir ihm daher bis zu seinem Ursprunge nach; so finden wir diesen nirgends anders, als in unsrer Sinnesempfindung: denn eine auf der Netzhaut des Auges, oder im Gehörnerven, oder in den Fingerspitzen eintretende Veränderung ist es, welche die anschauliche Vorstellung einleitet, d. h. den ganzen Apparat unsrer *a priori* bereit liegenden Erkenntnißformen zuerst in dasjenige Spiel versetzt, dessen Resultat die Wahrnehmung eines äußerlichen Objekts ist. Auf jene empfundene Veränderung im Sinnesorgane nämlich wird zunächst, mittelst einer nothwendigen und unausbleiblichen Verstandesfunktion *a priori*, das Gesetz der Kausalität angewandt: dieses leitet, mit seiner apriorischen Sicherheit und Gewißheit, auf eine Ursache jener Veränderung, welche, da sie nicht in der Willkür des Subjekts steht, jetzt als ein ihm Aeusserliches sich darstellt, eine Eigenschaft, die ihre Bedeutung erst erhält mittelst der Form des Raumes, welche letztere aber ebenfalls der eigene Intellekt zu diesem Behuf alsbald hinzufügt, wodurch nun also jene nothwendig vorauszusetzende URSACHE sich sofort anschaulich darstellt, als ein OBJEKT im Raume, welches die von ihr in unsern Sinnesorganen bewirkten Veränderungen als seine Eigenschaften an sich trägt. Diesen ganzen Hergang findet man ausführlich und gründlich dargelegt in der 2. Aufl. meiner Abhandlung über den Satz vom Grunde §. 21. Nun aber ist ja doch die Sinnesempfindung, welche zu diesem Vorgange den Ausgangspunkt und unstreitig den ganzen STOFF zur empirischen Anschauung liefert, etwas ganz und gar Subjektives, und da nun sämmtliche Erkenntniß-FORMEN, mittelst welcher aus jenem Stoffe die objektive anschauliche Vorstellung entsteht und nach außen projicirt wird, Kants ganz richtiger Nachweisung zufolge, ebenfalls subjektiven Ursprungs sind; so ist klar, daß sowohl Stoff als Form der anschaulichen Vorstellung aus dem Subjekt entspringen. Hienach löst nun unsere ganze empirische Erkenntniß sich in zwei Bestandtheile auf, welche beide ihren Ursprung IN UNS SELBST haben, nämlich die Sinnesempfindung und die *a priori* gegebenen, also in den Funktionen unsers Intellekts, oder Gehirns, gelegenen Formen, Zeit, Raum und Kausalität, denen übrigens Kant noch elf andere, von mir als überflüssig und unstatthaft nachgewiesene Kategorien des Verstandes hinzugefügt hatte. Demzufolge liefert die anschauliche Vorstellung und unsre, auf ihr beruhende, empirische Erkenntniß in Wahrheit keine Data zu Schlüssen auf Dinge an sich, und Kant war, nach seinen Principien, nicht befugt, solche anzunehmen. Wie alle früheren, so hatte auch die Locke'sche Philosophie das Gesetz der Kausalität als ein absolutes genommen und war dadurch berechtigt, von der Sinnesempfindung auf äußere, unabhängig von uns wirklich vorhandene Dinge zu schließen. Dieser Uebergang von der Wirkung zur Ursache ist jedoch der einzige Weg, um geradezu vom Innern und subjektiv Gegebenen zum Aeußern und objektiv Vorhandenen zu gelangen. Nachdem aber KANT das Gesetz der Kausalität der Erkenntnißform des Subjekts vindicirt hatte, stand ihm dieser Weg nicht mehr offen: auch hat er selbst oft genug davor gewarnt, von der Kategorie der Kausalität transscendenten, d. h. über die Erfahrung und ihre Möglichkeit hinausgehenden Gebrauch zu machen.

In der That ist das Ding an sich auf diesem Wege nimmermehr zu erreichen, und überhaupt nicht auf dem der rein OBJEKTIVEN Erkenntniß, als welche immer Vorstellung bleibt, als solche aber im Subjekt wurzelt und nie etwas von der Vorstellung wirklich Verschiedenes liefern kann. Sondern nur dadurch kann man zum Dinge an sich gelangen, daß man ein Mal DEN STANDPUNKT VERLEGT, nämlich statt wie bisher immer nur von Dem auszugehn, was VORSTELLT, ein Mal ausgeht von Dem was VORGESTELLT WIRD. Dies ist Jedem aber nur bei einem einzigen Dinge möglich, als welches ihm auch von innen zugänglich und dadurch ihm auf zweifache Weise gegeben ist: es ist sein eigner Leib, der, in der objektiven Welt, eben auch als Vorstellung im Raume dasteht, zugleich aber sich dem eigenen SELBSTBEWUSSTSEYN als WILLE kund giebt. Dadurch aber liefert er den Schlüssel aus, zunächst zum Verständniß aller seiner durch äußere Ursachen (hier Motive) hervorgerufenen Aktionen und Bewegungen, als welche, ohne diese innere und unmittelbare Einsicht in ihr Wesen, uns eben so unverständlich und unerklärbar bleiben würden, wie die nach Naturgesetzen und als Aeußerungen der Naturkräfte eintretenden Veränderungen der uns in objektiver Anschauung allein gegebenen übrigen Körper; und sodann zu dem des bleibenden SUBSTRATS aller dieser Aktionen, in welchem die Kräfte zu denselben wurzeln, – also dem Leibe selbst. Diese unmittelbare Erkenntniß, welche Jeder vom Wesen seiner eigenen, ihm außerdem ebenfalls nur in der objektiven Anschauung, gleich allen andern, gegebenen Erscheinung hat, muß nachher auf die übrigen, in letzterer Weise allein gegebenen Erscheinungen analogisch übertragen werden und wird alsdann der Schlüssel zur Erkenntniß des innern Wesens der Dinge, d.h. der Dinge an sich selbst. Zu dieser also kann man nur gelangen auf einem, von der rein OBJEKTIVEN Erkenntniß, welche bloße Vorstellung bleibt, ganz verschiedenen Wege, indem man nämlich das SELBSTBEWUSSTSEYN des immer nur als animalisches Individuum auftretenden Subjekts der Erkenntniß zu Hülfe nimmt und es zum Ausleger des BEWUSSTSEYNS ANDRER DINGE, d.i. des anschauenden Intellekts macht. Dies ist der Weg, den ich gegangen bin, und es ist der allein rechte, die enge Pforte zur Wahrheit.

Statt nun diesen Weg einzuschlagen, verwechselte man Kants Darstellung mit dem Wesen der Sache, glaubte mit jener auch dieses widerlegt, hielt was im Grunde nur *argumenta ad hominem* waren für *argumenta ad rem*, und erklärte demnach, in Folge jener Schultzischen Angriffe, Kants Philosophie für unhaltbar. – Dadurch ward nunmehr das Feld für die Sophisten und Windbeutel frei. Als der erste dieser Art stellte sich FICHTE ein, der, da das Ding an sich eben in Mißkredit gekommen war, flugs ein System ohne alles Ding an sich verfertigte, mithin die Annahme von irgend etwas, das nicht durch und durch bloß unsere Vorstellung wäre, verwarf, also das erkennende Subjekt Alles in Allem seyn, oder doch aus eigenen Mitteln Alles hervorbringen ließ. Zu diesem Zweck hob er sogleich das Wesentliche und Verdienstlichste der Kantischen Lehre, die Unterscheidung des *Apriori* vom *Aposteriori*, und dadurch der Erscheinung vom Ding an sich, auf, indem er alles für *Apriori* erklärte, natürlich ohne Beweise für solche monstrose Behauptung: statt derer gab er theils sophistische, ja, sogar aberwitzige Scheindemonstrationen, deren Absurdität sich unter der Larve des Tiefsinns und der angeblich aus diesem entsprungenen Unverständlichkeit verbarg; theils berief er sich, frank und frech, auf intellektuale Anschauung, d. h. eigentlich auf Inspiration. Für ein aller Urtheilskraft ermangelndes, Kant's unwürdiges Publikum, reichte das freilich aus: dieses hielt Ueberbieten für Uebertreffen und erklärte sonach FICHTEN für einen noch viel größern Philosophen als Kant. Ja, noch bis auf den heutigen Tag fehlt es nicht an philosophischen Schriftstellern, die jenen traditionell gewordenen falschen Ruhm Fichte's auch der neuen Generation aufzubinden bemüht sind und ganz ernsthaft versichern, was KANT bloß versucht habe, das wäre durch den FICHTE zu Stande gebracht: ER sei eigentlich der Rechte. Diese Herren legen durch ihr Midas-Urtheil in zweiter Instanz, ihre gänzliche Unfähigkeit, Kanten irgend zu verstehn, ja, überhaupt ihren deplorabeln Unverstand so palpabel deutlich an den Tag, daß hoffentlich das heranwachsende, endlich enttäuschte Geschlecht sich hüten wird, mit ihren zahlreichen Geschichten der Philosophie und sonstigen Schreibereien Zeit und Kopf zu verderben. – Bei dieser Gelegenheit will ich eine kleine

Schrift ins Andenken zurückrufen, aus der man ersehn kann, welchen Eindruck Fichte's persönliche Erscheinung und Treiben auf unbefangene Zeitgenossen machte: sie heißt »Kabinet Berliner Charaktere« und ist 1808, ohne Druckort, erschienen: sie soll von BUCHHOLZ seyn; worüber ich jedoch keine Gewißheit habe.

Bald trat, seines Vorgängers würdig, SCHELLING in Fichte's Fußstapfen, die er jedoch verließ, um seine eigene Erfindung, die absolute Identität des Subjektiven und Objektiven, oder Idealen und Realen, zu verkündigen, welche darauf hinausläuft, daß Alles, was seltene Geister, wie LOCKE und KANT, mit unglaublichem Aufwand von Scharfsinn und Nachdenken gesondert hatten, nur wieder zusammenzugießen sei in den Brei jener absoluten Identität. Denn die Lehre dieser beiden Denker läßt sich ganz passend bezeichnen als die von der ABSOLUTEN DIVERSITÄT DES IDEALEN UND REALEN, ODER SUBJEKTIVEN UND OBJEKTIVEN. Jetzt aber ging es weiter von Verirrungen zu Verirrungen. War ein Mal durch FICHTEN die Unverständlichkeit der Rede eingeführt und der Schein des Tiefsinns an die Stelle des Denkens gesetzt; so war der Saame gestreut, dem eine Korruption nach der andern und endlich die in unsern Tagen aufgegangene, gänzliche Demoralisation der Philosophie, und durch sie der ganzen Litteratur, entsprießen sollte.

Auf SCHELLING folgte jetzt schon eine philosophische Ministerkreatur, der, in politischer, obendrein mit einem Fehlgriff bedienter Absicht, von oben herunter zum großen Philosophen gestämpelte HEGEL, ein platter, geistloser, ekelhaft-widerlicher, unwissender Scharlatan, der, mit beispielloser Frechheit, Aberwitz und Unsinn zusammenschmierte, welche von seinen feilen Anhängern als unsterbliche Weisheit ausposaunt und von Dummköpfen richtig dafür genommen wurde, wodurch ein so vollständiger Chorus der Bewundrung entstand, wie man ihn nie zuvor vernommen hatte.* Die einem solchen Menschen gewaltsam verschaffte, ausgebreitete geistige Wirksamkeit hat den intellektuellen Verderb einer ganzen gelehrten Generation zur Folge gehabt. Der Bewunderer jener Afterphilosophie wartet der Hohn der Nachwelt, dem jetzt schon

* Man sehe die Vorrede zu meinen »Grundproblemen der Ethik«.

der Spott der NACHBARN, lieblich zu hören, präludirt; – oder sollte es meinen Ohren nicht wohlklingen, wenn die Nation, deren gelehrte Kaste meine Leistungen, 30 Jahre hindurch, für nichts und weniger als nichts, für keines Blickes würdig, geachtet hat, – von den Nachbarn den Ruhm erhält, das ganz Schlechte, das Absurde, das Unsinnige und dabei materiellen Absichten Dienende, als höchste und unerhörte Weisheit 30 Jahre lang verehrt, ja vergöttert zu haben? Ich soll wohl auch, als ein guter Patriot, mich im Lobe der Deutschen und des Deutschthums ergehn, und mich freuen, dieser und keiner andern Nation angehört zu haben? Allein es ist, wie das Spanische Sprichwort sagt: *cada uno cuenta de la feria, como le va en ella*. (Jeder berichtet von der Messe, je nachdem es ihm darauf ergangen.) Geht zu den Demokolaken und laßt euch loben. Tüchtige, plumpe, von Ministern aufgepuffte, brav Unsinn schmierende Scharlatane, ohne Geist und ohne Verdienst, Das ist's, was den Deutschen gehört; nicht Männer wie ich. – Dies ist das Zeugniß welches ich ihnen, beim Abschiede, zu geben habe. Wieland (Briefe an Merk S. 239) nennt es ein Unglück, ein Deutscher geboren zu seyn: Bürger, Mozart, Beethoven u. A. m. würden ihm beigestimmt haben: ich auch. Es beruht darauf, daß *σοφον ειναι δει τον επιγνωσομενον τον σοφον*, oder *il n'y a que l'esprit qui sente l'esprit*.

Zu den glänzendesten und verdienstlichsten Seiten der Kantischen Philosophie gehört unstreitig die TRANSSCENDENTALE DIALEKTIK, durch welche er die spekulative Theologie und Psychologie dermaaßen aus dem Fundament gehoben hat, daß man seitdem, auch mit dem besten Willen, nicht im Stande gewesen ist, sie wieder aufzurichten. Welche Wohlthat für den menschlichen Geist! Oder sehn wir nicht, während der ganzen Periode, seit dem Wiederaufleben der Wissenschaften bis zu ihm, die Gedanken selbst der größten Männer eine schiefe Richtung annehmen, ja, oft sich völlig verrenken, in Folge jener beiden, den ganzen Geist lähmenden, aller Untersuchung erst entzogenen und danach ihr abgestorbenen, schlechterdings unantastbaren Voraussetzungen? Werden uns nicht die ersten und wesentlichsten Grundansichten unserer selbst und aller Dinge verschroben und verfälscht, wenn wir mit der

Voraussetzung daran gehn, daß das Alles von außen, nach Begriffen und durchdachten Absichten, durch ein persönliches, mithin individuelles Wesen hervorgebracht und eingerichtet sei? imgleichen, daß das Grundwesen des Menschen ein Denkendes wäre und er aus zwei gänzlich heterogenen Theilen bestehe, die zusammengekommen und zusammengelöthet wären, ohne zu wissen, wie, und nun mit einander fertig zu werden hätten, so gut es gehn wollte, um bald wieder *nolentes volentes* sich auf immer zu trennen? Wie stark Kants Kritik dieser Vorstellungen und ihrer Gründe auf alle Wissenschaften eingewirkt habe, ist daraus ersichtlich, daß seitdem, wenigstens in der höhern deutschen Litteratur, jene Voraussetzungen allenfalls nur noch in einem figürlichen Sinne vorkommen, aber nicht mehr ernstlich gemacht werden: sondern man überläßt sie den Schriften für das Volk und den Philosophieprofessoren, die damit ihr Brod verdienen. Namentlich halten unsere naturwissenschaftlichen Werke sich von dergleichen rein, während hingegen die englischen, durch dahin zielende Redensarten und Diatriben, oder durch Apologien, sich in unsern Augen herabsetzen. Noch dicht vor Kant stand es in dieser Hinsicht ganz anders: so sehn wir z. B. selbst den eminenten LICHTENBERG, dessen Jugendbildung noch vorkantisch war, in seinem Aufsatz über Physiognomik, ernsthaft und mit Ueberzeugung jenen Gegensatz von Seele und Leib festhalten und dadurch seine Sache verderben.

Wer diesen hohen Werth der TRANSSCENDENTALEN DIALEKTIK erwägt, wird es nicht überflüssig finden, daß ich hier etwas specieller auf dieselbe eingehe. Zunächst lege ich daher Kennern und Liebhabern der Vernunftkritik folgenden Versuch vor, in der Kritik der rationalen Psychologie, wie sie allein in der ersten Ausgabe vollständig vorliegt, – während sie in den folgenden kastrirt auftritt, – das Argument, welches daselbst S. 361 ff. unter dem Titel »Paralogismus der Personalität« kritisirt wird, ganz anders zu fassen und demnach zu kritisiren. Denn Kants allerdings tiefsinnige Darstellung desselben ist nicht nur überaus subtil und schwer verständlich, sondern ihr ist auch vorzuwerfen, daß sie den Gegenstand des Selbstbewußtseyns, oder in Kants Sprache, des innern Sinnes, plötzlich und ohne weitere Befugniß, als den Gegenstand eines fremden Bewußtseyns, sogar einer äußern Anschauung nimmt, um ihn dann nach Gesetzen und Analogien der Körperwelt zu beurtheilen; ja, daß sie sich (S. 363) erlaubt, zwei verschiedene Zeiten, die eine im Bewußtseyn des beurtheilten, die andere in dem des urtheilenden Subjekts anzunehmen, welche nicht zusammenstimmten. – Ich würde also dem besagten Argumente der Persönlichkeit eine ganz andere Wendung geben und es demnach in folgenden zwei Sätzen darstellen:

1) Man kann, hinsichtlich aller Bewegung überhaupt, welcher Art sie auch seyn möge, *a priori* feststellen, daß sie allererst wahrnehmbar wird durch den Vergleich mit irgend einem Ruhenden; woraus folgt, daß auch der Lauf der Zeit, mit Allem in ihr, nicht wahrgenommen werden könnte, wenn nicht etwas wäre, das an demselben keinen Theil hat, und mit dessen Ruhe wir die Bewegung jenes vergleichen. Wir urtheilen hierin freilich nach Analogie der Bewegung im Raum: aber Raum und Zeit müssen immer dienen, einander wechselseitig zu erläutern, daher wir eben auch die Zeit unter dem Bilde einer geraden Linie uns vorstellen müssen, um sie anschaulich auffassend, *a priori* zu konstruiren. Demzufolge also können wir uns nicht vorstellen, daß, wenn Alles in unserm Bewußtseyn, zugleich und zusammen, im Flusse der Zeit fortrückte, dieses Fortrücken dennoch wahrnehmbar seyn sollte; sondern hiezu müssen wir ein Feststehendes voraussetzen, an welchem die Zeit mit ihrem Inhalt vorüberflösse. Für die Anschauung des äußern Sinnes leistet dies die Materie, als die bleibende Substanz, unter dem Wechsel der Accidenzien; wie dies auch Kant darstellt, im Beweise zur »ersten Analogie der Erfahrung«, S. 183 der ersten Ausgabe. An eben dieser Stelle ist es jedoch, wo er den schon sonst von mir gerügten, unerträglichen, ja seinen eigenen Lehren widersprechenden Fehler begeht, zu sagen, daß nicht die Zeit selbst verflösse, sondern nur die Erscheinungen in ihr. Daß Dies grundfalsch sei, beweist die uns Allen inwohnende feste Gewißheit, daß, wenn auch alle Dinge im Himmel und auf Erden plötzlich stille ständen, doch die Zeit, davon ungestört, ihren Lauf fortsetzen würde; so daß, wenn späterhin die Natur ein Mal wieder in Gang geriethe, die Frage nach der Länge der dagewesenen Pause,

an sich selbst einer ganz genauen Beantwortung fähig seyn würde. Wäre Dem anders; so müßte mit der Uhr auch die Zeit stille stehn, oder, wenn jene liefe, mitlaufen. Gerade dies Sachverhältniß aber, nebst unserer Gewißheit *a priori* darüber, beweist unwidersprechlich, daß die Zeit IN unserm Kopfe, nicht aber draußen, ihren Verlauf, und also ihr Wesen, hat. – Im Gebiete der äußern Anschauung, sagte ich, ist das Beharrende die Materie: bei unserm Argument der Persönlichkeit hingegen ist die Rede bloß von der Wahrnehmung des INNERN Sinnes, in welche auch die des äußern erst wieder aufgenommen wird. Daher also sagte ich, daß wenn unser Bewußtseyn mit seinem gesammten Inhalt, gleichmäßig im Strome der Zeit sich fortbewegte, wir dieser Bewegung nicht inne werden könnten. Also muß hiezu im Bewußtseyn selbst etwas Unbewegliches seyn. Dieses aber kann nichts Anderes seyn, als das erkennende Subjekt selbst, als welches dem Laufe der Zeit und dem Wechsel ihres Inhalts unerschüttert und unverändert zuschaut. Vor seinem Blicke läuft das Leben wie ein Schauspiel zu Ende. Wie wenig es selbst an diesem Laufe Theil hat, wird uns sogar fühlbar, wenn wir, im Alter, die Scenen der Jugend und Kindheit uns lebhaft vergegenwärtigen.

2) Innerlich, im Selbstbewußtseyn, oder, mit Kant zu reden, durch den innern Sinn, erkenne ich mich allein in der ZEIT. Nun aber kann es, OBJEKTIV betrachtet, in der bloßen Zeit allein kein Beharrliches geben; weil solches eine Dauer, diese aber ein Zugleichseyn, und dieses wieder den RAUM voraussetzt, – (die Begründung dieses Satzes findet man in meiner Abhandlung über den Satz vom Grunde, 2. Aufl. §. 18, sodann »Welt als W. u. V.« Bd. 1, §. 4. S. 10, 11 u. S. 531). Desungeachtet nun aber finde ich mich thatsächlich als das beharrende, d. h. bei allem Wechsel meiner Vorstellungen immerdar bleibende Substrat derselben, welches zu diesen Vorstellungen sich eben so verhält, wie die Materie zu ihren wechselnden Accidenzien, folglich, eben so wohl wie diese, den Namen der SUBSTANZ verdient und, da es unräumlich, folglich unausgedehnt ist, den der EINFACHEN SUBSTANZ. Da nun aber, wie gesagt, in der bloßen Zeit, für sich allein, gar kein Beharrendes vorkommen kann, die in Rede stehende Substanz jedoch andrerseits nicht durch

den äußern Sinn, folglich nicht im RAUME wahrgenommen wird; so müssen wir, um sie uns dennoch, dem Laufe der Zeit gegenüber, als ein Beharrliches zu denken, sie als außerhalb der Zeit gelegen annehmen und demnach sagen: alles Objekt liegt in der Zeit, hingegen das eigentliche erkennende Subjekt nicht. Da es nun außerhalb der Zeit auch kein Aufhören, oder Ende, giebt; so hätten wir, am erkennenden Subjekt in uns, eine beharrende, jedoch weder räumliche, noch zeitliche, folglich unzerstörbare Substanz.

Um nun dieses so gefaßte Argument der Persönlichkeit als einen Paralogismus nachzuweisen, müßte man sagen, daß der zweite Satz desselben eine empirische Thatsache zur Hülfe nimmt, der sich diese andere entgegenstellen läßt, daß das erkennende Subjekt doch an das Leben und sogar an das Wachen gebunden ist, seine Beharrlichkeit während Beider also keineswegs beweist, daß sie auch außerdem bestehn könne. Denn diese faktische Beharrlichkeit, für die Dauer des bewußten Zustandes, ist noch weit entfernt, ja, *toto genere* verschieden von der Beharrlichkeit der Materie (diesem Ursprung und alleiniger Realisirung des Begriffs SUBSTANZ), welche wir in der Anschauung kennen und nicht bloß ihre faktische Dauer, sondern ihre nothwendige Unzerstörbarkeit und die Unmöglichkeit ihrer Vernichtung *a priori* einsehn. Aber nach Analogie dieser wahrhaft unzerstörbaren Substanz ist es doch, daß wir eine DENKENDE SUBSTANZ in uns annehmen möchten, die alsdann einer endlosen Fortdauer gewiß wäre. Abgesehen nun davon, daß dies Letztere die Analogie mit einer bloßen Erscheinung (der Materie) wäre, so besteht der Fehler, den die dialektische Vernunft in obigem Beweise begeht, darin, daß sie die Beharrlichkeit des Subjekts, beim Wechsel aller seiner Vorstellungen in der Zeit, nun so behandelt, wie die Beharrlichkeit der uns in der Anschauung gegebenen Materie, und demnach Beide unter den Begriff der Substanz zusammenfaßt, um nun Alles, was sie, wiewohl unter den Bedingungen der Anschauung, von der Materie *a priori* aussagen kann, namentlich Fortdauer durch alle Zeit, nun auch jener angeblichen, immateriellen Substanz beizulegen, wenngleich die Beharrlichkeit dieser vielmehr nur darauf beruht, daß sie selbst als in gar keiner Zeit, geschweige in aller, liegend angenommen wird, wodurch die Bedingungen der Anschauung, in Folge welcher die Unzerstörbarkeit der Materie *a priori* ausgesagt wird, hier ausdrücklich aufgehoben sind, namentlich die Räumlichkeit. Auf dieser aber gerade beruht (nach eben den oben angeführten Stellen meiner Schriften) die Beharrlichkeit derselben.

Inzwischen giebt der Paralogismus der Persönlichkeit, wie ich ihn gefaßt habe, in seinem ersten Argument den Beweis *a priori*, daß in unserm Bewußtseyn irgend etwas Beharrliches liegen müsse, und im zweiten Argument weist er dasselbe *a posteriori* nach. Im Ganzen genommen, scheint hier das Wahre, welches, wie in der Regel jedem Irrthum, so auch dem der rationalen Psychologie zum Grunde liegt, hier seine Wurzel zu haben. Dies Wahre ist, daß selbst in unserm empirischen Bewußtseyn allerdings ein ewiger Punkt nachgewiesen werden kann, aber auch nur ein Punkt, und auch gerade nur nachgewiesen, ohne daß man Stoff zu fernerer Beweisführung daraus erhielte. Ich weise hier auf meine eigene Lehre zurück, nach welcher das erkennende Subjekt Das ist, was Alles erkennt, aber nicht erkannt wird: dennoch erfassen wir es als den festen Punkt, an welchem die Zeit mit allen Vorstellungen vorüberläuft, indem ihr Lauf selbst allerdings nur im Gegensatz zu einem Bleibenden erkannt werden kann. Ich habe dieses den Berührungspunkt des Objekts mit dem Subjekt genannt. Das Subjekt des Erkennens ist bei mir, wie der Leib, als dessen Gehirn-Funktion es sich objektiv darstellt, Erscheinung des Willens, der, als das alleinige Ding an sich, hier das Substrat des Korrelats aller Erscheinungen, d. i. des Subjekts der Erkenntniß, ist. –

Wenden wir uns nunmehr zur RATIONALEN KOSMOLOGIE; so finden wir an ihren Antinomien prägnante Ausdrücke der aus dem Satze vom Grunde entspringenden Perplexität, die von jeher zum Philosophiren getrieben hat. Diese nun, auf einem etwas andern Wege, deutlicher und unumwundener hervorzuheben, als dort geschehn, ist die Absicht folgender Darstellung, welche nicht, wie die Kantische, bloß dialektisch, mit abstrakten Begriffen operirt, sondern sich unmittelbar an das anschauende Bewußtseyn wendet.

Die ZEIT kann keinen Anfang haben, und keine URSACHE kann

die erste seyn. Beides ist *a priori* gewiß, also unbestreitbar: denn aller Anfang ist IN der Zeit, setzt sie also voraus; und jede Ursach muß eine frühere hinter sich haben, deren Wirkung sie ist. Wie hätte also jemals ein erster Anfang der Welt und der Dinge eintreten können? (Danach erscheint denn freilich der erste Vers des Pentateuchs als eine *petitio principii* und zwar im allereigentlichsten Sinne des Worts.) Aber nun andrerseits: wenn ein erster Anfang NICHT gewesen wäre; so könnte die jetzige reale Gegenwart nicht ERST JETZT seyn, sondern wäre SCHON LÄNGST gewesen: denn zwischen ihr und dem ersten Anfange müssen wir irgend einen, jedoch bestimmten und begränzten Zeitraum annehmen, der nun aber, wenn wir den Anfang läugnen, d. h. ihn ins Unendliche hinaufrücken, mit hinaufrückt. Aber sogar auch WENN wir einen ersten Anfang setzen; so ist uns damit im Grunde doch nicht geholfen: denn, haben wir auch dadurch die Kausalkette beliebig abgeschnitten; so wird alsbald die bloße Zeit sich uns beschwerlich erweisen. Nämlich die immer erneuerte Frage »warum jener erste Anfang nicht schon früher eingetreten?« wird ihn schrittweise, in der anfangslosen Zeit, immer weiter hinaufschieben, wodurch dann die Kette der zwischen ihm und uns liegenden Ursachen dermaaßen in die Höhe gezogen wird, daß sie nimmer lang genug werden kann, um bis zur jetzigen Gegenwart herab zu reichen, wonach es alsdann zu dieser immer NOCH NICHT gekommen seyn würde. Dem widerstreitet nun aber, daß sie doch jetzt ein Mal wirklich DA IST und sogar unser einziges Datum zu der Rechnung ausmacht. Die Berechtigung nun aber zur obigen, so unbequemen Frage entsteht daraus, daß der erste Anfang, eben als solcher, keine ihm vorhergängige Ursache voraussetzt und gerade darum eben so gut hätte Trillionen Jahre früher eintreten können. Bedurfte er nämlich keiner Ursache zum eintreten, so hatte er auch auf keine zu warten, mußte demnach schon unendlich früher eingetreten seyn, weil nichts dawar, ihn zu hemmen. Denn, dem ersten Anfange darf, wie nichts als seine Ursach, so auch nichts als sein Hinderniß vorhergehn: er hat also schlechterdings auf nichts zu warten und kommt nie früh genug. Daher also ist, in welchen Zeitpunkt man ihn auch setzen mag, nie einzusehn, warum er nicht schon sollte viel früher dagewesen seyn. Dies also schiebt ihn immer weiter hinauf: weil nun aber doch die Zeit selbst durchaus keinen Anfang haben kann; so ist allemal bis zum gegenwärtigen Augenblick eine unendliche Zeit, eine Ewigkeit, abgelaufen: daher ist dann auch das Hinaufschieben des Weltanfangs ein endloses, so daß von ihm bis zu uns jede Kausalkette zu kurz ausfällt, in Folge wovon wir dann von demselben nie bis zur Gegenwart herabgelangen. Dies kommt daher, daß uns ein gegebener und fester Anknüpfungspunkt *(point d'attache)* fehlt, daher wir einen solchen beliebig irgendwo annehmen, derselbe aber stets vor unsern Händen zurückweicht, die Unendlichkeit hinauf. – So fällt es also aus, wenn wir einen ERSTEN ANFANG setzen und davon ausgehn: wir gelangen nie von ihm ZUR GEGENWART HERAB.

Gehn wir hingegen umgekehrt von der doch wirklich gegebenen GEGENWART aus: dann gelangen wir, wie schon gemeldet, nie zum ERSTEN ANFANG hinauf; da jede Ursache, zu der wir hinauf schreiten, immer Wirkung einer frühern gewesen seyn muß, welche dann sich wieder im selben Fall befindet, und dies durchaus kein Ende erreichen kann. Jetzt wird uns also die Welt anfangslos, wie die unendliche Zeit selbst; wobei unsre Einbildungskraft ermüdet und unser Verstand keine Befriedigung erhält.

Diese beide entgegengesetzten Ansichten sind demnach einem Stocke zu vergleichen, dessen EINES Ende, und zwar welches man will, man bequem fassen kann, wobei jedoch das andere sich immer ins Unendliche verlängert. Das Wesentliche der Sache aber läßt sich in dem Satze resumiren, daß die Zeit, als schlechthin unendlich, immer viel zu groß ausfällt für eine in ihr als ENDLICH angenommene Welt. Im Grunde aber bestätigt sich hiebei doch wieder die Wahrheit der »Antithese« in der Kantischen Antinomie; weil sich, wenn wir von dem allein Gewissen und wirklich Gegebenen, der realen Gegenwart, ausgehn, die Anfangslosigkeit ergiebt; hingegen der erste Anfang bloß eine beliebige Annahme ist, die sich aber auch als solche nicht mit dem besagten allein Gewissen und Wirklichen, der Gegenwart, vereinbaren läßt. – Wir haben übrigens diese Betrachtungen als solche anzusehn, welche die Ungereimtheiten aufdecken, die aus der Annahme der absoluten Realität der Zeit hervorgehn; folglich als Bestätigungen der Grundlehre Kants.

Die Frage, ob die Welt dem RAUME nach begränzt, oder unbegränzt sei, ist nicht schlechthin transscendent; vielmehr an sich selbst empirisch; da die Sache immer noch im Bereich möglicher Erfahrung liegt, welche wirklich zu machen nur durch unsere eigene physische Beschaffenheit uns benommen bleibt. *A priori* giebt es hier kein demonstrabel sicheres Argument, weder für die eine, noch die andere Alternative; so daß die Sache wirklich einer Antinomie sehr ähnlich sieht, sofern, bei der einen, wie der andern Annahme, bedeutende Uebelstände sich hervorthun. Nämlich eine begränzte Welt im unendlichen Raume, schwindet, sei sie auch noch so groß, zu einer unendlich kleinen Größe, und man frägt, wozu denn der übrige Raum da sei? Andrerseits wieder kann man nicht fassen, daß kein Fixstern der äußerste im Raume seyn sollte. – Beiläufig gesagt, würden die Planeten eines solchen nur während der einen Hälfte ihres Jahres Nachts einen gestirnten Himmel haben, während der andern aber einen ungestirnten, – der auf die Bewohner einen sehr unheimlichen Eindruck machen müßte. Demnach läßt jene Frage sich auch so ausdrücken: giebt es einen Fixstern, dessen Planeten in diesem Prädikamente stehn oder nicht? Hier zeigt sie sich als offenbar empirisch.

Ich habe in meiner Kritik der Kantischen Philosophie die ganze Annahme der Antinomien als falsch und illusorisch nachgewiesen. Auch wird, bei gehöriger Ueberlegung, Jeder es zum Voraus als unmöglich erkennen, daß Begriffe, die richtig aus den Erscheinungen und den *a priori* gewissen Gesetzen derselben abgezogen, sodann aber, denen der Logik gemäß, zu Urtheilen und Schlüssen verknüpft sind, auf Widersprüche führen sollten. Denn alsdann müßten in der anschaulich gegebenen Erscheinung selbst, oder in dem gesetzmäßigen Zusammenhang ihrer Glieder, Widersprüche liegen; welches eine unmögliche Annahme ist. Denn das Anschauliche als solches kennt gar keinen Widerspruch: dieser hat, in Beziehung auf dasselbe keinen Sinn, noch Bedeutung. Denn er existirt bloß in der abstrakten Erkenntniß der Reflexion: man kann wohl, offen oder versteckt, etwas zugleich setzen und nicht setzen, d. h.

sich widersprechen: aber es kann nicht etwas Wirkliches zugleich seyn und nicht seyn. Das Gegentheil des Obigen hat freilich Zeno Eleatikus, mit seinen bekannten Sophismen, und auch Kant, mit seinen Antinomien, darthun wollen. Daher also verweise ich auf meine Kritik der Letzteren.

Kants Verdienst um die SPEKULATIVE THEOLOGIE ist schon oben im allgemeinen berührt worden. Um dasselbe noch mehr hervorzuheben, will ich jetzt, in größter Kürze, das Wesentliche der Sache auf meine Weise recht faßlich zu machen suchen.

In der Christlichen Religion ist das Daseyn Gottes eine ausgemachte Sache und über alle Untersuchung erhaben. So ist es Recht: denn dahin gehört es und ist daselbst durch Offenbarung begründet. Ich halte es daher für einen Mißgriff der Rationalisten, wenn sie, in ihren Dogmatiken, das Daseyn Gottes anders, als aus der Schrift, zu beweisen versuchen: sie wissen, in ihrer Unschuld, nicht, wie gefährlich diese Kurzweil ist. Die Philosophie hingegen ist eine Wissenschaft und hat als solche keine Glaubensartikel: demzufolge darf in ihr nichts als daseiend angenommen werden, als was entweder empirisch geradezu gegeben, oder aber durch unzweifelhafte Schlüsse nachgewiesen ist. Diese glaubte man nun freilich längst zu besitzen, als Kant die Welt hierüber enttäuschte und sogar die Unmöglichkeit solcher Beweise so sicher darthat, daß seitdem kein Philosoph in Deutschland wieder versucht hat, dergleichen aufzustellen. Hiezu aber war er durchaus befugt; ja, er that etwas höchst Verdienstliches: denn ein theoretisches Dogma, welches mitunter sich herausnimmt, Jeden, der es nicht gelten läßt, zum Schurken zu stämpeln, verdiente doch wohl, daß man ihm ein Mal ernstlich auf den Zahn fühlte.

Mit jenen angeblichen Beweisen verhält es sich nun folgendermaaßen. Da ein Mal die WIRKLICHKEIT des Daseyns Gottes nicht, durch empirische Ueberführung, gezeigt werden kann; so wäre der nächste Schritt eigentlich gewesen, die MÖGLICHKEIT desselben auszumachen, wobei man schon Schwierigkeiten genug würde angetroffen haben. Statt Dessen aber unternahm man, sogar die NOTHWENDIGKEIT desselben zu beweisen, also Gott als NOTHWENDIGES WESEN darzuthun. Nun ist NOTHWENDIGKEIT, wie ich oft genug nachgewiesen habe, überall nichts Anderes, als Abhängigkeit einer Folge von ihrem Grunde, also das Eintreten oder Setzen der Folge, weil der Grund gegeben ist. Hiezu hatte man demnach unter den vier von mir nachgewiesenen Gestalten des Satzes vom Grunde die Wahl, und fand nur die zwei ersten brauchbar. Demgemäß entstanden zwei theologische Beweise, der kosmologische und der ontologische, der eine nach dem Satz vom Grunde des Werdens (Ursach), der andere nach dem vom Grunde des Erkennens. Der erste will, nach dem Gesetze der KAUSALITÄT, jene NOTHWENDIGKEIT als eine PHYSISCHE darthun, indem er die Welt als eine WIRKUNG auffaßt, die eine URSACHE haben müsse. Diesem kosmologischen Beweise wird sodann als Beistand und Unterstützung der physikotheologische beigegeben. Das kosmologische Argument wird am stärksten in der Wolfischen Fassung desselben, folglich so ausgedrückt: »wenn irgend etwas existirt; so existirt auch ein schlechthin nothwendiges Wesen«, – zu verstehn, entweder das Gegebene selbst, oder die erste der Ursachen, durch welche dasselbe zum Daseyn gelangt ist. Letzteres wird dann angenommen. Dieser Beweis giebt zunächst die Blöße, ein Schluß von der Folge auf den Grund zu seyn, welcher Schlußweise schon die Logik alle Ansprüche auf Gewißheit abspricht. Sodann ignorirt er, daß wir, wie ich oft gezeigt habe, etwas als NOTHWENDIG nur denken können, insofern es Folge, nicht insofern es Grund eines gegebenen Andern ist. Ferner beweist das Gesetz der Kausalität, in dieser Weise angewandt, zu viel: denn wenn es uns hat von der Welt auf ihre Ursache leiten müssen, so erlaubt es uns auch nicht, bei dieser stehn zu bleiben, sondern führt uns weiter zu deren Ursach, und so immerfort, unbarmherzig weiter, *in infinitum*. Dies bringt sein Wesen so mit sich. Uns ergeht es dabei, wie dem Göthe'schen Zauberlehrling, dessen Geschöpf zwar auf Befehl anfängt, aber nicht wieder aufhört. Hiezu kommt noch, daß die Kraft und Gültigkeit des Gesetzes der Kausalität sich allein auf die FORM der Dinge, nicht auf ihre Materie erstreckt. Es ist der Leitfaden des Wechsels der Formen, weiter nichts: die Materie bleibt von allem Entstehn und Vergehn derselben unberührt; welches wir vor aller Erfahrung einsehn und daher gewiß wissen. Endlich unterliegt der kosmologische Beweis dem transscendentalen Argument, daß das Gesetz der Kausalität nachweisbar subjektiven Ursprungs, daher bloß auf ERSCHEINUNGEN für unsern Intellekt, nicht auf das Wesen der DINGE AN SICH SELBST anwendbar ist. – Subsidiarisch wird, wie gesagt, dem kosmologischen Beweise der PHYSIKOTHEOLOGISCHE beigegeben, welcher der von jenem eingeführten Annahme zugleich Beleg, Bestätigung, Plausibilität, Farbe und Gestalt ertheilen will. Allein er kann immer nur unter Voraussetzung jenes ersten Beweises, dessen Erläuterung und Amplifikation er ist, auftreten. Sein Verfahren besteht dann darin, daß er jene vorausgesetzte erste Ursache der Welt zu einem erkennenden und wollenden Wesen steigert, indem er, durch Induktion aus den vielen Folgen, die sich durch einen solchen Grund erklären ließen, diesen festzustellen sucht. Induktion kann aber höchstens große Wahrscheinlichkeit, nie Gewißheit geben: überdies ist, wie gesagt, der ganze Beweis ein durch den ersten bedingter. Wenn man aber näher und ernstlich auf diese so beliebte Physikotheologie eingeht und nun gar sie im Lichte meiner Philosophie prüft; so ergiebt sie sich als die Ausführung einer falschen Grundansicht der Natur, welche die UNMITTELBARE Erscheinung, oder Objektivation, des Willens zu einer bloß MITTELBAREN herabsetzt, also statt in den Naturwesen das ursprüngliche, urkräftige, erkenntnißlose und eben deshalb unfehlbar sichere Wirken des Willens zu erkennen, es auslegt als ein bloß sekundäres, erst am Lichte der Erkenntniß und am Leitfaden der Motive vor sich gegangenes; und sonach das von innen aus Getriebene auffaßt als von außen gezimmert, gemodelt und geschnitzt. Denn, wenn der Wille, als das Ding an sich, welches durchaus NICHT Vorstellung ist, im Akte seiner Objektivation, aus seiner Ursprünglichkeit in die Vorstellung tritt, und man nun an das in ihr sich Darstellende mit der Voraussetzung geht, es sei ein in der Welt der Vorstellung selbst, also in Folge der ERKENNTNISS, zu Stande Gebrachtes; dann freilich stellt es sich dar als ein nur mittelst überschwänglich vollkommener Erkenntniß, die alle Objekte und ihre Verkettungen auf ein Mal überblickt, Mögliches, d. i. als ein Werk der höchsten Weisheit. Hierüber verweise ich auf meine Abhandlung vom Willen in der Natur, besonders S. S. 43–62 derselben, unter der Rubrik »vergleichende Anatomie«, und auf mein Hauptwerk Bd. 2, Kap. 26 am Anfang.

Der zweite theologische Beweis, der ONTOLOGISCHE, nimmt, wie gesagt, nicht das Gesetz der Kausalität, sondern den Satz vom Grunde des Erkennens zum Leitfaden; wodurch denn die Nothwendigkeit des Daseyns Gottes hier eine LOGISCHE ist. Nämlich durch bloß analytisches Urtheilen, aus dem Begriffe GOTT, soll sich hier sein Daseyn ergeben; so daß man diesen Begriff nicht zum Subjekt eines Satzes machen könne, darin ihm das Daseyn abgesprochen würde; weil nämlich Dies dem Subjekt des Satzes widersprechen würde. Dies ist logisch richtig, ist aber auch sehr natürlich und ein leicht zu durchschauender Taschenspielerstreich. Nachdem man nämlich mittelst der Handhabe des Begriffs »Vollkommenheit«, oder auch »Realität«, den man als *terminus medius* gebraucht, das Prädikat des Daseyns in das Subjekt hineingelegt hat, kann es nicht fehlen, daß man es nachher daselbst wieder vorfindet und nun es durch ein analytisches Urtheil exponirt. Aber die Berechtigung zur Aufstellung des ganzen Begriffs ist damit keineswegs nachgewiesen: vielmehr war er entweder ganz willkürlich ersonnen, oder aber durch den kosmologischen Beweis eingeführt, bei welchem Alles auf physische Nothwendigkeit zurückläuft. Chr. Wolff scheint Dies wohl eingesehn zu haben; da er in seiner Metaphysik vom kosmologischen Argument allein Gebrauch macht und Dies ausdrücklich bemerkt.

Allerdings stützen beide theologische Beweise sich gegenseitig, können aber darum doch nicht stehn. Der kosmologische hat den Vorzug, daß er Rechenschaft giebt, wie er zum Begriff eines Gottes gekommen ist, und nun durch seinen Adjunkt, den physikotheologischen Beweis, denselben plausibel macht. Der ontologische hingegen kann gar nicht nachweisen, wie er zu seinem Begriff vom allerrealsten Wesen gekommen sei, giebt also entweder vor, derselbe sei angeboren, oder er borgt ihn vom kosmologischen Beweis und sucht ihn dann aufrecht zu halten durch erhaben klingende Sätze vom Wesen, das nicht anders als seiend gedacht werden könne, dessen Daseyn in seinem Begriffe läge u. s. w. Inzwischen werden wir der Erfindung des ontologischen Beweises den Ruhm des

Scharfsinns und der Subtilität nicht versagen, wenn wir Folgendes erwägen. Um eine gegebene Existenz zu erklären, weisen wir ihre Ursache nach, in Beziehung auf welche sie dann als eine nothwendige sich darstellt; welches als Erklärung gilt. Allein dieser Weg führt, wie genugsam gezeigt, auf einen *regressus in infinitum*, kann daher nie bei einem Letzten, das einen fundamentalen Erklärungsgrund abgäbe, anlangen. Anders nun würde es sich verhalten, wenn wirklich DIE EXISTENZ irgend eines Wesens aus seiner ESSENZ, also seinem bloßen Begriff, oder seiner Definition, sich folgern ließe. Dann nämlich würde es als ein NOTHWENDIGES, (welches, hier, wie überall, nur besagt »ein aus seinem GRUNDE Folgendes«) erkannt werden, ohne dabei an etwas Anderes, als an seinen eigenen Begriff gebunden zu seyn, mithin, ohne daß seine Nothwendigkeit eine bloß vorübergehende und momentane, nämlich eine selbst wieder bedingte und danach auf endlose Reihen führende wäre, wie es die KAUSALE Nothwendigkeit allemal ist. Vielmehr würde alsdann der bloße Erkenntnißgrund sich in einen Realgrund, also eine Ursache verwandelt haben und so sich vortrefflich eignen, nunmehr den letzten und dadurch festen Anknüpfungspunkt für alle Kausalreihen abzugeben: man hätte also dann, was man sucht. Daß aber das Alles illusorisch ist haben wir oben gesehn, und es ist wirklich, als habe schon Aristoteles einer solchen Sophistikation vorbeugen wollen, als er sagte: *το δε ειναι ουκ ουσια ουδενι· ad nullius rei essentiam pertinet existentia (Analyt. post. II, 7)*. Unbekümmert hierum stellte, nachdem Anselmus von Canterbury zu einem dergleichen Gedankengange die Bahn gebrochen hatte, nachmals CARTESIUS den Begriff Gottes als einen solchen, der das Geforderte leistete, auf, SPINOZA aber den der Welt, als der allein existirenden Substanz, welche danach *causa sui* wäre, *i. e. quae per se est et per se concipitur, quamobrem nulla alia re eget ad existendum:* dieser so etablirten Welt ertheilt er sodann, *honoris causa,* den Titel *Deus,* – um alle Leute zufrieden zu stellen. Es ist aber eben noch immer der selbe *tour de passe-passe,* der das LOGISCH Nothwendige für ein REAL Nothwendiges uns in die Hände spielen will, und der, nebst andern ähnlichen Täuschungen, endlich Anlaß gab, zu LOCKE's großer Untersuchung des URSPRUNGES der Begriffe. Eine speciellere Darstellung des Verfahrens jener beiden Dogmatiker enthält meine Abhandlung über den Satz vom Grund, in der 2. Auflage, §§. 7 und 8.

Nachdem nun KANT, durch seine Kritik der spekulativen Theologie, dieser den Todesstoß gegeben hatte, mußte er den Eindruck hievon zu mildern suchen, also ein Besänftigungsmittel, als Anodynon, darauf legen; analog dem Verfahren HUME's, der, im letzten seiner so lesenswerthen, wie unerbittlichen *Dialogues on natural religion*, uns eröffnet, das Alles wäre nur Spaaß gewesen, ein bloßes *exercitium logicum*. Dem also entsprechend gab Kant, als Surrogat der Beweise des Daseyns Gottes, sein Postulat der praktischen Vernunft und die daraus entstehende Moraltheologie, welche, ohne allen Anspruch auf objektive Gültigkeit für das Wissen, oder die theoretische Vernunft, volle Gültigkeit in Beziehung auf das Handeln, oder für die praktische Vernunft, haben sollte, wodurch denn ein Glauben ohne Wissen begründet wurde, – damit die Leute doch nur etwas in die Hand kriegten. Seine Darstellung, wenn wohl verstanden, besagt nichts Anderes, als daß die Annahme eines nach dem Tode vergeltenden, gerechten Gottes ein brauchbares und ausreichendes REGULATIVES SCHEMA sei, zum Behuf der Auslegung der gefühlten, ernsten, ethischen Bedeutsamkeit unsers Handelns, wie auch der Leitung dieses Handelns selbst; also gewissermaaßen eine Allegorie der Wahrheit, so daß, in dieser Hinsicht, auf welche allein es doch zuletzt ankommt, jene Annahme die Stelle der Wahrheit vertreten könne, wenn sie auch theoretisch, oder objektiv, nicht zu rechtfertigen sei. – Ein analoges Schema, von gleicher Tendenz, aber viel größerm Wahrheitsgehalt, stärkerer Plausibilität und demnach unmittelbarerem Werth, ist das Dogma des Brahmanismus, von der vergeltenden Metempsychose, wonach wir in der Gestalt eines jeden von uns verletzten Wesens einst müssen wiedergeboren werden, um alsdann die selbe Verletzung zu erleiden. – Im angegebenen Sinne also hat man Kants Moraltheologie zu nehmen, indem man dabei berücksichtigt, daß er selbst nicht so unumwunden, wie hier geschieht, über das eigentliche Sachverhältniß sich ausdrücken durfte, sondern, indem er das Monstrum einer THEORETISCHEN Lehre von bloß PRAKTISCHER

Gültigkeit aufstellte, bei den Klügeren auf das *granum salis* gerechnet hat.

Auch ließen nicht ein Mal die Philosophieprofessoren sich lange daran genügen; obwohl sie durch Kants Kritik der spekulativen Theologie in bedeutende Verlegenheit gesetzt waren. Denn von Alters her hatten sie ihren speciellen Beruf darin erkannt, das Daseyn und die Eigenschaften Gottes darzulegen und ihn zum Hauptgegenstand ihres Philosophirens zu machen; daher, wenn die Schrift lehrt, daß Gott die Raben auf dem Felde ernährt, ich hinzusetzen muß: und die Philosophieprofessoren auf den Kathedern. Ja, sogar noch heutigen Tages versichern sie ganz dreist, das Absolutum, (bekanntlich der neumodische Titel für den lieben Gott) und dessen Verhältniß zur Welt sei das eigentliche Thema der Philosophie, und dieses näher zu bestimmen, auszumalen und durchzuphantasiren sind sie nach wie vor beschäftigt. Denn allerdings möchten die Regierungen, welche für ein dergleichen Philosophiren Geld hergeben, aus den philosophischen Hörsälen auch gute Christen und fleißige Kirchengänger hervorgehn sehn. Wie mußte also den Herren von der lukrativen Philosophie zu Muthe werden, als, durch den Beweis, daß alle Beweise der spekulativen Theologie unhaltbar und daß alle, ihr auserwähltes Thema betreffenden Erkenntnisse unserm Intellekt schlechterdings unzugänglich seien, Kant ihnen das Koncept so sehr weit verrückt hatte? Sie hatten sich anfänglich durch ihr bekanntes Hausmittel, das Ingnoriren, dann aber durch Bestreiten zu helfen gesucht: aber das hielt auf die Länge nicht Stich. Da haben sie denn sich auf die Behauptung geworfen, das Daseyn Gottes sei zwar keines Beweises fähig, bedürfe aber auch desselben nicht: denn es verstände sich von selbst, wäre die ausgemachteste Sache von der Welt, wir könnten es gar nicht bezweifeln, wir hätten ein »Gottesbewußtseyn«, unsre Vernunft wäre das Organ für unmittelbare Erkenntnisse von überweltlichen Dingen, die Belehrung über diese würde unmittelbar von ihr VERNOMMEN, und darum eben heiße sie VERNUNFT! (Ich bitte freundlichst, hier meine Abhandlung über den Satz vom Grund in der 2. Aufl. §. 34, desgleichen meine Grundprobleme der Ethik S. 148 bis 154, endlich auch meine Kritik der Kantischen Philosophie

S. 574–575 nachzusehn). Nach Andern lieferte sie jedoch bloße Ahndungen; hingegen wieder Andere hatten gar intellektuale Anschauungen! Abermals Andere erfanden das absolute Denken, d.i. ein solches, bei welchem der Mensch sich nicht nach den Dingen umzusehn braucht, sondern, in göttlicher Allwissenheit, bestimmt, wie sie ein für alle Mal seien. Dies ist unstreitig die bequemste unter allen jenen Erfindungen. Sämmtlich aber griffen sie zum Wort »Absolutum«, welches eben nichts Anderes ist, als der kosmologische Beweis *in nuce*, oder vielmehr in einer so starken Zusammenziehung, daß er, mikroskopisch geworden, sich den Augen entzieht, so unerkannt durchschlüpft und nun für etwas sich von selbst Verstehendes ausgegeben wird: denn in seiner wahren Gestalt darf er, seit dem Kantischen *examen rigorosum*, sich nicht mehr blicken lassen; wie ich dies in der 2. Aufl. meiner Abhandlung über den Satz vom Grunde S. 36 ff. und auch in meiner Kritik der Kantischen Philosophie S. 544 näher ausgeführt habe. Wer zuerst, vor ungefähr 50 Jahren, den Pfiff gebraucht habe, unter diesem alleinigen Wort ABSOLUTUM den explodirten und proskribirten kosmologischen Beweis *incognito* einzuschwärzen, weiß ich nicht mehr anzugeben: aber der Pfiff war den Fähigkeiten des Publikums richtig angemessen: denn bis auf den heutigen Tag kursirt Absolutum als baare Münze. Kurzum, es hat den Philosophieprofessoren, trotz der Kritik der Vernunft und ihren Beweisen, noch nie an authentischen Nachrichten vom Daseyn Gottes und seinem Verhältniß zur Welt gefehlt, in deren ausführlicher Mittheilung, nach ihnen, das Philosophiren ganz eigentlich bestehen soll. Allein, wie man sagt, »kupfernes Geld kupferne Waare«, so ist dieser bei ihnen sich von selbst verstehende Gott eben auch danach: er hat weder Hand, noch Fuß. Darum halten sie mit ihm so hinterm Berge, oder vielmehr hinter einem schallenden Wortgebäude, daß man kaum einen Zipfel von ihm gewahr wird. Wenn man sie nur zwingen könnte, sich deutlich darüber zu erklären, was bei dem Worte Gott so eigentlich zu denken sei; dann würden wir sehn, ob er sich von selbst versteht. Nicht ein Mal eine *natura naturans* (in die ihr Gott oft überzugehn droht) versteht sich von selbst; da wir den Leukipp, Demokrit, Epikur und Lukrez ohne eine solche die Welt aufbauen sehn: diese Männer aber waren, bei allen ihren Irrthümern, immer noch mehr werth, als eine Legion Wetterfahnen, deren Erwerbs-Philosophie sich nach dem Winde dreht. Eine *natura naturans* wäre aber noch lange kein Gott. Im Begriffe derselben ist vielmehr bloß die Einsicht enthalten, daß hinter den so sehr vergänglichen und rastlos wechselnden Erscheinungen der *natura naturata* eine unvergängliche und unermüdliche Kraft verborgen liegen müsse, vermöge deren jene sich stets erneuerten, indem vom Untergange derselben sie selbst nicht mitgetroffen würde. Wie die *natura naturata* der Gegenstand der Physik ist, so die *natura naturans* der der Metaphysik. Diese wird zuletzt uns darauf führen, daß auch wir selbst zur Natur gehören, und folglich sowohl von *natura naturata* als von *natura naturans* nicht nur das nächste und deutlichste, sondern sogar das einzige uns auch VON INNEN zugängliche Specimen an uns selbst besitzen. Da sodann die ernste und genaue Reflexion auf uns selbst uns als den Kern unsres Wesens den WILLEN erkennen läßt; so haben wir daran eine unmittelbare Offenbarung der *natura naturans*, die wir danach auf alle übrigen, uns nur einseitig bekannten Wesen zu übertragen befugt sind. So gelangen wir dann zu der großen Wahrheit, daß die *natura naturans*, oder das Ding an sich, der Wille in unserm Herzen; die *natura naturata* aber, oder die Erscheinung, die Vorstellung in unserm Kopfe ist. Von diesem Resultate jedoch auch abgesehn, ist so viel offenbar, daß die bloße Unterscheidung einer *natura naturans* und *naturata* noch lange kein Theismus, ja noch nicht ein Mal Pantheismus ist; da zu diesem (wenn er nicht boße Redensart seyn soll) die Hinzufügung gewisser moralischer Eigenschaften erfordert wäre, die der Welt offenbar nicht zukommen, z.B. Güte, Weisheit, Glücksäligkeit u.s.w. Ueberdies ist Pantheismus ein sich selbst aufhebender Begriff; weil der Begriff eines Gottes eine von ihm verschiedene Welt, als wesentliches Korrelat desselben, voraussetzt. Soll hingegen die Welt selbst seine Rolle übernehmen; so bleibt eben eine absolute Welt, ohne Gott; daher Pantheismus nur eine Euphemie für Atheismus ist. Dieser letztere Ausdruck aber enthält seinerseits eine Erschleichung, indem er vorweg annimmt, der Theismus verstehe sich von selbst, wodurch er das *affirmanti incumbit probatio* schlau umgeht; während vielmehr der sogenannte Atheismus das *jus primi occupantis* hat und erst vom Theismus aus dem Felde geschlagen werden muß. Ich erlaube mir hiezu die Bemerkung, daß die Menschen unbeschnitten, folglich nicht als Juden auf die Welt kommen. – Aber sogar auch die Annahme irgend einer von der Welt verschiedenen Ursache derselben ist noch kein Theismus. Dieser verlangt nicht nur eine von der Welt verschiedene, sondern eine intelligente, d.h. erkennende und wollende, also persönliche, mithin auch individuelle Weltursache: eine solche ist es ganz allein, die das Wort Gott bezeichnet. Ein unpersönlicher Gott ist gar kein Gott, sondern bloß ein mißbrauchtes Wort, ein Unbegriff, eine *contradictio in adjecto*, ein Schiboleth für Philosophieprofessoren, welche, nachdem sie die Sache haben aufgeben müssen, mit dem Worte durchzuschleichen bemüht sind. Andrerseits nun aber ist die Persönlichkeit, d.h. die selbstbewußte Individualität, welche erst ERKENNT und dann dem Erkannten gemäß WILL, ein Phänomen, welches uns ganz allein aus der, auf unserm kleinen Planeten vorhandenen, animalischen Natur bekannt und mit dieser so innig verknüpft ist, daß es von ihr getrennt und unabhängig zu denken, wir nicht nur nicht befugt, sondern auch nicht ein Mal fähig sind. Ein Wesen solcher Art nun aber als den Ursprung der Natur selbst, ja, alles Daseyns überhaupt anzunehmen, ist ein kolossaler und überaus kühner Gedanke, über den wir erstaunen würden, wenn wir ihn zum ersten Male vernähmen und er nicht, durch die frühzeitigste Einprägung und beständige Wiederholung, uns geläufig, ja, zur zweiten Natur, fast möchte ich sagen, zur fixen Idee geworden wäre. Daher sei es beiläufig erwähnt, daß nichts mir die Aechtheit des KASPAR HAUSER so sehr beglaubigt hat, als die Angabe, daß die ihm vorgetragene, sogenannte natürliche Theologie ihm nicht sonderlich hat einleuchten wollen, wie man es doch erwartet hatte; wozu noch kommt, daß er (nach dem »Briefe des Grafen Stanhope an den Schullehrer Meyer«) eine sonderbare Ehrfurcht vor der Sonne bezeugte. – Nun aber in der Philosophie zu lehren, jener theologische Grundgedanke verstände sich von selbst und die Vernunft wäre eben nur die Fähigkeit, denselben unmittelbar zu fassen und als wahr zu erkennen, ist ein unverschämtes Vorgeben. Nicht nur darf in der Philosophie ein solcher Gedanke nicht ohne den vollgültigsten Beweis angenommen werden, sondern sogar der Religion ist er durchaus nicht wesentlich: Dies bezeugt die auf Erden am zahlreichsten vertretene Religion, der uralte, jetzt 300 Millionen Anhänger zählende, höchst moralische, ja asketische, sogar auch den zahlreichsten Klerus ernährende Buddhaismus, indem er einen solchen Gedanken durchaus nicht zuläßt, vielmehr ihn ausdrücklich perhorrescirt, und recht *ex professo*, nach unserm Ausdruck, atheistisch ist.*

Dem Obigen zufolge ist der Anthropomorphismus eine dem Theismus durchaus wesentliche Eigenschaft, und zwar besteht derselbe nicht etwan bloß in der menschlichen Gestalt, selbst nicht allein in den menschlichen Affekten und Leidenschaften; sondern in dem Grundphänomen selbst, nämlich in dem eines, zu seiner Leitung, mit einem Intellekt ausgerüsteten Willens, welches Phänomen uns, wie gesagt, bloß aus der animalischen Natur, am vollkommensten aus der menschlichen, bekannt ist und sich allein als

---

* »Der Zaradobura, Ober-Rahan, (Oberpriester) der Buddhaisten in Ava zählt in einem Aufsatz über seine Religion, den er einem katholischen Bischofe gab, zu den sechs verdammlichen Ketzereien auch die Lehre, daß ein Wesen dasei, welches die Welt und alle Dinge in der Welt geschaffen habe, und das allein würdig sei angebetet zu werden; *Francis Buchanan, on the religion of the Burmas, in the Asiatic Researches Vol. 6, p. 268.* Auch verdient hier angeführt zu werden, was in derselben Sammlung, Bd. 15, S. 148, erwähnt wird, daß nämlich die Buddhaisten vor keinem Götterbilde ihr Haupt beugen, als Grund angebend, daß das Urwesen die ganze Natur durchdringe, folglich auch in ihren Köpfen sei. Desgleichen, daß der grundgelehrte Orientalist und Petersburger Akademiker J. J. Schmidt, in seinen »Forschungen im Gebiete der älteren Bildungsgeschichte Mittelasiens«, Petersburg 1824, S. 180 sagt: »Das System des Buddhaismus kennt kein ewiges, unerschaffenes, »einiges göttliches Wesen, das vor allen Zeiten war und alles Sichtbare und Unsichtbare »erschaffen hat. Diese Idee ist ihm ganz fremd, und man findet in den buddhaistischen »Büchern nicht die geringste Spur davon. Eben so wenig giebt es eine Schöpfung« u. s. w. – Wo bleibt nun da das »Gottesbewußtseyn« der von Kant und der Wahrheit bedrängten Philosophieprofessoren? Wie ist dasselbe auch nur damit zu vereinigen, daß die Sprache der Chinesen, welche doch ungefähr 2/5 des ganzen Menschengeschlechts ausmachen, für GOTT und SCHAFFEN gar keine Ausdrücke hat? daher schon der erste Vers des Pentateuchs sich in dieselbe nicht übersetzen läßt, zur großen Perplexität der Missionarien, welcher SIR GEORGE STAUNTON durch ein eigenes Buch hat zur Hülfe kommen wollen; es heißt: *an inquiry into the proper mode of rendering the word God in translating the Sacred Scriptures into the Chinese language, Lond. 1848.* (Untersuchung über die passende Art, beim Uebersetzen der heiligen Schrift ins Chinesische, das Wort GOTT auszudrücken.)

Individualität, die, wenn sie eine vernünftige ist, Persönlichkeit heißt, denken läßt. Sogar gehört eben deshalb zu einem Gotte auch ein Himmel, darin er thront und regiert. Viel mehr dieserhalb, als wegen der Redensart im Buche Josua, wurde das Kopernikanische Weltsystem von der Kirche sogleich mit Ingrimm empfangen, und wir finden, dem entsprechend, 100 Jahre später den Jordanus Brunus als Verfechter jenes Systems und des Pantheismus zugleich. Die Versuche, den Theismus vom Anthropomorphismus zu reinigen, greifen, indem sie nur an der Schaale zu arbeiten wähnen, geradezu sein innerstes Wesen an: durch ihr Bemühen, seinen Gegenstand abstrakt zu fassen, sublimiren sie ihn zu einer undeutlichen Nebelgestalt, deren Umriß, unter dem Streben die menschliche Figur zu vermeiden, allmälig ganz verfließt; wodurch denn der kindliche Grundgedanke selbst endlich zu nichts verflüchtigt wird. Den rationalistischen Theologen aber, denen dergleichen Versuche eigenthümlich sind, kann man überdies vorwerfen, daß sie geradezu mit der heiligen Urkunde in Widerspruch treten, welche sagt: »Gott schuf den Menschen ihm zum Bilde: zum Bilde Gottes schuf er ihn.«

In einem gewissen Sinne könnte man allerdings, mit KANT, den Theismus ein praktisches Postulat nennen, jedoch in einem ganz andern, als den er gemeint hat. Der Theismus nämlich ist in der That kein Erzeugniß der ERKENNTNISS, sondern des WILLENS. Wenn er ursprünglich THEORETISCH wäre, wie könnten denn alle seine Beweise so unhaltbar seyn? Aus dem Willen aber entspringt er folgendermaaßen. Die beständige Noth, welche das Herz (Willen) des Menschen bald schwer beängstigt, bald heftig bewegt und ihn fortwährend im Zustande des Fürchtens und Hoffens erhält, während die Dinge, VON denen er hofft und fürchtet, nicht in seiner Gewalt stehn, ja, der Zusammenhang der Kausalketten, an denen solche herbeigeführt werden, nur eine kurze Spanne weit von seiner Erkenntniß erreicht werden kann; – diese Noth, dies stete Fürchten und Hoffen, bringt ihn dahin, daß er die Hypostase persönlicher Wesen macht, von denen Alles abhienge. Von solchen nun läßt sich voraussetzen, daß sie, gleich andern Personen, für Bitte und Schmeichelei, Dienst und Gabe, empfänglich, also traktabler seyn werden, als die starre Nothwendigkeit, die unerbittlichen, gefühllosen Naturkräfte und die dunkeln Mächte des Weltlaufs. Sind nun Anfangs, wie es natürlich ist, dieser Götter, nach Verschiedenheit der Angelegenheiten, mehrere; so werden sie später, durch das Bedürfniß, Konsequenz, Ordnung und Einheit in die Erkenntniß zu bringen, Einem unterworfen oder gar auf Einen reducirt werden, – der nun freilich, wie mir Göthe ein Mal bemerkt hat, sehr undramatisch ist; weil mit Einer Person sich nichts anfangen läßt. Das Wesentliche jedoch ist der Drang des geängsteten Menschen, sich niederzuwerfen und Hülfe anzuflehen, in seiner häufigen, kläglichen und großen Noth. Damit also sein Herz (Wille) die Erleichterung des Betens und den Trost des Hoffens habe, muß sein Intellekt ihm einen Gott schaffen; nicht aber umgekehrt, weil sein Intellekt auf einen Gott logisch richtig geschlossen hat, betet er. Laßt ihn ohne Noth, Wünsche und Bedürfnisse seyn, etwan ein bloß intellektuelles, willenloses Wesen; so braucht er keinen Gott und macht auch keinen. Das Herz, d.i. der Wille, hat in seiner schweren Bedrängniß das Bedürfniß, allmächtigen, folglich übernatürlichen Beistand anzurufen: weil also gebetet werden soll, wird ein Gott hypostasirt; nicht umgekehrt. Daher ist das Theoretische der Theologie aller Völker sehr verschieden, an Zahl und Beschaffenheit der Götter: aber daß sie helfen können und es thun, wenn man ihnen dient und sie anbetet, – Dies haben sie alle gemein; weil es der Punkt ist, darauf es ankommt. Zugleich aber ist Dieses das Muttermal, woran man die Abkunft aller Theologie erkennt, nämlich, daß sie aus dem WILLEN, aus dem Herzen entsprungen sei, nicht aus dem Kopf, oder der Erkenntniß; wie vorgegeben wird. Einige wenige Völker giebt es, welche, gleichsam das Moll dem Dur vorziehend, statt der Götter, bloß böse Geister haben, von denen durch Opfer und Gebete erlangt wird, daß sie nicht schaden. Zum Resultat ist, der Hauptsache nach, kein großer Unterschied. Dergleichen Völker scheinen auch die Urbewohner der Indischen Halbinseln und Ceylons, vor Einführung des Brahmanismus und Buddhaismus, gewesen zu seyn, und deren Abkömmlinge sollen zum Theil noch eine solche kakodämonologische Religion haben; wie auch manche wilde Völker. Daher stammt auch der dem Cingalesischen Buddhaismus beigemischte Kappuismus. – Imgleichen gehören hierher die von LAYARD besuchten Teufelsanbeter in Mesopotamien.

KANT hat, um das Anstößige seiner Kritik aller spekulativen Theologie zu mildern, derselben nicht nur die Moraltheologie, sondern auch die Versicherung beigefügt, daß, wenn gleich das Daseyn Gottes unbewiesen bleiben müßte, es doch auch eben so unmöglich sei, das Gegentheil davon zu beweisen; wobei sich Viele beruhigt haben, indem sie nicht merkten, daß er, mit verstellter Einfalt, das *affirmanti incumbit probatio* ignorirte, wie auch, daß die Zahl der Dinge, deren Nichtdaseyn sich nicht beweisen läßt, unendlich ist. Noch mehr hat er natürlich sich gehütet, die Argumente nachzuweisen, deren man zu einem apagogischen Gegenbeweise sich wirklich bedienen könnte, wenn man etwan nicht mehr sich bloß defensiv verhalten, sondern ein Mal aggressiv verfahren wollte. Dieser Art wären etwan folgende:

1) Zuvörderst ist die traurige Beschaffenheit einer Welt, deren lebende Wesen dadurch bestehn, daß sie einander auffressen, die hieraus hervorgehende Noth und Angst alles Lebenden, die Menge und kolossale Größe der Uebel, die Mannigfaltigkeit und Unvermeidlichkeit der oft zum Entsetzlichen anwachsenden Leiden, die Last des Lebens selbst und sein Hineilen zum bittern Tode, ehrlicherweise nicht damit zu vereinigen, daß sie das Werk vereinter Allgüte, Allweisheit und Allmacht seyn sollte. Hiegegen ein Geschrei zu erheben, ist eben so leicht, wie es schwer ist, der Sache mit triftigen Gründen zu begegnen.

2) Zwei Punkte sind es, die nicht nur jeden denkenden Menschen beschäftigen, sondern auch den Anhängern jeder Religionen zumeist am Herzen liegen, daher Kraft und Bestand der Religion auf ihnen beruht: erstlich die transscendente moralische Bedeutsamkeit unsers Handelns, und zweitens unsre Fortdauer nach dem Tode. Wenn eine Religion für diese beiden Punkte gut gesorgt hat; so ist alles Uebrige Nebensache. Ich werde daher hier den Theismus in Beziehung auf den ersten, unter der folgenden Nummer aber in Beziehung auf den zweiten Punkt prüfen.

Mit der Moralität unsers Handelns also hat der Theismus einen zwiefachen Zusammenhang, nämlich einen *a parte ante* und einen *a parte post*, d.h. hinsichtlich der Gründe und hinsichtlich der Folgen unsers Thuns. Den letztern Punkt zuerst zu nehmen; so giebt der Theismus zwar der Moral eine Stütze, jedoch eine von der rohesten Art, ja, eine, durch welche die wahre und reine Moralität des Handelns im Grunde aufgehoben wird. Der Gott nämlich, welcher Anfangs der Schöpfer war, tritt zuletzt als Rächer und Vergelter auf. Rücksicht auf einen solchen kann allerdings tugendhafte Handlungen hervorrufen: allein diese werden, da Furcht vor Strafe, oder Hoffnung auf Lohn ihr Motiv ist, nicht rein moralisch seyn; vielmehr wird das Innere einer solchen Tugend auf klugen und wohl überlegenden Egoismus zurücklaufen. In letzter Instanz kommt es dabei allein auf die Festigkeit des Glaubens an unerweisliche Dinge an: ist diese vorhanden; so wird man allerdings nicht anstehen, eine kurze Frist Leiden für eine Ewigkeit Freuden zu übernehmen, und der eigentlich leitende Grundsatz der Moral wird seyn: »warten können.« Allein Jeder, der einen Lohn seiner Thaten sucht, sei es in dieser Welt, oder in einer künftigen, ist ein Egoist: entgeht ihm der gehoffte Lohn; so ist es gleichviel, ob Dies durch den Zufall geschehe, der diese Welt beherrscht, oder durch die Leerheit des Wahns, der ihm die künftige erbaute. Dieserwegen untergräbt auch KANTS Moraltheologie eigentlich die Moral.

A parte ante nun wieder ist der Theismus ebenfalls mit der Moral im Widerstreit; weil er Freiheit und Zurechnungsfähigkeit aufhebt. Denn an einem Wesen, welches, seiner *existentia* und *essentia* nach, das Werk eines andern ist, läßt sich weder Schuld noch Verdienst denken. Kann es doch, gleich jedem andern, nur irgend denkbaren Wesen, nicht anders, als SEINER BESCHAFFENHEIT GEMÄSS wirken und dadurch diese kund geben: wie es aber BEschaffen ist, so ist es hier GEschaffen. Handelt es nun schlecht; so kommt dies daher, daß es schlecht IST, und dann ist die Schuld nicht seine, sondern Dessen, der es gemacht hat. Unvermeidlich ist der Urheber seines Daseyns und seiner Beschaffenheit, dazu auch noch der Umstände, in die es gesetzt worden, auch der Urheber seines Wirkens und seiner Thaten, als welche durch dies Alles so sicher bestimmt sind, wie durch zwei Winkel und eine Linie der Triangel. Die Richtigkeit dieser Argumentation haben, während die Andern sie verschmitzt und feigherzig ignorirten, S. Augustinus, Hume und Kant sehr wohl eingesehn und eingestanden; worüber ich ausführlich berichtet habe in meiner Preisschrift über die Freiheit des Willens, S. 67 ff. Eben um diese furchtbare und exterminirende Schwierigkeit zu eludiren, hat man die Freiheit des Willens, das *liberum arbitrium indifferentiae*, erfunden, welches eine ganz monstrose Fiktion enthält und daher von allen denkenden Köpfen stets bestritten und schon längst verworfen, vielleicht aber nirgends so systematisch und gründlich widerlegt ist, wie in der soeben angeführten Schrift. Mag immerhin der Pöbel sich noch ferner mit der Willensfreiheit schleppen, auch der litterarische, auch der philosophirende Pöbel: was kümmert das uns? Die Behauptung, daß ein gegebenes Wesen FREI sei, d. h. unter gegebenen Umständen so und auch anders handeln könne, besagt, daß es eine *existentia* ohne alle *essentia* habe, d. h. daß es bloß SEI, ohne irgend ETWAS zu seyn; also daß es NICHTS sei, dabei aber doch SEI; mithin, daß es zugleich sei und nicht sei. Also ist Dies der Gipfel der Absurdität, aber nichtsdestoweniger gut für Leute, welche nicht die Wahrheit, sondern ihr Futter suchen und daher nie etwas gelten lassen werden, was nicht in ihren Kram, in die *fable convenue*, von der sie leben, paßt: statt des Widerlegens dient ihrer Ohnmacht das Ignoriren. Und auf die Meinungen solcher *βοσκηματα, in terram prona et ventri obedientia* sollte man ein Gewicht legen?! – Alles was IST, das ist auch ETWAS, hat ein Wesen, eine Beschaffenheit, einen Charakter: diesem gemäß muß es wirken, muß es handeln (welches heißt nach Motiven wirken), wann die äußern Anlässe kommen, welche die einzelnen Aeußerungen desselben hervorlocken. Wo nun dasselbe das Daseyn, die *existentia*, herhat, da hat es auch das Was, die Beschaffenheit, die *essentia*, her; weil beide zwar im Begriffe verschieden, jedoch nicht in der Wirklichkeit trennbar sind. Was aber eine *essentia*, d. h. eine Natur, einen Charakter, eine Beschaffenheit, hat, kann stets nur dieser gemäß und nie anders wirken: bloß die Zeit und die nähere Gestalt und Beschaffenheit der einzelnen Handlungen wird dabei jedes Mal durch die eintretenden Motive bestimmt. Daß der Schöpfer den Menschen FREI geschaffen habe, besagt eine Unmöglichkeit, nämlich daß er ihm eine *existentia* ohne *essentia* verliehen, also ihm das DASEYN bloß *in abstracto* gegeben habe, indem er ihm überließ, als WAS er daseyn wolle. Hierüber bitte ich den §. 20 meiner Abhandlung über das Fundament der Moral nachzulesen. – Moralische Freiheit und Verantwortlichkeit, oder Zurechnungsfähigkeit, setzen schlechterdings ASEITÄT voraus. Die Handlungen werden stets aus dem Charakter, d.i. aus der eigenthümlichen und daher unveränderlichen Beschaffenheit eines Wesens, unter Einwirkung und nach Maaßgabe der Motive mit Nothwendigkeit hervorgehn: also muß dasselbe, soll es verantwortlich seyn, ursprünglich und aus eigener Machtvollkommenheit existiren; es muß, seiner *existentia* und *essentia* nach, selbst sein eigenes Werk und der Urheber seiner selbst seyn, wenn es der wahre Urheber seiner THATEN seyn soll. Oder, wie ich es in meinen beiden Preisschriften ausgedrückt habe, die Freiheit kann nicht im *operari*, muß also im *esse* liegen: denn vorhanden ist sie allerdings.

Da dieses Alles nicht nur *a priori* demonstrabel ist, sondern sogar die tägliche Erfahrung uns deutlich lehrt, daß Jeder seinen moralischen Charakter schon fertig mit auf die Welt bringt und ihm bis ans Ende unwandelbar treu bleibt, und da ferner diese Wahrheit im realen, praktischen Leben stillschweigend, aber sicher, vorausgesetzt wird, indem Jeder sein Zutrauen, oder Mißtrauen, zu einem Andern den ein Mal an den Tag gelegten Charakterzügen desselben gemäß auf immer feststellt; so könnte man sich wundern, wie doch nur, seit beiläufig 1600 Jahren, das Gegentheil theoretisch behauptet und demnach gelehrt wird, alle Menschen seien, in moralischer Hinsicht, ursprünglich ganz gleich, und die große Verschiedenheit ihres Handelns entspringe nicht aus ursprünglicher, angeborner Verschiedenheit der Anlage und des Charakters, eben so wenig aber aus den eintretenden Umständen und Anlässen; sondern eigentlich aus gar nichts, welches Garnichts sodann den Namen »freier Wille« erhält. – Allein diese absurde Lehre wird nothwendig gemacht durch eine andere, ebenfalls rein theoretische Annahme, mit der sie genau zusammenhängt, nämlich durch diese, daß die Geburt des Menschen der absolute Anfang seines Daseyns sei, indem derselbe aus nichts GESCHAFFEN (ein *terminus ad hoc)* werde. Wenn nun, unter dieser Voraussetzung, das Leben noch eine moralische Bedeutung und Tendenz behalten soll; so muß diese freilich erst im Laufe desselben ihren Ursprung finden, und zwar aus nichts, wie dieser ganze so gedachte Mensch aus nichts ist: denn jede Beziehung auf eine vorhergängige Bedingung, ein früheres Daseyn, oder eine außerzeitliche That, auf dergleichen doch die unermeßliche, ursprüngliche und angeborene Verschiedenheit der moralischen Charaktere deutlich zurückweist, bleibt hier, ein für alle Mal, ausgeschlossen. Daher also die absurde Fiktion eines freien Willens. – Die Wahrheiten stehn bekanntlich alle im Zusammenhange; aber auch die Irrthümer machen einander nöthig, – wie EINE Lüge eine zweite erfordert, oder wie zwei Karten, gegen einander gestemmt, sich wechselseitig stützen, – so lange nichts sie beide umstößt.

3) Nicht viel besser, als mit der Willensfreiheit, steht es, unter Annahme des Theismus, mit unsrer Fortdauer nach dem Tode. Was von einem Andern geschaffen ist hat einen Anfang seines Daseyns gehabt. Daß nun dasselbe, nachdem es doch eine unendliche Zeit gar nicht gewesen, von nun an in alle Ewigkeit fortdauern solle, ist eine über die Maaßen kühne Annahme. Bin ich allererst bei meiner Geburt aus Nichts geworden und geschaffen; so ist die höchste Wahrscheinlichkeit vorhanden, daß ich im Tode wieder zu nichts werde. Unendliche Dauer *a parte post* und Nichts *a parte ante* geht nicht zusammen. Nur was selbst ursprünglich, ewig, ungeschaffen ist, kann unzerstörbar seyn. Allenfalls können daher die im Tode verzagen, welche glauben, vor 30 oder 60 Jahren ein reines Nichts gewesen und aus diesem sodann als das Werk eines Andern, hervorgegangen zu seyn; da sie jetzt die schwere Aufgabe haben, anzunehmen, daß ein so entstandenes Daseyn, seines späten, erst nach Ablauf einer unendlichen Zeit eingetretenen Anfangs ungeachtet, doch von endloser Dauer seyn werde. Hingegen, wie sollte der den Tod fürchten, der sich als das ursprüngliche und ewige Wesen, die Quelle alles Daseyns selbst, erkennt, und weiß, daß außer ihm eigentlich nichts existirt; der mit dem Spruche des heiligen Upanischads *hae omnes creaturae in totum ego sum, et praeter me aliud ens non est* im Munde, oder doch im Herzen, sein individuelles

Daseyn endigt. Also nur er kann, bei konsequentem Denken, ruhig sterben. Denn, wie gesagt, ASEITÄT ist die Bedingung, wie der Zurechnungsfähigkeit, so auch der Unsterblichkeit. Diesem entsprechend ist in Indien die Verachtung des Todes und die vollkommenste Gelassenheit, selbst Freudigkeit im Sterben recht eigentlich zu Hause. Das Judenthum hingegen, welches ursprünglich die alleinige rein monotheistische, einen wirklichen Gott-Schöpfer Himmels und der Erden lehrende Religion ist, hat, mit vollkommener Konsequenz, keine Unsterblichkeitslehre, also auch keine Vergeltung nach dem Tode, sondern bloß zeitliche Strafen und Belohnungen; wodurch es sich ebenfalls von allen andern Religionen unterscheidet. Die dem Judenthum entsprossenen zwei Religionen sind, indem sie, aus besseren, ihnen anderweitig bekannt gewordenen Glaubenslehren, die Unsterblichkeit hinzunahmen, hierin eigentlich inkonsequent geworden.

Daß, wie eben gesagt, das Judenthum die alleinige rein monotheistische, d.h. einen Gott-Schöpfer als Ursprung aller Dinge lehrende Religion sei, ist ein Verdienst, welches man, unbegreiflicher Weise, zu verbergen bemüht gewesen ist, indem man stets behauptet und gelehrt hat, alle Völker verehrten den wahren Gott, wenn auch unter andern Namen. Hieran fehlt jedoch nicht nur viel, sondern Alles. Daß der Buddhaismus, also die Religion, welche durch die überwiegende Anzahl ihrer Bekenner die vornehmste auf Erden ist, durchaus und ausdrücklich atheistisch sei, ist durch die Uebereinstimmung aller unverfälschten Zeugnisse und Urschriften außer Zweifel gesetzt. Auch die Veden lehren keinen Gott-Schöpfer, sondern eine Weltseele, genannt DAS BRAHM (im *neutro*), wovon der, dem Nabel des Wischnu entsprossene BRAHMA, mit den vier Gesichtern und als Theil des Trimurti, bloß eine populäre Personifikation, in der so höchst durchsichtigen Indischen Mythologie ist. Auch ist sein Hervorbringen der Welt ein sündlicher Akt, eben wie die Weltinkarnation des Brahm. Sodann dem Ormuzd der Zendavesta ist, wie wir wissen, Ahriman ebenbürtig, und beide sind aus der ungemessenen Zeit, Zervane Akerene (wenn es damit seine Richtigkeit hat), hervorgegangen. In der Mythologie der Griechen und Römer finden wir zwar Götter, als Väter von

Göttern und beiläufig von Menschen (obwohl diese ursprünglich die Töpferarbeit des Prometheus sind), jedoch keinen Gott-Schöpfer. Denn daß späterhin ein Paar mit dem Judenthum bekannt gewordene Philosophen den Vater Zeus zu einem solchen haben umdeuten wollen, kümmert diesen nicht; so wenig, wie daß ihn, ohne seine Erlaubniß dazu eingeholt zu haben, DANTE, in seiner Hölle, mit dem *Domeneddio*, dessen unerhörte Rachsucht und Grausamkeit daselbst celebrirt und ausgemalt wird, ohne Umstände identificiren will; z.B. *C. 14, 70. C. 31, 92.* Endlich ist auch die unzählige Mal wiederholte Nachricht, daß die nordamerikanischen Wilden unter dem Namen des GROSSEN GEISTES Gott, den Schöpfer Himmels und der Erden, verehrten, mithin reine Theisten wären, ganz unrichtig. Dieser Irrthum ist neuerlich widerlegt worden, durch eine Abhandlung über die nordamerikanischen Wilden, welche JOHN SCOULER in einer 1846 gehaltenen Sitzung der Londoner ethnographischen Gesellschaft vorgelesen hat und von welcher *l'institut, journal des sociétés savantes, Sect. 2, Julliet 1847*, einen Auszug giebt. Er sagt: »Wenn man uns, in den Berichten über die Superstitionen der Indianer, vom GROSSEN GEISTE spricht, sind wir geneigt, anzunehmen, daß dieser Ausdruck eine Vorstellung bezeichne, die mit der, welche wir daran knüpfen, übereinstimmt und daß ihr Glaube ein einfacher, natürlicher THEISMUS sei. Allein diese Auslegung ist von der richtigen sehr weit entfernt. Die Religion dieser Indianer ist vielmehr ein reiner FETISCHISMUS, der in Zaubermitteln und Zaubereien besteht. In dem Berichte TANNER's, der von Kindheit an unter ihnen gelebt hat, sind die Details getreu und merkwürdig, hingegen weit verschieden von den Erfindungen gewisser Schriftsteller: man ersieht nämlich daraus, daß die Religion dieser Indianer wirklich nur ein Fetischismus ist, dem ähnlich, welcher ehemals bei den Finnen und noch jetzt bei den sibirischen Völkern angetroffen wird. Bei den östlich vom Gebirge wohnenden Indianern besteht der Fetisch bloß in erstwelchem Gegenstande, dem man geheimnißvolle Eigenschaften beilegt« u.s.w.

Diesem Allen zufolge hat die hier in Rede stehende Meinung vielmehr ihrem Gegentheile Platz zu machen, daß nämlich nur ein einziges, zwar sehr kleines, unbedeutendes und geringgeschätztes, aber nun ein Mal dazu auserwähltes Volk reinen Monotheismus, oder die Erkenntniß des wahren Gottes, gehabt habe; und auch dieses nicht durch Philosophie, sondern allein durch Offenbarung; wie es auch dieser angemessen ist: denn welchen Werth hätte eine Offenbarung, die nur Das lehrte, was man auch ohne sie wüßte? – Daß kein anderes Volk einen solchen Gedanken jemals gefaßt hat, muß demnach zur Werthschätzung der Offenbarung beitragen.

§. 14.
EINIGE BEMERKUNGEN ÜBER MEINE EIGENE PHILOSOPHIE.

Wohl kaum ist irgend ein philosophisches System so einfach und aus so wenigen Elementen zusammengesetzt, wie das meinige; daher sich dasselbe mit Einem Blick leicht überschauen und zusammenfassen läßt. Dies beruht zuletzt auf der völligen Einheit und Uebereinstimmung seiner Grundgedanken, und ist überhaupt ein günstiges Zeichen für seine Wahrheit, die ja der Einfachheit verwandt ist: *ἁπλους ὁ της αληϑειας λογος εφυ· simplex sigillum veri.* Man könnte mein System bezeichnen als IMMANENTEN DOGMATISMUS: denn seine Lehrsätze sind zwar dogmatisch, gehn jedoch nicht über die in der Erfahrung gegebene Welt hinaus; sondern erklären bloß WAS DIESE SEI, indem sie dieselbe in ihre letzten Bestandtheile zerlegen. Nämlich der alte, von KANT umgestoßene Dogmatismus (nicht weniger die Windbeuteleien der drei modernen Universitäts-Sophisten) ist TRANSSCENDENT; indem er über die Welt hinausgeht, um sie aus etwas Anderem zu erklären: er macht sie zur Folge eines Grundes, auf welchen er aus ihr schließt. Meine Philosophie hingegen hub mit dem Satz an, daß es allein IN der Welt und unter Voraussetzung derselben Gründe und Folgen gebe; indem der Satz vom Grunde, in seinen vier Gestalten, bloß die allgemeinste Form des Intellekts sei, in diesem aber allein, als dem wahren *locus mundi*, die objektive Welt dastehe. –

In andern philosophischen Systemen ist die Konsequenz dadurch zu Wege gebracht, daß Satz aus Satz gefolgert wird. Hiezu aber muß nothwendigerweise der eigentliche Gehalt des Systems schon in den allerobersten Sätzen vorhanden seyn; wodurch denn das Uebrige, als daraus abgeleitet, schwerlich anders, als monoton, arm, leer und langweilig ausfallen kann, weil es eben nur entwikkelt und wiederholt, was in den Grundsätzen schon ausgesagt war. Diese traurige Folge der demonstrativen Ableitung wird am fühlbarsten bei Chr. Wolff: aber sogar Spinoza, der jene Methode streng befolgte, hat diesem Nachtheil derselben nicht ganz entgehn können; wiewohl er, durch seinen Geist, dafür zu kompensiren gewußt hat. – Meine Sätze hingegen beruhen meistens nicht auf Schlußketten, sondern unmittelbar auf der anschaulichen Welt selbst, und die, in meinem Systeme, so sehr wie in irgend einem, vorhandene strenge Konsequenz ist in der Regel nicht eine auf bloß logischem Wege gewonnene; vielmehr ist es diejenige natürliche Uebereinstimmung der Sätze, welche unausbleiblich dadurch eintritt, daß ihnen sämmtlich dieselbe intuitive Erkenntniß, nämlich die anschauliche Auffassung des selben, nur successive von verschiedenen Seiten betrachteten Objekts, also der realen Welt, in allen ihren Phänomenen, unter Berücksichtigung des Bewußtseyns, darin sie sich darstellt, zum Grunde liegt. Deshalb auch habe ich über die Zusammenstimmung meiner Sätze stets außer Sorgen seyn können; sogar noch dann, wann einzelne derselben mir, wie bisweilen eine Zeit lang der Fall gewesen, unvereinbar schienen: denn die Uebereinstimmung fand sich nachher richtig von selbst ein, in dem Maaße, wie die Sätze vollzählig zusammenkamen; weil sie bei mir eben nichts Anderes ist, als die Uebereinstimmung der Realität mit sich selbst, die ja niemals fehlen kann. Dies ist Dem analog, daß wir bisweilen, wenn wir ein Gebäude zum ersten Mal und nur von Einer Seite erblicken, den Zusammenhang seiner Theile noch nicht verstehn, jedoch gewiß sind, daß er nicht fehlt und sich zeigen wird, sobald wir ganz herumgekommen. Diese Art der Zusammenstimmung aber ist, vermöge ihrer Ursprünglichkeit und weil sie unter beständiger Kontrole der Erfahrung steht, eine vollkommen sichere: hingegen jene abgeleitete, die der Syllogismus allein zu Wege bringt, kann leicht ein Mal falsch befunden werden; sobald nämlich irgend ein Glied der langen Kette unächt, locker befestigt, oder sonst fehlerhaft beschaffen ist. Dem entsprechend hat meine Philosophie einen breiten Boden, auf welchem Alles unmittelbar und daher sicher steht; während die andern Systeme hoch aufgeführten Thürmen gleichen: bricht hier EINE Stütze, so stürzt Alles ein. – Alles hier Gesagte läßt sich in den Satz zusammenfassen, daß meine Philosophie auf dem analytischen, nicht auf dem synthetischen Wege entstanden und dargestellt ist.

Als den eigenthümlichen Charakter meines Philosophirens darf ich anführen, daß ich überall den Dingen AUF DEN GRUND ZU KOMMEN suche, indem ich nicht ablasse, sie bis auf das letzte, real Gegebene zu verfolgen. Dies geschieht vermöge eines natürlichen Hanges, der es mir fast unmöglich macht, mich bei irgend noch allgemeiner und abstrakter, daher noch unbestimmter Erkenntniß, bei bloßen Begriffen, geschweige bei Worten zu beruhigen; sondern mich weiter treibt, bis ich die letzte Grundlage aller Begriffe und Sätze, die allemal anschaulich ist, nackt vor mir habe, welche ich dann entweder als Urphänomen stehn lassen muß, wo möglich aber sie noch in ihre Elemente auflöse, jedenfalls das Wesen der Sache bis aufs Aeußerste verfolgend. Dieserwegen wird man einst (natürlich nicht, so lange ich lebe) erkennen, daß die Behandlung des selben Gegenstandes von irgend einem früheren Philosophen, gegen die meinige gehalten, flach erscheint. Daher hat die Menschheit Manches, was sie nie vergessen wird, von mir gelernt, und werden meine Schriften nicht untergehn. –

Von einem WILLEN läßt auch der Theismus die Welt ausgehn, von einem Willen die Planeten in ihren Bahnen geleitet und eine Natur auf ihrer Oberfläche hervorgerufen werden; nur daß er, kindischer Weise, diesen Willen nach außen verlegt und ihn erst mittelbar, nämlich unter Dazwischentretung der Erkenntniß und der Materie, nach menschlicher Art, auf die Dinge einwirken läßt; während bei mir der Wille nicht sowohl auf die Dinge, als in ihnen wirkt; ja, sie selbst gar nichts anderes, als eben seine Sichtbarkeit sind. Man sieht jedoch an dieser Uebereinstimmung, daß wir Alle das Ursprüngliche nicht anders, denn als einen WILLEN zu denken vermögen. Der PANTHEISMUS nennt den in den Dingen wirkenden

Willen einen Gott; wovon ich die Absurdität oft und stark genug gerügt habe: ich nenne ihn den WILLEN ZUM LEBEN; weil dies das letzte Erkennbare an ihm ausspricht. – Dies nämliche Verhältniß der Mittelbarkeit zur Unmittelbarkeit tritt abermals in der Moral ein. Die Theisten wollen eine Ausgleichung zwischen Dem, was Einer thut, und Dem, was er leidet: ich auch. Sie aber nehmen solche erst mittelst der Zeit und eines Richters und Vergelters an; ich hingegen unmittelbar; indem ich im Thäter und im Dulder das selbe Wesen nachweise. Die PANTHEISTEN können keine ernstlich gemeinte Moral haben; – da bei ihnen Alles göttlich und vortrefflich ist. –

Ich habe viel Tadel darüber erfahren, daß ich, philosophirend, mithin theoretisch, das Leben als jammervoll und keineswegs wünschenswerth dargestellt habe: doch aber wird wer praktisch die entschiedenste Geringschätzung desselben an den Tag legt gelobt, ja bewundert; und wer um Erhaltung desselben sorgsam bemüht ist wird verachtet. –

Kaum hatten meine Schriften auch nur die Aufmerksamkeit Einzelner erregt; so ließ sich schon, hinsichtlich meines Grundgedankens, die Prioritätsklage vernehmen, und wurde angeführt, daß SCHELLING ein Mal gesagt hätte »Wollen ist Urseyn« und was man sonst in der Art irgend aufzubringen vermochte. – Hierüber ist, in Betreff der Sache selbst zu sagen, daß die Wurzel meiner Philosophie schon in der Kantischen liegt, besonders in der Lehre vom empirischen und intelligibeln Charakter, überhaupt aber darin, daß, so oft Kant ein Mal mit dem Ding an sich etwas näher ans Licht tritt, es allemal als WILLE durch seinen Schleier hervorsieht; worauf ich in meiner Kritik der Kantischen Philosophie ausdrücklich aufmerksam gemacht und demzufolge gesagt habe, daß meine Philosophie nur das zu-Ende-denken der seinigen sei. Daher darf man sich nicht wundern, wenn in den ebenfalls von KANT ausgehenden Philosophemen FICHTE's und SCHELLING's sich Spuren des selben Grundgedankens finden lassen; wiewohl sie dort ohne Folge, Zusammenhang und Durchführung auftreten, und demnach als ein bloßer Vorspuk meiner Lehre anzusehen sind. Im Allgemeinen aber ist über diesen Punkt zu sagen, daß von jeder großen Wahrheit sich, ehe sie gefunden worden, ein Vorgefühl kund giebt, eine Ahndung, ein undeutliches Bild, wie im Nebel, und ein vergebliches Haschen, sie zu ergreifen; weil eben die Fortschritte der Zeit sie vorbereitet haben. Demgemäß präludiren dann vereinzelte Aussprüche. Allein nur wer eine Wahrheit aus ihren Gründen erkannt und in ihren Folgen durchdacht, ihren ganzen Inhalt entwickelt, den Umfang ihres Bereichs übersehn und sie sonach, mit vollem Bewußtseyn ihres Werthes und ihrer Geltung, deutlich und zusammenhängend dargelegt hat, der ist ihr Urheber. Daß sie hingegen, in alter oder neuer Zeit, irgend ein Mal mit halbem Bewußtseyn und fast wie ein Reden im Schlaf, ausgesprochen worden und demnach sich daselbst finden läßt, wenn man hinterher danach sucht, bedeutet, wenn sie auch *totidem verbis* dasteht, nicht viel mehr, als wäre es *totidem litteris*; gleichwie der Finder einer Sache nur Der ist, welcher sie, ihren Werth erkennend, aufhob und bewahrte; nicht aber Der, welcher sie zufällig ein Mal in die Hand nahm und wieder fallen ließ; oder, wie Kolumbus der Entdecker Amerika's ist, nicht aber der erste Schiffbrüchige, den die Wellen ein Mal dort abwarfen. Dies eben ist der Sinn des Donatischen *pereant qui ante nos nostra dixerunt.* Endlich sei es mir noch erlaubt, über diesen Punkt eine Stelle des HELVETIUS in Erinnerung zu bringen, deren Anführung ich jedoch bitte, mir nicht als Eitelkeit und Uebermuth auszulegen, sondern allein die Richtigkeit des darin ausgedrückten Gedankens im Auge zu behalten, es dahin stehn lassend, ob irgend etwas davon auf mich Anwendung finden könne, oder nicht. *Quiconque se plaît à considérer l'esprit humain voit, dans chaque siècle, cinq ou six hommes d'esprit tourner autour de la découverte que fait l'homme de génie. Si l'honneur en reste à ce dernier, c'est que cette découverte est, entre ses mains, plus féconde que dans les mains de tout autre; c'est qu'il rend ses idées avec plus de force et de netteté; et qu'enfin on voit toujours à la manière différente, dont les hommes tirent parti d'un principe ou d'une découverte, à qui ce principe ou cette découverte appartient (De l'esprit. IV, 1.).* –

In Folge des alten, unversöhnlichen Krieges, den überall und immerdar Unfähigkeit und Dummheit gegen Geist und Verstand führt, – sie durch Legionen, er durch Einzelne vertreten, – hat

Jeder, der das Werthvolle und Aechte bringt, einen schweren Kampf zu bestehn, gegen Unverstand, Stumpfheit, verdorbenen Geschmack, Privatinteressen und Neid, alle in würdiger Allianz, nämlich in der, von welcher CHAMFORT sagt: *en examinant la ligue des sots contre les gens d'esprit, on croirait voir une conjuration de valets pour écarter les maîtres*. Mir aber war außerdem noch ein ungewöhnlicher Feind hinzugegeben: ein großer Theil Derer, welche in meinem Fache das Urtheil des Publikums zu leiten Beruf und Gelegenheit hatten, war angestellt und besoldet, das Allerschlechteste, die HEGELEI, zu verbreiten, zu loben, ja in den Himmel zu erheben. Dies kann aber nicht gelingen, wenn man zugleich das Gute, auch nur einigermaaßen, will gelten lassen. Hieraus erkläre sich der spätere Leser die ihm sonst räthselhafte Thatsache, daß ich meinen eigentlichen Zeitgenossen so fremd geblieben bin, wie der Mann im Monde. Jedoch hat ein Gedankensystem, welches, auch beim Ausbleiben aller Theilnahme Anderer, seinen Urheber ein langes Leben hindurch unablässig und lebhaft zu beschäftigen und zu anhaltender, unbelohnter Arbeit anzuspornen vermag, eben hieran ein Zeugniß für seinen Werth und seine Wahrheit. Ohne alle Aufmunterung von außen hat die Liebe zu meiner Sache ganz allein, meine vielen Tage hindurch, mein Streben aufrecht gehalten und mich nicht ermüden lassen: mit Verachtung blickte ich dabei auf den lauten Ruhm des Schlechten. Denn beim Eintritt ins Leben hatte mein Genius mir die Wahl gestellt, entweder die Wahrheit zu erkennen, aber mit ihr Niemanden zu gefallen; oder aber, mit den Andern das Falsche zu lehren, unter Anhang und Beifall: mir war sie nicht schwer geworden. Demgemäß nun aber wurde das Schicksal meiner Philosophie das Widerspiel dessen, welches die Hegelei hatte, so ganz und gar, daß man beide als die Kehrseiten des selben Blattes ansehn kann, der Beschaffenheit beider Philosophien gemäß. Die Hegelei, ohne Wahrheit, ohne Klarheit, ohne Geist, ja ohne Menschenverstand, dazu noch im Gewand des ekelhaftesten Gallimathias, den man je gehört, auftretend, wurde eine oktroyirte und priviligirte Kathederphilosophie, folglich ein Unsinn, der seinen Mann nährte. Meine, zur selben Zeit mit ihr auftretende Philosophie hatte zwar alle Eigenschaften, welche jener abgiengen: allein sie war keinen höhern Zwecken gemäß zugeschnitten, bei den damaligen Zeitläuften für das Katheder gar nicht geeignet und also, wie man spricht, nichts damit zu machen. Da folgte es, wie Tag auf Nacht, daß die Hegelei die Fahne wurde, der Alles zulief, meine Philosophie hingegen weder Beifall, noch Anhänger fand, vielmehr mit übereinstimmender Absichtlichkeit, gänzlich ignorirt, vertuscht, wo möglich erstickt wurde; weil durch ihre Gegenwart jenes so erkleckliche Spiel gestört worden wäre, wie Schattenspiel an der Wand durch hereinfallendes Tageslicht. Demgemäß nun also wurde ich die eiserne Maske, oder, wie der edele DORGUTH sagt, der Kaspar Hauser, der Philosophieprofessoren: abgesperrt von Luft und Licht, damit mich Keiner sähe und meine angeborenen Ansprüche nicht zur Geltung gelangen könnten.

UEBER

DIE UNIVERSITÄTS-PHILOSOPHIE.

Ἡ ἀτιμία φιλοσοφίᾳ διὰ ταῦτα προσπέπτωκεν, ὅτι οὐ κατ' ἀξίαν αὐτῆς ἅπτονται· οὐ γὰρ νόθους ἔδει ἅπτεσθαι, ἀλλὰ γνησίους.

Plato, de rep. VII.

Daß die Philosophie auf Universitäten gelehrt wird, ist ihr allerdings auf mancherlei Weise ersprießlich. Sie erhält damit eine öffentliche Existenz und ihre Standarte ist aufgepflanzt vor den Augen der Menschen; wodurch stets von Neuem ihr Daseyn in Erinnerung gebracht und bemerklich wird. Der Hauptgewinn hieraus wird aber seyn, daß mancher junge und fähige Kopf mit ihr bekannt gemacht und zu ihrem Studio auferweckt wird. Inzwischen muß man zugeben, daß der zu ihr Befähigte und eben daher ihrer Bedürftige sie auch wohl auf andern Wegen antreffen und kennen lernen würde. Denn was sich liebt und für einander geboren ist findet sich leicht zusammen: verwandte Seelen grüßen sich schon aus der Ferne. Einen Solchen nämlich wird jedes Buch irgend eines ächten Philosophen, das ihm in die Hände fällt, mächtiger und wirksamer anregen, als der Vortrag eines Kathederphilosophen, wie ihn der Tag giebt, es vermag. Auch sollte auf den Gymnasien der Plato fleißig gelesen werden, als welcher das wirksamste Erregungsmittel des philosophischen Geistes ist. Ueberhaupt aber bin ich allmälig der Meinung geworden, daß der erwähnte Nutzen der Kathederphilosophie von dem Nachtheil überwogen werde, den die Philosophie als Profession der Philosophie als freier Wahrheitsforschung, oder die Philosophie im Auftrage der Regierung der Philosophie im Auftrage der Natur und der Menschheit bringt.

Zuvörderst nämlich wird eine Regierung nicht Leute besolden, um Dem, was sie durch tausend von ihr angestellte Priester, oder Religionslehrer, von allen Kanzeln verkünden läßt, direkt, oder auch nur indirekt, zu widersprechen; da Dergleichen, in dem Maaße, als es wirkte, jene erstere Veranstaltung unwirksam machen müßte. Denn bekanntlich heben Urtheile einander nicht allein durch den kontradiktorischen, sondern auch durch den bloß konträren Gegensatz auf: z.B. dem Urtheil »die Rose ist roth« widerspricht nicht allein dieses »sie ist nicht roth«; sondern auch schon dieses »sie ist gelb«, als welches hierin eben so viel, ja, mehr leistet. Daher der Grundsatz *improbant secus docentes*. Durch diesen Umstand gerathen aber die Universitätsphilosophen in eine ganz eigenthümliche Lage, deren öffentliches Geheimniß hier ein Mal Worte finden mag. In allen andern Wissenschaften nämlich haben die Professoren derselben bloß die Verpflichtung, nach Kräften und Möglichkeit, zu lehren was wahr und richtig ist. Ganz allein bei den Professoren der Philosophie ist die Sache *cum grano salis* zu verstehn. Hier nämlich hat es mit derselben ein eigenes Bewandtniß, welches darauf beruht, daß das Problem ihrer Wissenschaft das selbe ist, worüber auch die Religion, in ihrer Weise, Aufschluß ertheilt; deshalb ich diese als die Metaphysik des Volkes bezeichnet habe. Demnach nun sollen zwar auch die Professoren der Philosophie allerdings lehren was wahr und richtig ist: aber eben dieses muß im Grunde und im Wesentlichen das Selbe seyn, was die Landesreligion auch lehrt, als welche ja ebenfalls wahr und richtig ist. Hieraus entsprang jener naive, schon in meiner Kritik der Kantischen Philosophie angezogene Ausspruch eines ganz reputirlichen Philosophieprofessors, im Jahr 1840: »leugnet eine Philosophie »die Grundideen des Christenthums; so ist sie entweder falsch, »oder, WENN AUCH WAHR, DOCH UNBRAUCHBAR.« Man sieht daraus, daß in der Universitätsphilosophie die Wahrheit nur eine sekundäre Stelle einnimmt und, wenn es gefordert wird, aufstehn muß, einer andern Eigenschaft Platz zu machen. – Dies also unterscheidet auf den Universitäten die Philosophie von allen andern daselbst kathedersässigen Wissenschaften.

In Folge hievon wird, so lange die Kirche besteht, auf den Universitäten stets nur eine solche Philosophie gelehrt werden dürfen, welche, mit durchgängiger Rücksicht auf die Landesreligion abgefaßt, dieser im Wesentlichen parallel läuft und daher stets, – allenfalls kraus figurirt, seltsam verbrämt und dadurch schwer verständlich gemacht, – doch im Grunde und in der Hauptsache nichts Anderes, als eine Paraphrase und Apologie der Landesreligion ist. Den unter diesen Beschränkungen Lehrenden bleibt sonach nichts

Anderes übrig, als nach neuen Wendungen und Formen zu suchen, unter welchen sie den in abstrakte Ausdrücke verkleideten und dadurch fade gemachten Inhalt der Landesreligion aufstellen, der alsdann Philosophie heißt. Will jedoch Einer oder der Andre außerdem noch etwas thun; so wird er entweder in benachbarte Fächer divagiren, oder seine Zuflucht zu allerlei unschuldigen Pößchen nehmen, wie etwan schwere analytische Rechnungen über das Aequilibrium der Vorstellungen im menschlichen Kopfe auszuführen, und ähnliche Späße. Inzwischen bleiben die solchermaaßen beschränkten Universitätsphilosophen bei der Sache ganz wohlgemuth; weil ihr eigentlicher Ernst darin liegt, mit Ehren ein redliches Auskommen für sich, nebst Weib und Kind, zu erwerben, auch ein gewisses Ansehn vor den Leuten zu genießen; hingegen das tiefbewegte Gemüth eines wirklichen Philosophen, dessen ganzer und großer Ernst im Aufsuchen eines Schlüssels zu unserm, so räthselhaften wie mißlichen Daseyn liegt, von ihnen zu den mythologischen Wesen gezählt wird; wenn nicht etwan gar der damit Behaftete, sollte er ihnen je vorkommen, ihnen als von Monomanie besessen erscheint. Denn daß es mit der Philosophie so recht eigentlicher, bitterer Ernst seyn könne, läßt wohl, in der Regel, kein Mensch sich weniger träumen, als ein Docent derselben; gleichwie der ungläubigste Christ der Papst zu seyn pflegt. Daher gehört es denn auch zu den seltensten Fällen, daß ein wirklicher Philosoph zugleich ein Docent der Philosophie gewesen wäre. Daß gerade KANT diesen Ausnahmsfall darstellt, habe ich, nebst den Gründen und Folgen der Sache, im zweiten Bande meines Hauptwerkes, K. 17, S. 162, bereits erörtert. Uebrigens liefert zu der oben aufgedeckten konditionellen Existenz aller Universitätsphilosophie einen Beleg das bekannte Schicksal FICHTE's; wenn auch dieser im Grunde ein bloßer Sophist, kein wirklicher Philosoph, war. Er hatte es nämlich gewagt, in seinem Philosophiren die Lehren der Landesreligion außer Acht zu lassen; wovon die Folge seine Kassation war und zudem noch, daß der Pöbel ihn insultirte. Auch hat die Strafe bei ihm angeschlagen, indem, nach seiner spätern Anstellung in Berlin, das absolute Ich sich ganz gehorsamst in den lieben Gott verwandelt hat und die ganze Lehre überhaupt einen überaus christlichen Anstrich erhielt; wovon besonders die »Anweisung zum seligen Leben« zeugt. Bemerkenswerth ist bei seinem Falle noch der Umstand, daß man ihm zum Hauptvergehn den Satz, Gott sei nichts Anderes, als eben die moralische Weltordnung selbst, anrechnete; während solcher doch nur wenig verschieden ist vom Ausspruch des Evangelisten Johannes: Gott ist die Liebe.

Es ist demnach leicht abzusehn, daß, unter solchen Umständen, die Kathederphilosophie nicht wohl umhin kann, es zu machen

»Wie eine der langbeinigen Cikaden,
Die immer fliegt und fliegend springt –
Und gleich im Gras ihr altes Liedchen singt.«

Das Bedenkliche bei der Sache ist auch bloß die doch einzuräumende Möglichkeit, daß die letzte dem Menschen erreichbare Einsicht in die Natur der Dinge, in sein eigenes Wesen und das der Welt nicht gerade zusammenträfe mit den Lehren, welche theils dem ehemaligen Völkchen der Juden eröffnet worden, theils vor 1800 Jahren in Jerusalem aufgetreten sind. Dieses Bedenken auf Ein Mal niederzuschlagen, erfand der Philosophieprofessor Hegel den Ausdruck »absolute Religion«, mit dem er denn auch seinen Zweck erreichte; da er sein Publikum gekannt hat: auch ist sie für die Kathederphilosophie wirklich und recht eigentlich absolut, d.h. eine solche, die absolut und schlechterdings wahr seyn soll und muß, sonst – – – – –! – Andere wieder, von diesen Wahrheitsforschern, schmelzen Philosophie und Religion zu einem Kentauren zusammen, den sie Religionsphilosophie nennen; pflegen auch zu lehren, Religion und Philosophie seien eigentlich das Selbe; – welcher Satz jedoch nur in dem Sinne wahr zu seyn scheint, in welchem Franz I., in Beziehung auf Karl V., sehr versöhnlich gesagt haben soll: »was mein Bruder Karl will, das will ich auch«, – nämlich Mailand. Wieder andere machen nicht so viele Umstände, sondern reden geradezu von einer Christlichen Philosophie; – welches ungefähr so herauskommt, wie wenn man von einer Christlichen Arithmetik reden wollte, die fünf gerade seyn ließe. Dergleichen von Glaubenslehren entnommene Epitheta sind zudem der Philosophie offenbar unanständig, da sie sich für den Versuch der Vernunft giebt, aus eigenen Mitteln und unabhängig von aller Auktorität das Problem des Daseyns zu lösen. Als eine Wissenschaft hat sie es durchaus nicht damit zu thun, was GEGLAUBT werden darf, oder soll, oder muß; sondern bloß damit, was sich WISSEN läßt. Sollte Dieses nun auch als etwas ganz Anderes sich ergeben, als was man zu glauben hat; so würde selbst dadurch der Glaube nicht beeinträchtigt seyn: denn dafür ist er Glaube, daß er enthält was man NICHT wissen kann. Könnte man dasselbe auch wissen; so würde der Glaube als ganz unnütz und selbst lächerlich dastehn; etwan wie wenn über Gegenstände der Mathematik noch eine Glaubenslehre aufgestellt würde. Ist man aber etwan überzeugt, daß die ganze und volle Wahrheit in der Landesreligion enthalten und ausgesprochen sei; nun, so halte man sich daran und begebe sich alles Philosophirens. Aber man wolle nicht scheinen was man nicht ist. Das Vorgeben unbefangener Wahrheitsforschung, mit dem Entschluß, die Landesreligion zum Resultat, ja zum Maaßstabe und zur Kontrole derselben zu machen, ist unerträglich, und eine solche, an die Landesreligion, wie der Kettenhund an die Mauer, gebundene Philosophie ist nur das ärgerliche Zerrbild der höchsten und edelsten Bestrebung der Menschheit. Inzwischen ist gerade ein Hauptabsatzartikel der Universitätsphilosophen eben jene, oben als Kentaur bezeichnete Religionsphilosophie, die eigentlich auf eine Art Gnosis hinausläuft. Auch Programmentitel, wie *de verae philosophiae erga religionem pietate*, eine passende Inschrift auf so einen philosophischen Schaafstall, bezeichnen recht deutlich die Tendenz und die Motive der Kathederphilosophie. Zwar nehmen diese zahmen Philosophen bisweilen einen Anlauf, der gefährlich aussieht: allein man kann die Sache mit Ruhe abwarten, überzeugt, daß sie doch bei dem Ein für alle Mal gesteckten Ziele anlangen werden. Ja, bisweilen fühlt man sich versucht zu glauben, daß sie ihre ernstlich gemeinten philosophischen Forschungen schon vor ihrem zwölften Jahre abgethan und bereits damals ihre Ansicht vom Wesen der Welt, und was dem anhängt, für immer festgestellt hätten; weil sie, nach allen philosophischen Diskussionen und halsbrechenden Abwegen, unter verwegenen Führern, doch immer wieder bei Dem anlangen, was uns in jenem Alter plausibel gemacht zu werden pflegt, und es sogar als Kriterium der Wahrheit zu nehmen scheinen. Alle die heterodoxen philosophischen Lehren, mit welchen sie dazwischen, im Laufe ihres Lebens, sich haben beschäftigen müssen, scheinen ihnen nur dazuseyn, um widerlegt zu werden und dadurch jene ersteren desto fester zu etabliren. Man muß sogar es bewundern, wie sie, mit so vielen argen Ketzereien ihr Leben zubringend, doch ihre innere philosophische Unschuld so rein zu bewahren gewußt haben.

Wem, nach diesem Allen, noch ein Zweifel über Geist und Zweck der Universitätsphilosophie bliebe, der betrachte das Schicksal der Hegelschen Afterweisheit. Hat es ihr etwan geschadet, daß ihr Grundgedanken der absurdeste Einfall, daß er eine auf den Kopf gestellte Welt, eine philosophische Hanswurstiade* war und ihr Inhalt der hohlste, sinnleerste Wortkram, an welchem jemals Strohköpfe ihr Genüge gehabt, und daß ihr Vortrag, in den Werken des Urhebers selbst, der widerwärtigste und unsinnigste Gallimathias ist, ja, an die Deliramente der Tollhäusler erinnert? O nein, nicht im Mindesten! Vielmehr hat sie dabei, 20 Jahre hindurch, als die glänzendeste Kathederphilosophie, die je Gehalt und Honorar einbrachte, florirt und ist fett geworden, ist nämlich in ganz Deutschland, durch Hunderte von Büchern, als der endlich erreichte Gipfel menschlicher Weisheit und als die Philosophie der Philosophien verkündet, ja, in den Himmel erhoben worden: Studenten wurden darauf examinirt und Professoren darauf angestellt; wer nicht mitwollte, wurde von dem dreist gemachten Repetenten ihres so lenksamen, wie geistlosen Urhebers für einen »Narrn auf eigene Hand« erklärt, und sogar die Wenigen, welche eine schwache Opposition gegen diesen Unfug wagten, traten mit derselben nur schüchtern, unter Anerkennung des »großen Geistes und überschwänglichen Genies« – jenes abgeschmackten Philosophasters auf. Den Beleg zu dem hier Gesagten giebt die gesammte Litteratur des saubern Treibens, welche, als nunmehr geschlossene Akten, hingeht, durch den Vorhof höhnisch lachender Nachbarn, zu jenem Richterstuhle, wo wir uns wiedersehn, zum Tribunal der Nachwelt, welches, unter

* Siehe meine Kritik der Kantischen Philosophie 2. Aufl. S. 572.

andern Implemententen, auch eine Schandglocke führt, die sogar über ganze Zeitalter geläutet werden kann. – Was nun aber ist es denn endlich gewesen, das jener Gloria ein so plötzliches Ende gemacht, den Sturz der *bestia triunfante* herbei gezogen und die ganze große Armee ihrer Söldner und Gimpel zerstreut hat, bis auf einige Ueberbleibsel, die noch als Nachzügler und Marodeurs, unter der Fahne der »Halle'schen Jahrbücher« zusammengerottet, ein Weilchen ihr Unwesen, zum öffentlichen Skandal, treiben durften, und ein Paar armsälige Pinsel, die was man ihnen in den Jünglingsjahren aufgebunden noch heute glauben und damit hausiren gehn? – Nichts Anderes, als daß Einer den boshaften Einfall gehabt hat, nachzuweisen, daß das eine Universitätsphilosophie sei, die bloß scheinbar und nur den Worten nach, nicht aber wirklich und im eigentlichen Sinne mit der Landesreligion übereinstimme: hier also lag die Achillesferse. Wir sehn daraus,

»welch eine Qualität
Den Ausschlag giebt, den Mann erhöht«,

oder was das eigentliche Kriterium der Wahrheit und Geltungsfähigkeit einer Philosophie auf deutschen Universitäten sei und worauf es dabei ankomme; außerdem ja ein derartiger Angriff, auch abgesehn von der Verächtlichkeit jeder Verketzerung, hätte ganz kurz mit *ουδεν προς Διονυσον* abgefertigt werden müssen.

Wer zu derselben Einsicht noch fernerer Belege bedarf, betrachte das Nachspiel zu der großen Hegel-Farce, nämlich die gleich darauf folgende, so überaus zeitgemäße Konversion des Herrn v. Schelling vom Spinozismus zum Bigotismus und seine darauf folgende Versetzung von München nach Berlin, unter Trompetenstößen aller Zeitungen, nach deren Andeutungen man hätte glauben können, er bringe dahin den persönlichen Gott, nach welchem so großes Begehr war, in der Tasche mit; worauf denn der Zudrang der Studenten so groß wurde, daß sie sogar durch die Fenster in den Hörsaal stiegen; dann, am Ende des Kursus, das Groß-Mannsdiplom, welches eine Anzahl Professoren der Universität, die seine Zuhörer gewesen, ihm unterthänigst überbrachten, und überhaupt die ganze, höchst glänzende und nicht weniger lukrative Rolle desselben in Berlin, die er ohne Erröthen durchgespielt hat; und das im hohen Alter, wo die Sorge um das Andenken, das man hinterläßt, in edleren Naturen jede andere überwiegt. Man könnte bei so etwas ordentlich wehmüthig werden; ja man könnte beinahe meynen, die Philosophieprofessoren selbst müßten dabei erröthen: doch das ist Schwärmerei. Wem nun aber nach Betrachtung einer solchen Konsummation nicht die Augen aufgehn über die Kathederphilosophie und ihre Helden, Dem ist nicht zu helfen.

Inzwischen verlangt die Billigkeit, daß man die Universitätsphilosophie nicht bloß, wie hier geschehn, aus dem Standpunkte des angeblichen, sondern auch aus dem des wahren und eigentlichen Zweckes derselben beurtheile. Dieser nämlich läuft darauf hinaus, daß die künftigen Referendarien, Advokaten, Aerzte, Kandidaten und Schulmänner auch im Innersten ihrer Ueberzeugungen diejenige Richtung erhalten, welche den Absichten, die der Staat und seine Regierung mit ihnen haben, angemessen ist. Dagegen habe ich nichts einzuwenden, bescheide mich also in dieser Hinsicht. Denn über die Nothwendigkeit, oder Entbehrlichkeit eines solchen Staatsmittels zu urtheilen, halte ich mich nicht für kompetent; sondern stelle es denen anheim, welche die schwere Aufgabe haben, MENSCHEN zu regieren, d.h. unter vielen Millionen eines, der großen Mehrzahl nach, gränzenlos egoistischen, ungerechten, unbilligen, unredlichen, neidischen, boshaften und dabei sehr beschränkten und queerköpfigen Geschlechtes, Gesetz, Ordnung, Ruhe und Friede aufrecht zu erhalten und die Wenigen, denen irgend ein Besitz zu Theil geworden, zu schützen gegen die Unzahl Derer, welche nichts, als ihre Körperkräfte haben. Die Aufgabe ist so schwer, daß ich mich wahrlich nicht vermesse, über die dabei anzuwendenden Mittel mit ihnen zu rechten. Denn »ich danke Gott an jedem Morgen, daß ich nicht brauch' für's Röm'sche Reich zu sorgen«, – ist stets mein Wahlspruch gewesen.

Aber ein Anderes bleibt das Verhältniß einer solchen Universitätsphilosophie zum Staat, und ein Anderes ihr Verhältniß zur Philosophie selbst und an sich, welche, in dieser Beziehung, als die REINE Philosophie, von jener, als der ANGEWANDTEN, unterschieden werden könnte. Diese nämlich kennt keinen andern Zweck als die Wahrheit, und da möchte sich ergeben, daß jeder andere, mittelst ihrer angestrebte, diesem verderblich wird. Ihr hohes Ziel ist die Befriedigung jenes edelen Bedürfnisses, von mir das METAPHYSISCHE genannt, welches der Menschheit, zu allen Zeiten, sich innig und lebhaft fühlbar macht, am stärksten aber, wann, wie eben jetzt, das Ansehn der Glaubenslehre mehr und mehr gesunken ist. Diese nämlich, als auf die große Masse des Menschengeschlechts berechnet und derselben angemessen, kann bloß ALLEGORISCHE Wahrheit enthalten, welche sie jedoch als *sensu proprio* wahr geltend zu machen hat. Dadurch nun aber wird, bei immer weiterer Verbreitung jeder Art historischer, physikalischer, und sogar philosophischer Kenntnisse, die Anzahl der Menschen, denen sie nicht mehr genügen kann, immer größer, und diese wird mehr und mehr auf Wahrheit *sensu proprio* dringen. Was aber kann alsdann, dieser Anforderung gegenüber, eine solche *nervis alienis mobile* Kathederpuppe leisten? Wie weit wird man da noch reichen mit der oktroyirten Rockenphilosophie, oder mit hohlen Wortgebäuden, mit nichtssagenden, oder selbst die gemeinsten und faßlichsten Wahrheiten durch Wortschwall verundeutlichenden Floskeln, oder gar mit hegelischem absoluten Nonsens? – Und nun noch andrerseits, wenn dann auch wirklich der redliche Johannes aus der Wüste käme, der, in Felle gekleidet und von Heuschrecken genährt, von all dem Unwesen unberührt geblieben, unterweilen, mit reinem Herzen und ganzem Ernst, der Forschung nach Wahrheit obgelegen hätte und deren Früchte jetzt anböte; welchen Empfang hätte er zu gewärtigen von jenen zu Staatszwecken gedungenen Geschäftsmännern der Katheder, die mit Weib und Kind von der Philosophie zu leben haben, deren Losung ist daher *primum vivere, deinde philosophari*, die demgemäß den Markt in Besitz genommen und schon dafür gesorgt haben, daß hier nichts gelte, als was sie gelten lassen, mithin Verdienste nur existiren, sofern es ihnen und ihrer Mittelmäßigkeit beliebt, sie anzuerkennen. Sie haben nämlich die Aufmerksamkeit des ohnehin kleinen, sich mit Philosophie befassenden Publikums am Leitseil; da dasselbe auf Sachen, die nicht, wie die poetischen Produktionen, Ergötzung, sondern Belehrung, und zwar pekuniär unfruchtbare Belehrung, verheißen, seine Zeit, Mühe und Anstrengung wahrlich nicht verwenden wird, ohne vorher volle Versicherung darüber zu haben, daß solche auch reichlich belohnt werden. Diese nun erwartet es, seinem angeerbten Glauben, daß wer von einer Sache lebt, es auch sei, der sie versteht, zufolge, von den Männern des Fachs, welche denn auch, auf Kathedern und in Kompendien, Journalen und Litteraturzeitungen sich mit Zuversicht als die eigentlichen Meister der Sache geriren: von diesen demnach läßt es sich das Beachtenswerthe und sein Gegentheil vorschmecken und aussuchen. – O, wie wird es dir da ergehn, mein armer Johannes aus der Wüste, wenn, wie zu erwarten steht, was Du bringst nicht der stillschweigenden Konvention der Herren von der lukrativen Philosophie gemäß abgefaßt ist! Sie werden dich ansehn als Einen, der den Geist des Spieles nicht gefaßt hat und dadurch es ihnen Allen zu verderben droht; mithin als ihren gemeinsamen Feind und Widersacher. Wäre was du bringst nun auch das größte Meisterstück des menschlichen Geistes; vor ihren Augen könnte es doch nimmermehr Gnade finden. Denn es wäre ja nicht *ad normam conventionis* abgefaßt, folglich nicht der Art, daß sie es zum Gegenstand ihres Kathedervortrags machen könnten, um nun auch DAVON zu leben. Wenn es aber dennoch durchdränge, wenn es, als belehrend und Aufschlüsse enthaltend, die Aufmerksamkeit des Publikums erregte und von diesem des Studiums werth befunden würde; so müßte es ja in demselben Maaße die kathederfähige Philosophie um eben jene Aufmerksamkeit, ja, um ihren Kredit und, was noch schlimmer ist, um ihren Absatz bringen. *Dî meliora!* Daher darf dergleichen nicht aufkommen, und müssen hiegegen Alle für Einen Mann stehn. Die Methode und Taktik hiezu giebt ein glücklicher Instinkt, wie er jedem Wesen zu seiner Selbsterhaltung verliehen ist, bald an die Hand. Nämlich das Bestreiten und Widerlegen einer, der *norma conventionis* zuwiderlaufenden Philosophie ist oft, zumal wo man wohl gar Verdienste und gewisse, nicht durch das Professordiplom ertheilbare Eigenschaften wittert, eine bedenkliche Sache, an die man, in letzterem Falle, sich gar nicht wagen darf, indem dadurch die Werke, deren Unterdrückung indicirt ist, Notorietät erhalten und die Neugierigen hinzulaufen würden, alsdann aber höchst unangenehme Vergleichungen angestellt werden könnten und der Ausgang mißlich seyn dürfte. Hingegen einhellig, als Brüder gleichen Sinnes, wie gleichen Vermögens, eine solche ungelegene Leistung als *non avenue* betrachten; mit der unbefangensten Miene das Bedeutendeste als ganz unbedeutend, das tief Durchdachte und für die Jahrhunderte Vorhandene als nicht der Rede werth aufnehmen, um so es zu ersticken; hämisch die Lippen zusammenbeißen und dazu schweigen, schweigen mit jenem schon vom alten SENEKA denunzirten *silentium, quod* livor *indixerit (ep. 79)*; und unterweilen nur desto lauter über die abortiven Geisteskinder und Mißgeburten der Genossenschaft krähen, in dem beruhigenden Bewußtseyn, daß ja Das, wovon Keiner weiß, so gut wie nicht vorhanden ist, und daß die Sachen in der Welt für Das gelten, was sie scheinen und heißen, nicht für Das, was sie sind; – Dies ist die sicherste und gefahrloseste Methode gegen Verdienste, welche ich demnach allen Flachköpfen, die ihren Unterhalt durch Dinge suchen, zu denen höhere Begabtheit gehört, bestens empfohlen haben wollte.

Jedoch sollen hier keineswegs, als über ein *inauditum nefas*, die Götter angerufen werden: ist doch dies Alles nur eine Scene des Schauspiels, welches wir zu allen Zeiten, in allen Künsten und Wissenschaften, vor Augen haben, nämlich den alten Kampf Derer, die FÜR die Sache leben, mit Denen, die VON ihr leben, oder Derer, die es SIND, mit Denen, die es VORSTELLEN. Den Einen ist sie der Zweck, zu welchem ihr Leben das bloße Mittel ist; den Andern das Mittel, ja die lästige Bedingung zum Leben, zum Wohlseyn, zum Genuß, zum Familienglück, als in welchen allein ihr wahrer Ernst liegt; weil hier die Gränze ihrer Wirkungssphäre von der Natur gezogen ist. Wer dies exemplificirt sehn und näher kennen lernen will, studire Litterargeschichte und lese die Biographien großer Meister in jeder Art und Kunst. Da wird er sehn, daß es zu allen Zeiten so gewesen ist, und begreifen, daß es auch so bleiben wird. In der Vergangenheit erkennt es Jeder; fast Keiner in der Gegenwart. Die glänzenden Blätter der Litterargeschichte sind, beinahe durchgängig, zugleich die tragischen. In allen Fächern bringen sie uns vor Augen, wie, in der Regel, das Verdienst hat warten müssen, bis die Narren ausgenarrt hatten, das Gelag zu Ende und Alles zu Bette gegangen war: dann erhob es sich, wie ein Gespenst aus tiefer

Nacht, um seinen, ihm vorenthaltenen Ehrenplatz doch endlich noch als Schatten einzunehmen.

Wir inzwischen haben es hier allein mit der Philosophie und ihren Vertretern zu thun. Da finden wir nun zunächst, daß von jeher sehr wenige Philosophen Professoren der Philosophie gewesen sind, und verhältnißmäßig noch wenigere Professoren der Philosophie Philosophen; daher man sagen könnte, daß, wie die idioelektrischen Körper keine Leiter der Elektricität sind, so die Philosophen keine Professoren der Philosophie. In der That steht dem Selbstdenker diese Bestellung beinahe mehr im Wege, als jede andere. Denn das philosophische Katheder ist gewissermaaßen ein öffentlicher Beichtstuhl, wo man *coram populo* sein Glaubensbekenntniß ablegt. Sodann ist der wirklichen Erlangung gründlicher, oder gar tiefer Einsichten, also dem wahren Weisewerden, fast nichts so hinderlich, wie der beständige Zwang, weise zu scheinen, das Auskramen vorgeblicher Erkenntnisse, vor den lernbegierigen Schülern, und das Antworten-bereit-haben auf alle ersinnliche Fragen. Das Schlimmste aber ist, daß einen Mann in solcher Lage, bei jedem Gedanken, der etwan noch in ihm aufsteigt, schon die Sorge beschleicht, wie solcher zu den Absichten hoher Vorgesetzter passen würde: Dies paralysirt sein Denken so sehr, daß schon die Gedanken selbst nicht mehr aufzusteigen wagen. Der Wahrheit ist die Atmosphäre der Freiheit unentbehrlich. Ueber die *exceptio, quae firmat regulam*, daß KANT ein Professor gewesen, habe ich schon oben das Nöthige erwähnt, und füge nur hinzu, daß auch Kants Philosophie eine großartigere, entschiedenere, reinere und schönere geworden seyn würde, wenn er nicht jene Professur bekleidet hätte; obwohl er, sehr weise, den Philosophen möglichst vom Professor gesondert hielt, indem er seine eigene Lehre nicht auf dem Katheder vortrug. (Siehe Rosenkranz, Geschichte der Kantischen Philosophie S. 148.)

Sehe ich nun aber auf die, in dem halben Jahrhundert, welches seit KANTS Wirksamkeit verstrichen ist, auftretenden, angeblichen Philosophen zurück; so erblicke ich leider keinen, dem ich nachrühmen könnte, sein wahrer und ganzer Ernst sei die Erforschung der Wahrheit gewesen: vielmehr finde ich sie alle, wenn auch nicht immer mit deutlichem Bewußtseyn, auf den bloßen Schein der Sache, auf Effektmachen, Imponiren, ja, Mystificiren bedacht und eifrig bemüht, den Beifall der Vorgesetzten und nächstdem der Studenten zu erlangen; wobei der letzte Zweck immer bleibt, den Ertrag der Sache, mit Weib und Kind, behaglich zu verschmausen. So ist es aber auch eigentlich der menschlichen Natur gemäß, welche, wie jede thierische Natur, als unmittelbare Zwecke nur Essen, Trinken und Pflege der Brut kennt, dazu aber, als ihre besondere Apanage, nur noch die Sucht zu glänzen und zu scheinen erhalten hat. Hingegen ist zu wirklichen und ächten Leistungen in der Philosophie, wie in der Poesie und den schönen Künsten, die erste Bedingung ein ganz abnormer Hang, der, gegen die Regel der menschlichen Natur, an die Stelle des subjektiven Strebens nach dem Wohl der eigenen Person, ein völlig OBJEKTIVES, auf eine der Person fremde LEISTUNG gerichtetes Streben setzt und eben dieserhalb sehr treffend EXCENTRISCH genannt, mitunter wohl auch als Donquichottisch verspottet wird. Aber schon ARISTOTELES hat es gesagt: *ου χρη δε, κατα τους παραινουντας, ανθρωπινα φρονειν ανθρωπον οντα, ουδε θνητα τον θνητον, αλλ', εφ' ὁσον ενδεχεται, αθανατιζειν, και παντα ποιεν προς το ζην κατα το κρατιστον των εν αὑτῳ. (neque vero nos oportet humana sapere ac sentire, ut quidam monent, quum simus homines; neque mortalia, quum mortales; sed nos ipsos, quoad ejus fieri potest, a mortalitate vindicare, atque omnia facere, ut ei nostri parti, quae in nobis est optima, convenienter vivamus, (Eth. Nic. X. 7).* Eine solche Geistesrichtung ist allerdings eine höchst seltene Anomalie, deren Früchte jedoch, eben deswegen, im Laufe der Zeit, der ganzen Menschheit zu Gute kommen; da sie glücklicherweise von der Gattung sind, die sich aufbewahren läßt. Näher: man kann die Denker eintheilen in solche, die FÜR SICH SELBST, und solche, die FÜR ANDERE denken: diese sind die Regel, jene die Ausnahme. Erstere sind demnach Selbstdenker im zwiefachen, und Egoisten im edelsten Sinne des Worts: sie allein sind es, von denen die Welt Belehrung empfängt. Denn nur das Licht, welches Einer sich selber angezündet hat, leuchtet nachmals auch Andern; so daß von Dem, was Seneka in moralischer Hinsicht behauptet, *alteri vivas oportet, si vis tibi vivere (ep. 48)*, in intellektualer das Umgekehrte gilt: *tibi cogites oportet, si omnibus cogitasse volueris*. Dies aber ist gerade die seltene, durch keinen Vorsatz und guten Willen zu erzwingende Anomalie, ohne welche jedoch, in der Philosophie, kein wirklicher Fortschritt möglich ist. Denn für Andere, oder überhaupt für mittelbare Zwecke, geräth nimmermehr ein Kopf in die höchste, dazu eben erforderte, Anspannung, als welche gerade das Vergessen seiner selbst und aller Zwecke verlangt; sondern da bleibt es beim Schein und Vorgeben der Sache. Da werden zwar allenfalls einige vorgefundene Begriffe auf mancherlei Weise kombinirt und so gleichsam ein Kartenhäuserbau damit vorgenommen: aber nichts Neues und Aechtes kommt dadurch in die Welt. Nun nehme man noch hinzu, daß Leute, denen das eigene Wohl der wahre Zweck, das Denken nur Mittel dazu ist, stets die temporären Bedürfnisse und Neigungen der Zeitgenossen, die Absichten der Befehlenden u. dgl. m. im Auge behalten müssen. Dabei läßt sich nicht nach der Wahrheit zielen, die, selbst bei redlich auf sie gerichtetem Blicke, unendlich schwer zu treffen ist.

Ueberhaupt aber, wie sollte der, welcher für sich, nebst Weib und Kind, ein redliches Auskommen sucht, zugleich sich der WAHRHEIT weihen? der Wahrheit, die zu allen Zeiten ein gefährlicher Begleiter, ein überall unwillkommener Gast gewesen ist, – die vermuthlich auch deshalb nackt dargestellt wird, weil sie nichts mitbringt, nichts auszutheilen hat, sondern nur ihrer selbst wegen gesucht seyn will. Zwei so verschiedenen Herren, wie der Welt und der Wahrheit, die nichts, als den Anfangsbuchstaben, gemein haben, läßt sich zugleich nicht dienen: das Unternehmen führt zur Heuchelei, zur Augendienerei, zur Achselträgerei. Da kann es geschehn, daß aus einem Priester der Wahrheit ein Verfechter des Truges wird, der eifrig lehrt was er selbst nicht glaubt, dabei der vertrauensvollen Jugend die Zeit und den Kopf verdirbt, auch wohl gar, mit Verleugnung alles litterarischen Gewissens, zum Präkonen einflußreicher Pfuscher, z. B. frömmelnder Strohköpfe, sich hergiebt; oder auch, daß er, weil vom Staat und zu Staatszwecken besoldet, nun den Staat zu apotheosiren, ihn zum Gipfelpunkt alles menschlichen Strebens und aller Dinge zu machen, sich angelegen seyn läßt, und dadurch nicht nur den philosophischen

Hörsal in eine Schule der plattesten Philisterei umschafft, sondern am Ende, wie z.B. Hegel, zu der empörenden Lehre gelangt, daß die Bestimmung des Menschen im STAAT aufgehe, – etwan wie die der Biene im Bienenkorb; wodurch das hohe Ziel unsres Daseyns den Augen ganz entrückt wird.

Daß die Philosophie sich nicht zum Brodgewerbe eigne, hat schon Plato in seinen Schilderungen der Sophisten, die er dem Sokrates gegenüberstellt, dargethan, am allerergötzlichsten aber im Eingang des Protagoras das Treiben und den Succeß dieser Leute mit unübertrefflicher Komik geschildert. Das Geldverdienen mit der Philosophie war und blieb, bei den Alten, das Merkmal, welches den Sophisten vom Philosophen unterschied. Daß aus diesem Grunde Sokrates den Aristipp unter die Sophisten verwies und auch Aristoteles ihn dahin zählt, habe ich bereits in meinem Hauptwerk, Bd. 2. K. 17. S. 162, nachgewiesen. Die Meinung war in diesem Punkt so unerschütterlich, daß wir sie selbst noch unter den spätern Kaisern in voller Geltung finden; indem sogar noch beim PHILOSTRATUS *(Lib. 1. c. 13)* Apollonius von Tyana seinem Gegner Euphrates das *την σοφιαν καπηλευειν (sapientiam cauponari)* zum Hauptvorwurf macht, auch in seiner 51sten Epistel eben diesem schreibt: *επιτιμωσι σοι τινες, ώς ειληφοτι χρηματα παρα του βασιλεως· όπερ ουκ ατοπον, ει μη φαινοιο φιλοσοφιας ειληφεναι μισθον, και τοσαυτακις, και επι τοσουτον, και παρα του πεπιστευκοτος ειναι σε φιλοσοφον. (Reprehendunt te quidam, quod pecuniam ab imperatore acceperis: quod absonum non esset, nisi videreris philosophiae mercedem accepisse, et toties, et tam magnam, et ab illo, qui te philosophum esse putabat)*. In Uebereinstimmung hiemit sagt er, in der 42sten Epistel, von sich selbst, daß er nöthigenfalls ein Almosen, aber nie, selbst nicht im Fall der Bedürftigkeit, einen Lohn für seine Philosophie annehmen würde: *Εαν τις Απολλωνιῳ χρηματα διδω, και ὁ διδους αξιος νομιζηται, ληψεται δεομενος· φιλοσοφιας δε μισθον ου ληψεται, κ'αν δεηται. (Si quis Apollonio pecunias dederit et qui dat dignus judicatus fuerit ab eo; si opus habuerit, accipiet. Philosophiae vero mercedem, ne si indigeat quidem, accipiet)*. Diese uralte Ansicht hat ihren guten Grund und beruht darauf, daß die Philosophie gar viele Berührungspunkte mit dem menschlichen

Leben, dem öffentlichen, wie dem der Einzelnen, hat; weshalb, wenn Erwerb damit getrieben wird, alsbald die Absicht das Uebergewicht über die Einsicht erhält und aus angeblichen Philosophen bloße Parasiten der Philosophie werden: solche aber werden dem Wirken der ächten Philosophen hemmend und feindlich entgegentreten, ja, sich gegen sie verschwören, um nur was ihre Sache fördert zur Geltung zu bringen. Denn sobald es Erwerb gilt, kann es leicht dahin kommen, daß, wo der Vortheil es heischt, allerlei niedrige Mittel, Einverständnisse, Koalitionen u.s.w. angewandt werden, um, zu materiellen Zwecken, dem Falschen und Schlechten Eingang und Geltung zu verschaffen; wobei es nothwendig wird, das entgegenstehende Wahre, Aechte und Werthvolle zu unterdrücken. Solchen Künsten aber ist kein Mensch weniger gewachsen, als ein wirklicher Philosoph, der etwan mit seiner Sache unter das Treiben dieser Gewerbsleute gerathen wäre. – Den schönen Künsten, selbst der Poesie, schadet es wenig, daß sie auch zum Erwerbe dienen: denn jedes ihrer Werke hat eine gesonderte Existenz für sich, und das Schlechte kann das Gute so wenig verdrängen, wie verdunkeln. Aber die Philosophie ist ein Ganzes, also eine Einheit, und ist auf Wahrheit, nicht auf Schönheit gerichtet: es giebt vielerlei Schönheit, aber nur EINE Wahrheit; wie viele Musen, aber nur EINE Minerva. Eben deshalb darf der Dichter getrost verschmähen, das Schlechte zu geißeln; aber der Philosoph kann in den Fall kommen, dies thun zu müssen. Denn das zur Geltung gelangte Schlechte stellt hier sich dem Guten geradezu feindlich entgegen, und das wuchernde Unkraut verdrängt die brauchbare Pflanze. Die Philosophie ist, ihrer Natur nach, exklusiv: sie begründet ja die Denkungsart des Zeitalters: daher duldet das herrschende System, wie die Söhne der Sultane, kein anderes neben sich. Dazu kommt, daß hier das Urtheil höchst schwierig, ja, schon die Erlangung der Data zu demselben mühevoll ist. Wird hier, durch Kunstgriffe, das Falsche in Cours gebracht und überall, als das Wahre und Aechte, von belohnten Stentorstimmen ausgeschrien; so wird der Geist der Zeit vergiftet, das Verderben ergreift alle Zweige der Litteratur, aller höhere Geistesaufschwung stockt, und dem wirklich Guten und Aechten in jeder Art ist ein Bollwerk entgegengesetzt, das lange vorhält. Dies sind die Früchte der *φιλοσοφια μισθοφορος*. Man sehe, zur Erläuterung, den Unfug, der seit Kant mit der Philosophie getrieben und was dabei aus ihr geworden ist. Aber erst die wahre Geschichte der Hegelschen Scharlatanerie und der Wege ihrer Verbreitung wird einst die rechte Illustration zu dem Gesagten liefern.

Diesem Allem zufolge wird Der, dem es nicht um Staatsphilosophie und Spaaßphilosophie, sondern um Erkenntniß und daher um ernstlich gemeinte, folglich rücksichtslose Wahrheitsforschung zu thun ist, sie überall eher zu suchen haben, als auf den Universitäten, als wo ihre Schwester, die Philosophie *ad normam conventionis*, das Regiment führt und den Küchenzettel schreibt. Ja, ich neige mich mehr und mehr zu der Meinung, daß es für die Philosophie heilsamer wäre, wenn sie aufhörte, ein Gewerbe zu seyn, und nicht mehr im bürgerlichen Leben, durch Professoren repräsentirt, aufträte. Sie ist eine Pflanze, die wie die Alpenrose und die Fluenblume, nur in freier Bergluft gedeiht, hingegen bei künstlicher Pflege ausartet. Jene Repräsentanten der Philosophie im bürgerlichen Leben repräsentiren sie meistens doch nur so, wie der Schauspieler den König. Waren etwan die Sophisten, welche Sokrates so unermüdlich befehdete und die Plato zum Thema seines Spottes macht, etwas Anderes, als Professoren der Philosophie und Rhetorik? Ja, ist es nicht eigentlich jene uralte Fehde, welche, seitdem nie ganz erloschen, noch heute von mir fortgeführt wird? Die höchsten Bestrebungen des menschlichen Geistes vertragen sich nun ein Mal nicht mit dem Erwerb: ihre edele Natur kann sich damit nicht amalgamiren. – Allenfalls möchte es mit der Universitätsphilosophie noch hingehn, wenn die angestellten Lehrer derselben ihrem Beruf dadurch zu genügen dächten, daß sie, nach Weise der anderen Professoren, das vorhandene, einstweilen als wahr geltende Wissen ihres Faches an die heranwachsende Generation weiter gäben, also das System des zuletzt dagewesenen wirklichen Philosophen ihren Zuhörern treu und genau auseinandersetzten und ihnen die Sachen klein kauten: – Das gienge, sage ich, allenfalls, wenn sie dazu nur soviel Urtheil, oder wenigstens Takt, mitbrächten, nicht bloße Sophisten, wie z.B. einen Fichte, einen Schelling, geschweige einen Hegel, auch für Philosophen zu halten. Allein nicht nur fehlt es in der Regel ihnen an besagten Eigenschaften, sondern sie sind in dem unglücklichen Wahne befangen, es gehöre zu ihrem Amte, daß auch sie selbst die Philosophen spielten und die Welt mit den Früchten ihres Tiefsinns beschenkten. Aus diesem Wahne gehen nun jene so kläglichen, wie zahlreichen Produktionen hervor, in welchen Alltagsköpfe, ja mitunter solche, die nicht ein Mal Alltagsköpfe sind, DIE Probleme behandeln, auf deren Lösung seit Jahrtausenden die äußersten Anstrengungen der seltensten, mit den außerordentlichsten Fähigkeiten ausgerüsteten, ihre eigene Person über die Liebe zur Wahrheit vergessenden und von der Leidenschaft des Strebens nach Licht mitunter bis in den Kerker, ja, auf's Schafott getriebenen Köpfe gerichtet gewesen sind; Köpfe, deren Seltenheit so groß ist, daß die Geschichte der Philosophie, welche, seit dritthalbtausend Jahren neben der Geschichte der Staaten, als ihr Grundbaß, hergeht, kaum $^1/_{100}$ so viele namhafte Philosophen aufzuweisen hat, als die Staatengeschichte namhafte Monarchen: denn es sind keine andern, als die ganz vereinzelten Köpfe, in welchen die Natur zu einem deutlicheren Bewußtseyn ihrer selbst gekommen war, als in andern. Eben diese aber stehn der Gewöhnlichkeit und der Menge so fern, daß den meisten erst nach ihrem Tode, oder höchstens im späten Alter, eine gerechte Anerkennung geworden ist. Hat doch z.B. sogar der eigentliche, hohe Ruhm des ARISTOTELES, der später sich weiter, als irgend einer, verbreitete, allem Anschein nach, erst 200 Jahre nach seinem Tode begonnen. EPIKUROS, dessen Name, noch heut zu Tage, sogar dem großen Haufen bekannt ist, hat in Athen, bis zu seinem Tode, völlig ungekannt gelebt. *(Sen. ep. 79)* BRUNO UND SPINOZA kamen erst im zweiten Jahrhundert nach ihrem Tode zur Geltung und Ehre. Selbst der so klar und populär schreibende DAVID HUME war, obwohl er seine Werke längst geliefert hatte, 50 Jahre alt, als man anfieng ihn zu beachten. KANT wurde erst nach seinem 60. Jahre berühmt. Mit den Kathederphilosophen unserer Tage freilich gehn die Sachen schneller; da sie keine Zeit zu verlieren haben: nämlich der EINE Professor verkündet die Lehre seines auf der benachbarten Universität florirenden Kollegen, als den endlich erreichten Gipfel menschlicher Weisheit; und sofort ist dieser ein großer Philosoph, der unverzüglich seinen Platz in der Geschichte der Philosophie einnimmt, nämlich in derjenigen, welche ein dritter Kollege zur nächsten Messe in Arbeit hat, der nun ganz unbefangen den unsterblichen Namen der Märtyrer der Wahrheit, aus allen Jahrhunderten, die werthen Namen seiner eben jetzt florirenden wohlbestallten Kollegen anreiht, als eben so viele Philosophen, die auch in Reihe und Glied treten können, da sie sehr viel Papier gefüllt und allgemeine kollegialische Beachtung gefunden haben. Da heißt es dann z.B. »Aristoteles und Herbart«, oder »Spinoza und Hegel«, »Plato und Schleiermacher«, und die erstaunte Welt muß sehn, daß die Philosophen, welche die karge Natur ehemals im Laufe der Jahrhunderte nur vereinzelt hervorzubringen vermochte, während dieser letzten Decennien, unter den bekanntlich so hoch begabten Deutschen, überall wie die Pilze aufgeschossen sind. Natürlich wird dieser Glorie des Zeitalters auf alle Weise nachgeholfen; daher, sei es in gelehrten Zeitschriften, oder auch in seinen eigenen Werken, der eine Philosophieprofessor nicht ermangeln wird, die verkehrten Einfälle des andern mit wichtiger Miene und amtlichem Ernst in genaue Erwägung zu ziehn; so daß es ganz aussieht, als handelte es sich hier um wirkliche Fortschritte der menschlichen Erkenntniß. Dafür widerfährt seinem Abortus nächstens die selbe Ehre, und wir wissen ja, daß *nihil officiosius, quam cum mutuum muli scabunt.* So viele gewöhnliche Köpfe, die sich von Amts und Berufs wegen verpflichtet glauben, Das vorzustellen, was die Natur mit ihnen am allerwenigsten beabsichtigt hatte, und die Lasten zu wälzen, welche die Schultern geistiger Riesen erfordern, bieten aber im Ernst ein gar klägliches Schauspiel dar. Denn den Heisern singen zu hören, den Lahmen tanzen zu sehn, ist peinlich; aber den beschränkten Kopf philosophirend zu vernehmen ist unerträglich. Um nun den Mangel an wirklichen Gedanken zu verbergen, machen Manche sich einen imponirenden Apparat von langen, zusammengesetzten Worten, intrikaten Floskeln, unabsehbaren Perioden, neuen und unerhörten Ausdrücken, welches Alles zusammen dann einen möglichst schwierigen und gelehrt klingenden Jargon abgiebt. Jedoch sagen sie, mit dem Allen, – nichts: man empfängt keine Gedanken, fühlt seine Einsicht nicht vermehrt, sondern muß aufseufzen: »das Klappern der Mühle höre ich wohl, aber das Mehl sehe ich nicht«; oder auch, man sieht nur zu deutlich, welche dürftige, gemeine, platte und rohe Ansichten hinter dem hochtrabenden Bombast stecken. O! daß man solchen Spaaßphilosophen einen Begriff beibringen könnte von dem wahren und furchtbaren Ernst, mit welchem das Problem des Daseyns den Denker ergreift und sein Innerstes erschüttert! Da würden sie keine Spaaßphilosophen mehr seyn können, nicht mehr, mit Gelassenheit, müßige Flausen aushecken, vom absoluten Gedanken, oder vom Widerspruch, der in allen Grundbegriffen stecken soll, noch mit beneidenswerthem Genügen sich an hohlen Nüssen letzen, wie »die Welt ist das Daseyn des Unendlichen im Endlichen«, und »der Geist ist der Reflex des Unendlichen im Endlichen«, u.s.w. Es wäre schlimm für sie: denn sie wollen nun ein Mal Philosophen seyn und ganz originelle Denker. Nun aber ist, daß ein gewöhnlicher Kopf ungewöhnliche Gedanken haben sollte, gerade so wahrscheinlich, wie daß eine Eiche Aprikosen trüge. Die GEWÖHNLICHEN Gedanken hingegen hat Jeder schon selbst und braucht sie nicht zu lesen: folglich kann, da es in der Philosophie bloß auf Gedanken, nicht auf Erfahrungen und Thatsachen ankommt, durch gewöhnliche Köpfe hier nie etwas geleistet werden. Einige, des Uebelstandes sich bewußt, haben sich einen Vorrath fremder, meist unvollkommen, stets flach aufgefaßter Gedanken aufgespeichert, die freilich in ihren Köpfen immer noch in Gefahr sind, sich in bloße Phrasen und Worte zu verflüchtigen. Mit diesen schieben sie dann hin und her, und suchen allenfalls, sie, wie Dominosteine, an einander zu passen: sie vergleichen nämlich was Dieser gesagt hat, und was Jener, und was wieder ein Andrer, und noch Einer, und suchen daraus klug zu werden. Vergeblich würde man bei solchen Leuten irgend eine feste, auf anschaulicher Basis ruhende und daher durchweg zusammenhängende Grundansicht von den Dingen und der Welt suchen: eben deshalb haben sie über nichts eine ganz entschiedene Meinung, oder bestimmtes, festes Urtheil; sondern sie tappen mit ihren erlernten Gedanken, Ansichten und Exceptionen wie im Nebel umher. Sie haben eigentlich auch nur auf Wissen und Gelehrsamkeit zum Weiterlehren hingearbeitet. Das möchte seyn: aber dann sollen sie nicht die Philosophen spielen, hingegen den Hafer von der Spreu zu unterscheiden verstehn.

Die wirklichen Denker haben auf EINSICHT, und zwar ihrer selbst wegen, hingearbeitet; weil sie die Welt, in der sie sich befanden, doch irgend wie sich verständlich zu machen inbrünstiglich begehrten; nicht aber um zu lehren und zu schwätzen. Daher erwächst in ihnen langsam und allmälig, in Folge anhaltender Meditation, eine feste, zusammenhängende Grundansicht, die zu ihrer Basis allemal die ANSCHAULICHE Auffassung der Welt hat, und von der Wege ausgehn zu allen speciellen Wahrheiten, welche selbst wieder Licht zurückwerfen auf jene Grundansicht. Daraus folgt denn auch, daß sie über jedes Problem des Lebens und der Welt wenigstens eine entschiedene, wohl verstandene und mit dem Ganzen zusammenhängende Meinung haben, und daher niemanden mit leeren Phrasen abzufinden brauchen, wie hingegen jene Ersteren thun, die man stets mit dem Vergleichen und Abwägen fremder Meinungen, statt mit den Dingen selbst, beschäftigt findet, wonach man glauben könnte, es sei die Rede von entfernten Ländern, über welche man die Berichte der wenigen, dort hingelangten Reisenden kritisch zu vergleichen hätte, nicht aber von der, auch vor ihnen ausgebreitet und klar daliegenden, wirklichen Welt. Jedoch bei ihnen heißt es:

Pour nous, Messieurs, nous avons l'habitude
De rédiger au long, de point en point,
Ce qu'on pensa, mais nous ne pensons point.
Voltaire.

Das Schlimmste bei dem ganzen Treiben, das sonst immerhin, für den kuriosen Liebhaber, seinen Fortgang haben möchte, ist jedoch Dieses: es liegt in ihrem Interesse, daß das Flache und Geistlose für etwas gelte. Das kann es aber nicht, wenn dem etwan auftretenden Aechten, Großen, Tiefgedachten sofort sein Recht widerfährt. Um daher dieses zu ersticken und das Schlechte ungehindert in Cours zu bringen, ballen sie, nach Art aller Schwachen, sich zusammen, bilden Kliquen und Partheien, bemächtigen sich der Litteraturzeitungen, in welchen sie, wie auch in eigenen Büchern, mit tiefer

Ehrfurcht und wichtiger Miene von ihren respectiven Meisterwerken reden und auf solche Art das kurzsichtige Publikum bei der Nase herumführen. Ihr Verhältniß zu den wirklichen Philosophen ist ungefähr das der ehemaligen Meistersänger zu den Dichtern. Zur Erläuterung des Gesagten sehe man die messentlich erscheinenden Schreibereien der Kathederphilosophen, nebst den dazu aufspielenden Litteraturzeitungen: wer sich darauf versteht betrachte die Verschmitztheit, mit der diese letzteren, vorkommenden Falls, bemüht sind, das Bedeutende als unbedeutend zu vertuschen und die Kniffe, die sie gebrauchen, es der Aufmerksamkeit des Publikums zu entziehn. Nun aber gehe man auf diesem Wege und mit diesen Betrachtungen immer weiter zurück, bis zum Anfange dieses Jahrhunderts, sehe, was früher die Schellingianer, dann aber noch viel ärger die Hegelianer in den Tag hineingesündigt haben: man überwinde sich, man durchblättere den ekelhaften Wust! denn ihn zu lesen ist keinem Menschen zuzumuthen. Dann überlege und berechne man die unschätzbare Zeit, nebst dem Papier und Gelde, welches das Publikum, ein halbes Jahrhundert hindurch, an diesen Pfuschereien hat verlieren müssen. Freilich ist auch die Geduld des Publikums unbegreiflich, welches das, Jahr aus, Jahr ein, fortgesetzte Geträtsche geistloser Philosophaster liest, ungeachtet der marternden Langweiligkeit, die wie ein dicker Nebel darauf brütet, eben weil man liest und liest, ohne je eines Gedankens habhaft zu werden, indem der Schreiber, dem selbst nichts Deutliches und Bestimmtes vorschwebte, Worte auf Worte, Phrasen auf Phrasen häuft und doch nichts sagt, weil er nichts zu sagen hat, nichts weiß, nichts denkt, dennoch reden will und daher seine Worte wählt, nicht je nachdem sie seine Gedanken und Einsichten treffender ausdrücken, sondern je nachdem sie seinen Mangel daran geschickter verbergen. Dergleichen jedoch wird gedruckt, gekauft und gelesen: und so geht es nun schon ein halbes Jahrhundert hindurch, ohne daß die Leser dabei inne würden, daß sie, wie man im Spanischen sagt, *papan viento,* d.h. bloße Luft schlucken. Inzwischen muß ich, um gerecht zu seyn, erwähnen, daß, um diese Klappermühle im Gange zu erhalten, oft noch ein ganz eigener Kunstgriff angewandt wird, dessen Erfindung auf die

Herren Fichte und Schelling zurückzuführen ist. Ich meine den verschmitzten Kniff, dunkel, d.h. unverständlich, zu schreiben; wobei die eigentliche Finesse ist, seinen Gallimathias so einzurichten, daß der Leser glauben muß, es liege an ihm, wenn er denselben nicht versteht; während der Schreiber sehr wohl weiß, daß es an ihm selbst liegt, indem er eben nichts eigentlich Verstehbares, d.h. klar Gedachtes, mitzutheilen hat. Ohne diesen Kunstgriff hätten die Herren Fichte und Schelling ihren Pseudo-Ruhm nicht auf die Beine bringen können. Aber bekanntlich hat denselben Kunstgriff Keiner so dreist und in so hohem Grade ausgeübt, wie Hegel. Hätte Dieser gleich Anfangs den absurden Grundgedanken seiner Afterphilosophie, – nämlich diesen, den wahren und natürlichen Hergang der Sache gerade auf den Kopf zu stellen und demnach die Allgemein-Begriffe, welche wir aus der empirischen Anschauung abstrahiren, die mithin durch Wegdenken von Bestimmungen entstehn, folglich je allgemeiner desto leerer sind, zum Ersten, zum Ursprünglichen, zum wahrhaft Realen (zum Ding an sich, in Kantischer Sprache) zu machen, in Folge Dessen die empirisch-reale Welt allererst ihr Daseyn habe, – hätte er, sage ich, dieses monstrose *ὑστερον πρoτερον*, ja diesen ganz eigentlich aberwitzigen Einfall, nebst dem Beisatz, daß solche Begriffe, ohne unser Zuthun, sich selber dächten und bewegten, gleich Anfangs in klaren, verständlichen Worten deutlich dargelegt; so würde Jeder ihm ins Gesicht gelacht, oder die Achseln gezuckt und die Posse keiner Beachtung werth gehalten haben. Dann aber hätte selbst Feilheit und Niederträchtigkeit vergebens in die Posaune stoßen können, um der Welt das Absurdeste, welches sie je gesehn, als die höchste Weisheit aufzulügen und die deutsche Gelehrtenwelt, mit ihrer Urtheilskraft, auf immer zu kompromittiren. Hingegen unter der Hülle des unverständlichen Gallimathias, da gieng es, da machte der Aberwitz Glück:

Omnia enim stolidi magis admirantur amantque,
Inversis quae sub verbis latitantia cernunt.
Lucr. 1, 642.

Durch solche Beispiele ermuthigt suchte seitdem fast jeder armsäligste Skribler etwas darin, mit pretiöser Dunkelheit zu schreiben, damit es aussähe, als vermöchten keine Worte seine hohen, oder tiefen Gedanken auszudrücken. Statt auf jede Weise bemüht zu seyn, seinem Leser deutlich zu werden, scheint er ihm oft nekkend zuzurufen: »Gelt, du kannst nicht rathen was ich mir dabei denke!« Wenn nun Jener, statt zu antworten, »darum werd' ich mich den Teufel scheeren«, und das Buch wegzuwerfen, sich vergeblich daran abmüht; so denkt er am Ende, es müsse doch etwas höchst Gescheutes, nämlich sogar seine Fassungskraft Uebersteigendes seyn, und nennt nun, mit hohen Augenbrauen, seinen Autor einen tiefsinnigen Denker. Eine Folge dieser ganzen saubern Methode ist, unter andern, daß, wenn man in England etwas als sehr dunkel, ja, ganz unverständlich bezeichnen will, man sagt *it is like german metaphysics;* ungefähr wie man in Frankreich sagt *c'est clair comme la bouteille à l'encre.*

Es ist wohl überflüssig, hier zu erwähnen, doch kann es nicht zu oft gesagt werden, daß, im Gegentheil, gute Schriftsteller stets eifrig bemüht sind, ihren Leser zu nöthigen, genau eben Das zu denken, was sie selbst gedacht haben: denn wer etwas Rechtes mitzutheilen hat, wird sehr darauf bedacht seyn, daß es nicht verloren gehe. Deshalb beruht der gute Stil hauptsächlich darauf, daß man wirklich etwas zu sagen habe: bloß diese Kleinigkeit ist es, die den meisten Schriftstellern unsrer Tage abgeht und dadurch Schuld ist an ihrem so schlechten Vortrage. Besonders aber ist der generische Charakter der PHILOSOPHISCHEN Schriften dieses Jahrhunderts das Schreiben, ohne eigentlich etwas zu sagen zu haben: er ist ihnen allen gemeinsam und kann daher auf gleiche Weise am Salat, wie am Hegel, am Herbart, wie am Schleiermacher studirt werden. Da wird, nach homoiopathischer Methode, das schwache Minimum eines Gedankens mit 50 Seiten Wortschwall diluirt und nun, mit gränzenlosem Zutrauen zur wahrhaft deutschen Geduld des Lesers, ganz gelassen, Seite nach Seite, so fortgeträtscht. Vergebens hofft der zu dieser Lektüre verurtheilte Kopf auf eigentliche, solide und substantielle Gedanken: er verschmachtet, wie der Reisende in der arabischen Wüste. Nun nehme man dagegen irgend einen WIRKLICHEN Philosophen zur Hand, gleichviel aus welcher Zeit, aus welchem Lande, sei es Plato oder Aristoteles, Kartesius, oder

Hume, Malebranche, oder Locke, Spinoza, oder Kant: immer begegnet man einem schönen und gedankenreichen Geiste, der Erkenntniß hat und Erkenntniß wirkt, besonders aber stets redlich bemüht ist, sich mitzutheilen, daher er dem empfänglichen Leser, bei jeder Zeile, die Mühe des Lesens unmittelbar vergilt. Was nun die Schreiberei unserer Philosophaster so überaus gedankenarm und dadurch langweilig macht ist zwar, im letzten Grunde, die Armuth ihres Geistes, zunächst aber Dieses, daß ihr Vortrag sich durchgängig in höchst abstrakten, allgemeinen und überaus weiten Begriffen bewegt, daher auch meistens nur in unbestimmten, schwankenden, verblasenen Ausdrücken einherschreitet. Zu diesem aerobatischen Gange sind sie aber genöthigt; weil sie sich hüten müssen, die Erde zu berühren, als wo sie, auf das Reale, Bestimmte, Einzelne und Klare stoßend, lauter gefährliche Klippen antreffen würden, an denen ihre Wort-Dreimaster scheitern könnten. Denn statt Sinne und Verstand fest und unverwandt zu richten auf die anschaulich vorliegende Welt, als auf das eigentlich und wahrhaft Gegebene, das Unverfälschte und an sich selbst dem Irrthum nicht Ausgesetzte, durch welches hindurch wir daher in das Wesen der Dinge einzudringen haben, – kennen sie nichts, als nur die höchsten Abstraktionen, wie Seyn, Wesen, Werden, Absolutes, Unendliches, u. s. f., gehen schon von diesen aus und bauen daraus Systeme, deren Gehalt zuletzt auf bloße Worte hinausläuft, die also eigentlich nur Seifenblasen sind, eine Weile damit zu spielen, jedoch den Boden der Realität nicht berühren können, ohne zu platzen.

Wenn, bei allen Dem, der Nachtheil, welchen die Unberufenen und Unbefähigten den Wissenschaften bringen, bloß dieser wäre, daß sie darin nichts leisten; wie es in den schönen Künsten hiebei sein Bewenden hat; so könnte man sich darüber trösten und hinwegsetzen. Allein hier bringen sie positiven Schaden, zunächst dadurch, daß sie, um das Schlechte in Ansehn zu erhalten, Alle im natürlichen Bunde gegen das Gute stehn und aus allen Kräften bemüht sind, es nicht aufkommen zu lassen. Denn darüber täusche man sich nicht, daß, zu allen Zeiten, auf dem ganzen Erdenrunde und in allen Verhältnissen, eine von der Natur selbst angezettelte Verschwörung aller mittelmäßigen, schlechten und dummen Köpfe gegen Geist und Verstand existirt. Gegen diese sind sie sämmtlich getreue und zahlreiche Bundesgenossen. Oder ist man etwan so treuherzig, zu glauben, daß sie vielmehr nur auf die Ueberlegenheit warten, um solche anzuerkennen, zu verehren und zu verkündigen, um danach sich selbst so recht zu nichts herabgesetzt zu sehn? – Gehorsamer Diener! Sondern: *tantum quisque laudat, quantum se posse sperat imitari.* »Stümper, und nichts als Stümper, soll es geben auf der Welt; damit wir auch etwas seien!« Dies ist ihre eigentliche Losung, und die Befähigten nicht aufkommen zu lassen ein ihnen so natürlicher Instinkt, wie der der Katze ist, Mäuse zu fangen. Man erinnere sich auch hier der am Schlusse der vorhergegangenen Abhandlung beigebrachten schönen Stelle CHAMFORT's. Sei doch ein Mal das öffentliche Geheimniß ausgesprochen; sei das Mondkalb an's Tageslicht gezogen; so seltsam auch es sich in demselben ausnimmt: allezeit und überall, in allen Lagen und Verhältnissen, haßt Beschränktheit und Dummheit nichts auf der Welt so inniglich und ingrimmiglich, wie den Verstand, den Geist, das Talent. Daß sie hierin sich stets treu bleibt, zeigt sie in allen Sphären, Angelegenheiten und Beziehungen des Lebens, indem sie überall jene zu unterdrücken, ja auszurotten und zu vertilgen bemüht ist, um nur ALLEIN dazuseyn. Keine Güte, keine Milde kann sie mit der Ueberlegenheit der Geisteskraft aussöhnen. So ist es, steht nicht zu ändern, wird auch immer so bleiben. Und welche furchtbare Majorität hat sie dabei auf ihrer Seite! Dies ist ein Haupthinderniß der Fortschritte der Menschheit in jeder Art. Wie nun aber kann es, unter solchen Umständen, hergehn auf DEM Gebiete, wo nicht ein Mal, wie in andern Wissenschaften, der gute Kopf, nebst Fleiß und Ausdauer, ausreicht, sondern ganz eigenthümliche, sogar nur auf Kosten des persönlichen Glückes vorhandene Anlagen erfordert werden? Denn wahrlich, die uneigennützigste Aufrichtigkeit des Strebens, der unwiderstehliche Drang nach Enträthselung des Daseyns, der Ernst des Tiefsinns, der in das Innerste der Wesen einzudringen sich anstrengt, und die ächte Begeisterung für die Wahrheit, – dies sind die ersten und unerläßlichen Bedingungen zu dem Wagestücke, von Neuem hinzutreten vor die uralte Sphinx, mit einem abermaligen Versuch, ihr ewiges Räthsel zu lösen, auf die Gefahr, hinabzustürzen, zu so vielen Vorangegangenen, in den finstern Abgrund der Vergessenheit.

Ein fernerer Nachtheil, den, in allen Wissenschaften, das Treiben der Unberufenen bringt, ist, daß es den Tempel des Irrthums aufbaut, an dessen nachheriger Niederreißung gute Köpfe und redliche Gemüther bisweilen ihre Lebenszeit hindurch sich abzuarbeiten haben. Und nun gar in der Philosophie, im allgemeinsten, wichtigsten und schwierigsten Wissen! Will man hiezu specielle Belege, so bringe man sich das scheußliche Beispiel der Hegelei vor Augen, jener frechen Afterweisheit, welche, an die Stelle des eigenen, besonnenen und redlichen Denkens und Forschens, als philosophische Methode die dialektische Selbstbewegung der Begriffe setzte, also ein objektives GEDANKENAUTOMATON, welches frei in der Luft, oder im Empyreum, seine Gambolen auf eigene Hand mache, deren Spuren, Fährten, oder Ichnolithen die Hegel'schen und Hegelianischen Skripturen wären, welche doch vielmehr nur etwas unter sehr flachen und dickschaligen Stirnen Ausgehecktes und, weit entfernt ein absolut Objektives zu seyn, etwas höchst Subjektives, noch dazu von sehr mittelmäßigen Subjekten Erdachtes sind. Danach aber betrachte man die Höhe und Dauer dieses Babelbaues und erwäge den unberechenbaren Schaden, den eine solche, durch äußere, fremdartige Mittel der studirenden Jugend aufgezwungene, absolute Unsinnsphilosophie dem an ihr herangewachsenen Geschlechte und dadurch dem ganzen Zeitalter hat bringen müssen. Sind nicht unzählige Köpfe der gegenwärtigen Gelehrtengeneration dadurch von Grund aus verschroben und verdorben? Stecken sie nicht voll korrupter Ansichten und lassen, wo man Gedanken erwartet, hohle Phrasen, nichtssagendes Wischiwaschi, ekelhaften Hegeljargon vernehmen? Ist ihnen nicht die ganze Lebensansicht verrückt und die platteste, philisterhafteste, ja, niedrigste Gesinnung an die Stelle der edlen und hohen Gedanken, welche noch ihre nächsten Vorfahren beseelten, getreten? Mit Einem Worte, steht nicht die am Brütofen der Hegelei herangereifte Jugend da, als am Geiste kastrirte Männer, unfähig zu denken und voll der lächerlichsten Präsumtion? wahrlich, am Geiste so beschaffen, wie am Leibe gewisse Thronerben, welche man weiland durch Ausschweifungen, oder Pharmaka, zur Regierung, oder doch zur Fortführung ihres Stammes, unfähig zu machen suchte; geistig entnervt, des regelrechten Gebrauchs ihrer Vernunft beraubt, ein Gegenstand des Mitleids, ein bleibendes Thema der Vaterthränen. – Nun aber höre man noch von der andern Seite, welche anstößigen Urtheile über die Philosophie selbst und überhaupt, welche ungegründete Vorwürfe gegen sie laut werden. Bei näherer Untersuchung findet sich dann, daß diese Schmäher unter Philosophie eben nichts anderes, als das geistlose und absichtsvolle Gewäsche jenes elenden Scharlatans und das Echo desselben in den hohlen Köpfen seiner abgeschmackten Verehrer verstehn: Das meynen sie wirklich, sei Philosophie! Sie kennen eben keine andere. Freilich ist beinahe die ganze jüngere Zeitgenossenschaft von der Hegelei, gleich wie von der Franzosenkrankheit, infizirt worden; und wie dieses Uebel alle Säfte vergiftet, so hat jene alle ihre Geisteskräfte verdorben; daher die jüngeren Gelehrten heut zu Tage meistens keines gesunden Gedankens, auch keines natürlichen Ausdrucks mehr fähig sind. In ihren Köpfen ist nicht bloß kein einziger richtiger, sondern auch nicht ein Mal ein einziger deutlicher und bestimmter Begriff von irgend etwas vorhanden: der wüste, leere Wortkram hat ihre Denkkraft aufgelöst und verschwemmt. Dazu kommt noch, daß das Uebel der Hegelei nicht minder schwer auszutreiben ist, als die soeben damit verglichene Krankheit, wenn es ein Mal recht eingedrungen ist *in succum et sanguinem*. Hingegen es in die Welt zu setzen und zu verbreiten war ziemlich leicht; da ja die Einsichten bald genug aus dem Felde geschlagen sind, wenn man Absichten gegen sie aufmarschiren läßt, d. h. zur Verbreitung von Meinungen und Feststellung von Urtheilen sich MATERIELLER Mittel und Wege bedient. Die arglose Jugend geht auf die Universität voll kindlichen Vertrauens und blickt mit Ehrfurcht auf die angeblichen Inhaber alles Wissens, und nun gar auf den präsumtiven Ergründer unsers Daseyns, auf den Mann, dessen Ruhm sie von tausend Zungen enthusiastisch verkündigen hört und auf dessen Lehrvortrag sie bejahrte Staatsmänner lauschen sieht. Sie geht also hin, bereit zu lernen, zu glauben und zu verehren. Wenn ihr nun da, unter dem Namen der Philosophie, ein völlig auf den Kopf gestellter Gedankenwust, eine Lehre von der Identität des Seyns und des Nichts, eine Zusammenstellung von Worten, dabei dem gesunden Kopfe alles Denken ausgeht, ein Wischiwaschi, das an's Tollhaus erinnert, dargereicht wird, dazu noch ausstaffirt mit Zügen krasser Ignoranz und kolossalen Unverstandes, wie ich solche dem Hegel aus seinem Studentenkompendio unwidersprechlich und unwidersprochen nachgewiesen habe, in der Vorrede zu meiner Ethik, um nämlich daselbst der Dänischen Akademie, dieser glücklich inokulirten Lobrednerin der Pfuscher und Schutzmatrone philosophischer Scharlatane, ihren *summus philosophus* so recht unter die Nase zu reiben; – nun, da wird die arg- und urtheilslose Jugend auch solches Zeug verehren, wird eben denken, in solchem Abrakadabra müsse ja wohl die Philosophie bestehn, und wird davongehn mit einem gelähmten Kopf, in welchem fortan bloße Worte für Gedanken gelten, mithin auf immer unfähig, wirkliche Gedanken hervorzubringen, also kastrirt am Geiste. Daraus erwächst denn so eine Generation impotenter, verschrobener, aber überaus anspruchsvoller Köpfe, strotzend von Absichten, blutarm an Einsichten, wie wir sie jetzt vor uns haben. Das ist die Geistesgeschichte Tausender, deren Jugend und schönste Kraft durch jene Afterweisheit verpestet worden ist; während auch sie hätten der Wohlthat theilhaft werden sollen, welche die Natur, als ihr ein Kopf wie KANT gelang, vielen Generationen bereitete. – Mit der wirklichen, von freien Leuten, bloß ihrer selbst wegen getriebenen und keine andere Stütze als die ihrer Argumente habenden Philosophie, hätte dergleichen Mißbrauch nie getrieben werden können; sondern nur mit der Universitätsphilosophie, als welche schon von Hause aus ein Staatsmittel ist, weshalb wir denn auch sehn, daß, zu allen Zeiten, der Staat sich in die philosophischen Streitigkeiten der Universitäten gemischt und Partei ergriffen hat, mochte es sich um Realisten und Nominalisten, oder Aristoteliker und Ramisten, oder Kartesianer und Aristoteliker, um Christian Wolff, oder Kant, oder Fichte, oder Hegel, oder was sonst handeln.

Zu den Nachtheilen, welche die Universitätsphilosophie der wirklichen und ernstlich gemeinten gebracht hat, gehört ganz besonders das soeben berührte Verdrängtwerden der Kantischen Philosophie durch die Windbeuteleien der drei ausposaunten Sophisten. Nämlich erst Fichte und dann Schelling, die Beide doch nicht ohne Talent waren, endlich aber gar der plumpe und ekelhafte Scharlatan Hegel, dieser perniciose Mensch, der einer ganzen Generation die Köpfe völlig desorganisirt und verdorben hat, wurden ausgeschrien als die Männer, welche KANTS Philosophie weiter geführt hätten, darüber hinausgelangt wären und so, eigentlich auf seinen Nacken tretend, eine ungleich höhere Stufe der Erkenntniß und Einsicht erreicht hätten, von welcher aus sie nun fast mitleidig auf Kants mühsälige Vorarbeit zu ihrer Herrlichkeit herabsähen: sie also wären erst die eigentlich großen Philosophen. Was Wunder, daß die jungen Leute, – ohne eigenes Urtheil und ohne jenes, oft so heilsame Mißtrauen gegen die Lehrer, welches nur der exceptionelle, d. h. mit Urtheilskraft und folglich auch mit dem Gefühl derselben, ausgestattete Kopf schon auf die Universität mitbringt, – eben glaubten, was sie vernahmen, und folglich vermeinten, sich mit den schwerfälligen Vorarbeiten zu der neuen hohen Weisheit, also mit dem alten, steifen KANT, nicht lange aufhalten zu dürfen; sondern mit raschen Schritten dem neuen Weisheitstempel zueilten, in welchem demgemäß, unter dem Lobgesang stultifizirter Adepten, jetzt jene drei Windbeutel successiv auf dem Altar gesessen haben. Nun ist aber leider von diesen drei Götzen der Universitätsphilosophie nichts zu lernen: ihre Schriften sind Zeitverderb, ja, Kopfverderb, am meisten freilich die Hegelschen. Die Folge dieses Ganges der Dinge ist gewesen, daß allmälig die eigentlichen Kenner der Kantischen Philosophie ausgestorben sind, also, zur Schande des Zeitalters, diese wichtigste aller je aufgestellten philosophischen Lehren ihr Daseyn nicht als ein lebendiges, in den Köpfen sich erhaltendes, hat fortsetzen können; sondern nur noch im todten Buchstaben, in den Werken ihres Urhebers, vorhanden ist, um auf ein weiseres, oder vielmehr nicht bethörtes und mystifizirtes Geschlecht zu warten. Demgemäß wird man kaum noch bei einigen wenigen, älteren Gelehrten ein gründliches Verständniß der Kantischen Philosophie finden. Hingegen haben die philosophischen Schriftsteller unserer Tage die skandalöseste Unkenntniß derselben an den Tag gelegt, welche am anstößigsten in ihren Darstellungen dieser Lehre erscheint, aber auch sonst, sobald sie auf die Kantische Philosophie zu sprechen kommen und etwas davon zu wissen affektiren, deutlich hervortritt: da wird man denn entrüstet, zu sehn, daß Leute, die von der Philosophie leben, die wichtigste Lehre, welche seit 2000 Jahren aufgestellt worden und mit ihnen fast gleichzeitig ist, nicht eigentlich und wirklich kennen. Ja, es geht so weit, daß sie die Titel Kantischer Schriften falsch citiren, auch gelegentlich Kanten das gerade Gegentheil von dem sagen lassen, was er gesagt hat, seine *termini technici* bis zur Sinnlosigkeit verstümmeln und ohne alle Ahndung des von ihm damit Bezeichneten gebrauchen. Denn freilich, mittelst eines flüchtigen Durchblätterns der Kantischen Werke, wie es solchen Vielschreibern und philosophischen Geschäftsleuten, welche zudem vermeinen, das Alles längst »hinter sich« zu haben, allein zusteht, die Lehre jenes tiefen Geistes kennen zu lernen, geht nicht an, ja, ist ein lächerliches Vermessen; sagte doch REINHOLD, Kants erster Apostel, daß er erst nach fünfmaligem, angestrengtem Durchstudiren der Kritik der reinen Vernunft in den eigentlichen Sinn derselben eingedrungen wäre. Aus den Darstellungen, die solche Leute liefern, vermeint dann wieder ein bequemes und nasegeführtes Publikum in kürzester Zeit und ohne alle Mühe Kants Philosophie sich aneignen zu können! Dies aber ist durchaus unmöglich. Nie wird man ohne eigenes, eifriges und oft wiederholtes Studium der Kantischen Hauptwerke auch nur einen Begriff von dieser wichtigsten aller je dagewesenen philosophischen Erscheinungen erhalten. Denn Kant ist vielleicht der originellste Kopf, den jemals die Natur hervorgebracht hat. Mit ihm und in seiner Weise zu denken, ist etwas, das mit gar nichts Anderm irgend verglichen werden kann: denn er besaß einen Grad von klarer, ganz eigenthümlicher Besonnenheit, wie solche niemals irgend einem andern Sterblichen zu Theil geworden ist. Man gelangt zum Mitgenuß derselben, wenn man, durch fleißiges und ernstliches Studium eingeweiht, es dahin bringt, daß man, beim

Lesen der eigentlich tiefsinnigen Kapitel der Kritik der reinen Vernunft, der Sache sich ganz hingebend, nunmehr wirklich mit Kants Kopfe denkt, wodurch man hoch über sich selbst hinausgehoben wird. So z. B., wenn man ein Mal wieder die »Grundsätze des reinen Verstandes« durchnimmt, zumal die »Analogien der Erfahrung« betrachtet und nun in den tiefen Gedanken der SYNTHETISCHEN EINHEIT DER APPERCEPTION eindringt. Man fühlt sich alsdann dem ganzen traumartigen Daseyn, in welches wir versenkt sind, auf wundersame Weise, entrückt und entfremdet, indem man die Urelemente desselben jedes für sich in die Hand erhält und nun sieht, wie Zeit, Raum, Kausalität, durch die synthetische Einheit der Apperception aller Erscheinungen verknüpft, diesen erfahrungsmäßigen Komplex des Ganzen und seinen Verlauf möglich machen, worin unsere, durch den Intellekt so sehr bedingte Welt besteht, die eben deshalb bloße Erscheinung ist. Die synthetische Einheit der Apperception ist nämlich derjenige Zusammenhang der Welt als eines Ganzen, welcher auf den Gesetzen unsers Intellekts beruht und daher unverbrüchlich ist. In der Darstellung derselben weist Kant die Urgrundgesetze der Welt nach, da, wo sie mit denen unsers Intellekts in Eins zusammenlaufen, und hält sie uns, auf Einen Faden gereiht, vor. Diese Betrachtungsweise, welche Kanten ausschließlich eigen ist, läßt sich beschreiben als der entfremdeteste Blick, der jemals auf die Welt geworfen worden, und als der höchste Grad von Objektivität. Ihr zu folgen gewährt einen geistigen Genuß, dem vielleicht kein anderer gleich kommt. Denn er ist höherer Art, als der, den Poeten gewähren, welche freilich Jedem zugänglich sind, während dem hier geschilderten Genusse Mühe und Anstrengung vorhergegangen seyn müssen. Was aber wissen von demselben unsere heutigen Professionsphilosophen? Wahrhaftig nichts. Kürzlich las ich eine psychologische Diatribe von einem derselben, in der viel von Kants »synthetischer Apperception« *(sic)* die Rede ist: denn Kants Kunstausdrücke gebrauchen sie gar zu gern, wenn auch nur, wie hier, halb aufgeschnappt und dadurch sinnlos geworden. Dieser nun meynte, darunter wäre wohl die angestrengte Aufmerksamkeit zu verstehn! Diese nämlich, nebst ähnlichen Sächelchen, machen so die Favoritthemata ihrer Kinderschulenphilosophie aus. In der That haben die Herren gar keine Zeit, noch Lust, noch Trieb den KANT zu studiren: – er ist ihnen so gleichgültig, wie ich es bin. Für ihren verfeinerten Geschmack gehören ganz andere Leute. Nämlich was der scharfsinnige Herbart und der große Schleiermacher, oder gar »Hegel selbst« gesagt hat, – das ist Stoff für ihre Meditation und ihnen angemessen. Zudem sehn sie herzlich gern den »Alleszermalmer Kant« in Vergessenheit gerathen, und beeilen sich, ihn zur todten, historischen Erscheinung zu machen, zur Leiche, zur Mumie, der sie dann ohne Furcht ins Angesicht sehn können. Denn er hat im allergrößten Ernst dem jüdischen Theismus in der Philosophie ein Ende gemacht; – welches sie gern vertuschen, verhehlen und ignoriren; weil sie ohne denselben nicht LEBEN, – ich meyne nicht essen und trinken, – können.

Nach einem solchen Rückschritt vom größten Fortschritt, den jemals die Philosophie gemacht, darf es uns nicht wundern, daß das angebliche Philosophiren dieser Zeit einem völlig unkritischen Verfahren, einer unglaublichen, sich unter hochtrabenden Phrasen versteckenden Rohheit und einem naturalistischen Tappen, viel ärger, als es je vor Kant gewesen, anheim gefallen ist. Da wird denn z.B. mit der Unverschämtheit, welche rohe Unwissenheit verleiht, überall und ohne Umstände von der MORALISCHEN FREIHEIT, als einer ausgemachten, ja, unmittelbar gewissen Sache, desgleichen von Gottes Daseyn und Wesen, als sich von selbst verstehenden Dingen, wie auch von der »SEELE« als einer allbekannten Person geredet; ja sogar der Ausdruck »angeborene Ideen«, der seit LOCKE's Zeit sich hatte verkriechen müssen, wagt sich wieder hervor. Hieher gehört auch die plumpe Unverschämtheit, mit der die Hegelianer, in allen ihren Schriften, ohne Umstände und Einführung, ein Langes und Breites über den sogenannten »GEIST« reden, sich darauf verlassend, daß man durch ihren Gallimathias viel zu sehr verblüfft sei, als daß, wie es Recht wäre, Einer dem Herrn Professor zu Leibe ginge mit der Frage: »Geist? wer ist denn der Bursche? und woher kennt ihr ihn? ist er nicht etwan bloß eine beliebige und bequeme Hypostase, die ihr nicht ein Mal definirt, geschweige deducirt, oder beweist? Glaubt ihr ein Publikum von alten Weibern vor euch zu haben?« – Das wäre die geeignete Sprache gegen einen solchen Philosophaster.

Als einen belustigenden Charakterzug des Philosophirens dieser Gewerbsleute, habe ich schon oben, bei Gelegenheit der »synthetischen Apperception«, gezeigt, daß, obwohl sie Kants Philosophie, als ihnen sehr unbequem, zudem viel zu ernsthaft, nicht gebrauchen, auch solche nicht mehr recht verstehen können, sie dennoch gern, um ihrem Geschwätze einen wissenschaftlichen Anstrich zu geben, mit Ausdrücken aus derselben um sich werfen, ungefähr wie die Kinder mit des Papa's Hut, Stock und Degen spielen. So machen es z. B. die Hegelianer mit dem Worte »Kategorien«, womit sie eben allerlei weite allgemeine Begriffe bezeichnen; unbekümmert um Aristoteles und Kant, in glücklicher Unschuld. Ferner ist in der Kantischen Philosophie stark die Rede vom IMMANENTEN UND TRANSSCENDENTEN Gebrauch, nebst Gültigkeit, unsrer Erkenntnisse: auf dergleichen gefährliche Unterscheidungen sich einzulassen, wäre freilich für unsere Spaaßphilosophen nicht gerathen. Aber die Ausdrücke hätten sie doch gar zu gern; weil sie so gelehrt klingen. Da bringen sie diese denn so an, daß, weil ja doch ihre Philosophie zum Hauptgegenstande immer nur den lieben Gott hat, welcher daher auch als ein guter alter Bekannter, der keiner Einführung bedarf, darin auftritt, sie nun disputiren, ob er in der Welt drinne stecke, oder aber draußen bleibe, d.h. also in einem Raume, wo keine Welt ist, sich aufhalte: im ersten Falle nun tituliren sie ihn IMMANENT, und im andern TRANSSCENDENT, thun dabei natürlich höchst ernsthaft und gelehrt, reden Hegeljargon dazu, und es ist ein allerliebster Spaaß, – der nur uns älteren Leute an den Kupferstich in FALK's satirischem Almanach erinnert, welcher KANTEN darstellt, im Luftballon gen Himmel fahrend und seine sämmtlichen Garderobenstücke, nebst Hut und Perücke, herabwerfend auf die Erde, woselbst Affen sie auflesen und sich damit schmücken.

Daß nun aber das Verdrängtwerden der ernsten, tiefsinnigen und redlichen Philosophie Kants, durch die Windbeuteleien bloßer, von persönlichen Zwecken geleiteter Sophisten, den nachtheiligsten Einfluß auf die Bildung des Zeitalters gehabt habe, ist nicht zu bezweifeln. Zumal ist die Anpreisung eines so völlig werthlosen, ja, durchaus verderblichen Kopfes, wie Hegel, als des ersten Philosophen dieser und jeder Zeit, zuverlässig die Ursache der ganzen Degradation der Philosophie und, in Folge davon, des Verfalls der höhern Litteratur überhaupt, während der letzten 30 Jahre gewesen. Wehe der Zeit, wo, in der Philosophie, Frechheit und Unsinn Einsicht und Verstand verdrängt haben! Denn die Früchte nehmen den Geschmack des Bodens an, auf welchem sie gewachsen sind. Was laut, öffentlich, allseitig angepriesen wird, das wird gelesen, ist also die Geistesnahrung des sich ausbildenden Geschlechts: diese aber hat auf dessen Säfte und nachher auf dessen Erzeugnisse den entschiedensten Einfluß. Daher bestimmt die herrschende Philosophie einer Zeit ihren Geist. Herrscht nun also die Philosophie des absoluten Unsinns, gelten aus der Luft gegriffene und unter Tollhäuslergeschwätz vorgebrachte Absurditäten für große Gedanken, – nun da entsteht, nach solcher Aussaat, das saubere Geschlecht, ohne Geist, ohne Wahrheitsliebe, ohne Redlichkeit, ohne Geschmack, ohne Aufschwung zu irgend etwas Edlem, zu irgend etwas über die materiellen Interessen, zu denen auch die politischen gehören, Hinausliegendem, – wie wir es da vor uns sehn. Hieraus ist es zu erklären, wie auf das Zeitalter, da Kant philosophirte, Göthe dichtete, Mozart komponirte, das jetzige hat folgen können, das der politischen Dichter, der noch politischeren Philosophen, der hungrigen, vom Lug und Trug der Litteratur ihr Leben fristenden Litteraten und der die Sprache muthwillig verhunzenden Tintenklexer jeder Art. – Es nennt sich, mit einem seiner selbstgemachten Worte, so charakteristisch, wie euphonisch, die »Jetztzeit«: ja wohl Jetztzeit, d. h. da man nur an das Jetzt denkt und keinen Blick auf die kommende und richtende Zeit zu werfen wagt. Ich wünsche ich könnte dieser »Jetztzeit« in einem Zauberspiegel zeigen, wie sie in den Augen der Nachwelt sich ausnehmen wird. Sie nennt inzwischen jene so eben belobte Vergangenheit die »Zopfzeit«. Aber an jenen Zöpfen saßen KÖPFE; jetzt hingegen scheint mit dem Stengel auch die Frucht verschwunden zu seyn.

Die Anhänger Hegels haben demnach ganz Recht, wenn sie behaupten, daß der Einfluß ihres Meisters auf seine Zeitgenossen unermeßlich gewesen sei. Eine ganze Gelehrten-Generation am Geiste völlig paralysirt, zu allem Denken unfähig gemacht, ja, so weit gebracht zu haben, daß sie nicht mehr weiß, was Denken sei, sondern das muthwilligste und zugleich abgeschmackteste Spielen mit Worten und Begriffen, oder das gedankenloseste Saalbadern über die hergebrachten Themata der Philosophie, mit aus der Luft gegriffenen Behauptungen, oder völlig sinnleeren, oder gar aus Widersprüchen bestehenden Sätzen für philosophisches Denken hält, – das ist der gerühmte Einfluß des Hegels gewesen. Man vergleiche nur ein Mal die Lehrbücher der Hegelianer, wie sie noch heut zu Tage zu erscheinen sich erdreisten, mit denen einer geringgeschätzten, besonders aber von ihnen und allen Nachkantischen Philosophen mit unendlicher Verachtung angesehenen Zeit, der sogenannten eklektischen Periode, dicht vor Kant; und man wird finden, daß die letzteren zu jenen sich immer noch verhalten wie Gold, – nicht zu Kupfer, sondern zu Mist. Denn in jenen Büchern von FEDER, PLATTNER u. A. m. findet man doch immer noch einen reichen Vorrath wirklicher und zum Theil wahrer, selbst werthvoller Gedanken und treffender Bemerkungen, ein redliches Ventiliren philosophischer Probleme, eine Anregung zum eigenen Nachdenken, eine Anleitung zum Philosophiren, zumal aber durchweg ein ehrliches Verfahren. In so einem Produkte der Hegelschen Schule hingegen sucht man vergeblich nach irgend einem wirklichen Gedanken, – es enthält keinen einzigen, – nach irgend einer Spur ernstlichen und aufrichtigen Nachdenkens, – das ist der Sache fremd: nichts findet man, als verwegene Zusammenstellungen von Worten, die einen Sinn, ja, einen tiefen Sinn zu haben scheinen sollen, aber bei einiger Prüfung sich entlarven als ganz hohle, völlig sinn- und gedankenleere Floskeln und Wortgehäuse, mit denen der Schreiber seinen Leser keineswegs zu belehren, sondern bloß zu täuschen sucht, damit dieser glaube, einen Denker vor sich zu haben, während es ein Mensch ist, der gar nicht weiß, was denken ist, ein Sünder ohne alle Einsicht und noch dazu ohne Kenntnisse. Dies ist die Folge davon, daß, während andere Sophisten, Scharlatane und Obskuranten doch nur die ERKENNTNISS verfälschten und verdarben, Hegel sogar das ORGAN der Erkenntniß, den Verstand selbst verdorben hat. Indem er nämlich die Verleiteten nöthigte, einen aus dem gröbsten Unsinn bestehenden Gallimathias, ein Gewebe aus *contradictionibus in adjecto*, ein Gewäsche wie aus dem Tollhause, als Vernunfterkenntniß in ihren Kopf hineinzuzwängen, wurde das Gehirn der armen jungen Leute, die so etwas mit gläubiger Hingebung lasen und als die höchste Weisheit sich anzueignen suchten, so aus den Fugen gerenkt, daß es zum wirklichen Denken auf immer unfähig geblieben ist. Demzufolge sieht man sie noch bis auf den heutigen Tag herumgehn, im ekelhaften Hegeljargon reden, den Meister preisen und ganz ernstlich vermeinen, Sätze, wie »die Natur ist die Idee in ihrem Andersseyn« sagten etwas. Junges frisches Gehirn auf solche Art zu desorganisiren ist wahrlich eine Sünde, die weder Verzeihung noch Schonung verdient. Dies also ist der gerühmte Einfluß Hegel's auf seine Zeitgenossen gewesen und leider hat er wirklich sich weit erstreckt und verbreitet. Denn die Folge war auch hier der Ursache angemessen. – Wie nämlich das Schlimmste, was einem Staate widerfahren kann, ist, daß die verworfenste Klasse, der Hefen der Gesellschaft an's Ruder kommt; so kann der Philosophie und allem von ihr Abhängigen, also dem ganzen Wissen und Geistesleben der Menschheit, nichts Schlimmeres begegnen, als daß ein Alltagskopf, der sich bloß einerseits durch seine Obsequiosität, und andrerseits durch seine Frechheit im Unsinnschreiben auszeichnet, mithin so ein HEGEL, als das größte Genie und als der Mann, in welchem die Philosophie ihr lang verfolgtes Ziel endlich und für immer erreicht hat, mit größtem, ja beispiellosem Nachdruck proklamirt wird. Denn die Folge eines solchen Hochverraths am Edelsten der Menschheit ist nachher ein Zustand, wie jetzt der philosophische, und dadurch der litterarische überhaupt, in Deutschland: Unwissenheit mit Unverschämtheit verbrüdert an der Spitze, Kamaraderie an der Stelle der Verdienste, völlige Verworrenheit aller Grundbegriffe, gänzliche Desorientation und Desorganisation der Philosophie, Plattköpfe als Reformatoren der Religion, freches Auftreten des Materialismus und Bestialismus, Unkenntniß der alten Sprachen und Verhunzen der eigenen durch hirnlose Wortbeschneiderei und niederträchtige

Buchstabenzählerei, nach selbsteigenem Ermessen der Ignoranten und Dummköpfe, u. s. f. u. s. f. – seht nur um euch! Sogar als äußerliches Symptom der überhand nehmenden Rohheit erblickt ihr den konstanten Begleiter derselben, – den langen Bart, dieses Geschlechtsabzeichen, mitten im Gesicht, welches besagt, daß man die Maskulinität, die man mit den Thieren gemein hat, der HUMANITÄT vorzieht, indem man vor Allem ein MANN, *mas,* und erst nächstdem EIN MENSCH seyn will. Das Abscheeren der Bärte, in allen hochgebildeten Zeitaltern und Ländern, ist aus dem richtigen Gefühl des Gegentheils entstanden, vermöge dessen man vor Allem ein MENSCH, gewissermaaßen ein Mensch *in abstracto,* mit Hintansetzung des thierischen Geschlechtsunterschiedes, seyn möchte. Hingegen hat die Bartlänge stets mit der Barbarei, an die schon ihr Name erinnert, gleichen Schritt gehalten. – Die fernere und sekundäre Folge des in Rede stehenden Verrathes an der Philosophie kann denn auch nicht ausbleiben: sie ist Verachtung der Nation bei den Nachbarn, und des Zeitalters bei der Nachwelt. Denn wie man's treibt, so gehts, und da wird nichts geschenkt.

Oben habe ich von dem mächtigen Einfluß der Geistesnahrung auf das Zeitalter geredet. Dieser nun beruht darauf, daß sie sowohl den Stoff, wie die Form des Denkens bestimmt. Daher kommt gar viel darauf an, was gelobt und demnach gelesen wird. Denn das Denken mit einem wahrhaft großen Geiste stärkt den eigenen, ertheilt ihm eine regelrechte Bewegung, versetzt ihn in den richtigen Schwung: es wirkt analog der Hand des Schreibmeisters, welche die des Kindes führt. Hingegen das Denken mit Leuten, die es eigentlich auf bloßen Schein, mithin auf Täuschung des Lesers abgesehn haben, wie Fichte, Schelling und Hegel, verdirbt den Kopf in eben dem Maaße; nicht weniger das Denken mit Queerköpfen, oder mit solchen, die sich ihren Verstand verkehrt angezogen haben, von denen Herbart ein Beispiel ist. Ueberhaupt aber ist das Lesen der Schriften selbst auch nur gewöhnlicher Köpfe, in Fächern, wo es sich nicht um Thatsachen, oder deren Ermittelung, handelt, sondern bloß eigene Gedanken den Stoff ausmachen, eine heillose Verschwendung der eigenen Zeit und Kraft. Denn was dergleichen Leute denken kann jeder Andere auch denken: daß sie sich zum Denken förmlich zurechtgesetzt und es darauf angelegt haben, bessert die Sache durchaus nicht; da es ihre Kräfte nicht erhöht und man meistens dann am wenigsten denkt, wann man förmlich sich dazu zurechtgesetzt hat. Dazu kommt noch, daß ihr Intellekt seiner natürlichen Bestimmung, im Dienste des Willens zu arbeiten, getreu bleibt; wie dies eben normal ist. Darum aber liegt ihrem Treiben und Denken stets eine ABSICHT zum Grunde: sie haben allezeit ZWECKE und erkennen nur in Bezug auf diese, mithin nur Das, was diesen entspricht. Die willensfreie Aktivität des Intellekts, welche die Bedingung der reinen Objektivität und dadurch aller großen Leistungen ist, bleibt ihnen ewig fremd, ist ihrem Herzen eine Fabel. Für sie haben nur Zwecke Interesse, nur Zwecke Realität: denn in ihnen bleibt das Wollen vorwaltend. Daher also ist es doppelt thöricht, an ihren Produktionen seine Zeit zu verschwenden. Allein was das Publikum nie erkennt und begreift, weil es gute Gründe hat, es nicht erkennen zu wollen, ist die ARISTOKRATIE DER NATUR. Daher legt es so bald die Seltenen und Wenigen, welchen, im Laufe der Jahrhunderte, die Natur den hohen Beruf des Nachdenkens über sie, oder auch der Darstellung des Geistes ihrer Werke, ertheilt hatte, aus den Händen, um sich mit den Produktionen des neuesten Stümpers bekannt zu machen. Ist einmal ein Heros dagewesen; so stellt es bald einen Schächer daneben, – als ungefähr auch so Einen. Hat ein Mal die Natur in günstigster Laune das seltenste ihrer Erzeugnisse, einen wirklich über das gewöhnliche Maaß hinaus begabten Geist, aus ihren Händen hervorgehn lassen, hat das Schicksal, in milder Stimmung, seine Ausbildung gestattet, ja, haben seine Werke endlich »den Widerstand der stumpfen Welt besiegt« und sind als Muster anerkannt und anempfohlen, – da dauert es nicht lange so kommen die Leute mit einem Erdenkloß ihres Gelichters herangeschleppt, um ihn daneben auf den Altar zu stellen; eben weil sie nicht begreifen, nicht ahnden, wie ARISTOKRATISCH DIE NATUR IST: sie ist es so sehr, daß auf 300 Millionen ihrer Fabrikwaare noch nicht Ein wahrhaft großer Geist kommt; daher man alsdann Diesen gründlich kennen lernen, seine Werke als eine Art Offenbarung betrachten, sie unermüdlich lesen und *diurna nocturnaque manu* abnutzen, dagegen aber sämmtliche Alltagsköpfe liegen lassen soll, als Das, was sie sind, nämlich als etwas so Gemeines und Alltägliches, wie die Fliegen an der Wand.

In der Philosophie ist der oben geschilderte Hergang auf das Trostloseste eingetreten: neben KANT wird durchgängig und überall, nämlich als eben noch so Einer, FICHTE genannt: »Kant und Fichte« ist zur stehenden Phrase geworden. »Seht, wie wir Aepfel schwimmen!« sagte der --- Gleiche Ehre widerfährt dem SCHELLING, ja, – *proh pudor!* – sogar dem Unsinnsschmierer und Kopfverderber HEGEL! Der Gipfel dieses Parnassus wurde nämlich immer breiter getreten. – »Habt ihr Augen? habt ihr Augen?« möchte man, wie Hamlet seiner nichtswürdigen Mutter, einem solchen Publiko zurufen. Ach, sie haben keine! es sind ja noch immer die Selben, welche überall und jederzeit das ächte Verdienst haben verkümmern lassen, um ihre Huldigung Nachäffern und Manieristen, in jeder Gattung, darzubringen. So wähnen sie denn auch, Philosophie zu studiren, wenn sie die allmessentlichen Ausgeburten von Köpfen lesen, in deren dumpfen Bewußtseyn sogar die bloßen Probleme der Philosophie so wenig anklingen, wie die Glocke im luftleeren Recipienten; ja, von Köpfen, welche, streng genommen, von der Natur zu nichts Anderem gemacht und ausgerüstet wurden, als, eben wie die Uebrigen, ein ehrliches Gewerbe in der Stille zu treiben, oder das Feld zu bauen, und die Vermehrung des Menschengeschlechts zu besorgen, jedoch vermeinen, von Amts und Pflicht wegen, »schellenlaute Thoren« seyn zu müssen. Ihr beständiges Dareinreden und Mitredenwollen gleicht dem der Tauben, die sich in die Konversation mischen, wirkt daher auf die zu allen Zeiten nur ganz vereinzelt Erscheinenden, welche von Natur den Beruf und daher den wirklichen Trieb haben, der Erforschung der höchsten Wahrheiten obzuliegen, nur als ein störendes und verwirrendes Geräusch; wenn es nicht gar, wie sehr oft der Fall ist, ihre Stimme absichtlich erstickt, weil was sie vorbringen nicht in den Kram jener Leute paßt, denen es mit nichts, als mit Absichten und materiellen Zwecken Ernst seyn kann, und die, vermöge ihrer beträchtlichen Anzahl, bald ein Geschrei zu Wege bringen, bei dem Keiner mehr sein eigenes Wort vernimmt. Heut zu Tage haben sie sich die Aufgabe gestellt, der Kantischen Philosophie, wie der Wahrheit, zum Trotz, spekulative Theologie, rationale Psychologie, Freiheit des Willens, totale und absolute Verschiedenheit des Menschen von den Thieren, mittelst Ignoriren der allmäligen Abstufungen des Intellekts in der Thierreihe, zu lehren, wodurch sie nur als *remora* der redlichen Wahrheitsforschung wirken. Spricht ein Mann, wie ich, so stellen sie sich als hörten sie nichts. Der Pfiff ist gut, wenn auch nicht neu. Ich will aber doch ein Mal sehn, ob man nicht einen Dachs aus seinem Loche herauszerren kann.

Die Universitäten nun aber sind offenbar der Heerd alles jenes Spiels, welches die Absicht mit der Philosophie treibt. Nur mittelst ihrer konnten KANTS, eine Weltepoche in der Philosophie begründende Leistungen verdrängt werden durch die Windbeuteleien eines FICHTE, die wieder bald darauf ihm ähnliche Gesellen verdrängten. Dies hätte nimmermehr geschehn können vor einem eigentlich philosophischen Publiko, d.h. einem solchen, welches die Philosophie, ohne andere Absicht, bloß ihrer selbst wegen sucht, also vor dem freilich zu allen Zeiten äußerst kleinen Publiko wirklich denkender und ernstlich von der räthselhaften Beschaffenheit unsers Daseyns ergriffener Köpfe. Nur mittelst der Universitäten, vor einem Publiko aus Studenten, die Alles, was dem Herrn Professor zu sagen beliebt, gläubig annehmen, ist der ganze philosophische Skandal dieser letzten 50 Jahre möglich gewesen. Der Grundirrthum hiebei liegt nämlich darin, daß die Universitäten auch in Sachen der Philosophie das große Wort und die entscheidende Stimme sich anmaaßen, welche allenfalls den drei obern Fakultäten, jeder in ihrem Bereiche, zukommt. Daß jedoch in der Philosophie, als einer Wissenschaft, die erst gefunden werden soll, die Sache sich anders verhält, wird übersehn; wie auch, daß bei Besetzung philosophischer Lehrstühle, nicht, wie bei andern, allein die Fähigkeiten, sondern noch mehr die Gesinnungen des Kandidaten in Betracht kommen. Demgemäß nun aber denkt der Student, daß, wie der Professor der Theologie seine Dogmatik, der juristische Professor seine Pandekten, der medicinische seine Pathologie inne hat und besitzt; so müßte auch der allerhöchsten Orts angestellte Professor der Metaphysik diese inne haben und besitzen. Er geht demnach mit kindlichem Vertrauen in dessen Kollegia, und da er daselbst einen Mann findet, der, mit der Miene wohlbewußter Ueberlegenheit, alle je dagewesenen Philosophen von oben herab kritisirt; so zweifelt er nicht, daß er vor die rechte Schmiede gekommen sei, und prägt sich alle hier sprudelnde Weisheit so gläubig ein, als säße er vor dem Dreifuß der Pythia. Natürlich giebt es, von Dem an, für ihn keine andere Philosophie, als die seines Professors. Die wirklichen Philosophen, die Lehrer der Jahrhunderte, ja Jahrtausende, die aber in den Bücherschränken schweigend und ernst auf Die warten, welche ihrer begehren, läßt er, als veraltet und widerlegt, ungelesen: er hat sie, wie sein Professor, »hinter sich«. Dagegen kauft er sich die messentlich erscheinenden Geisteskinder seines Professors, deren meistens oft wiederholte Auflagen allein aus solchem Hergang der Sache zu erklären sind. Denn auch nach den Universitätsjahren behält, in der Regel, Jeder eine gläubige Anhänglichkeit an seinen Professor, dessen Geistesrichtung er früh angenommen und mit dessen Manier er sich befreundet hat. Dadurch erhalten denn dergleichen philosophische Mißgeburten eine ihnen sonst unmögliche Verbreitung, ihre Urheber aber eine einträgliche Celebrität. Wie hätte es außerdem geschehn können, daß z.B. ein solcher Komplex von Verkehrtheiten, wie die »Einleitung in die Philosophie« von HERBART, fünf Auflagen erlebte? Daher schreibt sich denn wieder der Narrenübermuth, mit welchem (z.B. S. 234, 35, der vierten Auflage) dieser entschiedene Queerkopf vornehm auf KANT herabsieht und ihn mit Nachsicht zurechtweist. –

Betrachtungen dieser Art und namentlich der Rückblick auf das ganze Treiben mit der Philosophie auf Universitäten, seit Kants Abgange, stellen in mir mehr und mehr die Meinung fest, daß, wenn es überhaupt eine Philosophie geben soll, d.h. wenn es dem menschlichen Geiste vergönnt seyn soll, seine höchsten und edelsten Kräfte dem, ohne allen Vergleich, wichtigsten aller Probleme zuwenden zu dürfen, Dies nur dann mit Erfolg geschehn kann, wann die Philosophie allem Einflusse des Staates entzogen bleibt, und daß demnach dieser schon ein Großes für sie thut und ihr seine Humanität und seinen Edelmuth genugsam beweist, wenn er sie nicht verfolgt, sondern sie gewähren läßt und ihr Bestand vergönnt, als einer freien Kunst, die übrigens ihr eigener Lohn seyn muß; wogegen er des Aufwandes für Professuren derselben sich überhoben achten kann; weil die Leute, die VON der Philosophie leben wollen, höchst selten eben Die seyn werden, welche eigentlich FÜR sie leben, bisweilen aber sogar Die seyn können, welche versteckterweise GEGEN sie machiniren.

Oeffentliche Lehrstühle gebühren allein den bereits geschaffenen, wirklich vorhandenen Wissenschaften, welche man daher eben nur gelernt zu haben braucht, um sie lehren zu können, die also im Ganzen bloß weiter zu geben sind, wie das auf dem schwarzen Brette gebräuchliche *tradere* besagt; wobei es jedoch den fähigeren Köpfen unbenommen bleibt, sie zu bereichern, zu berichtigen, und zu vervollkommnen. Aber eine Wissenschaft, die noch gar nicht existirt, die ihr Ziel noch nicht erreicht hat, nicht ein Mal ihren Weg sicher kennt, ja deren Möglichkeit noch bestritten wird, eine solche Wissenschaft durch Professoren lehren zu lassen ist eigentlich absurd. Die natürliche Folge davon ist, daß Jeder von Diesen glaubt, sein Beruf sei, die noch fehlende Wissenschaft zu schaffen; nicht bedenkend, daß einen solchen Beruf nur die Natur, nicht aber das Ministerium des öffentlichen Unterrichts ertheilen kann. Er versucht es daher, so gut es gehn will, setzt baldigst seine Mißgeburt in die Welt und giebt sie für die lang ersehnte Sophia aus, wobei es an einem dienstwilligen Kollegen, der bei ihrer Taufe als solcher zu Gevatter steht, gewiß nicht fehlen wird. Danach werden dann die Herren, weil sie ja von der Philosophie leben, so dreist, daß sie sich PHILOSOPHEN nennen, und demnach auch vermeinen, ihnen gebüre das große Wort und die Entscheidung in Sachen der Philosophie, ja, daß sie am Ende gar noch PHILOSOPHENVERSAMMLUNGEN (eine *contradictio in adjecto*, da Philosophen selten im Dual und fast nie im Plural zugleich auf der Welt sind) ansagen und dann schaarenweise zusammenlaufen, das Wohl der Philosophie zu berathen!

Vor Allem jedoch werden solche Universitätsphilosophen bestrebt seyn, der Philosophie diejenige Richtung zu geben, welche den ihnen am Herzen liegenden, oder vielmehr gelegten Zwecken entspricht, und hiezu, erforderlichen Falls sogar die Lehren der ächten frühern Philosophen modeln und verdrehen, zur Noth sogar verfälschen, nur damit herauskomme was sie brauchen. Da nun das Publikum so kindisch ist, stets nach dem Neuesten zu greifen, ihre Schriften aber doch den Titel Philosophie führen; so ist die Folge, daß, durch die Abgeschmacktheit, oder Verkehrtheit, oder Unsinnigkeit, oder wenigstens marternde Langweiligkeit derselben, gute Köpfe, welche Neigung zur Philosophie spüren, von ihr wieder zurückgeschreckt werden, wodurch sie selbst allmälig in Mißkredit geräth, wie Dies bereits der Fall ist.

Aber nicht nur steht es mit den eigenen Schöpfungen der Herren schlecht, sondern die Periode seit Kant beweist auch, daß sie nicht ein Mal im Stande sind, das von großen Köpfen Geleistete, als solches Anerkannte und demnach ihrer Obhut Uebergebene fest zu halten und zu bewahren. Haben sie sich nicht die Kantische Philosophie aus den Händen spielen lassen, durch Fichte und Schelling? Nennen sie nicht noch, durchgängig und höchst skandalöser und ehrenrühriger Weise, den Windbeutel FICHTE stets neben KANT, als ungefähr seines Gleichen? Trat nicht, nachdem die oben genannten zwei Philosophaster Kants Lehre verdrängt und antiquirt hatten, an die Stelle der strengen, von Kant aller Metaphysik gesetzten Kontrole die zügelloseste Phantasterei? Haben sie diese nicht theils brav mitgemacht, theils unterlassen, ihr, mit der Kritik der Vernunft in der Hand, sich fest entgegenzustellen? weil sie nämlich es gerathener fanden, die eingetretene laxe Observanz zu benutzen, um entweder ihre selbstausgeheckten Sächelchen, z.B. Herbartische Possen und Friese'sches Altweibergeschwätz, und überhaupt Jeder seine eigene Marotte, zu Markte zu bringen, oder auch um Lehren der Landesreligion als philosophische Ergebnisse einschwärzen zu können. Hat dies Alles nicht den Weg gebahnt zur skandalösesten philosophischen Scharlatanerie, deren je die Welt sich zu schämen gehabt hat, zum Treiben des Hegels und seiner erbärmlichen Gesellen? Haben nicht selbst Die, welche dem Unwesen sich widersetzten, dabei stets, unter tiefen Bücklingen, vom großen Genie und gewaltigen Geiste jenes Scharlatans und Unsinnsschmierers geredet und dadurch bewiesen, daß sie Pinsel sind? Sind nicht hievon (der Wahrheit zur Steuer sei es gesagt) KRUG und FRIES allein auszunehmen, welche gegen den Kopfverderber geradezu auftretend, ihm bloß die Schonung erwiesen haben, die nun ein Mal jeder Philosophieprofessor unwiderruflich gegen den andern ausübt? Hat nicht der Lerm und das Geschrei, welches die deutschen Universitätsphilosophen, in Bewunderung jener drei Sophisten, erhoben, endlich auch in England und Frankreich allgemeine Aufmerksamkeit erregt, welche jedoch, nach näherer Untersuchung der Sache, sich in Gelächter auflöste? – Besonders aber zeigen sie sich als treulose Wächter und Bewahrer der im Laufe der Jahrhunderte schwer errungenen und endlich ihrer Obhut anvertrauten Wahrheiten, sobald es solche sind, die nicht in ihren Kram passen, d.h. nicht zu den Resultaten einer platten, rationalistischen, optimistischen, eigentlich bloß Jüdischen Theologie stimmen, als welche der im Stillen vorherbeschlossene Zielpunkt ihres ganzen Philosophirens und seiner hohen Redensarten ist. Dergleichen Lehren also, welche die ernstlich gemeinte Philosophie nicht ohne große Anstrengung zu Tage gefördert hat, werden sie zu obliteriren, zu vertuschen, zu verdrehen und herabzuziehn suchen zu Dem, was in ihren Studentenerziehungsplan und besagte Rockenphilosophie paßt. Ein empörendes Beispiel dieser Art giebt die Lehre von der FREIHEIT DES WILLENS. Nachdem die strenge Nothwendigkeit aller menschlichen Willensakte durch die vereinten und successiven Anstrengungen großer Köpfe, wie Hobbes, Spinoza, Priestley und Hume unwiderleglich dargethan worden, auch Kant die Sache als bereits vollkommen ausgemacht genommen hatte;* thun sie mit Einem Male, als wäre nichts geschehn, verlassen sich auf die Unwissenheit ihres Publikums und nehmen in Gottes Namen, noch am heutigen Tage, in fast allen ihren Lehrbüchern die Freiheit des Willens als eine ausgemachte und sogar unmittelbar gewisse Sache. Wie verdient ein solches Verfahren benannt zu werden? Wenn eine solche, von allen den eben genannten Philosophen so fest als irgend

* Sein auf den kategorischen Imperativ gegründetes Postulat der Freiheit ist bei ihm bloß von praktischer, NICHT VON THEORETISCHER Gültigkeit. Man sehe meine »Grundprobleme der Ethik«, S. 80 u. 146.

eine, begründete Lehre dennoch von ihnen verhehlt, oder verläugnet wird, um statt ihrer die entschiedene Absurdität vom freien Willen, weil sie ein nothwendiges Bestandstück ihrer Rockenphilosophie ist, den Studenten aufzubinden; sind da die Herren nicht eigentlich die Feinde der Philosophie? Und weil nun (denn *conditio optima est ultimi. Sen. ep. 79.*) die Lehre von der strengen Necessitation aller Willensakte nirgends so gründlich, klar, zusammenhängend und vollständig dargethan ist, als in meiner von der Norwegischen Societät der Wissenschaften redlich gekrönten Preisschrift; so findet man, ihrer alten Politik, mir überall mit dem passiven Widerstande zu begegnen, gemäß, diese Schrift weder in ihren Büchern, noch in ihren gelehrten Journalen und Litteraturzeitungen irgend erwähnt: sie ist aufs strengste sekretirt und wird *comme non avenue* angesehn, wie Alles, was nicht in ihren erbärmlichen Kram paßt, wie meine Ethik überhaupt, ja, wie alle meine Werke. Meine Philosophie interessirt eben die Herren nicht: das kommt aber daher, daß die Ergründung der Wahrheit sie nicht interessirt. Was sie hingegen interessirt, das sind ihre Gehalte, ihre Honorarlouisd'ors und ihre Hofrathstitel. Zwar interessirt sie auch die Philosophie: insofern nämlich, als sie ihr Brod von derselben haben: insofern interessirt sie die Philosophie. Was also soll ihnen meine Preisschrift über die Freiheit des Willens, und wäre sie von zehn Akademien gekrönt? Dagegen aber wird was Plattköpfe aus ihrer Schaar über den Gegenstand seitdem gefaselt haben, wichtig gemacht und anempfohlen. Brauch' ich ein solches Benehmen zu qualifiziren? Sind Das Leute, welche die Philosophie, die Rechte der Vernunft, die Freiheit des Denkens vertreten? – Ein anderes Beispiel der Art liefert die SPEKULATIVE THEOLOGIE. Nachdem KANT alle Beweise, die ihre Stützen ausmachten, unter ihr weggezogen und sie dadurch radikal umgestoßen hat, hält Das meine Herren von der lukrativen Philosophie keineswegs ab, noch 60 Jahre hinterher die spekulative Theologie für den ganz eigentlichen und wesentlichen Gegenstand der Philosophie auszugeben und, weil sie jene explodirten Beweise wieder aufzunehmen sich doch nicht unterstehn, jetzt ohne Umstände, nur immerfort vom ABSOLUTUM zu reden, welches Wort gar nichts Anderes ist, als ein Enthymem, ein

Schluß mit nicht ausgesprochenen Prämissen, Behufs der feigen Verlarvung und hinterlistigen Erschleichung des kosmologischen Beweises, als welcher in eigener Gestalt sich, seit KANT nicht mehr sehn lassen darf und daher in dieser Verkleidung eingeschwärzt werden muß. Als hätte Kant von diesem letzteren Kniff eine Vorahndung gehabt, sagt er ausdrücklich: »Man hat zu allen Zeiten von »dem ABSOLUT-NOTHWENDIGEN Wesen geredet und sich nicht »sowohl Mühe gegeben, zu verstehn, ob und wie man sich ein Ding »von dieser Art auch nur denken könne, als vielmehr dessen Daseyn »zu beweisen. --- Denn alle Bedingungen, die der Verstand jeder»zeit bedarf, um etwas als nothwendig anzusehn, vermittelst des »Wortes UNBEDINGT, wegwerfen, macht mir noch lange nicht ver»ständlich, ob ich alsdann durch einen Begriff eines Unbedingtnoth»wendigen noch etwas, oder vielleicht gar nichts denke.« (Kritik der reinen Vernunft, 1. Aufl. S. 592; 5. Aufl. S. 620). Ich erinnere hier nochmals an MEINE Lehre, daß Nothwendigseyn durchaus und überall nichts Anderes besagt, als aus einem vorhandenen und gegebenen Grunde folgen: ein solcher Grund ist also gerade die BEDINGUNG aller Nothwendigkeit: demnach ist das Unbedingtnothwendige eine *contradictio in adjecto*, also gar kein Gedanke, sondern ein hohles Wort, – freilich ein im Bau der Professorenphilosophie gar häufig angewendetes Material. – Hieher gehört ferner, daß, LOCKE's großer, Epoche machender Grundlehre vom NICHTVORHANDENSEYN ANGEBORENER IDEEN, und allen seitdem und auf dem Grunde derselben, namentlich durch KANT gemachten Fortschritten in der Philosophie zum Trotz, die Herren von der *φιλοσοφια μισθοφορος* ganz ungenirt, ihren Studenten ein »Gottesbewußtseyn«, überhaupt ein unmittelbares Erkennen, oder Vernehmen, metaphysischer Gegenstände durch die Vernunft aufbinden. Es hilft nichts, daß KANT, mit dem Aufwande des seltensten Scharfsinns und Tiefsinns, dargethan hat, die theoretische Vernunft könne zu Gegenständen, die über die Möglichkeit aller Erfahrung hinaus liegen, nimmermehr gelangen: die Herren kehren sich an so etwas nicht; sondern ohne Umstände lehren sie, seit 50 Jahren, die Vernunft habe ganz unmittelbare, absolute Erkenntnisse, sei eigentlich ein von Hause aus auf Metaphysik angelegtes Vermögen, welches, über alle Möglichkeit der Erfahrung hinaus, das sogenannte Uebersinnliche, das Absolutum, den lieben Gott und was dergleichen noch weiter seyn soll, unmittelbar erkenne und sicher erfasse. Daß aber unsere VERNUNFT ein solches, die gesuchten Gegenstände der Metaphysik, nicht MITTELST SCHLÜSSE, sondern UNMITTELBAR erkennendes Vermögen sei, ist offenbar eine Fabel, oder gerade heraus gesagt, eine palpable Lüge; da es nur einer redlichen, sonst aber nicht schwierigen Selbstprüfung bedarf, um sich von der Grundlosigkeit eines solchen Vorgebens zu überzeugen: zudem es sonst auch ganz anders mit der Metaphysik stehn müßte. Daß dennoch eine solche, alles Grundes, außer der Verlegenheit und den schlauen Absichten ihrer Verbreiter, entbehrende, für die Philosophie grundverderbliche Lüge, seit einem halben Jahrhundert, zum stehenden, tausend und aber tausend Mal wiederholten Katheder-Dogma geworden, und, dem Zeugniß der größten Denker zum Trotz, der studirenden Jugend aufgebunden wird, gehört zu den schlimmsten Früchten der Universitätsphilosophie.

Solcher Vorbereitung jedoch entsprechend, ist bei den Kathederphilosophen das eigentliche und wesentliche Thema der Metaphysik die Auseinandersetzung des Verhältnisses Gottes zur Welt: die weitläufigsten Erörterungen desselben füllen ihre Lehrbücher. Diesen Punkt ins Reine zu bringen, glauben sie sich vor Allem berufen und bezahlt; und da ist es nun ergötzlich zu sehn, wie altklug und gelehrt sie vom Absolutum, oder Gott, reden, sich ganz ernsthaft gebärdend, als wüßten sie wirklich irgend etwas davon: es erinnert an den Ernst, mit welchem die Kinder ihr Spiel betreiben. Da erscheint denn jede Messe eine neue Metaphysik, welche aus einem weitläuftigen Bericht über den lieben Gott besteht, auseinandersetzt, wie es eigentlich mit ihm stehe und wie er dazu gekommen sei, die Welt gemacht oder geboren, oder sonst wie hervorgebracht zu haben, so daß es scheint, sie erhielten halbjährlich über ihn die neuesten Berichte. Manche gerathen nun aber dabei in eine gewisse Verlegenheit, deren Wirkung hochkomisch ausfällt. Sie haben nämlich einen ordentlichen, persönlichen Gott, wie er im A. T. steht, zu lehren: das wissen sie. Andrerseits jedoch ist, seit ungefähr 40 Jahren, der Spinozistische Pantheismus, nach welchem das Wort Gott ein Synonym von Welt ist, unter den Gelehrten und sogar den bloß Gebildeten, durchaus vorherrschend und allgemeine Mode: das möchten sie doch auch nicht so ganz fahren lassen; dürfen jedoch nach dieser verbotenen Schüssel eigentlich die Hand nicht ausstrecken. Nun suchen sie sich durch ihr gewöhnliches Mittel, dunkele, verworrene, konfuse Phrasen und hohlen Wortkram, zu helfen, wobei sie sich jämmerlich drehen und winden: da sieht man denn Einige in Einem Athem versichern, der Gott sei von der Welt total, unendlich und himmelweit, ganz eigentlich himmelweit, verschieden, zugleich aber ganz und gar mit ihr verbunden und Eins, ja, stecke bis über die Ohren drinne; wodurch sie mich dann jedes Mal an den Weber Bottom im Johannisnachtstraum erinnern, welcher verspricht, zu brüllen, wie ein entsetzlicher Löwe, zugleich aber doch so sanft, wie nur irgend eine Nachtigal flöten kann.

Hingegen die Kritik der reinen Vernunft, mit ihren Beweisen *a priori* der Unmöglichkeit aller Gotteserkenntniß, ist ihnen Schnickschnack, durch den sie sich nicht irre machen lassen: sie wissen wozu sie dasind. Ihnen einzuwenden, daß sich nichts Unphilosophischeres denken läßt, als immerfort von etwas zu reden, von dessen Daseyn man erwiesenstermaaßen keine Kenntniß und von dessen Wesen man gar keinen Begriff hat, – ist naseweises Einreden: sie wissen wozu sie dasind. – Ich bin ihnen bekanntlich Einer, der tief unter ihrer Notiz und Aufmerksamkeit steht, und durch die gänzliche Nichtbeachtung meiner Werke haben sie an den Tag zu legen vermeint, was ich sei (wiewohl sie gerade dadurch an den Tag gelegt haben was SIE sind): daher wird es, wie Alles, was ich seit 35 Jahren vorgebracht habe, in den Wind geredet seyn, wenn ich ihnen sage, daß Kant nicht gescherzt hat, daß wirklich und im vollsten Ernst, die Philosophie keine Theologie ist, noch jemals seyn kann; daß sie vielmehr etwas ganz Anderes, von jener völlig Verschiedenes ist. Ja, wie bekanntlich jede andere Wissenschaft durch Einmischung von Theologie verdorben wird, so auch die Philosophie, und zwar am allermeisten; wie Solches die Geschichte derselben bezeugt: daß Dies sogar auch von der Moral gelte, habe ich in meiner Abhandlung über das Fundament derselben sehr deutlich dargethan; daher die Herren auch über diese mäuschenstill gewesen sind; getreu ihrer Taktik des passiven Widerstandes. Die Theologie nämlich deckt mit ihrem Schleier alle Probleme der Philosophie zu und macht daher nicht nur die Lösung, sondern sogar die Auffassung derselben unmöglich. Also, wie gesagt, die Kritik der reinen Vernunft ist ganz ernstlich der Kündigungsbrief der bisherigen *ancilla theologiae* gewesen, welche darin, Ein für alle Mal, ihrer gestrengen Gebieterin den Dienst aufgesagt hat. Seitdem hat nun diese sich mit einem Mietling begnügt, der die zurückgelassene Livree des ehemaligen Dieners, bloß zum Schein, gelegentlich anzieht; wie in Italien, wo dergleichen Substitute zumal am Sonntage häufig zu sehn und daher unter dem Namen der *Domenichini* bekannt sind.

Allein an der Universitätsphilosophie haben Kants Kritiken und Argumente freilich scheitern müssen. Denn da heißt es: *sic volo, sic jubeo, sit pro ratione voluntas:* die Philosophie SOLL Theologie seyn, und wenn die Unmöglichkeit der Sache von zwanzig KANTEN bewiesen wäre: wir wissen, wozu wir dasind: *in majorem Dei gloriam* sind wir da. Nachdem also Kant allen möglichen Beweisen der spekulativen Theologie den Nerv so rein durchschnitten hatte, daß seitdem sich Niemand mehr mit ihnen hat befassen mögen; da besteht denn das philosophische Bestreben, seit fast funfzig Jahren, in allerlei Versuchen, die Theologie fein leise zu erschleichen, und die philosophischen Schriften sind meistens nichts Anderes, als fruchtlose Belebungsversuche an einem entseelten Leichnam. So haben denn z.B. die Herren von der lukrativen Philosophie im Menschen ein GOTTESBEWUSSTSEYN entdeckt, welches bis dahin aller Welt entgangen war, und werfen damit, durch die wechselseitige Einstimmung und die Unschuld ihres nächsten Publikums dreist gemacht, keck und kühn um sich, wodurch sie am Ende gar die ehrlichen Holländer der Universität Leyden verführt haben; so daß diese, die Winkelzüge der Philosophieprofessoren richtig für Fortschritte der Wissenschaft ansehend, ganz treuherzig, am 15. Februar 1844, die Preisfrage gestellt haben: *quid statuendum de Sensu Dei, qui dicitur, menti humanae indito,* u.s.w. Vermöge eines solchen »Gottesbewußtseyns« wäre denn Das, was mühsam zu beweisen alle Philosophen, bis auf Kant, sich abarbeiteten, etwas UNMITTELBAR BEWUSSTES. Welche Pinsel müßten aber dann alle jene früheren Philosophen gewesen seyn, die sich ihr Leben lang abgemüht haben, Beweise für eine Sache aufzustellen, deren wir uns geradezu BEWUSST sind, welches besagt, daß wir sie noch unmittelbarer erkennen, als daß 2 Mal 2 vier ist, als wozu doch schon Ueberlegung gehört. Eine solche Sache beweisen zu wollen, müßte ja seyn, wie wenn man beweisen wollte, daß die Augen sehn, die Ohren hören und die Nase rieche. Und welch unvernünftiges Vieh müßten doch die Anhänger der, nach der Zahl ihrer Bekenner, vornehmsten Religion auf Erden, die Buddhaisten, seyn, deren Religionseifer so groß ist, daß in Tibet beinahe jeder sechste Mensch dem geistlichen Stande angehört und damit dem Cölibat verfallen ist, deren Glaubenslehre jedoch zwar eine höchst lautere, erhabene, liebevolle, ja streng asketische Moral (die nicht, wie die Christliche, die Thiere vergessen hat) trägt und stützt, allein nicht nur entschieden atheistisch ist, sondern sogar ausdrücklich den Theismus perhorrescirt. Die Persönlichkeit ist nämlich ein Phänomen, das uns nur aus unserer animalischen Natur bekannt und daher, von dieser gesondert, nicht mehr deutlich denkbar ist: ein solches nun zum Ursprung und Prinzip der Welt zu machen, ist immer ein Satz, der nicht sogleich Jedem in den Kopf will; geschweige daß er schon von Hause aus darin wurzelte und lebte. Ein unpersönlicher Gott hingegen ist eine bloße Philosophieprofessorenflause, eine *contradictio in adjecto*, ein leeres Wort, die Gedankenlosen abzufinden, oder die Vigilanten zu beschwichtigen.

Zwar athmen also die Schriften unserer Universitäts-Philosophen den lebendigsten Eifer für die Theologie; dagegen aber sehr geringen für die Wahrheit. Denn ohne Scheu vor dieser werden Sophismen, Erschleichungen, Verdrehungen, falsche Assertionen, mit unerhörter Dreistigkeit, angewandt, ja angehäuft, werden sogar, wie oben ausgeführt, der Vernunft unmittelbare, übersinnliche Erkenntnisse, – also angeborene Ideen, – angedichtet, oder richtiger angelogen; Alles einzig und allein um Theologie herauszubringen: nur Theologie! nur Theologie! um jeden Preis, Theologie! – Ich möchte den Herren unmaaßgeblich zu bedenken geben, daß immerhin Theologie viel werth seyn mag; ich aber doch etwas kenne, das jedenfalls noch mehr werth ist, nämlich die Redlichkeit; Redlichkeit, wie im Handel und Wandel, so auch im Denken und Lehren: die sollte mir um keine Theologie feil seyn.

Wie nun aber die Sachen stehn, muß, wer es mit der Kritik der reinen Vernunft ernstlich genommen, überhaupt es ehrlich gemeint und demnach keine Theologie zu Markte zu bringen hat, jenen Herren gegenüber, freilich zu kurz kommen. Brächte er auch das Vortrefflichste, das je die Welt gesehen, und tischte er alle Weisheit Himmels und der Erden auf; sie werden dennoch Augen und Ohren abwenden, wenn es keine Theologie ist; ja, je mehr Verdienst seine Sache hat, desto mehr wird sie, nicht ihre Bewunderung, sondern ihren Groll erregen; desto determinirteren passiven Widerstand werden sie ihr entgegenstellen, also mit desto hämischerem Schweigen sie zu ersticken suchen, zugleich aber desto lautere Enkomien über die lieblichen Geisteskinder der gedankenreichen Genossenschaft anstimmen, damit nur die ihnen verhaßte Stimme der Einsicht und Aufrichtigkeit nicht durchdringe. So nämlich verlangt es, in diesem Zeitalter skeptischer Theologen und rechtgläubiger Philosophen, die Politik der Herren, welche sich mit Weib und Kind von DER Wissenschaft ernähren, welcher meiner Eins, ein langes Leben hindurch, alle seine Kräfte opfert. Denn ihnen kommt es, den Winken hoher Vorgesetzten gemäß, nur auf Theologie an: alles Andere ist Nebensache. Definiren sie doch schon von vorne herein, Jeder in seiner Sprache, Wendung und Verschleierung, die Philosophie als spekulative Theologie und geben das Jagdmachen auf Theologie ganz naiv als den wesentlichen Zweck der Philosophie an. Sie wissen nichts davon, daß man frei und unbefangen an das Problem des Daseyns gehn und die Welt, nebst dem Bewußtseyn, darin sie sich darstellt, als das allein Gegebene, das Problem, das Räthsel der alten Sphinx, vor die man hier kühn getreten ist, betrachten soll. Sie ignoriren klüglich, daß Theologie, wenn sie Eingang in die Philosophie verlangt, gleich allen andern Lehren, erst ihr Kreditiv vorzuweisen hat, das dann geprüft wird auf dem Büreau der KRITIK DER REINEN VERNUNFT, als welche bei allen Denkenden noch in vollstem Ansehn steht, und an demselben, durch die komischen Grimassen, welche die Kathederphilosophen des Tages gegen sie zu schneiden bemüht sind, wahrlich nicht das Geringste eingebüßt hat. Ohne ein vor ihr bestehendes Kreditiv also findet die Theologie keinen Eintritt und soll ihn weder ertrotzen, noch erschleichen, noch auch erbetteln, mit Berufung darauf, daß Kathederphilosophen nun ein Mal nichts Anderes feil haben dürfen: – mögen sie doch die Boutique schließen. Denn die Philosophie ist keine Kirche und keine Religion. Sie ist das kleine, nur äußerst Wenigen zugängliche Fleckchen auf der Welt, wo die stets und überall gehaßte und verfolgte WAHRHEIT ein Mal alles Druckes und Zwanges ledig seyn, gleichsam ihre Saturnalien, die ja auch dem Sklaven freie Rede gestatten, feiern, ja sogar die Prärogative und das große Wort haben, absolut allein herrschen und kein Anderes neben sich gelten lassen soll. Die ganze Welt nämlich, und Alles in ihr, ist voller ABSICHT und meistens niedriger, gemeiner und schlechter Absicht: nur Ein Fleckchen soll, ausgemachterweise, von dieser frei bleiben und ganz allein der EINSICHT offen stehn, und zwar der Einsicht in die wichtigsten, Allen angelegensten Verhältnisse: – Das ist die Philosophie. Oder versteht man es etwan anders? nun, dann ist Alles Spaaß und Komödie, – »wie Das denn wohl zu Zeiten kommen mag.« – Freilich nach den Kompendien der Kathederphilosophen zu urtheilen, sollte man eher denken, die Philosophie wäre eine Anleitung zur Frömmigkeit, ein Institut Kirchengänger zu bilden; da ja die spekulative Theologie meistens gleich unverholen als der wesentliche Zweck und Ziel der Sache vorausgesetzt und mit allen Segeln und Rudern nur darauf hingesteuert wird. Gewiß aber ist, daß alle und jede Glaubensartikel, sie mögen nun offen und unverholen in die Philosophie hineingetragen seyn, wie Dies in der Scholastik geschah, oder durch *petitiones principii*, falsche Axiome, erlogene innere Erkenntnißquellen, Gottesbewußtseyne, Scheinbeweise, hochtrabende Phrasen und Gallimathias eingeschwärzt werden, wie es heut zu Tage Brauch ist, der Philosophie zum entschiedenen Verderb gereichen; weil all Dergleichen die klare, unbefangene, rein objektive Auffassung der Welt und unsers Daseyns, diese erste Bedingung alles Forschens nach Wahrheit, unmöglich macht.

Unter der Benennung und Firma der Philosophie und in fremdartigem Gewande die Grunddogmen der Landesreligion, welche man alsdann, mit einem Hegel's würdigen Ausdruck, »die absolute Religion« titulirt, vortragen, mag eine recht nützliche Sache seyn; sofern es dient, die Studenten den Zwecken des Staates besser anzupassen, imgleichen auch das lesende Publikum im Glauben zu befestigen: aber Dergleichen für PHILOSOPHIE ausgeben heißt denn doch eine Sache für Das verkaufen, was sie nicht ist. Wenn Dies und alles Obige seinen ungestörten Fortgang behält, muß mehr und mehr die Universitätsphilosophie zu einer *remora* der Wahrheit werden. Denn es ist um alle Philosophie geschehn, wenn zum Maaßstab ihrer Beurtheilung, oder gar zur Richtschnur ihrer Sätze, etwas Anderes genommen wird, als ganz allein die Wahrheit, die, selbst bei aller Redlichkeit des Forschens und aller Anstrengung der überlegensten Geisteskraft, so schwer zu erreichende Wahrheit: es führt dahin, daß sie zu einer bloßen *fable convenue* wird, wie FONTENELLE die Geschichte nennt. Nie wird man in der Lösung der Probleme, welche unser so unendlich räthselhaftes Daseyn uns von allen Seiten entgegenhält, auch nur einen Schritt weiter kommen, wenn man nach einem vorgesteckten Ziele philosophirt. Daß aber Dies der generische Charakter der verschiedenen Species jetziger Universitätsphilosophie sei, wird wohl Niemand leugnen: denn nur zu sichtbar kollimiren alle ihre Systeme und Sätze nach Einem Zielpunkt. Dieser ist zudem nicht ein Mal das eigentliche, das neutestamentliche Christenthum, oder der Geist desselben, als welcher ihnen zu hoch, zu ätherisch, zu excentrisch, zu sehr nicht von dieser Welt, daher zu pessimistisch und hiedurch zur Apotheose des »STAATS« ganz ungeeignet ist; sondern es ist bloß das Judenthum, die Lehre, daß die Welt ihr Daseyn von einem höchst vortrefflichen, persönlichen Wesen habe, daher auch ein allerliebstes Ding und *παντα καλα λιαν* sei. Dies ist ihnen aller Weisheit Kern, und dahin soll die Philosophie führen, oder, sträubt sie sich, geführt werden. Daher denn auch der Krieg, den, seit dem Sturz der Hegelei, alle Professoren gegen den sogenannten Pantheismus führen, in dessen Perhorrescirung sie wetteifern, einmüthig den Stab über ihn brechend. Ist etwan dieser Eifer aus der

Entdeckung triftiger und schlagender Gründe gegen denselben entsprungen? Oder sieht man nicht vielmehr, mit welcher Rathlosigkeit und Angst sie nach Gründen gegen jenen in ursprünglicher Kraft ruhig dastehenden und sie belächelnden Gegner suchen? kann man daher noch bezweifeln, daß bloß die Inkompatibilität jener Lehre mit der »absoluten Religion« es ist, warum sie nicht wahr seyn soll, nicht soll, und wenn die ganze Natur sie mit tausend und aber tausend Kehlen verkündigte. Die Natur soll schweigen, damit das Judenthum spreche. Wenn nun ferner, neben der »absoluten Religion«, noch irgend etwas bei ihnen Berücksichtigung findet; so versteht es sich, daß es die sonstigen Wünsche eines hohen Ministeriums, bei dem die Macht Professuren zu geben und zu nehmen ist, seyn werden. Ist doch dasselbe die Muse, welche sie begeistert und ihren Lukubrationen vorsteht, daher wohl auch am Eingange, in Form einer Dedikation, ordentlich angerufen wird. Das sind mir die Leute, die Wahrheit aus dem Brunnen zu ziehn, den Schleier des Truges zu zerreißen und aller Verfinsterung Hohn zu sprechen.

Zu keinem Lehrfache wären, der Natur der Sache nach, so entschieden Leute von überwiegenden Fähigkeiten und durchdrungen von Liebe zur Wissenschaft und Eifer für die Wahrheit erfordert, als da, wo die Resultate der höchsten Anstrengungen des menschlichen Geistes, in der wichtigsten aller Angelegenheiten, der Blüthe einer neuen Generation, im lebendigen Worte, übergeben, ja, der Geist der Forschung in ihr erweckt werden soll. Andrerseits aber wieder halten die Ministerien dafür, daß kein Lehrfach auf die innerste Gesinnung der künftigen gelehrten, also den Staat und die Gesellschaft eigentlich lenkenden Klasse so viel Einfluß hat, wie gerade dieses; daher es nur mit den allerdevotesten, ihre Lehre gänzlich nach dem Willen und jedesmaligen Ansichten des Ministeriums zuschneidenden Männern besetzt werden darf. Natürlich ist es dann die erstere dieser beiden Anforderungen, welche zurückstehn muß. Wer nun aber mit diesem Stande der Dinge nicht bekannt ist, dem kann es zu Zeiten vorkommen, als ob seltsamerweise gerade die entschiedensten Schaafsköpfe sich der Wissenschaft des Plato und Aristoteles gewidmet hätten.

Ich kann hier nicht die beiläufige Bemerkung unterdrücken, daß eine sehr nachtheilige Vorschule zur Professur der Philosophie die Hauslehrerstellen sind, welche beinahe Alle, die jemals jene bekleideten, nach ihren Universitätsstudien, mehrere Jahre hindurch versehn haben. Denn solche Stellen sind eine rechte Schule der Unterwürfigkeit und Fügsamkeit. Besonders wird man darin gewohnt, seine Lehren ganz und gar dem Willen des Brodherrn zu unterwerfen und keine anderen als dessen Zwecke zu kennen. Diese, früh angenommene Gewohnheit wurzelt ein und wird zur zweiten Natur; so daß man nachher, als Philosophieprofessor, nichts natürlicher findet, als auch die Philosophie eben so den Wünschen des die Professuren besetzenden Ministeriums gemäß zuzuschneiden und zu modeln; woraus denn am Ende philosophische Ansichten, oder gar Systeme, wie auf Bestellung gemacht, hervorgehn. Da hat die Wahrheit schönes Spiel! – Hier stellt sich freilich heraus, daß um dieser unbedingt zu huldigen, um wirklich zu philosophiren, zu so vielen Bedingungen fast unumgänglich auch noch diese kommt, daß man auf eigenen Beinen stehe und keinen Herrn kenne, wonach denn das *δος μοι που στῳ* in gewissem Sinne auch hier gälte. Wenigstens haben die allermeisten von Denen, die je etwas Großes in der Philosophie leisteten, sich in diesem Falle befunden. SPINOZA war sich der Sache so deutlich bewußt, daß er die ihm angetragene Professur gerade deshalb ausschlug.

Ἡμισυ γαρ τ' αρετης αποαινυται ευρυοπα Ζευς
Ανερος, ευτ' αν μιν κατα δουλιον ἠμαρ ἑλησιν.

Das wirkliche Philosophiren verlangt Unabhängigkeit:

Πας γαρ ανηρ πενιῃ δεδμημενος ουτε τι ειπειν,
Ουϑ' ἑρξαι δυναται, γλωσσα δε οἱ δεδεται.
Theogn.

Dafür jedoch ist der ächte Philosoph, seiner Natur nach, ein genügsames Wesen und bedarf nicht viel, um unabhängig zu leben: denn allemal wird sein Wahlspruch SHENSTONE's Satz seyn: *liberty is a more invigorating cordial than Tokay.* (Freiheit ist eine kräftigere Herzstärkung, als Tokayer.)

Wenn nun also es sich bei der Sache um nichts Anderes handelte, als um die Förderung der Philosophie und das Vordringen auf dem

Wege zur Wahrheit; so würde ich als das Beste empfehlen, daß man die Spiegelfechterei, welche damit auf den Universitäten getrieben wird, einstellte. Denn diese sind wahrlich nicht der Ort für ernstlich und redlich gemeinte Philosophie, deren Stelle dort nur zu oft eine in ihre Kleider gesteckte und aufgeputzte Drahtpuppe einnehmen und als ein *nervis alienis mobile lignum* paradiren und gestikuliren muß. Wenn nun aber gar eine solche Kathederphilosophie noch durch unverständliche, gehirnbetäubende Phrasen, neugeschaffene Worte und unerhörte Einfälle, deren Absurdes spekulativ und transscendental genannt wird, die Stelle wirklicher Gedanken ersetzen will; so wird sie zu einer Parodie der Philosophie, die diese in Miskredit bringt; welches in unsern Tagen der Fall gewesen ist. Wie kann denn auch, unter allem solchen Treiben, selbst nur die Möglichkeit jenes tiefen Ernstes, der neben der Wahrheit Alles geringschätzt und die erste Bedingung zur Philosophie ist, bestehen? – Der Weg zur Wahrheit ist steil und lang: mit einem Block am Fuße wird ihn Keiner zurücklegen; vielmehr thäten Flügel Noth. Demnach also wäre ich dafür, daß die Philosophie aufhörte, ein Gewerbe zu seyn: die Erhabenheit ihres Strebens verträgt sich nicht damit; wie ja Dieses schon die Alten erkannt haben. Auch VOLTAIRE sagt ganz richtig: *les gens de lettres, qui ont rendu le plus de services au petit nombre d'êtres pensans répandus dans le monde, sont les lettrés isolés, les vrais savans, renfermés dans leur cabinet, qui n'ont ni argumenté sur les bancs de l'université, ni dit les choses à moitié dans les académies: et ceux-là ont presque toujours été persécutés.* – Alle der Philosophie von außen gebotene Hülfe ist, ihrer Natur nach, verdächtig: denn das Interesse jener ist zu hoher Art, als daß es mit dem Treiben dieser niedrig gesinnten Welt eine aufrichtige Verbindung eingehn könnte. Dagegen hat sie ihren eigenen Leitstern, der nie untergeht. Darum lasse man sie gewähren, ohne Beihülfe, aber auch ohne Hindernisse, und gebe nicht dem ernsten, von der Natur geweihten und ausgerüsteten Pilger zum hochgelegenen Tempel der Wahrheit den Gesellen bei, dem es eigentlich nur um ein gutes Nachtlager und eine Abendmahlzeit zu thun ist: denn es ist zu besorgen, daß er, um nach diesen einlenken zu dürfen, Jenem ein Hinderniß in den Weg wälzen werde.

Diesem Allen zufolge halte ich, von den Staatszwecken, wie gesagt, absehend und bloß das Interesse der Philosophie betrachtend, für wünschenswerth, daß aller Unterricht in derselben auf Universitäten streng beschränkt werde auf den Vortrag der Logik, als einer abgeschlossenen und streng beweisbaren Wissenschaft, und auf eine ganz *succincte* vorzutragende und durchaus in Einem Semester von Thales bis Kant zu absolvirende Geschichte der Philosophie, damit sie, in Folge ihrer Kürze und Uebersichtlichkeit, den eigenen Ansichten des Herrn Professors möglichst wenig Spielraum gestatte. Denn die eigentliche Bekanntschaft mit den Philosophen läßt sich durchaus nur in ihren eigenen Werken machen und keineswegs durch Relationen aus zweiter Hand; – wovon ich die Gründe bereits in der Vorrede zur zweiten Ausgabe meines Hauptwerkes dargelegt habe. Daher also möchte ich den Kathedervortrag beschränken auf den Zweck einer allgemeinen Orientirung auf dem Felde der bisherigen philosophischen Leistungen, mit Beseitigung aller Ausführungen, wie auch aller Pragmaticität der Darstellung, die weiter gehn wollte, als bis zur Nachweisung der unverkennbaren Anknüpfungspunkte der successiv auftretenden Systeme an früher dagewesene; also ganz im Gegensatz der Anmaaßung Hegelianischer Geschichtschreiber der Philosophie, welche jedes System als nothwendig eintretend darthun, und sonach, die Geschichte der Philosophie *a priori* konstruirend, uns beweisen, daß jeder Philosoph gerade Das, was er gedacht hat, und nichts Anderes, habe denken müssen; wobei denn der Herr Professor so recht bequem sie Alle von oben herab übersieht, wo nicht gar belächelt. Der Sünder! als ob nicht Alles das Werk einzelner und einziger Köpfe gewesen wäre, die sich in der schlechten Gesellschaft dieser Welt eine Weile haben herumstoßen müssen, damit solche gerettet und erlöst werde aus den Banden der Rohheit und Verdummung; Köpfe, die eben so individuell, wie selten sind, daher von jedem derselben das Ariostische *natura il fece, e poi ruppe lo stampo* in vollem Maaße gilt; – und als ob, wenn Kant an den Blattern gestorben wäre, auch ein Andrer die Kritik der reinen Vernunft würde geschrieben haben, – wohl einer von Jenen, aus der Fabrikwaare der Natur und mit ihrem Fabrikzeichen auf der Stirn, so Einer mit der normalen Ration von drei Pfund groben Gehirns, hübsch fester Textur, in zolldicker Hirnschaale wohl verwahrt, beim Gesichtswinkel von 70°, dem matten Herzschlag, den trüben, spähenden Augen, den stark entwickelten Freßwerkzeugen, der stockenden Rede und dem schwerfälligen, schleppenden Gange, als welcher Takt hält mit der Krötenagilität seiner Gedanken: – ja, ja, wartet nur, die werden euch Kritiken der reinen Vernunft und auch Systeme machen, sobald nur der vom Professor berechnete Zeitpunkt da und die Reihe an sie gekommen ist, – dann, wann die Eichen Aprikosen tragen. – Die Herren haben freilich gute Gründe, möglichst viel der Erziehung und Bildung zuzuschreiben, sogar, wie wirklich Einige thun, die angeborenen Talente ganz zu leugnen und auf alle Weise sich gegen die Wahrheit zu verschanzen, daß Alles darauf ankommt, wie Einer aus den Händen der Natur hervorgegangen sei, welcher Vater ihn gezeugt und welche Mutter ihn empfangen habe, ja, auch noch zu welcher Stunde; daher man keine Iliaden schreiben wird, wenn man zur Mutter eine Gans und zum Vater eine Schlafmütze gehabt hat; auch nicht, wenn man auf sechs Universitäten studirt. Es ist nun aber doch nicht anders: aristokratisch ist die Natur, aristokratischer, als irgend ein Feudal- und Kastenwesen. Demgemäß läuft ihre Pyramide von einer sehr breiten Basis in einen gar spitzen Gipfel aus. Und wenn es dem Pöbel und Gesindel, welches nichts über sich dulden will, auch gelänge, alle andern Aristokratien umzustoßen; so müßte es diese doch bestehn lassen, – und soll keinen Dank dafür haben: denn die ist so ganz eigentlich »von Gottes Gnaden«.

TRANSSCENDENTE SPEKULATION

über die

anscheinende Absichtlichkeit

im

SCHICKSALE DES EINZELNEN.

Το εἰκῇ οὐκ ἐστι ἐν τῇ ζωῇ, ἀλλὰ μία ἁρμονία καὶ τάξις.

Plotin. Enn. IV, *L.* 4, *c.* 35.

Obgleich die hier mitzutheilenden Gedanken zu keinem festen Resultate führen, ja, vielleicht eine bloße metaphysische Phantasie genannt werden könnten; so habe ich mich doch nicht entschließen können, sie der Vergessenheit zu übergeben; weil sie Manchem, wenigstens zum Vergleich mit seinen eigenen, über denselben Gegenstand gehegten, willkommen seyn werden. Auch ein Solcher jedoch ist zu erinnern, daß an ihnen Alles zweifelhaft ist, nicht nur die Lösung, sondern sogar das Problem. Demnach hat man hier nichts weniger, als entschiedene Aufschlüsse zu erwarten, vielmehr die bloße Ventilation eines sehr dunkeln Sachverhältnisses, welches jedoch vielleicht Jedem, im Verlaufe seines eigenen Lebens, oder beim Rückblick auf dasselbe, sich öfter aufgedrungen hat. Sogar mögen unsere Betrachtungen darüber vielleicht nicht viel mehr seyn, als ein Tappen und Tasten im Dunkeln, wo man merkt, daß wohl etwas dasei, jedoch nicht recht weiß, wo, noch was. Wenn ich dabei dennoch bisweilen in den positiven, oder gar dogmatischen Ton gerathen sollte; so sei hier ein für alle Mal gesagt, daß dies bloß geschieht, um nicht durch stete Wiederholung der Formeln des Zweifels und der Muthmaaßung weitschweifig und matt zu werden; daß es mithin nicht ernstlich zu nehmen ist.

Der Glaube an eine specielle Vorsehung, oder sonst eine übernatürliche Lenkung der Begebenheiten im individuellen Lebenslauf, ist zu allen Zeiten allgemein beliebt gewesen, und sogar in denkenden, aller Superstition abgeneigten Köpfen findet er sich bisweilen unerschütterlich fest, ja, wohl gar außer allem Zusammenhange mit irgend welchen bestimmten Dogmen. – Zuvörderst läßt sich ihm entgegensetzen, daß er, nach Art alles Götterglaubens, nicht eigentlich aus der ERKENNTNISS, sondern aus dem WILLEN entsprungen, nämlich zunächst das Kind unsrer Bedürftigkeit sei. Denn die Data, welche bloß die ERKENNTNISS dazu geliefert hätte, ließen sich vielleicht darauf zurückführen, daß der Zufall, welcher uns hundert arge, und wie durchdacht tückische Streiche spielt, dann und wann ein Mal auserlesen günstig ausfällt, oder auch mittelbar sehr gut für uns sorgt. In allen solchen Fällen erkennen wir in ihm die Hand der Vorsehung, und zwar am deutlichsten dann, wann er, unsrer eigenen Einsicht zuwider, ja, auf von uns verabscheuten Wegen, uns zu einem beglückenden Ziele hingeführt hat; wo wir alsdann sagen *tunc bene navigavi, cum naufragium feci,* und der Gegensatz zwischen Wahl und Führung ganz unverkennbar, zugleich aber zum Vortheil der letzteren, fühlbar wird. Eben dieserhalb trösten wir, bei widrigen Zufällen, uns auch wohl mit dem oft bewährten Sprüchlein »wer weiß wozu es gut ist«, – welches eigentlich aus der Einsicht entsprungen ist, daß, obwohl der ZUFALL die Welt beherrscht, er doch den IRRTHUM zum Mitregenten hat und, weil wir Diesem, eben so sehr als Jenem, unterworfen sind, vielleicht eben Das ein Glück ist, was uns jetzt als ein Unglück erscheint. So fliehen wir dann von den Streichen des einen Welttyrannen zum andern, indem wir vom Zufall an den Irrthum appelliren.

Hievon jedoch abgesehn, ist, dem bloßen, reinen, offenbaren Zufall eine Absicht unterzulegen, ein Gedanke, der an Verwegenheit seines Gleichen sucht. Dennoch glaube ich, daß Jeder, wenigstens Ein Mal in seinem Leben, ihn lebhaft gefaßt hat. Auch findet man ihn bei allen Völkern und neben allen Glaubenslehren; wiewohl am entschiedensten bei den Mohammedanern. Es ist ein Gedanke, der, je nachdem man ihn versteht, der absurdeste, oder der tiefsinnigste seyn kann. Gegen die Beispiele inzwischen, wodurch man ihn belegen möchte, bleibt, so frappant sie auch bisweilen seyn mögen, die stehende Einrede diese, daß es das größte Wunder wäre, wenn niemals ein Zufall unsere Angelegenheiten gut, ja, selbst besser besorgte, als unser Verstand und unsere Einsicht es vermocht hätten.

Daß Alles, ohne Ausnahme, was geschieht, mit STRENGER NOTHWENDIGKEIT eintritt, ist eine *a priori* einzusehende, folglich unumstößliche Wahrheit: ich will sie hier den demonstrablen Fatalismus nennen. In meiner Preisschrift über die Freiheit des Willens ergiebt sie sich als das Resultat aller vorhergegangenen Untersuchungen. Sie wird empirisch und *a posteriori* bestätigt, durch die nicht mehr zweifelhafte Thatsache, daß magnetische Somnambule, daß mit dem zweiten Gesichte begabte Menschen, ja, daß bisweilen die Träume des gewöhnlichen Schlafs, das Zukünftige geradezu und genau vorher verkünden. Am auffallendsten ist diese empirische Bestätigung meiner Theorie der strengen Nothwendigkeit alles Geschehenden beim ZWEITEN GESICHT. Denn das vermöge desselben, oft lange vorher Verkündete sehn wir nachmals, ganz genau und mit allen Nebenumständen, wie sie angegeben waren, eintreten, sogar dann, wenn man sich absichtlich und auf alle Weise bemüht hatte, es zu hintertreiben, oder die eintreffende Begebenheit, wenigstens in irgend einem Nebenumstande, von der mitgetheilten Vision abweichen zu machen; welches stets vergeblich gewesen ist; indem dann gerade Das, welches das vorher Verkündete vereiteln sollte, allemal es herbeizuführen gedient hat. Fälle dieser letztern Art findet man, von dem grundehrlichen BENDE BENDSEN mitgetheilt, im 3ten Hefte des achten Bandes des Archivs für thierischen Magnetismus von KIESER (besonders Beisp. 4, 12, 14, 16); wie einen in JUNG STILLINGS Theorie der Geisterkunde §. 155. Wäre nun die Gabe des zweiten Gesichts so häufig, wie sie selten ist; so würden unzählige Vorfälle, vorherverkündet, genau eintreffen und der unleugbare faktische Beweis der strengen Nothwendigkeit alles und jedes Geschehenden, Jedem zugänglich, allgemein vorliegen. Dann würde kein Zweifel mehr darüber bleiben, daß, so sehr auch der Lauf der Dinge sich als rein zufällig darstellt, er es im Grunde doch nicht ist, vielmehr alle diese Zufälle selbst, *τα εικη φερομενα*, von einer, tief verborgenen Nothwendigkeit, *εἱμαρμενη*, umfaßt werden, deren bloßes Werkzeug der Zufall selbst ist. In diese einen Blick zu thun, ist von jeher das Bestreben aller MANTIK gewesen. Aus der in Erinnerung gebrachten, thatsächlichen Mantik nun aber folgt eigentlich nicht bloß, daß alle Begebenheiten mit vollständiger Nothwendigkeit eintreten; sondern auch, daß sie irgendwie schon zum Voraus bestimmt und objektiv festgestellt sind, indem sie ja dem Seherauge als ein Gegenwärtiges sich darstellen: indessen ließe sich dieses allenfalls noch auf die bloße Nothwendigkeit ihres Eintritts in Folge des Verlaufs der Kausalkette zurückführen. Jedenfalls aber ist die Einsicht, oder vielmehr die Ansicht, daß jene Nothwendigkeit alles Geschehenden KEINE BLINDE sei, also der Glaube an einen eben so planmäßigen, wie nothwendigen Hergang in unserm Lebenslauf, ein Fatalismus höherer Art, der jedoch nicht, wie der einfache, sich demonstriren läßt, auf welchen aber dennoch vielleicht Jeder, früher oder später, ein Mal geräth und ihn, nach Maaßgabe seiner Denkungsart, eine Zeit lang, oder auf immer festhält. Wir können denselben, zum Unterschiede von dem gewöhnlichen und demonstrabeln, den TRANSSCENDENTEN FATALISMUS nennen. Er stammt nicht, wie jener, aus einer eigentlich theoretischen Erkenntniß, noch aus der zu dieser nöthigen Untersuchung, als zu welcher Wenige befähigt seyn würden; sondern er setzt sich aus den Erfahrungen des eigenen Lebenslaufs allmälig ab. Unter diesen nämlich machen sich Jedem gewisse Vorgänge bemerklich, welche einerseits, vermöge ihrer besondern und großen Zweckmäßigkeit für ihn, den Stämpel einer moralischen, oder innern Nothwendigkeit, andrerseits jedoch den der äußern, gänzlichen Zufälligkeit deutlich ausgeprägt an sich tragen. Das öftere Vorkommen derselben führt allmälig zu der Ansicht, die oft zur Ueberzeugung wird, daß der Lebenslauf des Einzelnen, so verworren er auch scheinen mag, ein in sich übereinstimmendes, bestimmte Tendenz und belehrenden Sinn habendes Ganzes sei, so gut wie das durchdachteste Epos. Die durch denselben ihm ertheilte Belehrung nun aber bezöge sich allein auf seinen individuellen Willen, – welcher, im letzten Grunde, sein individueller Irrthum ist. Denn nicht in der Weltgeschichte, wie die Professorenphilosophie es wähnt, ist Plan und Ganzheit, sondern im Leben des Einzelnen. Die Völker existiren ja bloß *in abstracto*: die Einzelnen sind das Reale. Daher ist die Weltgeschichte ohne direkte metaphysische Bedeutung: sie ist eigentlich bloß eine zufällige Konfiguration: ich erinnere hier an Das was ich, »Welt als W. und V.« Bd. 1. §. 35, darüber gesagt habe. – Also in Hinsicht auf das eigene individuelle Schicksal erwächst in Vielen jener TRANSSCENDENTE FATALISMUS, zu welchem die aufmerksame Betrachtung des eigenen Lebens, nachdem sein Faden zu einer beträchtlichen Länge ausgesponnen worden, vielleicht Jedem ein Mal Anlaß giebt, und der nicht nur viel Trostreiches, sondern vielleicht auch viel Wahres hat; daher er zu allen Zeiten, sogar als Dogma, behauptet worden. Als völlig unbefangen verdient das Zeugniß eines erfahrenen Welt- und Hofmannes und dazu in einem Nestorischen Alter abgelegt, hier angeführt zu werden, nämlich das des neunzigjährigen KNEBEL, der in einem Briefe sagt: »Man wird, bei genauer »Beobachtung finden, daß in dem Leben der meisten Menschen »sich ein gewisser Plan findet, der, durch die eigene Natur, oder »durch die Umstände, die sie führen, ihnen gleichsam vorgezeich»net ist. Die Zustände ihres Lebens mögen noch so abwechselnd »und veränderlich seyn, es zeigt sich doch am Ende ein Ganzes, das »unter sich eine gewisse Uebereinstimmung bemerken läßt. –––– »Die Hand eines bestimmten Schicksals, so verborgen sie auch »wirken mag, zeigt sich auch genau, sie mag nun durch äußere Wir»kung, oder innere Regung, bewegt seyn: ja, widersprechende »Gründe bewegen sich oftmals in ihrer Richtung. So verwirrt der »Lauf ist, so zeigt sich immer Grund und Richtung durch.« (Knebel's litterarischer Nachlaß. 2. Aufl. 1840. Bd. 3. S. 452.)

Die hier ausgesprochene Planmäßigkeit im Lebenslauf eines Jeden läßt sich nun zwar zum Theil aus der Unveränderlichkeit und starren Konsequenz des angeborenen Charakters erklären, als welche den Menschen immer in das selbe Gleis zurückbringt. Was diesem Charakter eines Jeden das Angemessenste ist erkennt er so unmittelbar und sicher, daß er, in der Regel, es gar nicht in das deutliche, reflektirte Bewußtseyn aufnimmt, sondern unmittelbar und wie instinctmäßig danach handelt. Diese Art von Erkenntniß ist insofern, als sie ins Handeln übergeht, ohne ins deutliche Bewußtseyn gekommen zu seyn, den *reflex actions* des MARSHAL HALL zu vergleichen. Vermöge derselben verfolgt und ergreift Jeder, dem nicht, entweder von außen, oder von seinen eigenen falschen Begriffen und Vorurtheilen, Gewalt geschieht, das ihm individuell Angemessene, auch ohne sich darüber Rechenschaft geben zu können; wie die im Sande, von der Sonne bebrütete und aus dem Ei gekrochene Schildkröte, auch ohne das Wasser erblicken zu können, sogleich die gerade Richtung dahin einschlägt. Dies also ist der innere Kompaß, der geheime Zug, der Jeden richtig auf DEN Weg bringt, welcher allein der ihm angemessene ist, dessen gleichmäßige Richtung er aber erst gewahr wird, nachdem er ihn zurückgelegt hat. – Dennoch scheint Dies, dem mächtigen Einfluß und der großen Gewalt der äußern Umstände gegenüber, nicht ausreichend: und dabei ist es nicht sehr glaublich, daß das Wichtigste in der Welt, der durch so vieles Thun, Plagen und Leiden erkaufte menschliche Lebenslauf, auch nur die andere Hälfte seiner Lenkung, nämlich den von außen kommenden Theil, so ganz eigentlich und rein aus der Hand eines wirklich blinden, an sich selbst gar nichts seienden und aller Anordnung entbehrenden Zufalls erhalten sollte. Vielmehr wird man versucht, zu glauben, daß, – wie es gewisse Bilder giebt, welche dem bloßen Auge nur verzerrte und verstümmelte Ungestalten, hingegen in einem konischen Spiegel gesehn regelrechte menschliche Figuren zeigen, – so die rein empirische Auffassung des Weltlaufs jenem Anschauen des Bildes mit nacktem Auge gleicht, das Verfolgen der Absicht des Schicksals hingegen dem Anschauen im konischen Spiegel, der das dort auseinander Geworfene verbindet und ordnet. Jedoch läßt dieser Ansicht sich immer noch die andere entgegenstellen, daß der planmäßige Zusammenhang, welchen wir in den Begebenheiten unsers Lebens wahrzunehmen glauben, nur eine unbewußte Wirkung unsrer ordnenden und schematisirenden Phantasie sei, derjenigen ähnlich, vermöge welcher wir auf einer befleckten Wand menschliche Figuren und Gruppen deutlich und schön erblicken, indem wir planmäßigen Zusammenhang in Flecke bringen, die der blindeste Zufall gestreut hat. Inzwischen ist doch zu vermuthen, daß Das, was, im höchsten und wahrsten Sinne des Wortes, für uns das Rechte und Zuträgliche ist, wohl nicht Das seyn kann, was bloß projektirt, aber nie ausgeführt wurde, was also nie eine andere Existenz, als die in unsern Gedanken, erhielt, – die *vani disegni, che non han' mai loco* des Ariosto, – und dessen Vereitelung durch den Zufall wir nachher Zeit Lebens zu betrauern hätten; sondern vielmehr Das, was real ausgeprägt wird im großen Bilde der Wirklichkeit und wovon wir, nachdem wir dessen Zweckmäßigkeit erkannt haben, mit Ueberzeugung sagen *sic erat in fatis*, so hat es kommen müssen;

daher denn für die Realisirung des in diesem Sinne Zweckmäßigen auf irgend eine Weise gesorgt seyn müßte, durch eine im tiefsten Grunde der Dinge liegende Einheit des Zufälligen und Nothwendigen. Vermöge dieser müßten, beim menschlichen Lebenslauf, die innere, sich als instinktartiger Trieb darstellende Nothwendigkeit, sodann die vernünftige Ueberlegung und endlich die äußere Einwirkung der Umstände sich wechselseitig dergestalt in die Hände arbeiten, daß sie, am Ende desselben, wann er ganz durchgeführt ist, ihn als ein wohlgeründetes, vollendetes Kunstwerk erscheinen ließen; obgleich vorher, als er noch im Werden war, an demselben, wie an jedem erst angelegten Kunstwerk, sich oft weder Plan, noch Zweck, erkennen ließ. Wer aber erst nach der Vollendung hinzuträte und ihn genau betrachtete, müßte so einen Lebenslauf anstaunen als das Werk der überlegtesten Vorhersicht, Weisheit und Beharrlichkeit. Die Bedeutsamkeit desselben im Ganzen jedoch würde seyn, je nachdem das Subjekt desselben ein gewöhnliches, oder außerordentliches war. – Die Natur freilich thut Alles nur für die Gattung und nichts bloß für das Individuum; weil ihr Jene Alles, Dieses nichts ist. Allein was wir hier als wirkend voraussetzen wäre nicht die Natur, sondern das jenseit der Natur liegende Metaphysische, welches in jedem Individuo ganz und ungetheilt existirt, dem daher Dieses Alles gilt.

Zwar müßte man eigentlich, um über diese Dinge in's Reine zu kommen, zuvor folgende Fragen beantworten: ist ein gänzliches Mißverhältniß zwischen dem Charakter und dem Schicksal eines Menschen möglich? – oder paßt, auf die Hauptsache gesehn, jedes Schicksal zu jedem Charakter? – oder endlich fügt wirklich eine geheime, unbegreifliche Nothwendigkeit, dem Dichter eines Drama's zu vergleichen, Beide jedes Mal passend an einander? – Aber eben hierüber sind wir nicht im Klaren.

Inzwischen glauben wir, unserer Thaten in jedem Augenblicke Herr zu seyn. Allein, wenn wir auf unsern zurückgelegten Lebensweg zurücksehn und zumal unsere unglücklichen Schritte, nebst ihren Folgen, ins Auge fassen; so begreifen wir oft nicht, wie wir haben Dieses thun, oder Jenes unterlassen können; so daß es aussieht, als hätte eine fremde Macht unsre Schritte gelenkt. Deshalb sagt Shakespeare:

Fate, show thy force: ourselves we do not owe;
What is decreed must be, and be this so!
Twelfth-night, A. 1. sc. 5.

(Jetzt kannst du deine Macht, o Schicksal, zeigen:
Was seyn soll muß geschehn, und Keiner ist sein eigen.)

Auch Göthe sagt, im Götz von Berlichingen (Akt 5.): »wir Men»schen führen uns nicht selbst: bösen Geistern ist Macht über uns »gelassen, daß sie ihren Muthwillen an unserm Verderben üben.« Ja, schon der Prophet Jeremias hat es gesagt: »des Menschen Thun stehet nicht in seiner Gewalt, und stehet in Niemandes Macht, wie er wandele, oder seinen Gang richte.« (10, 23.) Dies Alles beruht darauf, daß unsere Thaten das nothwendige Produkt zweier Faktoren sind, deren einer, unser Charakter, unabänderlich fest steht, uns jedoch nur *a posteriori*, also allmälig, bekannt wird; der andere aber sind die Motive: diese liegen außerhalb und werden durch den Weltlauf herbeigeführt, bestimmen jedoch den gegebenen Charakter, unter Voraussetzung seiner feststehenden Beschaffenheit, mit einer Nothwendigkeit, welche der mechanischen gleichkommt. Das über den so erfolgenden Verlauf nun aber urtheilende Ich ist das Subjekt des Erkennens, als solches jenen Beiden fremd und bloß der kritische Zuschauer ihres Wirkens. Da mag es denn freilich zu Zeiten sich verwundern.

Hat man aber ein Mal den Gesichtspunkt jenes transscendenten Fatalismus gefaßt und betrachtet nun von ihm aus ein individuelles Leben; so hat man bisweilen das wunderlichste aller Schauspiele vor Augen, an dem Kontraste zwischen der offenbaren, physischen Zufälligkeit einer Begebenheit und ihrer moralisch-metaphysischen Nothwendigkeit, welche letztere jedoch nie demonstrabel ist, vielmehr immer noch bloß eingebildet seyn kann. Um Dieses durch ein allbekanntes Beispiel, welches zugleich, wegen seiner Grellheit, geeignet ist, als Typus der Sache zu dienen, sich zu veranschaulichen, betrachte man Schiller's »Gang nach dem Eisenhammer«. Hier nämlich sieht man Fridolins Verzögerung, durch den Dienst bei der Messe, so ganz zufällig herbeigeführt, wie sie andrerseits für ihn so höchst wichtig und nothwendig ist. Vielleicht wird Jeder, bei gehörigem Nachdenken, in seinem eigenen Lebenslaufe analoge Fälle finden können, wenn gleich nicht so wichtige, noch so deutlich ausgeprägte. Gar Mancher aber wird hierdurch zu der Annahme getrieben werden, daß EINE GEHEIME UND UNERKLÄRLICHE MACHT alle Wendungen und Windungen unsers Lebenslaufes, zwar sehr oft gegen unsere einstweilige Absicht, jedoch so, wie es der objektiven Ganzheit und subjektiven Zweckmäßigkeit desselben angemessen, mithin unserm eigentlichen wahren Besten förderlich ist, leitet; so, daß wir gar oft die Thorheit der in entgegengesetzter Richtung gehegten Wünsche hinterher erkennen. *Ducunt volentem fata, nolentem trahunt. – Sen. ep. 107.* Eine solche Macht nun müßte, mit einem unsichtbaren Faden alle Dinge durchziehend, auch die, welche die Kausalkette ohne alle Verbindung mit einander läßt, so verknüpfen, daß sie, im erforderten Moment, zusammenträfen. Sie würde demnach die Begebenheiten des wirklichen Lebens so gänzlich beherrschen, wie der Dichter die seines Drama's: Zufall aber und Irrthum, als welche zunächst und unmittelbar in den regelmäßigen, kausalen Lauf der Dinge störend eingreifen, würden die bloßen Werkzeuge ihrer unsichtbaren Hand seyn.

Mehr als Alles treibt uns zu der kühnen Annahme einer solchen, aus der Einheit der tiefliegenden Wurzel der Nothwendigkeit und Zufälligkeit entspringenden und unergründlichen Macht die Rücksicht hin, daß die bestimmte, so eigenthümliche INDIVIDUALITÄT jedes Menschen in physischer, moralischer und intellektueller Hinsicht, die ihm Alles in Allem ist und daher aus der höchsten metaphysischen Nothwendigkeit entsprungen seyn muß, andrerseits (wie ich in meinem Hauptwerke Bd. 2, Kap. 43 dargethan habe) als das nothwendige Resultat des moralischen Charakters des Vaters, der intellektuellen Fähigkeit der Mutter und der gesammten Korporisation Beider sich ergiebt; die Verbindung dieser Eltern nun aber, in der Regel, durch augenscheinlich zufällige Umstände herbeigeführt worden ist. Hier also drängt sich uns die Forderung, oder das metaphysisch-moralische Postulat, einer letzten Einheit der Nothwendigkeit und Zufälligkeit unwiderstehlich auf. Von dieser einheitlichen Wurzel Beider einen deutlichen Begriff zu erlangen, halte ich jedoch für unmöglich: nur soviel läßt sich sagen, daß sie zugleich Das wäre, was die Alten Schicksal, *εἱμαρμενη, πεπρωμενη, fatum* nannten, Das, was sie unter dem leitenden Genius jedes Einzelnen verstanden, nicht minder aber auch Das, was die Christen als Vorsehung, *προνοια,* verehren. Diese Drei unterscheiden sich zwar dadurch, daß das Fatum blind, die beiden Andern sehend gedacht werden: aber dieser anthropomorphistische Unterschied fällt weg und verliert alle Bedeutung bei dem tiefinnern, metaphysischen Wesen der Dinge, in welchem allein wir die Wurzel jener unerklärlichen Einheit des Zufälligen mit dem Nothwendigen, welche sich als der geheime Lenker aller menschlichen Dinge darstellt, zu suchen haben.

Die Vorstellung von dem, jedem Einzelnen beigegebenen und seinem Lebenslaufe vorstehenden GENIUS soll Hetrurischen Ursprungs seyn, war inzwischen bei den Alten allgemein verbreitet. Das Wesentliche derselben enthält ein Vers des Menandros, den Plutarch *(de tranq. an.)* uns aufbehalten hat:

Ἁπαντι δαιμων ανδρι συμπαραστατει
Ευθυς γενομενῳ, μυσταγωγος του βιου
Αγαθος.

(hominem unumquemque, simul in lucem est editus, sectatur Genius, vitae qui auspicium facit, bonus nimirum.) Sehr schön drückt die Sache Horaz aus:

Scit Genius, natale comes qui temperat astrum,
Naturae deus humanae, mortalis in unum-
Quodque caput, vultu mutabilis, albus et ater.
(II. epist. 2, 187.)

Eine gar lesenswerthe Stelle über diesen GENIUS findet man im APULEJUS, *de deo Socratis* S. 236, 38 *Bip*. Aber noch merkwürdiger ist die des PROKLOS in seinem Kommentar zum Alkibiades des Platon S. 77. *ed.* Creuzer: *ὁ γαρ πασαν ἡμων την ζωην ιθυνων και τας τε αἱρεσεις ἡμων αποπληρων, τας προ της γενεσεως, και τας της εἱμαρμενης δοσεις και των μοιρηγενετων θεων, ετι δε τας εκ της προνοιας ελλαμψεις χορηγων και παραμετρων, οὑτος ὁ δαιμων εστι. κ. τ. λ.* Ueberaus tiefsinnig hat den selben Gedanken Theophrastus Paracelsus gefaßt, da er sagt: »Damit aber das FATUM »wohl erkannt werde, ist es also, daß jeglicher Mensch einen Geist »hat, der außerhalb ihm wohnt und setzt seinen Stuhl in die obern »Sterne. Derselbige gebraucht die Bossen [Typen, davon Bossiren] »seines Meisters: derselbige ist der, der da die *praesagia* demselben »vorzeigt und nachzeigt: denn sie bleiben nach diesem. Diese Geister »heißen FATUM.« (Theophr. Werke Straßb. 1603. Fol. Bd. 2. S. 36.) Beachtenswerth ist es, daß eben dieser Gedanke schon beim PLUTARCH zu finden ist, da er sagt, daß außer dem in den irdischen Leib versenkten Theil der Seele ein andrer, reinerer Theil derselben außerhalb über dem Haupte des Menschen schwebend bleibt, als ein Stern sich darstellend und mit Recht sein Dämon, Genius, genannt wird, welcher ihn leitet und dem der Weisere willig folgt. Die Stelle ist zum Hersetzen zu lang, sie steht *de genio Socratis c. 22*. Die Hauptphrase ist: *το μεν ουν ὑποβρυχιον εν τῳ σωματι φερομενον Ψυχη λεγεται· το δε φθορας λειφθεν, οἱ πολλοι Νουν καλουντες, εντος ειναι νομιζουσιν αυτων· οἱ δε ορθως ὑπονοουντες, ὡς εκτος οντα, Δαιμονα προσαγορευουσι.* Beiläufig bemerke ich, daß das Christenthum, welches bekanntlich die Götter und Dämonen aller Heiden gern in Teufel verwandelte, aus diesem GENIUS der Alten den *spiritus familiaris* der Gelehrten und Magiker gemacht zu haben scheint. – Die Christliche Vorstellung von der Providenz ist zu bekannt, als daß es nöthig wäre, dabei zu verweilen. – Alles Dieses sind jedoch nur bildliche, allegorische Auffassungen der in Rede stehenden Sache; wie es denn überhaupt uns nicht vergönnt ist, die tiefsten und verborgensten Wahrheiten anders, als im Bilde und Gleichniß zu erfassen.

In Wahrheit jedoch kann jene verborgene und sogar die äußern Einflüsse lenkende Macht ihre Wurzel zuletzt doch nur in unserm eigenen, geheimnißvollen Innern haben; da ja das *Α* und *Ω* alles Daseyns zuletzt in uns selbst liegt. Allein auch nur die bloße Möglichkeit hievon werden wir, selbst im glücklichsten Falle, wieder nur mittelst Analogien und Gleichnisse, einigermaaßen und aus großer Ferne absehn können.

Die nächste Analogie nun also mit dem Walten jener Macht zeigt uns die TELEOLOGIE DER NATUR, indem sie das Zweckmäßige, als ohne Erkenntniß des Zweckes eintretend, darbietet, zumal da, wo die äußere, d.h. die zwischen verschiedenen, ja verschiedenartigen, Wesen und sogar im Unorganischen Statt findende Zweckmäßigkeit hervortritt; wie denn ein frappantes Beispiel dieser Art das Treibholz giebt, indem es gerade den baumlosen Polarländern vom Meere reichlich zugeführt wird; und ein anderes der Umstand, daß das Festland unsers Planeten ganz nach dem Nordpol hingedrängt liegt, dessen Winter, aus astronomischen Gründen, acht Tage kürzer und dadurch wieder viel milder ist, als der des Südpols. Jedoch auch die innere, im abgeschlossenen Organismus sich unzweideutig kund gebende Zweckmäßigkeit, die solche vermittelnde, überraschende Zusammenstimmung der Technik der Natur mit ihrem bloßen Mechanismus, oder des *nexus finalis* mit dem *nexus effectivus*, (hinsichtlich welcher ich auf mein Hauptwerk Bd. 2. Kap. 26. S. 334–339 verweise) läßt uns analogisch absehn, wie das, von verschiedenen, ja weit entlegenen Punkten Ausgehende und sich anscheinend Fremde doch zum letzten Endzweck konspirirt und daselbst richtig zusammentrifft, nicht durch Erkenntniß geleitet, sondern vermöge einer aller Möglichkeit der Erkenntniß vorhergängigen Nothwendigkeit höherer Art. – Ferner, wenn man die von KANT und später von LAPLACE aufgestellte Theorie der Entstehung unsers Planetensystems, deren Wahrscheinlichkeit der Gewißheit sehr nahe steht, sich vergegenwärtigt und auf Betrachtungen der Art, wie ich sie in meinem Hauptwerke Bd. 2, Kap. 25, S. 324 angestellt habe, geräth, also überdenkt, wie aus dem Spiele blinder, ihren unabänderlichen Gesetzen folgender Naturkräfte, zuletzt diese wohlgeordnete, bewundrungswürdige Planetenwelt hervorgehn mußte; so hat man auch hieran eine Analogie, welche dienen kann, im Allgemeinen und aus der Ferne, die Möglichkeit davon abzusehn, daß selbst der individuelle Lebenslauf von den Begebenheiten, welche das oft so kapriziöse Spiel des blinden Zufalls sind, doch gleichsam planmäßig, so geleitet werde, wie es dem wahren und letzten Besten der Person angemessen ist. Dies angenommen, könnte das Dogma von der VORSEHUNG, als durchaus anthropomorphistisch, zwar nicht unmittelbar und *sensu proprio* als wahr gelten; wohl aber wäre es der mittelbare, allegorische und mythische Ausdruck einer Wahrheit, und daher, wie alle religiösen Mythen, zum praktischen Behuf und zur subjektiven Beruhigung vollkommen ausreichend, in dem Sinne wie z.B. Kants Moraltheologie, die ja auch nur als ein Schema zur Orientirung, mithin allegorisch, zu verstehn ist: – es wäre also, mit Einem Worte, zwar nicht wahr, aber doch so gut wie wahr. Wie nämlich in jenen dumpfen und blinden Urkräften der Natur, aus deren Wechselspiel das Planetensystem hervorgeht, schon eben der Wille zum Leben, welcher nachher in den vollendetesten Erscheinungen der Welt auftritt, das im Innern Wirkende und Leitende ist und er, schon dort, mittelst strenger Naturgesetze, auf seine Zwecke hinarbeitend, die Grundfeste zum Bau der Welt und ihrer Ordnung vorbereitet, indem z.B. der zufälligste Stoß, oder Schwung, die Schiefe der Ekliptik und die Schnelligkeit der Rotation auf immer bestimmt, und das Endresultat die Darstellung seines ganzen Wesens seyn muß, eben weil dieses schon in jenen Urkräften selbst thätig ist; – eben so nun sind alle, die Handlungen eines Menschen bestimmenden Begebenheiten, nebst der sie herbeiführenden Kausalverknüpfung, doch auch nur die Objektivation des selben Willens, der auch in diesem Menschen selbst sich darstellt; woraus sich, wenn auch nur wie im Nebel, absehn läßt, daß sie sogar zu den speciellsten Zwecken jenes Menschen stimmen und passen müssen, in welchem Sinne sie alsdann jene geheime Macht bilden, die das Schicksal des Einzelnen leitet und als sein Genius, oder seine Vorsehung, allegorisirt wird. Rein objektiv betrachtet aber ist und bleibt es der durchgängige, Alles umfassende, ausnahmslose Kausalzusammenhang, – vermöge dessen Alles, was geschieht, durchaus und streng nothwendig eintritt, – welcher die Stelle der bloß mythischen Weltregierung vertritt, ja, den Namen derselben zu führen ein Recht hat.

Dieses uns näher zu bringen, kann folgende allgemeine Betrachtung dienen. »Zufällig« bedeutet das Zusammentreffen, in der Zeit, des kausal nicht Verbundenen. Nun ist aber nichts ABSOLUT zufällig; sondern auch das Zufälligste ist nur ein auf entfernterem Wege herangekommenes Nothwendiges; indem entschiedene, in der Kausalkette hoch herauf liegende Ursachen schon längst nothwendig bestimmt haben, daß es gerade jetzt, und daher mit jenem Andern gleichzeitig, eintreten mußte. Jede Begebenheit nämlich ist das einzelne Glied einer Kette von Ursachen und Wirkungen, welche in der Richtung der Zeit fortschreitet. Solcher Ketten aber giebt es unzählige, vermöge des Raums, neben einander. Jedoch sind diese nicht einander ganz fremd und ohne allen Zusammenhang unter sich; vielmehr sind sie vielfach mit einander verflochten: z. B. mehrere jetzt gleichzeitig wirkende Ursachen, deren jede eine andere Wirkung hervorbringt, sind hoch herauf aus einer gemeinsamen Ursache entsprungen und daher einander so verwandt, wie die Urenkel eines Ahnherrn: und andrerseits bedarf oft eine jetzt eintretende einzelne Wirkung des Zusammentreffens vieler verschiedener Ursachen, die, jede als Glied ihrer eigenen Kette, aus der Vergangenheit herankommen. Sonach nun bilden alle jene, in der Richtung der Zeit fortschreitenden Kausalketten ein großes, gemeinsames, vielfach verschlungenes Netz, welches ebenfalls, mit seiner ganzen Breite, sich in der Richtung der Zeit fortbewegt und eben den Weltlauf ausmacht. Versinnlichen wir uns jetzt jene einzelnen Kausalketten durch Meridiane, die in der Richtung der Zeit lägen; so kann überall das Gleichzeitige und eben deshalb nicht in direktem Kausalzusammenhange Stehende, durch Parallelkreise angedeutet werden. Obwohl nun das unter demselben Parallelkreise Gelegene nicht unmittelbar von einander abhängt; so steht es doch, vermöge der Verflechtung des ganzen Netzes, oder der sich, in der Richtung der Zeit fortwälzenden Gesammtheit aller Ursachen und Wirkungen, mittelbar in irgend einer, wenn auch entfernten, Verbindung: seine jetzige Gleichzeitigkeit ist daher eine nothwendige. Hierauf nun beruht das zufällige Zusammentreffen aller Bedingungen einer in höherem Sinne nothwendigen Begebenheit; das Geschehn Dessen, was das Schicksal gewollt hat, und das Eintreffen zur rechten Zeit der im Lebenslauf des Einzelnen wichtigen und entscheidenden Anlässe und Umstände, ja endlich wohl gar auch der Eintritt der Omina, an welche der Glaube so allgemein und unvertilgbar ist, daß er selbst in den überlegensten Köpfen nicht selten Raum gefunden hat. Denn da nichts ABSOLUT zufällig ist, vielmehr Alles nothwendig eintritt und sogar die Gleichzeitigkeit selbst, des kausal NICHT Zusammenhängenden, die man den Zufall nennt, eine nothwendige ist, indem ja das jetzt Gleichzeitige schon durch Ursachen in der entferntesten Vergangenheit ALS EIN SOLCHES bestimmt wurde; so spiegelt sich Alles in Allem, klingt Jedes in Jedem wieder und ist auch auf die Gesammtheit der Dinge jener bekannte, dem Zusammenwirken im Organismus geltende Ausspruch des Hippokrates anwendbar: *Ξυρροια μια, συμπνοια μια, παντα συμπαθεα.* –

Eine zweite Analogie, welche, von einer ganz anderen Seite, zu einem indirekten Verständniß des in Betrachtung genommenen transscendenten Fatalismus beitragen kann, giebt der TRAUM, mit welchem ja überhaupt das Leben eine längst anerkannte und gar oft ausgesprochene Aehnlichkeit hat; so sehr, daß sogar Kants transscendentaler Idealismus aufgefaßt werden kann als die deutlichste Darlegung dieser traumartigen Beschaffenheit unsers bewußten Daseyns; wie ich Dies in meiner Kritik seiner Philosophie auch ausgesprochen habe. – Und zwar ist es diese Analogie mit dem Traume, welche uns, wenn auch wieder nur in neblichter Ferne, absehn läßt, wie die geheime Macht, welche die uns berührenden, äußeren Vorgänge, zum Behufe ihrer Zwecke mit uns, beherrscht und lenkt, doch ihre Wurzel in der Tiefe unseres eigenen, unergründlichen Wesens haben könnte. Auch im Traume nämlich treffen die Umstände, welche die Motive unserer Handlungen daselbst werden, als äußerliche und von uns selbst unabhängige, ja oft verabscheute, rein zufällig zusammen: dabei aber ist dennoch zwischen ihnen eine geheime und zweckmäßige Verbindung; indem eine verborgene Macht, welcher alle Zufälle im Traume gehorchen, auch diese Umstände, und zwar einzig und allein in Beziehung auf uns, lenkt und fügt. Das Allerseltsamste hiebei aber ist, daß diese Macht zuletzt keine andere seyn kann, als unser eigener Wille, jedoch von einem Standpunkte aus, der nicht in unser träumendes Bewußtseyn fällt; daher es kommt, daß die Vorgänge des Traums so oft ganz gegen unsere Wünsche in demselben ausschlagen, uns in Erstaunen, in Verdruß, ja, in Schrecken und Todesangst versetzen, ohne daß das Schicksal, welches wir doch heimlich selbst lenken, zu unserer Rettung herbeikäme; imgleichen, daß wir begierig nach etwas fragen, und eine Antwort erhalten, über die wir erstaunen; oder auch wieder, – daß wir selbst gefragt werden, wie etwan in einem Examen, und unfähig sind die Antwort zu finden, worauf ein Anderer, zu unsrer Beschämung, sie vortrefflich giebt; während doch im einen, wie im andern Fall, die Antwort immer nur aus unsern eigenen Mitteln kommen kann. Diese geheimnißvolle, von uns selbst ausgehende Leitung der Begebenheiten im Traume noch deutlicher zu machen und ihr Verfahren dem Verständniß näher zu bringen, giebt es noch eine Erläuterung, welche allein dieses leisten kann, die nun aber unumgänglich obscöner Natur ist; daher ich von Lesern, die werth sind, daß ich zu ihnen rede, voraussetze, daß sie daran weder Anstoß nehmen, noch die Sache von der lächerlichen Seite auffassen werden. Es giebt bekanntlich Träume, deren die Natur sich zu einem materiellen Zwecke bedient, nämlich zur Ausleerung der überfüllten Saamenbläschen. Träume dieser Art zeigen natürlich schlüpfrige Scenen: dasselbe thun aber mitunter auch andere Träume, die jenen Zweck gar nicht haben, noch erreichen. Hier tritt nun der Unterschied ein, daß, in den Träumen der ersten Art, die Schönen und die Gelegenheit sich uns bald günstig erweisen; wodurch die Natur ihren Zweck erreicht: in den Träumen der andern Art hingegen treten der Sache, die wir auf das heftigste begehren, stets neue Hindernisse in den Weg, welche zu überwinden wir vergeblich streben, so daß wir am Ende doch nicht zum Ziele gelangen. Wer diese Hindernisse schafft und unsern lebhaften Wunsch Schlag auf Schlag vereitelt, das ist doch nur unser eigener Wille; jedoch von einer Region aus, die weit über das vorstellende Bewußtseyn im Traume hinausliegt und daher in diesem als unerbittliches Schicksal auftritt. – Sollte es nun mit dem Schicksal in der Wirklichkeit und mit der Planmäßigkeit, die vielleicht Jeder, in seinem eigenen Lebenslaufe, demselben abmerkt, nicht ein Bewandniß haben können, das dem am Traume dargelegten analog wäre? Bisweilen geschieht es, daß wir einen Plan entworfen und lebhaft ergriffen haben, von dem sich später ausweist, daß er unserm wahren Wohl keineswegs gemäß war; den wir inzwischen eifrig verfolgen, jedoch nun hiebei eine Verschwörung des Schicksals gegen denselben erfahren, als welches alle seine

Maschinerie in Bewegung setzt, ihn zu vereiteln; wodurch es uns dann endlich, wider unsern Willen, auf den uns wahrhaft angemessenen Weg zurückstößt. Bei einem solchen absichtlich scheinenden Widerstande brauchen manche Leute die Redensart: »ich merke, es SOLL nicht seyn«; andere nennen es ominös, noch andere einen Fingerzeig Gottes: sämmtlich aber theilen sie die Ansicht, daß, wenn das Schicksal sich einem Plane mit so offenbarer Hartnäckigkeit entgegenstellt, wir ihn aufgeben sollten; weil er, als zu unserer uns unbewußten Bestimmung nicht passend, doch nicht verwirklicht werden wird und wir uns, durch halsstarriges Verfolgen desselben, nur noch härtere Rippenstöße des Schicksals zuziehn, bis wir endlich wieder auf dem rechten Wege sind; oder auch weil, wenn es uns gelänge, die Sache zu forciren, solche uns nur zum Schaden und Unheil gereichen würde. Hier findet das oben Angeführte *ducunt volentem fata, nolentem trahunt* seine ganze Bestätigung. In manchen Fällen kommt nun hinterher wirklich zu Tage, daß die Vereitelung eines solchen Planes unserm wahren Wohle durchaus förderlich gewesen ist: Dies könnte daher auch da der Fall seyn, wo es uns nicht kund wird; zumal wenn wir als unser wahres Wohl das metaphysisch-moralische betrachten. – Sehn wir nun aber von hier zurück auf das Hauptergebniß meiner gesammten Philosophie, daß nämlich Das, was das Phänomen der Welt darstellt und erhält, der WILLE ist, der auch in jedem Einzelnen lebt und strebt, und erinnern wir uns zugleich der so allgemein anerkannten Aehnlichkeit des Lebens mit dem Traume; so können wir, alles Bisherige zusammenfassend, es uns, ganz im Allgemeinen, als möglich denken, daß, auf analoge Weise, wie Jeder der heimliche Theaterdirektor seiner Träume ist, so auch jenes Schicksal, welches unsern wirklichen Lebenslauf beherrscht, irgendwie zuletzt von jenem WILLEN ausgehe, der unser eigener ist, welcher jedoch hier, wo er als Schicksal aufträte, von einer Region aus wirkte, die weit über unser vorstellendes, individuelles Bewußtseyn hinausliegt, während hingegen dieses die Motive liefert, die unsern empirisch erkennbaren, individuellen Willen leiten, der daher oft auf das heftigste zu kämpfen hat mit jenem unserm, als Schicksal sich darstellenden Willen, unserm leitenden Genius, unserm »Geist der außerhalb uns

»wohnt und seinen Stuhl in die obern Sterne setzt«, als welcher das individuelle Bewußtseyn weit übersieht und daher, unerbittlich gegen dasselbe, als äußern Zwang Das veranstaltet und feststellt, was herauszufinden er demselben nicht überlassen durfte und doch nicht verfehlt wissen will.

Das Befremdliche, ja Exorbitante dieses gewagten Satzes zu mindern mag zuvörderst eine Stelle im Skotus Erigena dienen, bei der zu erinnern ist, daß sein *Deus*, als welcher ohne Erkenntniß ist und von welchem Zeit und Raum, nebst den zehn Aristotelischen Kategorien, nicht zu prädiciren sind, ja, dem überhaupt nur Ein Prädikat bleibt, Wille, – offenbar nichts Anderes ist, als was bei mir der Wille zum Leben: *est etiam alia species ignorantiae in Deo, quando ea, quae praescivit et praedestinavit, ignorare dicitur, dum adhuc in rerum factarum cursibus experimento non apparuerint (De divis. nat. p. 83 edit. Oxford.).* Und bald darauf: *tertia species divinae ignorantiae est, per quam Deus dicitur ignorare ea, quae nondum experimento actionis et operationis in effectibus manifeste apparent; quorum tamen invisibiles rationes in seipso, a seipso creatas et sibi ipsi cognitas possidet.* –

Wenn wir nun, um die dargelegte Ansicht uns einigermaaßen faßlich zu machen, die anerkannte Aehnlichkeit des individuellen Lebens mit dem Traume zu Hülfe genommen haben; so ist andrerseits auf den Unterschied aufmerksam zu machen, daß im bloßen Traume das Verhältniß einseitig ist, nämlich nur ein Ich wirklich will und empfindet, während die Uebrigen nichts, als Phantome sind; im großen Traume des Lebens hingegen ein wechselseitiges Verhältniß Statt findet, indem nicht nur der Eine im Traume des Andern, gerade so wie es daselbst nöthig ist, figurirt, sondern auch dieser wieder in dem seinigen; so daß, vermöge einer wirklichen *harmonia praestabilita*, Jeder doch nur Das träumt, was ihm, seiner eigenen metaphysischen Lenkung gemäß, angemessen ist, und alle Lebensträume so künstlich in einander geflochten sind, daß Jeder erfährt, was ihm gedeihlich ist, und zugleich leistet, was Andern nöthig; wonach denn eine etwanige große Weltbegebenheit sich dem Schicksale vieler Tausende, Jedem auf individuelle Weise, anpaßt. Alle Ereignisse im Leben eines Menschen ständen demnach in zwei grundverschiedenen Arten des Zusammenhangs: erstlich, im objektiven, kausalen Zusammenhange des Naturlaufs; zweitens, in einem subjektiven Zusammenhange, der nur in Beziehung auf das sie erlebende Individuum vorhanden und so subjektiv wie dessen eigene Träume ist, in welchem jedoch ihre Succession und Inhalt ebenfalls nothwendig bestimmt ist, aber in der Art, wie die Succession der Scenen eines Drama's, durch den Plan des Dichters. Daß nun jene beiden Arten des Zusammenhangs zugleich bestehn und die nämliche Begebenheit, als ein Glied zweier ganz verschiedener Ketten, doch beiden sich genau einfügt, in Folge wovon jedes Mal das Schicksal des Einen zum Schicksal des Andern paßt und Jeder der Held seines eigenen, zugleich aber auch der Figurant im fremden Drama ist. Dies ist freilich etwas, das alle unsere Fassungskraft übersteigt und nur vermöge der wundersamsten *harmonia praestabilita* als möglich gedacht werden kann. Aber wäre es andrerseits nicht engbrüstiger Kleinmuth, es für unmöglich zu halten, daß die Lebensläufe aller Menschen in ihrem Ineinandergreifen eben so viel *concentus* und Harmonie haben sollten, wie der Komponist den vielen, scheinbar durch einander tobenden Stimmen seiner Symphonie zu geben weiß? Auch wird unsere Scheu vor jenem kolossalen Gedanken sich mindern, wenn wir uns erinnern, daß das Subjekt des großen Lebenstraumes in gewissem Sinne nur Eines ist, der Wille zum Leben, und daß alle Vielheit der Erscheinungen durch Zeit und Raum bedingt ist. Geht man nun darauf ein, nimmt man jene doppelte Kette aller Begebenheiten an, vermöge deren jedes Wesen einerseits seiner selbst wegen da ist, seiner Natur gemäß mit Nothwendigkeit handelt und wirkt und seinen eigenen Gang geht, andrerseits aber auch für die Auffassung eines fremden Wesens und die Einwirkung auf dasselbe so ganz bestimmt und geeignet ist, wie die Bilder in dessen Träumen; – so wird man Dieses auf die ganze Natur, also auch auf Thiere und erkenntnißlose Wesen, auszudehnen haben. Da eröffnet sich dann abermals eine Aussicht auf die Möglichkeit der *omina, praesagia* und *portenta*, indem nämlich Das, was, nach dem Laufe der Natur, NOTHWENDIG eintritt, doch andrerseits wieder anzusehn ist als bloßes Bild für mich und Staffage MEINES Lebenstraumes, bloß in Bezug auf MICH geschehend und existirend, oder auch als bloßer

Widerschein und Widerhall MEINES Thuns und Erlebens; wonach dann das Natürliche und ursächlich nachweisbar Nothwendige eines Ereignisses das Ominose desselben keineswegs aufhöbe, und eben so dieses nicht jenes. Daher sind Die ganz auf dem Irrwege, welche das Ominose eines Ereignisses dadurch zu beseitigen vermeinen, daß sie die natürlichen und nothwendig wirkenden Ursachen desselben recht deutlich nachweisen. Denn an diesen zweifelt kein vernünftiger Mensch; sondern gerade daraus, daß die ins Unendliche hinaufreichende Kette der Ursachen und Wirkungen, mit der ihr eigenen, strengen Nothwendigkeit und unvordenklichen Prädestination, den Eintritt dieses Ereignisses, in solchem bedeutsamen Augenblick, unvermeidlich festgestellt hat, erwächst demselben das Ominose. Andrerseits jedoch sehn wir mit dem Glauben an die Omina auch der Astrologie wieder die Thüre geöffnet; da die geringste, als ominos geltende Begebenheit, der Flug eines Vogels, das Begegnen eines Menschen u. dgl. durch eine eben so unendlich lange und eben so streng nothwendige Kette von Ursachen bedingt ist, wie der berechenbare Stand der Gestirne, zu einer gegebenen Zeit. Nur steht freilich die Konstellation so hoch, daß die Hälfte der Erdbewohner sie zugleich sieht; während dagegen das Omen nur im Bereich des betreffenden Einzelnen erscheint. Will man übrigens die Möglichkeit des Ominosen sich noch durch ein Bild versinnlichen; so kann man Den, der, bei einem wichtigen Schritt in seinem Lebenslauf, dessen Folgen noch die Zukunft verbirgt, ein gutes, oder schlimmes Omen erblickt und dadurch gewarnt oder bestärkt wird, einer Saite vergleichen, welche, wenn angeschlagen, sich selbst nicht hört, jedoch die, in Folge ihrer Vibration mitklingende, fremde Saite vernähme. –

KANTS Unterscheidung des Dinges an sich von seiner Erscheinung, nebst meiner Zurückführung des ersteren auf den Willen und der letzteren auf die Vorstellung, giebt uns die Möglichkeit, die Vereinbarkeit DREIER GEGENSÄTZE, wenn auch nur unvollkommen und aus der Ferne, abzusehn.

Diese sind:

1) Der, zwischen der Freiheit des Willens an sich selbst und der

durchgängigen Nothwendigkeit aller Handlungen des Individuums.

2) Der, zwischen dem Mechanismus und der Technik der Natur, oder dem *nexus effectivus* und dem *nexus finalis*, oder der rein kausalen und der teleologischen Erklärbarkeit der Naturprodukte. (Hierüber Kants Kritik der Urtheilskraft §. 78, und mein Hauptwerk Bd. 2. Kap. 26.)

3) Der, zwischen der offenbaren Zufälligkeit aller Begebenheiten im individuellen Lebenslauf und ihrer moralischen Nothwendigkeit zur Gestaltung desselben, gemäß einer transscendenten Zweckmäßigkeit für das Individuum: – oder, in populärer Sprache, zwischen dem Naturlauf und der Vorsehung.

Die Klarheit unserer Einsicht in die Vereinbarkeit jedes dieser drei Gegensätze ist, obwohl bei keinem derselben vollkommen, doch genügender beim ersten als beim zweiten, am geringsten aber beim dritten. Inzwischen wirft das, wenn auch unvollkommene, Verständniß der Vereinbarkeit eines jeden dieser Gegensätze allemal Licht auf die zwei andern zurück, indem es als ihr Bild und Gleichniß dient. –

Worauf nun endlich diese ganze, hier in Betrachtung genommene, geheimnißvolle Lenkung des individuellen Lebenslaufs es eigentlich abgesehn habe, läßt sich nur sehr im Allgemeinen angeben. Bleiben wir bei den einzelnen Fällen stehn; so scheint es oft, daß sie nur unser zeitliches, einstweiliges Wohl im Auge habe. Dieses jedoch kann, wegen seiner Geringfügigkeit, Unvollkommenheit, Futilität und Vergänglichkeit, nicht im Ernst ihr letztes Ziel seyn: also haben wir dieses in unserm ewigen, über das individuelle Leben hinausgehenden Daseyn zu suchen. Und da läßt sich dann nur ganz im Allgemeinen sagen, unser Lebenslauf werde, mittelst jener Lenkung, so regulirt, daß von dem Ganzen der durch denselben uns aufgehenden Erkenntniß der metaphysisch zweckdienlichste Eindruck auf den WILLEN, als welcher der Kern und das Wesen an sich des Menschen ist, entstehe. Denn obgleich der Wille zum Leben seine Antwort am Laufe der Welt überhaupt, als der Erscheinung seines Strebens, erhält; so ist dabei doch jeder Mensch jener Wille zum Leben auf eine ganz individuelle und einzige Weise, gleichsam ein individualisirter Akt desselben; dessen genügende Beantwortung daher auch nur eine ganz bestimmte Gestaltung des Weltlaufs, gegeben in den ihm eigenthümlichen Erlebnissen, seyn kann. Da wir nun, aus den Resultaten meiner Philosophie des Ernstes (im Gegensatz bloßer Professoren- oder Spaaß-Philosophie), das Abwenden des Willens vom Leben als das letzte Ziel des zeitlichen Daseyns erkannt haben; so müssen wir annehmen, daß DAHIN ein Jeder, auf die ihm ganz individuell angemessene Art, also auch oft auf weiten Umwegen, allmälig geleitet werde. Da nun ferner Glück und Genuß diesem Zwecke eigentlich entgegenarbeiten; so sehn wir, Diesem entsprechend, jedem Lebenslauf, Unglück und Leiden unausbleiblich eingewebt, wiewohl in sehr ungleichem Maaße und nur selten im überfüllten, nämlich in den tragischen Ausgängen; wo es dann aussieht, als ob der Wille gewissermaaßen mit Gewalt zur Abwendung vom Leben getrieben werden und gleichsam durch den Kaiserschnitt zur Wiedergeburt gelangen sollte.

So geleitet dann jene unsichtbare und nur in zweifelhaftem Scheine sich kund gebende Lenkung uns bis zum Tode, diesem eigentlichen Resultat und insofern Zweck des Lebens. In der Stunde desselben drängen alle die geheimnißvollen (wenn gleich eigentlich in uns selbst wurzelnden) Mächte, die das ewige Schicksal des Menschen bestimmen, sich zusammen und treten in Aktion. Aus ihrem Konflikt ergiebt sich der Weg, den er jetzt zu wandern hat, bereitet nämlich seine Palingenesie sich vor, nebst allem Wohl und Wehe, welches in ihr begriffen und von Dem an unwiderruflich bestimmt ist. – Hierauf beruht der hochernste, wichtige, feierliche und furchtbare Charakter der Todesstunde. Sie ist eine Krisis, im stärksten Sinne des Worts, – ein Weltgericht.

VERSUCH

ÜBER DAS GEISTERSEHN

und
was damit zusammenhängt.

Und laß dir rathen, habe
Die Sonne nicht zu lieb und nicht die Sterne.
Komm, folge mir ins dunkle Reich hinab!
Göthe.

Die in dem superklugen, verflossenen Jahrhundert, allen früheren zum Trotz, überall, wenn auch nicht gebannten, doch geächteten Gespenster sind, wie schon vorher die Magie, während dieser letzten 25 Jahre, in Deutschland rehabilitirt worden. Vielleicht nicht mit Unrecht. Denn die Beweise gegen ihre Existenz waren theils metaphysische, die, als solche, auf unsicherm Grunde standen; theils empirische, die doch nur bewiesen, daß, in den Fällen, wo keine zufällige, oder absichtlich veranstaltete Täuschung aufgedeckt worden war, auch nichts vorhanden gewesen sei, was, mittelst Reflexion der Lichtstrahlen, auf die Retina, oder, mittelst Vibration der Luft, auf das Tympanum hätte wirken können. Dies spricht jedoch bloß gegen die Anwesenheit von Körpern, deren Gegenwart aber auch niemand behauptet hatte, ja deren Kundgebung auf die besagte physische Weise, die Wahrheit einer Geistererscheinung aufheben würde. Denn eigentlich liegt schon im Begriff eines Geistes, daß seine Gegenwart uns auf ganz anderm Wege kund wird, als die eines Körpers. Was ein Geisterseher, der sich selbst recht verstände und auszudrücken wüßte, behaupten würde, ist bloß die Anwesenheit eines Bildes in seinem anschauenden Intellekt, vollkommen ununterscheidbar von dem, welches, unter Vermittelung des Lichtes und seiner Augen, daselbst von Körpern veranlaßt wird, und dennoch ohne wirkliche Gegenwart solcher Körper; desgleichen, in Hinsicht auf das hörbar Gegenwärtige, Geräusche, Töne und Laute, ganz und gar gleich den durch vibrirende Körper und Luft in seinem Ohr hervorgebrachten, doch ohne die Anwesenheit oder Bewegung solcher Körper. Eben hier liegt die Quelle des Mißverständnisses, welches Alles für und wider die Realität der Geistererscheinungen Gesagte durchzieht. Nämlich die Geistererscheinung stellt sich dar, völlig wie eine Körpererscheinung: sie ist jedoch keine, und soll es auch nicht seyn. Diese Unterscheidung ist schwer und verlangt Sachkenntniß, ja philosophisches und physiologisches Wissen. Denn es kommt darauf an, zu begreifen, daß eine Einwirkung gleich der von einem Körper nicht nothwendig die Anwesenheit eines Körpers voraussetze.

Vor Allem daher müssen wir uns hier zurückrufen und bei allem Folgenden gegenwärtig erhalten, was ich öfter ausführlich dargethan habe (besonders in der 2. Aufl. meiner Abhandlung über den Satz vom zureichenden Grunde §. 21, und außerdem »über das Sehn und die Farben« §. 1. – *Theoria colorum, II.* – Welt als W. und V. Bd. 1. S. 12–14. – Bd. 2. Kap. 2. –), daß nämlich unsere Anschauung der Außenwelt nicht bloß SENSUAL, sondern hauptsächlich INTELLEKTUAL, d.h. (objektiv ausgedrückt) CEREBRAL ist. – Die Sinne geben nie mehr, als eine bloße EMPFINDUNG in ihrem Organ, also einen an sich höchst dürftigen Stoff, aus welchem allererst der VERSTAND, durch Anwendung des ihm *a priori* bewußten Gesetzes der Kausalität, und der eben so *a priori* ihm einwohnenden Formen, Raum und Zeit, diese Körperwelt aufbaut. Die Erregung zu diesem Anschauungsakte geht, im wachen und normalen Zustande, allerdings von der Sinnesempfindung aus, indem diese die Wirkung ist, zu welcher der Verstand die Ursache setzt. Warum aber sollte es nicht möglich seyn, daß auch ein Mal eine von einer ganz andern Seite, also von innen, vom Organismus selbst ausgehende Erregung zum Gehirn gelangen und von diesem, mittelst seiner eigenthümlichen Funktion und dem Mechanismus derselben gemäß, eben so wie jene verarbeitet werden könnte? NACH dieser Verarbeitung aber würde die Verschiedenheit des ursprünglichen Stoffes nicht mehr zu erkennen seyn; so wie am Chylus nicht die Speise, aus der er bereitet worden. Bei einem etwanigen wirklichen Falle dieser Art würde sodann die Frage entstehen, ob auch die entferntere Ursache der dadurch hervorgebrachten Erscheinung niemals weiter zu suchen wäre, als im Innern des Organismus; oder ob sie, beim Ausschluß aller Sinnesempfindung, dennoch eine ÄUSSERE seyn könne, welche dann freilich, in diesem Falle, nicht physisch oder körperlich gewirkt haben würde; und, wenn Dies, welches Verhältniß die gegebene Erscheinung zur Beschaffenheit einer solchen entfernten äußern Ursache haben könne, also ob sie Indicia über diese enthielte, ja wohl gar das Wesen derselben in ihr ausgedrückt wäre. Demnach würden wir auch hier, eben wie bei der Körperwelt, auf die Frage nach dem Verhältniß der Erscheinung zum Dinge an sich geführt werden. Dies aber ist der transscendentale Standpunkt, von welchem aus es sich vielleicht ergeben könnte, daß der Geistererscheinung nicht mehr noch weniger Idealität anhienge, als der Körpererscheinung, die ja bekanntlich unausweichbar dem Idealismus unterliegt und daher nur auf weitem Umwege auf das Ding an sich, d.h. das wahrhaft Reale, zurückgeführt werden kann. Da nun wir als dieses Ding an sich den WILLEN erkannt haben; so giebt dies Anlaß zu der Vermuthung, daß vielleicht ein solcher, wie den Körpererscheinungen, so auch den Geistererscheinungen zum Grunde liege. Alle bisherigen Erklärungen der Geistererscheinungen sind SPIRITUALISTISCHE gewesen: eben als solche erleiden sie die Kritik Kants, im ersten Theile seiner »Träume eines Geistersehers«. Ich versuche hier eine IDEALISTISCHE Erklärung. –

Nach dieser übersichtlichen und anticipirenden Einleitung zu den jetzt folgenden Untersuchungen, nehme ich den ihnen angemessenen, langsamern Gang an. Nur bemerke ich, daß ich den Thatbestand, worauf sie sich beziehn, als dem Leser bekannt voraussetze. Denn theils ist mein Fach nicht das erzählende, also auch nicht die Darlegung von Thatsachen, sondern die Theorie zu denselben; theils müßte ich ein dickes Buch schreiben, wenn ich alle die magnetischen Krankengeschichten, Traumgesichte, Geistererscheinungen u.s.w., die unserm Thema als Stoff zum Grunde liegen und bereits in vielen Büchern erzählt sind, wiederholen wollte; endlich auch habe ich keinen Beruf den Skepticismus der Ignoranz zu bekämpfen, dessen superkluge Gebärden täglich mehr außer Kredit kommen und bald nur noch in England Cours haben werden. Wer heut zu Tage die Thatsachen des animalischen Magnetismus und seines Hellsehns bezweifelt, ist nicht ungläubig, sondern unwissend zu nennen: Aber ich muß mehr, ich muß die Bekanntschaft mit wenigstens einigen der in großer Anzahl vorhandenen Bücher über Geistererscheinungen, oder anderweitige Kunde von diesen voraussetzen. Selbst die auf solche Bücher verweisenden Citate gebe ich nur dann, wann es specielle Angaben oder streitige Punkte betrifft. Im übrigen setze ich bei meinem Leser, den ich mir als einen mich schon anderweitig kennenden denke, das Zutrauen voraus, daß, wenn ich etwas als faktisch feststehend annehme, es mir aus guten Quellen, oder aus eigener Erfahrung, bekannt sei.

Zunächst nun also frägt sich, ob denn wirklich in unserm anschauenden Intellekt, oder Gehirn, anschauliche Bilder, vollkommen und ununterscheidbar gleich denen, welche daselbst die auf die äußeren Sinne wirkende Gegenwart der Körper veranlaßt, ohne diesen Einfluß entstehn können. Glücklicherweise benimmt uns hierüber eine uns sehr vertraute Erscheinung jeden Zweifel: nämlich DER TRAUM.

Die Träume für bloßes Gedankenspiel, bloße Phantasiebilder ausgeben zu wollen, zeugt von Mangel an Besinnung, oder an Redlichkeit: denn offenbar sind sie von diesen specifisch verschieden. Phantasiebilder sind schwach, matt, unvollständig, einseitig und so flüchtig, daß man das Bild eines Abwesenden kaum einige Sekunden gegenwärtig zu erhalten vermag, und sogar das lebhafteste Spiel der Phantasie hält keinen Vergleich aus mit jener handgreiflichen Wirklichkeit, die der Traum uns vorführt. Es ist ganz falsch, Dies daraus erklären zu wollen, daß die Bilder der Phantasie durch den gleichzeitigen Eindruck der realen Außenwelt gestört und geschwächt würden: denn auch in der tiefsten Stille der finstersten Nacht vermag die Phantasie nichts hervorzubringen, was jener objektiven Anschaulichkeit und Leibhaftigkeit des Traumes irgend nahe käme. Zudem sind Phantasiebilder stets durch die Gedankenassociation, oder durch Motive herbeigeführt und vom Bewußtseyn ihrer Willkürlichkeit begleitet. Der Traum hingegen steht da, als ein völlig Fremdes, sich, wie die Außenwelt, ohne unser Zuthun, ja wider unsern Willen Aufdringendes. Alle seine Gegenstände erscheinen bestimmt und deutlich, wie die Wirklichkeit, nicht etwan bloß in Bezug auf uns, also flächenartig-einseitig, oder nur in der Hauptsache und in allgemeinen Umrissen angegeben; sondern genau ausgeführt, bis auf die kleinsten und zufälligsten Einzelheiten und die uns oft hinderlichen und im Wege stehenden Nebenumstände herab: da wirft jeder Körper seinen Schatten, und jedes Hinderniß muß erst beseitigt werden, gerade wie in der Wirklichkeit. Das durchaus Objektive desselben zeigt sich ferner darin, daß seine Vorgänge meistens gegen unsre Erwartung, oft gegen unsern Wunsch ausfallen, sogar bisweilen unser Erstaunen erregen; nicht weniger auch in der dramatischen Richtigkeit der Charaktere und Handlungen, welche die artige Bemerkung veranlaßt hat, daß Jeder, während er träumt, ein Shakespeare sei. In Folge alles Diesen ist die Täuschung, die der Traum erzeugt, so stark, daß die Wirklichkeit selbst, welche beim Erwachen vor uns steht, oft erst zu kämpfen hat und Zeit gebraucht, ehe sie zum Worte kommen kann, um uns von der Trüglichkeit des schon nicht mehr vorhandenen, sondern bloß dagewesenen Traumes zu überzeugen. Auch hinsichtlich der Erinnerung sind wir, bei unbedeutenden Vorgängen, bisweilen im Zweifel, ob sie geträumt oder wirklich geschehn seien: wenn hingegen Einer zweifelt, ob etwas geschehn sei, oder er es sich bloß EINGEBILDET habe; so wirft er auf sich selbst den Verdacht des Wahnsinns. Dies Alles beweist, daß der Traum eine ganz eigenthümliche Funktion unsers Gehirns und durchaus verschieden ist von der bloßen Einbildungskraft und ihrer Rumination. – Auch Aristoteles sagt: *το ενυπνιον εστιν αισϑημα, τροπον τινα (somnium quodammodo sensum est): de somno et vigilia, c.2.* Auch macht er die feine und richtige Bemerkung, daß wir, im Traume selbst, uns abwesende Dinge noch durch die Phantasie vorstellen. Hieraus aber läßt sich folgern, daß, während des Traumes, die Phantasie noch disponibel, also nicht sie selbst das Medium, oder Organ, des Traumes sei.

Andrerseits wieder hat der Traum eine nicht zu leugnende Aehnlichkeit mit dem Wahnsinn. Nämlich, was das träumende Bewußtseyn vom wachen hauptsächlich unterscheidet, ist der Mangel an Gedächtniß, oder vielmehr an zusammenhängender, besonnener Rückerinnerung. Wir träumen uns in wunderliche, ja unmögliche Lagen und Verhältnisse, ohne daß es uns einfiele, nach den Relationen derselben zum Abwesenden und den Ursachen ihres Eintritts zu forschen; wir vollziehen ungereimte Handlungen, weil wir des ihnen Entgegenstehenden nicht eingedenk sind. Längst Verstorbene figuriren noch immer als Lebende in unsern Träumen; weil wir im Traume uns nicht darauf besinnen, daß sie todt sind. Oft sehn wir uns wieder in den Verhältnissen, die in unsrer frühen Jugend bestanden, von den damaligen Personen umgeben, Alles beim Alten; weil alle seitdem eingetretenen Veränderungen und Umgestaltungen vergessen sind. Es scheint also wirklich, daß im Traume, bei der Thätigkeit aller Geisteskräfte, das Gedächtniß allein nicht recht disponibel sei. Hierauf eben beruht seine Aehnlichkeit mit dem Wahnsinn, welcher, wie ich (Welt als W. und V. Bd. 1. §. 36. und Bd. 2. Kap. 32.) gezeigt habe, im Wesentlichen auf eine gewisse Zerrüttung des Erinnerungsvermögens zurückzuführen ist. Von diesem Gesichtspunkt aus läßt sich daher der Traum als ein kurzer Wahnsinn, der Wahnsinn als ein langer Traum bezeichnen.

Wie jede Veränderung in der realen Welt schlechterdings nur in Folge einer ihr vorhergegangenen andern, ihrer Ursache, eintreten kann; so ist auch der Eintritt aller Gedanken und Vorstellungen in unser Bewußtseyn dem Satze vom Grunde überhaupt unterworfen; daher solche jedesmal entweder durch einen äußern Eindruck auf die Sinne, oder aber, nach den Gesetzen der Association (worüber Kap. 14 im zweiten Bande meines Hauptwerks) durch einen ihnen vorhergängigen Gedanken hervorgerufen seyn müssen; außerdem sie nicht eintreten könnten. Diesem Satze vom Grunde, als dem ausnahmslosen Princip der Abhängigkeit und Bedingtheit aller irgend für uns vorhandenen Gegenstände, müssen nun auch die Träume, hinsichtlich ihres Eintritts, irgendwie unterworfen seyn: allein auf welche Weise sie ihm unterliegen, ist sehr schwer auszumachen. Denn das Charakteristische des Traumes ist die ihm wesentliche Bedingung des Schlafs, d.h. der aufgehobenen normalen Thätigkeit des Gehirns und der Sinne: erst wann diese Thätigkeit feiert, kann der Traum eintreten; gerade so, wie die Bilder der Laterna magika erst erscheinen können, nachdem man die Beleuchtung des Zimmers aufgehoben hat. Demnach wird der Eintritt, mithin auch der Stoff des Traums zuvörderst nicht durch äußere Eindrücke auf die Sinne herbeigeführt: einzelne Fälle, wo, bei leichtem Schlummer, äußere Töne, auch wohl Gerüche, noch ins Sensorium gedrungen sind und Einfluß auf den Traum erlangt haben, sind specielle Ausnahmen, von denen ich hier absehe. Nun aber ist sehr beachtenswerth, daß die Träume auch nicht durch die Gedankenassociation herbeigeführt werden. Denn sie entstehn entweder mitten im tiefen Schlafe, dieser eigentlichen Ruhe des Gehirns, welche wir als eine vollkommene, mithin als ganz bewußtlos anzunehmen alle Ursache haben; wonach hier sogar die Möglichkeit der Gedankenassociation wegfällt: oder aber sie entstehn beim Uebergang aus dem wachen Bewußtseyn in den Schlaf, also beim Einschlafen: sogar bleiben sie hiebei eigentlich nie ganz aus und geben eben dadurch uns Gelegenheit, die volle Ueberzeugung zu gewinnen, daß sie durch keine Gedankenassociation mit den wachen Vorstellungen verknüpft sind, sondern den Faden dieser unberührt lassen, um ihren Stoff und Anlaß ganz wo anders, wir wissen nicht woher, zu nehmen. Diese ersten Traumbilder des Einschlafenden nämlich sind, was sich leicht beobachten läßt, stets ohne irgend einigen Zusammenhang mit den Gedanken, unter denen er eingeschlafen ist, ja, sie sind diesen so auffallend heterogen, daß dem darüber Nachdenkenden sich die Frage aufdrängt, wodurch wohl die Wahl und Beschaffenheit derselben bestimmt werden möge? Sie haben überdies (wie Burdach im 3. Bande seiner Physiologie fein und richtig bemerkt) das Unterscheidende, daß sie keine zusammenhängende Begebenheit darstellen und wir auch meistentheils nicht selbst als handelnd darin auftreten, wie in den andern Träumen; sondern sie sind ein rein objektives Schauspiel, bestehend aus vereinzelten Bildern, die beim Einschlafen plötzlich aufsteigen. Da wir oft sogleich wieder darüber erwachen, können wir uns vollkommen überzeugen, daß sie mit den noch augenblicklich vorher dagewesenen Gedanken niemals die mindeste Aehnlichkeit, die entfernteste Analogie, oder sonstige Beziehung zu ihnen haben, vielmehr uns durch das ganz Unerwartete ihres Inhalts überraschen, als welcher unserm vorherigen Gedankengange eben so fremd ist, wie irgend ein Gegenstand der Wirklichkeit, der, im wachen Zustande, auf die zufälligste Weise, plötzlich in unsere Wahrnehmung tritt. – Der Faden also, den der Satz vom Grunde uns in die Hand giebt, scheint uns hier an beiden Enden, dem innern und dem äußern, abgeschnitten zu seyn. Allein das ist nicht möglich, nicht denkbar. Nothwendig muß irgend eine Ursache vorhanden seyn, welche jene Traumgestalten herbeiführt und sie durchgängig bestimmt; so daß aus ihr sich müßte genau erklären lassen, warum z.B. mir, den bis zum Augenblick des Einschlummerns ganz andere Gedanken beschäftigten, jetzt plötzlich ein blühender, vom Winde leise bewegter, Baum, und nichts Anderes sich darstellt, ein ander Mal aber eine Magd, mit einem Korbe auf dem Kopf, wieder ein ander Mal eine Reihe Soldaten, u.s.f.

Da nun also bei der Entstehung der Träume, sei es unter dem Einschlafen, oder im bereits eingetretenen Schlaf, dem Gehirne, diesem alleinigen Sitz und Organ aller Vorstellungen, sowohl die Erregung von außen, durch die Sinne, als die von innen, durch die Gedanken abgeschnitten ist; so bleibt uns keine andere Annahme übrig, als daß dasselbe irgend eine rein physiologische Erregung dazu, aus dem Innern des Organismus, erhalte. Dem Einflusse dieses sind zum Gehirne zwei Wege offen: der der Nerven und der der Gefäße. Die Lebenskraft hat während des Schlafes, d.h. des Einstellens aller ANIMALISCHEN Funktionen, sich gänzlich auf das ORGANISCHE Leben geworfen, und ist daselbst, unter einiger Verringerung des Athmens, des Pulses, der Wärme, auch fast aller Sekretionen, hauptsächlich mit der langsamen Reproduktion, der Herstellung alles Verbrauchten, der Heilung alles Verletzten und der Beseitigung aller eingerissenen Unordnungen, beschäftigt; daher der Schlaf die Zeit ist, während welcher die *vis naturae medicatrix*, in allen Krankheiten, die heilsamen Krisen herbeiführt, in welchen sie alsdann den entscheidenden Sieg über das vorhandene Uebel erkämpft, und wonach daher der Kranke, mit dem sichern Gefühl der herankommenden Genesung, erleichtert und freudig erwacht. Aber auch bei dem Gesunden wirkt sie das Selbe, nur in ungleich geringerm Grade an allen Punkten, wo es nöthig ist; daher auch er beim Erwachen das Gefühl der Herstellung und Erneuerung hat: besonders hat im Schlafe das Gehirn seine, im Wachen nicht ausführbare, Nutrition erhalten; wovon die hergestellte Klarheit des Bewußtseyns die Folge ist. Alle diese Operationen stehn unter der Leitung und Kontrole des plastischen

Nervensystems, also der sämmtlichen großen Ganglien, oder Nervenknoten, welche, in der ganzen Länge des Rumpfs, durch leitende Nervenstränge mit einander verbunden, den GROSSEN SYMPATHISCHEN NERVEN oder den INNERN Nervenheerd, ausmachen. Dieser ist vom ÄUSSERN Nervenheerde, dem Gehirn, als welches ausschließlich der Leitung der ÄUSSERN Verhältnisse obliegt und deshalb einen nach außen gerichteten Nervenapparat und durch ihn veranlaßte Vorstellungen hat, ganz gesondert und isolirt; so daß, im normalen Zustande, seine Operationen nicht ins Bewußtseyn gelangen, nicht empfunden werden. Inzwischen hat derselbe doch einen mittelbaren und schwachen Zusammenhang mit dem Cerebralsystem, durch dünne und fernher anastomosirende Nerven: auf dem Wege derselben wird, bei abnormen Zuständen, oder gar Verletzungen der innern Theile, jene Isolation in gewissem Grade durchbrochen, wonach solche, dumpfer oder deutlicher, als Schmerz ins Bewußtseyn eindringen. Hingegen im normalen und gesunden Zustande gelangt, auf diesem Wege, von den Vorgängen und Bewegungen in der so komplicirten und thätigen Werkstätte des organischen Lebens, von dem leichtern, oder erschwerten Fortgange desselben, nur ein äußerst schwacher, verlorener Nachhall ins Sensorium: dieser wird im Wachen, wo das Gehirn an seinen eigenen Operationen, also am Empfangen äußerer Eindrücke, am Anschauen, auf deren Anlaß, und am Denken, volle Beschäftigung hat, gar nicht wahrgenommen; sondern hat höchstens einen geheimen und unbewußten Einfluß, aus welchem diejenigen Aenderungen der Stimmung entstehn, von denen keine Rechenschaft aus objektiven Gründen sich geben läßt. Beim Einschlafen jedoch, als wo die äußern Eindrücke zu wirken aufhören und auch die Regsamkeit der Gedanken, im Innern des Sensoriums, allmälig erstirbt, da werden jene schwachen Eindrücke, die aus dem innern Nervenheerde des organischen Lebens, auf mittelbarem Wege, heraufdringen, imgleichen jede geringe Modifikation des Blutumlaufs, da sie sich den Gefäßen des Gehirns mittheilt, fühlbar, – wie die Kerze zu scheinen anfängt, wann die Abenddämmerung eintritt; oder wie wir bei Nacht die Quelle rieseln hören, die der Lärm des Tages unvernehmbar machte. Eindrücke, die viel zu schwach sind, als daß sie auf das wache, d.h. thätige, Gehirn wirken könnten, vermögen, wann seine eigene Thätigkeit ganz eingestellt wird, eine leise Erregung seiner einzelnen Theile und ihrer vorstellenden Kräfte hervorzubringen; – wie eine Harfe von einem fremden Tone nicht widerklingt, während sie selbst gespielt wird, wohl aber, wenn sie still dahängt. Hier also muß die Ursache der Entstehung und, mittelst ihrer, auch die durchgängige nähere Bestimmung jener beim Einschlafen aufsteigenden Traumgestalten liegen, und nicht weniger die der, aus der absoluten mentalen Ruhe des tiefen Schlafes sich erhebenden, dramatischen Zusammenhang habenden Träume; nur daß zu diesen, da sie eintreten, wann das Gehirn schon in tiefer Ruhe und gänzlich seiner Nutrition hingegeben ist, eine bedeutend stärkere Anregung von innen erfordert seyn muß; daher eben es auch nur diese Träume sind, welche, in einzelnen, sehr seltenen Fällen, prophetische, oder fatidike Bedeutung haben, und Horaz ganz richtig sagt:

post mediam noctem, cum somnia vera.

Denn die letzten Morgenträume verhalten sich, in dieser Hinsicht, denen beim Einschlafen gleich, sofern das ausgeruhte und gesättigte Gehirn wieder leicht erregbar ist.

Also jene schwachen Nachhälle aus der Werkstätte des organischen Lebens sind es, welche in die, der Apathie entgegensinkende, oder ihr bereits hingegebene, sensorielle Thätigkeit des Gehirnes dringen und sie schwach, zudem auf einem ungewöhnlichen Wege und von einer andern Seite, als im Wachen, erregen: aus ihnen jedoch muß dieselbe, da allen andern Anregungen der Zugang gesperrt ist, den Anlaß und Stoff zu ihren Traumgestalten nehmen, so heterogen diese auch solchen Eindrücken seyn mögen. Denn, wie das Auge, durch mechanische Erschütterung, oder durch innere Nervenkonvulsion, Empfindungen von Helle und Leuchten erhalten kann, die den durch äußeres Licht verursachten völlig gleich sind; wie bisweilen das Ohr, in Folge abnormer Vorgänge in seinem Innern, Töne jeder Art hört; wie eben so der Geruchsnerve ohne alle äußere Ursache ganz specifisch bestimmte Gerüche empfindet; wie auch die Geschmacksnerven auf analoge Weise affizirt werden; wie also alle Sinnesnerven sowohl von innen, als von außen, zu ihren eigenthümlichen Empfindungen erregt werden können; auf gleiche Weise kann auch das Gehirn durch Reize, die aus dem Innern des Organismus kommen, bestimmt werden, seine Funktion der Anschauung raumerfüllender Gestalten zu vollziehn; wo denn die so entstandenen Erscheinungen gar nicht zu unterscheiden seyn werden von den durch Empfindungen in den Sinnesorganen veranlaßten, welche durch äußere Ursachen hervorgerufen wurden. Wie nämlich der Magen aus Allem, was er bewältigen kann, Chymus, und die Gedärme aus diesem Chylus bereiten, dem man seinen Urstoff nicht ansieht; eben so reagirt auch das Gehirn, auf alle zu ihm gelangende Erregungen, mittelst Vollziehung der IHM eigenthümlichen Funktion. Diese besteht zunächst im Entwerfen von Bildern im Raum, als welcher seine Anschauungsform ist, nach allen drei Dimensionen; sodann im Bewegen derselben in der Zeit und am Leitfaden der Kausalität, als welche ebenfalls die Funktionen seiner ihm eigenthümlichen Thätigkeit sind. Denn allezeit wird es nur seine eigene Sprache reden: in dieser daher interpretirt es auch jene schwachen, während des Schlafs, von innen zu ihm gelangenden Eindrücke; eben wie die starken und bestimmten, im Wachen, auf dem regelmäßigen Wege, von außen kommenden: auch jene also geben ihm den Stoff zu BILDERN, welche denen auf Anregung der äußern Sinne entstehenden vollkommen gleichen; obschon zwischen den beiden Arten von veranlassenden Eindrücken kaum irgend eine Aehnlichkeit seyn mag. Aber sein Verhalten hiebei läßt sich mit dem eines Tauben vergleichen, der aus einigen in sein Ohr gelangten Vokalen, sich eine ganze, wiewohl falsche, Phrase zusammensetzt; oder wohl gar mit dem eines Verrückten, den ein zufällig gebrauchtes Wort auf wilde, seiner fixen Idee entsprechende Phantasien bringt. Jedenfalls sind es jene schwachen Nachhälle gewisser Vorgänge im Innern des Organismus, welche, bis zum Gehirn hinauf sich verlierend, den Anlaß zu seinen Träumen abgeben: diese werden daher auch durch die Art jener Eindrücke specieller bestimmt, indem sie wenigstens das Stichwort von ihnen erhalten haben; ja, sie werden, so gänzlich verschieden von jenen sie auch seyn mögen, doch ihnen irgendwie analogisch, oder wenigstens symbolisch entsprechen, und zwar am genauesten denen, die während des TIEFEN Schlafes das Gehirn zu erregen vermögen; weil solche, wie gesagt, schon bedeutend stärker seyn müssen. Da nun ferner diese innern Vorgänge des organischen Lebens auf das zur Auffassung der Außenwelt bestimmte Sensorium ebenfalls nach Art eines IHM Fremden und Aeußeren einwirken; so werden die auf solchen Anlaß in ihm entstehenden Anschauungen ganz UNERWARTETE und seinem etwan kurz zuvor noch dagewesenen Gedankengange völlig heterogene und fremde Gestalten seyn; wie wir Dieses, beim Einschlafen und baldigem Wiedererwachen aus demselben, zu beobachten Gelegenheit haben.

Diese ganze Auseinandersetzung lehrt uns vor der Hand weiter nichts kennen, als die nächste Ursache des Eintritts des Traumes, oder die Veranlassung desselben, welche zwar auch auf seinen Inhalt Einfluß haben, jedoch an sich selbst diesem so sehr heterogen seyn muß, daß die Art ihrer Verwandtschaft uns ein Geheimniß bleibt. Noch räthselhafter ist der physiologische Vorgang im Gehirn selbst, darin eigentlich das Träumen besteht. Der Schlaf nämlich ist die Ruhe des Gehirns, der Traum dennoch eine gewisse Thätigkeit desselben: sonach müssen wir, damit kein Widerspruch entstehe, jene für eine nur relative und diese für eine irgendwie limitirte und nur partielle erklären. In welchem Sinne nun sie dieses sei, ob den Theilen des Gehirns, oder dem Grad seiner Erregung, oder der Art seiner innern Bewegung nach, und wodurch eigentlich sie sich vom wachen Zustande unterscheide, wissen wir wieder nicht. – Es giebt keine Geisteskraft, die sich im Traume nie thätig erwiese: dennoch zeigt der Verlauf desselben, wie auch unser eigenes Benehmen darin, oft außerordentlichen Mangel an Urtheilskraft, imgleichen, wie schon oben erörtert, an Gedächtniß.

Hinsichtlich auf unsern Hauptgegenstand bleibt die Thatsache stehn, daß wir ein Vermögen haben zur anschaulichen Vorstellung raumerfüllender Gegenstände und zum Vernehmen und Verstehn von Tönen und Stimmen jeder Art, Beides ohne die äußere Anregung der Sinnesempfindungen, welche hingegen zu unsrer WACHEN Anschauung die Veranlassung, den Stoff, oder die empirische Grundlage, liefern, mit derselben jedoch darum keineswegs identisch sind; da solche durchaus INTELLEKTUAL ist und nicht bloß sensual; wie ich dies öfter dargethan und bereits oben die betreffenden Hauptstellen angeführt habe. Jene, keinem Zweifel unterworfene Thatsache nun aber haben wir fest zu halten: denn sie ist das URPHÄNOMEN, auf welches alle unsere ferneren Erklärungen zurückweisen, indem sie nur die sich noch weiter erstreckende Thätigkeit des bezeichneten Vermögens darthun werden. Zur Benennung desselben wäre der bezeichnendeste Ausdruck der, welchen die Schotten für eine besondere Art seiner Aeußerung oder Anwendung sehr sinnig gewählt haben, geleitet von dem richtigen Takt, den die eigenste Erfahrung verleiht: er heißt: *second sight*, DAS ZWEITE GESICHT. Denn die hier erörterte Fähigkeit zu träumen ist in der That ein zweites, nämlich nicht, wie das erste, durch die äußern Sinne vermitteltes Anschauungsvermögen, dessen Gegenstände jedoch, der Art und Form nach, die selben sind, wie die des ersten; woraus zu schließen, daß es, eben wie dieses eine Funktion des GEHIRNS ist. Jene Schottische Benennung würde daher die passendeste seyn, um die ganze Gattung der hieher gehörigen Phänomene zu bezeichnen und sie auf ein Grund-Vermögen zurückzuführen: da jedoch die Erfinder derselben sie zur Bezeichnung einer besondern, seltenen und höchst merkwürdigen Aeußerung jenes Vermögens verwendet haben; so darf ich nicht, so gern ich es auch möchte, sie gebrauchen, die ganze Gattung jener Anschauungen, oder genauer, das subjektive Vermögen, welches sich in ihnen allen kund giebt, zu bezeichnen. Für dieses bleibt mir daher keine passendere Benennung, als die des TRAUMORGANS, als welche die ganze in Rede stehende Anschauungsweise durch diejenige Aeußerung derselben bezeichnet, die Jedem bekannt und geläufig ist. Ich werde mich also derselben zur Bezeichnung des dargelegten, vom äußern Eindruck auf die Sinne unabhängigen Anschauungsvermögens bedienen.

Die Gegenstände, welche dasselbe im gewöhnlichen Traume uns vorführt, sind wir gewohnt als ganz illusorisch zu betrachten; da sie beim Erwachen verschwinden. Inzwischen ist Diesem doch nicht allemal so, und es ist, in Hinsicht auf unser Thema, sehr wichtig, die Ausnahme hievon aus eigener Erfahrung kennen zu lernen, was vielleicht Jeder könnte, wenn er die gehörige Aufmerksamkeit auf die Sache verwendete. Es giebt nämlich einen Zustand, in welchem wir zwar schlafen und träumen; jedoch eben nur die uns umgebende Wirklichkeit selbst träumen. Demnach sehn wir alsdann unser Schlafgemach, mit Allem, was darin ist, werden auch etwan eintretende Menschen gewahr, wissen uns selbst im Bett, Alles richtig und genau. Und doch schlafen wir, mit fest geschlossenen Augen: wir träumen; nur ist was wir träumen wahr und wirklich. Es ist nicht anders, als ob alsdann unser Schädel durchsichtig geworden wäre, so daß die Außenwelt nunmehr, statt durch den Umweg und die enge Pforte der Sinne, geradezu und unmittelbar ins Gehirn käme. Dieser Zustand ist vom wachen viel schwerer zu unterscheiden, als der gewöhnliche Traum; weil beim Erwachen daraus keine Umgestaltung der Umgebung, also gar keine OBJEKTIVE Veränderung, vorgeht. Nun ist aber (siehe Welt a. W. u. V. Bd. 1. §. 5.) das Erwachen das alleinige Kriterium zwischen Wachen und Traum, welches demnach hier, seiner objektiven und hauptsächlichen Hälfte nach, wegfällt. Nämlich beim Erwachen aus einem Traum der in Rede stehenden Art geht bloß eine SUBJEKTIVE Veränderung mit uns vor, welche darin besteht, daß wir plötzlich eine Umwandelung des Organs unsrer Wahrnehmung spüren: dieselbe ist jedoch nur leise fühlbar und kann, weil sie von keiner objektiven Veränderung begleitet ist, leicht unbemerkt bleiben. Dieserhalb wird die Bekanntschaft mit diesen die Wirklichkeit darstellenden Träumen meistens nur dann gemacht werden, wann sich Gestalten eingemischt haben, die derselben nicht angehören und daher beim Erwachen verschwinden, oder auch wann ein solcher Traum die noch höhere Potenzirung erhalten hat, von der ich sogleich reden werde. Die beschriebene Art des Träumens ist Das, was man SCHLAFWACHEN genannt hat; nicht etwan, weil es ein Mittelzustand zwischen Schlafen und Wachen ist, sondern weil es als ein Wachwerden im Schlafe selbst bezeichnet werden kann. Ich möchte es daher lieber ein Wahrträumen nennen. Zwar wird man es meistens nur früh Morgens, auch wohl Abends, einige Zeit nach dem Einschlafen, bemerken: dies liegt aber bloß daran, daß nur dann, wann der Schlaf nicht tief war, das Erwachen leicht genug eintrat, um eine Erinnerung an das Geträumte übrig zu lassen. Gewiß tritt dieses Träumen viel öfter während des tiefen Schlafes ein, nach der Regel, daß die Somnambule um so hellsehender wird, je tiefer sie schläft: aber dann bleibt keine Erinnerung daran zurück. Daß hingegen, wann es bei leichterem Schlafe eingetreten ist, eine solche bisweilen Statt findet, ist dadurch zu erläutern, daß selbst aus dem magnetischen Schlaf, wenn er ganz leicht war, ausnahmsweise eine Erinnerung in das wache Bewußtseyn übergehn kann; wovon ein Beispiel zu finden ist in KIESERS »Archiv für thier. Magn.« Bd. 3. H. 2. S. 139. Diesem also gemäß bleibt die Erinnerung solcher unmittelbar objektiv wahren Träume nur dann, wann sie in einem leichten Schlaf, z. B. des Morgens, eingetreten sind, wo wir unmittelbar daraus erwachen können.

Diese Art des Traumes nun ferner, deren Eigenthümliches darin besteht, daß man die nächste gegenwärtige Wirklichkeit träumt, erhält bisweilen eine Steigerung ihres räthselhaften Wesens dadurch, daß der Gesichtskreis des Träumenden sich noch etwas erweitert, nämlich so, daß er über das Schlafgemach hinausreicht, – indem die Fenstervorhänge, oder Läden aufhören Hindernisse des Sehns zu seyn und man dann ganz deutlich das hinter ihnen Liegende, den Hof, den Garten, oder die Straße, mit den Häusern gegenüber, wahrnimmt. Unsere Verwunderung hierüber wird sich mindern, wenn wir bedenken, daß hier kein physisches Sehn Statt findet, sondern ein bloßes Träumen: jedoch ist es ein Träumen Dessen, was jetzt wirklich da ist, folglich ein Wahrträumen, also ein Wahrnehmen durch das Traumorgan, welches als solches natürlich nicht an die Bedingung des ununterbrochenen Durchgangs der Lichtstrahlen gebunden ist. Die Schädeldecke selbst war, wie gesagt, die erste Scheidewand, durch welche zunächst diese sonderbare Art der Wahrnehmung ungehindert blieb: steigert nun diese sich noch etwas höher; so setzen auch Vorhänge, Thüren und Mauern ihr keine Schranken mehr. Wie nun aber Dies zugehe, ist ein tiefes Geheimniß: wir wissen nichts weiter, als daß hier WAHR GETRÄUMT wird, mithin eine Wahrnehmung durch das Traumorgan Statt findet. So weit geht diese für unsre Betrachtung elementare

Thatsache. Was wir zu ihrer Aufklärung, insofern sie möglich seyn mag, thun können, besteht zunächst im Zusammenstellen und gehörigem, stufenweisen Ordnen aller sich an sie knüpfenden Phänomene, in der Absicht, ihren Zusammenhang unter einander zu erkennen, und in der Hoffnung, dadurch vielleicht auch in sie selbst dereinst eine nähere Einsicht zu erlangen.

Inzwischen wird auch Dem, welchem alle eigene Erfahrung hierin abgeht, die geschilderte Wahrnehmung durch das Traumorgan unumstößlich beglaubigt durch den spontanen, eigentlichen Somnambulismus, oder das Nachtwandeln. Daß die von dieser Sucht Befallenen fest schlafen, und daß sie mit den Augen schlechterdings nicht sehen können, ist völlig gewiß: dennoch nehmen sie in ihrer nächsten Umgebung Alles wahr, vermeiden jedes Hinderniß, gehn weite Wege, klettern an den gefährlichsten Abgründen hin, auf den schmalsten Stegen, vollführen weite Sprünge, ohne ihr Ziel zu verfehlen: auch verrichten Einige unter ihnen ihre täglichen, häuslichen Geschäfte, im Schlaf, genau und richtig, Andere koncipiren und schreiben ohne Fehler. Auf dieselbe Weise nehmen auch die künstlich in magnetischen Schlaf versetzten Somnambulen ihre Umgebung wahr und, wenn sie hellsehend werden, selbst das Entfernteste. Ferner ist auch die Wahrnehmung, welche gewisse Scheintodte von Allem, was um sie vorgeht haben, während sie starr und unfähig ein Glied zu rühren daliegen, ohne Zweifel, eben dieser Art: auch sie träumen ihre gegenwärtige Umgebung, bringen also dieselbe, auf einem andern Wege, als dem der Sinne, sich zum Bewußtseyn. Man hat sich sehr bemüht, dem physiologischen Organ, oder dem Sitz dieser Wahrnehmung, auf die Spur zu kommen: doch ist es damit bisher nicht gelungen. Daß, wann der somnambule Zustand vollkommen vorhanden ist, die äußern Sinne ihre Funktionen gänzlich eingestellt haben, ist unwidersprechlich; da selbst der subjektiveste unter ihnen, das körperliche Gefühl, so gänzlich verschwunden ist, daß man die schmerzlichsten chirurgischen Operationen während des magnetischen Schlafs vollzogen hat, ohne daß der Patient irgend eine Empfindung davon verrathen hätte. Das Gehirn scheint dabei im Zustande des allertiefsten Schlafs, also gänzlicher Unthätigkeit zu seyn. Dieses, nebst gewissen Aeußerungen und Aussagen der Somnambulen, hat die Hypothese veranlaßt, der somnambule Zustand bestehe im gänzlichen Depotenziren des Gehirns und Ansammeln der Lebenskraft im sympathischen Nerven, dessen größere Geflechte, namentlich der *plexus solaris*, jetzt zu einem Sensorio umgeschaffen würden und also, vikarirend, die Funktionen des Gehirns übernähmen, welche sie nun ohne Hülfe äußerer Sinneswerkzeuge und dennoch ungleich vollkommener, als dieses, ausübten. Diese, ich glaube zuerst von Reil aufgestellte Hypothese ist nicht ohne Scheinbarkeit und steht seitdem in großem Ansehen. Ihre Hauptstütze bleiben die Aussagen fast aller hellsehenden Somnambulen, daß jetzt ihr Bewußtseyn seinen Sitz gänzlich auf der Herzgrube habe, woselbst ihr Denken und Wahrnehmen vor sich gehe, wie sonst im Kopf. Auch lassen die Meisten unter ihnen die Gegenstände, die sie genau besehn wollen, sich auf die Magengegend legen. Dennoch halte ich die Sache für unmöglich. Man betrachte nur das Sonnengeflecht, dieses sogenannte *cerebrum abdominale*: wie so gar klein ist seine Masse und wie höchst einfach seine, aus Ringen von Nervensubstanz, nebst einigen leichten Anschwellungen bestehende Struktur! Wenn ein solches Organ die Funktionen des Anschauens und Denkens zu vollziehn fähig wäre; so würde das sonst überall bestätigte Gesetz *natura nihil facit frustra* umgestoßen seyn. Denn wozu wäre dann noch die meistens 3 und bei Einzelnen über 5 Pfund wiegende, so kostbare, wie wohlverwahrte Masse des Gehirns, mit der so überaus künstlichen Struktur seiner Theile, deren Komplikation so intrikat ist, daß es mehrerer ganz verschiedener Zerlegungsweisen und häufiger Wiederholung derselben bedarf, um nur den Zusammenhang der Konstruktion dieses Organs einigermaaßen verstehn und sich ein erträglich deutliches Bild von der wundersamen Gestalt und Verknüpfung seiner vielen Theile machen zu können. Zweitens ist zu erwägen, daß die Schritte und Bewegungen eines Nachtwandlers sich mit der größten Schnelle und Genauigkeit den von ihm nur durch das Traumorgan wahrgenommenen nächsten Umgebungen anpassen; so daß er, auf das Behendeste und wie es kein Wacher könnte, jedem Hinderniß augenblicklich ausweicht, wie auch, mit derselben Geschicklichkeit, seinem einstweiligen Ziele zueilt. Nun aber entspringen die motorischen Nerven aus dem Rückenmark, welches, durch die *medulla oblongata*, mit dem kleinen Gehirn, dem Regulator der Bewegungen, dieses aber wieder mit dem großen Gehirne, dem Ort der Motive, welches die Vorstellungen sind, zusammenhängt; wodurch es dann möglich wird, daß die Bewegungen, mit augenblicklicher Schnelle, sich sogar den flüchtigsten Wahrnehmungen anpassen. Wenn nun aber die Vorstellungen, welche als Motive die Bewegungen zu bestimmen haben, in das Bauchgangliengeflecht verlegt wären, dem nur auf Umwegen eine schwierige, schwache und mittelbare Kommunikation mit dem Gehirne möglich ist, (daher wir im gesunden Zustande vom ganzen, so stark und rastlos thätigen Treiben und Schaffen unsers organischen Lebens gar nichts spüren); wie sollten die daselbst entstehenden Vorstellungen, und zwar mit Blitzesschnelle, die gefahrvollen Schritte des Nachtwandlers lenken? – Daß übrigens, beiläufig gesagt, der Nachtwandler ohne Fehl und ohne Furcht die gefährlichsten Wege durchläuft, wie er es wachend nimmermehr könnte, ist daraus erklärlich, daß sein Intellekt nicht ganz und schlechthin, sondern nur einseitig, nämlich nur soweit thätig ist, als es die Lenkung seiner Schritte erfordert; wodurch die Reflexion, mit ihr aber alles Zaudern und Schwanken, eliminirt ist. – Endlich giebt uns darüber, daß wenigstens die TRÄUME eine Funktion des Gehirns sind, folgende von TREVIRANUS (über die Erscheinungen des organischen Lebens, Bd. 2. Abth. 2. S. 117), nach PIERQUIN angeführte Thatsache sogar faktische Gewißheit: »Bei einem Mäd»chen, dessen Schädelknochen durch Knochenfraß zum Theil so »zerstört waren, daß das Gehirn ganz entblößt lag, quoll dieses »beim Erwachen hervor und sank beim Einschlafen. Während des »ruhigen Schlafs war die Senkung am stärksten. Bei lebhaften »Träumen fand Turgor darin Statt.« Vom Traum ist aber der Somnambulismus offenbar nur dem Grade nach verschieden: auch SEINE Wahrnehmungen geschehn durch das Traumorgan: er ist, wie gesagt, ein unmittelbares Wahrträumen.

Man könnte indessen die hier bestrittene Hypothese dahin modifiziren, daß das Bauchgangliengeflecht nicht selbst das Sensorium würde, sondern nur die Rolle der äußern Werkzeuge desselben, also der hier ebenfalls gänzlich depotenzirten SINNESORGANE übernähme, mithin Eindrücke von außen empfienge, die es dem Gehirn überlieferte, welches solche seiner Funktion gemäß bearbeitend, nun daraus die Gestalten der Außenwelt eben so schematisirte und aufbaute, wie sonst aus den Empfindungen in den Sinnesorganen. Allein auch hier wiederholt sich die Schwierigkeit der blitzschnellen Ueberlieferung der Eindrücke an das von diesem innern Nervencentro so entschieden isolirte Gehirn. Sodann ist das Sonnengeflecht, seiner Structur nach, zum Sehe- und Hörorgan eben so ungeeignet, wie zum Denkorgan, überdies auch durch eine dicke Scheidewand aus Haut, Fett, Muskeln, Peritonäum und Eingeweiden vom Eindrucke des Lichts gänzlich abgesperrt. Wenn also auch die meisten Somnambulen (imgleichen v. Helmont, in der von Mehreren angeführten Stelle *Ortus medicinae, Lugd. bat. 1667. demens idea §. 12. p. 171.*) aussagen, ihr Schauen und Denken gehe in der Magengegend vor sich; so dürfen wir dies doch nicht sofort als objektiv gültig annehmen; um so weniger, als einige Somnambulen es ausdrücklich leugnen: z. B. die bekannte Auguste Müller in Karlsruhe giebt (in dem Bericht über sie S. 53 ff.) an, daß sie nicht mit der Herzgrube, sondern mit den Augen sehe, sagt jedoch, daß die meisten andern Somnambulen mit der Herzgrube sähen; und auf die Frage »kann auch die Denkkraft in die Herzgrube verpflanzt werden?« antwortet sie: »nein, aber die Seh- und Hörkraft.« Diesem entspricht die Aussage einer andern Somnambule, in Kiesers Archiv Bd. 10. H. 2. S. 154, welche auf die Frage: »denkst du mit dem ganzen Gehirn, oder nur mit einem Theil desselben?« antwortet: »mit dem ganzen, und ich werde sehr müde.« Das wahre Ergebniß aus allen Somnambulen-Aussagen scheint zu seyn, daß die Anregung und der Stoff zur anschauenden Thätigkeit ihres Gehirns, nicht, wie im Wachen, von außen und durch die Sinne, sondern, wie oben bei den Träumen auseinandergesetzt worden, aus dem Innern des Organismus kommt, dessen Vorstand und Lenker bekanntlich die großen Geflechte des sympathischen Nerven sind, welche daher, in Hinsicht auf die Nerventhätigkeit, den ganzen Organismus, mit Ausnahme des Cerebralsystems, vertreten und repräsentiren. Jene Aussagen sind damit zu vergleichen, daß wir den Schmerz im Fuße zu empfinden vermeinen, den wir doch wirklich nur im Gehirne empfinden, daher er, sobald die Nervenleitung zu diesem unterbrochen ist, wegfällt. Es ist daher Täuschung, wenn die Somnambulen mit der Magengegend zu sehn, ja, zu lesen wähnen, oder, in seltenen Fällen, sogar mit den Fingern, Zehen, oder der Nasenspitze, diese Funktion zu vollziehn behaupten (z. B. der Knabe Arst in Kiesers Archiv Bd. 3. Heft 2., ferner die Somnambule Koch, ebendas. Bd. 10. H. 3. S. 8–21., auch das Mädchen in Just. Kerner's »Geschichte zweier Somnambulen«, 1824, S. 323–30, welches aber hinzufügt »der Ort dieses Sehns sei das Gehirn, wie im wachen Zustande.«). Denn, wenn wir auch die Nervensensibilität solcher Theile noch so hoch gesteigert uns denken wollen; so bleibt ein Sehn im eigentlichen Sinne, d. h. durch Vermittelung der Lichtstrahlen, in Organen, die jedes optischen Apparats entbehren, selbst wenn sie nicht, wie doch der Fall ist, mit dicken Hüllen bedeckt, sondern dem Lichte zugänglich wären, durchaus unmöglich. Es ist ja nicht bloß die hohe Sensibilität der Retina, welche sie zum Sehn befähigt, sondern eben so sehr der überaus künstliche und komplicirte optische Apparat im Augapfel. Das physische Sehn erfordert nämlich zwar zunächst eine für das Licht sensible Fläche, dann aber auch, daß auf dieser, mittelst der Pupille und der lichtbrechenden, unendlich künstlich kombinirten durchsichtigen Medien, die draußen aus einander gefahrenen Lichtstrahlen sich wieder sammeln und koncentriren, so daß ein Bild, – richtiger, ein dem äußern Gegenstand genau entsprechender Nerven-Eindruck, – entstehe, als wodurch allein dem Verstande die subtilen Data geliefert werden, aus denen er sodann, durch einen intellektuellen, das Kausalitätsgesetz anwendenden Proceß, die Anschauung in Raum und Zeit hervorbringt. Hingegen Magengruben und Fingerspitzen könnten, selbst wenn Haut, Muskeln u. s. w. durchsichtig wären, immer nur vereinzelte Lichtreflexe erhalten; daher mit ihnen zu sehn so unmöglich ist, wie einen Daguerrotyp in einer offenen Kamera obskura ohne Sammlungsglas zu machen. Einen ferneren Beweis, daß diese angeblichen Sinnesfunktionen paradoxer Theile, es nicht eigentlich sind, und daß hier nicht, mittelst physischer Einwirkung der Lichtstrahlen gesehn wird, giebt der Umstand, daß der erwähnte Knabe Kieser's mit den Zehen las, auch wann er dicke wollene Strümpfe anhatte, und mit den Fingerspitzen nur dann sah, wann er es ausdrücklich WOLLTE, übrigens in der Stube, mit den Händen voraus, herumtappte: Dasselbe bestätigt seine eigene Aussage über diese abnormen Wahrnehmungen (a.a.O.S. 128): »er »nannte dies nie Sehen, sondern auf die Frage, wie er denn wisse, »was da vorgehe, antwortete er, er wisse es eben, das sei ja das »Neue.« Eben so beschreibt, in Kiesers Archiv B.7. H.1. S.52., eine Somnambule ihre Wahrnehmung als »ein Sehn, das kein Sehn ist, ein unmittelbares Sehn.« In der »Geschichte der hellsehenden Auguste Müller«, Studtgard 1818, wird S.36 berichtet: »sie sieht »vollkommen hell und erkennt alle Personen und Gegenstände in »der dichtesten Finsterniß, wo es uns unmöglich wäre, die Hand »vor den Augen zu unterscheiden.« Das Selbe belegt, hinsichtlich des Hörens der Somnambulen, Kiesers Aussage (Tellurismus, Bd.2. S.172. erste Aufl.), daß wollene Schnüre vorzüglich gute Leiter des Schalles seien, – während Wolle bekanntlich der allerschlechteste Schallleiter ist. Besonders belehrend aber ist, über diesen Punkt, folgende Stelle aus dem eben erwähnten Buch über die Auguste Müller: »Merkwürdig ist, was jedoch auch bei andern »Somnambulen beobachtet wird, daß sie von Allem, was unter »Personen im Zimmer, selbst dicht neben ihr, gesprochen wird, »wenn die Rede nicht unmittelbar an sie gerichtet ist, durchaus »nichts hört; jedes, auch noch so leise, an sie gerichtete Wort hin»gegen, selbst wenn mehrere Personen bunt durcheinander spre»chen, bestimmt versteht und beantwortet. Auf dieselbe Art verhält »es sich mit dem Vorlesen: wenn die ihr vorlesende Person an etwas »Anderes, als an die Lektüre denkt, so wird sie von ihr nicht gehört«, S.40. – Ferner heißt es, S.89. »Ihr Hören ist kein Hören auf dem »gewöhnlichen Wege durch das Ohr: denn man kann dieses fest »zudrücken, ohne daß es ihr Hören hindert.« – Desgleichen wird in den »Mittheilungen aus dem Schlafleben der Somnambule Auguste K. in Dresden«, 1843, wiederholentlich angeführt, daß sie zu Zeiten ganz allein durch die Handfläche, und zwar das lautlose, durch bloße Bewegung der Lippen Gesprochene, hörte: S. 32 warnt sie selbst, daß man dies nicht für ein Hören im wörtlichen Sinne halten solle.

Demnach ist, bei Somnambulen jeder Art, durchaus nicht von sinnlichen Wahrnehmungen im eigentlichen Verstande des Wortes die Rede; sondern ihr Wahrnehmen ist ein unmittelbares WAHRTRÄUMEN, geschieht also durch das so räthselhafte Traumorgan. Daß die wahrzunehmenden Gegenstände an ihre Stirn, oder auf ihre Magengrube gelegt werden, oder daß, in den erwähnten einzelnen Fällen, die Somnambule ihre ausgespreitzten Fingerspitzen auf dieselben richtet, geschieht bloß, um ihre Aufmerksamkeit entschieden darauf hinzulenken, oder, in der Kunstsprache, sie mit diesen Objekten in näheren Rapport zu setzen. Es ist folglich dem Gebrauche der Hände beim Magnetisiren analog, als welche nicht eigentlich physisch einwirken; sondern der WILLE des Magnetiseurs ist das Wirkende: aber eben dieser erhält durch die Anwendung der Hände seine Richtung und Entschiedenheit. Denn zum Verständniß der ganzen Einwirkung des Magnetiseurs, durch allerlei Gesten, mit und ohne Berührung, selbst aus der Ferne und durch Scheidewände, kann nur die aus meiner Philosophie geschöpfte Einsicht führen, daß der Leib mit dem Willen völlig identisch, nämlich nichts Anderes ist, als das im Gehirn entstehende Bild des Willens. Daß das Sehn der Somnambulen kein Sehn in unserm Sinne, kein durch Licht physisch vermitteltes ist, folgt schon daraus, daß es, wenn zum Hellsehn gesteigert, durch Mauern nicht gehindert wird, ja bisweilen in ferne Länder reicht. Eine besondere Erläuterung zu demselben liefert uns die bei den höhern Graden des Hellsehns eintretende Selbstanschauung nach innen, vermöge welcher solche Somnambulen alle Theile ihres eigenen Organismus deutlich und genau wahrnehmen, obgleich hier, sowohl wegen Abwesenheit alles Lichtes, als wegen der, zwischen dem angeschauten Theile und dem Gehirne liegenden vielen Scheidewände, alle Bedingungen zum physischen Sehn gänzlich fehlen. Hieraus nämlich können wir abnehmen, welcher Art alle somnambule Wahrnehmung, also auch die nach außen und in die Ferne gerichtete, und sonach überhaupt alle Anschauung mittelst des

Traumorgans sei, mithin alles somnambule Sehen äußerer Gegenstände, auch alles Träumen, alle Visionen im Wachen, das zweite Gesicht, die leibhafte Erscheinung Abwesender, namentlich Sterbender u.s.w. Denn das erwähnte Schauen der innern Theile des eigenen Leibes entsteht offenbar nur durch eine Einwirkung von innen, wahrscheinlich unter Vermittelung des Gangliensystems, auf das Gehirn, welches nun, seiner Natur getreu, diese innern Eindrücke eben so wie die ihm von außen kommenden verarbeitet, gleichsam einen fremden Stoff in seine ihm selbst eigenen und gewohnten Formen gießend, woraus denn eben solche Anschauungen, wie die von Eindrücken auf die äußern Sinne herrührenden entstehn, welche denn auch, in eben dem Maaße und Sinne wie jene, den angeschauten Dingen entsprechen. Demnach ist jegliches Schauen durch das Traumorgan die Thätigkeit der anschauenden Gehirnfunktion, angeregt durch INNERE Eindrücke, statt, wie sonst, durch äußere. Daß eine solche dennoch, auch wenn sie ÄUSSERE, ja, entfernte Dinge betrifft, objektive Realität und Wahrheit haben könne, ist eine Thatsache, deren Erklärung jedoch nur auf metaphysischem Wege, nämlich aus der Beschränkung aller Individuation und Abtrennung auf die Erscheinung, im Gegensatz des Dinges an sich, versucht werden könnte, und werden wir darauf zurückkommen. Daß aber überhaupt die Verbindung der Somnambulen mit der Außenwelt eine von Grund aus andere sei, als die unsrige im wachen Zustande, beweist am deutlichsten der, in den höhern Graden häufig eintretende Umstand, daß, während die eigenen Sinne der Hellseherin jedem Eindrucke unzugänglich sind, sie mit denen des Magnetiseurs empfindet, z.B. niest, wann er eine Prise nimmt, schmeckt und genau bestimmt was er ißt, und sogar die Musik, die in einem von ihr entfernten Zimmer des Hauses vor seinen Ohren erschallt, mithöret. (Kiesers Archiv. Bd. 1. H. 1. S. 117.)

Der physiologische Hergang bei der somnambulen Wahrnehmung ist ein schwieriges Räthsel, zu dessen Lösung jedoch der erste Schritt eine wirkliche Physiologie des Traumes seyn würde, d.h. eine deutliche und sichere Erkenntniß, welcher Art die Thätigkeit des Gehirns im Traume sei, worin eigentlich sie sich von der im Wachen unterscheide, – endlich von wo die Anregung zu ihr, mithin auch die nähere Bestimmung ihres Verlaufs, ausgehe. Nur soviel läßt sich bis jetzt, hinsichtlich der gesammten anschauenden und denkenden Thätigkeit im Schlafe, mit Sicherheit annehmen: erstlich, daß das materielle Organ derselben, ungeachtet der relativen Ruhe des Gehirns, doch kein anderes, als eben dieses seyn könne; und zweitens, daß die Erregung zu solcher Traum-Anschauung, da sie nicht von außen durch die Sinne kommen kann, vom Innern des Organismus aus geschehn müsse. Was aber die, beim Somnambulismus unverkennbare, richtige und genaue Beziehung jener Traumanschauung zur Außenwelt betrifft; so bleibt sie uns ein Räthsel, dessen Lösung ich nicht unternehme, sondern nur einige allgemeine Andeutungen darüber weiterhin geben werde. Hingegen habe ich, als Grundlage der besagten Physiologie des Traums, also zur Erklärung unsrer gesammten träumenden Anschauung, mir folgende Hypothese ausgedacht, die in meinen Augen große Wahrscheinlichkeit hat.

Da das Gehirn, während des Schlafs, seine Anregung zur Anschauung räumlicher Gestalten besagterweise von innen, statt, wie beim Wachen, von außen, erhält; so muß diese Einwirkung dasselbe in einer, der gewöhnlichen, von den Sinnen kommenden, entgegengesetzten Richtung treffen. In Folge hievon nimmt nun auch seine ganze Thätigkeit, also die innere Vibration oder Wallung seiner Fibern, eine der gewöhnlichen entgegengesetzte Richtung, geräth gleichsam in eine antiperistaltische Bewegung. Statt daß sie nämlich sonst in der Richtung der Sinneseindrücke, also von den Sinnesnerven zum Innern des Gehirns vor sich geht, wird sie jetzt in umgekehrter Richtung und Ordnung, dadurch aber mitunter von andern Theilen, vollzogen, so daß jetzt, zwar wohl nicht die untere Gehirnfläche, statt der obern, aber vielleicht die weiße Mark-Substanz statt der grauen Kortikal-Substanz und *vice versa* fungiren muß. Das Gehirn arbeitet also jetzt wie umgekehrt. Hieraus wird zunächst erklärlich, warum von der somnambulen Thätigkeit keine Erinnerung ins Wachen übergeht, da dieses durch Vibration der Gehirnfibern in der entgegengesetzten Richtung bedingt ist, welche folglich von der vorher dagewesenen jede Spur aufhebt.

Als eine specielle Bestätigung dieser Annahme könnte man beiläufig die sehr gewöhnliche, aber seltsame Thatsache anführen, daß, wann wir aus dem ersten Einschlafen sogleich wieder erwachen, oft eine totale räumliche Desorientirung bei uns eingetreten ist, der Art, daß wir jetzt alles umgekehrt aufzufassen, nämlich was rechts vom Bette ist links, und was hinten ist nach vorne zu imaginiren, genöthigt sind, und zwar mit solcher Entschiedenheit, daß, im Finstern, selbst die vernünftige Ueberlegung, es verhalte sich doch umgekehrt, jene falsche Imagination nicht aufzuheben vermag, sondern hiezu das Getast nöthig ist. Besonders aber läßt, durch unsere Hypothese, jene so merkwürdige Lebendigkeit der Traumanschauung, jene oben geschilderte, scheinbare Wirklichkeit und Leibhaftigkeit aller im Traume wahrgenommenen Gegenstände sich begreiflich machen, nämlich daraus, daß die aus dem Innern des Organismus kommende und vom Centro ausgehende Anregung der Gehirnthätigkeit, welche eine der gewöhnlichen Richtung entgegengesetzte befolgt, endlich ganz durchdringt, also zuletzt sich bis auf die Nerven der Sinnesorgane erstreckt, welche nunmehr von innen, wie sonst von außen, erregt, in wirkliche Thätigkeit gerathen. Demnach haben wir im Traume wirklich Licht-, Farben-, Schall-, Geruchs- und Geschmacks-Empfindungen, nur ohne die sonst sie erregenden äußern Ursachen, bloß vermöge innerer Anregung und in Folge einer Einwirkung in umgekehrter Richtung und umgekehrter Zeitordnung. Daraus also wird jene Leibhaftigkeit der Träume erklärlich, durch die sie sich von bloßen Phantasien so mächtig unterscheiden. Das Phantasiebild (im Wachen) ist immer bloß im Gehirn: denn es ist nur die, wenn auch modifizirte Reminiscenz einer frühern, materiellen, durch die Sinne geschehenen Erregung der anschauenden Gehirnthätigkeit. Das Traumgesicht hingegen ist nicht bloß im Gehirn, sondern auch in den Sinnesnerven, und ist entstanden in Folge einer materiellen, gegenwärtig wirksamen, aus dem Innern kommenden und das Gehirn durchdringenden Erregung derselben. Das Traumorgan ist also das selbe mit dem Organ des wachen Bewußtseyns und Anschauens der Außenwelt, nur gleichsam vom andern Ende angefaßt und in umgekehrter Ordnung gebraucht, und die Sinnesnerven, welche in beiden fungiren, können sowohl von ihrem innern, als von ihrem äußern Ende aus in Thätigkeit versetzt werden; – etwan wie eine eiserne Hohlkugel sowohl von innen, als von außen, glühend gemacht werden kann. Weil, bei diesem Hergange, die Sinnesnerven das Letzte sind, was in Thätigkeit geräth; so kann es kommen, daß diese erst angefangen hat und noch im Gange ist, wann das Gehirn bereits aufwacht, d.h. die Traumanschauung mit der gewöhnlichen vertauscht: alsdann werden wir, soeben erwacht, etwan Töne, z.B. Stimmen, Klopfen an der Thüre, Flintenschüsse u.s.w. mit einer Deutlichkeit und Objektivität, die es der Wirklichkeit VOLLKOMMEN UND OHNE ABZUG gleichthut, vernehmen, oder auch, was jedoch seltener ist, Gestalten sehn, mit völliger empirischer Realität; wie dieses Letztere schon Aristoteles erwähnt, *de insomniis c. 3. ad finem*. – Das hier beschriebene Traumorgan nun aber ist es, wodurch, wie oben genugsam auseinandergesetzt, die somnambule Anschauung, das Hellsehn, das zweite Gesicht und die Visionen jeder Art vollzogen werden. –

Von diesen physiologischen Betrachtungen kehre ich nunmehr zurück zu dem oben dargelegten Phänomen des WAHRTRÄUMENS, welches schon im gewöhnlichen, nächtlichen Schlafe eintreten kann, wo es dann alsbald durch das bloße Erwachen bestätigt wird, wenn es nämlich, wie meistens, ein unmittelbares war, d.h. nur auf die gegenwärtige nächste Umgebung sich erstreckte; wiewohl es auch, in schon selteneren Fällen, ein wenig darüber hinausgeht, nämlich bis jenseits der nächsten Scheidewände. Diese Erweiterung des Gesichtskreises kann nun aber auch sehr viel weiter gehn und zwar nicht nur dem Raum, sondern sogar der Zeit nach. Den Beweis hievon geben uns die hellsehenden Somnambulen, welche, in der Periode der höchsten Steigerung ihres Zustandes, jeden beliebigen Ort, auf den man sie hinlenkt, sofort in ihre anschauende Traumwahrnehmung bringen und die Vorgänge daselbst richtig angeben können, bisweilen aber sogar vermögen, das noch gar nicht Vorhandene, sondern noch im Schooße der Zukunft Liegende und erst im Laufe der Zeit, mittelst unzähliger, zufällig zusammentreffender Zwischenursachen, zur Verwirklichung Gelangende vorher zu verkündigen. Denn alles Hellsehn, sowohl im künstlich herbeigeführten, als im natürlich eingetretenen somnambulen Schlafwachen, alles in demselben möglich gewordene Wahrnehmen des Verdeckten, des Abwesenden, des Entfernten, ja des Zukünftigen, ist durchaus nichts Anderes, als ein WAHRTRÄUMEN desselben, dessen Gegenstände sich daher dem Intellekt anschaulich und leibhaftig darstellen, wie unsere Träume, weshalb die Somnambulen von einem SEHN derselben reden. Wir haben inzwischen an diesen Phänomenen, wie auch am spontanen Nachtwandeln, einen sichern Beweis, daß auch jene geheimnißvolle, durch keinen Eindruck von außen bedingte, uns durch den Traum vertraute Anschauung zur realen Außenwelt im Verhältniß der WAHRNEHMUNG stehn kann; obwohl der dies vermittelnde Zusammenhang mit derselben uns ein Räthsel bleibt. Was den gewöhnlichen, nächtlichen Traum vom Hellsehn, oder dem Schlafwachen überhaupt, unterscheidet, ist erstlich die Abwesenheit jenes Verhältnisses zur Außenwelt, also zur Realität; und zweitens, daß sehr oft eine Erinnerung von ihm ins Wachen übergeht, während aus dem somnambulen Schlaf eine solche nicht Statt findet. Diese beiden Eigenschaften könnten aber wohl zusammenhängen und auf einander zurückzuführen seyn. Nämlich auch der gewöhnliche Traum hinterläßt nur dann eine Erinnerung, wann wir unmittelbar aus ihm erwacht sind: dieselbe beruht also wahrscheinlich bloß darauf, daß das Erwachen aus dem natürlichen Schlafe sehr leicht erfolgt, weil er lange nicht so tief ist, wie der somnambule, aus welchem eben dieserhalb ein unmittelbares, also schnelles Erwachen nicht eintreten kann, sondern erst mittelst eines langsamen und vermittelten Ueberganges die Rückkehr zum wachen Bewußtseyn gestattet ist. Der somnambule Schlaf ist nämlich nur ein ungleich tieferer, stärker eingreifender, vollkommenerer; in welchem eben deshalb das Traumorgan zur Entwickelung seiner ganzen Fähigkeit gelangt, wodurch ihm die richtige Beziehung zur Außenwelt, also das anhaltende und zusammenhängende Wahrträumen möglich wird. Wahrscheinlich hat ein solches auch bisweilen im gewöhnlichen Schlafe Statt, aber gerade nur dann, wann er so tief ist, daß wir nicht unmittelbar aus ihm erwachen. Die Träume, aus denen wir erwachen, sind hingegen die des leichteren Schlafes: sie sind, auch im letzten Grunde, aus bloß somatischen, dem eigenen Organismus angehörigen Ursachen entsprungen, daher ohne Beziehung zur Außenwelt. Daß es jedoch hievon Ausnahmen giebt, haben wir schon erkannt an den Träumen, welche die unmittelbare Umgebung des Schlafenden darstellen. Jedoch auch von Träumen, die das in der Ferne Geschehende, ja das Zukünftige verkündigen, giebt es ausnahmsweise eine Erinnerung, und zwar hängt diese hauptsächlich davon ab, daß wir unmittelbar aus einem solchen Traum erwachen. Dieserhalb hat, zu allen Zeiten und bei allen Völkern, die Annahme gegolten, daß es Träume von realer, objektiver Bedeutung gebe, jedoch nur als seltene Ausnahmen, unter der zahllosen Menge leerer, bloß täuschender Träume. Demgemäß erzählt schon Homer *(Od. XIX, 560.)* von zwei Eingangspforten der Träume, einer elfenbeinernen, durch welche die bedeutungslosen, und einer hörnernen, durch welche die fatidiken eintreten. Ein Anatom könnte vielleicht sich versucht fühlen, dies auf die weiße und graue Gehirnsubstanz zu deuten. Am öftersten bewähren sich als prophetisch solche Träume, welche sich auf den Gesundheitszustand des Träumenden beziehn, und zwar werden diese meistens Krankheiten, auch tödtliche Anfälle vorherverkünden, (Beispiele derselben hat gesammelt Fabius, *de somniis, Amstelod. 1836, p. 195 sqq.*); welches Dem analog ist, daß auch die hellsehenden Somnambulen am häufigsten und sichersten den Verlauf ihrer eigenen Krankheit, nebst deren Krisen u. s. w. vorhersagen. Nächstdem werden auch äußere Unfälle, wie Feuersbrünste, Pulverexplosionen, Schiffbrüche, besonders aber Todesfälle, bisweilen durch Träume angekündigt. Endlich aber werden auch andere, mitunter ziemlich geringfügige Begebenheiten von einigen Menschen haarklein vorhergeträumt, wovon ich selbst, durch unzweideutige Erfahrungen, mich überzeugt habe. Zur Zurückführung der prophetischen Träume auf ihre nächste Ursache bietet sich uns der Umstand dar, daß sowohl vom natürlichen, als auch vom magnetischen Somnambulismus und seinen Vorgängen bekanntlich keine Erinnerung im wachen Bewußtseyn Statt findet, wohl aber bisweilen eine solche in die Träume des natürlichen, gewöhnlichen Schlafes, deren man sich nachher wachend erinnert, übergeht; so daß alsdann der Traum das Verbindungsglied, die Brücke, wird, zwischen dem somnambulen und dem wachen Bewußtseyn. Diesem also gemäß müssen wir die prophetischen Träume zuvörderst Dem zuschreiben, daß im tiefen Schlafe das Träumen sich zu einem somnambulen Hellsehn steigert: da nun aber aus Träumen dieser Art, in der Regel, kein unmittelbares Erwachen und eben deshalb keine Erinnerung Statt findet; so sind die, eine Ausnahme hievon machenden und also das Kommende UNMITTELBAR und *sensu proprio* vorbildenden Träume, welche die THEOREMATISCHEN genannt worden, die allerseltensten. Hingegen wird öfter von einem Traume solcher Art, wenn sein Inhalt dem Träumenden sehr angelegen ist, dieser sich eine Erinnerung dadurch zu erhalten im Stande seyn, daß er sie in den Traum des leichtern Schlafs, aus dem sich unmittelbar erwachen läßt, hinübernimmt: jedoch kann dieses alsdann nicht unmittelbar, sondern nur mittelst Uebersetzung des Inhalts in eine Allegorie geschehn, in deren Gewand gehüllt nunmehr der ursprüngliche, prophetische Traum ins wachende Bewußtseyn gelangt, wo er folglich dann noch der Auslegung, Deutung, bedarf. Dies also ist die andere und häufigere Art der fatidiken Träume, die ALLEGORISCHE. Beide Arten hat schon ARTEMIDOROS in seinem Oneirokritikon, dem ältesten der Traumbücher, unterschieden und der ersteren Art den Namen der THEOREMATISCHEN gegeben. In dem Bewußtseyn der stets vorhandenen Möglichkeit des oben dargelegten Herganges hat der keineswegs zufällige, oder angekünstelte, sondern dem Menschen natürliche Hang, über die Bedeutung gehabter Träume zu grübeln, seinen Grund: aus ihm entsteht, wenn er gepflegt und methodisch ausgebildet wird, die Oneiromantik. Allein diese fügt die Voraussetzung hinzu, daß die Vorgänge im Traum eine feststehende, ein für alle Mal geltende Bedeutung hätten, über welche sich daher ein Lexikon machen ließe. Solches ist aber nicht der Fall: vielmehr ist die Allegorie dem jedesmaligen Objekt und Subjekt des dem allegorischen Traume zum Grunde liegenden theorematischen Traumes eigens und individuell angepaßt. Daher eben ist die Auslegung der allegorischen fatidiken Träume größtentheils so schwer, daß wir sie meistens erst, nachdem ihre Verkündigung eingetroffen ist, verstehn, dann aber die ganz eigenthümliche, dem Träumenden sonst völlig fremde, dämonische Schalkhaftigkeit des Witzes, mit welchem die Allegorie angelegt und ausgeführt worden, bewundern müssen: daß wir aber bis dahin diese Träume im Gedächtniß behalten, ist Dem zuzuschreiben, daß sie durch ihre ausgezeichnete Anschaulichkeit, ja Leibhaftigkeit, sich tiefer einprägen, als die übrigen. Allerdings wird Uebung und Erfahrung auch der Kunst, die Träume auszulegen, förderlich seyn. Aber nicht Schuberts bekanntes Buch, an welchem nichts taugt, als bloß der Titel, sondern der alte Artemidoros ist es, aus dem man wirklich die »SYMBOLIK DES TRAUMES« kennen lernen kann, zumal aus seinen zwei letzten Büchern, wo er an Hunderten von Beispielen uns die Art und Weise, die Methode und den Humor, faßlich macht, deren unsre träumende Allwissenheit sich bedient, um, wo möglich, unsrer wachenden Unwissenheit Einiges beizubringen. Dies ist nämlich aus seinen Beispielen viel besser zu erlernen, als aus seinen vorhergängigen Theoremen und Regeln darüber. – Daß auch Shakespeare den besagten Humor der Sache vollkommen gefaßt hatte, zeigt er im Heinrich VI., Th. II. Akt 3, Sc. 2, wo, auf die ganz unerwartete Nachricht vom plötzlichen Tode des Herzogs von Gloster, der schurkische Kardinal Beaufort, der am besten weiß, wie es darum steht, ausruft: »Geheimnißvolles Gericht Gottes! mir träumte diese Nacht, der Herzog wäre stumm und könnte kein Wort reden.«

Dem oben Gesagten zufolge sind die THEOREMATISCHEN fatidiken Träume der höchste und seltenste Grad des Vorhersehns im natürlichen Schlafe, die ALLEGORISCHEN der zweite, geringere. An diese nun schließt sich noch, als letzter und schwächster Ausfluß der selben Quelle, die bloße AHNDUNG, das Vorgefühl. Dasselbe ist öfter trauriger, als heiterer Art; weil eben des Trübsals im Leben mehr ist, als der Freude. Eine finstere Stimmung, eine ängstliche Erwartung des Kommenden, hat sich, nach dem Schlafe, unserer bemächtigt, ohne daß eine Ursache dazu vorläge. Dies ist, der obigen Darstellung gemäß, daraus zu erklären, daß jenes Uebersetzen des im tiefsten Schlafe dagewesenen, theorematischen, wahren,

Unheil verkündenden Traumes, in einen allegorischen des leichteren Schlafs nicht gelungen und daher von jenem nichts im Bewußtseyn zurückgeblieben ist, als sein Eindruck auf das Gemüth, d. h. den WILLEN selbst, diesen eigentlichen und letzten Kern des Menschen. Dieser Eindruck klingt nun nach, als weissagendes Vorgefühl, als finstere Ahndung. Bisweilen wird jedoch diese sich unserer erst dann bemächtigen, wann die ersten, mit dem im theorematischen Traume gesehenen Unglück zusammenhängenden Umstände in der Wirklichkeit eintreten, z. B. wann Einer das Schiff, welches untergehn soll, zu besteigen im Begriffe steht, oder wann er sich dem Pulverthurm, der auffliegen soll, nähert: schon Mancher ist dadurch, daß er alsdann der plötzlich aufsteigenden bangen Ahndung, der ihn befallenden innern Angst, Folge leistete, gerettet worden. Wir müssen dies daraus erklären, daß aus dem theorematischen Traume, obwohl er vergessen ist, doch eine schwache Reminiscenz, eine dumpfe Erinnerung übrig geblieben, die zwar nicht vermag ins deutliche Bewußtseyn zu treten, aber deren Spur aufgefrischt wird durch den Anblick eben der Dinge, in der Wirklichkeit, die im vergessenen Traume so entsetzlich auf uns gewirkt hatten. Dieser Art war auch das Dämonion des Sokrates, jene innere Warnungsstimme, die ihn, sobald er irgend etwas Nachtheiliges zu unternehmen sich entschließen wollte, davon abmahnte, immer jedoch nur ab-, nie zurathend. Eine unmittelbare Bestätigung der dargelegten Theorie der Ahndungen ist nur vermittelst des magnetischen Somnambulismus möglich, als welcher die Geheimnisse des Schlafes ausplaudert. Demgemäß finden wir eine solche in der bekannten »Geschichte der Auguste Müller zu Karlsruhe« S. 78. »Den 15. December ward die Somnambule, in ihrem nächtlichen, »(magnetischen) Schlaf, eines unangenehmen, sie betreffenden »Vorfalls inne, der sie sehr niederbeugte. Sie bemerkte zugleich: sie »werde den ganzen folgenden Tag ängstlich und beklommen seyn, »ohne zu wissen warum.« – Ferner giebt eine Bestätigung dieser Sache der in der »Seherin von Prevorst« (erste Aufl. Bd. 2. S. 73, – 3. Aufl. S. 325.) erzählte Eindruck, den gewisse, auf die somnambulen Vorgänge sich beziehende Verse, im Wachen, auf die von jenen jetzt nichts wissende Seherin machten. Auch in KIESER's »Tellurismus«, §. 271, findet man Thatsachen, die auf diesen Punkt Licht werfen.

Hinsichtlich alles Bisherigen ist es sehr wichtig, folgende Grundwahrheit wohl zu fassen und festzuhalten. Der magnetische Schlaf ist nur eine Steigerung des natürlichen; wenn man will, eine höhere Potenz desselben: es ist ein ungleich tieferer Schlaf. Diesem entsprechend ist das Hellsehn nur eine Steigerung des Träumens: es ist ein beständiges WAHRTRÄUMEN, welches aber hier von außen gelenkt und worauf man will gerichtet werden kann. Drittens ist denn auch die, in so vielen Krankheitsfällen bewährte, unmittelbar heilsame Einwirkung des Magnetismus nichts anderes, als eine Steigerung der natürlichen Heilkraft des Schlafs in allen. Ist doch dieser das wahre große Panakeion und zwar dadurch, daß allererst mittelst seiner die Lebenskraft, der animalischen Funktionen entledigt, völlig frei wird, um jetzt mit ihrer ganzen Macht als *vis naturae medicatrix* aufzutreten und in dieser Eigenschaft alle im Organismus eingerissenen Unordnungen wieder ins rechte Gleis zu bringen; weshalb auch überall das gänzliche Ausbleiben des Schlafes keine Genesung zuläßt. Dies nun aber leistet der ungleich tiefere, magnetische Schlaf in viel höherem Grade; daher er auch, wann er, um große, bereits chronische Uebel zu heben, von selbst eintritt, bisweilen mehrere Tage anhält, wie z. B. in dem vom Grafen SZAPARY veröffentlichten Fall (»Ein Wort üb. anim. Magn.« Leipzig 1840); ja, in Rußland einst eine höchst schwindsüchtige Somnambule, in der allwissenden Krise, ihrem Arzte befahl, sie auf 9 Tage in Scheintod zu versetzen, während welcher Zeit alsdann ihre Lunge völliger Ruhe genoß und dadurch heilte, so daß sie vollkommen genesen erwacht ist. Da nun aber das Wesen des Schlafs in der Unthätigkeit des Cerebralsystems besteht und sogar seine Heilsamkeit gerade daraus entspringt, daß dasselbe, mit seinem animalen Leben, jetzt keine Lebenskraft mehr beschäftigt und verzehrt, diese daher sich jetzt gänzlich dem organischen Leben zuwenden kann; so könnte es als seinem Hauptzweck widersprechend erscheinen, daß gerade im magnetischen Schlafe bisweilen eine überschwänglich gesteigerte Erkenntnißkraft hervortritt, die, ihrer Natur nach, doch irgendwie eine Gehirnthätigkeit seyn muß. Allein zuvörderst müssen wir uns erinnern, daß dieser Fall nur eine seltene Ausnahme ist. Unter 20 Kranken, auf die der Magnetismus überhaupt wirkt, wird nur Einer somnambul, d. h. vernimmt und spricht im Schlafe, und unter 5 Somnambulen wird kaum Einer hellsehend (nach *Deleuze, hist. crit. du magn. Paris 1813. Vol. 1. p. 138.*). In der Regel also ist die Wirkung des Magnetismus nur ein überaus tiefer Schlaf, welcher traumlos ist, ja, das Cerebralsystem dermaßen depotenzirt, daß weder Sinneseindrücke, noch Verletzungen irgend gefühlt werden; daher denn auch derselbe auf das Wohlthätigste benutzt wurde zu chirurgischen Operationen, aus welchem Dienste jedoch das Chloroform ihn verdrängt hat. Zum Hellsehn, dessen Vorstufe der Somnambulismus, oder das Schlafreden ist, läßt die Natur es eigentlich nur dann kommen, wann ihre BLINDWIRKENDE Heilkraft zur Beseitigung der Krankheit nicht ausreicht, sondern es der Hülfsmittel von außen bedarf, welche nunmehr, im hellsehenden Zustande, vom Patienten selbst richtig verordnet werden. Also zu diesem Zweck des Selbstverordnens bringt sie die Clairvoyance hervor: denn *natura nihil facit frustra*. Ihr Verfahren hierin ist dem analog, welches sie im Großen, bei der ersten Hervorbringung der Wesen, befolgt hat, als sie den Schritt vom Pflanzen- zum Thierreich that: nämlich für die Pflanzen hatte noch die Bewegung auf bloße REIZE ausgereicht; jetzt aber machten speciellere und komplicirtere Bedürfnisse, deren Gegenstände aufzusuchen, auszuwählen, ja, zu überwältigen, oder gar zu überlisten waren, die Bewegung auf MOTIVE und daher die ERKENNTNISS, in vielfach abgestuften Graden, nöthig, welche demgemäß der eigentliche Charakter der Thierheit ist, das dem Thiere nicht zufällig, sondern wesentlich Eigene, das, was wir im Begriff des THIERES nothwendig denken. Ich verweise hierüber auf mein Hauptwerk Bd. 1 S. 170. ff.; ferner auf meine Ethik, S. 33, und auf den »Willen in der Natur« S. 54 ff. und 70–78. Also im einen, wie im andern Falle zündet die Natur sich ein Licht an, um so die Hülfe, deren der Organismus VON AUSSEN bedarf, aufsuchen und herbeischaffen zu können. Die Lenkung der nun also ein Mal entwickelten Sehergabe der Somnambule auf andere Dinge, als ihren eigenen Gesundheitszustand, ist bloß ein accidenteller Nutzen, ja, eigentlich schon ein Mißbrauch derselben. Ein solcher ist es auch, wenn man eigenmächtig, durch lange fortgesetztes Magnetisiren, Somnambulismus und Hellsehn, gegen die Absicht der Natur, hervorruft. Wo diese hingegen wirklich erfordert sind, bringt die Natur sie nach kurzem Magnetisiren, ja, bisweilen als spontanen Somnambulismus, ganz von selbst hervor. Sie treten alsdann auf, wie schon gesagt, als ein Wahrträumen, zunächst nur der unmittelbaren Umgebung, dann in weiterem Kreise und immer weiter, bis dasselbe, in den höchsten Graden des Hellsehns, alle Vorgänge auf Erden, wohin nur die Aufmerksamkeit gelenkt wird, erreichen kann, mitunter sogar in die Zukunft dringt. Mit diesen verschiedenen Stufen hält die Fähigkeit zur pathologischen Diagnose und zum therapeutischen Verordnen, zunächst für sich und abusive für Andere, gleichen Schritt.

Auch beim Somnambulismus im ursprünglichen und eigentlichsten Sinne, also dem krankhaften Nachtwandeln, tritt ein solches Wahrträumen ein, hier jedoch nur für den unmittelbaren Verbrauch, daher bloß auf die nächste Umgebung sich erstrekkend; weil eben schon hiermit der Zweck der Natur, in diesem Fall, erreicht wird. In solchem Zustande nämlich hat nicht, wie im magnetischen Schlaf, im spontanen Somnambulismus und in der Katalepsie, die Lebenskraft, als *vis medicatrix*, das animale Leben eingestellt, um auf das organische ihre ganze Macht verwenden und die darin eingerissenen Unordnungen aufheben zu können; sondern sie tritt hier, vermöge einer krankhaften Verstimmung, der am meisten das Alter der Pubertät unterworfen ist, als ein abnormes Uebermaaß von Irritabilität auf, dessen nun die Natur sich zu entladen strebt, welches bekanntlich durch Wandeln, Arbeiten, Klettern, bis zu den halsbrechendesten Lagen und den gefährlichsten Sprüngen, alles im Schlafe, geschieht: da ruft denn die Natur zugleich, als den Wächter dieser so gefährlichen Schritte, jenes räthselhafte Wahrträumen hervor, welches sich hier aber nur auf die nächste Umgebung erstreckt, da dieses hinreicht, den Unfällen vorzubeugen, welche die losgelassene Irritabilität, wenn sie blind wirkte, herbeiführen müßte. Dasselbe hat also hier nur den negativen Zweck, Schaden zu verhüten, während es beim Hellsehn den positiven hat, Hülfe von außen aufzufinden: daher der große Unterschied im Umfang des Gesichtskreises.

So geheimnißvoll die Wirkung des Magnetisirens auch ist, so ist doch soviel klar, daß sie zunächst im Einstellen der animalischen Funktionen besteht, indem die Lebenskraft vom Gehirn, welches ein bloßer Pensionär oder Parasit des Organismus ist, abgelenkt, oder vielmehr zurückgedrängt wird zum organischen Leben, als ihrer primitiven Funktion, weil jetzt daselbst ihre ungetheilte Gegenwart und ihre Wirksamkeit als *vis medicatrix* erfordert ist. Innerhalb des Nervensystems, also des ausschließlichen Sitzes alles irgend sensibeln Lebens, wird aber das organische Leben repräsentirt und vertreten durch den Lenker und Beherrscher seiner Funktionen, den sympathischen Nerven und dessen Ganglien; daher man den Vorgang auch als ein Zurückdrängen der Lebenskraft vom Gehirn zu diesem hin ansehn, überhaupt aber auch Beide als einander entgegengesetzte Pole auffassen kann, nämlich das Gehirn, nebst den ihm anhängenden Organen der Bewegung, als den positiven und bewußten Pol; den sympathischen Nerven, mit seinen Gangliengeflechten, als den negativen und unbewußten Pol. In diesem Sinne nun ließe sich folgende Hypothese über den Hergang beim Magnetisiren aufstellen. Es ist ein Einwirken des Gehirnpols (also des äußeren Nervenpols) des Magnetiseurs auf den GLEICHNAMIGEN des Patienten, wirkt demnach, dem allgemeinen Polaritätsgesetze gemäß, auf diesen REPELLIREND, wodurch die Nervenkraft auf den andern Pol des Nervensystems, den innern, das Bauchgangliensystem, zurückgedrängt wird. Daher sind Männer, als bei denen der Gehirnpol überwiegt, am tauglichsten zum Magnetisiren; hingegen Weiber, als bei denen das Gangliensystem vorwaltet, am tauglichsten zum Magnetisirtwerden und dessen Folgen. Wäre es möglich, daß das weibliche Gangliensystem eben so auf das männliche, also auch repellirend, einwirken könnte; so müßte, durch den umgekehrten Proceß, ein abnorm erhöhtes Gehirnleben, ein temporäres Genie, entstehn. Dies ist nicht ausführbar, weil das Gangliensystem nicht fähig ist, nach außen zu wirken. Hingegen ließe sich wohl als ein, durch Wirken UNGLEICHNAMIGER Pole auf einander, ATTRAHIRENDES Magnetisiren das

Baquett betrachten, so daß die mit demselben, durch zur Herzgrube gehende, eiserne Stäbe und wollene Schnüre, verbundenen sympathischen Nerven aller umhersitzenden Patienten, mit vereinter und durch die anorganische Masse des Baquetts erhöhter Kraft wirkend, den einzelnen Gehirnpol eines jeden von ihnen an sich zögen, also das animale Leben depotenzirten, es untergehn lassend in den magnetischen Schlaf Aller; – dem Lotus zu vergleichen, der Abends sich in die Fluth versenkt. Diesem entspricht auch, daß, als man einst die Leiter des Baquetts, statt an die Herzgrube, an den Kopf gelegt hatte, heftige Kongestion und Kopfschmerz die Folge war (Kieser, Tellurism., erste Aufl. Bd. 1. S. 439.). Daß, im siderischen Baquett, die bloßen, unmagnetisirten Metalle die selbe Kraft ausüben, scheint damit zusammenzuhängen, daß das Metall das Einfachste, Ursprünglichste, die tiefste Stufe der Objektivation des Willens, folglich dem Gehirn als der höchsten Entwickelung dieser Objektivation, gerade entgegengesetzt, also das von ihm Entfernteste ist, zudem die größte Masse im kleinsten Raum darbietet. Es ruft demnach den Willen zu seiner Ursprünglichkeit zurück und ist dem Gangliensystem verwandt, wie umgekehrt das Licht dem Gehirn: daher scheuen die Somnambulen die Berührung der Metalle mit den Organen des bewußten Pols. Das Metall- und Wasserfühlen der hiezu Organisirten findet ebenfalls darin seine Erklärung. – Wenn, beim gewöhnlichen, magnetisirten Baquett, das Wirkende die mit demselben verbundenen Gangliensysteme aller um dasselbe versammelten Patienten sind, welche, mit vereinter Kraft, die Gehirnpole herabziehn; so giebt Dies auch eine Anleitung zur Erklärung der Ansteckung des Somnambulismus überhaupt, wie auch der ihr verwandten Mittheilung der gegenwärtigen Aktivität des zweiten Gesichts, durch Anstoßen der damit Begabten unter einander, und der Mittheilung, folglich der Gemeinschaft, der Visionen überhaupt.

Wollte man aber von der obigen, die Polaritätsgesetze zum Grunde legenden Hypothese über den Hergang beim aktiven Magnetisiren eine noch kühnere Anwendung sich erlauben; so ließe sich daraus, wenn auch nur schematisch, ableiten, wie, in den höhern Graden des Somnambulismus, der Rapport so weit gehn kann, daß die Somnambule aller Gedanken, Kenntnisse, Sprachen, ja aller Sinnesempfindungen des Magnetiseurs theilhaft wird, also in seinem Gehirn gegenwärtig ist, während hingegen sein WILLE unmittelbaren Einfluß auf sie hat und sie so sehr beherrscht, daß er sie fest bannen kann. Nämlich bei dem jetzt gebräuchlichsten Galvanischen Apparat, wo die beiden Metalle in zweierlei durch Thonwände getrennte Säuren eingesenkt sind, geht der positive Strom, durch diese Flüssigkeiten hindurch, vom Zink zum Kupfer und dann außerhalb derselben, an der Elektrode, vom Kupfer zum Zink zurück. Diesem also analog gienge der positive Strom der Lebenskraft, als Wille des Magnetiseurs, von dessen Gehirn zu dem der Somnambule, sie beherrschend und ihre, im Gehirn das Bewußtseyn hervorbringende Lebenskraft zurücktreibend zum sympathischen Nerven, also der Magengegend, ihrem negativen Pol: dann aber gienge derselbe Strom von hier weiter in den Magnetiseur zurück, zu seinem positiven Pol, dem Gehirn desselben, woselbst er dessen Gedanken und Empfindungen antrifft, deren dadurch jetzt die Somnambule theilhaft wird. Das sind freilich sehr gewagte Annahmen: aber bei so durchaus unerklärten Dingen, wie die, welche hier unser Problem sind, ist jede Hypothese, die zu irgend einem, wenn auch nur schematischem, oder analogischem Verständniß derselben führt, zulässig.

Das überschwänglich Wunderbare und daher, bis es durch die Uebereinstimmung hundertfältiger, glaubwürdigster Zeugnisse bekräftigt war, schlechthin Unglaubliche des somnambulen Hellsehns, als welchem das Verdeckte, das Abwesende, das weit Entfernte, ja, das noch im Schooße der Zukunft Schlummernde offen liegt, verliert wenigstens seine absolute Unbegreiflichkeit, wenn wir wohl erwägen, daß, wie ich so oft gesagt habe, die objektive Welt ein bloßes Gehirnphänomen ist: denn die auf Raum, Zeit und Kausalität (als Gehirnfunktionen) beruhende Ordnung und Gesetzmäßigkeit desselben ist es, die im somnambulen Hellsehn in gewissem Grade beseitigt wird. Nämlich in Folge der Kantischen Lehre von der Idealität des Raumes und der Zeit begreifen wir, daß das Ding an sich, also das allein wahrhaft Reale in allen Erscheinungen, als frei von jenen beiden Formen des Intellekts, den Unterschied von Nähe und Ferne, von Gegenwart, Vergangenheit und Zukunft nicht kennt; daher die auf jenen Anschauungsformen beruhenden Trennungen sich nicht als absolute erweisen, sondern für die in Rede stehende, durch Umgestaltung ihres Organs im Wesentlichen veränderte Erkenntnißweise, keine unübersteigbare Schranken mehr darbieten. Wären hingegen Zeit und Raum absolut real und dem Wesen an sich der Dinge angehörig; dann wäre allerdings jene Sehergabe der Somnambulen, wie überhaupt alles Fernsehn und Vorhersehn, ein schlechthin unbegreifliches Wunder. Andrerseits erhält sogar, durch die hier in Rede stehenden Thatsachen, Kants Lehre gewissermaaßen eine faktische Bestätigung. Denn, ist die Zeit keine Bestimmung des eigentlichen Wesens der Dinge; so ist, hinsichtlich auf dieses, Vor und Nach ohne Bedeutung: demgemäß also muß eine Begebenheit eben so wohl erkannt werden können, ehe sie geschehn, als nachher. Jede Mantik, sei es im Traum, im somnambulen Vorhersehn, im zweiten Gesicht, oder wie noch etwan sonst, besteht nur im Auffinden des Wegs zur Befreiung der Erkenntniß von der Bedingung der Zeit. – Auch läßt die Sache sich in folgendem Gleichniß veranschaulichen. DING AN SICH ist das *primum mobile* in dem Mechanismus, der dem ganzen, komplicirten und bunten Spielwerk dieser Welt seine Bewegung ertheilt. Jenes muß daher von anderer Art und Beschaffenheit seyn, als dieses. Wir sehn wohl den Zusammenhang der einzelnen Theile des Spielwerks, in den absichtlich zu Tage gelegten Hebeln und Rädern (Zeitfolge und Kausalität): aber Das, was diesen allen die ERSTE Bewegung ertheilt, sehn wir nicht. Wenn ich nun lese, wie hellsehende Somnambulen das Zukünftige so lange vorher und so genau verkünden, so kommt es mir vor, als wären sie zu dem da hinten verborgenen Mechanismus gelangt, von dem Alles ausgeht, und woselbst daher schon jetzt und gegenwärtig Das ist, was äußerlich, d. h. durch unser optisches Glas Zeit gesehn, erst als künftig und kommend sich darstellt.

Ueberdies hat nun der selbe animalische Magnetismus, dem wir diese Wunder verdanken, uns auch ein unmittelbares Wirken des WILLENS auf Andere und in die Ferne auf mancherlei Weise beglaubigt: ein solches aber ist gerade der Grundcharakter Dessen, was der verrufene Name der MAGIE bezeichnet. Denn diese ist ein von den kausalen Bedingungen des physischen Wirkens, also des Kontakts, im weitesten Sinne des Wortes, befreites, unmittelbares Wirken unsers Willens selbst; wie ich dies in einem eigenen Kapitel dargelegt habe in der Schrift »über den Willen in der Natur«. Das magische verhält sich daher zum physischen Wirken, wie die Mantik zur vernünftigen Konjektur: es ist wirkliche und gänzliche *actio in distans*, wie die ächte Mantik, z. B. das somnambule Hellsehn, *passio a distante* ist. Wie in diesem die individuelle Isolation der Erkenntniß, so ist in jener die individuelle Isolation des Willens aufgehoben. In Beiden leisten wir daher unabhängig von den Beschränkungen, welche Raum, Zeit und Kausalität herbeiführen, was wir sonst und alltäglich nur unter diesen vermögen. In ihnen hat also unser innerstes Wesen, oder das Ding an sich, jene Formen der Erscheinung abgestreift und tritt frei von ihnen hervor. Daher ist auch die Glaubwürdigkeit der Mantik der der Magie verwandt und ist der Zweifel an Beiden stets zugleich gekommen und gewichen.

Animalischer Magnetismus, sympathetische Kuren, Magie, zweites Gesicht, Wahrträumen, Geistersehn und Visionen aller Art sind verwandte Erscheinungen, Zweige Eines Stammes, und geben sichere, unabweisbare Anzeige von einem Nexus der Wesen, der auf einer ganz andern Ordnung der Dinge beruht, als die NATUR ist, als welche zu ihrer Basis die Gesetze des Raumes, der Zeit und der Kausalität hat; während jene andere Ordnung eine tiefer liegende, ursprünglichere und unmittelbarere ist, daher vor ihr die ersten und allgemeinsten, weil rein formalen, Gesetze der NATUR ungültig sind, demnach Zeit und Raum die Individuen nicht mehr trennen und die eben auf jenen Formen beruhende Vereinzelung und Isolation derselben nicht mehr der Mittheilung der Gedanken und dem unmittelbaren Einfluß des Willens unübersteigbare Gränzen setzt; so daß Veränderungen herbeigeführt werden auf einem ganz andern Wege, als dem der physischen Kausalität und der zusammenhängenden Kette ihrer Glieder, nämlich bloß vermöge eines auf besondere Weise an den Tag gelegten und dadurch über das Individuum hinaus potenzirten Willensaktes.

Demgemäß ist der eigenthümliche Charakter sämmtlicher, hier in Rede stehender, animaler Phänomene *visio in distans et actio in distans*, sowohl der Zeit, als dem Raume nach.

Beiläufig gesagt, ist der wahre Begriff der *actio in distans* dieser, daß der Raum zwischen dem Wirkenden und dem Bewirkten, er sei voll oder leer, durchaus keinen Einfluß auf die Wirkung habe, – sondern es völlig einerlei sei, ob er einen Zoll, oder eine Billion Uranusbahnen beträgt. Denn, wenn die Wirkung durch die Entfernung irgend geschwächt wird; so ist es, entweder weil eine den Raum bereits füllende Materie dieselbe fortzupflanzen hat und daher, vermöge ihrer steten Gegenwirkung, sie, nach Maaßgabe der Entfernung, schwächt; oder auch, weil die Ursache selbst bloß in einer materiellen Ausströmung besteht, die sich im Raum verbreitet und also desto mehr verdünnt, je größer dieser ist. Hingegen kann der leere Raum selbst auf keine Weise widerstehn und die Kausalität schwächen. Wo also die Wirkung, nach Maaßgabe ihrer Entfernung vom Ausgangspunkte der Ursache, abnimmt, wie die des Lichtes, der Gravitation, des Magneten u. s. w., da ist keine *actio in distans*; und eben so wenig da, wo sie durch die Entfernung auch nur verspätet wird. Denn das Bewegliche im Raum ist allein die Materie: diese müßte also der den Weg zurücklegende Träger einer solchen Wirkung seyn und demgemäß erst wirken, nachdem sie angekommen, mithin erst beim Kontakt, folglich nicht *in distans*.

Hingegen die hier in Rede stehenden und oben als Zweige eines Stammes aufgezählten Phänomene haben, wie gesagt, gerade die *actio in distans* und *passio a distante* zum specifischen Kennzeichen. Hiedurch aber liefern sie, wie auch schon erwähnt, zunächst eine so unerwartete, wie sichere FAKTISCHE Bestätigung der Kantischen Grundlehre vom Gegensatz der Erscheinung und des Dinges an sich, und dem der Gesetze Beider. Die Natur und ihre Ordnung ist nämlich, nach KANT, bloße Erscheinung: als den Gegensatz derselben sehn wir alle hier in Rede stehenden, magisch zu benennenden Thatsachen unmittelbar im Dinge an sich wurzeln und in der Erscheinungswelt Phänomene herbeiführen, die, gemäß den Gesetzen dieser, nie zu erklären sind, daher mit Recht geläugnet wurden, bis hundertfältige Erfahrung dies nicht länger zuließ.

Aber nicht nur die Kantische, sondern auch meine Philosophie erhält durch die nähere Untersuchung dieser Thatsachen eine wichtige Bestätigung, in dem Fakto, daß in allen jenen Phänomenen das eigentliche Agens allein der WILLE ist; wodurch dieser sich als das Ding an sich kund giebt. Von dieser Wahrheit demnach, auf seinem empirischen Wege, ergriffen, betitelt ein bekannter Magnetiseur, der ungarische Graf SZAPARY, welcher augenscheinlich von meiner Philosophie nichts, und vielleicht von aller nicht viel, weiß, in seiner Schrift »ein Wort über den animalischen Magnetismus«, Leipzig 1840, gleich die erste Abhandlung: »physische Beweise, daß DER WILLE das Princip alles geistigen und körperlichen Lebens sei.«

Ueberdies nun aber und davon ganz abgesehn, geben die besagten Phänomene jedenfalls eine faktische und vollkommen sichere Widerlegung nicht nur des Materialismus, sondern auch des Naturalismus, wie ich diesen, Kap. 17 des 2. Bandes meines Hauptwerkes, als die auf den Thron der Metaphysik gesetzte Physik geschildert habe; indem sie die Ordnung der NATUR, welche die genannten beiden Ansichten als die absolute und einzige geltend machen wollen, nachweisen als eine rein phänomenale und demnach bloß oberflächliche, welcher das von ihren Gesetzen unabhängige Wesen der Dinge an sich selbst zum Grunde liegt. Die in Rede stehenden Phänomene aber sind, wenigstens vom philosophischen Standpunkt aus, unter allen Thatsachen, welche die gesammte Erfahrung uns darbietet, ohne allen Vergleich, die wichtigsten; daher sich mit ihnen gründlich bekannt zu machen die Pflicht jedes Gelehrten ist.

Diese Erörterung zu erläutern, diene noch folgende allgemeinere Bemerkung. Schon der große Haufe und das Volk, wohl aller Länder und Zeiten, unterscheidet NATÜRLICHES UND UEBERNATÜRLICHES, als zwei grundverschiedene, jedoch zugleich vorhandene Ordnungen der Dinge. Dem Uebernatürlichen schreibt er Wunder, Weissagungen, Gespenster und Zauberei unbedenklich zu, läßt aber überdies auch wohl gelten, daß überhaupt nichts durch und durch, bis auf den letzten Grund, natürlich sei, sondern die Natur selbst auf einem Uebernatürlichen beruhe. Daher versteht das Volk sich sehr wohl, wann es frägt: »geht Das natürlich zu, oder nicht?« Im Wesentlichen fällt nun diese populäre Unterscheidung zusammen mit der Kantischen zwischen Erscheinung und Ding an sich; nur daß diese die Sache genauer und richtiger bestimmt, nämlich dahin, daß Natürliches und Uebernatürliches nicht zwei verschiedene und getrennte Arten von Wesen sind, sondern Eines und Dasselbe, welches AN SICH genommen übernatürlich zu nennen ist, weil erst indem es ERSCHEINT, d. h. in die Wahrnehmung unsers Intellekts tritt und daher in dessen Formen eingeht, die NATUR sich darstellt, deren bloß phänomenale Gesetzmäßigkeit es eben ist, die man unter dem Natürlichen versteht. Ich nun wieder, meines Theils, habe nur KANTS Ausdruck verdeutlicht, als ich die »Erscheinung« geradezu VORSTELLUNG genannt habe. Und wenn man nun noch beachtet, daß, so oft, in der Kritik der reinen Vernunft und den Prolegomenen, Kants Ding an sich aus dem Dunkel, in welchem er es hält, nur ein wenig hervortritt, es sogleich sich als das moralisch Zurechnungsfähige in uns, also als den WILLEN zu erkennen giebt; so wird man auch einsehn, daß ich, durch Nachweisung des WILLENS als des Dinges an sich, ebenfalls bloß Kants Gedanken verdeutlicht und durchgeführt habe.

Der animalische Magnetismus ist, freilich nicht vom ökonomischen und technologischen, aber wohl vom philosophischen Standpunkt aus betrachtet, die inhaltschwerste aller jemals gemachten Entdeckungen; wenn er auch einstweilen mehr Räthsel aufgiebt, als löst. Er ist wirklich die praktische Metaphysik, wie schon Bako von Verulam die Magie definirt: er ist gewissermaaßen eine Experimentalmetaphysik: denn die ersten und allgemeinsten Gesetze der Natur werden von ihm beseitigt; daher er das sogar *a priori* für unmöglich Erachtete möglich macht. Wenn nun aber schon in der bloßen PHYSIK die Experimente und Thatsachen uns noch lange nicht die richtige Einsicht eröffnen, sondern hiezu die oft sehr schwer zu findende Auslegung derselben erfordert ist; wie viel mehr wird Dies der Fall seyn bei den mysteriösen Thatsachen jener empirisch hervortretenden Metaphysik! Die rationale, oder theoretische Metaphysik wird also mit derselben gleichen Schritt halten müssen, damit die hier aufgefundenen Schätze gehoben werden. Dann aber wird eine Zeit kommen, wo Philosophie, animalischer Magnetismus und die in allen ihren Zweigen beispiellos vorgeschrittene Naturwissenschaft gegenseitig ein so helles Licht auf einander werfen, daß Wahrheiten zu Tage kommen werden, welche zu erreichen man außerdem nicht hoffen durfte. Nur denke man hiebei nicht an die metaphysischen Aussagen und Lehren der Somnambulen: diese sind meistens armsälige Ansichten, entsprungen aus den von der Somnambule erlernten Dogmen, und deren Mischung mit Dem, was sie im Kopf ihres Magnetiseurs vorfindet; daher keiner Beachtung werth.

Auch zu Aufschlüssen über die zu allen Zeiten so hartnäckig behaupteten, wie beharrlich geleugneten GEISTERERSCHEINUNGEN sehn wir durch den Magnetismus den Weg geöffnet: allein ihn richtig zu treffen wird dennoch nicht leicht seyn; wiewohl er irgendwo in der Mitte liegen muß zwischen der Leichtgläubigkeit unsers sonst sehr achtungswerthen und verdienstvollen JUSTINUS KERNER und der, jetzt wohl nur noch in England herrschenden, Ansicht, die keine andere, als eine mechanische Naturordnung zuläßt, um nur alles darüber Hinausgehende desto sicherer bei einem von der Welt ganz verschiedenen, persönlichen Wesen, welches nach Willkür mit ihr schaltet, unterbringen und koncentriren zu können. Die lichtscheue und mit unglaublicher Unverschämtheit jeder wissenschaftlichen Erkenntniß frech entgegentretende, daher unserm Welttheile nachgerade zum Skandal gereichende Englische Pfaffenschaft hat, durch ihr Hegen und Pflegen aller dem »kalten Aberglauben, den sie ihre Religion nennt«, günstigen Vorurtheile und Anfeindung der ihm entgegenstehenden Wahrheiten, hauptsächlich Schuld an dem Unrecht, welches der animalische Magnetismus in England hat erleiden müssen, woselbst er nämlich, nachdem er schon 40 Jahre lang in Deutschland und Frankreich, in Theorie und Praxis anerkannt gewesen, noch immer, ungeprüft, mit der Zuversicht der Unwissenheit, als plumpe Betrügerei verlacht und verdammt wurde: »wer an den animalischen Magnetismus glaubt, kann nicht an Gott glauben« hat noch im Jahre 1850 ein junger englischer Pfaffe zu mir gesagt: *hinc illae lacrimae!* Endlich hat dennoch auch auf der Insel der Vorurtheile und des Pfaffentruges der animalische Magnetismus sein Banner aufgepflanzt zu abermaliger und glorreicher Bestätigung des *magna est vis veritatis, et praevalebit*, dieses schönen Spruches, bei welchem jedes Anglikanische Pfaffenherz mit Recht für seine Pfründen zittert. Ueberhaupt ist es an der Zeit, Missionen der Vernunft, Aufklärung und Antipfäfferei nach England zu schicken, mit v. Bohlens und Straußens Bibelkritik in der einen, und der Kritik der reinen Vernunft in der andern Hand, um jenen, sich selbst *reverend* schreibenden, hochmüthigsten und frechsten aller Pfaffen der Welt das Handwerk zu legen und dem Skandal ein Ende zu machen. Denn es ist nicht länger zu dulden, daß sie die intelligenteste und in fast jeder Hinsicht erste Nation Europa's durch die pöbelhafteste Bigotterie zur letzten degradiren und sie dadurch VERÄCHTLICH machen; am wenigsten wenn man an das Mittel denkt, wodurch sie diesen Zweck erreicht haben, nämlich die Volkserziehung, die ihnen anvertraut war, so einzurichten, daß Zwei Drittel der Englischen Nation nicht lesen können. Dabei geht ihre Dummdreistigkeit so weit, daß sie sogar die ganz sichern, allgemeinen Resultate der GEOLOGIE in öffentlichen Blättern mit Zorn, Hohn und schaalem Spott angreifen; weil sie nämlich das Mosaische Schöpfungsmährchen in ganzem Ernst geltend machen wollen, ohne zu merken, daß sie in solchen Angriffen mit dem irdenen gegen den eisernen Topf schlagen. – Uebrigens ist die eigentliche Quelle des skandalösen, volksbetrügenden Englischen Obskurantismus das Gesetz der Primogenitur, als welches der Aristokratie (im weitesten Sinne genommen) eine Versorgung der jüngern Söhne nothwendig macht: für diese nun ist, wenn sie weder zur Marine noch zur Armee taugen, das *Church-establishment* (charakteristischer Name), mit seinen 5 Millionen Pfund Einkünften DIE VERSORGUNGSANSTALT: hieraus begreift es sich, warum in der guten, will sagen vornehmen, Englischen Gesellschaft, jeder Spott über die Kirche und ihren kalten Aberglauben als schlechter Ton, ja, als eine Unanständigkeit betrachtet wird. Dabei bleiben die demoralisirenden Wirkungen des Pfaffentruges und der Bigotterie natürlich nicht aus. Demoralisirend muß es wirken, daß die Pfaffenschaft dem Volke vorlügt, die Hälfte aller Tugenden bestehe im Sonntagsfaulenzen und im Kirchengeplärr, und eines der größten Laster, welches den Weg zu allen andern bahne, sei das *Sabathbreaking*, d.h. Nichtfaulenzen am Sonntage: daher sie auch, in den Zeitungen, die zu hängenden armen Sünder sehr oft die Erklärung abgeben lassen, aus dem *Sabathbreaking*, diesem gräulichen Laster, sei ihr ganzer sündiger Lebenslauf entsprungen. Eben wegen besagter Versorgungsanstalt muß noch jetzt das unglückliche Irland, dessen Bewohner zu Tausenden verhungern, neben seinem eigenen katholischen, aus eigenen Mitteln und freiwillig von ihm bezahlten Klerus, eine nichtsthuende protestantische Klerisei, mit Erzbischof, 12 Bischöfen und einer Armee von *deans* und *rectors* erhalten, wenn auch nicht direkt auf Kosten des Volks, sondern aus dem Kirchengut.

Ich habe bereits darauf aufmerksam gemacht, daß Traum, somnambules Wahrnehmen, Hellsehn, Vision, Zweites Gesicht und etwaniges Geistersehn, nahe verwandte Erscheinungen sind. Das Gemeinsame derselben ist, daß wir, ihnen verfallen, eine sich objektiv darstellende Anschauung durch ein ganz anderes Organ, als im gewöhnlichen wachen Zustande, erhalten; nämlich nicht durch die äußern Sinne, dennoch aber ganz und genau eben so, wie mittelst dieser: ich habe solches demnach das TRAUMORGAN genannt. Was sie hingegen von einander unterscheidet, ist die Verschiedenheit ihrer Beziehung zu der durch die Sinne wahrnehmbaren, empirisch-realen Außenwelt. Diese nämlich ist beim Traum, in der Regel, gar keine, und sogar bei den seltenen fatidiken Träumen doch meistens nur eine mittelbare und entfernte, sehr selten eine direkte: hingegen ist jene Beziehung bei der somnambulen Wahrnehmung und dem Hellsehn, wie auch beim Nachtwandeln, eine unmittelbare und ganz richtige; bei der Vision und dem etwanigen Geistersehn eine problematische. – Nämlich das Schauen von Objekten im Traum ist anerkannt illusorisch, also eigentlich ein bloß subjektives, wie das in der Phantasie: die selbe Art der Anschauung aber wird, im Schlafwachen und im Somnambulismus, eine völlig und richtig objektive; ja, sie erhält im Hellsehn gar einen, den des Wachenden unvergleichbar weit übertreffenden Gesichtskreis. Wenn sie nun aber hier sich auf die

Phantome der Abgeschiedenen erstreckt; so will man sie wieder bloß als ein subjektives Schauen gelten lassen. Dies ist indessen der Analogie dieser Fortschreitung nicht gemäß, und nur soviel läßt sich behaupten, daß jetzt Objekte geschaut werden, deren Daseyn durch die gewöhnliche Anschauung des dabei etwan gegenwärtigen Wachenden nicht beglaubigt wird; während auf der zunächst vorhergegangenen Stufe es solche waren, die der Wache erst in der Ferne aufzusuchen, oder der Zeit nach abzuwarten hat. Aus dieser Stufe nämlich kennen wir das Hellsehn als eine Anschauung, die sich auch auf Das erstreckt, was der wachen Gehirnthätigkeit nicht UNMITTELBAR zugänglich, dennoch aber real vorhanden und wirklich ist: wir dürfen daher jenen Wahrnehmungen, denen die wache Anschauung auch mittelst Zurücklegung eines Raumes oder einer Zeit, nicht nachkommen kann, die objektive Realität wenigstens nicht sogleich und ohne Weiteres absprechen. Ja, der Analogie nach, dürften wir sogar vermuthen, daß ein Anschauungsvermögen, welches sich auf das wirklich Zukünftige und noch gar nicht Vorhandene erstreckt, auch wohl das einst Dagewesene, nicht mehr Vorhandene, als gegenwärtig wahrzunehmen fähig seyn könnte. Zudem ist noch nicht ausgemacht, daß die in Rede stehenden Phantome nicht auch in das wache Bewußtseyn gelangen können. Am häufigsten werden sie wahrgenommen im Zustande des Schlafwachens, also wo man die unmittelbare Umgebung und Gegenwart, wiewohl träumend, richtig erblickt: da nun hier Alles, was man sieht, objektiv real ist; so haben die darin auftretenden Phantome die Präsumtion der Realität zunächst für sich.

Nun aber lehrt überdies die Erfahrung, daß die Funktion des TRAUMORGANS, welche in der Regel den leichteren, gewöhnlichen, oder aber den tiefern magnetischen Schlaf zur Bedingung ihrer Thätigkeit hat, ausnahmsweise auch bei wachem Gehirne zur Ausübung gelangen kann, also daß jenes Auge, mit welchem wir die Träume sehn, auch wohl ein Mal im Wachen aufgehn kann. Alsdann stehn Gestalten vor uns, die denen, welche durch die Sinne ins Gehirn kommen, so täuschend gleichen, daß sie mit diesen verwechselt und dafür gehalten werden, bis sich ergiebt, daß sie nicht

Glieder des jene Alle verknüpfenden, im Kausalnexus bestehenden Zusammenhangs der Erfahrung sind, den man unter dem Namen der Körperwelt begreift; was nun entweder sogleich, auf Anlaß ihrer Beschaffenheit, oder aber erst hinterher an den Tag kommt. Einer so sich darstellenden Gestalt nun wird, je nach Dem, worin sie ihre ENTFERNTERE Ursache hat, der Name einer Hallucination, einer Vision, eines zweiten Gesichts, oder einer Geistererscheinung zukommen. Denn ihre NÄCHSTE Ursache muß allemal im Innern des Organismus liegen, indem, wie oben gezeigt, eine von innen ausgehende Einwirkung es ist, die das Gehirn zu einer anschauenden Thätigkeit erregt, welche, es ganz durchdringend, sich bis auf die Sinnesnerven erstreckt, wodurch alsdann die sich so darstellenden Gestalten sogar Farbe und Glanz, auch Ton und Stimme der Wirklichkeit erhalten. Im Fall dies jedoch unvollkommen geschieht, werden sie nur schwach gefärbt, blaß, grau und fast durchsichtig erscheinen, oder auch wird, dem analog, wenn sie für das Gehör dasind, ihre Stimme verkümmert seyn, hohl, leise, heiser, oder zirpend klingen. Wenn der Seher derselben eine geschärfte Aufmerksamkeit auf sie richtet, pflegen sie zu verschwinden; weil die dem ÄUSSERN Eindrucke sich jetzt mit Anstrengung zuwendenden Sinne nun diesen wirklich empfangen, der, als der stärkere und in entgegengesetzter Richtung geschehend, jene ganze, von INNEN kommende Gehirnthätigkeit überwältigt und zurückdrängt. Eben um diese Kollision zu vermeiden geschieht es, daß, bei Visionen, das innere Auge die Gestalten soviel wie möglich dahin projicirt, wo das äußere nichts sieht, in finstere Winkel, hinter Vorhänge, die plötzlich durchsichtig werden, und überhaupt in die Dunkelheit der Macht, als welche bloß darum die Geisterzeit ist, weil Finsterniß, Stille und Einsamkeit, die äußern Eindrücke aufhebend, jener VON INNEN ausgehenden Thätigkeit des Gehirns Spielraum gestatten; so daß man, in dieser Hinsicht, dieselbe dem Phänomene der Phosphorescenz vergleichen kann, als welches auch durch Dunkelheit bedingt ist. In lauter Gesellschaft und beim Scheine vieler Kerzen ist die Mitternacht keine Geisterstunde. Aber die finstere, stille und einsame Mitternacht ist es; weil wir schon instinktmäßig in ihr den Eintritt von Erscheinungen fürchten, die sich als ganz äußerlich darstellen, wenn gleich ihre NÄCHSTE Ursache in uns selbst liegt: sonach fürchten wir dann eigentlich uns selbst. Daher nimmt wer den Eintritt solcher Erscheinungen befürchtet Gesellschaft zu sich.

Obgleich nun die Erfahrung lehrt, daß die Erscheinungen der ganzen hier in Rede stehenden Art allerdings im Wachen statt haben, wodurch gerade sie sich von den Träumen unterscheiden; so bezweifele ich doch noch, daß dieses Wachen ein im strengsten Sinne vollkommenes sei; da schon die hiebei nothwendige Vertheilung der Vorstellungskraft des Gehirns zu heischen scheint, daß wenn das Traumorgan sehr thätig ist, dies nicht ohne einen Abzug von der normalen Thätigkeit, also nur unter einer gewissen Depotenzirung des wachen, nach außen gerichteten Sinnenbewußtseyns geschehn kann; wonach ich vermuthe, daß, während einer solchen Erscheinung, das zwar allerdings wache Bewußtseyn doch gleichsam mit einem ganz leichten Flor überschleiert ist, wodurch es eine gewisse, wiewohl schwache, traumartige Färbung erhält. Hieraus wäre zunächst erklärlich, daß Die, welche wirklich dergleichen Erscheinungen gehabt haben, nie vor Schreck darüber gestorben sind; während hingegen falsche, künstlich veranstaltete Geistererscheinungen bisweilen diese Wirkung gehabt haben. Ja, in der Regel, verursachen die wirklichen Visionen dieser Art gar keine Furcht; sondern erst hinterher, beim Nachdenken darüber, stellt sich einiges Grausen ein: dies mag freilich auch daran liegen, daß sie, während ihrer Dauer, für leibhaftige Menschen gehalten werden, und erst hinterher sich zeigt, daß sie das nicht seyn konnten. Doch glaube ich, daß die Abwesenheit der Furcht, welche sogar ein charakteristisches Kennzeichen wirklicher Visionen dieser Art ist, hauptsächlich aus dem oben angegebenen Grunde entspringt, indem man, obwohl wach, doch von einer Art Traumbewußtseyn leicht umflort ist, also sich in einem Elemente befindet, dem der Schreck über unkörperliche Erscheinungen, wesentlich fremd ist, eben weil in demselben das Objektive vom Subjektiven nicht so schroff geschieden ist, wie bei der Einwirkung der Körperwelt. Dies findet eine Bestätigung an der unbefangenen Art, mit welcher die Seherin von Prevorst ihres Geisterumganges pflegt: z.B. Bd. 2.

S. 120 (erste Aufl.) läßt sie ganz ruhig einen Geist dastehn und warten, bis sie ihre Suppe gegessen hat. Auch sagt J. Kerner selbst, an mehreren Stellen, (z. B. Bd. 1. S. 209), daß sie zwar wach zu seyn schien, aber es doch nie ganz war; was mit ihrer eigenen Aeußerung, (Bd. 2. S. 11. 3. Aufl. S. 256.) daß sie jedesmal, wenn sie Geister sehe, ganz wach sei, allenfalls noch zu vereinigen seyn möchte.

Von allen dergleichen, im wachen Zustande eintretenden Anschauungen mittelst des Traumorgans, welche uns völlig objektive und den Anschauungen mittelst der Sinne gleich kommende Erscheinungen vorhalten, muß, wie gesagt, die NÄCHSTE Ursache stets im Innern des Organismus liegen, wo dann irgend eine ungewöhnliche Veränderung es ist, welche, mittelst des, dem Cerebralsystem schon verwandten vegetativen Nervensystems, also des sympathischen Nerven und seiner Ganglien, auf das Gehirn wirkt; durch welche Einwirkung nun aber dieses immer nur in die ihm natürliche und eigenthümliche Thätigkeit der objektiven, Raum, Zeit und Kausalität zur Form habenden Anschauung versetzt werden kann, gerade so wie durch die Einwirkung, welche von außen auf die Sinne geschieht; daher es diese seine normale Funktion jetzt ebenfalls ausübt. – Sogar aber dringt die nun so von innen erregte, anschauende Thätigkeit des Gehirns bis zu den Sinnesnerven durch, welche demnach jetzt ebenfalls von innen, wie sonst von außen, zu den ihnen specifischen Empfindungen angeregt, die erscheinenden Gestalten, mit Farbe, Klang, Geruch u. s. w. ausstatten und dadurch ihnen die vollkommene Objektivität und Leibhaftigkeit des sinnlich Wahrgenommenen verleihen. Eine beachtenswerthe Bestätigung erhält diese Theorie der Sache durch folgende Angabe einer hellsehenden Somnambule HEINEKENS über die Entstehung der somnambulen Anschauung: »in der Nacht war ihr, »nach einem ruhigen, natürlichen Schlafe, auf ein Mal deutlich »geworden, das Licht entwickele sich aus dem Hinterkopfe, ströme »von da nach dem Vorderkopfe, komme dann zu den Augen, und »mache nun die umstehenden Gegenstände sichtbar: durch dieses »dem Dämmerlichte ähnliche Licht habe sie Alles um sich her deutlich gesehn und erkannt.« (Kieser's Archiv für d. thier. Magn.

Bd. 2, Heft 3, S. 43.) Die dargelegte NÄCHSTE Ursache solcher im Gehirn von innen aus erregten Anschauungen muß aber selbst wieder eine haben, welche demnach die ENTFERNTERE Ursache jener ist. Wenn wir nun finden sollten, daß diese nicht jedesmal bloß im Organismus, sondern bisweilen auch außerhalb desselben zu suchen sei; so würde, in letzterem Fall, jenem Gehirnphänomene, welches, bis hieher, als so subjektiv wie die bloßen Träume, ja, nur als ein wacher Traum sich darstellt, die reale Objektivität, d.h. die wirkliche kausale Beziehung auf etwas außer dem Subjekt Vorhandenes, von einer ganz anderen Seite aus, wieder gesichert werden, also gleichsam durch die Hinterthüre wieder hereinkommen. – Ich werde demnach jetzt die ENTFERNTEREN URSACHEN jenes Phänomens, so weit sie uns bekannt sind, aufzählen; wobei ich zunächst bemerke, daß, so lange diese allein INNERHALB des Organismus liegen, das Phänomen mit dem Namen der HALLUCINATION bezeichnet wird, diesen jedoch ablegt und verschiedene andere Namen erhält, wenn eine AUSSERHALB des Organismus liegende Ursache nachzuweisen ist, oder wenigstens angenommen werden muß.

1) Die häufigste Ursach des in Rede stehenden Gehirnphänomens sind heftige, akute Krankheiten, namentlich hitzige Fieber, welche das Delirium herbeiführen, in welchem, unter dem Namen der Fieberphantasien, das besagte Phänomen allbekannt ist. Diese Ursache liegt offenbar bloß im Organismus, wenn gleich das Fieber selbst durch äußere Ursachen veranlaßt seyn mag.

2) Der WAHNSINN ist keineswegs immer, aber doch bisweilen von Hallucinationen begleitet, als deren Ursache die ihn zunächst herbeiführenden, meistens im Gehirn, oft aber auch im übrigen Organismus vorhandenen krankhaften Zustände anzusehn sind.

3) In seltenen, glücklicherweise aber vollkommen konstatirten Fällen, entstehn, ohne daß Fieber, oder sonst akute Krankheit, geschweige Wahnsinn, vorhanden sei, Hallucinationen, als Erscheinungen menschlicher Gestalten, die den wirklichen täuschend gleichen. Der bekannteste Fall dieser Art ist der NIKOLAI's, da er ihn 1799 der Berliner Akademie vorgelesen und diesen Vortrag auch besonders abgedruckt hat. Einen ähnlichen findet man im

Edinburgh' Journal of Science, by Brewster, Vol. 4. N. 8, Oct: – April 1831, und mehrere andere liefert *Brierre de Boismont, des hallucinations, 1845*, ein für den gesammten Gegenstand unsrer Untersuchung sehr brauchbares Buch. Zwar giebt dasselbe keineswegs eine tief eingehende Erklärung der dahin gehörigen Phänomene, sogar hat es leider nicht ein Mal wirklich, sondern bloß scheinbar, eine systematische Anordnung; jedoch ist es eine sehr reiche, auch mit Umsicht und Kritik gesammelte Kompilation aller in unser Thema irgend einschlagenden Fälle. Zu dem speciellen Punkte, den wir soeben betrachten, gehören darin besonders die *Observations 7, 13, 15, 29, 65, 108, 110, 111, 112, 114, 115, 132*. Ueberhaupt aber muß man annehmen und erwägen, daß von den Thatsachen, welche dem gesammten Gegenstande der gegenwärtigen Betrachtung angehören, auf Eine öffentlich mitgetheilte tausend ähnliche kommen, deren Kunde nie über den engen Kreis ihrer unmittelbaren Umgebung hinausgelangt ist, aus verschiedenen Ursachen, die leicht abzusehn sind. Daher eben schleppt sich die wissenschaftliche Betrachtung dieses Gegenstandes seit Jahrhunderten, ja Jahrtausenden, mit wenigen einzelnen Fällen, Wahrträumen und Geistergeschichten, deren Gleiche seitdem hundert tausend Mal vorgekommen, aber nicht zur öffentlichen Kunde gebracht und dadurch der Litteratur einverleibt worden sind. Als Beispiele jener, durch zahllose Wiederholung typisch gewordenen Fälle nenne ich nur den Wahrtraum, welchen Cicero *de div. I, 27*, erzählt, das Gespenst bei Plinius, in der *epistola ad Suram*, und die Geistererscheinung des Marsilius Ficinus, gemäß der Verabredung mit seinem Freunde Mercatus. – Was nun aber die unter gegenwärtiger Nummer in Betrachtung genommenen Fälle betrifft, deren Typus Nikolai's Krankheit ist; so haben sie sich sämmtlich als aus rein körperlichen, gänzlich im Organismus selbst gelegenen, abnormen Ursachen entsprungen erwiesen, sowohl durch ihren bedeutungslosen Inhalt und das Periodische ihrer Wiederkehr, als auch dadurch, daß sie therapeutischen Mitteln, besonders Blutentziehungen, allemal gewichen sind. Sie gehören also ebenfalls zu den bloßen Hallucinationen, ja, sind im eigentlichsten Sinne so zu nennen.

4) Denselben reihen sich nun zunächst gewisse, ihnen übrigens ähnliche Erscheinungen objektiv und äußerlich dastehender Gestalten an, welche sich jedoch durch einen, eigens für den Seher bestimmten, bedeutsamen und zwar meistens sinistern Charakter unterscheiden, und deren reale Bedeutsamkeit meistens durch den bald darauf erfolgenden Tod Dessen, dem sie sich darstellten, außer Zweifel gesetzt wird. Als ein Muster dieser Art ist der Fall zu betrachten, den Walter Scott, *on demonology and witchcraft, letter 1*, erzählt, und den auch Brierre de Boismont wiederholt, von dem Justizbeamteten, welcher, Monate lang, erst eine Katze, darauf einen Ceremonienmeister, endlich ein Skelett leibhaftig stets vor sich sah, wobei er abzehrte und endlich starb. Ganz dieser Art ist ferner die Vision der Miss Lee, welcher die Erscheinung ihrer Mutter ihren Tod auf Tag und Stunde richtig verkündet hat. Sie ist zuerst in Beaumont's *treatise on spirits* (welches Buch 1721 von Arnold übersetzt deutsch erschien) erzählt und danach in *Hibberts sketches of the philosophy of apparitions, 1824*, dann in *Hor. Welby's signs before death, 1825*, und findet sich gleichfalls in J.C.Hennings »von Geistern und Geistersehern«, 1780, endlich auch im Brierre de Boismont. Ein drittes Beispiel giebt die, in dem soeben erwähnten Buche von Welby (S. 156) erzählte Geschichte der Frau Stephens, welche, wachend, eine Leiche hinter ihrem Stuhle liegen sah und einige Tage darauf starb. Ebenfalls gehören hieher die Fälle des Sichselbstsehns, sofern sie bisweilen, wiewohl durchaus nicht immer, den Tod des sich Sehenden anzeigen. Einen sehr merkwürdigen und ungewöhnlich gut beglaubigten Fall dieser Art hat der Berliner Arzt Formey aufgezeichnet, in seinem »Heidnischen Philosophen«: man findet ihn in Horst's Deuteroskopie, Bd. 1. S. 115, wie auch in dessen Zauberbibliothek Bd. 1, vollständig wiedergegeben. Doch ist zu bemerken, daß hier die Erscheinung eigentlich nicht von der sehr kurz darauf und unvermuthet gestorbenen Person selbst, sondern nur von ihren Angehörigen gesehn wurde. Von eigentlichem Sichselbstsehn berichtet einen von ihm selbst verbürgten Fall Horst im 2.Th. der Deuteroskopie S. 138. Sogar Göthe erzählt, daß er sich selbst gesehn habe, zu Pferde und in einem Kleide, in welchem er 8 Jahre später, eben dort wirklich

geritten sei. (»Aus meinem Leben« 11. Buch.). Diese Erscheinung hatte, beiläufig gesagt, eigentlich den Zweck, ihn zu trösten; indem sie ihn sich sehn ließ, wie er, die Geliebte, von der er soeben sehr schmerzlichen Abschied genommen, nach 8 Jahren wieder zu besuchen, des entgegengesetzten Weges geritten kam: sie lüftete ihm also auf einen Augenblick den Schleier der Zukunft, um ihm, in seiner Betrübniß, das Wiedersehn zu verkündigen. – Erscheinungen dieser Art sind nun nicht mehr bloße Hallucinationen, sondern VISIONEN. Denn sie stellen entweder etwas Reales dar, oder beziehen sich auf künftige, wirkliche Vorgänge. Daher sind sie im wachen Zustande Das, was im Schlafe die fatidiken Träume, welche, wie oben gesagt, am häufigsten sich auf den eigenen, besonders den ungünstigen, Gesundheitszustand des Träumenden beziehn; – während die bloßen Hallucinationen den gewöhnlichen, nichtsbedeutenden Träumen entsprechen.

Der Ursprung dieser BEDEUTUNGSVOLLEN VISIONEN ist darin zu suchen, daß jenes räthselhafte, in unserm Innern verborgene, durch die räumlichen und zeitlichen Verhältnisse nicht beschränkte und insofern allwissende, dagegen aber gar nicht ins gewöhnliche Bewußtseyn fallende, sondern für uns verschleierte Erkenntnißvermögen, – welches jedoch im magnetischen Hellsehn seinen Schleier abwirft, – ein Mal etwas dem Individuo sehr Interessantes erspäht hat, von welchem nun der Wille, der ja der Kern des ganzen Menschen ist, dem cerebralen Erkennen gern Kunde geben möchte; was dann aber nur durch die ihm selten gelingende Operation möglich ist, daß er ein Mal das Traumorgan im WACHEN ZUSTANDE aufgehn läßt und so dem cerebralen Bewußtseyn, in anschaulichen Gestalten, entweder von direkter, oder von allegorischer Bedeutung, jene seine Entdeckung mittheilt. Dies war ihm in den oben kurz angeführten Fällen gelungen. Dieselben bezogen sich nun alle auf die Zukunft: doch kann auch ein eben jetzt Geschehendes auf diese Weise offenbart werden, welches jedoch alsdann natürlich nicht die eigene Person betreffen kann, sondern eine andere. So kann z. B. der eben jetzt erfolgende Tod meines entfernten Freundes, mir dadurch kund werden, daß dessen Gestalt sich mir plötzlich, so leibhaftig wie die eines Lebenden, darstellt;

ohne daß etwan hiebei der Sterbende selbst, durch seinen lebhaften Gedanken an mich, mitgewirkt zu haben braucht; wie Dieses hingegen in Fällen einer andern, weiter unten zu erörternden Gattung wirklich Statt hat. Auch habe ich Dieses hier nur erläuterungsweise beigebracht; da unter dieser Nummer eigentlich nur von den Visionen die Rede ist, welche sich auf den Seher derselben selbst beziehn und den ihnen analogen fatidiken Träumen entsprechen.

5) Nun wieder denjenigen fatidiken Träumen, welche sich nicht auf den eigenen Gesundheitszustand, sondern auf ganz äußerliche Begebenheiten beziehn, entsprechen gewisse, den obigen zunächst stehende Visionen, welche nicht die aus dem Organismus entspringenden, sondern die von außen uns bedrohenden Gefahren ankündigen, welche aber freilich oft über unsere Häupter vorüberziehn, ohne daß wir sie irgend gewahr würden; in welchem Fall wir die äußere Beziehung der Vision nicht konstatiren können. Visionen dieser Art erfordern, um SICHTBAR auszufallen, mancherlei Bedingungen, vorzüglich, daß das betreffende Subjekt die dazu eignende Empfänglichkeit habe. Wenn hingegen dieses, wie meistentheils, nur im niedrigeren Grade der Fall ist; so wird die Kundgebung bloß hörbar ausfallen und dann sich durch mancherlei Töne manifestiren, am häufigsten durch Klopfen, welches besonders Nachts, meistens gegen Morgen einzutreten pflegt und zwar so, daß man erwacht und gleich darauf ein sehr starkes und die völlige Deutlichkeit der Wirklichkeit habendes Klopfen an der Thüre des Schlafgemachs vernimmt. Zu sichtbaren Visionen, und zwar in allegorisch bedeutsamen Gestalten, die dann von denen der Wirklichkeit nicht zu unterscheiden sind, wird es am ersten dann kommen, wann eine sehr große Gefahr unser Leben bedrohet, oder aber auch wann wir einer solchen, oft ohne es gewiß zu wissen, glücklich entgangen sind; wo sie dann gleichsam Glück wünschen und anzeigen, daß wir jetzt noch viele Jahre vor uns haben. Endlich aber werden dergleichen Visionen auch eintreten, ein unabwendbares Unglück zu verkünden: dieser letztern Art war die bekannte Vision des Brutus vor der Schlacht bei Philippi, sich darstellend als sein böser Genius; wie auch die ihr sehr ähnliche des Kassius Parmensis, nach der Schlacht bei Aktium, welche Valerius Maximus *(Lib. I. c. 7. §. 7.)*

erzählt. Ueberhaupt vermuthe ich, daß die Visionen dieser Gattung ein Hauptanlaß zum Mythos der Alten von dem Jedem beigegebenen Genius, so wie der Christlichen Zeiten vom *Spiritus familiaris* gewesen sind. In den mittlern Jahrhunderten suchte man sie durch die Astralgeister zu erklären, wie dies die in der vorhergehenden Abhandlung beigebrachte Stelle des Theophr. Paracelsus bezeugt: »Damit aber das Fatum wohl erkannt werde, ist es also, »daß jeglicher Mensch einen Geist hat, der außerhalb ihm wohnt »und setzt seinen Stuhl in die obern Sterne. Derselbige gebraucht »die Bossen« [fixe Typen zu erhabenen Arbeiten; davon Bossiren] »seines Meisters. Derselbige ist der, der da die Präsagia demselbigen vorzeigt und nachzeigt: denn sie bleiben nach diesen. »Diese Geister heißen Fatum.« Im 17. und 18. Jahrhundert hingegen gebrauchte man, um diese, wie viele andere, Erscheinungen zu erklären, das Wort *spiritus vitales*, welches, da die Begriffe fehlten, sich zu rechter Zeit eingestellt hatte. Die wirklichen entfernteren Ursachen der Visionen dieser Art können, wenn dieser ihre Beziehung auf äußere Gefahren konstatirt ist, offenbar nicht bloß im Organismus liegen: wie weit wir die Art ihrer Verbindung mit der Außenwelt uns faßlich zu machen vermögen werde ich weiterhin untersuchen.

6) Visionen, welche gar nicht mehr den Seher derselben betreffen und dennoch künftige, kürzere oder längere Zeit darauf eintretende Begebenheiten, genau und oft nach allen ihren Einzelheiten, unmittelbar darstellen, sind die jener seltenen Gabe, die man *second sight*, DAS ZWEITE GESICHT, oder Deuteroskopie nennt, eigenthümlichen. Eine reichhaltige Sammlung der Berichte darüber enthält Horst's Deuteroskopie, 2 Bände, 1830: auch findet man neuere Thatsachen dieser Gattung in verschiedenen Bänden des Kieser'schen Archivs für thierischen Magnetismus. Die seltsame Fähigkeit zu Visionen dieser Art ist keineswegs ausschließlich in Schottland und Norwegen zu finden, sondern kommt, namentlich in Bezug auf Todesfälle, auch bei uns vor; worüber man Berichte in Jung-Stillings Theorie der Geisterkunde §. 153 u.s.f. findet. Auch die berühmte Prophezeiung des CAZOTTE scheint auf so etwas zu beruhen. Ja, schon im Homer finden wir *(Od. XX., 351–57)* eine

wirkliche Deuteroskopie dargestellt, die sogar eine seltsame Aehnlichkeit mit der Geschichte des Cazotte hat. – In diesem zweiten Gesicht also erreicht die, hier wie immer zunächst aus dem Organismus entspringende Vision den höchsten Grad von objektiver, realer Wahrheit und verräth dadurch eine von der gewöhnlichen, physischen, gänzlich verschiedene Art unserer Verbindung mit der Außenwelt. Sie geht, als wachender Zustand, den höchsten Graden des somnambulen Hellsehns parallel. Eigentlich ist sie ein vollkommenes WAHRTRÄUMEN IM WACHEN, oder wenigstens in einem Zustande, der mitten im Wachen auf wenige Augenblicke eintritt. Auch ist die Vision des zweiten Gesichts, eben wie die Wahrträume, in vielen Fällen nicht theorematisch, sondern allegorisch, oder symbolisch, jedoch, was höchst merkwürdig ist, nach feststehenden, bei allen Sehern in gleicher Bedeutung eintretenden Symbolen, die man im erwähnten Buche von Horst, Bd. 1, S. 63–69, wie auch in Kieser's Archiv, Bd. VI, 3, S. 105–108 specificirt findet.

7) Zu den eben betrachteten, der Zukunft zugekehrten Visionen liefern nun das Gegenstück diejenigen, welche das Vergangene, namentlich die Gestalten ehemals lebender Personen, vor das im Wachen aufgehende Traumorgan bringen. Es ist ziemlich gewiß, daß sie veranlaßt werden können durch die in der Nähe befindlichen Ueberreste der Leichen derselben. Diese sehr wichtige Erfahrung, auf welche eine Menge Geistererscheinungen zurückzuführen sind, hat ihre solideste und ungemein sichere Beglaubigung an einem Briefe vom Prof. Ehrmann, dem Schwiegersohne des Dichters PFEFFEL, welcher *in extenso* gegeben wird in Kiesers Archiv Bd. 10, H. 3. S. 151, ff.: Auszüge daraus aber findet man in vielen Büchern, z. B. in F. Fischer's Somnambulismus, Bd. 1, S. 246. Jedoch auch außerdem wird dieselbe durch viele Fälle, welche auf sie zurückzuführen sind, bestätigt: von diesen will ich hier nur einige anführen. Zunächst nämlich gehört dahin die in eben jenem Briefe, und auch aus guter Quelle, mitgetheilte Geschichte vom Pastor Lindner, welche ebenfalls in vielen Büchern wiederholt worden ist, unter andern in der Seherin von Prevorst (Bd. 2, S. 98 der ersten und S. 356 der 3. Aufl.); ferner ist dieser Art eine in dem angeführten Buche Fischer's (S. 252) von diesem selbst, nach

Augenzeugen, mitgetheilte Geschichte, die er zur Berichtigung eines kurzen, in der Seherin von Prevorst (S. 358 der 3. Aufl.) befindlichen Berichts darüber erzählt. Sodann in G. J. WENZEL's »Unterhaltungen über die auffallendesten neuern Geistererscheinungen«, 1800, finden wir, gleich im ersten Kapitel, sieben solche Erscheinungsgeschichten, die sämmtlich die in der Nähe befindlichen Ueberreste der Todten zum Anlaß haben. Die Pfeffel'sche Geschichte ist die letzte darunter: aber auch die übrigen tragen ganz den Charakter der Wahrheit und durchaus nicht den der Erfindung. Auch erzählen sie alle nur ein bloßes Erscheinen der Gestalt des Verstorbenen, ohne allen weitern Fortgang, oder gar dramatischen Zusammenhang. Sie verdienen daher, hinsichtlich der Theorie dieser Phänomene, alle Berücksichtigung. Die rationalistischen Erklärungen, die der Verfasser dazu giebt, können dienen, die gänzliche Unzulänglichkeit solcher Auflösungen in helles Licht zu stellen. Hieher gehört ferner, im oben angeführten Buche des Brierre de Boismont, die 4. Beobachtung; nicht weniger manche der von den alten Schriftstellern uns überlieferten Geistergeschichten, z. B. die vom jüngern PLINIUS *(L. VII, epist. 27)* erzählte, welche schon deshalb merkwürdig ist, daß sie so ganz denselben Charakter trägt, wie unzählige aus der neuern Zeit. Ihr ganz ähnlich, vielleicht sogar nur eine andere Version derselben, ist die, welche LUKIANOS, im Philopseudes Kap. 31 vorträgt. Sodann ist dieser Art die Erzählung vom Damon, in Plutarchs erstem Kapitel des Kimon; ferner was Pausanias *(Attica I, 32.)* vom Schlachtfelde bei Marathon berichtet; womit zu vergleichen ist, was BRIERRE S. 590 erzählt; endlich die Angaben des Suetonius im Kaligula, Kap. 59. Ueberhaupt möchten auf die in Rede stehende Erfahrung fast alle die Fälle zurückzuführen seyn, wo Geister stets an derselben Stelle erscheinen und der Spuk an eine bestimmte Lokalität gebunden ist, an Kirchen, Kirchhöfe, Schlachtfelder, Mordstätten, Hochgerichte und jene deshalb in Verruf gekommenen Häuser, die niemand bewohnen will, welche man hin und wieder immer antreffen wird: auch mir sind in meinem Leben deren mehrere vorgekommen. Solche Lokalitäten sind der Anlaß gewesen zu dem Buche des Jesuiten *Petrus Thyraeus: de infestis, ob molestantes daemo-*

niorum et defunctorum spiritus, locis. Köln 1598. – Aber die merkwürdigste Thatsache dieser Art liefert vielleicht die Observ. 77 des Brierre de Boismont. Als eine wohlzubeachtende Bestätigung der hier gegebenen Erklärung so vieler Geistererscheinungen, ja, als ein zu ihr führendes Mittelglied, ist die Vision einer Somnambule zu betrachten, die in Kerner's Blättern aus Prevorst, Samml. 10, S. 61, mitgetheilt wird: dieser nämlich stellte sich plötzlich eine, von ihr genau beschriebene, häusliche Scene dar, die sich vor mehr als 100 Jahren daselbst zugetragen haben mochte; da die von ihr beschriebenen Personen vorhandenen Porträts glichen, die sie jedoch nie gesehn hatte.

Die hier in Betrachtung genommene wichtige Grund-Erfahrung selbst aber, auf welche alle solche Vorgänge zurückführbar sind, und die ich *retrospective second sight* benenne, muß als Urphänomen stehn bleiben; weil, sie zu erklären, es uns bis jetzt noch an Mitteln fehlt. Inzwischen läßt sie sich in nahe Verbindung bringen mit einem andern, freilich eben so unerklärlichen Phänomen; wodurch jedoch schon viel gewonnen wird; da wir alsdann, statt zweier unbekannter Größen, nur eine behalten; welcher Vortheil dem so gerühmten analog ist, den wir durch Zurückführung des mineralischen Magnetismus auf die Elektricität erlangt haben. Wie nämlich eine in hohem Grade hellsehende Somnambule sogar durch die Zeit nicht in ihrer Wahrnehmung beschränkt wird, sondern mitunter auch wirklich zukünftige und zwar ganz zufällig eintretende Vorgänge vorhersieht; wie das Selbe, noch auffallender, von den Deuteroskopisten und Leichensehern geleistet wird; wie also Vorgänge, die in unsere empirische Wirklichkeit noch gar nicht eingetreten sind, dennoch, aus der Nacht der Zukunft heraus, schon auf dergleichen Personen wirken und in ihre Perception fallen können; so können auch wohl Vorgänge und Menschen, die doch schon ein Mal wirklich waren, wiewohl sie es nicht mehr sind, auf gewisse hiezu besonders disponirte Personen wirken und also, wie jene eine Vorwirkung, eine Nachwirkung äußern; ja, Dieses ist weniger unbegreiflich, als Jenes, zumal wann eine solche Auffassung vermittelt und eingeleitet wird, durch etwas Materielles, wie etwan die noch wirklich vorhandenen, leiblichen Ueberreste der wahrgenommenen Personen, oder Sachen, die in genauer Verbindung mit ihnen gewesen, ihre Kleider, das von ihnen bewohnte Gemach, oder woran ihr Herz gehangen, der verborgene Schatz; dem analog, wie die sehr hellsehende Somnambule bisweilen nur durch irgend ein leibliches Verbindungsglied, z. B. ein Tuch, welches der Kranke einige Tage auf dem bloßen Leibe getragen (Kieser's Archiv, III, 3, S. 24.), oder eine abgeschnittene Haarlocke, mit entfernten Personen, über deren Gesundheitszustand sie berichten soll, in Rapport gesetzt wird und dadurch ein Bild von ihnen erhält; welcher Fall dem in Rede stehenden nahe verwandt ist. Dieser Ansicht zufolge wären die an bestimmte Lokalitäten, oder an die daselbst liegenden leiblichen Ueberreste Verstorbener, sich knüpfenden Geistererscheinungen nur die Wahrnehmungen einer rückwärts gekehrten, also der Vergangenheit zugewandten Deuteroskopie, – *a retrospective second sight:* sie wären demnach ganz eigentlich, was schon die Alten (deren ganze Vorstellung vom Schattenreiche vielleicht aus Geistererscheinungen hervorgegangen ist: man sehe Odyssee XXIV.) sie nannten, Schatten, *umbrae*, *ειδωλα καμοντων*, – *νεκυων αμενηνα καρηνα*, – *manes* (von *manere*, gleichsam Ueberbleibsel, Spuren), also Nachklänge dagewesener Erscheinungen dieser unserer in Zeit und Raum sich darstellenden Erscheinungswelt, dem Traumorgan wahrnehmbar werdend, in seltenen Fällen während des wachen Zustandes, leichter im Schlaf, als bloße Träume, am leichtesten natürlich im tiefen magnetischen Schlafe, wann in ihm der Traum zum Schlafwachen und dieses zum Hellsehn sich gesteigert hat; aber auch in dem gleich Anfangs beschriebenen natürlichen Schlafwachen, welches als ein Wahrträumen der nächsten Umgebung des Schlafenden beschrieben wurde und gerade durch das Eintreten solcher fremdartigen Gestalten zuerst als ein vom wachen Zustande verschiedener sich zu erkennen giebt. In diesem Schlafwachen nämlich werden am häufigsten die Gestalten eben gestorbener Personen, deren Leiche noch im Hause ist, sich darstellen; wie überhaupt eben dem Gesetz, daß diese rückwärts gekehrte Deuteroskopie durch leibliche Ueberreste der Todten eingeleitet wird, gemäß, die Gestalt eines Verstorbenen den dazu disponirten Personen, selbst im wachen Zustande, am leichtesten erscheinen kann, so lange er noch nicht bestattet ist; wiewohl sie auch dann immer nur durch das Traumorgan wahrgenommen wird.

Nach dem Gesagten versteht es sich von selbst, daß einem auf diese Weise erscheinenden Gespenste nicht die unmittelbare Realität eines gegenwärtigen Objekts beizulegen ist; wiewohl ihm mittelbar doch eine Realität zum Grunde liegt: nämlich was man da sieht ist keineswegs der Abgeschiedene selbst, sondern es ist ein bloßes *ειδωλον*, ein Bild Dessen, der ein Mal war, entstehend im Traumorgan eines hiezu disponirten Menschen; auf Anlaß irgend eines Ueberbleibsels, irgend einer zurückgelassenen Spur. Dasselbe hat daher nicht mehr Realität, als die Erscheinung Dessen, der SICH SELBST sieht, oder auch von Andern dort wahrgenommen wird, wo er sich nicht befindet. Fälle dieser Art aber sind durch glaubwürdige Zeugnisse bekannt, von denen man einige in Horst's Deuteroskopie Bd. 2, Abschn. 4 zusammengestellt findet: auch der erwähnte von Göthe gehört dahin; desgleichen die nicht seltene Thatsache, daß Kranke, wann dem Tode nahe, sich im Bette doppelt vorhanden wähnen. »Wie geht es?« fragte hier vor nicht langer Zeit ein Arzt seinen schwer darniederliegenden Kranken: »jetzt besser, seitdem wir im Bette zwei sind«, war die Antwort: bald darauf starb er. – Demnach steht eine Geistererscheinung der hier in Betrachtung genommenen Art zwar in objektiver Beziehung zum EHEMALIGEN Zustand der sich darstellenden Person, aber keineswegs zu ihrem GEGENWÄRTIGEN: denn dieselbe hat durchaus keinen aktiven Theil daran; daher auch nicht auf ihre noch fortdauernde individuelle Existenz daraus zu schließen ist. Zu der gegebenen Erklärung stimmt auch, daß die so erscheinenden Abgeschiedenen in der Regel bekleidet und in der Tracht, die ihnen gewöhnlich war, gesehn werden; wie auch, daß mit dem Mörder der Gemordete, mit dem Reiter das Pferd erscheint u. dgl. m. Den Visionen dieser Art sind wahrscheinlich auch die meisten der von der Seherin zu Prevorst gesehenen Gespenster beizuzählen, die Gespräche aber, die sie mit ihnen geführt hat, als das Werk ihrer eigenen Einbildungskraft anzusehn, die den Text zu dieser stummen Procession *(dumb shew)* und dadurch eine

Erklärung derselben, aus eigenen Mitteln, lieferte. Der Mensch ist nämlich von Natur bestrebt, sich Alles was er sieht irgendwie zu erklären, oder wenigstens einigen Zusammenhang hineinzubringen, ja es, in seinen Gedanken, reden zu lassen; daher Kinder sogar den leblosen Dingen oft einen Dialog unterlegen. Demnach war die Seherin selbst, ohne es zu wissen, der Soufleur jener ihr erscheinenden Gestalten, wobei ihre Einbildungskraft in derjenigen Art unbewußter Thätigkeit war, womit wir, im gewöhnlichen, bedeutungslosen Traum, die Begebenheiten lenken und fügen, ja auch wohl bisweilen den Anlaß dazu von objektiven, zufälligen Umständen, etwan einem im Bette gefühlten Druck, oder einem von außen zu uns gelangenden Ton, oder Geruch u. s. w. nehmen, welchen gemäß wir sodann lange Geschichten träumen. Um diese Dramaturgie der Seherin sich zu erläutern, sehe man was in Kieser's Archiv, Bd. 11, H. 1. S. 121, BENDE BENDSEN von seiner Somnambule erzählt, welcher, im magnetischen Schlafe, bisweilen ihre lebenden Bekannten erschienen, wo sie dann, mit lauter Stimme, lange Gespräche mit ihnen führte. Daselbst heißt es: »unter den »vielen Gesprächen, welche sie mit Abwesenden hielt, ist das »nachstehende charakteristisch. Während der vermeintlichen Ant»worten schwieg sie, schien mit gespannter Aufmerksamkeit, wo»bei sie sich im Bette erhob und den Kopf nach einer bestimmten »Seite drehte, den Antworten der Andern zuzuhören, und rückte »dann mit ihren Einwendungen dagegen an. Sie dachte sich hier »die alte KAREN, mit ihrer Magd, gegenwärtig und sprach abwech»selnd bald mit dieser, bald mit jener. – – – – Die scheinbare Zer»spaltung der eigenen Persönlichkeit in drei verschiedene, wie dies »im Traum gewöhnlich ist, gieng hier so weit, daß ich die Schla»fende damals gar nicht davon überzeugen konnte, sie mache alle »drei Personen selbst.« Dieser Art also sind, meiner Meinung nach, auch die Geistergespräche der Seherin von Prevorst, und findet diese Erklärung eine starke Bestätigung an der unaussprechlichen Abgeschmacktheit des Textes jener Dialoge und Dramen, welche allein dem Vorstellungskreise eines unwissenden Gebirgsmädchens und der ihr beigebrachten Volksmetaphysik entsprechen, und welchen eine objektive Realität unterzulegen, nur unter Voraussetzung einer so gränzenlos absurden, ja empörend dummen Weltordnung möglich ist, daß man ihr anzugehören sich schämen müßte. – Hätte der so befangene und leichtgläubige Just. Kerner nicht im Stillen doch eine leise Ahndung von dem hier angegebenen Ursprunge jener Geisterunterredungen gehabt; so würde er nicht, mit so unverantwortlicher Leichtfertigkeit, überall und jedes Mal unterlassen haben, den von den Geistern angezeigten, materiellen Gegenständen, z. B. Schreibzeugen in Kirchenkellern, goldenen Ketten in Burggewölben, begrabenen Kindern in Pferdeställen, mit allem Ernst und Eifer nachzusuchen, statt sich durch die leichtesten Hindernisse davon abhalten zu lassen. Denn Das hätte Licht auf die Sachen geworfen.

Ueberhaupt bin ich der Meinung, daß die allermeisten wirklich gesehenen Erscheinungen Verstorbener zu dieser Kategorie der Visionen gehören und ihnen demnach zwar eine vergangene, aber keineswegs eine gegenwärtige, geradezu objektive Realität entspricht: so z. B. der Erscheinung des Präsidenten der Berliner Akademie, Maupertuis, im Saale derselben gesehen vom Botaniker Gleditsch; welches Nikolai in seiner schon erwähnten Vorlesung vor eben dieser Akademie anführt; desgleichen die von Walter Scott in der *Edinb. review* vorgetragene und von Horst in der Deuteroskopie Bd. 1. S. 113 wiederholte Geschichte von dem Landammann in der Schweiz, der, in die öffentliche Bibliothek tretend, seinen Vorgänger, in feierlicher Rathsversammlung, von lauter Verstorbenen umgeben, auf dem Präsidentenstuhl sitzend erblickt. Auch geht aus einigen, hierher gehörigen Erzählungen hervor, daß der objektive Anlaß zu Visionen dieser Art nicht nothwendig das Skelett, oder ein sonstiges Ueberbleibsel eines Leichnams seyn muß, sondern daß auch andere, mit dem Verstorbenen in naher Berührung gewesene Dinge dies vermögen: so z. B. finden wir, in dem oben angeführten Buche von G. J. Wenzel, unter den 7 hierher gehörigen Geschichten 6, wo die Leiche, aber eine, wo der bloße, stets getragene Rock des Verstorbenen, der gleich nach dessen Tode eingeschlossen wurde, nach mehreren Wochen, beim Hervorholen, seine leibhaftige Erscheinung vor der darüber entsetzten Wittwe veranlaßt. Und sonach könnte es seyn, daß auch leichtere, unsern Sinnen kaum mehr wahrnehmbare Spuren, wie z. B. längst vom Boden eingesogene Blutstropfen, oder vielleicht gar das bloße von Mauern eingeschlossene Lokal, wo Einer, unter großer Angst, oder Verzweiflung, einen gewaltsamen Tod erlitt, hinreichten, in dem dazu Prädisponirten eine solche rückwärts gekehrte Deuteroskopie hervorzurufen. Hiemit mag auch die von Lukian (Philopseudes Kap. 29.) angeführte Meinung der Alten zusammenhängen, daß bloß die eines gewaltsamen Todes Gestorbenen erscheinen könnten. Nicht minder könnte wohl ein vom Verstorbenen vergrabener und stets ängstlich bewachter Schatz, an welchen noch seine letzten Gedanken sich hefteten, den in Rede stehenden objektiven Anlaß zu einer solchen Vision abgeben, die dann, möglicher Weise, sogar lukrativ ausfallen könnte. Die besagten objektiven Anlässe spielen bei diesem durch das Traumorgan vermittelten Erkennen des Vergangenen gewissermaaßen die Rolle, welche bei dem normalen Denken der *nexus idearum* seinen Gegenständen ertheilt. Uebrigens gilt von den hier in Rede stehenden, wie von allen im Wachen durch das Traumorgan möglichen Wahrnehmungen, daß sie leichter unter der Form des Hörbaren, als des Sichtbaren ins Bewußtseyn kommen, daher die Erzählungen von Tönen, die an diesem, oder jenem Orte bisweilen gehört werden, viel häufiger sind, als die von sichtbaren Erscheinungen.

Wenn nun aber, bei einigen Beispielen der hier in Betrachtung genommenen Art, erzählt wird, die erscheinenden Verstorbenen hätten dem sie Schauenden gewisse, bis dahin unbekannte Thatsachen revelirt; so ist Dies zuvörderst nur auf die sichersten Zeugnisse hin anzunehmen und bis dahin zu bezweifeln: sodann aber ließe es sich allenfalls doch noch, durch gewisse Analogien mit dem Hellsehn der Somnambulen, erklären. Manche Somnambulen nämlich haben, in einzelnen Fällen, den ihnen vorgeführten Kranken gesagt, durch welchen ganz zufälligen Anlaß diese, vor langer Zeit, sich ihre Krankheit zugezogen hätten, und haben ihnen dadurch den fast ganz vergessenen Vorfall ins Gedächtniß zurückgerufen. (Beispiele dieser Art sind, in Kiesers Archiv Bd. 3, Stck. 3, S. 70, der Schreck vor dem Fall von einer Leiter, und, in J. Kerners

Geschichte zweier Somnambulen S. 189, die dem Knaben gemachte Bemerkung, er habe in früherer Zeit bei einer epileptischen Person geschlafen.) Auch gehört hierher, daß einige Hellsehende aus einer Haarlocke, oder dem getragenen Tuch eines von ihnen nie gesehenen Patienten, ihn und seinen Zustand richtig erkannt haben. – Also beweisen selbst Revelationen nicht schlechthin die Anwesenheit eines Verstorbenen.

Imgleichen läßt sich, daß die erscheinende Gestalt eines Verstorbenen bisweilen von zwei Personen gesehn und gehört worden, auf die bekannte Ansteckungsfähigkeit sowohl des Somnambulismus, als auch des zweiten Gesichts, zurückführen.

Sonach hätten wir, unter gegenwärtiger Nummer, wenigstens den größten Theil der beglaubigten Erscheinungen der Gestalten Verstorbener in so fern erklärt, als wir sie zurückgeführt haben auf einen gemeinschaftlichen Grund, die retrospektive Deuteroskopie, welche in vielen solcher Fälle, namentlich in den Anfangs dieser Nummer angeführten, nicht wohl geleugnet werden kann. – Hingegen ist sie selbst eine höchst seltsame und unerklärte Thatsache. Mit einer Erklärung dieser Art müssen wir aber in manchen Dingen uns begnügen; wie denn z. B. das ganze große Gebäude der Elektricitätslehre bloß aus einer Unterordnung mannigfaltiger Phänomene unter ein völlig unerklärt bleibendes Urphänomen besteht.

8) Der lebhafte und sehnsüchtige Gedanke eines Andern an uns vermag die Vision seiner Gestalt in unserm Gehirn zu erregen, nicht als bloßes Phantasma, sondern so, daß sie, leibhaftig und von der Wirklichkeit ununterscheidbar, vor uns steht. Namentlich sind es Sterbende, die dieses Vermögen äußern und daher in der Stunde ihres Todes ihren abwesenden Freunden erscheinen, sogar mehreren, an verschiedenen Orten, zugleich. Der Fall ist so oft und von so verschiedenen Seiten erzählt und beglaubigt worden, daß ich ihn unbedenklich als thatsächlich begründet nehme. Ein sehr artiges und von distinguirten Personen vertretenes Beispiel findet man in Jung-Stillings Theorie der Geisterkunde §. 198. Zwei besonders frappante Fälle sind ferner die Geschichte der Frau Kahlow, im oben erwähnten Buch von Wenzel, S. 11, und die vom Hofpredi-

ger, im ebenfalls erwähnten Buche von Hennings, S. 329. Als ein ganz neuer mag hier folgender stehn: Vor Kurzem starb, hier in Frankfurt, im jüdischen Hospitale, bei Nacht, eine kranke Magd. Am folgenden Morgen ganz früh trafen ihre Schwester und ihre Nichte, von denen die Eine hier, die Andere eine Meile von hier wohnt, bei der Herrschaft derselben ein, um nach ihr zu fragen; weil sie ihnen beiden in der Nacht erschienen war. Der Hospitalaufseher, auf dessen Bericht diese Thatsache beruht, versicherte, daß solche Fälle öfter vorkämen. Daß eine hellsehende Somnambule, die während ihres am höchsten gesteigerten Hellsehns allemal in eine, dem Scheintode ähnliche Katalepsie verfiel, ihrer Freundin leibhaftig erschienen sei, berichtet die schon erwähnte »Geschichte der Auguste Müller in Karlsruhe«, und wird nacherzählt in Kieser's Archiv, III, 3, S. 118. Eine andere absichtliche Erscheinung derselben Person, wird, aus vollkommen glaubwürdiger Quelle, mitgetheilt in Kieser's Archiv VI, 1. S. 34. – Viel seltener hingegen ist es, daß Menschen, bei voller Gesundheit, diese Wirkung hervorzubringen vermögen: doch fehlt es auch darüber nicht an glaubwürdigen Berichten. Den ältesten giebt St. Augustinus, zwar aus zweiter, aber, seiner Versicherung nach, sehr guter Hand, *de civit. Dei XVIII, 18,* im Verfolg der Worte: *Indicavit et alius se domi suae etc.* Ein neuerer Fall der Art ist dem zuletzt angeführten Bericht in Kieser's Archiv (VI, 1. 35) beigefügt. Eine wunderbare hierher gehörige Geschichte erzählt Jung-Stilling in seiner Theorie der Geisterkunde, §. 101, jedoch ohne Angabe der Quelle. Mehrere giebt HORST in seiner Deuteroskopie Bd. 2. Abschn. 4. Aber ein höchst merkwürdiges Beispiel der Fähigkeit zu solchem Erscheinen, noch dazu vom Vater auf den Sohn vererbt und von Beiden sehr häufig, auch ohne es zu beabsichtigen, ausgeübt, steht in Kieser's Archiv Bd. VII, H. 3, S. 158. Doch findet sich ein älteres, ihm ganz ähnliches, in ZEIBICH's »Gedanken von der Erscheinung der Geister« 1776, S. 29, und wiederholt in Hennings »von Geistern und Geistersehern« S. 746. Da beide gewiß unabhängig von einander erzählt worden, dienen sie sich gegenseitig zur Bestätigung, in dieser so höchst wunderbaren Sache. Auch in Nasse's Zeitschrift für Anthropologie, IV, 2. S. 111. wird vom Prof. Grohmann ein solcher Fall mitgetheilt. Ebenfalls in *Horace Welby's signs before death, Lond.* 1825 findet man einige Beispiele von Erscheinungen lebender Menschen an Orten, wo sie nur mit ihren Gedanken gegenwärtig waren: z.B. S.45, 88. Besonders glaubwürdig scheinen die von dem grundehrlichen Bende Bendsen, in Kieser's Archiv VIII, 3, S.120, unter der Ueberschrift »Doppelgänger« erzählten Fälle dieser Art. – Den hier in Rede stehenden, im Wachen Statt findenden Visionen entsprechen im schlafenden Zustande die sympathetischen, d.h. sich *in distans* mittheilenden Träume, welche demnach von Zweien zur selben Zeit und ganz gleichmäßig geträumt werden. Von diesen sind die Beispiele bekannt genug: eine gute Sammlung derselben findet man in *E. Fabius, de somniis §.21*, und darunter ein besonders artiges, in holländischer Sprache erzähltes. Ferner steht in Kieser's Archiv, Bd. VI, H.2, S.135, ein überaus merkwürdiger Aufsatz von H. M. Wesermann, der 5 Fälle berichtet, in welchen er absichtlich, durch seinen WILLEN, genau bestimmte Träume in Andern bewirkt hat: da nun aber, im letzten dieser Fälle, die betreffende Person noch nicht zu Bette gegangen war, hatte sie, nebst einer andern gerade bei ihr befindlichen, die beabsichtigte Erscheinung IM WACHEN und ganz wie eine Wirklichkeit. Folglich ist, wie in solchen Träumen, so auch in den wachenden Visionen dieser Klasse, das TRAUMORGAN das Medium der Anschauung. Als Verbindungsglied beider Arten ist die oben erwähnte von St. Augustinus mitgetheilte Geschichte zu betrachten; sofern daselbst dem Einen im Wachen erscheint was der Andere zu thun bloß träumt. Zwei derselben ganz gleichartige Fälle findet man in *Hor. Welby's signs before death, p.266* und *p.297*; letztern aus *Sinclair's invisible world* entnommen. Offenbar also entstehen die Visionen dieser Art, so täuschend und leibhaftig sich auch in ihnen die erscheinende Person darstellt, keineswegs mittelst Einwirkung von außen auf die Sinne, sondern vermöge einer magischen Wirkung des WILLENS Desjenigen, von dem sie ausgehn, auf den Andern, also auf das Wesen an sich eines fremden Organismus, der dadurch, von innen aus, eine Veränderung erleidet, die nunmehr, auf sein Gehirn wirkend, daselbst das Bild des solchermaaßen Einwirkenden eben so lebhaft erregt, wie eine Einwirkung mittelst der, von dessen Leibe auf die Augen des Andern zurückgeworfenen Lichtstrahlen es nur irgend könnte.

Eben die hier zur Sprache gebrachten Doppelgänger, als bei welchen die erscheinende Person offenkundig am Leben, aber abwesend ist, auch in der Regel von ihrer Erscheinung nicht weiß, geben uns den richtigen Gesichtspunkt für die Erscheinungen Sterbender und Gestorbener, also die eigentlichen Geistererscheinungen, an die Hand, indem sie uns lehren, daß eine unmittelbare reale Gegenwart, wie die eines auf die Sinnen wirkenden Körpers, keineswegs eine nothwendige Voraussetzung derselben sei. Gerade diese Voraussetzung aber ist der Grundfehler aller früheren Auffassung der Geistererscheinungen, sowohl bei der Bestreitung, als bei der Behauptung derselben. Jene Voraussetzung beruht nun wieder darauf, daß man sich auf den Standpunkt des SPIRITUALISMUS, statt auf den des IDEALISMUS, gestellt hatte.* Jenem nämlich gemäß gieng man aus von der völlig unberechtigten Annahme, daß der Mensch aus zwei grundverschiedenen Substanzen bestehe, einer materiellen, dem Leibe, und einer immateriellen, der sogenannten Seele. Nach der im Tode eingetretenen Trennung beider sollte nun die letztere, obwohl immateriell, einfach und unausgedehnt, doch noch im Raume existiren, nämlich sich bewegen, einhergehn und dabei von außen auf die Körper und ihre Sinne einwirken, gerade wie ein Körper, und demgemäß auch eben wie ein solcher sich darstellen; wobei dann freilich die selbe reale Gegenwart im Raume, die ein von uns gesehener Körper hat, die Bedingung ist. Dieser durchaus unhaltbaren, spiritualistischen Ansicht von den Geistererscheinungen gelten alle vernünftigen Bestreitungen derselben und auch KANT's kritische Beleuchtung der Sache, welche den ersten, oder theoretischen Theil seiner »Träume eines Geistersehers, erläutert durch Träume der Metaphysik« ausmacht. Diese SPIRITUALISTISCHE Ansicht also, diese Annahme einer immateriellen und doch lokomotiven, imgleichen, nach Weise der Materie, auf Körper, mithin auch auf die Sinne wirkenden Substanz, hat man, um eine richtige Ansicht von allen hieher gehörigen Phänomenen

---

* Vergleiche »Welt als Wille und Vorstellung« Bd. 2. S. 15.

zu erlangen, ganz aufzugeben und, statt ihrer, den idealistischen Standpunkt zu gewinnen, von welchem aus man diese Dinge in ganz anderm Lichte erblickt und ganz andere Kriterien ihrer Möglichkeit erhält. Hiezu den Grund zu legen ist eben der Zweck gegenwärtiger Abhandlung.

9) Der letzte in unsere Betrachtung eingehende Fall nun wäre, daß die unter der vorigen Nummer beschriebene, magische Einwirkung auch noch nach dem Tode ausgeübt werden könnte, wodurch dann eine eigentliche Geistererscheinung, mittelst direkter Einwirkung, also gewissermaaßen die wirkliche, persönliche Gegenwart eines bereits Gestorbenen, welche auch Rückwirkung auf ihn zuließe, Statt fände. Die Ableugnung *a priori* jeder Möglichkeit dieser Art und das ihr angemessene Verlachen der entgegengesetzten Behauptung kann auf nichts Anderem beruhen, als auf der Ueberzeugung, daß der Tod die absolute Vernichtung des Menschen sei; es wäre denn, daß sie sich auf den protestantischen Kirchenglauben stützte, nach welchem Geister darum nicht erscheinen können, weil sie, gemäß dem während der wenigen Jahre des irdischen Lebens gehegten Glauben oder Unglauben, entweder dem Himmel mit seinen ewigen Freuden, oder der Hölle, mit ihrer ewigen Quaal, gleich nach dem Tode, auf immer zugefallen seien, aus beiden aber nicht zu uns heraus können; daher, dem protestantischen Glauben gemäß, alle dergleichen Erscheinungen von Teufeln, oder von Engeln, nicht aber von Menschengeistern, herrühren; wie dies ausführlich und gründlich auseinandergesetzt hat *Lavater, de spectris, Genevae 1580, pars II, cap. 3 et 4.* Die katholische Kirche hingegen, welche schon im 6. Jahrhundert, namentlich durch Gregor den Großen, jenes absurde und empörende Dogma, sehr einsichtsvoll, durch das zwischen jene desperate Alternative eingeschobene Purgatorium verbessert hatte, läßt die Erscheinung der in diesem vorläufig wohnenden Geister, und ausnahmsweise auch anderer, zu; wie ausführlich zu ersehen aus dem bereits genannten *Petrus Thyraeus, de locis infestis, pars I, cap. 3, sqq.* – Jedoch von dergleichen mythologischen Ansichten absehend sagte ich oben, daß die Verwerfung *a priori* der Möglichkeit einer wirklichen Erscheinung Verstorbener allein auf die Ueberzeugung, daß

durch den Tod das menschliche Wesen ganz und gar zu nichts werde, sich gründen könne. Denn so lange diese fehlt, ist nicht abzusehn, warum ein Wesen, das noch irgendwie existirt, nicht auch sollte irgendwie sich manifestiren und auf ein anderes, wenn gleich in einem andern Zustande befindliches, einwirken können. Daher ist es so folgerecht, wie naiv, daß Lukianos, nachdem er erzählt hat, wie Demokritos sich durch eine ihn zu schrecken veranstaltete Geistermummerei keinen Augenblick hatte irre machen lassen, hinzufügt: *οὕτω βεβαιως επιστευε, μηδεν ειναι τας ψυχας ετι, εξω γενομενας των σωματων. (adeo persuasum habebat, nihil adhuc esse animas a corpore separatas.) Philops. 32.* – Ist hingegen am Menschen, außer der Materie, noch irgend etwas Unzerstörbares; so ist wenigstens *a priori* nicht einzusehn, daß jenes, welches die wundervolle Erscheinung des Lebens hervorbrachte, nach Beendigung derselben, jeder Einwirkung auf die noch Lebenden durchaus unfähig seyn sollte. Die Sache wäre demnach allein *a posteriori*, durch die Erfahrung, zu entscheiden: Dies aber ist um so schwieriger, als, abgesehn von allen absichtlichen und unabsichtlichen Täuschungen der Berichterstatter, selbst die wirkliche Vision, in welcher ein Verstorbener sich darstellt, gar wohl einer der bis hieher von mir aufgezählten acht Arten angehören kann; daher es vielleicht sich immer so verhalten mag. Ja, selbst in dem Falle, daß eine solche Erscheinung Dinge offenbart hat, die Keiner wissen konnte; so wäre, in Folge der, am Schluß der Nr. 7 gegebenen Auseinandersetzung, Dies vielleicht doch noch als die Form, welche die Revelation eines spontanen somnambulen Hellsehns hier angenommen hätte, auszulegen; obgleich das Vorkommen eines solchen im Wachen, oder auch nur mit vollkommener Erinnerung aus dem somnambulen Zustande, wohl nicht sicher nachzuweisen ist, sondern dergleichen Offenbarungen, so viel mir bekannt, allenfalls nur durch Träume gekommen sind. Inzwischen kann es Umstände geben, die auch eine solche Auslegung unmöglich machen. Heut zu Tage daher, wo Dinge dieser Art mit viel mehr Unbefangenheit als jemals angesehn, folglich auch dreister mitgetheilt und besprochen werden, dürfen wir wohl hoffen, über diesen Gegenstand entscheidende Erfahrungsaufschlüsse zu erhalten.

Manche Geistergeschichten sind allerdings so beschaffen, daß jede anderartige Auslegung große Schwierigkeit hat; sobald man sie nicht für gänzlich erlogen hält. Gegen dies Letztere aber spricht in vielen Fällen theils der Charakter des ursprünglichen Erzählers, theils das Gepräge der Redlichkeit und Aufrichtigkeit, welches seine Darstellung trägt, mehr als Alles jedoch die vollkommene Aehnlichkeit in dem ganz eigenthümlichen Hergang und Beschaffenheit der angeblichen Erscheinungen, so weit auseinander auch die Zeiten und Länder liegen mögen, aus denen die Berichte stammen. Dieses wird am Auffallendesten, wann es ganz besondere Umstände betrifft, welche erst in neuerer Zeit, in Folge des magnetischen Somnambulismus und der genaueren Beobachtung aller dieser Dinge, als bei Visionen bisweilen Statt findend, erkannt worden sind. Ein Beispiel dieser Art ist anzutreffen in der höchst verfänglichen Geistergeschichte, vom J. 1697, die Brierre de Boismont in seiner Observ. 120 erzählt: es ist der Umstand, daß dem Jünglinge der Geist seines Freundes, obwohl er ¾ Stunden mit ihm sprach, immer nur seiner obern Hälfte nach sichtbar war. Dieses theilweise Erscheinen menschlicher Gestalten nämlich hat sich in unserer Zeit bestätigt, als eine bei Visionen solcher Art bisweilen vorkommende Eigenthümlichkeit; daher auch Brierre, S. S. 454 und 474 seines Buches, dieselbe, ohne Beziehung auf jene Geschichte, als ein nicht seltenes Phänomen anführt. Auch Kieser (Archiv, III, 2, 139) berichtet den selben Umstand vom Knaben Arst, schreibt ihn jedoch dem vorgeblichen Sehn mit der Nasenspitze zu. Demnach liefert dieser Umstand, in der oben erwähnten Geschichte, den Beweis, daß jener Jüngling die Erscheinung wenigstens nicht erlogen hatte: dann aber ist es schwer dieselbe anders, als eben aus der ihm früher versprochenen und jetzt geleisteten Einwirkung seines am Tage vorher, in einer fernen Gegend ertrunkenen Freundes zu erklären. – Ein anderer Umstand der besagten Art ist das Verschwinden der Erscheinungen, sobald man die Aufmerksamkeit absichtlich auf sie heftet. Dies liegt nämlich schon in der bereits oben erwähnten Stelle des Pausanias, über die hörbaren Erscheinungen auf dem Schlachtfelde bei Marathon, welche nur von den zufällig dort Anwesenden, nicht aber von den absichtlich dazu Hingegangenen vernommen wurden. Analoge Beobachtungen aus neuester Zeit finden wir an mehreren Stellen der Seherin von Prevorst (z.B. Bd. 2. S. 10; und S. 38.), wo es daraus erklärt wird, daß, was durch das Gangliensystem wahrgenommen wurde, vom Gehirn sogleich wieder weggestritten wird. Meiner Hypothese zufolge würde es aus der plötzlichen Umkehrung der Richtung der Vibration der Gehirnfibern zu erklären seyn. – Beiläufig will ich hier eine sehr auffallende Uebereinstimmung jener Art bemerklich machen: PHOTIUS nämlich in seinem Artikel DAMASCIUS sagt: *γυνη ἱερα, θεομοιραν εχουσα φυσιν παραλογοτατην· ὑδωρ γαρ εγχεουσα ακραιφνες ποτηριῳ τινι των ὑαλινων, ἑωρα κατα του ὑδατος εισω του ποτηριου τα φασματα των εσομενων πραγματων, και προυλεγεν απο της οψεως αυτα, ἁπερ εμελλεν εσεσθαι παντως· ἡ δε πειρα του πραγματος ουκ ελαθεν ἡμας.* Genau das Selbe, so unbegreiflich es ist, wird von der Seherin von Prevorst berichtet, S. 87 der 3. Aufl. – Der Charakter und Typus der Geistererscheinungen ist ein so fest bestimmter und eigenthümlicher, daß der Geübte beim Lesen einer solchen Geschichte beurtheilen kann, ob sie eine erfundene, oder auch auf optischer Täuschung beruhende, oder aber eine wirkliche Vision gewesen sei. Es ist wünschenswerth und steht zu hoffen, daß wir bald eine Sammlung Chinesischer Gespenstergeschichten erhalten mögen, um zu sehn, ob sie nicht auch, im Wesentlichen, ganz den selben Typus und Charakter wie die unsrigen, tragen und sogar in den Nebenumständen und Einzelnheiten eine große Uebereinstimmung zeigen; welches alsdann bei so durchgängiger Grundverschiedenheit der Sitten und Glaubenslehren, eine starke Beglaubigung des in Rede stehenden Phänomens überhaupt abgeben würde. Vor der Hand mache ich in dieser Hinsicht darauf aufmerksam, daß die meisten der die Charakteristik des Geisterspuks ausmachenden Phänomene, wie sie in den oben angeführten Schriften von Hennings, Wenzel, Teller u.s.w., sodann später von Just. Kerner, Horst und vielen andern beschrieben werden, sich schon ganz eben so finden in sehr alten Büchern, z.B. in dreien, mir eben vorliegenden, aus dem 16. Jahrhundert, nämlich *Lavater, de spectris, Thyraeus, de locis infestis*, und *de spectris et apparitionibus Libri duo*, Eisleben 1597, anonym, 500 Seiten in 4.: dergleichen Phänomene sind z.B. das Klopfen, das scheinbare Versuchen verschlossene Thüren zu forciren, auch solche, die gar nicht verschlossen sind, der Knall eines sehr schweren, im Hause herabfallenden Gewichtes, das lärmende Umherwerfen alles Geräthes in der Küche, oder des Holzes auf dem Boden, welches nachher sich in völliger Ruhe und Ordnung vorfindet, das Zuschlagen von Weinfässern, das deutliche Vernageln eines Sarges, wann ein Hausgenosse sterben wird, die schlürfenden, oder tappenden Tritte im finstern Zimmer, das Zupfen an der Bettdecke, der Modergeruch, das Verlangen erscheinender Geister nach Gebet, u.dgl.m., während nicht zu vermuthen steht, daß die, meistens sehr illitteraten Urheber der modernen Aussagen jene alten, seltenen, lateinischen Schriften gelesen hätten. Unter den Argumenten für die Wirklichkeit der Geistererscheinungen verdient auch der Ton des Unglaubens, in welchem die gelehrten Erzähler aus zweiter Hand sie vortragen, erwähnt zu werden; weil er, in der Regel, das Gepräge des Zwanges, der Affektation und Heuchelei so deutlich trägt, daß der dahinter steckende heimliche Glaube durchschimmert. – Bei dieser Gelegenheit will ich auf eine Geistergeschichte neuester Zeit aufmerksam machen, welche verdient, genauer untersucht und besser gekannt zu werden, als durch die aus sehr schlechter Feder geflossene Darstellung derselben in den Blättern aus Prevorst, 8. Sammlung S. 166; nämlich theils weil die Aussagen darüber gerichtlich protokolirt sind, und theils wegen des höchst merkwürdigen Umstandes, daß der erscheinende Geist, mehrere Nächte hindurch, von der Person, zu der er in Beziehung stand und vor deren Bette er sich zeigte, nicht gesehn wurde, weil sie schlief, sondern bloß von zwei Mitgefangenen und erst späterhin auch von ihr selbst, die aber dann so sehr dadurch erschüttert wurde, daß sie, aus freien Stücken, sieben Vergiftungen eingestand. Der Bericht steht in einer Broschüre: »Verhandlungen des Assisenhofes in Mainz über die Giftmörderin Margaretha Jäger.« Mainz 1835. – Die wörtliche Protokol-Aussage ist abgedruckt in einem Frankfurter Tageblatt »Didaskalia«, vom 5. Juli 1835. –

Ich habe aber jetzt das Metaphysische der Sache in Betrachtung zu nehmen; da über das Physische, hier Physiologische, bereits oben das Nöthige beigebracht worden. – Was eigentlich bei allen Visionen, d. h. Anschauungen durch Aufgehn des Traumorgans im Wachen, unser Interesse erregt, ist die etwanige Beziehung derselben auf etwas empirisch Objektives, d. h. außer uns Gelegenes und von uns Verschiedenes: denn erst durch diese erhalten sie eine Analogie und gleiche Dignität mit unsern gewöhnlichen, wachen Sinnesanschauungen. Daher sind uns, von den im Obigen aufgezählten, neun möglichen Ursachen solcher Visionen, nicht die drei ersten, als welche auf bloße Hallucinationen hinauslaufen, interessant, wohl aber die folgenden. Denn die Perplexität, welche der Betrachtung der Vision und Geistererscheinung anhängt, entspringt eigentlich daraus, daß bei diesen Wahrnehmungen die Gränze zwischen Subjekt und Objekt, welche die erste Bedingung aller Erkenntniß ist, zweifelhaft, undeutlich, wohl gar verwischt wird. »Ist Das außer, oder in mir?« frägt, – wie schon Macbeth, als ihm ein Dolch vorschwebt, – Jeder, dem eine Vision solcher Art nicht die Besonnenheit benimmt. Hat Einer allein ein Gespenst gesehn, so will man es für bloß subjektiv erklären, so objektiv es auch dastand; sahen, oder hörten es hingegen Mehrere, so wird ihm sofort die Realität eines Körpers beigelegt; weil wir nämlich empirisch nur EINE Ursache kennen, vermöge welcher mehrere Menschen nothwendig die selbe anschauliche Vorstellung zu gleicher Zeit haben müssen, und diese ist, daß ein und derselbe Körper, das Licht nach allen Seiten reflektirend, ihrer aller Augen affizirt. Allein außer dieser sehr mechanischen könnte es wohl noch andere Ursachen des gleichzeitigen Entstehns derselben anschaulichen Vorstellung in verschiedenen Menschen geben. Ueberhaupt aber ist der Unterschied zwischen subjektiv und objektiv im Grunde kein absoluter, sondern immer noch relativ: denn alles Objektive ist doch insofern, als es immer noch durch ein Subjekt überhaupt bedingt, ja eigentlich nur in diesem vorhanden ist, wieder subjektiv; weshalb eben in letzter Instanz der Idealismus Recht behält. Man glaubt meistens die Realität einer Geistererscheinung umgestoßen zu haben, wenn man nachweist, daß sie subjektiv bedingt war: aber welches Gewicht kann dieses Argument bei Dem haben, der aus Kants Lehre weiß, wie stark der Antheil subjektiver Bedingungen an der Erscheinung der Körperwelt ist, wie nämlich diese, sammt dem Raum, darin sie dasteht, und der Zeit, darin sie sich bewegt, und der Kausalität, darin das Wesen der Materie besteht, also ihrer ganzen Form nach, bloß ein Produkt der Gehirnfunktionen ist, nachdem solche durch einen Reiz in den Nerven der Sinnesorgane angeregt worden; so daß dabei nur noch die Frage nach dem Ding an sich übrig bleibt. – Die MATERIELLE Wirklichkeit der auf unsere Sinne von außen wirkenden Körper kommt freilich der Geistererscheinung so wenig zu, wie dem Traum, durch dessen Organ sie ja wahrgenommen wird, daher man sie immerhin einen Traum im Wachen *(a waking dream)* nennen kann: allein im Grunde büßt sie dadurch ihre Realität nicht ein. Allerdings ist sie, wie der Traum, eine bloße Vorstellung und als solche nur im erkennenden Bewußtseyn vorhanden: aber das Selbe läßt sich von unserer realen Außenwelt behaupten; da auch diese zunächst und unmittelbar uns nur als Vorstellung gegeben und, wie gesagt, ein bloßes, durch Nervenreiz erregtes und den Gesetzen subjektiver Funktionen (Formen der reinen Sinnlichkeit und des Verstandes) gemäß entstandenes Gehirnphänomen ist. Verlangt man eine anderweitige Realität derselben; so ist dies schon die Frage nach dem Ding an sich, welche von LOCKE aufgeworfen und voreilig erledigt, dann aber von KANT in ihrer ganzen Schwierigkeit nachgewiesen, ja als unlösbar aufgegeben, von mir jedoch, wiewohl unter einer gewissen Restriktion, beantwortet worden ist. Wie aber jedenfalls das Ding an sich, welches in der Erscheinung einer Außenwelt sich manifestirt, *toto genere* von ihr verschieden ist; so mag es sich mit Dem, was in der Geistererscheinung sich manifestirt, analog verhalten, ja, was in Beiden sich kund giebt vielleicht am Ende das Selbe seyn, nämlich WILLE. Dieser Ansicht entsprechend finden wir, daß es, hinsichtlich der objektiven Realität, wie der Körperwelt, so auch der Geistererscheinungen, einen Realismus, einen Idealismus und einen Skepticismus giebt, endlich aber auch einen Kriticismus, in dessen Interesse wir eben jetzt beschäftigt sind. Ja, eine ausdrückliche Bestätigung derselben Ansicht giebt sogar folgender Ausspruch der berühmtesten und am sorgfältigsten beobachteten Geisterseherin, nämlich der von Prevorst (Bd. 1. S. 12): »ob die Geister sich nur »unter dieser Gestalt sichtbar machen können, oder ob mein Auge »sie nur unter dieser Gestalt sehn und mein Sinn sie nur so auffassen »kann; ob sie für ein geistigeres Auge nicht geistiger wären, Das »kann ich nicht mit Bestimmtheit behaupten, aber ahnde es fast.« Ist dies nicht ganz analog der Kantischen Lehre: »was die Dinge an sich selbst seyn mögen, wissen wir nicht, sondern erkennen nur ihre Erscheinungen,« –?

Die ganze Dämonologie und Geisterkunde des Alterthums und Mittelalters, wie auch ihre damit zusammenhängende Ansicht der Magie, hat zur Grundlage den noch unangefochten dastehenden Realismus, der endlich durch Cartesius erschüttert wurde. Erst der in der neueren Zeit allmälig herangereifte Idealismus führt uns auf den Standpunkt, von welchem aus wir über alle jene Dinge, also auch über Visionen und Geistererscheinungen, ein richtiges Urtheil erlangen können. Zugleich hat andrerseits, auf dem empirischen Wege, der animalische Magnetismus die zu allen frühern Zeiten in Dunkel gehüllte und sich furchtsam versteckende Magie an das Licht des Tages gezogen und eben so die Geistererscheinungen zum Gegenstand nüchtern forschender Beobachtung und unbefangener Beurtheilung gemacht. Das Letzte in allen Dingen fällt immer der Philosophie anheim, und ich hoffe, daß die meinige, wie sie aus der alleinigen Realität und Allmacht des Willens in der Natur die Magie wenigstens als möglich denkbar und, wenn vorhanden, als begreiflich dargestellt hat,* so auch, durch entschiedene Ueberantwortung der objektiven Welt an die Idealität, selbst über Visionen und Geistererscheinungen einer richtigeren Ansicht den Weg gebahnt hat.

Der entschiedene Unglaube, mit welchem von jedem denkenden Menschen einerseits die Thatsachen des Hellsehns, andrerseits des magischen, *vulgo* magnetischen Einflusses zuerst vernommen werden, und der nur spät der eigenen Erfahrung, oder hunderten glaubwürdigster Zeugnisse weicht, beruht auf einem und dem-

* Siehe »über den Willen in der Natur« die Rubrik »anim. Magnetismus und Magie.«

selben Grunde: nämlich darauf, daß alle Beide den uns *a priori* bewußten Gesetzen des Raumes, der Zeit und der Kausalität, wie sie in ihrem Komplex den Hergang möglicher Erfahrung bestimmen, zuwiderlaufen, – das Hellsehn mit seinem ERKENNEN *in distans*, die Magie mit ihrem WIRKEN *in distans*. Daher wird, bei der Erzählung dahin gehöriger Thatsachen, nicht bloß gesagt »es ist nicht wahr,« sondern »es ist nicht möglich« *(a non posse ad non esse)*, andrerseits jedoch erwidert »es ist aber« *(ab esse ad posse)*. Dieser Widerstreit beruht nun darauf, ja, liefert sogar wieder einen Beweis dafür, daß jene von uns *a priori* erkannten Gesetze keine schlechthin unbedingte, keine scholastische *veritates aeternae*, keine Bestimmung der Dinge an sich sind; sondern aus bloßen Anschauungs- und Verstandesformen, folglich aus Gehirnfunktionen entspringen. Der aus diesen bestehende Intellekt selbst aber ist bloß zum Behuf des Verfolgens und Erreichens der Zwecke individueller Willenserscheinungen, nicht aber des Auffassens der absoluten Beschaffenheit der Dinge an sich selbst entstanden; weshalb er, wie ich (Welt a. W. u. V. Bd. 2. S. S. 177, 273, 285–289) dargethan habe, eine bloße Flächenkraft ist, die wesentlich und überall nur die Schaale, nie das Innere der Dinge trifft. Diese Stellen lese nach wer recht verstehn will was ich hier meyne. Gelingt es uns nun aber ein Mal, weil doch auch wir selbst zum innern Wesen der Welt gehören, mit Umgehung des *principii individuationis*, den Dingen von einer ganz andern Seite und auf einem ganz andern Wege, nämlich geradezu von innen, statt bloß von außen, beizukommen, und so uns derselben, im Hellsehn erkennend, in der Magie wirkend, zu bemächtigen; dann entsteht, eben für jene cerebrale Erkenntniß, ein Resultat, welches auf ihrem eigenen Wege zu erreichen wirklich unmöglich war; daher sie darauf besteht, es in Abrede zu stellen: denn eine Leistung solcher Art ist nur metaphysisch begreiflich, physisch ist sie eine Unmöglichkeit. Diesem zufolge ist andrerseits das Hellsehn eine Bestätigung der Kantischen Lehre von der Idealität des Raumes, der Zeit und der Kausalität, die Magie aber überdies auch der meinigen von der alleinigen Realität des WILLENS, als des Kerns aller Dinge: hiedurch nun wieder wird auch noch der Bakonische Ausspruch, daß die Magie die praktische Metaphysik sei, bestätigt.

Erinnern wir uns jetzt nochmals der weiter oben gegebenen Auseinandersetzungen und der daselbst aufgestellten physiologischen Hypothese, welchen zufolge sämmtliche durch das Traumorgan vollzogene Anschauungen von der gewöhnlichen, den wachen Zustand begründenden, Wahrnehmung sich dadurch unterscheiden, daß bei der letzteren das Gehirn von außen, durch eine physische Einwirkung auf die Sinne erregt wird, wodurch es zugleich die Data erhält, nach welchen es, mittelst Anwendung seiner Funktionen, nämlich Kausalität, Zeit und Raum, die empirische Anschauung zu Stande bringt; während hingegen bei der Anschauung durch das Traumorgan die Erregung vom Innern des Organismus ausgeht und vom plastischen Nervensystem aus sich in das Gehirn fortpflanzt, welches dadurch zu einer der erstern ganz ähnlichen Anschauung veranlaßt wird, bei der jedoch, weil die Anregung dazu von der entgegengesetzten Seite kommt, also auch in entgegengesetzter Richtung geschieht, anzunehmen ist, daß auch die Schwingungen, oder überhaupt innern Bewegungen der Gehirnfibern, in umgekehrter Richtung erfolgen und demnach erst am Ende sich auf die Sinnesnerven erstrecken, welche also hier das zuletzt in Thätigkeit Versetzte sind, statt daß sie, bei der gewöhnlichen Anschauung, zuallererst erregt werden. Soll nun, – wie bei Wahrträumen, prophetischen Visionen und Geistererscheinungen angenommen wird, – eine Anschauung dieser Art dennoch sich auf etwas wirklich Aeußeres, empirisch Vorhandenes, also vom Subjekt ganz Unabhängiges beziehn, welches demnach in sofern durch sie erkannt würde; so muß dasselbe mit dem INNERN des Organismus, von welchem aus die Anschauung erregt wird, in irgend eine Kommunikation getreten seyn. Dennoch läßt eine solche sich empirisch durchaus nicht nachweisen, ja, da sie, vorausgesetzterweise, nicht eine räumliche, von außen kommende seyn soll, so ist sie empirisch, d.h. physisch nicht ein Mal denkbar. Wenn sie also doch Statt hat; so muß dies nur metaphysisch zu verstehn und sie demnach zu denken seyn als eine unabhängig von der Erscheinung und allen ihren Gesetzen, im Dinge an sich, welches, als das innere Wesen der Dinge, der Erscheinung derselben überall zum Grunde liegt, vor sich gehende und nachher an der Erscheinung wahrnehmbare: – eine solche nun ist es, die man unter dem Namen einer magischen Einwirkung versteht.

Frägt man, welches der Weg der magischen Wirkung, dergleichen uns in der sympathetischen Kur, wie auch in dem Einfluß des entfernten Magnetiseurs gegeben ist, sei; so sage ich: es ist der Weg, den das Insekt zurücklegt, das hier stirbt und aus jedem Ei, welches überwintert hat, wieder in voller Lebendigkeit hervorgeht. Es ist der Weg, auf welchem es geschieht, daß, in einer gegebenen Volksmenge, nach außerordentlicher Vermehrung der Sterbefälle, auch die Geburten sich vermehren. Es ist der Weg, der nicht am Gängelbande der Kausalität durch Zeit und Raum geht. Es ist der Weg durch das Ding an sich.

Wir nun aber wissen aus meiner Philosophie, daß dieses Ding an sich, also auch das innere Wesen des Menschen, sein WILLE ist, und daß der ganze Organismus eines Jeden, wie er sich empirisch darstellt, bloß die Objektivation desselben, näher, das im Gehirn entstehende Bild dieses seines Willens ist. Der Wille als Ding an sich liegt aber außerhalb des *principii individuationis* (Zeit und Raum), durch welches die Individuen GESONDERT sind: die durch dasselbe entstehenden Schranken sind also für ihn nicht da. Hieraus erklärt sich, so weit, wenn wir dieses Gebiet betreten, noch unsere Einsicht reichen kann, die Möglichkeit unmittelbarer Einwirkung der Individuen auf einander, unabhängig von ihrer Nähe oder Ferne im Raum, welche sich in einigen der oben aufgezählten neuen Arten der wachenden Anschauung durch das Traumorgan, und öfter in der schlafenden, faktisch kund giebt; und eben so erklärt sich, aus dieser unmittelbaren, im Wesen an sich der Dinge gegründeten Kommunikation, die Möglichkeit des Wahrträumens, des Bewußtwerdens der nächsten Umgebung im Somnambulismus und endlich die des Hellsehns. Indem der Wille des Einen, durch keine Schranken der Individuation gehemmt, also unmittelbar und *in distans*, auf den Willen des Andern wirkt, hat er eben damit auf den Organismus desselben, als welcher nur dessen räumlich angeschauter Wille selbst ist, eingewirkt. Wenn nun eine solche, auf diesem Wege, das Innere des Organismus treffende Einwirkung sich auf dessen Lenker und Vorstand, das Gangliensystem, erstreckt, und dann von diesem aus, mittelst Durchbrechung der Isolation, sich bis ins Gehirn fortpflanzt; so kann sie von diesem doch immer nur auf Gehirnweise verarbeitet werden, d. h. sie wird Anschauungen hervorbringen, denen vollkommen gleich, welche auf äußere Anregung der Sinne entstehn, also Bilder im Raum, nach dessen drei Dimensionen, mit Bewegung in der Zeit, gemäß dem Gesetze der Kausalität u.s.w.: denn die einen wie die andern sind eben Produkte der anschauenden Gehirnfunktion, und das Gehirn kann immer nur seine eigene Sprache reden. Inzwischen wird eine Einwirkung jener Art noch immer den Charakter, das Gepräge, ihres Ursprungs, also Desjenigen, von dem sie ausgegangen ist, an sich tragen und dieses demnach der Gestalt, die sie, nach so weitem Umwege, im Gehirn hervorruft, aufdrücken, so verschieden ihr Wesen an sich auch von dieser seyn mag. Wirkt z. B. ein Sterbender durch starke Sehnsucht, oder sonstige Willensintention, auf einen Entfernten; so wird, wenn die Einwirkung sehr energisch ist, die Gestalt desselben sich im Gehirn des Andern darstellen, d. h. ganz so wie ein Körper in der Wirklichkeit ihm erscheinen. Offenbar aber wird eine solche, durch das Innere des Organismus geschehende Einwirkung auf ein fremdes Gehirn leichter, wenn dieses schläft, als wenn es wacht, Statt haben; weil im erstern Fall die Fibern desselben gar keine, im letztern eine der, die sie jetzt annehmen sollen, entgegengesetzte Bewegung haben. Demnach wird eine schwächere Einwirkung der in Rede stehenden Art sich bloß im Schlafe kund geben können, durch Erregung von Träumen; im Wachen aber allenfalls Gedanken, Empfindungen und Unruhe erregen; jedoch Alles immer noch ihrem Ursprunge gemäß und dessen Gepräge tragend: daher kann sie z. B. einen unerklärlichen, aber unwiderstehlichen Trieb, oder Zug, Den, von dem sie ausgegangen ist, aufzusuchen, hervorbringen; und eben so, umgekehrt, Den, der kommen will, durch den Wunsch ihn nicht zu sehn, noch von der Schwelle des Hauses wieder zurückscheuchen, selbst wenn er gerufen und bestellt war *(experto crede Roberto)*. Auf dieser Einwirkung, deren Grund die Identität des Dinges an sich in allen Erscheinungen ist, beruht auch die faktisch erkannte Kontagiosität der Visionen, des zweiten

Gesichts und des Geistersehns, welche eine Wirkung hervorbringt, die im Resultat derjenigen gleich kommt, welche ein körperliches Objekt auf die Sinne mehrerer Individuen zugleich ausübt, indem auch in Folge jener Mehrere zugleich das Selbe sehn, welches alsdann sich ganz objektiv konstituirt. Auf derselben direkten Einwirkung beruht auch die oft bemerkte unmittelbare Mittheilung der Gedanken, die so gewiß ist, daß ich Dem, der ein wichtiges und gefährliches Geheimniß zu bewahren hat, anrathe, mit Dem, der es nicht wissen darf, über die ganze Angelegenheit, auf die es sich bezieht, niemals zu sprechen; weil er, während Dessen, das wahre Sachverhältniß unvermeidlich in Gedanken haben müßte, wodurch dem Andern plötzlich ein Licht aufgehn kann; indem es eine Mittheilung giebt, vor der weder Verschwiegenheit, noch Verstellung schützt. Göthe erzählt (in den Erläuterungen zum W. O. Divan, Rubrik »Blumenwechsel«), daß zwei liebende Paare, auf einer Lustfahrt begriffen, einander Charaden aufgaben: »gar bald »wird nicht nur eine jede, wie sie vom Munde kommt, sogleich »errathen, sondern zuletzt sogar das Wort, das der Andere denkt »und eben zum Worträthsel umbilden will, durch die unmittel»barste Divination erkannt und ausgesprochen.« – Meine schöne Wirthin in Mailand, vor langen Jahren, fragte mich, in einem sehr animirten Gespräche, an der Abendtafel, welches die drei Nummern wären, die sie als Terne in der Lotterie belegt hatte? ohne mich zu besinnen, nannte ich die erste und die zweite richtig, dann aber, durch ihren Jubel stutzig geworden, gleichsam aufgeweckt und nun reflektirend, die dritte falsch.

Da nun andrerseits für uns fest steht, daß der WILLE, so fern er Ding an sich ist, durch den Tod nicht zerstört und vernichtet wird; so läßt sich *a priori* nicht geradezu die Möglichkeit ableugnen, daß eine magische Wirkung der oben beschriebenen Art, nicht auch sollte von einem bereits Gestorbenen ausgehn können. Eben so wenig jedoch läßt eine solche Möglichkeit sich deutlich absehn und daher positiv behaupten; indem sie, wenn auch im Allgemeinen nicht undenkbar, doch, bei näherer Betrachtung, großen Schwierigkeiten unterworfen ist, die ich jetzt kurz angeben will. – Da wir das im Tode unversehrt gebliebene innere Wesen des Menschen uns zu denken haben, als außer der Zeit und dem Raume existirend; so könnte eine Einwirkung desselben auf uns Lebende nur unter sehr vielen Vermittelungen, die alle auf unsrer Seite lägen, Statt finden; so daß schwer auszumachen seyn würde, wie viel davon wirklich von dem Verstorbenen ausgegangen wäre. Denn eine derartige Einwirkung hätte nicht nur zuvörderst in die Anschauungsformen des sie wahrnehmenden Subjekts einzugehn, mithin sich darzustellen als ein Räumliches, Zeitliches und nach dem Kausalgesetz materiell Wirkendes; sondern sie müßte überdies auch noch in den Zusammenhang seines begrifflichen Denkens treten, indem er sonst nicht wissen würde, was er daraus zu machen hat, der ihm Erscheinende aber nicht bloß gesehn, sondern auch in seinen Absichten und den diesen entsprechenden Einwirkungen einigermaaßen verstanden werden will: demnach hätte dieser sich auch noch den beschränkten Ansichten und Vorurtheilen des Subjekts, betreffend das Ganze der Dinge und der Welt, zu fügen und anzuschließen. Aber noch mehr! Nicht allein zufolge meiner ganzen bisherigen Darstellung werden die Geister durch das Traumorgan und in Folge einer von innen aus an das Gehirn gelangenden Einwirkung, statt der gewöhnlichen von außen durch die Sinne, gesehn; sondern auch der die objektive Realität der erscheinenden Geister fest vertretende J. Kerner sagt das Selbe, in seiner oft wiederholten Behauptung, daß die Geister »nicht mit dem leiblichen, sondern mit dem geistigen Auge gesehn werden.« Obwohl demnach durch eine innere, aus dem Wesen an sich der Dinge entsprungene, also magische, Einwirkung auf den Organismus, welche sich mittelst des Gangliensystems bis zum Gehirn fortpflanzt, zu Wege gebracht, wird die Geistererscheinung doch aufgefaßt nach Weise der von außen, mittelst Licht, Luft, Schall, Stoß und Duft auf uns wirkenden Gegenstände. Welche Veränderung müßte nicht die angenommene Einwirkung eines Gestorbenen bei einer solchen Uebersetzung, einem so totalen Metaschematismus, zu erleiden haben! Wie aber läßt sich nun gar noch annehmen, daß dabei und auf solchen Umwegen noch ein wirklicher Dialog mit Rede und Gegenrede Statt haben könne; wie er doch oft berichtet wird? – Beiläufig sei hier noch angemerkt, daß das Lächerliche, welches, so gut wie andrerseits das Grausenhafte, jeder Behauptung einer gehabten Erscheinung dieser Art, mehr oder weniger, anklebt und wegen dessen man zaudert sie mitzutheilen, daraus entsteht, daß der Erzähler spricht wie von einer Wahrnehmung durch die äußern Sinne, welche aber gewiß nicht vorhanden war, schon weil sonst ein Geist stets von allen Anwesenden auf gleiche Weise gesehn und vernommen werden müßte; eine in Folge innerer Einwirkung entstandene, bloß scheinbar äußere Wahrnehmung aber von der bloßen Phantasterei zu unterscheiden, nicht die Sache eines Jeden ist. – Dies also wären, bei der Annahme einer wirklichen Geistererscheinung, die auf der Seite des sie wahrnehmenden Subjekts liegenden Schwierigkeiten. Andere wieder liegen auf der Seite des angenommenermaaßen einwirkenden Verstorbenen. Meiner Lehre zufolge hat allein der WILLE eine metaphysische Wesenheit, vermöge welcher er durch den Tod unzerstörbar ist; der Intellekt hingegen ist, als Funktion eines körperlichen Organs, bloß physisch und geht mit demselben unter. Daher ist die Art und Weise, wie ein Verstorbener von den Lebenden noch Kenntniß erlangen sollte, um solcher gemäß auf sie zu wirken, höchst problematisch. Nicht weniger ist es die Art dieses Wirkens selbst; da er mit der Leiblichkeit alle gewöhnlichen, d. i. physischen, Mittel der Einwirkung auf Andere, wie auf die Körperwelt überhaupt, verloren hat. Wollten wir dennoch den von so vielen und so verschiedenen Seiten erzählten und betheuerten Vorfällen, die entschieden eine objektive Einwirkung Verstorbener anzeigen, einige Wahrheit einräumen; so müßten wir uns die Sache so erklären, daß in solchen Fällen der Wille des Verstorbenen noch immer leidenschaftlich auf die irdischen Angelegenheiten gerichtet wäre und nun, in Ermangelung aller physischen Mittel zur Einwirkung auf dieselben, jetzt seine Zuflucht nähme zu der ihm in seiner ursprünglichen, also metaphysischen Eigenschaft, mithin im Tode, wie im Leben, zustehenden MAGISCHEN Gewalt, die ich oben berührt und über welche ich im »Willen in der Natur«, Rubrik »animalischer Magnetismus und Magie« meine Gedanken ausführlicher dargelegt habe. Nur vermöge dieser MAGISCHEN Gewalt also könnte er allenfalls selbst noch jetzt was er möglicherweise auch im Leben gekonnt, nämlich wirkliche *actio in distans*, ohne körperliche Beihülfe, ausüben und demnach auf Andere direkt, ohne alle physische Vermittelung, einwirken, indem er ihren Organismus in der Art affizirte, daß ihrem Gehirne sich Gestalten anschaulich darstellen müßten, wie sie sonst nur in Folge äußerer Einwirkung auf die Sinne von demselben producirt werden. Ja, da diese Einwirkung nur als eine magische, d. h. als durch das innere, in Allem identische Wesen der Dinge, also durch die *natura naturans*, zu vollbringende denkbar ist; so könnten wir, wenn die Ehre achtungswerther Berichterstatter dadurch allein zu retten wäre, allenfalls noch den verfänglichen Schritt wagen, diese Einwirkung nicht auf menschliche Organismen zu beschränken, sondern sie auch auf leblose, also unorganische Körper, die demnach durch sie bewegt werden könnten, als nicht durchaus und schlechterdings unmöglich einzuräumen; um nämlich der Nothwendigkeit zu entgehn, gewisse hochbetheuerte Geschichten, der Art wie die des Hofrath Hahn in der Seherin von Prevorst, weil diese keineswegs isolirt dasteht, sondern manches ihr ganz ähnliche Gegenstück in älteren Schriften, ja, auch in neueren Relationen, aufzuweisen hat, geradezu der Lüge zu bezichtigen. Allerdings aber gränzt hier die Sache ans Absurde: denn selbst die magische Wirkungsweise, soweit sie durch den animalischen Magnetismus, also legitim beglaubigt wird, bietet bis jetzt für eine solche Wirkung allenfalls nur EIN schwaches und auch noch zu bezweifelndes Analogon dar, nämlich die in den »Mittheilungen aus dem Schlafleben der Auguste K . . . . . . zu Dresden« 1843, S. 115 und 318 behauptete Thatsache, daß es dieser Somnambule wiederholt gelungen sei, durch ihren bloßen Willen, ohne allen Gebrauch der Hände, die Magnetnadel abzulenken.

Die hier dargelegte Ansicht des in Rede stehenden Problems erklärt zuvörderst, warum, wenn wir eine wirkliche Einwirkung Gestorbener auf die Welt der Lebenden auch als möglich zugeben wollen, eine solche doch nur überaus selten und ganz ausnahmsweise Statt haben könnte; weil ihre Möglichkeit an alle die angegebenen, nicht leicht zusammen eintretenden Bedingungen geknüpft wäre. Ferner geht aus dieser Ansicht hervor, daß, wenn wir die in der Seherin von Prevorst und den ihr verwandten Kernerschen Schriften, als den ausführlichsten und beglaubigtesten, gedruckt vorliegenden Geisterseherberichten, erzählten Thatsachen nicht entweder für rein subjektiv, bloße *aegri somnia*, erklären, noch auch uns mit der oben dargelegten Annahme einer *retrospective second sight*, zu deren *dumb shew* (stummer Prozession) die Seherin aus eigenen Mitteln den Dialog gefügt hätte, begnügen, sondern eine wirkliche Einwirkung Gestorbener der Sache zum Grunde legen wollen; dennoch die so empörend absurde, ja niederträchtig dumme Weltordnung, die aus den Angaben und dem Benehmen dieser Geister hervorgienge, dadurch keinen objektiv realen Grund gewinnen, sondern ganz auf Rechnung der, wenn auch durch eine von außerhalb der Natur kommende Einwirkung rege gemachten, dennoch nothwendig sich selber treu bleibenden Anschauungs- und Denkthätigkeit der höchst unwissenden, gänzlich in ihren Katechismusglauben eingelebten Seherin zu setzen seyn würde.

Wenn es mir, durch alle diese Betrachtungen, gelungen seyn sollte, auch nur ein schwaches Licht auf eine sehr wichtige und interessante Sache zu werfen, hinsichtlich welcher, seit Jahrtausenden, zwei Parteien einander gegenüberstehn, davon die eine beharrlich versichert »es ist!« während die andere hartnäckig wiederholt »es kann nicht seyn«; so habe ich Alles erreicht was ich mir davon versprechen und der Leser billigerweise erwarten durfte.

APHORISMEN

zur

LEBENSWEISHEIT.

Le bonheur n'est pas chose aisée: il est très difficile de le trouver en nous, et impossible de le trouver ailleurs.

Chamfort

EINLEITUNG.

Ich nehme den Begriff der Lebensweisheit hier gänzlich im immanenten Sinne, nämlich in dem der Kunst, das Leben möglichst angenehm und glücklich durchzuführen, die Anleitung zu welcher auch Eudämonologie genannt werden könnte: sie wäre demnach die Anweisung zu einem glücklichen Daseyn. Dieses nun wieder ließe sich allenfalls definiren als ein solches, welches, rein objektiv betrachtet, oder vielmehr (da es hier auf ein subjektives Urtheil ankommt) bei kalter und reiflicher Ueberlegung, dem Nichtseyn entschieden vorzuziehn wäre. Aus diesem Begriffe desselben folgt, daß wir daran hiengen, seiner selbst wegen, nicht aber bloß aus Furcht vor dem Tode; und hieraus wieder, daß wir es von endloser Dauer sehn möchten. Ob nun das menschliche Leben dem Begriff eines solchen Daseyns entspreche, oder auch nur entsprechen könne, ist eine Frage, welche bekanntlich meine Philosophie verneint; während die Eudämonologie die Bejahung derselben voraussetzt. Diese nämlich beruht eben auf dem angeborenen Irrthum, dessen Rüge das 49. Kapitel im 2. Bande meines Hauptwerks eröffnet. Um eine solche dennoch ausarbeiten zu können, habe ich daher gänzlich abgehn müssen von dem höheren, metaphysisch-ethischen Standpunkte, zu welchem meine eigentliche Philosophie hinleitet. Folglich beruht die ganze hier zu gebende Auseinandersetzung gewissermaaßen auf einer Ackommodation, sofern sie nämlich auf dem gewöhnlichen, empirischen Standpunkte bleibt und dessen Irrthum festhält. Demnach kann auch ihr Werth nur ein bedingter seyn, da selbst das Wort Eudämonologie nur ein Euphemismus ist. – Ferner macht auch dieselbe keinen Anspruch auf Vollständigkeit; theils weil das Thema unerschöpflich ist; theils weil ich sonst das von Andern bereits Gesagte hätte wiederholen müssen.

Als in ähnlicher Absicht, wie gegenwärtige Aphorismen, abgefaßt, ist mir nur das sehr lesenswerthe Buch des Cardanus *de utilitate ex adversis capienda* erinnerlich, durch welches man also das hier Gegebene vervollständigen kann. Zwar hat auch Aristoteles dem 5. Kapitel des 1. Buches seiner Rhetorik eine kurze Eudämonologie eingeflochten: sie ist jedoch sehr nüchtern ausgefallen. Benutzt habe ich diese Vorgänger nicht; da Kompiliren nicht meine Sache ist; und um so weniger, als durch dasselbe die Einheit der Ansicht verloren geht, welche die Seele der Werke dieser Art ist. – Im Allgemeinen freilich haben die Weisen aller Zeiten immer das Selbe gesagt, und die Thoren, d.h. die unermeßliche Majorität aller Zeiten, haben immer das Selbe, nämlich das Gegentheil, gethan: und so wird es denn auch ferner bleiben. Darum sagt Voltaire: *nous laisserons ce monde-ci aussi sot et aussi méchant que nous l'avons trouvé en y arrivant.*

KAPITEL I.

GRUNDEINTHEILUNG.

Aristoteles hat *(Eth. Nicom. 1, 8)* die Güter des menschlichen Lebens in drei Klassen getheilt, – die äußeren, die der Seele und die des Leibes. Hievon nun nichts, als die Dreizahl beibehaltend sage ich, daß was den Unterschied im Loose der Sterblichen begründet sich auf drei Grundbestimmungen zurückführen läßt. Sie sind:

1) Was Einer IST: also die Persönlichkeit, im weitesten Sinne. Sonach ist hierunter Gesundheit, Kraft, Schönheit, Temperament, moralischer Charakter, Intelligenz und Ausbildung derselben begriffen.

2) Was Einer HAT: also Eigenthum und Besitz in jeglichem Sinne.

3) Was Einer VORSTELLT: unter diesem Ausdruck wird bekanntlich verstanden, was er in der Vorstellung Anderer ist, also eigentlich wie er von ihnen VORGESTELLT WIRD. Es besteht demnach in ihrer Meinung von ihm, und zerfällt in Ehre, Rang und Ruhm.

Die unter der ersten Rubrik zu betrachtenden Unterschiede sind solche, welche die Natur selbst zwischen Menschen gesetzt hat; woraus sich schon abnehmen läßt, daß der Einfluß derselben auf ihr Glück, oder Unglück, viel wesentlicher und durchgreifender seyn werde, als was die bloß aus menschlichen Bestimmungen hervorgehenden, unter den zwei folgenden Rubriken angegebenen Verschiedenheiten herbeiführen. Und allerdings ist für das Wohlseyn des Menschen, ja, für die ganze Weise seines Daseyns, die Hauptsache offenbar Das, was in ihm selbst besteht, oder vorgeht. Hier nämlich liegt unmittelbar sein inneres Behagen, oder Unbehagen, als welches zunächst das Resultat seines Empfindens, Wollens und Denkens ist; während alles außerhalb Gelegene doch nur mittelbar darauf Einfluß hat. Daher affiziren die selben äußern Vorgänge, oder Verhältnisse, Jeden ganz anders, und bei gleicher Umgebung lebt doch Jeder in einer andern Welt. Denn nur mit seinen eigenen Vorstellungen, Gefühlen und Willensbewegungen hat er es unmittelbar zu thun: die Außendinge haben nur, sofern sie diese veranlassen, Einfluß auf ihn. Die Welt, in der Jeder lebt, hängt zunächst ab von seiner Auffassung derselben, richtet sich daher nach der Verschiedenheit der Köpfe: dieser gemäß wird sie arm, schaal und flach, oder reich, interessant und bedeutungsvoll ausfallen. Während z. B. Mancher den Andern beneidet um die interessanten Begebenheiten, die ihm in seinem Leben aufgestoßen sind, sollte er ihn vielmehr um die Auffassungsgabe beneiden, welche jenen Begebenheiten die Bedeutsamkeit verlieh, die sie in seiner Beschreibung haben: denn die selbe Begebenheit, welche in einem geistreichen Kopfe sich so interessant darstellt, würde, von einem flachen Alltagskopf aufgefaßt, auch nur eine schaale Scene aus der Alltagswelt seyn. Desgleichen sieht der Melancholikus eine Trauerspielscene, wo der Sanguinikus nur einen interessanten Konflikt und der Phlegmatikus etwas Unbedeutendes vor sich hat. Dies Alles beruht darauf, daß jede Wirklichkeit, d. h. jede erfüllte Gegenwart, aus zwei Hälften besteht, dem Subjekt und dem Objekt, wiewohl in so nothwendiger und enger Verbindung, wie Oxygen und Hydrogen im Wasser. Bei völlig gleicher objektiver Hälfte, aber verschiedener subjektiver, ist daher, so gut wie im umgekehrten Fall, die gegenwärtige Wirklichkeit eine ganz andere: die schönste und beste objektive Hälfte bei stumpfer, schlechter subjektiver, giebt doch nur eine schlechte Wirklichkeit und Gegenwart; gleich einer schönen Gegend in schlechtem Wetter, oder im Reflex einer schlechten *Camera obscura*. Oder planer zu reden: Jeder steckt in seinem Bewußtseyn, wie in seiner Haut, und lebt unmittelbar nur in demselben: daher ist ihm von außen nicht sehr zu helfen. Weil nämlich Alles, was für den Menschen da ist und vorgeht, unmittelbar immer nur in seinem BEWUSSTSEYN da ist und für dieses vorgeht; so ist offenbar die Beschaffenheit des Bewußtseyns selbst das zunächst Wesentliche, und auf dieselbe kommt, in den meisten Fällen, mehr an, als auf die Gestalten die darin sich darstellen. Alle Pracht und Genüsse, abgespiegelt im dumpfen Bewußtseyn eines Tropfs, sind sehr arm, gegen das Bewußtseyn des CERVANTES, als er in einem unbequemen Gefängnisse den Don Quijote schrieb. –

Die objektive Hälfte der Gegenwart und Wirklichkeit steht in der Hand des Schicksals und ist demnach veränderlich: die subjektive sind wir selbst; daher sie im Wesentlichen unveränderlich ist. Demgemäß trägt das Leben jedes Menschen, trotz aller Abwechselung von außen, durchgängig den selben Charakter und ist einer Reihe Variationen auf EIN Thema zu vergleichen. – Hieraus also ist klar, wie sehr unser Glück abhängt von Dem, was wir SIND, von unsrer Individualität; während man meistens nur unser Schicksal, nur Das, was wir HABEN, oder was wir VORSTELLEN, in Anschlag bringt. Das Schicksal aber kann sich bessern: zudem wird man, bei innerm Reichthum, von ihm nicht viel verlangen: hingegen ein Tropf bleibt ein Tropf, ein stumpfer Klotz ein stumpfer Klotz, bis an sein Ende, und wäre er im Paradiese und von Huris umgeben. Deshalb sagt Göthe:

> Volk und Knecht und Ueberwinder,
> Sie gestehn, zu jeder Zeit,
> Höchstes Glück der Erdenkinder
> Sei nur die Persönlichkeit.
>
> W. O. DIVAN.

Daß für unser Glück und unsern Genuß das Subjektive ungleich wesentlicher, als das Objektive sei, bestätigt sich in Allem: von Dem an, daß Hunger der beste Koch ist und der Greis die Göttin des Jünglings gleichgültig ansieht, bis hinauf zum Leben des Genies und des Heiligen. Besonders überwiegt die Gesundheit alle äußern Güter so sehr, daß wahrlich ein gesunder Bettler glücklicher ist, als ein kranker König. Ein aus vollkommener Gesundheit und glücklicher Organisation hervorgehendes, ruhiges und heiteres Temperament, ein klarer, lebhafter, eindringender und richtig fassender Verstand, ein gemäßigter, sanfter Wille und demnach ein gutes Gewissen, Dies sind Vorzüge, die kein Rang oder Reichthum ersetzen kann. Denn was Einer für sich selbst ist, was ihn in die Einsamkeit begleitet und was Keiner ihm geben, oder nehmen kann, ist offenbar für ihn wesentlicher, als Alles, was er besitzen, oder auch was er in den Augen Anderer seyn mag. Ein geistreicher Mensch hat, in gänzlicher Einsamkeit, an seinen eigenen Gedanken und Phantasien vortreffliche Unterhaltung, während von einem Stumpfen die fortwährende Abwechselung von Gesellschaften, Schauspielen, Ausfahrten und Lustbarkeiten, die marternde Langeweile nicht abzuwehren vermag. Ein guter, gemäßigter, sanfter Charakter kann unter dürftigen Umständen zufrieden seyn; während ein begehrlicher, neidischer und böser es bei allem Reichthum nicht ist. Nun aber gar Dem, welcher beständig den Genuß einer außerordentlichen, geistig eminenten Individualität hat, sind die meisten der allgemein angestrebten Genüsse ganz überflüssig, ja, nur störend und lästig. Daher sagt Horaz von sich:

Gemmas, marmor, ebur, Tyrrhena sigilla, tabellas,
Argentum, vestes Gaetulo murice tinctas,
Sunt qui non habeant, est qui non curat habere;

und Sokrates sagte, beim Anblick zum Verkauf ausgelegter Luxusartikel: »wie Vieles giebt es doch, was ich nicht nöthig habe.«

Für unser Lebensglück ist demnach Das, was wir SIND, die Persönlichkeit, durchaus das Erste und Wesentlichste; – schon weil sie beständig und unter allen Umständen wirksam ist: zudem aber ist sie nicht, wie die Güter der zwei andern Rubriken, dem Schicksal unterworfen, und kann uns nicht entrissen werden. Ihr Werth kann insofern ein absoluter heißen, im Gegensatz des bloß relativen der beiden andern. Hieraus nun folgt, daß dem Menschen von außen viel weniger beizukommen ist, als man wohl meint. Bloß die allgewaltige Zeit übt auch hier ihr Recht: ihr unterliegen allmälig die körperlichen und die geistigen Vorzüge: der moralische Charakter allein bleibt auch ihr unzugänglich. In dieser Hinsicht hätten denn freilich die Güter der zwei letztern Rubriken, als welche die Zeit unmittelbar nicht raubt, vor denen der ersten einen Vorzug. Einen zweiten könnte man darin finden, daß sie, als im Objektiven gelegen, ihrer Natur nach, erreichbar sind und Jedem wenigstens die Möglichkeit vorliegt, in ihren Besitz zu gelangen; während hingegen das Subjektive gar nicht in unsere Macht gegeben ist, sondern, *jure divino* eingetreten, für das ganze Leben unveränderlich fest steht; so daß hier unerbittlich der Ausspruch gilt:

Wie an dem Tag, der dich der Welt verliehen,
Die Sonne stand zum Gruße der Planeten,
Bist alsobald und fort und fort gediehen,
Nach dem Gesetz, wonach du angetreten.
So mußt du seyn, dir kannst du nicht entfliehen,
So sagten schon Sibyllen, so Propheten;
Und keine Zeit und keine Macht zerstückelt
Geprägte Form, die lebend sich entwickelt.

GÖTHE.

Das Einzige, was in dieser Hinsicht in unserer Macht steht, ist, daß wir die gegebene Persönlichkeit zum möglichsten Vortheile benutzen, demnach nur die ihr entsprechenden Bestrebungen verfolgen und uns um die Art von Ausbildung bemühen, die ihr gerade angemessen ist, jede andere aber meiden, folglich den Stand, die Beschäftigung, die Lebensweise wählen, welche zu ihr passen.

Aus dem entschiedenen Uebergewicht unsrer ersten Rubrik über die beiden andern geht aber auch hervor, daß es weiser ist, auf Erhaltung seiner Gesundheit und auf Ausbildung seiner Fähigkeiten, als auf Erwerbung von Reichthum hinzuarbeiten; was jedoch nicht dahin mißdeutet werden darf, daß man den Erwerb des Nöthigen und Angemessenen vernachlässigen sollte. Aber eigentlicher Reichthum, d. h. großer Ueberfluß, vermag wenig zu unserm Glück; daher viele Reiche sich unglücklich fühlen; weil sie ohne eigentliche Geistesbildung, ohne Kenntnisse und deshalb ohne irgend ein objektives Interesse, welches sie zu geistiger Beschäftigung befähigen könnte, sind. Denn was der Reichthum über die Befriedigung der wirklichen und natürlichen Bedürfnisse hinaus noch leisten kann ist von geringem Einfluß auf unser eigentliches Wohlbehagen: vielmehr wird dieses gestört durch die vielen und unvermeidlichen Sorgen, welche die Erhaltung eines großen Besitzes herbeiführt. Dennoch aber sind die Menschen tausend Mal mehr bemüht, sich Reichthum, als Geistesbildung zu erwerben; während doch ganz gewiß was man IST, viel mehr zu unserm Glücke beiträgt, als was man HAT. Gar Manchen daher sehn wir, in rastloser Geschäftigkeit, emsig wie die Ameise, vom Morgen bis zum Abend bemüht, den schon vorhandenen Reichthum zu vermehren. Ueber den engen Gesichtskreis des Bereichs der Mittel hiezu hinaus kennt er nichts: sein Geist ist leer, daher für alles Andere unempfänglich. Die höchsten Genüsse, die geistigen, sind ihm unzugänglich: durch die flüchtigen, sinnlichen, wenig Zeit, aber viel Geld kostenden, die er zwischendurch sich erlaubt, sucht er vergeblich jene andern zu ersetzen. Am Ende seines Lebens hat er dann, als Resultat desselben, wenn das Glück gut war, wirklich einen recht großen Haufen Geld vor sich, welchen noch zu vermehren, oder aber durchzubringen, er jetzt seinen Erben überläßt. Ein solcher, wiewohl mit gar ernsthafter und wichtiger Miene durchgeführter Lebenslauf ist daher eben so thöricht, wie mancher andere, der geradezu die Schellenkappe zum Symbol hatte.

Also was Einer AN SICH SELBER HAT ist zu seinem Lebensglücke das Wesentlichste. Bloß weil Dieses, in der Regel, so gar wenig ist, fühlen die meisten von Denen, welche über den Kampf mit der Noth hinaus sind, sich im Grunde eben so unglücklich, wie Die, welche sich noch darin herumschlagen. Die Leere ihres Innern, das Fade ihres Bewußtseyns, die Armuth ihres Geistes treibt sie zur Gesellschaft, die nun aber aus eben Solchen besteht; weil *similis simili gaudet.* Da wird dann gemeinschaftlich Jagd gemacht auf Kurzweil und Unterhaltung, die sie zunächst in sinnlichen Genüssen, in Vergnügungen jeder Art und endlich in Ausschweifungen suchen. Die Quelle der heillosen Verschwendung, mittelst welcher so mancher, reich ins Leben tretende Familiensohn, sein großes Erbtheil, in oft unglaublich kurzer Zeit, durchbringt, ist wirklich keine andere, als nur die Langeweile, welche aus der eben geschilderten Armuth und Leere des Geistes entspringt. So ein Jüngling war äußerlich reich, aber innerlich arm in die Welt geschickt und strebte nun vergeblich, durch den äußern Reichthum den innern zu ersetzen, indem er Alles VON AUSSEN empfangen wollte, – den Greisen analog, welche sich durch die Ausdünstung junger Mädchen zu stärken suchen. Dadurch führte denn am Ende die innere Armuth auch noch die äußere herbei.

Die Wichtigkeit der beiden andern Rubriken der Güter des menschlichen Lebens brauche ich nicht hervorzuheben. Denn der Werth des Besitzes ist heut zu Tage so allgemein anerkannt, daß er keiner Empfehlung bedarf. Sogar hat die dritte Rubrik, gegen die zweite, eine sehr ätherische Beschaffenheit; da sie bloß in der Meinung Anderer besteht. Jedoch nach Ehre, d. h. gutem Namen, hat Jeder zu streben, nach Rang schon nur Die, welche dem Staate dienen, und nach Ruhm gar nur äußerst Wenige. Indessen wird die Ehre als ein unschätzbares Gut angesehn, und der Ruhm als das Köstlichste, was der Mensch erlangen kann, das goldene Fließ der Auserwählten: hingegen den Rang werden nur Thoren dem Besitze vorziehn. Die zweite und dritte Rubrik stehn übrigens in sogenannter Wechselwirkung; sofern das *habes, habeberis* des Petronius seine Richtigkeit hat und, umgekehrt, die günstige Meinung Anderer, in allen ihren Formen, oft zum Besitze verhilft.

KAPITEL II.

VON DEM, WAS EINER IST.

Daß Dieses zu seinem Glücke viel mehr beiträgt, als was er HAT, oder was er VORSTELLT, haben wir bereits im Allgemeinen erkannt. Immer kommt es darauf an, was Einer sei und demnach an sich selber habe: denn seine Individualität begleitet ihn stets und überall, und von ihr ist Alles tingirt, was er erlebt. In Allem und bei Allem genießt er zunächst nur sich selbst: Dies gilt schon von den physischen; wie viel mehr von den geistigen Genüssen. Daher ist das Englische *to enjoy one's self* ein sehr treffender Ausdruck, mit welchem man z.B. sagt *he enjoys himself at Paris*, also nicht »er genießt Paris«, sondern »er genießt SICH in Paris.« – Ist nun aber die Individualität von schlechter Beschaffenheit; so sind alle Genüsse wie köstliche Weine in einem mit Galle tingirten Munde. Demnach kommt, im Guten wie im Schlimmen, schwere Unglücksfälle bei Seite gesetzt, weniger darauf an, was Einem im Leben begegnet und widerfährt, als darauf, wie er es empfindet, also auf die Art und den Grad seiner Empfänglichkeit in jeder Hinsicht. Was Einer in sich ist und an sich selber hat, kurz die Persönlichkeit und deren Werth, ist das alleinige Unmittelbare zu seinem Glück und Wohlseyn. Alles Andere ist mittelbar; daher auch dessen Wirkung vereitelt werden kann, aber die der Persönlichkeit nie. Darum eben ist der auf persönliche Vorzüge gerichtete Neid der unversöhnlichste, wie er auch der am sorgfältigsten verhehlte ist. Ferner ist allein die Beschaffenheit des Bewußtseyns das Bleibende und Beharrende, und die Individualität wirkt fortdauernd, anhaltend, mehr oder minder in jedem Augenblick: alles Andere hingegen wirkt immer nur zu Zeiten, gelegentlich, vorübergehend, und ist zudem auch noch selbst dem Wechsel und Wandel unterworfen: daher sagt Aristoteles: *ἡ γαϱ φυσις βεβαια, ου τα χϱηματα (nam natura perennis est, non opes.). Eth. Eud.* VII, *2.* Hierauf beruht es, daß wir ein ganz und gar von außen auf uns gekommenes Unglück mit mehr Fassung ertragen, als ein selbstverschuldetes: denn das Schicksal kann sich ändern; aber die eigene Beschaffenheit nimmer. Demnach also sind die subjektiven Güter, wie ein edler Charakter, ein fähiger Kopf, ein glückliches Temperament, ein heiterer Sinn und ein wohlbeschaffener, völlig gesunder Leib, also überhaupt *mens sana in corpore sano,* zu unserm Glücke die ersten und wichtigsten; weshalb wir auf die Beförderung und Erhaltung derselben viel mehr bedacht seyn sollten, als auf den Besitz äußerer Güter und äußerer Ehre.

Was nun aber, von jenen Allen, uns am unmittelbarsten beglückt, ist die Heiterkeit des Sinnes: denn diese gute Eigenschaft belohnt sich augenblicklich selbst. Wer eben fröhlich ist hat allemal Ursach es zu seyn: nämlich eben diese, daß er es ist. Nichts kann so sehr, wie diese Eigenschaft, jedes andere Gut vollkommen ersetzen; während sie selbst durch nichts zu ersetzen ist. Einer sei jung, schön, reich und geehrt; so frägt sich, wenn man sein Glück beurtheilen will, ob er dabei heiter sei: ist er hingegen heiter; so ist es einerlei, ob er jung oder alt, gerade oder pucklich, arm oder reich sei; er ist glücklich. In früher Jugend machte ich ein Mal ein altes Buch auf, und da stand: »wer viel lacht ist glücklich, und wer viel weint ist unglücklich,« – eine sehr einfältige Bemerkung, die ich aber, wegen ihrer einfachen Wahrheit doch nicht habe vergessen können, so sehr sie auch der Superlativ eines *truism's* ist. Dieserwegen also sollen wir der Heiterkeit, wann immer sie sich einstellt, Thür und Thor öffnen: denn sie kommt nie zur unrechten Zeit; statt daß wir oft Bedenken tragen, ihr Eingang zu gestatten, indem wir erst wissen wollen, ob wir denn auch wohl in jeder Hinsicht Ursach haben, zufrieden zu seyn; oder auch, weil wir fürchten, in unsern ernsthaften Ueberlegungen und wichtigen Sorgen dadurch gestört zu werden: allein was wir durch diese bessern ist sehr ungewiß; hingegen ist Heiterkeit unmittelbarer Gewinn. Sie allein ist gleichsam die baare Münze des Glückes und nicht, wie alles Andere, bloß der Bankzettel; weil nur sie unmittelbar in der Gegenwart beglückt; weshalb sie das höchste Gut ist für Wesen, deren Wirklichkeit die Form einer untheilbaren Gegenwart zwischen zwei unendlichen Zeiten hat. Demnach sollten wir die

Erwerbung und Beförderung dieses Gutes jedem andern Trachten vorsetzen. Nun ist gewiß, daß zur Heiterkeit nichts weniger beiträgt, als Reichthum, und nichts mehr, als Gesundheit: in den niedrigen, arbeitenden, zumal das Land bestellenden Klassen, sind die heitern und zufriedenen Gesichter; in den reichen und vornehmen die verdrießlichen zu Hause. Folglich sollten wir vor Allem bestrebt seyn, uns den hohen Grad vollkommener Gesundheit zu erhalten, als dessen Blüthe die Heiterkeit sich einstellt. Die Mittel hiezu sind bekanntlich Vermeidung aller Excesse und Ausschweifungen, aller heftigen und unangenehmen Gemüthsbewegungen, auch aller zu großen oder zu anhaltenden Geistesanstrengung, täglich wenigstens zwei Stunden rascher Bewegung in freier Luft, viel kaltes Baden und ähnliche diätetische Maaßregeln. Wie sehr unser Glück von der Heiterkeit der Stimmung und diese vom Gesundheitszustande abhängt, lehrt die Vergleichung des Eindrucks, den die nämlichen äußern Verhältnisse, oder Vorfälle, am gesunden und rüstigen Tage auf uns machen, mit dem, welchen sie hervorbringen, wann Kränklichkeit uns verdrießlich und ängstlich gestimmt hat. Nicht was die Dinge objektiv und wirklich sind, sondern was sie für uns, in unsrer Auffassung, sind, macht uns glücklich oder unglücklich: Dies eben besagt Epiktets *ταρασσει τους ανθρωπους ου τα πραγματα, αλλα τα περι των πραγματων δογματα (commovent homines non res, sed de rebus opiniones).* Ueberhaupt aber beruhen 9/10 unsers Glückes allein auf der Gesundheit. Mit ihr wird Alles eine Quelle des Genusses: hingegen ist ohne sie kein äußeres Gut, welcher Art es auch sei, genießbar, und selbst die übrigen subjektiven Güter, die Eigenschaften des Geistes, Gemüthes, Temperaments, werden durch Kränklichkeit herabgestimmt und sehr verkümmert. Demnach geschieht es nicht ohne Grund, daß man, vor allen Dingen, sich gegenseitig nach dem Gesundheitszustande befrägt und einander sich wohlzubefinden wünscht: denn wirklich ist Dieses bei Weitem die Hauptsache zum menschlichen Glück. Hieraus aber folgt, daß die größte aller Thorheiten ist, seine Gesundheit aufzuopfern, für was es auch sei, für Erwerb, für Beförderung, für Gelehrsamkeit, für Ruhm, geschweige für Wollust und flüchtige Genüsse: vielmehr soll man ihr Alles nachsetzen.

So viel nun aber auch zu der, für unser Glück so wesentlichen Heiterkeit die Gesundheit beiträgt, so hängt jene doch nicht von dieser allein ab: denn auch bei vollkommener Gesundheit kann ein melancholisches Temperament und eine vorherrschend trübe Stimmung bestehn. Der letzte Grund davon liegt ohne Zweifel in der ursprünglichen und daher unabänderlichen Beschaffenheit des Organismus, und zwar zumeist in dem mehr oder minder normalen Verhältniß der Sensibilität zur Irritabilität und Reproduktionskraft. Abnormes Uebergewicht der Sensibilität wird Ungleichheit der Stimmung, periodische übermäßige Heiterkeit und vorwaltende Melancholie herbeiführen. Weil nun auch das Genie durch ein Uebermaaß der Nervenkraft, also der Sensibilität, bedingt ist; so hat Aristoteles ganz richtig bemerkt, daß alle ausgezeichnete und überlegene Menschen melancholisch seien: *παντες ὁσοι περιττοι γεγονασιν ανδρες, η κατα φιλοσοφιαν, η πολιτικην, η ποιησιν, η τεχνας, φαινονται μελαγχολικοι οντες (Probl. 30, 1.).* Ohne Zweifel ist dieses die Stelle, welche Cicero im Auge hatte, bei seinem oft angeführten Bericht: *Aristoteles ait, omnes ingeniosos melancholicos esse (Tusc. 1, 33.).* – Die hier in Betrachtung genommene, angeborene, große Verschiedenheit der Grund-Stimmung überhaupt aber hat SHAKESPEARE sehr artig geschildert:

Nature has fram'd strange fellows in her time:
Some that will evermore peep through their eyes,
And laugh, like parrots, at a bag-piper;
And others of such vinegar aspect,
That they'll not show their teeth in way of smile,
*Though Nestor swear the jest be laughable.**
Merch. of Ven. Sc. 1.

Eben dieser Unterschied ist es, den PLATO durch die Ausdrücke *δυσκολος* und *ευκολος* bezeichnet. Derselbe läßt sich zurückführen auf die bei verschiedenen Menschen sehr verschiedene Empfänglichkeit für angenehme und unangenehme Eindrücke, in Folge

* Die Natur hat, in ihren Tagen, seltsame Käuze hervorgebracht, Einige, die stets aus ihren Aeugelein vergnügt hervorgucken und, wie Papageien über einen Dudelsackspieler lachen, und Andere von so sauertöpfischem Ansehn daß sie ihre Zähne nicht durch ein Lächeln bloß legen, wenn auch Nestor selbst schwüre, der Spaaß sei lachenswerth.

welcher der Eine noch lacht bei Dem, was den Andern fast zur Verzweiflung bringt: und zwar pflegt die Empfänglichkeit für angenehme Eindrücke desto schwächer zu seyn, je stärker die für unangenehme ist, und umgekehrt. Nach gleicher Möglichkeit des glücklichen und des unglücklichen Ausgangs einer Angelegenheit, wird der *δυσκολος* beim unglücklichen sich ärgern, oder grämen, beim glücklichen aber sich nicht freuen; der *ευκολος* hingegen wird über den unglücklichen sich nicht ärgern, noch grämen, aber über den glücklichen sich freuen. – Wie nun aber nicht leicht ein Uebel ohne alle Kompensation ist; so ergiebt sich auch hier, daß die *δυσκολοι*, also die finstern und ängstlichen Charaktere, im Ganzen, zwar mehr imaginäre, dafür aber weniger reale Unfälle und Leiden zu überstehn haben werden, als die heitern und sorglosen: denn wer Alles schwarz sieht, stets das Schlimmste befürchtet und demnach seine Vorkehrungen trifft, wird sich nicht so oft verrechnet haben, als wer stets den Dingen die heitere Farbe und Aussicht leiht. – Wann jedoch eine krankhafte Affektion des Nervensystems, oder der Verdauungswerkzeuge, der angeborenen *δυσκολια* in die Hände arbeitet; dann kann diese den hohen Grad erreichen, wo dauerndes Mißbehagen Lebensüberdruß erzeugt und demnach Hang zum Selbstmord entsteht. Diesen vermögen alsdann selbst die geringsten Unannehmlichkeiten zu veranlassen; ja, bei den höchsten Graden des Uebels, bedarf es derselben nicht ein Mal; sondern bloß in Folge des anhaltenden Mißbehagens wird der Selbstmord beschlossen und alsdann mit so kühler Ueberlegung und fester Entschlossenheit ausgeführt, daß der meistens schon unter Aufsicht gestellte Kranke, stets darauf gerichtet, den ersten unbewachten Augenblick benutzt, um, ohne Zaudern, Kampf und Zurückbeben, jenes ihm jetzt natürliche und willkommene Erleichterungsmittel zu ergreifen. Ausführliche Beschreibungen dieses Zustandes giebt *Esquirol, des maladies mentales*. Allerdings aber kann, nach Umständen, auch der gesundeste und vielleicht selbst der heiterste Mensch sich zum Selbstmord entschließen, wenn nämlich die Größe der Leiden, oder des unausweichbar herannahenden Unglücks, die Schrecken des Todes überwältigt. Der Unterschied liegt allein in der verschiedenen

Größe des dazu erforderlichen Anlasses, als welche mit der *δυσκολια* in umgekehrtem Verhältniß steht. Je größer diese ist, desto geringer kann jener seyn, ja am Ende auf Null herabsinken: je größer hingegen die *ευκολια* und die sie unterstützende Gesundheit, desto mehr muß im Anlaß liegen. Danach giebt es unzählige Abstufungen der Fälle, zwischen den beiden Extremen des Selbstmordes, nämlich dem des rein aus krankhafter Steigerung der angebornen *δυσκολια* entspringenden, und dem des Gesunden und Heiteren, ganz aus objektiven Gründen.

Der Gesundheit zum Theil verwandt ist die Schönheit. Wenn gleich dieser subjektive Vorzug nicht eigentlich unmittelbar zu unserm Glücke beiträgt, sondern bloß mittelbar, durch den Eindruck auf Andere; so ist er doch von großer Wichtigkeit, auch im Manne. Schönheit ist ein offener Empfehlungsbrief, der die Herzen zum Voraus für uns gewinnt: daher gilt besonders von ihr der Homerische Vers:

> *Ουτοι αποβλητ' εστι θεων ερικυδεα δωρα,*
> *'Οσσα κεν αυτοι δωσι, ἑκων δ'ουκ αν τις ἑλοιτο.*

Der allgemeinste Ueberblick zeigt uns, als die beiden Feinde des menschlichen Glückes, den Schmerz und die Langeweile. Dazu noch läßt sich bemerken, daß, in dem Maaße, als es uns glückt, vom einen derselben uns zu entfernen, wir dem andern uns nähern, und umgekehrt; so daß unser Leben wirklich eine stärkere, oder schwächere Oscillation zwischen ihnen darstellt. Dies entspringt daraus, daß Beide in einem doppelten Antagonismus zu einander stehn, einem äußern, oder objektiven, und einem innern, oder subjektiven. Aeußerlich nämlich gebiert Noth und Entbehrung den Schmerz; hingegen Sicherheit und Ueberfluß die Langeweile. Demgemäß sehn wir die niedere Volksklasse in einem beständigen Kampf gegen die Noth, also den Schmerz; die reiche und vornehme Welt hingegen in einem anhaltenden, oft wirklich verzweifelten Kampf gegen die Langeweile. Der innere, oder subjektive Antagonismus derselben aber beruht darauf, daß, im einzelnen Menschen, die Empfänglichkeit für das Eine in entgegengesetztem Verhältniß zu der für das Andere steht, indem sie durch das Maaß seiner Geisteskräfte bestimmt wird. Nämlich

Stumpfheit des Geistes ist durchgängig im Verein mit Stumpfheit der Empfindung und Mangel an Reizbarkeit, welche Beschaffenheit für Schmerzen und Betrübnisse jeder Art und Größe weniger empfänglich macht: aus eben dieser Geistesstumpfheit aber geht andrerseits jene, auf zahllosen Gesichtern ausgeprägte, wie auch durch die beständig rege Aufmerksamkeit auf alle, selbst die kleinsten Vorgänge in der Außenwelt sich verrathende INNERE LEERHEIT hervor, welche die wahre Quelle der Langenweile ist und stets nach äußerer Anregung lechzt, um Geist und Gemüth durch irgend etwas in Bewegung zu bringen. In der Wahl desselben ist sie daher nicht ekel; wie Dies die Erbärmlichkeit der Zeitvertreibe bezeugt, zu denen man Menschen greifen sieht, imgleichen die Art ihrer Geselligkeit und Konversation, nicht weniger die vielen Thürsteher und Fensterkucker. Hauptsächlich aus dieser inneren Leerheit entspringt die Sucht nach Gesellschaft, Zerstreuung, Vergnügen und Luxus jeder Art, welche Viele zur Verschwendung und dann zum Elende führt. Vor diesem Abwege bewahrt nichts so sicher, als der INNERE Reichthum, der Reichthum des Geistes: denn dieser läßt, je mehr er sich der Eminenz nähert, der Langenweile immer weniger Raum. Die unerschöpfliche Regsamkeit der Gedanken aber, ihr an den manigfaltigen Erscheinungen der Innen- und Außenwelt sich stets erneuerndes Spiel, die Kraft und der Trieb zu immer andern Kombinationen derselben, setzen den eminenten Kopf, die Augenblicke der Abspannung abgerechnet, ganz außer dem Bereich der Langenweile. Andrerseits nun aber hat die gesteigerte Intelligenz eine erhöhte Sensibilität zur unmittelbaren Bedingung, und größere Heftigkeit des Willens, also der Leidenschaftlichkeit, zur Wurzel: aus ihrem Verein mit diesen erwächst nun eine viel größere Stärke aller Affekte und eine gesteigerte Empfindlichkeit gegen die geistigen und selbst gegen körperliche Schmerzen, sogar größere Ungeduld bei allen Hindernissen, oder auch nur Störungen; welches alles zu erhöhen die aus der Stärke der Phantasie entspringende Lebhaftigkeit sämmtlicher Vorstellungen, also auch der widerwärtigen, mächtig beiträgt. Das Gesagte gilt nun verhältnißmäßig von allen den Zwischenstufen, welche den weiten Raum vom stumpfesten Dummkopf bis zum größten Genie ausfüllen. Demzufolge steht Jeder, wie objektiv, so auch subjektiv, der einen Quelle der Leiden des menschlichen Lebens um so näher, als er von der andern entfernter ist. Dem entsprechend wird sein natürlicher Hang ihn anleiten, in dieser Hinsicht, das Objektive dem Subjektiven möglichst anzupassen, also gegen DIE Quelle der Leiden, für welche er die größere Empfänglichkeit hat, die größere Vorkehr zu treffen. Der geistreiche Mensch wird vor Allem nach Schmerzlosigkeit, Ungehudeltseyn, Ruhe und Muße streben, folglich ein stilles, bescheidenes, aber möglichst unangefochtenes Leben suchen und demgemäß, nach einiger Bekanntschaft mit den sogenannten Menschen, die Zurückgezogenheit und, bei großem Geiste, sogar die Einsamkeit wählen. Denn je mehr Einer an sich selber hat, desto weniger bedarf er von außen und desto weniger können auch die Uebrigen ihm seyn. Darum führt die Eminenz des Geistes zur Ungeselligkeit. Ja, wenn die Qualität der Gesellschaft sich durch die Quantität ersetzen ließe; da wäre es der Mühe werth, sogar in der großen Welt zu leben: aber leider geben hundert Narren, auf Einem Haufen, noch keinen gescheuten Mann. – Der vom andern Extrem hingegen wird, sobald die Noth ihn zu Athem kommen läßt, Kurzweil und Gesellschaft, um jeden Preis, suchen und mit Allem leicht vorlieb nehmen, nichts so sehr fliehend, wie sich selbst. Denn in der Einsamkeit, als wo Jeder auf sich selbst zurückgewiesen ist, da zeigt sich was er AN SICH SELBER hat: da seufzt der Tropf im Purpur unter der unabwälzbaren Last seiner armsäligen Individualität; während der Hochbegabte die ödeste Umgebung mit seinen Gedanken bevölkert und belebt. Daher ist sehr wahr was SENEKA sagt: *omnis stultitia laborat fastidio sui (ep. 9);* wie auch Jesus Sirachs Ausspruch: »des Narren Leben ist ärger, denn der Tod.« Demgemäß wird man, im Ganzen, finden, daß Jeder in dem Maaße gesellig ist, wie er geistig arm und überhaupt gemein ist. Denn man hat in der Welt nicht viel mehr, als die Wahl zwischen Einsamkeit und Gemeinheit. Die geselligsten aller Menschen sollen die Neger seyn, wie sie eben auch intellektuell entschieden zurückstehn: nach Berichten aus Nord-Amerika, in Französischen Zeitungen *(le Commerce, Octbr. 19, 1837)*, sperren die Schwarzen, Freie und Sklaven durcheinander, in großer Anzahl, sich in den engsten Raum zusammen, weil sie ihr schwarzes Stumpfnasengesicht nicht oft genug wiederholt erblicken können.

Dem entsprechend, daß das Gehirn als der Parasit, oder Pensionair, des ganzen Organismus auftritt, ist die errungene FREIE MUSSE eines Jeden, indem sie ihm den freien Genuß seines Bewußtseyns und seiner Individualität giebt, die Frucht und der Ertrag seines gesammten Daseyns, welches im Uebrigen nur Mühe und Arbeit ist. Was nun aber wirft die freie Muße der meisten Menschen ab? Langeweile und Dumpfheit, so oft nicht sinnliche Genüsse, oder Albernheiten dasind, sie auszufüllen: sie ist eben das *ozio lungo d'uomini ignoranti* des Ariosto. Daher ist, in allen Ländern, die Hauptbeschäftigung aller Gesellschaft das Kartenspiel geworden: es ist der Maaßstab des Werthes derselben und der deklarirte Bankrott an allen Gedanken. Weil sie nämlich keine Gedanken auszutauschen haben, tauschen sie Karten aus und suchen einander Gulden abzunehmen. O, klägliches Geschlecht! Um indessen auch hier nicht ungerecht zu seyn, will ich den Gedanken nicht unterdrücken, daß man zur Entschuldigung des Kartenspiels allenfalls anführen könnte, es sei eine Vorübung zum Welt- und Geschäftsleben, sofern man dadurch lernt, die vom Zufall unabänderlich gegebenen Umstände (Karten) klug zu benutzen, um daraus was immer angeht zu machen, zu welchem Zwecke man sich denn auch gewöhnt, Contenance zu halten, indem man zum schlechten Spiel eine heitere Miene aufsetzt. – Weil also, wie gesagt, die FREIE MUSSE die Blüthe, oder vielmehr die Frucht des Daseyns eines Jeden ist, indem nur sie ihn in den Besitz seines eigenen Selbst einsetzt, so sind Die glücklich zu preisen, welche dann auch etwas Rechtes an sich selber erhalten; während den Allermeisten die freie Muße nichts abwirft, als einen Kerl, mit dem nichts anzufangen ist, der sich schrecklich langweilt, sich selber zur Last. Demnach freuen wir uns, »ihr lieben Brüder, daß wir nicht sind der Magd Kinder, sondern der Freien.« (Gal. 4, 31.)

Ferner, wie das Land am glücklichsten ist, welches weniger, oder keiner, Einfuhr bedarf; so auch der Mensch, der an seinem innern Reichthum genug hat und zu seiner Unterhaltung wenig, oder nichts, von außen nöthig hat; da dergleichen Zufuhr viel kostet, abhängig macht, Gefahr bringt, Verdruß verursacht und am Ende doch nur ein schlechter Ersatz ist für die Erzeugnisse des eigenen Bodens. Denn von Andern, von außen überhaupt, darf man in keiner Hinsicht viel erwarten. Was Einer dem Andern seyn kann, hat seine sehr engen Gränzen: am Ende bleibt doch Jeder allein, und da kommt es darauf an, WER jetzt allein sei. Auch hier gilt demnach was Göthe (Dicht. u. Wahrh. Bd. 3. S. 474.) im Allgemeinen ausgesprochen hat, daß, in allen Dingen, Jeder zuletzt auf sich selbst zurückgewiesen wird. Das Beste und Meiste muß daher Jeder sich selber seyn und leisten. Je mehr nun Dieses ist, und je mehr demzufolge er die Quellen seiner Genüsse in sich selbst findet, desto glücklicher wird er seyn. Mit größtem Rechte also sagt Aristoteles: *ἡ ευδαιμονια των αυταρκων εστι (Eth. Eud. VII, 2.)*, zu deutsch: das Glück gehört Denen, die sich selber genügen. Denn alle äußern Quellen des Glückes und Genusses sind, ihrer Natur nach, höchst unsicher, mißlich, vergänglich und dem Zufall unterworfen, dürften daher, selbst unter den günstigsten Umständen, leicht stocken; ja, Dieses ist unvermeidlich, sofern sie doch nicht stets zur Hand seyn können. Im Alter nun gar versiegen sie fast alle nothwendig: denn da verläßt uns Liebe, Scherz, Reiselust, Pferdelust und Tauglichkeit für die Gesellschaft: sogar die Freunde und Verwandten entführt uns der Tod. Da kommt es denn, mehr als je, darauf an, was Einer an sich selber habe. Denn Dieses wird am längsten Stich halten. Aber auch in jedem Alter ist und bleibt es die ächte und allein ausdauernde Quelle des Glücks. Ist doch in der Welt überall nicht viel zu holen: Noth und Schmerz erfüllen sie, und auf Die, welche diesen entronnen sind, lauert in allen Winkeln die Langeweile. Zudem hat in der Regel die Schlechtigkeit die Herrschaft darin und die Thorheit das große Wort. Das Schicksal ist grausam und die Menschen sind erbärmlich. In einer so beschaffenen Welt gleicht Der, welcher viel an sich selber hat, der hellen, warmen, lustigen Weihnachtsstube, mitten im Schnee und Eise der Decembernacht. Demnach ist eine vorzügliche, eine reiche Individualität und besonders sehr viel Geist zu haben ohne Zweifel das glücklichste Loos auf Erden; so verschieden es etwan auch von dem glänzendesten ausgefallen seyn mag. Nur müssen die äußern Umstände es soweit begünstigen, daß man auch sich selbst besitzen und seiner froh werden könne; weshalb schon Koheleth (7, 12.) sagt: »Weisheit ist gut mit einem Erbgut, und hilft, daß Einer sich der Sonne freuen kann.« Wem nun, durch Gunst der Natur und des Schicksals, dieses Loos beschieden ist, der wird mit ängstlicher Sorgfalt darüber wachen, daß die innere Quelle seines Glückes ihm zugänglich bleibe; wozu Unabhängigkeit und Muße die Bedingungen sind. Diese wird er daher gern durch Mäßigkeit und Sparsamkeit erkaufen; um so mehr, als er nicht, gleich den Andern, auf die äußern Quellen der Genüsse verwiesen ist. Darum wird die Aussicht auf Aemter, Geld, Gunst und Beifall der Welt, ihn nicht verleiten, sich selber aufzugeben, um den niedrigen Absichten, oder dem schlechten Geschmacke, der Menschen sich zu fügen. Vorkommenden Falls wird er es machen wie HORAZ in der Epistel an den Mäcenas *(Lib. I, ep. 7.)*.

Die hier erörterte Wahrheit, daß die Hauptquelle des menschlichen Glückes im eigenen Innern entspringt, findet ihre Bestätigung auch an der sehr richtigen Bemerkung des ARISTOTELES, in der Nikomachäischen Ethik *(I, 7; et VII, 13, 14)*, daß jeglicher Genuß irgend eine Aktivität, also die Anwendung irgend einer Kraft voraussetzt und ohne solche nicht bestehn kann. Nun ist die ursprüngliche Bestimmung der Kräfte, mit welchen die Natur den Menschen ausgerüstet hat, der Kampf gegen die Noth, die ihn von allen Seiten bedrängt. Wenn aber dieser Kampf ein Mal rastet, da werden ihm die unbeschäftigten Kräfte zur Last: er muß daher jetzt mit ihnen SPIELEN, d. h. sie zwecklos gebrauchen: denn sonst fällt er der andern Quelle des menschlichen Leidens, der Langenweile, sogleich anheim. Von dieser sind daher vor Allen die Großen und Reichen gemartert, und hat von ihrem Elend schon Lukretius eine Schilderung gegeben, deren Treffendes zu erkennen man noch heute, in jeder großen Stadt, täglich Gelegenheit findet:

Exit saepe foras magnis ex aedibus ille,
Esse domi quem pertaesum est, subitoque reventat;
Quippe foris nihilo melius qui sentiat esse.
Currit, agens mannos, ad villam praecipitanter,

Auxilium tectis quasi ferre ardentibus instans:
Oscitat extemplo, tetigit quum limina villae;
Aut abit in somnum gravis, atque oblivia quaerit;
Aut etiam properans urbem petit, atque revisit.
III, 1073.

Bei diesen Herren muß in der Jugend die Muskelkraft und die Zeugungskraft herhalten. Aber späterhin bleiben nur die Geisteskräfte: fehlt es dann an diesen, oder an ihrer Ausbildung und dem angesammelten Stoffe zu ihrer Thätigkeit; so ist der Jammer groß. Weil nun der WILLE die einzige unerschöpfliche Kraft ist; so wird er jetzt angereizt durch Erregung der Leidenschaften, z. B. durch hohe Hasardspiele, dieses wahrhaft degradirende Laster. – Ueberhaupt aber wird jedes unbeschäftigte Individuum, je nach der Art der in ihm vorwaltenden Kräfte, sich ein Spiel zu ihrer Beschäftigung wählen: etwan Kegel, oder Schach; Jagd, oder Malerei; Wettrennen, oder Musik; Kartenspiel, oder Poesie; Heraldik, oder Philosophie, u.s.w. Wir können sogar die Sache methodisch untersuchen, indem wir auf die Wurzel aller menschlichen Kraftäußerungen zurückgehn, also auf die DREI PHYSIOLOGISCHEN GRUNDKRÄFTE, welche wir demnach hier in ihrem zwecklosen Spiele zu betrachten haben, in welchem sie als die Quellen dreier Arten möglicher Genüsse auftreten, aus denen jeder Mensch, je nachdem die eine, oder die andere jener Kräfte in ihm vorwaltet, die ihm angemessene erwählen wird. Also zuerst, die Genüsse der REPRODUKTIONSKRAFT: sie bestehn im Essen, Trinken, Verdauen, Ruhen und Schlafen. Diese werden daher sogar ganzen Völkern als ihre Nationalvergnügungen von den andern nachgerühmt. Zweitens die Genüsse der IRRITABILITÄT: sie bestehn im Wandern, Springen, Ringen, Tanzen, Fechten, Reiten und athletischen Spielen jeder Art, wie auch in der Jagd und sogar im Kampf und Krieg. Drittens, die Genüsse der SENSIBILITÄT: sie bestehn im Beschauen, Denken, Empfinden, Dichten, Bilden, Musiciren, Lernen, Lesen, Meditiren, Erfinden, Philosophiren u.s.w. – Ueber den Werth, den Grad, die Dauer jeder dieser Arten der Genüsse lassen sich mancherlei Betrachtungen anstellen, die dem Leser selbst überlassen bleiben. Jedem aber wird dabei einleuchten, daß unser, allemal durch den

Gebrauch der eigenen Kräfte bedingter Genuß und mithin unser, in dessen häufiger Wiederkehr bestehendes Glück, um so größer seyn wird, je edlerer Art die ihn bedingende Kraft ist. Den Vorrang, welchen, in dieser Hinsicht, die Sensibilität, deren entschiedenes Ueberwiegen das Auszeichnende des Menschen vor den übrigen Thiergeschlechtern ist, vor den beiden andern physiologischen Grundkräften hat, als welche in gleichem und sogar in höherem Grade den Thieren einwohnen, wird ebenfalls Niemand ableugnen. Der Sensibilität gehören unsere Erkenntnißkräfte an: daher befähigt das Ueberwiegen derselben zu den im ERKENNEN bestehenden, also den sogenannten GEISTIGEN Genüssen, und zwar zu um so größeren, je entschiedener jenes Ueberwiegen ist. Dem normalen, gewöhnlichen Menschen kann eine Sache allein dadurch lebhafte Theilnahme abgewinnen, daß sie seinen WILLEN anregt, also ein persönliches Interesse für ihn hat. Nun ist aber jede anhaltende Erregung des WILLENS wenigstens gemischter Art, also mit Schmerz verknüpft. Ein absichtliches Erregungsmittel desselben, und zwar mittelst so kleiner Interessen, daß sie nur momentane und leichte, nicht bleibende und ernstliche Schmerzen verursachen können, sonach als ein bloßes Kitzeln des Willens zu betrachten sind, ist das Kartenspiel, diese durchgängige Beschäftigung der »guten Gesellschaft«, aller Orten. – Der Mensch von überwiegenden Geisteskräften hingegen ist der lebhaftesten Theilnahme auf dem Wege bloßer ERKENNTNISS, ohne alle Einmischung des WILLENS, fähig, ja bedürftig. Diese Theilnahme aber versetzt ihn alsdann in eine Region, welcher der Schmerz wesentlich fremd ist, gleichsam in die Atmosphäre der leicht lebenden Götter, *θεων ρεια ζωοντων*. Während demnach das Leben der Uebrigen in Dumpfheit dahingeht, indem ihr Dichten und Trachten gänzlich auf die kleinlichen Interessen der persönlichen Wohlfahrt und dadurch auf Miseren aller Art gerichtet ist, weshalb unerträgliche Langeweile sie befällt, sobald die Beschäftigung mit jenen Zwecken stockt und sie auf sich selbst zurückgewiesen werden, indem nur das wilde Feuer der Leidenschaft einige Bewegung in die stockende Masse zu bringen vermag; so hat dagegen der mit überwiegenden Geisteskräften ausgestattete Mensch ein gedankenreiches, durchweg belebtes und bedeutsames Daseyn: würdige und interessante Gegenstände beschäftigen ihn, sobald er sich ihnen überlassen darf, und in sich selbst trägt er eine Quelle der edelsten Genüsse. Anregung von außen geben ihm die Werke der Natur und der Anblick des menschlichen Treibens, sodann die so verschiedenartigen Leistungen der Hochbegabten aller Zeiten und Länder, als welche eigentlich nur ihm ganz genießbar, weil nur ihm ganz verständlich und fühlbar sind. Für ihn demnach haben Jene wirklich gelebt, an ihn haben sie sich eigentlich gewendet; während die Uebrigen nur als zufällige Zuhörer Eines und das Andere halb auffassen. Freilich aber hat er durch dieses Alles ein Bedürfniß mehr, als die Andern, das Bedürfniß zu lernen, zu sehn, zu studiren, zu meditiren, zu üben, folglich auch das Bedürfniß freier Muße: aber eben weil, wie VOLTAIRE richtig bemerkt, *il n'est de vrais plaisirs qu'avec de vrais besoins*, so ist dies Bedürfniß die Bedingung dazu, daß ihm Genüsse offen stehn, welche den Andern versagt bleiben, als welchen Natur- und Kunstschönheiten und Geisteswerke jeder Art, selbst wenn sie solche um sich anhäufen, im Grunde doch nur Das sind, was Hetären einem Greise. Ein so bevorzugter Mensch führt, in Folge davon, neben seinem persönlichen Leben, noch ein zweites, nämlich ein intellektuelles, welches ihm allmälig zum eigentlichen Zweck wird, zu welchem er jenes erstere nur noch als Mittel ansieht; während den Uebrigen dieses schaale, leere und betrübte Daseyn selbst als Zweck gelten muß. Jenes intellektuelle Leben wird daher ihn vorzugsweise beschäftigen, und es erhält, durch den fortwährenden Zuwachs an Einsicht und Erkenntniß, einen Zusammenhang, eine beständige Steigerung, eine sich mehr und mehr abrundende Ganzheit und Vollendung, wie ein werdendes Kunstwerk; wogegen das bloß praktische, bloß auf persönliche Wohlfahrt gerichtete, bloß eines Zuwachses in der Länge, nicht in der Tiefe fähige Leben der Andern traurig absticht, dennoch ihnen, wie gesagt, als Selbstzweck gelten muß; während es Jenem bloßes Mittel ist.

Unser praktisches, reales Leben nämlich ist, wenn nicht die Leidenschaften es bewegen, langweilig und fade; wenn sie aber es bewegen, wird es bald schmerzlich: darum sind Die allein beglückt, denen irgend ein Ueberschuß des Intellekts, über das zum Dienst ihres Willens erforderte Maaß, zu Theil geworden. Denn damit führen sie, neben ihrem wirklichen, noch ein intellektuelles Leben, welches sie fortwährend auf eine SCHMERZLOSE Weise und doch lebhaft beschäftigt und unterhält. Bloße MUSSE, d.h. durch den Dienst des Willens UNBESCHÄFTIGTER Intellekt, reicht dazu nicht aus; sondern ein wirklicher Ueberschuß der KRAFT ist erfordert: denn nur dieser befähigt zu einer dem Willen nicht dienenden, rein geistigen Beschäftigung: hingegen *otium sine litteris mors est et hominis vivi sepultura (Sen. ep. 82).* Je nachdem nun aber dieser Ueberschuß klein oder groß ist, giebt es unzählige Abstufungen jenes, neben dem realen zu führenden intellektuellen Lebens, vom bloßen Insekten-, Vögel-, Mineralien-, Münzen-Sammeln und Beschreiben, bis zu den höchsten Leistungen der Poesie und Philosophie. Nebenbei wird ein solches intellektuelles Leben auch noch eine Schutzwehr gegen die vielen Gefahren, Unglücksfälle, Verlüste und Verschwendungen, in die man geräth, wenn man sein Glück ganz in der realen Welt sucht. So hat z.B. mir meine Philosophie nie etwas eingebracht; aber sie hat mir sehr viel erspart.

Der normale Mensch hingegen ist, hinsichtlich des Genusses seines Lebens, auf Dinge AUSSER IHM gewiesen, auf den Besitz, den Rang, auf Weib und Kinder, Freunde, Gesellschaft u.s.w., auf diese stützt sich sein Lebensglück: darum fällt es dahin, wenn er sie verliert, oder er sich in ihnen getäuscht sah. Dies Verhältniß auszudrücken, können wir sagen; daß sein Schwerpunkt AUSSER IHM fällt. Eben deshalb hat er auch stets wechselnde Wünsche und Grillen: er wird, wenn seine Mittel es erlauben, bald Landhäuser, bald Pferde kaufen, bald Feste geben, bald Reisen machen, überhaupt aber großen Luxus treiben; weil er eben in Dingen aller Art ein Genüge VON AUSSEN sucht; wie der Entkräftete aus Consommé's und Apothekerdrogen die Gesundheit und Stärke zu erlangen hofft, deren wahre Quelle die eigene Lebenskraft ist. Stellen wir nun, um nicht gleich zum andern Extrem überzugehn, neben ihn einen Mann von nicht gerade eminenten, aber doch das gewöhnliche, knappe Maaß überschreitenden Geisteskräften; so sehn wir diesen etwan irgend eine schöne Kunst als Dilettant üben, oder aber eine Realwissenschaft, wie Botanik, Mineralogie, Physik, Astronomie, Geschichte, u. dgl. betreiben und alsbald einen großen Theil seines Genusses darin finden, sich daran erholend, wenn jene äußern Quellen stocken, oder ihn nicht mehr befriedigen. Wir können insofern sagen, daß sein Schwerpunkt schon zum Theil IN IHN SELBST fällt. Weil jedoch bloßer Dilettantismus in der Kunst noch sehr weit von der hervorbringenden Fähigkeit liegt, und weil bloße Realwissenschaften bei den Verhältnissen der Erscheinungen zu einander stehn bleiben; so kann der ganze Mensch nicht darin aufgehn, sein ganzes Wesen kann nicht bis auf den Grund von ihnen erfüllt werden und daher sein Daseyn sich nicht mit ihnen so verweben, daß er am Uebrigen alles Interesse verlöre. Dies nun bleibt der höchsten geistigen Eminenz allein vorbehalten, die man mit dem Namen des Genie's zu bezeichnen pflegt: denn nur sie nimmt das Daseyn und Wesen der Dinge im Ganzen und absolut zu ihrem Thema; wonach sie dann ihre tiefe Auffassung desselben, gemäß ihrer individuellen Richtung, durch Kunst, Poesie, oder Philosophie auszusprechen streben wird. Daher ist allein einem Menschen dieser Art die ungestörte Beschäftigung mit sich, mit seinen Gedanken und Werken dringendes Bedürfniß, Einsamkeit willkommen, freie Muße das höchste Gut, alles Uebrige entbehrlich, ja, wenn vorhanden, oft nur zur Last. Nur von einem solchen Menschen können wir demnach sagen, daß sein Schwerpunkt GANZ IN IHN fällt. Hieraus wird sogar erklärlich, daß die höchst seltenen Leute dieser Art, selbst beim besten Charakter, doch nicht jene innige und gränzenlose Theilnahme an Freunden, Familie und Gemeinwesen zeigen, deren Manche der Andern fähig sind: denn sie können sich zuletzt über Alles trösten; wenn sie nur sich selbst haben. Sonach liegt in ihnen ein isolirendes Element mehr, welches um so wirksamer ist, als die Andern ihnen eigentlich nie vollkommen genügen, weshalb sie in ihnen nicht ganz und gar ihres Gleichen sehn können, ja, da das Heterogene in Allem und Jedem ihnen stets fühlbar wird, allmälig sich gewöhnen, unter den Menschen als verschiedenartige Wesen umherzugehn und, in ihren Gedanken über dieselben, sich der dritten, nicht der ersten Person Pluralis zu bedienen. –

Von diesem Gesichtspunkt aus erscheint nun Der, welchen die Natur in intellektueller Hinsicht sehr reich ausgestattet hat, als der Glücklichste; so gewiß das Subjektive uns näher liegt, als das Objektive, dessen Wirkung, welcher Art sie auch sei, immer erst durch Jenes vermittelt, also nur sekundär ist. Dies bezeugt auch der schöne Vers:

Πλουτος ὁ της ψυχης πλουτος μονος εστιν αληϑης,
Τ'αλλα δ'εχει ατην πλειονα των κτεανων.
Lucian in Anthol. 1, 67.

Ein solcher innerlich Reicher bedarf von außen nichts weiter, als eines negativen Geschenks, nämlich freier Muße, um seine geistigen Fähigkeiten ausbilden und entwickeln und seinen innern Reichthum genießen zu können, also eigentlich nur der Erlaubniß, sein ganzes Leben hindurch, jeden Tag und jede Stunde, ganz er selbst seyn zu dürfen. Demgemäß sehn wir die großen Geister aller Zeiten auf freie Muße den allerhöchsten Werth legen. *Δοκει δε ἡ ευδαιμονια εν τη σχολῃ ειναι (videtur beatitudo in otio esse sita)* sagt Aristoteles *(Eth. Nic. x, 7.)*, und Diogenes Laertius *(ii, 5, 31.)* berichtet, daß *Σωκρατης επῃνει σχολην, ὡς καλλιστον κτηματων (Socrates otium ut possessionum omnium pulcherrimam laudabat)*. Dem entspricht auch, daß Aristoteles *(Eth. Nic. x, 7, 8, 9.)* das philosophische Leben für das glücklichste erklärt. Sogar gehört hieher, was er in der Politik *(iv, 11.)* sagt: *τον ευδαιμονα βιον ειναι τον κατ' αρετην ανεμποδιστον*, welches, gründlich übersetzt, besagt: »seine Trefflichkeit, welcher Art sie auch sei, ungehindert üben zu können, ist das eigentliche Glück«, und also zusammentrifft mit Göthe's Ausspruch, im Wilh. Meister: »wer mit einem Talent, zu einem Talent geboren ist findet in demselben sein schönstes Daseyn.« – Nun aber ist freie Muße zu besitzen nicht nur dem gewöhnlichen Schicksal, sondern auch der gewöhnlichen Natur des Menschen fremd: denn seine natürliche Bestimmung ist, daß er seine Zeit mit Herbeischaffung des zu seiner und seiner Familie Existenz Nothwendigen zubringe. Er ist ein Sohn der Noth, nicht eine freie Intelligenz. Dem entsprechend, wird freie Muße dem gewöhnlichen Menschen bald zur Last, ja, endlich zur Quaal, wenn er sie nicht, mittelst allerlei erkünstelter und fingirter Zwecke, durch Spiel, Zeitvertreib und Steckenpferde jeder Gestalt auszufüllen vermag: auch bringt sie ihm, aus dem selben Grunde, Gefahr, da es mit Recht heißt *difficilis in otio quies*. Andrerseits jedoch ist ein über das normale Maaß weit hinausgehender Intellekt ebenfalls abnorm, also unnatürlich. Ist er dennoch ein Mal vorhanden, so bedarf es, für das Glück des damit Begabten, eben jener den Andern bald lästigen, bald verderblichen freien Muße; da er ohne diese ein Pegasus im Joche, mithin unglücklich seyn wird. Treffen nun aber beide Unnatürlichkeiten, die äußere und die innere, zusammen; so ist es ein großer Glücksfall: denn jetzt wird der so Begünstigte ein Leben höherer Art führen, nämlich das eines Eximirten von den beiden entgegengesetzten Quellen des menschlichen Leidens, der Noth und der Langenweile, oder dem sorglichen Treiben für die Existenz und der Unfähigkeit, die Muße (d. i. die freie Existenz selbst) zu ertragen, welchen beiden Uebeln der Mensch sonst nur dadurch entgeht, daß sie selbst sich wechselseitig neutralisiren und aufheben.

Gegen dieses Alles jedoch kommt andrerseits in Betracht, daß die großen Geistesgaben, in Folge der überwiegenden Nerventhätigkeit, eine überaus gesteigerte Empfindlichkeit für den Schmerz, in jeglicher Gestalt, herbeiführen, daß ferner das sie bedingende leidenschaftliche Temperament und zugleich die von ihnen unzertrennliche größere Lebhaftigkeit und Vollkommenheit aller Vorstellungen eine ungleich größere Heftigkeit der durch diese erregten Affekte herbeiführt, während es doch überhaupt mehr peinliche, als angenehme Affekte giebt; endlich auch, daß die großen Geistesgaben ihren Besitzer den übrigen Menschen und ihrem Treiben entfremden, und ihm hundert Dinge, an welchen diese großes Genüge haben, schaal und ungenießbar machen; daher denn das überall sich geltend machende Gesetz der Kompensation vielleicht auch hier in Kraft bleibt, ja, sogar oft genug, und nicht ohne Schein, behauptet worden ist, der geistig beschränkteste Mensch sei im Grunde der glücklichste; wenn gleich Keiner ihn um dieses Glück beneiden mag. In der definitiven Entscheidung der Sache will ich um so weniger dem Leser vorgreifen, als selbst Sophokles hierüber zwei einander diametral entgegengesetzte Aussprüche gethan hat:

> *Πολλῳ το φρονειν ευδαιμονιας πρωτον ὑπαρχει.*
> *(Sapere longe prima felicitatis pars est.)*
> *Antig. 1328.*

und wieder:

> *Εν τῳ φρονειν γαρ μηδεν ἡδιστος βιος.*
> *(nihil cogitantium jucundissima vita est.)*
> *Ajax. 550.*

Inzwischen will ich hier doch nicht unerwähnt lassen, daß der Mensch, welcher, in Folge des streng und knapp normalen Maaßes seiner intellektuellen Kräfte, keine geistige Bedürfnisse hat, es eigentlich ist, den ein der deutschen Sprache ausschließlich eigener, vom Studentenleben ausgegangener, nachmals aber in einem höheren, wiewohl dem ursprünglichen, durch den Gegensatz zum Musensohne, immer noch analogen Sinne gebrauchter Ausdruck als den Philister bezeichnet. Nun würde ich zwar, von einem höhern Standpunkt aus, die Definition der Philister so aussprechen, daß sie Leute wären, die immerfort auf das Ernstlichste beschäftigt sind mit einer Realität, die keine hat. Allein eine solche, schon transscendentale Definition, würde dem populären Standpunkt, auf welchen ich mich in dieser Abhandlung gestellt habe, nicht angemessen, daher auch vielleicht nicht durchaus jedem Leser faßlich seyn. Jene erstere hingegen läßt leichter eine specielle Erläuterung zu und bezeichnet hinreichend das Wesentliche der Sache, die Wurzel aller der Eigenschaften, die den Philister charakterisiren. Er ist demnach ein Mensch ohne geistige Bedürfnisse. Hieraus nun folgt gar mancherlei: erstlich, in Hinsicht auf ihn selbst, daß er ohne geistige Genüsse bleibt; nach dem schon erwähnten Grundsatz: *il n'est de vrais plaisirs, qu'avec de vrais besoins.* Kein Drang nach Erkenntniß und Einsicht, um ihrer selbst Willen, belebt sein Daseyn, auch keiner nach eigentlich ästhetischen Genüssen, als welcher dem ersteren durchaus verwandt ist. Was dennoch von Genüssen solcher Art etwan Mode, oder Auktorität, ihm aufdringt, wird er als eine Art Zwangsarbeit möglichst kurz abthun.

Wirkliche Genüsse für ihn sind allein die sinnlichen: durch diese hält er sich schadlos. Demnach sind Austern und Champagner der Höhepunkt seines Daseyns, und sich Alles, was zum leiblichen Wohlseyn beiträgt, zu verschaffen, ist der Zweck seines Lebens. Glücklich genug, wenn dieser ihm viel zu schaffen macht! Denn, sind jene Güter ihm schon zum voraus oktroyirt; so fällt er unausbleiblich der Langenweile anheim; gegen welche dann alles Ersinnliche versucht wird: Ball, Theater, Gesellschaft, Kartenspiel, Hasardspiel, Pferde, Weiber, Trinken, Reisen u.s.w. Und doch reicht dies Alles gegen die Langeweile nicht aus, wo Mangel an geistigen Bedürfnissen die geistigen Genüsse unmöglich macht. Daher auch ist dem Philister ein dumpfer, trockener Ernst, der sich dem thierischen nähert, eigen und charakteristisch. Nichts freut ihn, nichts erregt ihn, nichts gewinnt ihm Antheil ab. Denn die sinnlichen Genüsse sind bald erschöpft; die Gesellschaft, aus eben solchen Philistern bestehend, wird bald langweilig; das Kartenspiel zuletzt ermüdend. Allenfalls bleiben ihm noch die Genüsse der Eitelkeit, nach seiner Weise, welche denn darin bestehn, daß er an Reichthum, oder Rang, oder Einfluß und Macht, Andere übertrifft, von welchen er dann deshalb geehrt wird; oder aber auch darin, daß er wenigstens mit Solchen, die in Dergleichen eminiren, Umgang hat und so sich im Reflex ihres Glanzes sonnt *(a snob)*. – Aus der aufgestellten Grundeigenschaft des Philisters folgt ZWEITENS, IN HINSICHT AUF ANDERE, daß, da er keine geistige, sondern nur physische Bedürfnisse hat, er Den suchen wird, der diese, nicht Den, der jene zu befriedigen im Stande ist. Am allerwenigsten wird daher unter den Anforderungen, die er an Andere macht, die irgend überwiegender geistiger Fähigkeiten seyn: vielmehr werden diese, wenn sie ihm aufstoßen, seinen Widerwillen, ja, seinen Haß erregen; weil er dabei nur ein lästiges Gefühl von Inferiorität, und dazu einen dumpfen, heimlichen Neid verspürt, den er aufs Sorgfältigste versteckt, indem er ihn sogar sich selber zu verhehlen sucht, wodurch aber gerade solcher bisweilen bis zu einem stillen Ingrimm anwächst. Nimmermehr demnach wird es ihm einfallen, nach dergleichen Eigenschaften seine Werthschätzung, oder Hochachtung abzumessen; sondern diese wird ausschließlich dem Range und Reichthum, der Macht und dem Einfluß vorbehalten bleiben, als welche in seinen Augen die allein wahren Vorzüge sind, in denen zu excelliren auch sein Wunsch wäre. – Alles Dieses aber folgt daraus, daß er ein Mensch OHNE GEISTIGE BEDÜRFNISSE ist. –

Ich habe in dieser ganzen Betrachtung der persönlichen Eigenschaften, welche zu unserm Glücke beitragen, nächst den physischen, hauptsächlich die intellektuellen berücksichtigt. Auf welche Weise nun aber auch die moralische Trefflichkeit unmittelbar beglückt habe ich früher in meiner Preisschrift über das Fundament der Moral §. 22, dargelegt, wohin ich also von hier verweise.

KAPITEL III.

VON DEM, WAS EINER HAT.

Richtig und schön hat der große Glücksäligkeitslehrer EPIKUROS die menschlichen Bedürfnisse in drei Klassen getheilt. Erstlich, die natürlichen und nothwendigen: es sind die, welche, wenn nicht befriedigt, Schmerz verursachen. Folglich gehört hieher nur *victus et amictus*. Sie sind leicht zu befriedigen. Zweitens, die natürlichen, jedoch nicht nothwendigen: es ist das Bedürfniß der Geschlechtsbefriedigung; wiewohl Epikur Dies im Berichte des Laertius nicht ausspricht; (wie ich denn überhaupt seine Lehre hier etwas zurechtgeschoben und ausgefeilt wiedergebe). Dieses Bedürfniß zu befriedigen hält schon schwerer. Drittens, die weder natürlichen, noch nothwendigen: es sind die des Luxus, der Ueppigkeit, des Prunkes und Glanzes: sie sind endlos und ihre Befriedigung ist sehr schwer. (Siehe *Diog. Laert.* L. X, *c.27,* §. 149, auch §. 127.)

Die Gränze unsrer vernünftigen Wünsche hinsichtlich des Besitzes zu bestimmen ist schwierig, wo nicht unmöglich. Denn die Zufriedenheit eines Jeden, in dieser Hinsicht, beruht nicht auf einer absoluten, sondern auf einer bloß relativen Größe, nämlich auf dem Verhältniß zwischen seinen Ansprüchen und seinem Besitz: daher dieser Letztere, für sich allein betrachtet, so bedeutungsleer ist, wie der Zähler eines Bruchs ohne den Nenner. Die Güter, auf welche Anspruch zu machen einem Menschen nie in den Sinn gekommen ist, entbehrt er durchaus nicht, sondern ist, auch ohne sie, völlig zufrieden; während ein Anderer, der hundert Mal mehr besitzt als er, sich unglücklich fühlt, weil ihm Eines abgeht, darauf er Anspruch macht. Jeder hat, auch in dieser Hinsicht, einen eigenen Horizont des für ihn möglicherweise Erreichbaren: so weit wie dieser gehn seine Ansprüche. Wann irgend ein innerhalb desselben gelegenes Objekt sich ihm so darstellt, daß er auf dessen Erreichung vertrauen kann, fühlt er sich glücklich; hingegen unglücklich, wann eintretende Schwierigkeiten ihm die Aussicht darauf benehmen. Das außerhalb dieses Gesichtskreises Liegende wirkt gar nicht auf ihn. Daher beunruhigen den Armen die großen Besitzthümer der Reichen nicht, und tröstet andrerseits den Reichen, bei verfehlten Absichten, das Viele nicht, was er schon besitzt. Daß nach verlorenem Reichthum, oder Wohlstande, sobald der erste Schmerz überstanden ist, unsre habituelle Stimmung nicht sehr verschieden von der früheren ausfällt, kommt daher, daß, nachdem das Schicksal den Faktor unsers Besitzes verkleinert hat, wir selbst nun den Faktor unsrer Ansprüche gleich sehr vermindern. Diese Operation aber ist das eigentlich Schmerzhafte, bei einem Unglücksfall: nachdem sie vollzogen ist, wird der Schmerz immer weniger, zuletzt gar nicht mehr gefühlt: die Wunde vernarbt. Umgekehrt wird, bei einem Glücksfall, der Kompressor unsrer Ansprüche hinaufgeschoben, und sie dehnen sich aus: hierin liegt die Freude. Aber auch sie dauert nicht länger, als bis diese Operation gänzlich vollzogen ist: wir gewöhnen uns an das erweiterte Maaß der Ansprüche und werden gegen den demselben entsprechenden Besitz gleichgültig. Dies besagt schon die homerische Stelle, *Od.* XVIII, *130–137*, welche schließt:

Τοιος γαρ νοος εστιν επιχϑονιων ανϑρωπων,
Ὁιον εφ' ἠμαρ αγει πατηρ ανδρων τε, ϑεων τε.

Die Quelle unsrer Unzufriedenheit liegt in unsern stets erneuerten Versuchen, den Faktor der Ansprüche in die Höhe zu schieben, bei der Unbeweglichkeit des andern Faktors, die es verhindert. –

Daß die Wünsche der Menschen hauptsächlich auf Geld gerichtet sind und sie dieses über Alles lieben, wird ihnen oft zum Vorwurf gemacht. Jedoch ist es natürlich, wohl gar unvermeidlich, Das zu lieben, was, als ein unermüdlicher Proteus, jeden Augenblick bereit ist, sich in den jedesmaligen Gegenstand unsrer so wandelbaren Wünsche und mannigfaltigen Bedürfnisse zu verwandeln. Jedes andere Gut nämlich kann nur EINEM Wunsch, EINEM Bedürfniß genügen: Speisen sind bloß gut für den Hungrigen, Wein für den Gesunden, Arznei für den Kranken, ein Pelz für den Winter, Weiber für die Jugend u.s.w. Sie sind folglich alle nur *αγαϑα προς τι*, d.h. nur relativ gut. Geld allein ist das absolut Gute:

weil es nicht bloß EINEM Bedürfniß *in concreto* begegnet, sondern DEM Bedürfniß überhaupt, *in abstracto*. –

Leute, die von Hause aus kein Vermögen haben, aber endlich in die Lage kommen, durch ihre Talente, welcher Art sie auch seien, viel zu verdienen, gerathen fast immer in die Einbildung, ihr Talent sei das bleibende Kapital und der Gewinn dadurch die Zinsen. Demgemäß legen sie dann nicht das Erworbene theilweise zurück, um so ein bleibendes Kapital zusammenzubringen; sondern geben aus, in dem Maaße, wie sie verdienen. Danach aber werden sie meistens in Armuth gerathen; weil ihr Erwerb stockt, oder aufhört, nachdem entweder das Talent selbst erschöpft ist, indem es vergänglicher Art war, wie z.B. das zu fast allen schönen Künsten, oder auch, weil es nur unter besondern Umständen und Konjunkturen geltend zu machen war, welche aufgehört haben. Handwerker mögen immerhin es auf die besagte Weise halten; weil die Fähigkeiten zu ihren Leistungen nicht leicht verloren gehn, auch durch die Kräfte der Gesellen ersetzt werden, und weil ihre Fabrikate Gegenstände des Bedürfnisses sind, also alle Zeit Abgang finden; weshalb denn auch das Sprichwort »ein Handwerk hat einen goldenen Boden« richtig ist. Aber nicht so steht es um die Künstler und *virtuosi* jeder Art. Eben deshalb werden diese theuer bezahlt. Daher aber soll was sie erwerben ihr Kapital werden; während sie, vermessener Weise, es für bloße Zinsen halten und dadurch ihrem Verderben entgegengehn. – Leute hingegen, welche ererbtes Vermögen besitzen, wissen wenigstens sogleich ganz richtig, was das Kapital und was die Zinsen sind. Die Meisten werden daher jenes sicher zu stellen suchen, keinenfalls es angreifen, ja, wo möglich, wenigstens $\frac{1}{8}$ der Zinsen zurücklegen, künftigen Stockungen zu begegnen. Sie bleiben daher meistens im Wohlstande. – Auf Kaufleute ist diese ganze Bemerkung nicht anwendbar: denn ihnen ist das Geld selbst Mittel zum ferneren Erwerb, gleichsam Handwerksgeräth; daher sie, auch wenn es ganz von ihnen selbst erworben ist, es sich, durch Benutzung, zu erhalten und zu vermehren suchen. Demgemäß ist in keinem Stande der Reichthum so eigentlich zu Hause, wie in diesem.

Ueberhaupt aber wird man, in der Regel, finden, daß Diejenigen, welche schon mit der eigentlichen Noth und dem Mangel handgemein gewesen sind, diese ungleich weniger fürchten und daher zur Verschwendung geneigter sind, als Die, welche solche nur von Hörensagen kennen. Zu den Ersteren gehören Alle, die durch Glücksfälle irgend einer Art, oder durch besondere Talente, gleichviel welcher Gattung, ziemlich schnell aus der Armuth in den Wohlstand gelangt sind: die Andern hingegen sind Die, welche im Wohlstande geboren und geblieben sind. Diese sind durchgängig mehr auf die Zukunft bedacht und daher ökonomischer, als jene. Man könnte daraus schließen, daß die Noth nicht eine so schlimme Sache wäre, wie sie, von Weitem gesehn, scheint. Doch möchte der wahre Grund vielmehr dieser seyn, daß Dem, der in angestammtem Reichthume geboren ist, dieser als etwas Unentbehrliches erscheint, als das Element des einzig möglichen Lebens, so gut wie die Luft, daher er ihn bewacht wie sein Leben, folglich meistens ordnungsliebend, vorsichtig und sparsam ist. Dem in angestammter Armuth Geborenen hingegen erscheint diese als der natürliche Zustand; der ihm danach irgendwie zugefallene Reichthum aber als etwas Ueberflüssiges, bloß tauglich zum Genießen und Verprassen; indem man, wann er wieder fort ist, sich, so gut wie vorher, ohne ihn behilft und noch eine Sorge los ist. Da geht es denn wie Shakespeare sagt:

The adage must be verified,
That beggars mounted run their horse to death.

(Das Sprichwort muß bewährt werden, daß der zu Pferde gesetzte Bettler sein Thier zu Tode jagt.)

Henry VI. *P.* 3. *A.* 1.

Dazu kommt denn freilich noch, daß solche Leute ein festes und übergroßes Zutrauen theils zum Schicksal, theils zu den eigenen Mitteln, die ihnen schon aus Noth und Armuth herausgeholfen haben, nicht sowohl im Kopf, als im Herzen tragen und daher die Untiefen derselben nicht, wie es wohl den reich Geborenen begegnet, für bodenlos halten, sondern denken, daß man, auf den Boden stoßend, wieder in die Höhe gehoben wird. – Aus dieser menschlichen Eigenthümlichkeit ist es auch zu erklären, daß Frauen, welche arme Mädchen waren, sehr oft anspruchsvoller und verschwenderischer sind, als die, welche eine reiche Aussteuer zubrachten; indem meistentheils die reichen Mädchen nicht bloß Vermögen mitbringen, sondern auch mehr Eifer, ja, angeerbten Trieb zur Erhaltung desselben, als arme. Wer inzwischen das Gegentheil behaupten will findet eine Auktorität für sich am Ariosto in dessen erster Satire. Jedenfalls aber möchte ich Dem, der ein armes Mädchen heirathet, rathen, sie nicht das Kapital, sondern eine bloße Rente erben zu lassen, besonders aber dafür zu sorgen, daß das Vermögen der Kinder nicht in ihre Hände geräth.

Ich glaube keineswegs etwas meiner Feder Unwürdiges zu thun, indem ich hier die Sorge für Erhaltung des erworbenen und des ererbten Vermögens anempfehle. Denn von Hause aus so viel zu besitzen, daß man, wäre es auch nur für seine Person und ohne Familie, in wahrer Unabhängigkeit, d.h. ohne zu arbeiten, bequem leben kann, ist ein unschätzbarer Vorzug: denn es ist die Exemtion und die Immunität von der dem menschlichen Leben anhängenden Bedürftigkeit und Plage, also die Emancipation vom allgemeinen Frohndienst, diesem naturgemäßen Loose des Erdensohns. Nur unter dieser Begünstigung des Schicksals ist man als ein wahrer Freier geboren: denn nur so ist man Herr seiner Zeit und seiner Kräfte, und darf jeden Morgen sagen: »der Tag ist mein.« Auch ist ebendeshalb zwischen Dem, der tausend, und dem der hundert Tausend Thaler Renten hat, der Unterschied unendlich kleiner, als zwischen Ersterem und Dem, der nichts hat. Seinen höchsten Werth aber erlangt das angeborene Vermögen, wenn es Dem zugefallen ist, der mit geistigen Kräften höherer Art ausgestattet, Bestrebungen verfolgt, die sich mit dem Erwerbe nicht wohl vertragen: denn er kann jetzt seinem Genius leben und wird der Menschheit seine Schuld dadurch hundertfach abtragen, daß er leistet was kein Anderer konnte und etwas hervorbringt, das ihrer Gesammtheit zu Gute kommt, wohl auch gar ihr zur Ehre gereicht. Ein Anderer nun wieder wird, in so bevorzugter Lage, sich durch philantropische Bestrebungen um die Menschheit verdient machen. Wer hingegen nichts von dem Allen, auch nur einigermaaßen, oder versuchsweise, leistet, ja, nicht ein Mal, durch gründliche Erlernung irgend einer Wissenschaft, sich wenigstens die Möglichkeit eröffnet, dieselbe zu fördern, – ein Solcher ist, bei angeerbtem Vermögen, ein bloßer Tagedieb und verächtlich. Auch wird er nicht glücklich seyn: denn die Exemtion von der Noth liefert ihn dem andern Pol des menschlichen Elends, der Langenweile, in die Hände, die ihn so martert, daß er viel glücklicher wäre, wenn die Noth ihm Beschäftigung gegeben hätte. Eben diese Langeweile aber wird ihn leicht zu Extravaganzen verleiten, welche ihn um jenen Vorzug bringen, dessen er nicht würdig war.

Ganz anders nun aber verhält es sich, wenn der Zweck ist, es im Staatsdienste hoch zu bringen, wo demnach Gunst, Freunde, Verbindungen erworben werden müssen, um durch sie, von Stufe zu Stufe, Beförderung, vielleicht gar bis zu den höchsten Posten, zu erlangen: hier nämlich ist es im Grunde wohl besser, ohne alles Vermögen in die Welt gestoßen zu seyn. Besonders wird es Dem, welcher nicht adelig, hingegen mit einigem Talent ausgestattet ist, zum wahren Vortheil und zur Empfehlung gereichen, wenn er ein ganz armer Teufel ist. Denn was Jeder, schon in der bloßen Unterhaltung, wie viel mehr im Dienste, am meisten sucht und liebt, ist die Inferiorität des Andern. Nun aber ist allein ein armer Teufel von seiner gänzlichen, tiefen, entschiedenen und allseitigen Inferiorität und seiner völligen Unbedeutsamkeit und Werthlosigkeit in dem Grade überzeugt und durchdrungen, wie es hier erfordert wird. Nur er demnach verbeugt sich oft und anhaltend genug, und nur seine Bücklinge erreichen volle 90°: nur er läßt Alles über sich ergehn und lächelt dazu; nur er erkennt die gänzliche Werthlosigkeit der Verdienste; nur er preist öffentlich, mit lauter Stimme, oder auch in großem Druck, die litterarischen Stümpereien der über ihn Gestellten, oder sonst Einflußreichen, als Meisterwerke; nur er versteht zu betteln: folglich kann nur er, bei Zeiten, also in der Jugend, sogar ein Epopte jener verborgenen Wahrheit werden, die Göthe uns enthüllt hat in den Worten:

»Ueber's Niederträchtige
Niemand sich beklage:
Denn es ist das Mächtige,
Was man dir auch sage.«
W. O. DIVAN.

Hingegen Der, welcher von Hause aus zu leben hat, wird sich meistens ungebärdig stellen: er ist gewohnt *tête levée* zu gehn, hat alle jene Künste nicht gelernt, trotzt dazu vielleicht noch auf etwanige Talente, deren Unzulänglichkeit vielmehr, dem *médiocre et rampant* gegenüber, er begreifen sollte; er ist am Ende wohl gar im Stande, die Inferiorität der über ihn Gestellten zu merken, und wenn es nun vollends zu den Indignitäten kommt, da wird er stätisch oder kopfscheu. Damit poussirt man sich nicht in der Welt: vielmehr kann es mit ihm zuletzt dahin kommen, daß er mit dem frechen Voltaire sagt: *nous n'avons que deux jours à vivre: ce n'est pas la peine de les passer à ramper sous des coquins méprisables:* – leider ist, beiläufig gesagt, dieses *coquin méprisable* ein Prädikat, zu dem es in der Welt verteufelt viele Subjekte giebt. Man sieht also, daß das Juvenalische

Haud facile emergunt, quorum virtutibus obstat
Res angusta domi,

mehr von der Laufbahn der Virtuositäten, als von der der Weltleute, gültig ist. –

Zu Dem, WAS EINER HAT, habe ich Frau und Kinder nicht gerechnet; da er von diesen vielmehr gehabt wird. Eher ließen sich Freunde dazu zählen: doch muß auch hier der Besitzende im gleichen Maaße der Besitz des Andern seyn.

KAPITEL IV.

VON DEM, WAS EINER VORSTELLT.

Dieses, also unser Daseyn in der Meinung Anderer, wird, in Folge einer besondern Schwäche unsrer Natur, durchgängig viel zu hoch angeschlagen; obgleich schon die leichteste Besinnung lehren könnte, daß es, an sich selbst, für unser Glück, unwesentlich ist. Es ist demnach kaum erklärlich, wie sehr jeder Mensch sich innerlich freut, so oft er Zeichen der günstigen Meinung Anderer merkt und seiner Eitelkeit irgendwie geschmeichelt wird. Oft trösten ihn, über reales Unglück, oder über die Kargheit, mit der für ihn die beiden, bis hieher abgehandelten Hauptquellen unsers Glückes fließen, die Zeichen des fremden Beifalls: und, umgekehrt, ist es zum Erstaunen, wie sehr jede Verletzung seines Ehrgeizes, in irgend einem Sinne, Grad, oder Verhältniß, jede Geringschätzung, Zurücksetzung, Nichtachtung ihn unfehlbar kränkt und oft tief schmerzt. Sofern auf dieser Eigenschaft das Gefühl der Ehre beruht, mag sie für das Wohlverhalten Vieler, als Surrogat ihrer Moralität, von ersprießlichen Folgen seyn; aber auf das eigene GLÜCK des Menschen, zunächst auf die diesem so wesentliche Gemüthsruhe und Unabhängigkeit, wirkt sie mehr störend und nachtheilig, als förderlich ein. Daher ist es, von unserm Gesichtspunkt aus, rathsam, ihr Schranken zu setzen und mittelst gehöriger Ueberlegung und richtiger Abschätzung des Werthes der Güter, jene große Empfindlichkeit gegen die fremde Meinung möglichst zu mäßigen, sowohl da, wo ihr geschmeichelt wird, als da, wo ihr wehe geschieht: denn Beides hängt am selben Faden. Außerdem bleibt man der Sklave fremder Meinung und fremden Bedünkens:

Sic leve, sic parvum est, animum quod laudis avarum
Subruit ac reficit.

Demnach wird eine richtige Abschätzung des Werthes Dessen, was man in und FÜR SICH selbst ist, gegen Das, was man bloß in den Augen ANDERER ist, zu unserm Glücke viel beitragen. Zum

Ersteren gehört die ganze Ausfüllung der Zeit unsers eigenen Daseyns, der innere Gehalt desselben, mithin alle die Güter, welche unter den Titeln »was Einer ist« und »was Einer hat« von uns in Betrachtung genommen worden sind. Denn der Ort, in welchem alles Dieses seine Wirkungssphäre hat, ist das eigene Bewußtseyn. Hingegen ist der Ort Dessen, was wir FÜR ANDERE sind, das fremde Bewußtseyn: es ist die Vorstellung, unter welcher wir darin erscheinen, nebst den Begriffen, die auf diese angewandt werden. Dies nun ist etwas, das unmittelbar gar nicht für uns vorhanden ist, sondern bloß mittelbar, nämlich sofern das Betragen der Andern gegen uns dadurch bestimmt wird. Und auch Dieses selbst kommt eigentlich nur in Betracht, sofern es Einfluß hat auf irgend etwas, wodurch Das, was wir IN UND FÜR UNS SELBST sind, modifizirt werden kann. Außerdem ist ja was in einem fremden Bewußtseyn vorgeht, als solches, für uns gleichgültig, und auch wir werden allmälig gleichgültig dagegen werden, wenn wir von der Oberflächlichkeit und Futilität der Gedanken, von der Beschränktheit der Begriffe, von der Kleinlichkeit der Gesinnung, von der Verkehrtheit der Meinungen und von der Anzahl der Irrthümer in den allermeisten Köpfen eine hinlängliche Kenntniß erlangen, und dazu aus eigener Erfahrung lernen, mit welcher Geringschätzung gelegentlich von Jedem geredet wird, sobald man ihn nicht zu fürchten hat, oder glaubt, es komme ihm nicht zu Ohren; insbesondere aber nachdem wir ein Mal angehört haben, wie vom größten Manne ein halbes Dutzend Schaafsköpfe mit Wegwerfung spricht.

Jedenfalls ist Der auf eine kümmerliche Ressource hingewiesen, der sein Glück nicht in den beiden, bereits abgehandelten Klassen von Gütern findet, sondern es in dieser dritten suchen muß, also nicht in Dem, was er wirklich, sondern in Dem, was er in der fremden Vorstellung ist. Denn überhaupt ist die Basis unsers Wesens und folglich auch unsers Glücks unsere animalische Natur. Daher ist, für unsere Wohlfahrt, Gesundheit das Wesentlichste, nächst dieser aber die Mittel zu unserer Erhaltung, also ein sorgenfreies Auskommen. Ehre, Glanz, Rang, Ruhm, so viel Werth auch Mancher darauf legen mag, können mit jenen wesentlichen Gütern nicht kompetiren, noch sie ersetzen: vielmehr würden sie, erforderlichen Falles, unbedenklich für jene hingegeben werden. Dieserwegen wird es zu unserm Glücke beitragen, wenn wir bei Zeiten die simple Einsicht erlangen, daß Jeder zunächst und wirklich in seiner eigenen Haut lebt, nicht aber in der Meinung Anderer, und daß demnach unser realer und persönlicher Zustand, wie er durch Gesundheit, Temperament, Fähigkeiten, Einkommen, Weib, Kind, Freunde, Wohnort u. s. w. bestimmt wird, für unser Glück hundert Mal wichtiger ist, als was es Andern beliebt aus uns zu machen. Der entgegengesetzte Wahn macht unglücklich. Wird mit Emphase ausgerufen »über's Leben geht noch die Ehre«, so besagt dies eigentlich: »Daseyn und Wohlseyn sind nichts; sondern was die Andern von uns denken, das ist die Sache.« Allenfalls kann der Ausspruch als eine Hyperbel gelten, der die prosaische Wahrheit zum Grunde liegt, daß zu unserm Fortkommen und Bestehn unter Menschen die Ehre, d.h. die Meinung derselben von uns, oft unumgänglich nöthig ist; worauf ich weiterhin zurückkommen werde. Wenn man hingegen sieht, wie fast Alles, wonach Menschen, ihr Leben lang, mit rastloser Anstrengung und unter tausend Gefahren und Mühsäligkeiten, unermüdlich streben, zum letzten Zwecke hat, sich dadurch in der Meinung Anderer zu erhöhen, indem nämlich nicht nur Aemter, Titel und Orden, sondern auch Reichthum, und selbst Wissenschaft und Kunst, im Grunde und hauptsächlich deshalb angestrebt werden, und der größere Respekt Anderer das letzte Ziel ist, darauf man hinarbeitet; so beweist Dies leider nur die Größe der menschlichen Thorheit. Viel zu viel Werth auf die Meinung Anderer zu legen ist ein allgemein herrschender Irrwahn: mag er nun in unserer Natur selbst wurzeln, oder in Folge der Gesellschaft und Civilisation entstanden seyn; jedenfalls übt er auf unser gesammtes Thun und Lassen einen ganz übermäßigen und unserm Glücke feindlichen Einfluß aus, den wir verfolgen können, von da an, wo er sich in der ängstlichen und sklavischen Rücksicht auf das *qu'en dira-t-on* zeigt, bis dahin, wo er den Dolch des Virginius in das Herz seiner Tochter stößt, oder den Menschen verleitet, für den Nachruhm, Ruhe, Reichthum und Gesundheit, ja, das Leben zu opfern. Dieser Wahn bietet allerdings Dem, der die Menschen zu beherrschen, oder sonst zu lenken hat, eine bequeme Handhabe dar; weshalb in jeder Art von Menschendressirungskunst die Weisung, das Ehrgefühl rege zu erhalten und zu schärfen, eine Hauptstelle einnimmt: aber in Hinsicht auf das eigene Glück des Menschen, welches hier unsere Absicht ist, verhält die Sache sich ganz anders, und ist vielmehr davon abzumahnen, daß man nicht zu viel Werth auf die Meinung Anderer lege. Wenn es, wie die tägliche Erfahrung lehrt, dennoch geschieht, wenn die meisten Menschen gerade auf die Meinung Anderer von ihnen den höchsten Werth legen und es ihnen darum mehr zu thun ist, als um Das, was, weil es in IHREM EIGENEN BEWUSSTSEYN vorgeht, unmittelbar für sie vorhanden ist; wenn demnach, mittelst Umkehrung der natürlichen Ordnung, ihnen Jenes der reale, Dieses der bloß ideale Theil ihres Daseyns zu seyn scheint, wenn sie also das Abgeleitete und Sekundäre zur Hauptsache machen und ihnen mehr das Bild ihres Wesens im Kopfe Anderer, als dieses Wesen selbst am Herzen liegt; so ist diese unmittelbare Werthschätzung Dessen, was für uns unmittelbar gar nicht vorhanden ist, diejenige Thorheit, welche man EITELKEIT, *vanitas*, genannt hat, um dadurch das Leere und Gehaltlose dieses Strebens zu bezeichnen. Auch ist aus dem Obigen leicht einzusehn, daß sie zum Vergessen des Zwecks über die Mittel gehört, so gut wie der Geiz.

In der That überschreitet der Werth, den wir auf die Meinung Anderer legen, und unsere beständige Sorge in Betreff derselben, in der Regel, fast jede vernünftige Bezweckung, so daß sie als eine Art allgemein verbreiteter, oder vielmehr angeborener Manie angesehn werden kann. Bei Allem, was wir thun und lassen, wird, fast vor allem Andern, die fremde Meinung berücksichtigt, und aus der Sorge um sie werden wir, bei genauer Untersuchung, fast die Hälfte aller Bekümmernisse und Aengste, die wir jemals empfunden haben, hervorgegangen sehn. Denn sie liegt allem unserm, so oft gekränkten, weil so krankhaft empfindlichen, Selbstgefühl, allen unsern Eitelkeiten und Prätensionen, wie auch unserm Prunken und Großthun, zum Grunde. Ohne diese Sorge und Sucht würde der Luxus kaum $1/10$ dessen seyn, was er ist. Aller und jeder

Stolz, *point d'honneur* und *puntiglio*, so verschiedener Gattung und Sphäre er auch seyn kann, beruht auf ihr, – und welche Opfer heischt sie da nicht oft! Sie zeigt sich schon im Kinde, sodann in jedem Lebensalter, jedoch am stärkesten im späten; weil dann, beim Versiegen der Fähigkeit zu sinnlichen Genüssen, Eitelkeit und Hochmuth nur noch mit dem Geize die Herrschaft zu theilen haben. Am deutlichsten läßt sie sich an den Franzosen beobachten, als bei welchen sie ganz endemisch ist und sich oft in der abgeschmacktesten Ehrsucht, lächerlichsten National-Eitelkeit und unverschämtesten Prahlerei Luft macht; wodurch dann ihr Streben sich selbst vereitelt, indem es sie zum Spotte der andern Nationen gemacht hat und die *grande nation* ein Neckname geworden ist. Um nun aber die in Rede stehende Verkehrtheit der überschwänglichen Sorge um die Meinung Anderer noch speciell zu erläutern, mag hier ein, durch den Lichteffekt des Zusammentreffens der Umstände mit dem angemessenen Charakter, in seltenem Grade begünstigtes, recht superlatives Beispiel jener in der Menschennatur wurzelnden Thorheit Platz finden, da an demselben die Stärke dieser höchst wunderlichen Triebfeder sich ganz ermessen läßt. Es ist folgende, den *Times* vom 31. März 1846 entnommene Stelle aus dem ausführlichen Bericht von der soeben vollzogenen Hinrichtung des THOMAS WIX, eines Handwerksgesellen, der aus Rache seinen Meister ermordet hatte: »An dem zur Hinrichtung festgesetzten Morgen fand sich der hochwürdige Gefängnißkaplan zeitig bei ihm ein. Allein WIX, obwohl sich ruhig betragend, zeigte keinen Antheil an seinen Ermahnungen: vielmehr war das Einzige, was ihm am Herzen lag, daß es ihm gelingen möchte, vor den Zuschauern seines schmachvollen Endes, sich mit recht großer Bravour zu benehmen. – – – Dies ist ihm denn auch gelungen. Auf dem Hofraum, den er zu dem, hart am Gefängniß errichteten Galgenschaffot zu durchschreiten hatte, sagte er: »»Wohlan denn, wie Doktor Dodd gesagt hat, bald werde ich das große Geheimniß wissen!«« Er gieng, obwohl mit gebundenen Armen, die Leiter zum Schaffot ohne die geringste Beihülfe hinauf: daselbst angelangt machte er gegen die Zuschauer, rechts und links, Verbeugungen, welche denn auch mit dem donnernden Beifallsruf der versammelten Menge beantwortet und belohnt wurden, u.s.w.« – Dies ist ein Prachtexemplar der Ehrsucht, den Tod, in schrecklichster Gestalt, nebst der Ewigkeit dahinter, vor Augen, keine andere Sorge zu haben, als die, um den Eindruck auf den zusammengelaufenen Haufen der Gaffer und die Meinung, welche man in deren Köpfen zurücklassen wird! – Und doch war eben so der im selben Jahr in Frankreich, wegen versuchten Königsmordes, hingerichtete LECOMTE, bei seinem Proceß hauptsächlich darüber verdrießlich, daß er nicht in anständiger Kleidung vor der Pairskammer erscheinen konnte, und selbst bei seiner Hinrichtung war es ihm ein Hauptverdruß, daß man ihm nicht erlaubt hatte, sich vorher zu rasiren. Daß es auch ehemals nicht anders gewesen, ersehn wir aus Dem, was MATEO ALEMAN, in der, seinem berühmten Romane, Guzman de Alfarache, vorgesetzten Einleitung *(declaracion)* anführt, daß nämlich viele bethörte Verbrecher die letzten Stunden, welche sie ausschließlich ihrem Seelenheile widmen sollten, diesem entziehn, um eine kleine Predigt, die sie auf der Galgenleiter halten wollen, auszuarbeiten und zu memoriren. – An solchen Zügen jedoch können wir selbst uns spiegeln: denn kolossale Fälle geben überall die deutlichste Erläuterung. Unser Aller Sorgen, Kümmern, Wurmen, Aergern, Aengstigen, Anstrengen u.s.w. betrifft, in vielleicht den meisten Fällen, eigentlich die fremde Meinung und ist eben so absurd, wie das jener armen Sünder. Nicht weniger entspringt unser Neid und Haß größtentheils aus besagter Wurzel.

Offenbar nun könnte zu unserm Glücke, als welches allergrößtentheils auf Gemüthsruhe und Zufriedenheit beruht, kaum irgend etwas so viel beitragen, als die Einschränkung und Herabstimmung dieser Triebfeder auf ihr vernünftig zu rechtfertigendes Maaß, welches vielleicht $1/50$ des gegenwärtigen seyn wird, also das Herausziehn dieses immerfort peinigenden Stachels aus unserm Fleisch. Dies ist jedoch sehr schwer: denn wir haben es mit einer natürlichen und angeborenen Verkehrtheit zu thun. *Etiam sapientibus cupido gloriae novissima exuitur* sagt Tacitus *(hist. IV, 6.)*. Um jene allgemeine Thorheit los zu werden, wäre das alleinige Mittel, sie deutlich als eine solche zu erkennen und zu diesem Zwecke sich klar zu machen, wie ganz falsch, verkehrt, irrig und absurd die meisten Meinungen in den Köpfen der Menschen zu seyn pflegen, daher sie, an sich selbst, keiner Beachtung werth sind; sodann, wie wenig realen Einfluß auf uns die Meinung Anderer, in den meisten Dingen und Fällen, haben kann; ferner, wie ungünstig überhaupt sie meistentheils ist, so daß fast Jeder sich krank ärgern würde, wenn er vernähme, was Alles von ihm gesagt und in welchem Tone von ihm geredet wird; endlich, daß sogar die Ehre selbst doch eigentlich nur von mittelbarem und nicht von unmittelbarem Werthe ist u. dgl. m. Wenn eine solche Bekehrung von der allgemeinen Thorheit uns gelänge; so würde die Folge ein unglaublich großer Zuwachs an Gemüthsruhe und Heiterkeit und ebenfalls ein festeres und sichereres Auftreten, ein durchweg unbefangeneres und natürlicheres Betragen seyn. Der so überaus wohlthätige Einfluß, den eine zurückgezogene Lebensweise auf unsere Gemüthsruhe hat, beruht größtentheils darauf, daß eine solche uns dem fortwährenden Leben vor den Augen Anderer, folglich der steten Berücksichtigung ihrer etwanigen Meinung entzieht und dadurch uns uns selber zurückgiebt. Imgleichen würden wir sehr vielem realen Unglück entgehn, in welches nur jenes rein ideale Streben, richtiger jene heillose Thorheit, uns zieht, würden auch viel mehr Sorgfalt für solide Güter übrig behalten und dann auch diese ungestöhrter genießen. Aber, wie gesagt, *χαλεπα τα καλα*.

Die hier geschilderte Thorheit unsrer Natur treibt hauptsächlich drei Sprößlinge: Ehrgeiz, Eitelkeit und Stolz. Zwischen diesen zwei letzteren beruht der Unterschied darauf, daß der Stolz die bereits feststehende Ueberzeugung vom eigenen überwiegenden Werthe, in irgend einer Hinsicht, ist; EITELKEIT hingegen der Wunsch, in Andern eine solche Ueberzeugung zu erwecken, meistens begleitet von der stillen Hoffnung, sie, in Folge davon, auch selbst zu der seinigen machen zu können. Demnach ist Stolz die von INNEN ausgehende, folglich direkte Hochschätzung seiner selbst; hingegen Eitelkeit das Streben, solche von AUSSEN her, also indirekt zu erlangen. Dem entsprechend macht die Eitelkeit gesprächig, der Stolz schweigsam. – Stolz ist nicht wer will, sondern höchstens kann wer will Stolz affektiren, wird aber aus dieser, wie aus jeder angenommenen Rolle bald herausfallen. Denn nur die feste, innere, unerschütterliche Ueberzeugung von überwiegenden Vorzügen und besonderm Werthe macht wirklich stolz. Diese Ueberzeugung mag nun irrig seyn, oder auch auf bloß äußerlichen und konventionellen Vorzügen beruhen; – das schadet dem Stolze nicht, wenn sie nur wirklich und ernstlich vorhanden ist. Weil also der Stolz seine Wurzel in der UEBERZEUGUNG hat, steht er, wie alle Erkenntniß, nicht in unsrer WILLKÜR. Sein schlimmster Feind, ich meyne sein größtes Hinderniß, ist die Eitelkeit, als welche um den Beifall Anderer buhlt, um die eigene hohe Meinung von sich erst darauf zu gründen, in welcher bereits ganz fest zu seyn die Voraussetzung des Stolzes ist.

So sehr nun auch durchgängig der Stolz getadelt und verschrien wird; so vermuthe ich doch, daß dies hauptsächlich von Solchen ausgegangen ist, die nichts haben, darauf sie stolz seyn könnten. Der Unverschämtheit und Dummdreistigkeit der meisten Menschen gegenüber, thut Jeder, der irgend welche Vorzüge hat, ganz wohl, sie selbst im Auge zu behalten, um nicht sie gänzlich in Vergessenheit gerathen zu lassen: denn wer, solche gutmüthig ignorirend, mit Jenen sich gerirt, als wäre er ganz ihres Gleichen, den werden sie treuherzig sofort dafür halten. Am meisten aber möchte ich solches Denen anempfehlen, deren Vorzüge von der höchsten Art, d.h. reale, und also rein persönliche sind, da diese nicht, wie Orden und Titel, jeden Augenblick durch sinnliche Einwirkung in Erinnerung gebracht werden: denn sonst werden sie oft genug das *sus Minervam* exemplificirt sehn. »Scherze mit dem Sklaven; bald wird er dir den Hintern zeigen« – ist ein vortreffliches Arabisches Sprichwort, und das Horazische *sume superbiam, quaesitam meritis* ist nicht zu verwerfen. Wohl aber ist die Tugend der Bescheidenheit eine erkleckliche Erfindung für die Lumpe; da ihr gemäß Jeder von sich zu reden hat, als wäre auch er ein solcher, welches herrlich nivellirt, indem es dann so herauskommt, als gäbe es überhaupt nichts als Lumpe.

Die wohlfeilste Art des Stolzes hingegen ist der Nationalstolz. Denn er verräth in dem damit Behafteten den Mangel an INDIVIDUELLEN Eigenschaften, auf die er stolz seyn könnte, indem er sonst nicht zu Dem greifen würde, was er mit so vielen Millionen theilt. Wer bedeutende persönliche Vorzüge besitzt, wird vielmehr die Fehler seiner eigenen Nation, da er sie beständig vor Augen hat, am deutlichsten erkennen. Aber jeder erbärmliche Tropf, der nichts in der Welt hat, darauf er stolz seyn könnte, ergreift das letzte Mittel, auf die Nation, der er gerade angehört, stolz zu seyn: hieran erholt er sich und ist nun dankbarlich bereit, alle Fehler und Thorheiten, die ihr eigen sind, *πυξ και λαξ* zu vertheidigen. Daher wird man z.B. unter funfzig Engländern kaum mehr, als Einen finden, welcher miteinstimmt, wenn man von der stupiden und degradirenden Bigotterie seiner Nation mit gebürender Verachtung spricht: der Eine aber pflegt ein Mann von Kopf zu seyn. – Die Deutschen sind frei von Nationalstolz und legen hiedurch einen Beweis der ihnen nachgerühmten Ehrlichkeit ab; vom Gegentheil aber Die unter ihnen, welche einen solchen vorgeben und lächerlicher Weise affektiren; wie Dies zumeist die »deutschen Brüder« und Demokraten thun, die dem Volke schmeicheln, um es zu verführen. Es heißt zwar, die Deutschen hätten das Pulver erfunden: ich kann jedoch dieser Meinung nicht beitreten. Und Lichtenberg frägt: »warum giebt sich nicht leicht jemand, der es nicht ist, für einen Deutschen aus, sondern gemeiniglich, wenn er sich für etwas ausgeben will, für einen Franzosen oder Engländer?« Uebrigens überwiegt die Individualität bei Weitem die Nationalität, und in einem gegebenen Menschen verdient jene tausend Mal mehr Berücksichtigung, als diese. Dem Nationalcharakter wird, da er von der Menge redet, nie viel Gutes ehrlicherweise nachzurühmen seyn. Vielmehr erscheint nur die menschliche Beschränktheit, Verkehrtheit und Schlechtigkeit in jedem Lande in einer andern Form und diese nennt man den Nationalcharakter. Von EINEM derselben degoutirt loben wir den andern, bis es uns mit ihm eben so ergangen ist. – Jede Nation spottet über die andere, und alle haben Recht. –

Der Gegenstand dieses Kapitels, also was wir in der Welt VORSTELLEN, d.h. in den Augen Anderer sind, läßt sich nun, wie schon oben bemerkt, eintheilen in EHRE, RANG UND RUHM.

Der RANG, so wichtig er in den Augen des großen Haufens und

der Philister, und so groß sein Nutzen im Getriebe der Staatsmaschine seyn mag, läßt sich, für unsern Zweck, mit wenigen Worten abfertigen. Es ist ein konventioneller, d. h. eigentlich ein simulirter Werth: seine Wirkung ist eine simulirte Hochachtung, und das Ganze eine Komödie für den großen Haufen. – Orden sind Wechselbriefe, gezogen auf die öffentliche Meinung: ihr Werth beruht auf dem Kredit des Ausstellers. Inzwischen sind sie, auch ganz abgesehn von dem vielen Gelde, welches sie, als Substitut pekuniärer Belohnungen, dem Staat ersparen, eine ganz zweckmäßige Einrichtung; vorausgesetzt, daß ihre Vertheilung mit Einsicht und Gerechtigkeit geschehe. Der große Haufe nämlich hat Augen und Ohren, aber nicht viel mehr, zumal blutwenig Urtheilskraft und selbst wenig Gedächtniß. Manche Verdienste liegen ganz außerhalb der Sphäre seines Verständnisses, andere versteht und bejubelt er, bei ihrem Eintritt, hat sie aber nachher bald vergessen. Da finde ich es ganz passend, durch Kreuz oder Stern, der Menge jederzeit und überall zuzurufen: »der Mann ist nicht eures Gleichen: er hat Verdienste!« Durch ungerechte, oder urtheilslose, oder übermäßige Vertheilung verlieren aber die Orden diesen Werth; daher ein Fürst mit ihrer Ertheilung so vorsichtig seyn sollte, wie ein Kaufmann mit dem Unterschreiben der Wechsel. Die Inschrift *pour le mérite* auf einem Kreuze ist ein Pleonasmus: jeder Orden sollte *pour le mérite* seyn, – *ça va sans dire*. –

Viel schwerer und weitläuftiger, als die des Ranges, ist die Erörterung der Ehre. Zuvörderst hätten wir sie zu definiren. Wenn ich nun in dieser Absicht etwan sagte: die Ehre ist das äußere Gewissen, und das Gewissen die innere Ehre; – so könnte Dies vielleicht Manchem gefallen; würde jedoch mehr eine glänzende, als eine deutliche und gründliche Erklärung seyn. Daher sage ich: die Ehre ist, objektiv, die Meinung Anderer von unserm Werth, und subjektiv, unsere Furcht vor dieser Meinung. In letzterer Eigenschaft hat sie oft eine sehr heilsame, wenn auch keineswegs rein moralische Wirkung, – im Mann von Ehre.

Die Wurzel und der Ursprung des jedem, nicht ganz verdorbenen Menschen einwohnenden Gefühls für Ehre und Schande, wie auch des hohen Werthes, welcher ersterer zuerkannt wird, liegt in Folgendem. Der Mensch für sich allein vermag gar wenig und ist ein verlassener Robinson: nur in der Gemeinschaft mit den andern ist und vermag er viel. Dieses Verhältnisses wird er inne, sobald sein Bewußtseyn sich irgend zu entwickeln anfängt, und alsbald entsteht in ihm das Bestreben, für ein taugliches Mitglied der menschlichen Gesellschaft zu gelten, also für eines, das fähig ist, *pro parte virili* mitzuwirken, und dadurch berechtigt, der Vortheile der menschlichen Gemeinschaft theilhaft zu werden. Ein solches nun ist er dadurch, daß er, erstlich, Das leistet, was man von Jedem überall, und sodann Das, was man von ihm in der besondern Stelle, die er eingenommen hat, fordert und erwartet. Eben so bald aber erkennt er, daß es hiebei nicht darauf ankommt, daß er es in seiner eigenen, sondern daß er es in der Meinung der Anderen sei. Hieraus entspringt demnach sein eifriges Streben nach der günstigen MEINUNG Anderer und der hohe Werth, den er auf diese legt: Beides zeigt sich mit der Ursprünglichkeit eines angeborenen Gefühls, welches man Ehrgefühl und, nach Umständen, Gefühl der Schaam *(verecundia)* nennt. Dieses ist es, was seine Wangen röthet, sobald er glaubt, plötzlich in der Meinung Anderer verlieren zu müssen, selbst wo er sich unschuldig weiß; sogar da, wo der sich aufdeckende Mangel eine nur relative, nämlich willkürlich übernommene Verpflichtung betrifft: und andrerseits stärkt nichts seinen Lebensmuth mehr, als die erlangte, oder erneuerte Gewißheit von der günstigen Meinung Anderer; weil sie ihm den Schutz und die Hülfe der vereinten Kräfte Aller verspricht, welche eine unendlich größere Wehrmauer gegen die Uebel des Lebens sind, als seine eigenen.

Aus den verschiedenen Beziehungen, in denen der Mensch zu Andern stehn kann und in Hinsicht auf welche sie Zutrauen zu ihm, also eine gewisse gute Meinung von ihm, zu hegen haben, entstehn mehrere ARTEN DER EHRE. Diese Beziehungen sind hauptsächlich das Mein und Dein, sodann die Leistungen der Anheischigen, endlich das Sexualverhältniß: ihnen entsprechen die bürgerliche Ehre, die Amtsehre und die Sexualehre, jede von welchen noch wieder Unterarten hat.

Die weiteste Sphäre hat die BÜRGERLICHE EHRE: sie besteht in der

Voraussetzung, daß wir die Rechte eines Jeden unbedingt achten und daher uns nie ungerechter, oder gesetzlich unerlaubter Mittel zu unserm Vortheile bedienen werden. Sie ist die Bedingung zur Theilnahme an allem friedlichen Verkehr. Sie geht verloren durch eine einzige offenbar und stark dawider laufende Handlung, folglich auch durch jede Kriminalstrafe; wiewohl nur unter Voraussetzung der Gerechtigkeit derselben. Immer aber beruht die Ehre, in ihrem letzten Grunde, auf der Ueberzeugung von der Unveränderlichkeit des moralischen Charakters, vermöge welcher eine einzige schlechte Handlung die gleiche moralische Beschaffenheit aller folgenden, sobald ähnliche Umstände eintreten werden, verbürgt: dies bezeugt auch der Englische Ausdruck *character* für Ruf, Reputation, Ehre. Deshalb eben ist die verlorene Ehre nicht wiederherzustellen; es sei denn, daß der Verlust auf Täuschung, wie Verläumdung, oder falschen Schein, beruht hätte. Demgemäß giebt es Gesetze gegen Verläumdung, Pasquille, auch Injurien: denn die Injurie, das bloße Schimpfen, ist eine summarische Verläumdung, ohne Angabe der Gründe: dies ließe sich Griechisch gut ausdrücken: *εστι ἡ λοιδορια διαβολη συντομος,* – welches jedoch nirgends vorkommt. Freilich legt Der, welcher schimpft, dadurch an den Tag, daß er nichts Wirkliches und Wahres gegen den Andern vorzubringen hat; da er sonst Dieses als die Prämissen geben und die Konklusion getrost den Hörern überlassen würde; statt dessen er die Konklusion giebt und die Prämissen schuldig bleibt: allein er verläßt sich auf die Präsumtion, daß Dies nur beliebter Kürze halber geschehe.

Die Ehre hat, in gewissem Sinne, einen negativen Charakter, nämlich im Gegensatz des Ruhmes, der einen positiven Charakter hat. Denn die Ehre ist nicht die Meinung von besondern, diesem Subjekt allein zukommenden Eigenschaften, sondern nur von den, der Regel nach, vorauszusetzenden, als welche auch ihm nicht abgehn sollen. Sie besagt daher nur, daß dies Subjekt keine Ausnahme mache; während der Ruhm besagt, daß es eine mache. Ruhm muß daher erst erworben werden: die Ehre hingegen braucht bloß nicht verloren zu gehn. Dem entsprechend ist Ermangelung des Ruhmes Obskurität, ein Negatives; Ermangelung der

Ehre ist Schande, ein Positives. – Diese Negativität darf aber nicht mit Passivität verwechselt werden: vielmehr hat die Ehre einen ganz aktiven Charakter. Sie geht nämlich allein von dem SUBJEKT derselben aus, beruht auf SEINEM Thun und Lassen, nicht aber auf Dem, was Andere thun und was ihm widerfährt: sie ist also *των εφ' ἡμιν*. Dies ist, wie wir bald sehn werden, ein Unterscheidungsmerkmal der wahren Ehre von der ritterlichen, oder Afterehre. Bloß durch Verläumdung ist ein Angriff von außen auf die Ehre möglich: das einzige Gegenmittel ist Widerlegung derselben, mit ihr angemessener Oeffentlichkeit und Entlarvung des Verläumders.

Die Achtung vor dem Alter scheint darauf zu beruhen, daß die Ehre junger Leute zwar als Voraussetzung angenommen, aber noch nicht erprobt ist, daher eigentlich auf Kredit besteht. Bei den Aelteren aber hat es sich im Laufe des Lebens ausweisen müssen, ob sie, durch ihren Wandel, ihre Ehre behaupten konnten. Denn weder die Jahre an sich, als welche auch Thiere, und einige in viel höherer Zahl, erreichen, noch auch die Erfahrung, als bloße, nähere Kenntniß vom Laufe der Welt, sind hinreichender Grund für die Achtung der Jüngeren gegen die Aelteren, welche doch überall gefordert wird: die bloße Schwäche des höheren Alters würde mehr auf Schonung, als auf Achtung Anspruch geben. Merkwürdig aber ist es, daß dem Menschen ein gewisser Respekt vor weißen Haaren angeboren und daher wirklich instinktiv ist. Runzeln, ein ungleich sichereres Kennzeichen des Alters, erregen diesen Respekt keineswegs: nie wird von ehrwürdigen Runzeln, aber stets vom ehrwürdigen weißen Haare geredet.

Der Werth der Ehre ist nur ein mittelbarer. Denn, wie bereits am Eingang dieses Kapitels auseinandergesetzt ist, die Meinung Anderer von uns kann nur insofern Werth für uns haben, als sie ihr Handeln gegen uns bestimmt, oder gelegentlich bestimmen kann. Dies ist jedoch der Fall, so lange wir mit oder unter Menschen leben. Denn, da wir, im civilisirten Zustande, Sicherheit und Besitz nur der Gesellschaft verdanken, auch der Anderen, bei allen Unternehmungen, bedürfen und sie Zutrauen zu uns haben müssen, um sich mit uns einzulassen; so ist ihre Meinung von uns von hohem, wiewohl immer nur mittelbarem Werthe für uns: einen unmittelbaren kann ich ihr nicht zuerkennen. In Uebereinstimmung hiermit sagt auch CICERO: *de bona autem fama Chrysippus quidem et Diogenes, detracta utilitate, ne digitum quidem, ejus causa, porrigendum esse dicebant. Quibus ego vehementer assentior. (fin. III, 17.)* Imgleichen giebt eine weitläuftige Auseinandersetzung dieser Wahrheit HELVETIUS, in seinem Meisterwerke, *de l'esprit (Disc. III, ch. 13)*, deren Resultat ist: *nous n'aimons pas l'estime pour l'estime, mais uniquement pour les avantages qu'elle procure.* Da nun das Mittel nicht mehr werth seyn kann, als der Zweck; so ist der Paradespruch »die Ehre geht über das Leben«, wie gesagt, eine Hyperbel.

Soviel von der bürgerlichen Ehre. Von der AMTSEHRE hätte ich nichts zu sagen, als was genugsam bekannt ist. Hingegen scheint mir die SEXUALEHRE einer näheren Betrachtung und Zurückführung ihrer Grundsätze auf die Wurzel derselben zu bedürfen, welche zugleich bestätigen wird, daß alle Ehre zuletzt auf Nützlichkeitsrücksichten beruht.

Die SEXUALEHRE zerfällt, ihrer Natur nach, in Weiber- und Männer-Ehre, und ist von beiden Seiten ein wohlverstandener *esprit de corps*. Die erstere ist bei Weitem die wichtigste von beiden; weil im weiblichen Leben das Sexualverhältniß die Hauptsache ist. – Die WEIBLICHE EHRE also ist die allgemeine Meinung von einem Mädchen, daß sie sich gar keinem Manne, und von einer Frau, daß sie sich nur dem ihr angetrauten hingegeben habe. Die Wichtigkeit dieser Meinung beruht auf Folgendem. Das weibliche Geschlecht verlangt und erwartet vom männlichen Alles, nämlich Alles, was es wünscht und braucht: das männliche verlangt vom weiblichen zunächst und unmittelbar nur Eines. Daher mußte die Einrichtung getroffen werden, daß das männliche Geschlecht vom weiblichen jenes Eine nur erlangen kann gegen Uebernahme der Sorge für Alles und zudem für die aus der Verbindung entspringenden Kinder: auf dieser Einrichtung beruht die Wohlfahrt des ganzen weiblichen Geschlechts. Um sie durchzusetzen, muß nothwendig das weibliche Geschlecht zusammenhalten und *esprit de corps* beweisen. Dann aber steht es als ein Ganzes und in geschlossener Reihe dem gesammten männlichen Geschlechte, welches durch das Uebergewicht seiner Körper- und Geisteskräfte von Natur im Besitz aller irdischen Güter ist, als dem gemeinschaftlichen Feinde gegenüber, der besiegt und erobert werden muß, um, mittelst seines Besitzes, in den Besitz der irdischen Güter zu gelangen. Zu diesem Ende nun ist die Ehrenmaxime des ganzen weiblichen Geschlechts, daß dem männlichen jeder uneheliche Beischlaf durchaus versagt bleibe; damit jeder Einzelne zur Ehe, als welche eine Art von Kapitulation ist, gezwungen und dadurch das ganze weibliche Geschlecht versorgt werde. Dieser Zweck kann aber nur vermittelst strenger Beobachtung der obigen Maxime vollkommen erreicht werden: daher wacht das ganze weibliche Geschlecht, mit wahrem *esprit de corps*, über die Aufrechthaltung derselben unter allen seinen Mitgliedern. Demgemäß wird jedes Mädchen, welches durch unehelichen Beischlaf einen Verrath gegen das ganze weibliche Geschlecht begangen hat, weil dessen Wohlfahrt durch das Allgemeinwerden dieser Handlungsweise untergraben werden würde, von demselben ausgestoßen und mit Schande belegt: es hat seine Ehre verloren. Kein Weib darf mehr mit ihm umgehn: es wird, gleich einer Verpesteten, gemieden. Das gleiche Schicksal trifft die Ehebrecherin; weil diese dem Manne die von ihm eingegangene Kapitulation nicht gehalten hat, durch solches Beispiel aber die Männer vom Eingehen derselben abgeschreckt werden; während auf ihr das Heil des ganzen weiblichen Geschlechts beruht. Aber noch überdies verliert die Ehebrecherin, wegen der groben Wortbrüchigkeit und des Betruges in ihrer That, mit der Sexualehre zugleich die bürgerliche. Daher sagt man wohl mit einem entschuldigenden Ausdruck, »ein gefallenes Mädchen«, aber nicht »eine gefallene Frau«, und der Verführer kann Jene, durch die Ehe, wieder ehrlich machen; nicht so der Ehebrecher diese, nachdem sie geschieden worden. – Wenn man nun, in Folge dieser klaren Einsicht, einen zwar heilsamen, ja nothwendigen, aber wohlberechneten und auf Interesse gestützten *esprit de corps* als die Grundlage des Princips der weiblichen Ehre erkennt; so wird man dieser zwar die größte Wichtigkeit für das weibliche Daseyn und daher einen großen relativen, jedoch keinen absoluten, über das Leben und seine Zwecke hinausliegenden und demnach mit diesem selbst zu erkaufenden Werth beilegen können. Demnach nun wird man den überspannten, zu tragischen Farcen ausartenden Thaten der Lukretia und des Virginius keinen Beifall schenken können. Daher eben hat der Schluß der Emilia Galotti etwas so Empörendes, daß man das Schauspielhaus in völliger Verstimmung verläßt. Hingegen kann man nicht umhin, der Sexualehre zum Trotz, mit dem Klärchen des Egmont zu sympathisiren. Jenes auf die Spitze Treiben des weiblichen Ehrenprincips gehört, wie so Manches, zum Vergessen des Zwecks über die Mittel: denn der Sexualehre wird, durch solche Ueberspannung, ein absoluter Werth angedichtet; während sie, noch mehr als alle andere Ehre, einen bloß relativen hat; ja, man möchte sagen einen bloß konventionellen, wenn man aus dem *Thomasius de concubinatu* ersieht, wie in fast allen Ländern und Zeiten, bis zur Lutherischen Reformation, das Konkubinat ein gesetzlich erlaubtes und anerkanntes Verhältniß gewesen ist, bei welchem die Konkubine ehrlich blieb; der Mylitta zu Babylon (Herodot I, 199.) u. s. w. gar nicht zu gedenken. Auch giebt es allerdings bürgerliche Verhältnisse, welche die äußere Form der Ehe unmöglich machen, besonders in katholischen Ländern, wo keine Scheidung stattfindet; überall aber für regierende Herren, als welche, meiner Meinung nach, viel moralischer handeln, wenn sie eine Mätresse halten, als wenn sie eine morganatische Ehe eingehen, deren Descendenz, beim etwanigen Aussterben der legitimen, einst Ansprüche erheben könnte; weshalb, sei es auch noch so entfernt, durch solche Ehe die Möglichkeit eines Bürgerkrieges herbeigeführt wird. Ferner ist zu erwägen, daß Jeder im Lande das Weib seiner Wahl ehelichen kann, bis auf Einen, dem dieses natürliche Recht benommen ist: dieser arme Mann ist der Fürst. Seine Hand gehört dem Lande und wird nach der Staatsräson, d. h. dem Wohl des Landes gemäß, vergeben. Nun aber ist er doch ein Mensch und will auch ein Mal dem Hange seines Herzens folgen. Daher ist es so ungerecht und undankbar, wie es spießbürgerlich ist, dem Fürsten das Halten einer Mätresse verwehren, oder vorwerfen zu wollen; versteht sich, so lange ihr kein Einfluß auf die Regierung gestattet wird. Auch ihrerseits ist eine solche Mätresse, hinsichtlich der Sexualehre, gewissermaaßen eine

Ausnahmsperson, eine Eximirte von der allgemeinen Regel: denn sie hat sich bloß einem Manne ergeben, der sie und den sie lieben, aber nimmermehr heirathen konnte. – Ueberhaupt aber zeugen von dem nicht rein natürlichen Ursprunge des weiblichen Ehrenprincips die vielen blutigen Opfer, welche demselben gebracht werden, – im Kindermorde und Selbstmorde der Mütter. Allerdings begeht ein Mädchen, die sich ungesetzlich Preis giebt, dadurch einen Treuebruch gegen ihr ganzes Geschlecht: jedoch ist diese Treue nur stillschweigend angenommen und nicht beschworen. Und da, im gewöhnlichen Fall, ihr eigener Vortheil am unmittelbarsten darunter leidet, so ist ihre Thorheit dabei unendlich größer, als ihre Schlechtigkeit.

Die Geschlechtsehre der Männer wird durch die der Weiber hervorgerufen, als der entgegengesetzte *esprit de corps*, welcher verlangt, daß Jeder, der die dem Gegenpart so sehr günstige Kapitulation, die Ehe, eingegangen ist, jetzt darüber wache, daß sie ihm gehalten werde; damit nicht selbst dieses Paktum, durch das Einreißen einer laxen Observanz desselben, seine Festigkeit verliere und die Männer, indem sie Alles hingeben, nicht ein Mal des Einen versichert seien, was sie dafür erhandeln, des Alleinbesitzes des Weibes. Demgemäß fordert die Ehre des Mannes, daß er den Ehebruch seiner Frau ahnde und, wenigstens durch Trennung von ihr, strafe. Duldet er ihn wissentlich, so wird er von der Männergemeinschaft mit Schande belegt: jedoch ist diese lange nicht so durchgreifend, wie die durch den Verlust der Geschlechtsehre das Weib treffende; weil beim Manne die Geschlechtsbeziehung eine untergeordnete ist, indem er in noch vielen andern und wichtigeren steht. Die zwei großen dramatischen Dichter der neuern Zeit haben, jeder zwei Mal, diese Männerehre zu ihrem Thema genommen: Shakespeare, im Othello und im Wintermährchen, und Calderon, in *el medico de su honra* (der Arzt seiner Ehre) und *a secreto agravio secreta venganza* (für geheime Schmach geheime Rache). Uebrigens fordert diese Ehre nur die Bestrafung des Weibes, nicht die ihres Buhlen; welche bloß ein *opus supererogationis* ist: hiedurch bestätigt sich der angegebene Ursprung derselben aus dem *esprit de corps* der Männer. –

Die Ehre, wie ich sie bis hieher, in ihren Gattungen und Grundsätzen, betrachtet habe, findet sich bei allen Völkern und zu allen Zeiten als allgemein geltend; wenn gleich der Weiberehre sich einige lokale und temporäre Modifikationen ihrer Grundsätze nachweisen lassen. Hingegen giebt es noch eine von jener allgemein und überall gültigen gänzlich verschiedene Gattung der Ehre, von welcher weder Griechen noch Römer einen Begriff hatten, so wenig wie Chinesen, Hindu und Mohammedaner bis auf den heutigen Tag, irgend etwas von ihr wissen. Denn sie ist erst im Mittelalter entstanden und bloß im christlichen Europa einheimisch geworden, ja, selbst hier nur unter einer äußerst kleinen Fraktion der Bevölkerung, nämlich unter den höhern Ständen der Gesellschaft und was ihnen nacheifert. Es ist die RITTERLICHE EHRE, oder das *point d'honneur.* Da ihre Grundsätze von denen der bis hieher erörterten Ehre gänzlich verschieden, sogar diesen zum Theil entgegengesetzt sind; so will ich dieselben hier besonders aufstellen, als einen Kodex, oder Spiegel der ritterlichen Ehre.

1) Die Ehre besteht NICHT in der Meinung Anderer von unserm Werth, sondern ganz allein in den AEUSSERUNGEN einer solchen Meinung; gleichviel ob die geäußerte Meinung wirklich vorhanden sei, oder nicht; geschweige, ob sie Grund habe. Demnach mögen Andere, in Folge unsers Lebenswandels, eine noch so schlechte Meinung von uns hegen, uns noch so sehr verachten; so lange nur Keiner sich untersteht, solches laut zu äußern, schadet es der Ehre durchaus nicht. Umgekehrt aber, wenn wir auch durch unsere Eigenschaften und Handlungen alle Andern zwingen, uns sehr hoch zu achten (denn das hängt nicht von ihrer Willkür ab); so darf dennoch nur irgend Einer, – und wäre es der Schlechteste und Dümmste –, seine Geringschätzung über uns aussprechen, und alsbald ist unsere Ehre verletzt, ja, sie ist auf immer verloren; wenn sie nicht wieder hergestellt wird. – Ein überflüssiger Beleg dazu, daß es keineswegs auf die MEINUNG Anderer, sondern allein auf die AEUSSERUNG einer solchen ankomme, ist der, daß Verunglimpfungen ZURÜCKGENOMMEN, nöthigenfalls abgebeten werden können, wodurch es dann ist, als wären sie nie geschehn: ob dabei die Meinung, aus der sie entsprungen, sich ebenfalls geändert habe

und weshalb dies geschehn seyn sollte, thut nichts zur Sache: nur die Aeußerung wird annullirt, und dann ist Alles gut. Hier ist es demnach nicht darauf abgesehn, Respekt zu verdienen, sondern ihn zu ertrotzen.

2) Die Ehre eines Mannes beruht nicht auf Dem, was er THUT, sondern auf Dem, was er LEIDET, was ihm widerfährt. Wenn, nach den Grundsätzen der zuerst erörterten, allgemein geltenden Ehre, diese allein abhängt von Dem, was ER SELBST sagt, oder thut; so hängt hingegen die ritterliche Ehre ab von Dem, was irgend ein Anderer sagt, oder thut. Sie liegt sonach in der Hand, ja, hängt an der Zungenspitze eines Jeden, und kann, wenn dieser zugreift, jeden Augenblick auf immer verloren gehn, falls nicht der Betroffene, durch einen bald zu erwähnenden Herstellungsprozeß, sie wieder an sich reißt, welches jedoch nur mit Gefahr seines Lebens, seiner Gesundheit, seiner Freiheit, seines Eigenthums und seiner Gemüthsruhe geschehn kann. Diesem zufolge mag das Thun und Lassen eines Mannes das rechtschaffenste und edelste, sein Gemüth das reinste und sein Kopf der eminenteste seyn; so kann dennoch seine Ehre jeden Augenblick verloren gehn, sobald es nämlich irgend Einem, – der nur noch nicht diese Ehrengesetze verletzt hat, übrigens aber der nichtswürdigste Lump, das stupideste Vieh, ein Tagedieb, Spieler, Schuldenmacher, kurz, ein Mensch, der nicht werth ist, daß Jener ihn ansieht, seyn kann, – beliebt, ihn zu SCHIMPFEN. Sogar wird es meistentheils gerade ein Subjekt solcher Art seyn, dem Dies beliebt; weil eben, wie SENEKA richtig bemerkt, *ut quisque contemptissimus et ludibrio est, ita solutissimae linguae est (de constantia, 11.)*: auch wird ein Solcher gerade gegen Einen, wie der zuerst Geschilderte, am leichtesten aufgereizt werden; weil die Gegensätze sich hassen und weil der Anblick überwiegender Vorzüge die stille Wuth der Nichtswürdigkeit zu erzeugen pflegt; daher eben Göthe sagt:

> Was klagst du über Feinde?
> Sollten Solche je werden Freunde,
> Denen das Wesen, wie du bist,
> Im Stillen ein ewiger Vorwurf ist?
> W. O. DIVAN.

Man sieht, wie sehr viel gerade die Leute der zuletzt geschilderten Art dem Ehrenprincip zu danken haben; da es sie mit Denen nivellirt, welche ihnen sonst in jeder Beziehung unerreichbar wären. – Hat nun ein Solcher geschimpft, d. h. dem Andern eine schlechte Eigenschaft zugesprochen; so gilt dies, vor der Hand, als ein objektiv wahres und gegründetes Urtheil, ein rechtskräftiges Dekret, ja, es bleibt für alle Zukunft wahr und gültig, wenn es nicht alsbald mit Blut ausgelöscht wird: d.h. der Geschimpfte bleibt (in den Augen aller »Leute von Ehre«) Das, was der Schimpfer (und wäre dieser der letzte aller Erdensöhne) ihn genannt hat: denn er hat es (dies ist der *terminus technicus*) »auf sich sitzen lassen«. Demgemäß werden die »Leute von Ehre« ihn jetzt durchaus verachten, ihn wie einen Verpesteten fliehen, z. B. sich laut und öffentlich weigern, in eine Gesellschaft zu gehn, wo er Zutritt hat, u. s. w. – Den Ursprung dieser weisen Grundansicht glaube ich mit Sicherheit darauf zurückführen zu können, daß (nach C. G. von Wächters »Beiträge zur deutschen Geschichte, besonders des deutschen Strafrechts« 1845) im Mittelalter, bis ins 15. Jahrhundert, bei Kriminalprocessen, nicht der Ankläger die Schuld, sondern der Angeklagte seine Unschuld zu beweisen hatte. Dies konnte geschehn durch einen Reinigungseid, zu welchem er jedoch noch der Eideshelfer *(consacramentales)* bedurfte, welche schworen, sie seien überzeugt, daß er keines Meineides fähig sei. Hatte er diese nicht, oder ließ der Ankläger sie nicht gelten; so trat Gottesurtheil ein und dieses bestand gewöhnlich im Zweikampf. Denn der Angeklagte war jetzt ein »Bescholtener« und hatte sich zu reinigen. Wir sehn hier den Ursprung des Begriffs des Bescholtenseyns und des ganzen Hergangs der Dinge, wie er noch heute unter den »Leuten von Ehre« Statt findet, nur mit Weglassung des Eides. – So viel, was das Schimpfen betrifft. Nun aber giebt es sogar noch etwas Aergeres, als Schimpfen, etwas so Erschreckliches, daß ich wegen dessen bloßer Erwähnung in diesem Kodex der ritterlichen Ehre, die »Leute von Ehre« um Verzeihung zu bitten habe, da ich weiß, daß beim bloßen Gedanken daran ihnen die Haut schaudert und ihr Haar sich emporsträubt, indem es das *summum malum*, der Uebel größtes auf der Welt, und ärger als Tod und Verdammniß ist. Es kann nämlich, *horribile dictu*, Einer dem Andern einen Klaps, oder Schlag versetzen. Dies ist eine entsetzliche Begebenheit und führt einen so kompleten Ehrentod herbei, daß, wenn alle andern Verletzungen der Ehre schon durch Blutlassen zu heilen sind, diese zu ihrer gründlichen Heilung einen kompleten Todschlag erfordert.

3) Die Ehre hat mit Dem, was der Mensch an und für sich seyn mag, oder mit der Frage, ob seine moralische Beschaffenheit sich jemals ändern könne, und allen solchen Schulfuchsereien, ganz und gar nichts zu thun; sondern wann sie verletzt, oder vor der Hand verloren ist, kann sie, wenn man nur schleunig dazuthut, recht bald und vollkommen wiederhergestellt werden, durch ein einziges Universalmittel, das Duell. Ist jedoch der Verletzer nicht aus den Ständen, die sich zum Kodex der ritterlichen Ehre bekennen, oder hat derselbe diesem schon ein Mal zuwider gehandelt; so kann man, zumal wenn die Ehrenverletzung eine thätliche, aber auch wenn sie eine bloß wörtliche gewesen seyn sollte, eine sichere Operation vornehmen, indem man, wenn man bewaffnet ist, ihn auf der Stelle, allenfalls auch noch eine Stunde nachher, niedersticht; wodurch dann die Ehre wieder heil ist. Außerdem aber, oder wenn man, aus Besorgniß vor daraus entstehenden Unannehmlichkeiten, diesen Schritt vermeiden möchte, oder wenn man bloß ungewiß ist, ob der Beleidiger sich den Gesetzen der ritterlichen Ehre unterwerfe, oder nicht, hat man ein Palliativmittel, an der »Avantage«. Diese besteht darin, daß, wenn er grob gewesen ist, man noch merklich gröber sei: geht dies mit Schimpfen nicht mehr an, so schlägt man drein und zwar ist auch hier ein Klimax der Ehrenrettung: Ohrfeigen werden durch Stockschläge kurirt, diese durch Hetzpeitschenhiebe: selbst gegen Letztere wird von Einigen das Anspucken als probat empfohlen. Nur wenn man mit diesen Mitteln nicht mehr zur Zeit kommt, muß durchaus zu blutigen Operationen geschritten werden. Diese Palliativmethode hat ihren Grund eigentlich in der folgenden Maxime.

4) Wie Geschimpftwerden eine Schande, so ist Schimpfen eine Ehre. Z. B. auf der Seite meines Gegners sei Wahrheit, Recht und Vernunft; ich aber schimpfe; so müssen diese Alle einpacken, und

Recht und Ehre ist auf meiner Seite: er hingegen hat vorläufig seine Ehre verloren, – bis er sie herstellt, nicht etwan durch Recht und Vernunft, sondern durch Schießen und Stechen. Demnach ist die Grobheit eine Eigenschaft, welche, im Punkte der Ehre, jede andere ersetzt, oder überwiegt: der Gröbste hat allemal Recht: *quid multa?* Zeigt etwan in einer Diskussion, oder sonst im Gespräch ein Anderer richtigere Sachkenntniß, strengere Wahrheitsliebe, gesünderes Urtheil, mehr Verstand, als wir, oder überhaupt, läßt er geistige Vorzüge blicken, die uns in Schatten stellen; so können wir alle dergleichen Ueberlegenheiten und unsere eigene durch sie aufgedeckte Dürftigkeit sogleich aufheben und nun umgekehrt selbst überlegen seyn, indem wir beleidigend und grob werden. Denn eine Grobheit besiegt jedes Argument und eklipcirt allen Geist: wenn daher nicht etwan der Gegner sich darauf einläßt und sie mit einer größeren erwidert, wodurch wir in den edelen Wettkampf der Avantage gerathen; so bleiben wir Sieger und die Ehre ist auf unserer Seite: Wahrheit, Kenntniß, Verstand, Geist, Witz müssen einpacken und sind aus dem Felde geschlagen von der göttlichen Grobheit. Daher werden »Leute von Ehre«, sobald Jemand eine Meinung äußert, die von der ihrigen abweicht, oder auch nur mehr Verstand zeigt, als sie ins Feld stellen können, sogleich Miene machen, jenes Kampfroß zu besteigen. Man sieht schon hier, wie sehr mit Recht dem Ehrenprincip die Veredelung des Tones in der Gesellschaft nachgerühmt wird. – Diese Maxime beruht nun wieder auf der folgenden, welche die eigentliche Grundmaxime und die Seele des ganzen Kodex ist.

5) Der oberste Richterstuhl des Rechts, an den man, in allen Differenzen, von jedem andern, soweit es die Ehre betrifft, appelliren kann, ist der der physischen Gewalt, d. h. der Thierheit. Denn jede Grobheit ist eigentlich eine Appellation an die Thierheit, indem sie den Kampf der geistigen Kräfte, oder des moralischen Rechts, für inkompetent erklärt und an deren Stelle den Kampf der physischen Kräfte setzt, welcher bei der Species Mensch, die von FRANKLIN ein *toolmaking animal* (Werkzeuge verfertigendes Thier) definirt wird, mit den ihr demnach eigenthümlichen Waffen, im Duell, vollzogen

wird und eine unwiderrufliche Entscheidung herbeiführt. – Diese Grundmaxime wird bekanntlich, mit Einem Worte, durch den Ausdruck FAUSTRECHT, welcher dem Ausdruck ABERWITZ analog und daher, wie dieser, ironisch ist, bezeichnet: demnach sollte, ihm gemäß, die ritterliche Ehre die Faust-Ehre heißen. –

6) Hatten wir, weiter oben, die bürgerliche Ehre sehr skrupulös gefunden im Punkte des Mein und Dein, der eingegangenen Verpflichtungen und des gegebenen Wortes; so zeigt hingegen der hier in Betrachtung genommene Kodex darin die nobelste Liberalität. Nämlich nur EIN Wort darf nicht gebrochen werden, das Ehrenwort, d. h. das Wort, bei dem man gesagt hat »auf Ehre!« – woraus die Präsumtion entsteht, daß jedes andere Wort gebrochen werden darf. Sogar bei dem Bruch dieses Ehrenworts läßt sich zur Noth die Ehre noch retten, durch das Universalmittel, das Duell, hier mit Denjenigen, welche behaupten, wir hätten das Ehrenwort gegeben. – Ferner: nur EINE Schuld giebt es, die unbedingt bezahlt werden muß, – die Spielschuld, welche auch demgemäß den Namen »Ehrenschuld« führt. Um alle übrigen Schulden mag man Juden und Christen prellen: das schadet der ritterlichen Ehre durchaus nicht. –

Daß nun dieser seltsame, barbarische und lächerliche Kodex der Ehre nicht aus dem Wesen der menschlichen Natur, oder einer gesunden Ansicht menschlicher Verhältnisse hervorgegangen sei, erkennt der Unbefangene auf den ersten Blick. Zudem aber wird es durch den äußerst beschränkten Bereich seiner Geltung bestätigt: dieser nämlich ist ausschließlich Europa und zwar nur seit dem Mittelalter, und auch hier nur beim Adel, Militär und was diesen nacheifert. Denn weder Griechen, noch Römer, noch die hochgebildeten Asiatischen Völker, alter und neuer Zeit, wissen irgend etwas von dieser Ehre und ihren Grundsätzen. Sie alle kennen keine andere Ehre, als die zuerst analysirte. Bei ihnen allen gilt demnach der Mann für Das, wofür sein Thun und Lassen ihn kund giebt, nicht aber für Das, was irgend einer losen Zunge beliebt von ihm zu sagen. Bei ihnen allen kann was Einer sagt, oder thut, wohl seine EIGENE Ehre vernichten, aber nie die eines Andern. Ein Schlag ist bei ihnen allen eben nur ein Schlag, wie jedes Pferd und jeder Esel ihn gefährlicher versetzen kann: er wird, nach Umständen, zum Zorne reizen, auch wohl auf der Stelle gerächt werden: aber mit der Ehre hat er nichts zu thun, und keineswegs wird Buch gehalten, über Schläge, oder Schimpfwörter, nebst der dafür gewordenen, oder aber einzufordern versäumten »Satisfaktion«. An Tapferkeit und Lebensverachtung stehn sie den Völkern des christlichen Europa's nicht nach. Griechen und Römer waren doch wohl ganze Helden: aber sie wußten nichts vom *point d'honneur*. Der Zweikampf war bei ihnen nicht Sache der Edlen im Volke, sondern feiler Gladiatoren, preisgegebener Sklaven und verurtheilter Verbrecher, welche, mit wilden Thieren abwechselnd, auf einander gehetzt wurden, zur Belustigung des Volks. Bei Einführung des Christenthums wurden die Gladiatorenspiele aufgehoben: an ihre Stelle aber ist, in der christlichen Zeit, das Duell getreten. Waren jene ein grausames Opfer, der allgemeinen Schaulust gebracht; so ist dieses ein grausames Opfer, dem allgemeinen Vorurtheil gebracht; aber nicht wie jenes, von Verbrechern, Sklaven und Gefangenen; sondern von Freien und Edeln.

Daß den Alten jenes Vorurtheil völlig fremd war, bezeugen eine Menge uns aufbehaltener Züge. Als z. B. ein Teutonischer Häuptling den MARIUS zum Zweikampf herausgefordert hatte, ließ dieser Held ihm antworten: »wenn er seines Lebens überdrüssig wäre, möge er sich aufhängen«, bot ihm jedoch einen ausgedienten Gladiator an, mit dem er sich herumschlagen könne *(Freinsh. suppl. in Liv. lib. LXVIII. c. 12.)*. Im Plutarch *(Them. 11.)* lesen wir, daß der Flottenbefehlshaber Eurybiades, mit dem Themistokles streitend, den Stock aufgehoben habe, ihn zu schlagen; jedoch nicht, daß dieser darauf den Degen gezogen, vielmehr, daß er gesagt habe: *παταξον μεν ουν, ακουσον δε*: »schlage mich, aber höre mich.« Mit welchem Unwillen muß doch der Leser »von Ehre« hiebei die Nachricht vermissen, daß das Atheniensische Offizierkorps sofort erklärt habe, unter so einem Themistokles nicht ferner dienen zu wollen! – Ganz richtig sagt demnach ein neuerer Französischer Schriftsteller: *si quelqu'un s'avisait de dire que Démosthène fut un homme d'honneur, on sourirait de pitié*; – – – *Cicéron n'était pas un homme d'honneur nonplus. (Soirées littéraires, par*

C. Durand. Rouen 1828. Vol. 2. p. 300.) Ferner zeigt die Stelle im Plato (*de leg.* IX, die letzten 6 Seiten, imgleichen XI *p. 131 Bip.*) über die *αικια*, d. h. Mißhandlungen, zur Genüge, daß die Alten von der Ansicht des ritterlichen Ehrenpunktes bei solchen Sachen keine Ahndung hatten. SOKRATES ist, in Folge seiner häufigen Disputationen, oft thätlich mißhandelt worden, welches er gelassen ertrug: als er einst einen Fußtritt erhielt, nahm er es geduldig hin und sagte Dem, der sich hierüber wunderte: »würde ich denn, wenn mich ein Esel gestoßen hätte, ihn verklagen?« – *(Diog. Laert. II, 21.)*. Als, ein ander Mal, Jemand zu ihm sagte: »schimpft und schmäht dich denn Jener nicht?« war seine Antwort: »nein: denn was er sagt paßt nicht auf mich« *(ibid. 36.)*. – Daß die Alten für eine erhaltene Ohrfeige keine andere Genugthuung kannten, als eine gerichtliche, ist deutlich zu ersehn aus Plato's Gorgias (S. 86. *Bip.*); woselbst auch (S. 133) die Meinung des Sokrates darüber steht. Das Selbe erhellt auch aus dem Berichte des Gellius *(XX, 1.)* von einem gewissen Lucius Veratius, welcher den Muthwillen übte, den ihm auf der Straße begegnenden römischen Bürgern, ohne Anlaß, eine Ohrfeige zu versetzen, in welcher Absicht er, um allen Weitläuftigkeiten darüber vorzubeugen, sich von einem Sklaven mit einem Beutel Kupfermünze begleiten ließ, der den also Ueberraschten sogleich das gesetzmäßige Schmerzensgeld von 25 Aß auszahlte. KRATES, der berühmte Kyniker, hatte vom Musiker Nikodromos eine so starke Ohrfeige erhalten, daß ihm das Gesicht angeschwollen und blutrünstig geworden war: darauf befestigte er an seiner Stirn ein Brettchen, mit der Inschrift *Νικοδρομος εποιει, (Nicodromus fecit)*, wodurch große Schande auf den Flötenspieler fiel, der gegen einen Mann, den ganz Athen wie einen Hausgott verehrte *(Apul. Flor. p. 126. bip.)*, eine solche Brutalität ausgeübt hatte. *(Diog. Laert. VI, 89.)* – Vom DIOGENES aus Sinope haben wir darüber, daß die betrunkenen Söhne der Athener ihn geprügelt hatten, einen Brief an den Melesippus, dem er bedeutet, das habe nichts auf sich. *(Nota Casaub. ad Diog. Laert. VI, 33.)*. –

»Ja«, ruft ihr, »das waren Weise!« – Ihr aber seid Narren? Einverstanden. –

Wir sehn also, daß den Alten das ganze ritterliche Ehrenprincip durchaus unbekannt war, weil sie eben in allen Stücken der unbefangenen, natürlichen Ansicht der Dinge getreu blieben und daher solche sinistre und heillose Fratzen sich nicht einreden ließen. Deshalb konnten sie auch einen Schlag ins Gesicht für nichts Anderes halten, als was er ist, eine kleine physische Beeinträchtigung; während er den Neuern eine Katastrophe und ein Thema zu Trauerspielen geworden ist, z.B. im Cid des Corneille, auch in einem neueren deutschen bürgerlichen Trauerspiele, welches »die Macht der Verhältnisse« heißt, aber »die Macht des Vorurtheils« heißen sollte: wenn aber gar ein Mal in der Pariser Nationalversammlung eine Ohrfeige fällt, so hallt ganz Europa davon wieder. Den Leuten »von Ehre« nun aber, welche durch obige klassische Erinnerungen und angeführte Beispiele aus dem Alterthume verstimmt seyn müssen, empfehle ich, als Gegengift, in DIDEROTS Meisterwerke, *Jâques le fataliste*, die Geschichte des Herrn DESGLANDS zu lesen, als ein auserlesenes Musterstück moderner ritterlicher Ehrenhaftigkeit, daran sie sich letzen und erbauen mögen.

Aus dem Angeführten erhellt zur Genüge, daß das ritterliche Ehrenprincip keineswegs ein ursprüngliches, in der menschlichen Natur selbst gegründetes seyn kann. Es ist also ein künstliches, und sein Ursprung ist nicht schwer zu finden. Es ist offenbar ein Kind jener Zeit, wo die Fäuste geübter waren, als die Köpfe, und die Pfaffen die Vernunft in Ketten hielten, also des belobten Mittelalters und seines Ritterthums. Damals nämlich ließ man für sich den lieben Gott, nicht nur sorgen, sondern auch urtheilen. Demnach wurden schwierige Rechtsfälle durch Ordalien, oder Gottesurtheile, entschieden: diese nun bestanden, mit wenigen Ausnahmen, in Zweikämpfen, keineswegs bloß unter Rittern, sondern auch unter Bürgern; – wie dies ein artiges Beispiel in Shakespeare's Heinrich VI. (Th. 2, A. 2, Sc. 3.) bezeugt. Auch konnte von jedem richterlichen Urtheilsspruch immer noch an den Zweikampf, als die höhere Instanz, nämlich das Urtheil Gottes, appellirt werden. Dadurch war nun eigentlich die physische Kraft und Gewandheit, also die thierische Natur, statt der Vernunft, auf den Richterstuhl gesetzt, und über Recht oder Unrecht entschied nicht was Einer gethan hatte, sondern was ihm widerfuhr, – ganz nach dem noch heute geltenden ritterlichen Ehrenprincip. Wer an diesem Ursprunge des Duellwesens noch zweifelt lese das vortreffliche Buch von *J. G. Mellingen, the history of duelling. 1849.* Ja, noch heut zu Tage findet man unter den, dem ritterlichen Ehrenprincip nachlebenden Leuten, welche bekanntlich nicht gerade die unterrichtetesten und nachdenkendesten zu seyn pflegen, Einige, die den Erfolg des Duells wirklich für eine göttliche Entscheidung des ihm zum Grunde liegenden Streites halten; gewiß nach einer traditionell fortgeerbten Meinung.

Abgesehn von diesem Ursprunge des ritterlichen Ehrenprincips, ist seine Tendenz zunächst diese, daß man, durch Androhung physischer Gewalt, die äußerlichen Bezeugungen derjenigen Achtung erzwingen will, welche wirklich zu erwerben man entweder für zu beschwerlich, oder für überflüssig hält. Dies ist ungefähr so, wie wenn Jemand, die Kugel des Thermometers mit der Hand erwärmend, am Steigen des Quecksilbers darthun wollte, daß sein Zimmer wohlgeheizt sei. Näher betrachtet ist der Kern der Sache dieser: wie die bürgerliche Ehre, als welche den friedlichen Verkehr mit Andern im Auge hat, in der Meinung dieser von uns besteht, daß wir vollkommenes Zutrauen verdienen, weil wir die Rechte eines Jeden unbedingt achten; so besteht die ritterliche Ehre in der Meinung von uns, daß wir zu fürchten seien, weil wir unsere eigenen Rechte unbedingt zu vertheidigen gesonnen sind. Der Grundsatz, daß es wesentlicher sei, gefürchtet zu werden, als Zutrauen zu genießen, würde auch, weil auf die Gerechtigkeit der Menschen wenig zu bauen ist, so gar falsch nicht seyn, wenn wir im Naturzustande lebten, wo jeder sich selbst zu schützen und seine Rechte unmittelbar zu vertheidigen hat. Aber im Stande der Civilisation, wo der Staat den Schutz unserer Person und unseres Eigenthums übernommen hat, findet er keine Anwendung mehr, und steht da, wie die Burgen und Warten aus den Zeiten des Faustrechts, unnütz und verlassen, zwischen wohlbebauten Feldern und belebten Landstraßen, oder gar Eisenbahnen. Demgemäß hat denn auch die ihn festhaltende ritterliche Ehre sich auf solche Beeinträchtigungen der Person geworfen, welche der Staat nur leicht, oder gar nicht bestraft, indem es unbedeutende Kränkungen und zum Theil bloße Neckereien sind. Sie aber hat in Hinsicht auf diese sich hinaufgeschroben zu einer der Natur, der Beschaffenheit und dem Loose des Menschen gänzlich unangemessenen Ueberschätzung des Werthes der eigenen Person, als welchen sie bis zu einer Art von Heiligkeit steigert und demnach die Strafe des Staates für kleine Kränkungen derselben durchaus unzulänglich findet, solche daher selbst zu strafen übernimmt und zwar stets am Leibe und Leben des Beleidigers. Offenbar liegt hier der unmäßigste Hochmuth und die empörendeste Hoffahrt zum Grunde, welche, ganz vergessend was der Mensch eigentlich ist, eine unbedingte Unverletzlichkeit, wie auch Tadellosigkeit, für ihn in Anspruch nehmen. Allein Jeder, der diese mit Gewalt durchzusetzen gesonnen ist und dem zufolge die Maxime proklamiert: »wer mich schimpft, oder gar mir einen Schlag giebt, soll des Todes seyn«, – verdient eigentlich schon darum aus dem Lande verwiesen zu werden. Da wird denn, zur Beschönigung jenes vermessenen Uebermuthes, allerhand vorgegeben. Von zwei unerschrockenen Leuten, heißt es, gebe keiner je nach, daher es vom leisesten Anstoß zu Schimpfreden, dann zu Prügeln und endlich zum Todschlag kommen würde; demnach sei es besser, Anstands halber die Mittelstufen zu überspringen und gleich an die Waffen zu gehn. Das speciellere Verfahren hiebei hat man dann in ein steifes, pedantisches System, mit Gesetzen und Regeln, gebracht, welches die ernsthafteste Posse von der Welt ist und als ein wahrer Ehrentempel der Narrheit dasteht. Nun aber ist der Grundsatz selbst falsch: bei Sachen von geringer Wichtigkeit (die von großer bleiben stets den Gerichten anheimgestellt) giebt von zwei unerschrockenen Leuten allerdings einer nach, nämlich der Klügste, und bloße Meinungen läßt man auf sich beruhen. Den Beweis hievon liefert das Volk, oder vielmehr alle die zahlreichen Stände, welche sich nicht zum ritterlichen Ehrenprincip bekennen, bei denen daher die Streitigkeiten ihren natürlichen Verlauf haben: unter diesen Ständen ist der Todschlag hundert Mal seltener, als bei der vielleicht nur $1/_{1000}$ der Gesammtheit betragenden Fraktion, welche jenem Principe huldigt; und selbst eine Prügelei ist eine Seltenheit. – Sodann aber wird behauptet, der gute Ton und die feine Sitte der

Gesellschaft hätten zum letzten Grundpfeiler jenes Ehrenprincip, mit seinen Duellen, als welche die Wehrmauer gegen die Ausbrüche der Rohheit und Ungezogenheit wären. Allein in Athen, Korinth und Rom war ganz gewiß gute und zwar sehr gute Gesellschaft, auch feine Sitte und guter Ton anzutreffen; ohne daß jener Popanz der ritterlichen Ehre dahinter gesteckt hätte. Freilich aber führten daselbst auch nicht, wie bei uns, die Weiber den Vorsitz in der Gesellschaft, welches, wie es zunächst der Unterhaltung einen frivolen und läppischen Charakter ertheilt und jedes gehaltvolle Gespräch verbannt, gewiß auch sehr dazu beiträgt, daß in unsrer guten Gesellschaft der persönliche Muth den Rang vor jeder andern Eigenschaft behauptet; während er doch eigentlich eine sehr untergeordnete, eine bloße Unteroffizierstugend ist, ja, eine, in welcher sogar Thiere uns übertreffen, weshalb man z. B. sagt: »muthig wie ein Löwe«. Sogar aber ist, im Gegentheil obiger Behauptung, das ritterliche Ehrenprincip oft das sichere Asylum, wie im Großen der Unredlichkeit und Schlechtigkeit, so im Kleinen der Ungezogenheit, Rücksichtslosigkeit und Flegelei, indem eine Menge sehr lästiger Unarten stillschweigend geduldet werden, weil eben Keiner Lust hat, an die Rüge derselben den Hals zu setzen. – Dem Allen entsprechend sehn wir das Duell im höchsten Flor und mit blutdürstigem Ernst betrieben, gerade bei der Nation, welche in politischen und finanziellen Angelegenheiten Mangel an wahrer Ehrenhaftigkeit bewiesen hat: wie es damit bei ihr im Privatverkehr stehe, kann man bei Denen erfragen, die Erfahrung darin haben. Was aber gar ihre Urbanität und gesellschaftliche Bildung betrifft, so ist sie als negatives Muster längst berühmt.

Alle jene Vorgaben halten also nicht Stich. Mit mehr Recht kann urgirt werden, daß, wie schon ein angeknurrter Hund wieder knurrt, ein geschmeichelter wieder schmeichelt, es auch in der Natur des Menschen liege, jede feindliche Begegnung feindlich zu erwidern und durch Zeichen der Geringschätzung, oder des Hasses, erbittert und gereizt zu werden; daher schon Cicero sagt: *habet quendam aculeum contumelia, quem pati prudentes ac viri boni difficillime possunt;* wie denn auch nirgends auf der Welt (einige fromme

Sekten bei Seite gesetzt) Schimpfreden, oder gar Schläge, gelassen hingenommen werden. Jedoch leitet die Natur keinen Falls zu etwas Weiterem, als zu einer der Sache angemessenen Vergeltung, nicht aber dazu, den Vorwurf der Lüge, der Dummheit, oder der Feigheit, mit dem Tode zu bestrafen, und der altdeutsche Grundsatz »auf eine Maulschelle gehört ein Dolch« ist ein empörender ritterlicher Aberglaube. Jedenfalls ist die Erwiderung, oder Vergeltung, von Beleidigungen Sache des Zorns, aber keineswegs der Ehre und Pflicht, wozu das ritterliche Ehrenprincip sie stämpelt. Vielmehr ist ganz gewiß, daß jeder Vorwurf nur in dem Maaße, als er trifft, verletzen kann; welches auch daran ersichtlich ist, daß die leiseste Andeutung, welche trifft, viel tiefer verwundet, als die schwerste Anschuldigung, die gar keinen Grund hat. Wer daher wirklich sich bewußt ist, einen Vorwurf nicht zu verdienen, darf und wird ihn getrost verachten. Dagegen aber fordert das Ehrenprincip von ihm, daß er eine Empfindlichkeit zeige, die er gar nicht hat, und Beleidigungen, die ihn nicht verletzen, blutig räche. Der aber muß selbst eine schwache Meinung von seinem eigenen Werthe haben, der sich beeilt, jeder denselben anfechtenden Aeußerung den Daumen aufs Auge zu drücken, damit sie nicht laut werde. Demzufolge wird, bei Injurien, wahre Selbstschätzung wirkliche Gleichgültigkeit verleihen, und wo dies, aus Mangel derselben, nicht der Fall ist, werden Klugheit und Bildung anleiten, den Schein davon zu retten und den Zorn zu verbergen. Wenn man demnach nur erst den Aberglauben des ritterlichen Ehrenprincips los wäre, so daß Niemand mehr vermeinen dürfte, durch Schimpfen irgend etwas der Ehre eines Andern nehmen oder der seinigen wiedergeben zu können, auch nicht mehr jedes Unrecht, jede Rohheit, oder Grobheit, sogleich legitimirt werden könnte durch die Bereitwilligkeit Satisfaktion zu geben, d. h. sich dafür zu schlagen; so würde bald die Einsicht allgemein werden, daß, wenn es an's Schmähen und Schimpfen geht, der in diesem Kampfe Besiegte der Sieger ist, und daß, wie VINCENZO MONTI sagt, die Injurien es machen wie die Kirchenprocessionen, welche stets dahin zurückkehren von wo sie ausgegangen sind. Ferner würde es alsdann nicht mehr, wie jetzt, hinreichend seyn, daß Einer eine Grobheit zu

Markte brächte, um Recht zu behalten; mithin würden alsdann Einsicht und Verstand ganz anders zum Worte kommen, als jetzt, wo sie immer erst zu berücksichtigen haben, ob sie nicht irgendwie den Meinungen der Beschränktheit und Dummheit, als welche schon ihr bloßes Auftreten allarmirt und erbittert hat, Anstoß geben und dadurch herbeiführen können, daß das Haupt, in welchem sie wohnen, gegen den flachen Schädel, in welchem jene hausen, aufs Würfelspiel gesetzt werden müsse. Sonach würde alsdann in der Gesellschaft die geistige Ueberlegenheit das ihr gebührende Primat erlangen, welches jetzt, wenn auch verdeckt, die physische Ueberlegenheit und die Husarenkourage hat, und in Folge hievon würden die vorzüglichsten Menschen doch schon Einen Grund weniger haben, als jetzt, sich von der Gesellschaft zurückzuziehn. Eine Veränderung dieser Art würde demnach den WAHREN guten Ton herbeiführen und der wirklich guten Gesellschaft den Weg bahnen, in der Form, wie sie, ohne Zweifel, in Athen, Korinth und Rom bestanden hat. Wer von dieser eine Probe zu sehn wünscht, dem empfehle ich das Gastmahl des Xenophon zu lesen.

Die letzte Vertheidigung des ritterlichen Kodex wird aber, ohne Zweifel, lauten: »Ei, da könnte ja, Gott sei bei uns! wohl gar Einer dem Andern einen Schlag versetzen!« – worauf ich kurz erwidern könnte, daß dies bei den $\frac{999}{1000}$ der Gesellschaft, die jenen Kodex nicht anerkennen, oft genug der Fall gewesen, ohne daß je Einer daran gestorben sei, während bei den Anhängern desselben, in der Regel, jeder Schlag ein tödtlicher wird. Aber ich will näher darauf eingehen. Ich habe mich oft genug bemüht, für die unter einem Theil der menschlichen Gesellschaft so fest stehende Ueberzeugung von der Entsetzlichkeit eines Schlages, entweder in der thierischen, oder in der vernünftigen Natur des Menschen, irgend einen haltbaren, oder wenigstens plausibeln, nur nicht in bloßen Redensarten bestehenden, sondern auf deutliche Begriffe zurückführbaren Grund zu finden; jedoch vergeblich. Ein Schlag ist und bleibt ein kleines physisches Uebel, welches jeder Mensch dem Andern verursachen kann, dadurch aber weiter nichts beweist, als daß er stärker, oder gewandter sei, oder daß der Andere nicht auf seiner Hut gewesen. Weiter ergiebt die Analyse nichts. Sodann sehe ich den selben Ritter, welchem ein Schlag von Menschenhand der Uebel Größtes dünkt, einen zehn Mal stärkern Schlag von seinem Pferde erhalten und, mit verbissenem Schmerz davonhinkend, versichern, es habe nichts zu bedeuten. Da habe ich gedacht, es läge an der Menschenhand. Allein ich sehe unsern Ritter von dieser Degenstiche und Säbelhiebe im Kampfe erhalten und versichern, es sei Kleinigkeit, nicht der Rede werth. Sodann vernehme ich, daß selbst Schläge mit der flachen Klinge bei Weitem nicht so schlimm seien, wie die mit dem Stocke, daher, vor nicht langer Zeit, die Kadetten wohl jenen, aber nicht diesen ausgesetzt waren: und nun gar der Ritterschlag, mit der Klinge, ist die größte Ehre. Da bin ich denn mit meinen psychologischen und moralischen Gründen zu Ende, und mir bleibt nichts übrig, als die Sache für einen alten, festgewurzelten Aberglauben zu halten, für ein Beispiel mehr, zu so vielen, was Alles man den Menschen einreden kann. Dies bestätigt auch die bekannte Thatsache, daß in China Schläge mit dem Bambusrohr eine sehr häufige bürgerliche Bestrafung, selbst für Beamte aller Klassen sind; indem sie uns zeigt, daß die Menschennatur, und selbst die hoch civilisirte, dort nicht das Selbe aussagt.* Sogar aber lehrt ein unbefangener Blick auf die Natur des Menschen, daß diesem das Prügeln so natürlich ist, wie den reißenden Thieren das Beißen und dem Hornvieh das Stoßen: er ist eben ein prügelndes Thier. Daher auch werden wir empört, wenn wir, in seltenen Fällen, vernehmen, daß ein Mensch den andern gebissen habe; hingegen ist, daß er Schläge gebe und empfange, ein so natürliches, wie leicht eintretendes Ereigniß. Daß höhere Bildung sich auch diesem, durch gegenseitige Selbstbeherrschung, gern entzieht, ist leicht erklärlich. Aber einer Nation, oder auch nur einer Klasse, aufzubinden, ein gegebener Schlag sei ein entsetzliches Unglück, welches Mord und Todschlag zur Folge haben müsse, ist eine Grausamkeit. Es giebt der wahren Uebel zu viele auf der Welt, als daß man sich erlauben dürfte, sie

* *Vingt ou trente coups de canne sur le derrière, c'est, pour ainsi dire, le pain quotidien des Chinois. C'est une correction paternelle du mandarin, laquelle n'a rien d'infamant, et qu'ils reçoivent avec action de grâces. – Lettres édifiantes et curieuses, édition de 1819. Vol. 11. p. 454.*

durch imaginäre, welche die wahren herbeiziehn, zu vermehren: das thut aber jener dumme und boshafte Aberglaube. Ich muß daher sogar mißbilligen, daß Regierungen und gesetzgebende Körper demselben dadurch Vorschub leisten, daß sie mit Eifer auf Abstellung aller Prügelstrafen, beim Civil und Militär, dringen. Sie glauben dabei im Interesse der Humanität zu handeln; während gerade das Gegentheil der Fall ist, indem sie dadurch an der Befestigung jenes widernatürlichen und heillosen Wahnes, dem schon so viele Opfer gefallen sind, arbeiten. Bei allen Vergehungen, mit Ausnahme der schwersten, sind Prügel die dem Menschen zuerst einfallende, daher die natürliche Bestrafung: wer für Gründe nicht empfänglich war, wird es für Prügel seyn: und daß Der, welcher am Eigenthum, weil er keines hat, nicht gestraft werden kann, und den man an der Freiheit, weil man seiner Dienste bedarf, nicht ohne eigenen Nachtheil strafen kann, durch mäßige Prügel gestraft werde, ist so billig, wie natürlich. Auch werden gar keine Gründe dagegen aufgebracht, sondern bloße Redensarten von der »Würde des Menschen«, die sich nicht auf deutliche Begriffe, sondern eben nur wieder auf obigen verderblichen Aberglauben stützen. Daß dieser der Sache zum Grunde liege hat eine fast lächerliche Bestätigung daran, daß noch vor Kurzem, in manchen Ländern, beim Militär, die Prügelstrafe durch die Lattenstrafe ersetzt worden war, welche doch, ganz und gar wie jene, die Verursachung eines körperlichen Schmerzes ist, nun aber nicht ehrenrührig und entwürdigend seyn soll.

Durch dergleichen Beförderung des besagten Aberglaubens arbeitet man aber dem ritterlichen Ehrenprincip und damit dem Duell in die Hände, während man dieses andrerseits durch Gesetze abzustellen bemüht ist, oder doch es zu seyn vorgiebt. In Folge davon treibt denn jenes Fragment des Faustrechts, aus den Zeiten des rohesten Mittelalters bis in das 19. Jahrhundert herabgeweht, sich in diesem, zum öffentlichen Skandal, noch immer herum: es ist nachgerade an der Zeit, daß es mit Schimpf und Schande hinausgeworfen werde. Ist es doch heut zu Tage nicht ein Mal erlaubt, Hunde, oder Hähne methodisch auf einander zu hetzen (wenigstens werden in England dergleichen Hetzen gestraft); aber Menschen werden, wider Willen, zum tödtlichen Kampf auf einander gehetzt, durch den lächerlichen Aberglauben des absurden Princips der ritterlichen Ehre und durch dessen bornirte Vertreter und Verwalter, welche ihnen die Verpflichtung auflegen, wegen irgend einer Lumperei, wie Gladiatoren mit einander zu kämpfen. Unseren deutschen Puristen schlage ich daher, für das Wort Duell, die Benennung Ritterhetze vor. Die Pedanterei, mit der die Narrheit getrieben wird, giebt allerdings Stoff zum Lachen. Indessen ist es empörend, daß jenes Princip und sein absurder Kodex einen Staat im Staate begründet, welcher, kein anderes als das Faustrecht anerkennend, die ihm unterworfenen Stände dadurch tyrannisirt, daß er ein heiliges Vehmgericht offen hält, vor welches Jeder Jeden, mittelst sehr leicht herbeizuführender Anlässe als Schergen, laden kann, um ein Gericht auf Tod und Leben über ihn und sich ergehn zu lassen. Natürlich wird nun dies der Schlupfwinkel, von welchem aus jeder Verworfenste, wenn er nur jenen Ständen angehört, den Edelsten und Besten, der ihm als solcher nothwendig verhaßt seyn muß, bedrohen, ja, aus der Welt schaffen kann. Nachdem heut zu Tage Justiz und Polizei es so ziemlich dahin gebracht haben, daß nicht mehr auf der Landstraße jeder Schurke uns zurufen kann »die Börse oder das Leben«, sollte endlich auch die gesunde Vernunft es dahin bringen, daß nicht mehr, mitten im friedlichen Verkehr, jeder Schurke uns zurufen könne »die Ehre oder das Leben.« Und die Beklemmung sollte den höhern Ständen von der Brust genommen werden, welche daraus entsteht, daß Jeder, jeden Augenblick, mit Leib und Leben verantwortlich werden kann für die Rohheit, Grobheit, Dummheit oder Bosheit irgend eines Andern, dem es gefällt, solche gegen ihn auszulassen. Daß, wenn zwei junge, unerfahrne Hitzköpfe mit Worten an einander gerathen, die Dies mit ihrem Blut, ihrer Gesundheit, oder ihrem Leben büßen sollen, ist himmelschreiend, ist schändlich. Wie arg die Tyrannei jenes Staates im Staate und wie groß die Macht jenes Aberglaubens sei, läßt sich daran ermessen, daß schon öfter Leute, denen die Wiederherstellung ihrer verwundeten ritterlichen Ehre, wegen zu hohen, oder zu niedrigen Standes, oder sonst unangemessener Beschaffenheit des Beleidigers unmöglich war, aus Verzweiflung darüber sich selbst das Leben genommen und so ein tragikomisches Ende gefunden haben. – Da das Falsche und Absurde sich am Ende meistens dadurch entschleiert, daß es, auf seinem Gipfel, den Widerspruch als seine Blüthe hervortreibt; so tritt dieser zuletzt auch hier in Form der schreiendesten Antinomie hervor: nämlich dem Offizier ist das Duell verboten: aber er wird durch Absetzung gestraft, wenn er es, vorkommenden Falls, unterläßt.

Ich will aber, da ich ein Mal dabei bin, in der Parrhesia noch weiter gehn. Beim Lichte und ohne Vorurtheil betrachtet, beruht bloß darauf, daß, wie gesagt, jener Staat im Staate kein anderes Recht, als das des Stärkeren, also das Faustrecht, anerkannt und dieses, zum Gottesurtheil erhoben, seinem Kodex zum Grunde gelegt hat, der so wichtig gemachte und so hoch genommene Unterschied, ob man seinen Feind im offenen, mit gleichen Waffen geführten Kampf, oder aus dem Hinterhalt erlegt habe. Denn durch Ersteres hat man doch weiter nichts bewiesen, als daß man der Stärkere, oder der Geschicktere sei. Die Rechtfertigung, die man im Bestehen des offenen Kampfes sucht, setzt also voraus, daß das RECHT DES STÄRKEREN wirklich ein RECHT sei. In Wahrheit aber giebt der Umstand, daß der Andere sich schlecht zu wehren versteht, mir zwar die Möglichkeit, jedoch keineswegs das Recht, ihn umzubringen; sondern dieses letztere, also meine MORALISCHE Rechtfertigung, kann allein auf den MOTIVEN, die ich, ihm das Leben zu nehmen, habe, beruhen. Nehmen wir nun an, diese wären wirklich vorhanden und zureichend; so ist durchaus kein Grund da, es jetzt noch DAVON abhängig zu machen, ob er, oder ich, besser schießen oder fechten könne, sondern dann ist es gleichviel, auf welche Art ich ihm das Leben nehme, ob von hinten oder von vorne. Denn moralisch hat das Recht des Stärkeren nicht mehr Gewicht, als das Recht des Klügeren, welches beim hinterlistigen Morde angewandt wird: hier wiegt also dem Faustrecht das Kopfrecht gleich; wozu noch bemerkt sei, daß auch beim Duell das eine wie das andere geltend gemacht wird, indem schon jede Finte, beim Fechten, Hinterlist ist. Halte ich mich moralisch gerechtfertigt, Einem das Leben zu nehmen; so ist es Dummheit, es jetzt noch erst darauf ankommen zu lassen, ob er etwan besser schießen oder fechten könne, als ich; in welchem Fall er dann umgekehrt, mir, den er schon beeinträchtigt hat, noch obendrein das Leben nehmen soll. Daß Beleidigungen nicht durch das Duell, sondern durch Meuchelmord zu rächen seien, ist ROUSSEAU's Ansicht, die er behutsam andeutet, in der so geheimnißvoll gehaltenen 21. Anmerkung zum 4. Buche des EMILE (S. 173, *Bip.*). Dabei aber ist er so stark im ritterlichen Aberglauben befangen, daß er schon den erlittenen Vorwurf der Lüge, als eine Berechtigung zum Meuchelmorde ansieht; während er doch wissen mußte, daß jeder Mensch diesen Vorwurf unzählige Mal verdient hat, ja, er selbst im höchsten Grade. Das Vorurtheil aber, welches die Berechtigung, den Beleidiger zu tödten, durch den offenen Kampf, mit gleichen Waffen, bedingt seyn läßt, hält offenbar das Faustrecht für ein wirkliches Recht und den Zweikampf für ein Gottesurtheil. Der Italiäner hingegen, welcher, von Zorn entbrannt, seinen Beleidiger, wo er ihn findet, ohne Weiteres, mit dem Messer anfällt, handelt wenigstens konsequent und naturgemäß: er ist klüger, aber nicht schlechter, als der Duellant. Wollte man sagen, daß ich bei der Tödtung meines Feindes im Zweikampf, dadurch gerechtfertigt sei, daß er eben sich bemühe, mich zu tödten; so steht Dem entgegen, daß ich, durch die Herausforderung ihn in den Fall der Nothwehr versetzt habe. Dieses sich absichtlich gegenseitig in den Fall der Nothwehr versetzen, heißt im Grunde nur, einen plausibeln Vorwand für den Mord suchen. Eher ließe sich die Rechtfertigung durch den Grundsatz *volenti non fit injuria* hören; sofern man durch gegenseitige Uebereinkunft sein Leben auf dieses Spiel gesetzt hat: aber Dem steht entgegen, daß es mit dem *volenti* nicht seine Richtigkeit hat; indem die Tyrannei des ritterlichen Ehrenprincips und seines absurden Kodex der Scherge ist, welche beide, oder wenigstens einen der beiden Kämpen vor dieses blutige Vehmgericht geschleppt hat.

Ich bin über die ritterliche Ehre weitläuftig gewesen, aber in guter Absicht und weil gegen die moralischen und intellektuellen Ungeheuer auf dieser Welt der alleinige Herkules die Philosophie ist. Zwei Dinge sind es hauptsächlich, welche den gesellschaftlichen Zustand der neuen Zeit von dem des Alterthums, zum Nachtheil des ersteren unterscheiden, indem sie demselben einen ernsten, finstern, sinistern Anstrich gegeben haben, von welchem frei das Alterthum heiter und unbefangen, wie der Morgen des Lebens, dasteht. Sie sind: das ritterliche Ehrenprincip und die venerische Krankheit, – *par nobile fratrum!* Sie zusammen haben *νειχος χαι φιλια* des Lebens vergiftet. Die venerische Krankheit nämlich erstreckt ihren Einfluß viel weiter, als es auf den ersten Blick scheinen möchte, indem derselbe keineswegs ein bloß physischer, sondern auch ein moralischer ist. Sie hat in das Verhältniß der Geschlechter zu einander ein fremdartiges, feindsäliges, ja teuflisches Element gebracht; in Folge wovon ein finsteres und furchtsames Mißtrauen es durchzieht; und der mittelbare Einfluß einer solchen Aenderung in der Grundfeste aller menschlichen Gemeinschaft erstreckt sich, mehr oder weniger, auch auf die übrigen geselligen Verhältnisse; welches auseinanderzusetzen mich hier zu weit abführen würde. – Analog, wiewohl ganz anderartig, ist der Einfluß des ritterlichen Ehrenprincips, dieser ernsthaften Posse, welche den Alten fremd war, hingegen die moderne Gesellschaft steif, ernst und ängstlich macht, schon weil jede flüchtige Aeußerung skrutinirt und ruminirt wird. Aber mehr als Dies! Jenes Princip ist ein allgemeiner Minotaur, dem nicht, wie dem antiken, von einem, sondern von jedem Lande in Europa, alljährlich eine Anzahl Söhne edeler Häuser zum Tribut gebracht werden muß. Daher ist es an der Zeit, daß diesem Popanz ein Mal kühn zu Leibe gegangen werde, wie hier geschehn. Möchten doch beide Monstra der neueren Zeit im 19. Jahrhundert ihr Ende finden! Wir wollen die Hoffnung nicht aufgeben, daß es mit dem ersteren den Aerzten, mittelst der Prophylaktika, endlich doch noch gelingen werde. Den POPANZ aber abzuthun ist Sache des Philosophen, mittelst Berichtigung der Begriffe, da es den Regierungen, mittelst Handhabung der Gesetze, bisher nicht hat gelingen wollen, zudem auch nur auf dem ersteren Wege das Uebel an der Wurzel angegriffen wird. Sollte es inzwischen den Regierungen mit der Abstellung des Duellwesens wirklich Ernst seyn und der geringe Erfolg ihres Bestrebens wirklich nur an ihrem Unvermögen liegen; so will ich ihnen ein Gesetz vorschlagen, für dessen Erfolg ich einstehe, und zwar ohne blutige Operationen, ohne Schafott, oder Galgen, oder lebenswierige Einsperrungen, zu Hülfe zu nehmen. Vielmehr ist es ein kleines, ganz leichtes, homöopathisches Mittelchen: wer einen Andern herausfordert, oder sich stellt, erhält, *à la Chinoise*, am hellen Tage, vor der Hauptwache, 12 Stockschläge vom Korporal, die Kartellträger und Sekundanten jeder 6. Wegen der etwanigen Folgen wirklich vollzogener Duelle bliebe das gewöhnliche kriminelle Verfahren. Vielleicht würde ein ritterlich Gesinnter mir einwenden, daß nach Vollstreckung solcher Strafe mancher »Mann von Ehre« im Stande seyn könnte, sich todtzuschießen; worauf ich antworte: es ist besser, daß so ein Narr sich selber todtschießt, als Andere. –

Der Vollständigkeit wegen sei hier noch die NATIONALEHRE erwähnt. Sie ist die Ehre eines ganzen Volkes als Theiles der Völkergemeinschaft. Da es in dieser kein anderes Forum giebt, als das der Gewalt, und demnach jedes Mitglied derselben seine Rechte selbst zu schützen hat; so besteht die Ehre einer Nation, nicht allein in der erworbenen Meinung, daß ihr zu trauen sei (Kredit), sondern auch in der, daß sie zu fürchten sei: daher darf sie Eingriffe in ihre Rechte niemals ungeahndet lassen. Sie vereinigt also den Ehrenpunkt der bürgerlichen, mit dem der ritterlichen Ehre. –

Zu Dem, was Einer VORSTELLT, d.h. in den Augen der Welt ist, war oben, in letzter Stelle, der RUHM gezählt worden: diesen hätten wir also noch zu betrachten. – Ruhm und Ehre sind Zwillingsgeschwister; jedoch so, wie die Dioskuren, von denen Pollux unsterblich und Kastor sterblich war: der Ruhm ist der unsterbliche Bruder der sterblichen Ehre. Freilich ist dies nur vom Ruhme höchster Gattung, dem eigentlichen und ächten Ruhme, zu verstehen: denn es giebt allerdings auch mancherlei ephemeren Ruhm. – Die Ehre, nun ferner, betrifft bloß solche Eigenschaften, welche von Jedem, der in den selben Verhältnissen steht, gefordert werden; der Ruhm bloß solche, die man von Niemanden fordern darf; die Ehre solche, die Jeder sich selber öffentlich beilegen darf; der Ruhm solche, die Keiner sich selber beilegen darf. Während unsere Ehre so weit reicht, wie die Kunde von uns; so eilt, umgekehrt, der

Ruhm der Kunde von uns voran und bringt diese so weit er selbst gelangt. Auf Ehre hat Jeder Anspruch; auf Ruhm nur die Ausnahmen: denn nur durch außerordentliche Leistungen wird Ruhm erlangt. Diese nun wieder sind entweder THATEN, oder WERKE; wonach zum Ruhme zwei Wege offen stehn. Zum Wege der THATEN befähigt vorzüglich das große Herz; zu dem der Werke der große Kopf. Jeder der beiden Wege hat seine eigenen Vortheile und Nachtheile. Der Hauptunterschied ist, daß von den Thaten nur das Andenken bleibt, welches immer schwächer, entstellter und gleichgültiger wird, allmälig sogar erlöschen muß, wenn nicht die Geschichte es aufnimmt und es nun im petrificirten Zustande der Nachwelt überliefert. Die Werke hingegen sind selbst unsterblich, und können, zumal die schriftlichen, alle Zeiten durchleben. Von Alexander dem Großen lebt Name und Gedächtniß: aber Plato und Aristoteles, Homer und Horaz sind noch selbst da, leben und wirken unmittelbar. Die Veden, mit ihren Upanischaden, sind da: aber von allen den Thaten, die zu ihrer Zeit geschehn, ist gar keine Kunde auf uns gekommen. – Ein anderer Nachtheil der Thaten ist ihre Abhängigkeit von der Gelegenheit, als welche erst die Möglichkeit dazu geben muß; woran sich knüpft, daß ihr Ruhm sich nicht allein nach ihrem innern Werthe richtet, sondern auch nach den Umständen, welche ihnen Wichtigkeit und Glanz ertheilen. Zudem ist er, wenn, wie im Kriege, die Thaten rein persönliche sind, von der Aussage weniger Augenzeugen abhängig: diese sind nicht immer vorhanden und dann nicht immer gerecht und unbefangen. Dagegen aber haben die Thaten den Vortheil, daß sie, als etwas Praktisches, im Bereich der allgemeinen menschlichen Urtheilsfähigkeit liegen; daher ihnen, wenn dieser nur die Data richtig überliefert sind, sofort Gerechtigkeit widerfährt; es sei denn, daß ihre Motive erst später richtig erkannt, oder gerecht abgeschätzt werden: denn zum Verständniß einer jeden Handlung gehört Kenntniß des Motivs derselben. Umgekehrt steht es mit den Werken: ihre Entstehung hängt nicht von der Gelegenheit, sondern allein von ihrem Urheber ab, und was sie an und für sich sind bleiben sie, so lange sie bleiben. Bei ihnen liegt dagegen die Schwierigkeit im Urtheil, und sie ist um so größer, in je höherer

Gattung sie sind: oft fehlt es an kompetenten, oft an unbefangenen und redlichen Richtern. Dagegen nun wieder wird ihr Ruhm nicht von EINER Instanz entschieden; sondern es findet Appellation Statt. Denn während, wie gesagt, von den Thaten bloß das Andenken auf die Nachwelt kommt und zwar so, wie die Mitwelt es überliefert; so kommen hingegen die Werke selbst dahin, und zwar, etwan fehlende Bruchstücke abgerechnet, so, wie sie sind: hier giebt es also keine Entstellung der Data, und auch der etwan nachtheilige Einfluß der Umgebung, bei ihrem Ursprunge, fällt später weg. Vielmehr bringt oft erst die Zeit, nach und nach, die wenigen wirklich kompetenten Richter heran, welche, schon selbst Ausnahmen, über noch größere Ausnahmen zu Gerichte sitzen: sie geben successiv ihre gewichtigen Stimmen ab, und so steht, bisweilen freilich erst nach Jahrhunderten, ein vollkommen gerechtes Urtheil da, welches keine Folgezeit mehr umstößt. So sicher, ja, unausbleiblich ist der Ruhm der Werke. Hingegen daß ihr Urheber ihn erlebe, hängt von äußern Umständen und dem Zufall ab: es ist um so seltener, je höherer und schwierigerer Gattung sie waren. Diesem gemäß sagt Seneka *(ep. 79.)* unvergleichlich schön, daß dem Verdienste sein Ruhm so unfehlbar folge, wie dem Körper sein Schatten, nur aber freilich, eben wie auch dieser, bisweilen vor, bisweilen hinter ihm herschreite, und fügt, nachdem er dies erläutert hat, hinzu: *etiamsi omnibus tecum viventibus* silentium livor indixerit, *venient qui sine offensa, sine gratia judicent;* woraus wir nebenbei ersehn, daß die Kunst des Unterdrückens der Verdienste durch hämisches Schweigen und Ignoriren, um, zu Gunsten des Schlechten, das Gute dem Publiko zu verbergen, schon bei den Lumpen des Seneka'schen Zeitalters üblich war, so gut wie bei denen des unsrigen, und daß jenen, wie diesen, DER NEID DIE LIPPEN ZUDRÜCKTE. – – In der Regel wird sogar der Ruhm, je länger er zu dauern hat, desto später eintreten; wie ja alles Vorzügliche langsam heranreift. Der Ruhm, welcher zum Nachruhm werden will, gleicht einer Eiche, die aus ihrem Saamen sehr langsam emporwächst; der leichte, ephemere Ruhm den einjährigen, schnellwachsenden Pflanzen, und der falsche Ruhm gar dem schnell hervorschießenden Unkraute, das schleunigst ausgerottet wird. Dieser Hergang beruht eigentlich darauf, daß, je mehr Einer der Nachwelt, d. i. eigentlich der Menschheit überhaupt und im Ganzen, angehört, desto fremder er seinem Zeitalter ist; weil was er hervorbringt nicht diesem speciell gewidmet ist, also nicht demselben als solchem, sondern nur sofern es ein Theil der Menschheit ist, angehört und daher auch nicht mit dessen Lokalfarbe tingirt ist: in Folge hiervon aber kann es leicht kommen, daß dasselbe ihn fremd an sich vorübergehn läßt. Es schätzt vielmehr Die, welche den Angelegenheiten seines kurzen Tages, oder der Laune des Augenblickes dienen und daher ganz IHM angehören, mit ihm leben und mit ihm sterben. Demgemäß lehren Kunst- und Litteratur-Geschichte durchgängig, daß die höchsten Leistungen des menschlichen Geistes, in der Regel, mit Ungunst aufgenommen worden und darin so lange geblieben sind, bis Geister höherer Art herankamen, die von ihnen angesprochen wurden und sie zu dem Ansehn brachten, in welchem sie nachher, durch die so erlangte Auktorität, sich erhalten haben. Dies Alles nun aber beruht, im letzten Grunde, darauf, daß Jeder eigentlich nur das ihm Homogene verstehn und schätzen kann. Nun ist aber dem Platten das Platte, dem Gemeinen das Gemeine, dem Unklaren das Verworrene, dem Hirnlosen das Unsinnige homogen, und am allerbesten gefallen Jedem seine eigenen Werke, als welche ihm durchaus homogen sind. Daher sang schon der alte fabelhafte Epicharmos:

Θαυμαστον ουδεν εστι, με ταυϑ’ ὁυτω λεγειν,
Και ἁνδανειν αυτοισιν αυτους, και δοκειν
Καλως πεφυκεναι· και γαϱ ὁ κυων κυνι
Καλλιστον ειμεν φαινεται, και βους βοί,
Ονος δε ονῳ καλλιστον, ὑς δε ὑί.

welches ich, damit es Keinem verloren gehe, verdeutschen will:

Kein Wunder ist es, daß ich red’ in meinem Sinn,
Und Jene, selbst sich selbst gefallend, stehn im Wahn,
Sie wären lobenswerth: so scheint dem Hund der Hund
Das schönste Wesen, so dem Ochsen auch der Ochs,
Dem Esel auch der Esel, und dem Schwein das Schwein.

Wie selbst der kräftigste Arm, wenn er einen leichten Körper fortschleudert, ihm doch keine Bewegung ertheilen kann, mit der er weit flöge und heftig träfe, sondern derselbe schon in der Nähe matt niederfällt, weil es ihm an eigenem materiellen Gehalte gefehlt hat, die fremde Kraft aufzunehmen; – eben so ergeht es schönen und großen Gedanken, ja den Meisterwerken des Genies, wenn, sie aufzunehmen, keine andere, als kleine, schwache, oder schiefe Köpfe dasind. Dies zu bejammern haben die Stimmen der Weisen aller Zeiten sich zum Chorus vereint. Z. B. Jesus Sirach sagt: »wer mit einem Narren redet, der redet mit einem Schlafenden. Wenn es aus ist, so spricht er: was ist's?« – Und Hamlet: *a knavish speech sleeps in a fools ear.* (eine schalkhafte Rede schläft im Ohr eines Narren). Und Göthe:

Das glücklichste Wort es wird verhöhnt,
Wenn der Hörer ein Schiefohr ist.

und wieder:

Du wirkest nicht, Alles bleibt so stumpf.
Sei guter Dinge!
Der Stein im Sumpf
Macht keine Ringe.

Und Lichtenberg: »wenn ein Kopf und ein Buch zusammenstoßen und es klingt HOHL; ist denn das allemal im Buche?« – und wieder: »Solche Werke sind Spiegel: wenn ein Affe hineinguckt, kann kein Apostel heraussehn.« Ja, Vater Gellert's gar schöne und rührende Klage darüber verdient wohl ein Mal wieder in Erinnerung gebracht zu werden:

»Daß oft die allerbesten Gaben
Die wenigsten Bewund'rer haben,
Und daß der größte Theil der Welt
Das Schlechte für das Gute hält;
Dies Uebel sieht man alle Tage.
Jedoch, wie wehrt man dieser Pest?
Ich zweifle, daß sich diese Plage
Aus unsrer Welt verdrängen läßt.
Ein einzig Mittel ist auf Erden,
Allein es ist unendlich schwer:
Die Narren müssen weise werden;
Und seht! sie werden's nimmermehr.

Nie kennen sie den Werth der Dinge.
Ihr Auge schließt, nicht ihr Verstand:
Sie loben ewig das Geringe,
Weil sie das Gute nie gekannt.«

Zu dieser intellektuellen Unfähigkeit der Menschen, in Folge welcher das Vortreffliche, wie Göthe sagt, noch seltener erkannt und geschätzt, als gefunden wird, gesellt sich nun, hier wie überall, auch noch die moralische Schlechtigkeit derselben, und zwar als Neid auftretend. Durch den Ruhm nämlich, den Einer erwirbt, wird abermals Einer mehr über Alle seiner Art erhoben: diese werden also um eben so viel herabgesetzt, so daß jedes ausgezeichnete Verdienst seinen Ruhm auf Kosten Derer erlangt, die keines haben.

»Wenn wir Andern Ehre geben,
Müssen wir uns selbst entadeln.«
Göthe. W. O. Divan.

Hieraus erklärt es sich, daß, in welcher Gattung auch immer das Vortreffliche auftreten mag, sogleich die gesammte, so zahlreiche Mittelmäßigkeit verbündet und verschworen ist, es nicht gelten zu lassen, ja, wo möglich, es zu ersticken. Sogar auch Die, welche selbst Verdienst besitzen und bereits den Ruhm desselben erlangt haben, werden nicht gern das Auftreten eines neuen Ruhmes sehn, durch dessen Glanz der des ihrigen um so viel weniger leuchtet. Daher sagt selbst Göthe:

»Hätt' ich gezaudert zu werden,
Bis man mir's Leben gegönnt,
Ich wäre noch nicht auf Erden,
Wie ihr begreifen könnt,
Wenn ihr seht, wie sie sich geberden,
Die, um etwas zu scheinen,
Mich gerne möchten verneinen.«

Während also die Ehre; in der Regel, gerechte Richter findet und kein Neid sie anficht, ja sogar sie Jedem zum voraus, auf Kredit, verliehen wird, muß der Ruhm, dem Neide zum Trotz, erkämpft werden, und den Lorbeer theilt ein Tribunal entschieden ungünstiger Richter aus. Denn die Ehre können und wollen wir mit Jedem theilen: der Ruhm wird geschmälert oder erschwert, durch Jeden, der ihn erlangt. – Nun ferner steht die Schwierigkeit der Erlangung des Ruhmes durch Werke im umgekehrten Verhältniß der Menschenzahl, die das Publikum solcher Werke ausmacht; aus leicht abzusehenden Gründen. Daher ist sie viel größer bei Werken, welche Belehrung, als bei solchen, welche Unterhaltung verheißen. Am größten ist sie bei philosophischen Werken; weil die Belehrung, welche diese versprechen, einerseits ungewiß, und andrerseits ohne materiellen Nutzen ist; wonach denn solche zunächst vor einem Publiko auftreten, das aus lauter Mitbewerbern besteht. – Aus den dargelegten Schwierigkeiten, die der Erlangung des Ruhmes entgegenstehn, erhellt, daß wenn Die, welche ruhmwürdige Werke vollenden, es nicht aus Liebe zu diesen selbst und eigener Freude daran thäten, sondern der Aufmunterung durch den Ruhm bedürften, die Menschheit wenige, oder keine, unsterbliche Werke erhalten haben würde. Ja, sogar muß, wer das Gute und Rechte hervorbringen und das Schlechte vermeiden soll, dem Urtheile der Menge und ihrer Wortführer Trotz bieten, mithin sie verachten. Hierauf beruht die Richtigkeit der Bemerkung, die besonders OSORIUS *(de gloria)* hervorhebt, daß der Ruhm vor Denen flieht, die ihn suchen, und Denen folgt, die ihn vernachlässigen: denn Jene bequemen sich dem Geschmack ihrer Zeitgenossen an, Diese trotzen ihm.

So schwer es demnach ist, den Ruhm zu erlangen, so leicht ist es, ihn zu behalten. Auch hierin steht er im Gegensatz mit der Ehre. Diese wird Jedem, sogar auf Kredit, verliehen: er hat sie nur zu bewahren. Hier aber liegt die Aufgabe: denn durch eine einzige nichtswürdige Handlung geht sie unwiederbringlich verloren. Der Ruhm hingegen kann eigentlich nie verloren gehn: denn die That, oder das Werk, durch die er erlangt worden, stehn für immer fest, und der Ruhm derselben bleibt ihrem Urheber, auch wenn er keinen neuen hinzufügt. Wenn jedoch der Ruhm wirklich verklingt, wenn er überlebt wird; so war er unächt, d. h. unverdient, durch augenblickliche Ueberschätzung entstanden, wo nicht gar so ein Ruhm wie Hegel ihn hatte und Lichtenberg ihn beschreibt, »ausposaunt von einer freundschaftlichen Kandidatenjunta und »vom Echo leerer Köpfe widergehallt: – – – aber die Nachwelt, wie

»wird sie lächeln, wann sie dereinst an die bunten Wörtergehäuse, »die schönen Nester ausgeflogener Mode und die Wohnungen »weggestorbener Verabredungen anklopfen und Alles, Alles leer »finden wird, auch nicht den kleinsten Gedanken, der mit Zuver- »sicht sagen könnte: HEREIN!« –

Der Ruhm beruht eigentlich auf Dem, was Einer im Vergleich mit den Uebrigen ist. Demnach ist er wesentlich ein Relatives, kann daher auch nur relativen Werth haben. Er fiele ganz weg, wenn die Uebrigen würden was der Gerühmte ist. Absoluten Werth kann nur Das haben, was ihn unter allen Umständen behält, also hier, was Einer unmittelbar und für sich selbst ist: folglich muß hierin der Werth und das Glück des großen Herzens und des großen Kopfes liegen. Also nicht der Ruhm, sondern Das, wodurch man ihn verdient, ist das Werthvolle. Denn es ist gleichsam die Substanz und der Ruhm nur das Accidens der Sache: ja dieser wirkt auf den Gerühmten hauptsächlich als ein äußerliches Symptom, durch welches er die Bestätigung seiner eigenen hohen Meinung von sich selbst erhält; demnach man sagen könnte, daß, wie das Licht gar nicht sichtbar ist, wenn es nicht von einem Körper zurückgeworfen wird; eben so jede Trefflichkeit erst durch den Ruhm ihrer selbst recht gewiß wird. Allein er ist nicht ein Mal ein untrügliches Symptom; da es auch Ruhm ohne Verdienst und Verdienst ohne Ruhm giebt; weshalb ein Ausdruck Lessings so artig herauskommt: »einige Leute sind berühmt, und andere verdienen es zu seyn.« Auch wäre es eine elende Existenz, deren Werth oder Unwerth darauf beruhte, wie sie in den Augen Anderer erschiene: eine solche aber wäre das Leben des Helden und des Genies, wenn dessen Werth im Ruhme, d. h. im Beifall Anderer, bestände. Vielmehr lebt und existirt ja jegliches Wesen seiner selbst wegen, daher auch zunächst in sich und für sich. – Was Einer ist, in welcher Art und Weise es auch sei, das ist er zuvörderst und hauptsächlich für sich selbst: und wenn es hier nicht viel werth ist, so ist es überhaupt nicht viel. Hingegen ist das Abbild seines Wesens in den Köpfen Anderer ein Sekundäres, Abgeleitetes und dem Zufall Unterworfenes, welches nur sehr mittelbar sich auf das Erstere zurückbezieht. Zudem sind die Köpfe der Menge ein zu elender Schauplatz, als daß auf ihm das wahre Glück seinen Ort haben könnte. Vielmehr ist daselbst nur ein chimärisches Glück zu finden. Welche gemischte Gesellschaft trifft doch in jenem Tempel des allgemeinen Ruhms zusammen! »Feldherren, Minister, Quacksalber, Gaukler, Tänzer, Sänger, Millionäre und Juden: ja, die Vorzüge aller dieser werden dort viel aufrichtiger geschätzt, finden viel mehr *estime sentie*, als die geistigen, zumal der hohen Art, die ja bei der großen Mehrzahl nur eine *estime sur parole* erlangen. In eudämonologischer Hinsicht ist also der Ruhm nichts weiter, als der seltenste und köstlichste Bissen für unsern Stolz und unsere Eitelkeit. Diese aber sind in den meisten Menschen, obwohl sie es verbergen, übermäßig vorhanden, vielleicht sogar am stärkesten in Denen, die irgendwie geeignet sind, sich Ruhm zu erwerben und daher meistens das unsichere Bewußtseyn ihres überwiegenden Werthes lange in sich herumtragen müssen, ehe die Gelegenheit kommt, solchen zu erproben und dann die Anerkennung desselben zu erfahren: bis dahin war ihnen zu Muthe, als erlitten sie ein heimliches Unrecht. Ueberhaupt aber ist ja, wie am Anfange dieses Kapitels erörtert worden, der Werth, den der Mensch auf die Meinung Anderer von ihm legt, ganz unverhältnißmäßig und unvernünftig; so daß HOBBES die Sache zwar sehr stark, aber vielleicht doch richtig ausgedrückt hat in den Worten: *omnis animi voluptas, omnisque alacritas in eo sita est, quod quis habeat quibuscum conferens se, possit magnifice sentire de se ipso (de cive. 1, 5.)*. Hieraus ist der hohe Werth erklärlich, den man allgemein auf den Ruhm legt, und die Opfer, welche man bringt, in der bloßen Hoffnung, ihn dereinst zu erlangen:

Fame is the spur, that the clear spirit doth raise
(That last infirmity of noble minds)
To scorn delights and live laborious days.

wie auch:

how hard it is to climb
The hights where Fame's proud temple shines afar.

Hieraus endlich erklärt es sich auch, daß die eitelste aller Nationen beständig *la gloire* im Munde führt und solche unbedenklich als die Haupttriebfeder zu großen Thaten und großen Werken ansieht. –

Allein, da unstreitig der Ruhm nur das Sekundäre ist, das bloße Echo, Abbild, Schatten, Symptom des Verdienstes, und da jedenfalls das Bewunderte mehr Werth haben muß, als die Bewunderung; so kann das eigentlich Beglückende nicht im Ruhme liegen, sondern in Dem, wodurch man ihn erlangt, also im Verdienste selbst, oder, genauer zu reden, in der Gesinnung und den Fähigkeiten, aus denen es hervorgieng; es mag nun moralischer, oder intellektueller Art seyn. Denn das Beste, was Jeder ist, muß er nothwendig für sich selbst seyn: was davon in den Köpfen Anderer sich abspiegelt und er in ihrer Meinung gilt ist Nebensache und kann nur von untergeordnetem Interesse für ihn seyn. Wer demnach nur den Ruhm VERDIENT, auch ohne ihn zu erhalten, besitzt bei Weitem die Hauptsache, und was er entbehrt ist etwas, darüber er sich mit derselben trösten kann. Denn nicht daß Einer von der urtheilslosen, so oft bethörten Menge für einen großen Mann gehalten werde, sondern daß er es sei, macht ihn beneidenswerth; auch nicht, daß die Nachwelt von ihm erfahre, sondern daß in ihm sich Gedanken erzeugen, welche verdienen, Jahrhunderte hindurch aufbewahrt und nachgedacht zu werden, ist ein hohes Glück. Zudem kann Dieses ihm nicht entrissen werden: es ist *των εφ’ ἡμιν*, jenes Andere *των ουκ εφ’ ἡμιν*. Wäre hingegen die Bewunderung selbst die Hauptsache; so wäre das Bewunderte ihrer nicht werth. Dies ist wirklich der Fall beim falschen, d.i. unverdienten Ruhm. An diesem muß sein Besitzer zehren, ohne Das, wovon derselbe das Symptom, der bloße Abglanz, seyn soll, wirklich zu haben. Aber sogar dieser Ruhm selbst muß ihm oft verleidet werden, wann bisweilen, trotz aller, aus der Eigenliebe entspringenden Selbsttäuschung, ihm auf der Höhe, für die er nicht geeignet ist, doch schwindelt, oder ihm zu Muthe wird, als wäre er ein kupferner Dukaten; wo dann die Angst vor Enthüllung und verdienter Demüthigung ihn ergreift, zumal wann er auf den Stirnen der Weiseren schon das Urtheil der Nachwelt liest. Er gleicht sonach dem Besitzer durch ein falsches Testament. – Den ächtesten Ruhm, den Nachruhm, vernimmt sein Gegenstand ja nie, und doch schätzt man ihn glücklich. Also bestand sein Glück in den großen Eigenschaften selbst, die ihm den Ruhm erwarben, und darin, daß er Gelegenheit fand, sie zu entwickeln, also daß ihm vergönnt wurde, zu handeln, wie es ihm angemessen war, oder zu treiben was er mit Lust und Liebe trieb: denn nur die aus dieser entsprungenen Werke erlangen Nachruhm. Sein Glück bestand also in seinem großen Herzen, oder auch im Reichthum eines Geistes, dessen Abdruck, in seinen Werken, die Bewunderung kommender Jahrhunderte erhält; es bestand in den Gedanken selbst, welchen nachzudenken, die Beschäftigung und der Genuß der edelsten Geister einer unabsehbaren Zukunft ward. Der Werth des Nachruhms liegt also im Verdienen desselben, und dieses ist sein eigener Lohn. Ob nun die Werke, welche ihn erwarben, unterweilen auch den Ruhm der Zeitgenossen hatten, hieng von zufälligen Umständen ab und war nicht von großer Bedeutung. Denn da die Menschen in der Regel ohne eigenes Urtheil sind und zumal hohe und schwierige Leistungen abzuschätzen durchaus keine Fähigkeit haben; so folgen sie hier stets fremder Auktorität, und der Ruhm, in hoher Gattung, beruht bei 99 unter 100 Rühmern, bloß auf Treu und Glauben. Daher kann auch der vielstimmigste Beifall der Zeitgenossen für denkende Köpfe nur wenig Werth haben, indem sie in ihm stets nur das Echo weniger Stimmen hören, die zudem selbst nur sind, wie der Tag sie gebracht hat. Würde wohl ein Virtuose sich geschmeichelt fühlen durch das laute Beifallsklatschen seines Publikums, wenn ihm bekannt wäre, daß es, bis auf Einen oder Zwei, aus lauter völlig Tauben bestände, die, um einander gegenseitig ihr Gebrechen zu verbergen, eifrig klatschten, sobald sie die Hände jenes Einen in Bewegung sähen? Und nun gar, wenn die Kenntniß hinzu käme, daß jene Vorklatscher sich oft bestechen ließen, um dem elendesten Geiger den lautesten Applaus zu verschaffen! – Hieraus ist erklärlich, warum der Ruhm der Zeitgenossen so selten die Metamorphose in Nachruhm erlebt; weshalb D'ALEMBERT, in seiner überaus schönen Beschreibung des Tempels des litterarischen Ruhmes, sagt: »das Innere des Tempels ist von lauter Todten bewohnt, die während ihres Lebens nicht darin waren, und von einigen Lebenden, welche fast alle, wann sie sterben, hinausgeworfen werden.« – Wenn dennoch Einer den Ruhm, welcher zum Nachruhm werden soll, erlebt; so wird es selten früher, als im Alter geschehn: allenfalls giebt es bei Künstlern und Dichtern Ausnahmen von dieser Regel, am wenigsten bei Philosophen. Eine Bestätigung derselben geben die Bildnisse der durch ihre Werke berühmten Männer, da dieselben meistens erst nach dem Eintritt ihrer Celebrität angefertigt wurden: in der Regel sind sie alt und grau dargestellt, namentlich die Philosophen. Inzwischen steht, eudämonologisch genommen, die Sache ganz recht. Ruhm und Jugend auf Ein Mal ist zu viel für einen Sterblichen. Unser Leben ist so arm, daß seine Güter haushälterischer vertheilt werden müssen. Die Jugend hat vollauf an ihrem eigenen Reichthum und kann sich daran genügen lassen. Aber im Alter, wann alle Genüsse und Freuden, wie die Bäume im Winter, abgestorben sind, dann schlägt am gelegensten der Baum des Ruhmes aus, als ein ächtes Wintergrün: auch kann man ihn den Winterbirnen vergleichen, die im Sommer wachsen, aber im Winter genossen werden.

Wollen wir jetzt noch etwas näher die Wege betrachten, auf welchen man, in den Wissenschaften, als dem uns zunächst Liegenden, Ruhm erlangt; so läßt sich hier folgende Regel aufstellen. Die durch solchen Ruhm bezeichnete intellektuelle Ueberlegenheit wird allemal an den Tag gelegt durch eine neue Kombination irgendwelcher Data. Diese nun können sehr verschiedener Art seyn; jedoch wird der durch ihre Kombination zu erlangende Ruhm um so größer und ausgebreiteter seyn, je mehr sie selbst allgemein bekannt und Jedem zugänglich sind. Bestehn z. B. die Data in einigen Zahlen, oder Kurven, oder auch in irgend einer speciellen physikalischen, zoologischen, botanischen, oder anatomischen Thatsache, oder auch in einigen verdorbenen Stellen alter Autoren, oder in halbverlöschten Inschriften, oder in solchen, deren Alphabet uns fehlt, oder in dunkeln Punkten der Geschichte; so wird der durch die richtige Kombination derselben zu erlangende Ruhm sich nicht viel weiter erstrecken, als die Kenntniß der Data selbst, also auf eine kleine Anzahl meistens zurückgezogen lebender und auf den Ruhm in ihrem Fach neidischer Leute. – Sind hingegen die Data solche, welche das ganze Menschengeschlecht kennt, sind es z. B. wesentliche, Allen gemeinsame Eigenschaften des menschlichen Verstandes, oder Gemüthes, oder Naturkräfte, deren ganze Wirkungsart wir beständig vor Augen haben, oder der allbekannte Lauf der Natur überhaupt; so wird der Ruhm durch eine neue, wichtige und evidente Kombination Licht über sie verbreitet zu haben, sich mit der Zeit fast über die ganze civilisirte Menschheit erstrecken. Denn, sind die Data Jedem zugänglich, so wird ihre Kombination es meistens auch seyn. – Dennoch wird hiebei der Ruhm allemal nur der überwundenen Schwierigkeit entsprechen. Denn, je allbekannter die Data sind, desto schwerer ist es, sie auf eine neue und doch richtige Weise zu kombiniren; da schon eine überaus große Anzahl von Köpfen sich an ihnen versucht und die möglichen Kombinationen derselben erschöpft hat. Hingegen werden Data, welche, dem großen Publiko unzugänglich, nur auf mühsamen und schwierigen Wegen erreichbar sind, fast immer noch neue Kombinationen zulassen: wenn man daher an solche nur mit geradem Verstande und gesunder Urtheilskraft, also einer mäßigen geistigen Ueberlegenheit, kommt; so ist es leicht möglich, daß man eine neue und richtige Kombination derselben zu machen das Glück habe. Allein der hiedurch erworbene Ruhm wird ungefähr dieselben Gränzen haben, wie die Kenntniß der Data. Denn zwar erfordert die Lösung von Problemen solcher Art großes Studium und Arbeit, schon um nur die Kenntniß der Data zu erlangen; während in jener andern Art, in welcher eben der größte und ausgebreiteteste Ruhm zu erwerben ist, die Data unentgeltlich gegeben sind: allein in dem Maaße, wie diese letztere Art weniger Arbeit erfordert, gehört mehr Talent, ja Genie dazu, und mit diesen hält, hinsichtlich des Werthes und der Werthschätzung, keine Arbeit, oder Studium, den Vergleich aus.

Hieraus nun ergiebt sich, daß Die, welche einen tüchtigen Verstand und ein richtiges Urtheil in sich spüren, ohne jedoch die höchsten Geistesgaben sich zuzutrauen, viel Studium und ermüdende Arbeit nicht scheuen dürfen, um mittelst dieser sich aus dem großen Haufen der Menschen, welchen die allbekannten Data vorliegen, herauszuarbeiten und zu den entlegeneren Orten zu gelangen, welche nur dem gelehrten Fleiße zugänglich sind.

Denn hier, wo die Zahl der Mitbewerber unendlich verringert ist, wird der auch nur einigermaaßen überlegene Kopf bald zu einer neuen und richtigen Kombination der Data Gelegenheit finden: sogar wird das Verdienst seiner Entdeckung sich mit auf die Schwierigkeit, zu den Datis zu gelangen, stützen. Aber der also erworbene Applaus seiner Wissensgenossen, als welche die alleinigen Kenner in diesem Fache sind, wird von der großen Menge der Menschen nur von Weitem vernommen werden. – Will man nun den hier angedeuteten Weg bis zum Extrem verfolgen; so läßt sich der Punkt nachweisen, wo die Data, wegen der großen Schwierigkeit ihrer Erlangung, für sich allein und ohne daß eine Kombination derselben erfordert wäre, den Ruhm zu begründen hinreichen. Dies leisten Reisen in sehr entlegene und wenig besuchte Länder: man wird berühmt durch Das, was man gesehn, nicht durch Das, was man gedacht hat. Dieser Weg hat auch noch einen großen Vortheil darin, daß es viel leichter ist, was man gesehn, als was man gedacht hat, Andern mitzutheilen und es mit dem Verständniß sich eben so verhält: demgemäß wird man für das Erstere auch viel mehr Leser finden, als für das Andere. Denn, wie schon Asmus sagt:

> »Wenn jemand eine Reise thut,
> So kann er was erzählen.«

Was aber nun andrerseits den mit hohen Fähigkeiten ausgestatteten Kopf betrifft, als welcher allein sich an die Lösung der großen, das Allgemeine und Ganze betreffenden und daher schwierigsten Probleme wagen darf; so wird dieser zwar wohl daran thun, seinen Horizont möglichst auszudehnen, jedoch immer gleichmäßig, nach allen Seiten, und ohne je sich zu weit in irgend eine der besondern und nur Wenigen bekannten Regionen zu verlieren, d. h. ohne auf die Specialitäten irgend einer einzelnen Wissenschaft weit einzugehn, geschweige sich mit den Mikrologien zu befassen. Denn er hat nicht nöthig, sich an die schwer zugänglichen Gegenstände zu machen, um dem Gedränge der Mitbewerber zu entgehn; sondern eben das Allen Vorliegende wird ihm Stoff zu neuen, wichtigen und wahren Kombinationen geben. Dem nun aber gemäß wird sein Verdienst von allen Denen geschätzt werden können, welchen die Data bekannt sind, also von einem großen Theile des menschlichen Geschlechts. Hierauf gründet sich der mächtige Unterschied zwischen dem Ruhm, den Dichter und Philosophen erlangen, und dem, welcher Physikern, Chemikern, Anatomen, Mineralogen, Zoologen, Philologen, Historikern u.s.w. erreichbar ist.

KAPITEL V.

PARÄNESEN UND MAXIMEN.

Weniger noch, als irgendwo, bezwecke ich hier Vollständigkeit; da ich sonst die vielen, von Denkern aller Zeiten aufgestellten, zum Theil vortrefflichen Lebensregeln zu wiederholen haben würde, vom Theognis und Pseudo-Salomo an, bis auf den Rochefoucauld herab; wobei ich dann auch viele, schon breit getretene Gemeinplätze nicht würde vermeiden können. Mit der Vollständigkeit fällt aber auch die systematische Anordnung größtentheils weg. Ueber Beide tröste man sich damit, daß sie, in Dingen dieser Art, fast unausbleiblich die Langeweile in ihrem Gefolge haben. Ich habe bloß gegeben, was mir eben eingefallen ist, der Mittheilung werth schien und, so viel mir erinnerlich, noch nicht, wenigstens nicht ganz und eben so, gesagt worden ist, also eben nur eine Nachlese zu dem auf diesem unabsehbaren Felde bereits von Andern Geleisteten.

Um jedoch in die große Mannigfaltigkeit der hieher gehörigen Ansichten und Rathschläge einige Ordnung zu bringen, will ich sie eintheilen in allgemeine, in solche, welche unser Verhalten gegen uns selbst, dann gegen Andere, und endlich gegen den Weltlauf und das Schicksal betreffen.

A. ALLGEMEINE.

1) Als die oberste Regel aller Lebensweisheit sehe ich einen Satz an, den Aristoteles beiläufig ausgesprochen hat, in der Nikomachäischen Ethik *(VII, 12.)*: *ὁ φρονιμος το αλυπον διωκει, ου το ἡδυ· (quod dolore vacat, non quod suave est, persequitur vir prudens.)* Die Wahrheit desselben beruht darauf, daß aller Genuß und alles Glück negativer, hingegen der Schmerz positiver Natur ist. Die Ausführung und Begründung dieses letzteren Satzes findet man in

meinem Hauptwerke Bd. I, §. 58. Doch will ich denselben hier noch an einer täglich zu beobachtenden Thatsache erläutern. Wenn der ganze Leib gesund und heil ist, bis auf irgend eine kleine wunde, oder sonst schmerzende Stelle; so tritt jene Gesundheit des Ganzen weiter nicht ins Bewußtseyn, sondern die Aufmerksamkeit ist beständig auf den Schmerz der verletzten Stelle gerichtet und das Behagen der gesammten Lebensempfindung ist aufgehoben. – Eben so, wenn alle unsere Angelegenheiten nach unserm Sinne gehn, bis auf EINE, die unsrer Absicht zuwider läuft, so kommt diese, auch wenn sie von geringer Bedeutung ist, uns immer wieder in den Kopf: wir denken häufig an sie und wenig an alle jene andern wichtigeren Dinge, die nach unserm Sinne gehn. – In beiden Fällen nun ist das Beeinträchtigte der Wille, ein Mal, wie er sich im Organismus, das andere, wie er sich im Streben des Menschen objektivirt, und in beiden sehn wir, daß seine Befriedigung immer nur negativ wirkt und daher gar nicht direkt empfunden wird, sondern höchstens auf dem Wege der Reflexion ins Bewußtseyn kommt. Hingegen ist seine Hemmung das Positive und daher sich selbst Ankündigende. Jeder Genuß besteht bloß in der Aufhebung dieser Hemmung, in der Befreiung davon, ist mithin von kurzer Dauer.

Hierauf nun also beruht die oben belobte Aristotelische Regel, welche uns anweist, unser Augenmerk nicht auf die Genüsse und Annehmlichkeiten des Lebens zu richten, sondern darauf, daß wir den zahllosen Uebeln desselben, so weit es möglich ist, entgehn. Wäre dieser Weg nicht der richtige; so müßte auch VOLTAIRE's Ausspruch, *le bonheur n'est qu'un rève, et la douleur est réelle*, so falsch seyn, wie er in der That wahr ist. Demnach soll auch Der, welcher das Resultat seines Lebens, in eudämonologischer Rücksicht, ziehn will, die Rechnung nicht nach den Freuden, die er genossen, sondern nach den Uebeln, denen er entgangen ist, aufstellen. Ja, die Eudämonologie hat mit der Belehrung anzuheben, daß ihr Name selbst ein Euphemismus ist und daß unter »glücklich leben« nur zu verstehn ist »weniger unglücklich«, also erträglich leben. Allerdings ist das Leben nicht eigentlich da, um genossen, sondern um überstanden, abgethan zu werden: dies bezeichnen auch manche

Ausdrücke, wie *degere vitam, vita defungi*, das Italiänische *si scampa cosi*, das Deutsche »man muß suchen, durchzukommen«, »er wird schon durch die Welt kommen«, u. dgl. m. Ja, es ist ein Trost im Alter, daß man die Arbeit des Lebens hinter sich hat. Demnach nun hat das glückliche Loos Der, welcher sein Leben ohne übergroße Schmerzen, sowohl geistige, als körperliche, hinbringt; nicht aber Der, dem die lebhaftesten Freuden, oder die größten Genüsse zu Theil geworden. Wer nach diesen Letzteren das Glück eines Lebenslaufes bemessen will, hat einen falschen Maaßstab ergriffen. Denn die Genüsse sind und bleiben negativ: daß sie beglücken ist ein Wahn, den der Neid, zu seiner eigenen Strafe, hegt. Die Schmerzen hingegen werden positiv empfunden: daher ist ihre Abwesenheit der Maaßstab des Lebensglückes. Kommt zu einem schmerzlosen Zustand noch die Abwesenheit der Langenweile; so ist das irdische Glück im Wesentlichen erreicht: denn das Uebrige ist Chimäre. Hieraus nun folgt, daß man nie Genüsse durch Schmerzen, ja, auch nur durch die Gefahr derselben, erkaufen soll; weil man sonst ein Negatives und daher Chimärisches mit einem Positiven und Realen bezahlt. Hingegen bleibt man im Gewinn, wenn man Genüsse opfert, um Schmerzen zu entgehn. In beiden Fällen ist es gleichgültig, ob die Schmerzen den Genüssen nachfolgen, oder vorhergehn. Es ist wirklich die größte Verkehrtheit, diesen Schauplatz des Jammers in einen Lustort verwandeln zu wollen und, statt der möglichsten Schmerzlosigkeit, Genüsse und Freuden sich zum Ziele zu stecken; wie doch so Viele thun. Viel weniger irrt wer, mit zu finsterm Blicke, diese Welt als eine Art Hölle ansieht und demnach nur darauf bedacht ist, sich in derselben eine feuerfeste Stube zu verschaffen. Der Thor läuft den Genüssen des Lebens nach und sieht sich betrogen: der Weise vermeidet die Uebel. Sollte ihm jedoch auch Dieses mißglücken; so ist es dann die Schuld des Geschicks, nicht die seiner Thorheit. So weit es ihm aber glückt, ist er nicht betrogen: denn die Uebel, denen er aus dem Wege gieng, sind höchst real. Selbst wenn er etwan ihnen zu weit aus dem Wege gegangen seyn sollte und Genüsse unnöthigerweise geopfert hätte; so ist eigentlich doch nichts verloren: denn alle Genüsse sind chimärisch, und über die Versäumniß derselben zu trauern wäre kleinlich, ja lächerlich.

Das Verkennen dieser Wahrheit, durch den Optimismus begünstigt, ist die Quelle vielen Unglücks. Während wir nämlich von Leiden frei sind, spiegeln unruhige Wünsche uns die Chimären eines Glückes vor, das gar nicht existirt, und verleiten uns sie zu verfolgen: dadurch bringen wir den Schmerz, der unleugbar real ist, auf uns herab. Dann jammern wir über den verlorenen schmerzlosen Zustand, der, wie ein verscherztes Paradies, hinter uns liegt, und wünschen vergeblich, das Geschehene ungeschehn machen zu können. So scheint es, als ob ein böser Dämon uns aus dem schmerzlosen Zustande, der das höchste wirkliche Glück ist, stets herauslockte, durch die Gauckelbilder der Wünsche. – Unbesehens glaubt der Jüngling, die Welt sei da, um genossen zu werden, sie sei der Wohnsitz eines positiven Glückes, welches nur Die verfehlen, denen es an Geschick gebricht, sich seiner zu bemeistern. Hierin bestärken ihn Romane und Gedichte, wie auch die Gleißnerei, welche die Welt, durchgängig und überall, mit dem äußern Scheine treibt und auf die ich bald zurückkommen werde. Von nun an ist sein Leben eine, mit mehr oder weniger Ueberlegung angestellte Jagd nach dem positiven Glück, welches, als solches, aus positiven Genüssen bestehn soll. Die Gefahren, denen man sich dabei aussetzt, müssen in die Schanze geschlagen werden. Da führt denn diese Jagd nach einem Wilde, welches gar nicht existirt, in der Regel, zu sehr realem, positivem Unglück. Dies stellt sich ein als Schmerz, Leiden, Krankheit, Verlust, Sorge, Armuth, Schande und tausend Nöthe. Die Enttäuschung kommt zu spät. – Ist hingegen, durch Befolgung der hier in Betracht genommenen Regel, der Plan des Lebens auf Vermeidung der Leiden, also auf Entfernung des Mangels, der Krankheit und jeder Noth, gerichtet; so ist das Ziel ein reales: da läßt sich etwas ausrichten, und um so mehr, je weniger dieser Plan gestört wird durch das Streben nach der Chimäre des positiven Glücks. Hiezu stimmt auch was GÖTHE, in den Wahlverwandschaften, den, für das Glück der Andern stets thätigen MITTLER sagen läßt: »Wer ein Uebel los seyn will, der »weiß immer was er will: wer was besseres will, als er hat, der ist

»ganz staarblind.« Und dieses erinnert an den schönen französischen Ausspruch: *le mieux est l'ennemi du bien.* Ja, hieraus ist sogar der Grundgedanke des Kynismus abzuleiten, wie ich ihn dargelegt habe, in meinem Hauptwerke, Bd. 2. Kap. 16. Denn, was bewog die Kyniker zur Verwerfung aller Genüsse, wenn es nicht eben der Gedanke an die mit ihnen, näher oder ferner, verknüpften Schmerzen war, welchen aus dem Wege zu gehn ihnen viel wichtiger schien, als die Erlangung jener. Sie waren tief ergriffen von der Erkenntniß der Negativität des Genusses und der Positivität des Schmerzes; daher sie, konsequent, Alles thaten für die Vermeidung der Uebel, hiezu aber die völlige und absichtliche Verwerfung der Genüsse nöthig erachteten; weil sie in diesen nur Fallstricke sahen, die uns dem Schmerze überliefern.

In Arkadien geboren, wie Schiller sagt, sind wir freilich Alle: d. h. wir treten in die Welt, voll Ansprüche auf Glück und Genuß, und hegen die thörichte Hoffnung, solche durchzusetzen. In der Regel jedoch kommt bald das Schicksal, packt uns unsanft an und belehrt uns, daß nichts UNSER ist, sondern Alles SEIN, indem es ein unbestrittenes Recht hat, nicht nur auf allen unsern Besitz und Erwerb und auf Weib und Kind, sondern sogar auf Arm und Bein, Auge und Ohr, ja, auf die Nase mitten im Gesicht. Jedenfalls aber kommt, nach einiger Zeit, die Erfahrung und bringt die Einsicht, daß Glück und Genuß eine Fata Morgana sind, welche, nur aus der Ferne sichtbar, verschwindet, wenn man herangekommen ist; daß hingegen Leiden und Schmerz Realität haben, sich selbst unmittelbar vertreten und keiner Illusion, noch Erwartung bedürfen. Fruchtet nun die Lehre; so hören wir auf, nach Glück und Genuß zu jagen, und sind vielmehr darauf bedacht, dem Schmerz und Leiden möglichst den Zugang zu versperren. Wir erkennen alsdann, daß das Beste, was die Welt zu bieten hat, eine schmerzlose, ruhige, erträgliche Existenz ist und beschränken unsre Ansprüche auf diese, um sie desto sicherer durchzusetzen. Denn, um nicht sehr unglücklich zu werden, ist das sicherste Mittel, daß man nicht verlange, sehr glücklich zu seyn. Dies hatte auch Göthe's Jugendfreund MERCK erkannt, da er schrieb: »die garstige Prätension an »Glückseligkeit, und zwar an das Maaß, das wir uns träumen, ver-

»dirbt Alles auf dieser Welt. Wer sich davon los machen kann und »nichts begehrt, als was er vor sich hat, kann sich durchschlagen« (Briefe an und von Merck, S. 100). Demnach ist es gerathen, seine Ansprüche auf Genuß, Besitz, Rang, Ehre u. s. f. auf ein ganz Mäßiges herabzusetzen; weil gerade das Streben und Ringen nach Glück, Glanz und Genuß es ist, was die großen Unglücksfälle herbeizieht. Aber schon darum ist Jenes weise und rathsam, weil sehr unglücklich zu seyn gar leicht ist; sehr glücklich hingegen, nicht etwan schwer, sondern ganz unmöglich. Mit großem Rechte also singt der Dichter der Lebensweisheit:

Auream quisquis mediocritatem
Diligit, tutus caret obsoleti
Sordibus tecti, caret invidenda
Sobrius aula.

Saevius ventis agitatur ingens
Pinus: et celsae graviore casu
Decidunt turres: feriuntque summos
Fulgura montes.

Was jedoch die Erlangung dieser heilsamen Einsichten besonders erschwert, ist die schon oben erwähnte Gleißnerei der Welt, welche man daher der Jugend früh aufdecken sollte. Die allermeisten Herrlichkeiten sind bloßer Schein, wie die Theaterdekoration, und das Wesen der Sache fehlt. Z. B. bewimpelte und bekränzte Schiffe, Kanonenschüsse, Illuminationen, Pauken und Trompeten, Jauchzen und Schreien u. s. w., dies Alles ist das Aushängeschild, die Andeutung, die Hieroglyphe der FREUDE: aber die Freude ist daselbst meistens nicht zu finden: sie allein hat beim Feste abgesagt. Wo sie sich wirklich einfindet, da kommt sie, in der Regel, ungeladen und ungemeldet, von selbst und *sans façon*, ja, still herangeschlichen. Bei allen jenen Dingen hingegen ist auch der Zweck bloß, Andere glauben zu machen, hier wäre die Freude eingekehrt: dieser Schein, im Kopfe Anderer, ist die Absicht. Eben so nun ferner sind viele geladene Gäste, in Feierkleidern, unter festlichem Empfange, das Aushängeschild der edelen, erhöhten Geselligkeit: aber statt ihrer ist, in der Regel, nur Zwang, Pein und Langeweile gekommen: denn schon wo viele Gäste sind, ist viel Pack, – und hätten sie auch sämmtlich Sterne auf der Brust. Die wirklich gute Gesellschaft nämlich ist, überall und nothwendig, sehr klein. Ueberhaupt aber tragen glänzende, rauschende Feste und Lustbarkeiten stets eine Leere, wohl gar einen Mißton im Innern; schon weil sie dem Elend und der Dürftigkeit unsers Daseyns laut widersprechen, und der Kontrast erhöht die Wahrheit. Jedoch von außen gesehn wirkt jenes Alles: und Das war der Zweck. Ganz allerliebst sagt daher CHAMFORT: *la société, les cercles, les salons, ce qu'on appelle le monde, est une pièce misérable, un mauvais opéra, sans intérêt, qui se soutient un peu par les machines, les costumes, et les décorations.* – Desgleichen sind nun auch Akademien und philosophische Katheder das Aushängeschild, der äußere Schein der WEISHEIT: aber auch sie hat meistens abgesagt und ist ganz wo anders zu finden. – Glockengebimmel, Priesterkostüme, fromme Gebärden und fratzenhaftes Thun ist das Aushängeschild, der falsche Schein der Andacht, u.s.w. – So ist denn fast Alles in der Welt hohle Nüsse zu nennen: der Kern ist an sich selten, und noch seltener steckt er in der Schaale. Er ist ganz wo anders zu suchen und wird meistens nur zufällig gefunden.

2) Man hüte sich, das Glück seines Lebens, mittelst vieler Erfordernisse zu demselben, auf ein BREITES FUNDAMENT zu bauen: denn auf einem solchen stehend stürzt es am leichtesten ein, weil es viel mehr Unfällen Gelegenheit darbietet und diese nicht ausbleiben. Das Gebäude unsers Glückes verhält sich also, in dieser Hinsicht, umgekehrt wie alle anderen, als welche auf breitem Fundament am festesten stehn. Seine Ansprüche, im Verhältniß zu seinen Mitteln jeder Art, möglichst niedrig zu stellen, ist demnach der sicherste Weg, großem Unglück zu entgehn.

3) Ueberhaupt ist es eine der größten und häufigsten Thorheiten, daß man WEITLÄUFTIGE ANSTALTEN zum Leben macht, in welcher Art auch immer dies geschehe. Bei solchen nämlich ist zuvörderst auf ein ganzes und volles Menschenleben gerechnet; welches jedoch sehr Wenige erreichen. Sodann fällt es, selbst wenn sie so lange leben, doch für die gemachten Pläne zu kurz aus; da deren Ausführung immer sehr viel mehr Zeit erfordert, als angenommen war: ferner sind solche, wie alle menschlichen Dinge,

dem Mißlingen, den Hindernissen so vielfach ausgesetzt, daß sie sehr selten zum Ziele gebracht werden. Endlich, wenn zuletzt auch Alles erreicht wird, so waren die Umwandlungen, welche die Zeit an UNS SELBST hervorbringt, außer Acht und Rechnung gelassen; also nicht bedacht worden, daß weder zum Leisten, noch zum Genießen, unsere Fähigkeiten das ganze Leben hindurch vorhalten. Daher kommt es, daß wir oft auf Dinge hinarbeiten, welche, wenn endlich erlangt, uns nicht mehr angemessen sind; wie auch, daß wir mit den Vorarbeiten zu einem Werke die Jahre hinbringen, welche derweilen unvermerkt uns die Kräfte zur Ausführung desselben rauben. So geschieht es denn oft, daß der mit so langer Mühe und vieler Gefahr erworbene Ruhm uns nicht mehr genießbar ist und wir für Andere gearbeitet haben; oder auch, daß wir den durch vieljähriges Treiben und Trachten endlich erreichten Posten auszufüllen nicht mehr im Stande sind: die Dinge sind zu spät für uns gekommen. Oder auch umgekehrt, wir kommen zu spät mit den Dingen; da nämlich, wo es sich um Leistungen, oder Produktionen handelt: der Geschmack der Zeit hat sich geändert; ein neues Geschlecht ist herangewachsen, welches an den Sachen keinen Antheil nimmt; Andere sind, auf kürzeren Wegen, uns zuvorgekommen u.s.f. Alles unter dieser Nummer Angeführte hat Horaz im Sinne, wenn er sagt:

quid aeternis minorem
Consiliis animum fatigas?

Der Anlaß zu diesem häufigen Mißgriff ist die unvermeidliche optische Täuschung des geistigen Auges, vermöge welcher das Leben, vom Eingange aus gesehn, endlos, aber wenn man vom Ende der Bahn zurückblickt, sehr kurz erscheint. Freilich hat sie ihr Gutes: denn ohne sie käme schwerlich etwas Großes zu Stande.

Ueberhaupt aber ergeht es uns im Leben wie dem Wanderer, vor welchem, indem er vorwärts schreitet, die Gegenstände andere Gestalten annehmen, als die sie von ferne zeigten, und sich gleichsam verwandeln, indem er sich nähert. Besonders geht es mit unsern Wünschen so. Oft finden wir etwas ganz Anderes, ja, Besseres, als wir suchten; oft auch das Gesuchte selbst auf einem ganz anderen Wege, als den wir zuerst vergeblich danach eingeschlagen hatten. Zumal wird uns oft da, wo wir Genuß, Glück, Freude suchten, statt ihrer Belehrung, Einsicht, Erkenntniß, – ein bleibendes, wahrhaftes Gut, statt eines vergänglichen und scheinbaren. Dies ist auch der Gedanke, welcher im Wilhelm Meister als Grundbaß durchgeht, indem dieser ein intellektueller Roman und eben dadurch höherer Art ist, als alle übrigen, sogar die von Walter Scott, als welche sämmtlich nur ethisch sind, d.h. die menschliche Natur bloß von der ethischen Seite auffassen. Ebenfalls in der Zauberflöte, dieser grottesken, aber bedeutsamen und vieldeutigen Hieroglyphe, ist jener selbe Grundgedanke, in großen und groben Zügen, wie die der Theaterdekorationen sind, symbolisirt; sogar würde er es vollkommen seyn, wenn, am Schlusse, der Tamino, vom Wunsche, die Tamina zu besitzen, zurückgebracht, statt ihrer, allein die Weihe im Tempel der Weisheit verlangte und erhielte; hingegen seinem nothwendigen Gegensatze, dem Papageno, richtig seine Papagena würde. – Vorzügliche und edle Menschen werden jener Erziehung des Schicksals bald inne und fügen sich bildsam und dankbar in dieselbe: sie sehn ein, daß in der Welt wohl Belehrung, aber nicht Glück zu finden sei, werden es sonach gewohnt und zufrieden, Hoffnungen gegen Einsichten zu vertauschen, und sagen endlich mit Petrarka:

Altro diletto, che 'mparar, non provo.

Es kann damit sogar dahin kommen, daß sie ihren Wünschen und Bestrebungen gewissermaaßen nur noch zum Schein und tändelnd nachgehn, eigentlich aber und im Ernst ihres Innern, bloß Belehrung erwarten; welches ihnen alsdann einen beschaulichen, genialen, erhabenen Anstrich giebt. – Man kann in diesem Sinne auch sagen, es gehe uns wie den Alchemisten, welche, indem sie nur Gold suchten, Schießpulver, Porzellan, Arzeneien, ja, Naturgesetze entdeckten.

B. UNSER VERHALTEN GEGEN UNS SELBST BETREFFEND.

4) Wie der Arbeiter, welcher ein Gebäude aufführen hilft, den Plan des Ganzen entweder nicht kennt, oder doch nicht immer gegenwärtig hat; so verhält der Mensch, indem er die einzelnen Tage und Stunden seines Lebens abspinnt, sich zum Ganzen seines Lebenslaufes und des Charakters desselben. Je würdiger, bedeutender, planvoller und individueller dieser ist; desto mehr ist es nöthig und wohlthätig, daß der verkleinerte Grundriß desselben, der Plan, ihm bisweilen vor die Augen komme. Freilich gehört auch dazu, daß er einen kleinen Anfang in dem *γνωϑι σαυτον* gemacht habe, also wisse, was er eigentlich, hauptsächlich und vor allem Andern will, was also für sein Glück das Wesentlichste ist, sodann was die zweite und dritte Stelle nach diesem einnimmt; wie auch, daß er erkenne, welches, im Ganzen, sein Beruf, seine Rolle und sein Verhältniß zur Welt sei. Ist nun dieses bedeutender und grandioser Art; so wird der Anblick des Planes seines Lebens, im verjüngten Maaßstabe, ihn, mehr als irgend etwas, stärken, aufrichten, erheben, zur Thätigkeit ermuntern und von Abwegen zurückhalten.

5) Ein wichtiger Punkt der Lebensweisheit besteht in dem richtigen Verhältniß, in welchem wir unsere Aufmerksamkeit theils der Gegenwart, theils der Zukunft widmen, damit nicht die eine uns die andere verderbe. Viele leben zu sehr in der Gegenwart: die Leichtsinnigen; – Andere zu sehr in der Zukunft: die Aengstlichen und Besorglichen. Selten wird Einer genau das rechte Maaß halten. Die, welche, mittelst Streben und Hoffen, nur in der Zukunft leben, immer vorwärts sehn und mit Ungeduld den kommenden Dingen entgegeneilen, als welche allererst das wahre Glück bringen sollen, inzwischen aber die Gegenwart unbeachtet und ungenossen vorbeiziehn lassen, sind, trotz ihren altklugen Mienen, jenen Eseln in Italien zu vergleichen, deren Schritt dadurch beschleunigt wird, daß an einem, ihrem Kopf angehefteten Stock

ein Bündel Heu hängt, welches sie daher stets dicht vor sich sehn und zu erreichen hoffen. Denn sie betrügen sich selbst um ihr ganzes Daseyn, indem sie stes nur AD INTERIM leben, – bis sie todt sind. – Statt also mit den Plänen und Sorgen für die Zukunft ausschließlich und immerdar beschäftigt zu seyn, oder aber uns der Sehnsucht nach der Vergangenheit hinzugeben, sollten wir nie vergessen, daß die Gegenwart allein real und allein gewiß ist; hingegen die Zukunft fast immer anders ausfällt, als wir sie denken; ja, auch die Vergangenheit anders war; und zwar so, daß es mit Beiden, im Ganzen, weniger auf sich hat, als es uns scheint. Denn die Ferne, welche dem Auge die Gegenstände verkleinert, vergrößert sie dem Gedanken. Die Gegenwart allein ist wahr und wirklich: sie ist die real erfüllte Zeit, und ausschließlich in ihr liegt unser Daseyn. Daher sollten wir sie stets einer heitern Aufnahme würdigen, folglich jede erträgliche und von unmittelbaren Widerwärtigkeiten, oder Schmerzen, freie Stunde mit Bewußtseyn als solche genießen, d. h. sie nicht trüben durch verdrießliche Gesichter über verfehlte Hoffnungen in der Vergangenheit, oder Besorgnisse für die Zukunft. Denn es ist durchaus thöricht, eine gute gegenwärtige Stunde von sich zu stoßen, oder sie sich muthwillig zu verderben, aus Verdruß über das Vergangene, oder Besorgniß wegen des Kommenden. Der Sorge, ja, selbst der Reue, sei ihre bestimmte Zeit gewidmet: danach aber soll man über das Geschehene denken:

Αλλα τα μεν προτετυχϑαι εασομεν αχνυμενοι περ,
Θυμον ενι στηϑεσσι φιλον δαμασαντες αναγκη,

und über das Künftige:

Ητοι ταυτᾳ ϑεων εν γουνασι κειται,

hingegen über die Gegenwart: *singulas dies singulas vitas puta (Sen.)* und diese allein reale Zeit sich so angenehm wie möglich machen.

Uns zu beunruhigen sind bloß solche künftige Uebel berechtigt, welche gewiß sind und deren Eintrittszeit ebenfalls gewiß ist. Dies werden aber sehr wenige seyn: denn die Uebel sind entweder bloß möglich, allenfalls wahrscheinlich; oder sie sind zwar gewiß; allein ihre Eintrittszeit ist völlig ungewiß. Läßt man nun auf diese beiden

Arten sich ein; so hat man keinen ruhigen Augenblick mehr. Um also nicht der Ruhe unsers Lebens durch ungewisse, oder unbestimmte Uebel verlustig zu werden, müssen wir uns gewöhnen, jene anzusehn, als kämen sie nie; diese, als kämen sie gewiß nicht sobald.

Je mehr nun aber Einem die Furcht Ruhe läßt, desto mehr beunruhigen ihn die Wünsche, die Begierden und Ansprüche. GÖTHE's so beliebtes Lied, »ich hab' mein' Sach auf nichts gestellt«, besagt eigentlich, daß erst nachdem der Mensch aus allen möglichen Ansprüchen herausgetrieben und auf das nackte, kahle Daseyn zurückgewiesen ist, er derjenigen Geistesruhe theilhaft wird, welche die Grundlage des menschlichen Glückes ausmacht, indem sie nöthig ist, um die Gegenwart, und somit das ganze Leben, genießbar zu finden. Zu eben diesem Zwecke sollten wir stets eingedenk seyn, daß der heutige Tag nur Ein Mal kommt und nimmer wieder. Aber wir wähnen, er komme morgen wieder: morgen ist jedoch ein anderer Tag, der auch nur Ein Mal kommt. Wir aber vergessen, daß jeder Tag ein integrirender und daher unersetzlicher Theil des Lebens ist, und betrachten ihn vielmehr als unter demselben so enthalten, wie die Individuen unter dem Gemeinbegriff. – Ebenfalls würden wir die Gegenwart besser würdigen und genießen, wenn wir, in guten und gesunden Tagen, uns stets bewußt wären, wie, in Krankheiten, oder Betrübnissen, die Erinnerung uns jede schmerz- und entbehrungslose Stunde als unendlich beneidenswerth, als ein verlorenes Paradies, als einen verkannten Freund vorhält. Aber wir verleben unsre schönen Tage, ohne sie zu bemerken: erst wann die schlimmen kommen, wünschen wir jene zurück. Tausend heitere, angenehme Stunden lassen wir, mit verdrießlichem Gesicht, ungenossen an uns vorüberziehn, um nachher, zur trüben Zeit, mit vergeblicher Sehnsucht ihnen nachzuseufzen. Statt dessen sollten wir jede erträgliche Gegenwart, auch die alltägliche, welche wir jetzt so gleichgültig vorüberziehn lassen, und wohl gar noch ungeduldig nachschieben, – in Ehren halten, stets eingedenk, daß sie eben jetzt hinüberwallt in jene Apotheose der Vergangenheit, woselbst sie fortan, vom Lichte der Unvergänglichkeit umstrahlt, vom Gedächtnisse aufbewahrt wird, um, wann dieses einst, besonders zur schlimmen Stunde, den Vorhang lüftet, als ein Gegenstand unsrer innigen Sehnsucht sich darzustellen.

6) ALLE BESCHRÄNKUNG BEGLÜCKT. Je enger unser Gesichts-, Wirkungs- und Berührungskreis, desto glücklicher sind wir: je weiter, desto öfter fühlen wir uns gequält, oder geängstigt. Denn mit ihm vermehren und vergrößern sich die Sorgen, Wünsche und Schrecknisse. Darum sind sogar Blinde nicht so unglücklich, wie es uns *a priori* scheinen muß: dies bezeugt die sanfte, fast heitere Ruhe in ihren Gesichtszügen. Auch beruht es zum Theil auf dieser Regel, daß die zweite Hälfte des Lebens trauriger ausfällt, als die erste. Denn im Laufe des Lebens wird der Horizont unsrer Zwecke und Beziehungen immer weiter. In der Kindheit ist er auf die nächste Umgebung und die engsten Verhältnisse beschränkt; im Jünglingsalter reicht er schon bedeutend weiter; im Mannesalter umfaßt er unsern ganzen Lebenslauf, ja, erstreckt sich oft auf die entferntesten Verhältnisse, auf Staaten und Völker; im Greisenalter umfaßt er die Nachkommen. – Jede Beschränkung hingegen, sogar die geistige, ist unserm Glücke förderlich. Denn je weniger Erregung des Willens, desto weniger Leiden: und wir wissen, daß das Leiden das Positive, das Glück bloß negativ ist. Beschränktheit des Wirkungskreises benimmt dem Willen die äußeren Veranlassungen zur Erregung; Beschränktheit des Geistes die innern. Nur hat Letztere den Nachtheil, daß sie der Langenweile die Thüre öffnet, welche mittelbar die Quelle unzähliger Leiden wird, indem man, um nur sie zu bannen, nach Allem greift, also Zerstreuung, Gesellschaft, Luxus, Spiel, Trunk u.s.w. versucht, welche jedoch Schaden, Ruin und Unglück jeder Art herbeiziehn. *Difficilis in otio quies.* Wie sehr hingegen die ÄUSSERE Beschränkung dem menschlichen Glücke, so weit es gehn kann, förderlich, ja, nothwendig sei, ist daran ersichtlich, daß die einzige Dichtungsart, welche glückliche Menschen zu schildern unternimmt, das Idyll, sie stets und wesentlich in höchst beschränkter Lage und Umgebung darstellt. Das Gefühl der Sache liegt auch unserm Wohlgefallen an den sogenannten Genre-Bildern zum Grunde. – Imgleichen wird auch die EINFÖRMIGKEIT der Lebensweise, so lange sie nicht Lange-

weile erzeugt, beglücken; weil sie das Leben selbst, folglich auch die ihm wesentliche Last, am wenigsten spüren läßt: es fließt dahin, wie ein Bach, ohne Wellen und Strudel.

7) In Hinsicht auf unser Wohl und Wehe kommt es in letzter Instanz darauf an, womit das Bewußtseyn erfüllt und beschäftigt sei. Hier wird nun im Ganzen jede rein intellektuelle Beschäftigung dem ihrer fähigen Geiste viel mehr leisten, als das wirkliche Leben, mit seinem beständigen Wechsel des Gelingens und Mißlingens, nebst seinen Erschütterungen und Plagen. Nur sind dazu freilich schon überwiegende geistige Anlagen erfordert. Sodann ist hiebei zu bemerken, daß, wie das nach außen thätige Leben uns von den Studien zerstreut und ablenkt, auch dem Geiste die dazu erforderliche Ruhe und Sammlung benimmt; ebenso andrerseits die anhaltende Geistesbeschäftigung zum Treiben und Tummeln des wirklichen Lebens, mehr oder weniger, untüchtig macht: daher ist es rathsam, dieselbe auf eine Weile ganz einzustellen, wann Umstände eintreten, die irgendwie eine energische praktische Thätigkeit erfordern.

8) Um mit vollkommener BESONNENHEIT zu leben und aus der eigenen Erfahrung alle Belehrung, die sie enthält, herauszuziehn, ist erfordert, daß man oft zurückdenke und was man erlebt, gethan, erfahren und dabei empfunden hat rekapitulire, auch sein ehemaliges Urtheil mit seinem gegenwärtigen, seinen Vorsatz und Streben mit dem Erfolg und der Befriedigung durch denselben vergleiche. Dies ist die Repetition des Privatissimums, welches Jedem die Erfahrung liest. Auch läßt die eigene Erfahrung sich ansehn, als der Text; Nachdenken und Kenntnisse als der Kommentar dazu. Viel Nachdenken und Kenntnisse, bei wenig Erfahrung, gleicht den Ausgaben, deren Seiten zwei Zeilen Text und vierzig Zeilen Kommentar darbieten. Viel Erfahrung, bei wenig Nachdenken und geringen Kenntnissen, gleicht den bipontinischen Ausgaben, ohne Noten, welche Vieles unverstanden lassen.

Auf die hier gegebene Anempfehlung zielt auch die Regel des Pythagoras, daß man Abends, vor dem Einschlafen, durchmustern solle was man den Tag über gethan hat. Wer im Getümmel der Geschäfte, oder Vergnügungen, dahinlebt, ohne je seine Vergangenheit zu ruminiren, vielmehr nur immerfort sein Leben abhaspelt, dem geht die klare Besonnenheit verloren: sein Gemüth wird ein Chaos, und eine gewisse Verworrenheit kommt in seine Gedanken, von welcher alsbald das Abrupte, Fragmentarische, gleichsam Kleingehackte seiner Konversation zeugt. Dies ist um so mehr der Fall, je größer die äußere Unruhe, die Menge der Eindrücke, und je geringer die innere Thätigkeit seines Geistes ist.

Hieher gehört die Bemerkung, daß, nach längerer Zeit und nachdem die Verhältnisse und Umgebungen, welche auf uns einwirkten, vorübergegangen sind, wir nicht vermögen, unsere damals durch sie erregte Stimmung und Empfindung uns zurückzurufen und zu erneuern: wohl aber können wir unserer eigenen, damals von ihnen hervorgerufenen AEUSSERUNGEN uns erinnern. Diese nun sind das Resultat, der Ausdruck und der Maaßstab derselben. Daher sollte das Gedächtniß, oder das Papier, dergleichen, aus denkwürdigen Zeitpunkten, sorgfältig aufbewahren. Hiezu sind Tagebücher sehr nützlich.

9) Sich selber genügen, sich selber Alles in Allem seyn, und sagen können *omnia mea mecum porto*, ist gewiß für unser Glück die förderlichste Eigenschaft: daher der Ausspruch des ARISTOTELES *ἡ ευδαιμονια των αυταρκων εστι (felicitas sibi sufficientium est. Eth. Eud. 7, 2.)* nicht zu oft wiederholt werden kann. Denn theils darf man, mit einiger Sicherheit, auf niemand zählen, als auf sich selbst, und theils sind die Beschwerden und Nachtheile, die Gefahr und der Verdruß, welche die Gesellschaft mit sich führt, unzählig und unausweichbar.

Zunächst erfordert jede Gesellschaft nothwendig eine gegenseitige Ackommodation und Temperatur: daher wird sie, je größer, desto fader. Ganz ER SELBST SEYN darf Jeder nur so lange er allein ist: wer also nicht die Einsamkeit liebt, der liebt auch nicht die Freiheit: denn nur wann man allein ist, ist man frei: Zwang ist der unzertrennliche Gefährte jeder Gesellschaft. Demgemäß wird Jeder in genauer Proportion zum Werthe seines eigenen Selbst die Einsamkeit fliehen, ertragen, oder lieben. Denn in ihr fühlt der Jämmerliche seine ganze Jämmerlichkeit, der große Geist seine ganze Größe, kurz, Jeder sich als was er ist. Ferner, je höher Einer auf der Rangliste der Natur steht, desto einsamer steht er, und zwar wesentlich und unvermeidlich. Dann aber ist es eine Wohlthat für ihn, wenn die physische Einsamkeit der geistigen entspricht: widrigenfalls dringt die häufige Umgebung heterogener Wesen störend, ja, feindlich auf ihn ein, raubt ihm sein Selbst und hat nichts als Ersatz dafür zu geben. Sodann, während die Natur zwischen Menschen die weiteste Verschiedenheit, im Moralischen und Intellektuellen, gesetzt hat, stellt die Gesellschaft, diese für nichts achtend, sie alle gleich, oder vielmehr sie setzt an ihre Stelle die künstlichen Unterschiede und Stufen des Standes und Ranges, welche der Rangliste der Natur sehr oft diametral entgegen laufen. Bei dieser Anordnung stehen sich Die, welche die Natur niedrig gestellt hat, sehr gut; die Wenigen aber, welche sie hoch stellte, kommen dabei zu kurz; daher diese sich der Gesellschaft zu entziehn pflegen und in jeder, sobald sie zahlreich ist, das Gemeine vorherrscht. Die sogenannte gute Societät läßt Vorzüge aller Art gelten, nur nicht die geistigen: diese sind sogar Kontrebande. Sie verpflichtet uns, gegen jede Thorheit, Narrheit, Verkehrtheit, Stumpfheit, gränzenlose Geduld zu beweisen; persönliche Vorzüge hingegen sollen sich Verzeihung erbetteln, oder sich verbergen. Demnach hat die Gesellschaft, welche man die gute nennt, nicht nur den Nachtheil, daß sie uns Menschen darbietet, die wir nicht loben und lieben können, sondern sie läßt auch nicht zu, daß wir selbst seien, wie es unsrer Natur angemessen ist; vielmehr nöthigt sie uns, des Einklanges mit den Anderen wegen, einzuschrumpfen, oder gar uns selbst zu verunstalten. Oft müssen wir daher, mit schwerer Selbstverläugnung, ¾ unsrer selbst aufgeben, um uns den Andern zu verähnlichen. Dafür haben wir dann freilich die Andern: aber je mehr eigenen Werth Einer hat, desto mehr wird er finden, daß hier der Gewinn den Verlust nicht deckt und das Geschäft zu seinem Nachtheil ausschlägt. Dazu kommt noch, daß die Gesellschaft, um die ächte, d. i. die geistige Ueberlegenheit, welche sie nicht verträgt und die auch schwer zu finden ist, zu ersetzen, eine falsche, konventionelle, auf willkürlichen Satzungen beruhende und traditionell unter den höhern Ständen sich fortpflanzende, auch, wie die Parole, veränderliche Ueberlegenheit, beliebig angenommen hat: diese ist, was der gute Ton, *bon ton, fashionableness* genannt wird. Wann sie jedoch ein Mal mit der ächten in Kollision geräth, zeigt sich ihre Schwäche.

Ueberhaupt aber kann Jeder IM VOLLKOMMENSTEN EINKLANGE nur mit sich selbst stehn; nicht mit seinem Freunde, nicht mit seiner Geliebten: denn die Unterschiede der Individualität und Stimmung führen allemal eine, wenn auch geringe, Dissonanz herbei. Daher ist der wahre, tiefe Friede des Herzens und die vollkommene Gemüthsruhe allein in der Einsamkeit zu finden. Ist dann das eigene Selbst groß und reich; so genießt man den glücklichsten Zustand, der auf dieser armen Erde gefunden werden mag. Ja, es sei herausgesagt: so eng auch Freundschaft, Liebe und Ehe Menschen verbinden; GANZ EHRLICH meint Jeder es am Ende doch nur mit sich selbst und höchstens noch mit seinem Kinde. – Aus diesem Allen nun folgt, daß Der am besten daran ist, der nur auf sich selbst gerechnet hat und sich selber Alles in Allem seyn kann. Zudem, je mehr Einer an sich selber hat, desto weniger kann er außerhalb finden. Ein gewisses Gefühl von Allgenugsamkeit ist es, welches die Leute von innerm Werth und Reichthum abhält, der Gemeinschaft mit Andern die bedeutenden Opfer, welche sie verlangt, zu bringen, geschweige dieselbe, mit merklicher Selbstverleugnung, zu suchen. Das Gegentheil hievon macht die gewöhnlichen Leute so gesellig und ackommodant: es wird ihnen nämlich leichter, Andere zu ertragen, als sich selbst. Noch kommt hinzu, daß was wirklichen Werth hat in der Welt nicht geachtet wird, und was geachtet wird keinen Werth hat. Hievon ist die Zurückgezogenheit jedes Würdigen und Ausgezeichneten der Beweis und die Folge. Diesem Allen nach wird es in Dem, der etwas Rechtes an sich selber hat, ächte Lebensweisheit seyn, wenn er, erforderlichen Falls, seine Bedürfnisse einschränkt, um nur seine Freiheit zu wahren, oder zu erweitern, und demnach mit seiner Person, da sie unvermeidliche Verhältnisse zur Menschenwelt hat, so kurz wie möglich sich abfindet.

Was nun andrerseits die Menschen gesellig macht ist ihre Unfähigkeit, die Einsamkeit, und in dieser sich selbst, zu ertragen. Innere Leere und Ueberdruß sind es, von denen sie sowohl in die

Gesellschaft, wie in die Fremde und auf Reisen getrieben werden. Ihrem Geiste mangelt es an Federkraft, sich eigene Bewegung zu ertheilen: daher bedürfen sie der steten Erregung von außen und zwar der stärkesten, d. i. der durch Wesen ihres Gleichen. Ohne diese sinkt ihr Geist, unter seiner eigenen Schwere, zusammen und verfällt in eine drückende Lethargie. Imgleichen ließe sich sagen, daß Jeder von ihnen nur ein kleiner Bruch der Idee der Menschheit sei, daher er vieler Ergänzung durch Andere bedarf, damit einigermaaßen ein volles menschliches Bewußtseyn herauskomme: hingegen wer ein ganzer Mensch ist, ein Mensch *par excellence*, der stellt eine Einheit und keinen Bruch dar, hat daher an sich selbst genug. Man kann, in diesem Sinne, die gewöhnliche Gesellschaft jener russischen Hornmusik vergleichen, bei der jedes Horn nur Einen Ton hat und bloß durch das pünktliche Zusammentreffen aller eine Musik herauskommt. Denn monoton, wie ein solches eintöniges Horn, ist der Sinn und Geist der allermeisten Menschen: sehn doch viele von ihnen schon aus, als hätten sie immerfort nur Einen und denselben Gedanken, unfähig irgend einen andern zu denken. Hieraus also erklärt sich nicht nur, warum sie so langweilig, sondern auch warum sie so gesellig sind und am liebsten heerdenweise einhergehn: *the gregariousness of mankind*. Die Monotonie seines eigenen Wesens ist es, die jedem von ihnen unerträglich wird: – *omnis stultitia laborat fastidio sui:* – nur zusammen und durch die Vereinigung sind sie irgend etwas; – wie jene Hornbläser. Dagegen ist der geistvolle Mensch einem Virtuosen zu vergleichen, der sein Konzert ALLEIN ausführt; oder auch dem Klavier. Wie nämlich dieses, für sich allein, ein kleines Orchester, so ist er eine kleine Welt, und was jene Alle erst durch das Zusammenwirken sind, stellt er dar in der Einheit Eines Bewußtseyns. Wie das Klavier, ist er kein Theil der Symphonie, sondern für das Solo und die Einsamkeit geeignet: soll er mit ihnen zusammenwirken; so kann er es nur seyn als Principalstimme mit Begleitung, wie das Klavier; oder zum Tonangeben, bei Vokalmusik, wie das Klavier. – Wer inzwischen Gesellschaft liebt kann sich aus diesem Gleichniß die Regel abstrahiren, daß was den Personen seines Umgangs an Qualität abgeht durch die Quantität einigermaaßen ersetzt werden muß. An einem einzigen geistvollen Menschen kann er Umgang genug haben: ist aber nichts, als die gewöhnliche Sorte zu finden; so ist es gut, von dieser recht viele zu haben, damit durch die Mannigfaltigkeit und das Zusammenwirken etwas herauskomme, – nach Analogie der besagten Hornmusik: – und der Himmel schenke ihm dazu Geduld.

Jener innern Leere aber und Dürftigkeit der Menschen ist auch Dieses zuzuschreiben, daß, wenn ein Mal, irgend einen edelen, idealen Zweck beabsichtigend, Menschen besserer Art zu einem Verein zusammentreten, alsdann der Ausgang fast immer dieser ist, daß aus jenem *plebs* der Menschheit, welcher, in zahlloser Menge, wie Ungeziefer, überall Alles erfüllt und bedeckt, und stets bereit ist, Jedes, ohne Unterschied, zu ergreifen, um damit seiner Langenweile wie unter andern Umständen seinem Mangel, zu Hülfe zu kommen, – auch dort Einige sich einschleichen, oder eindrängen, und dann bald entweder die ganze Sache zerstören, oder sie so verändern, daß sie ziemlich das Gegentheil der ersten Absicht wird. –

Uebrigens kann man die Geselligkeit auch betrachten als ein geistiges Erwärmen der Menschen an einander, gleich jenem körperlichen, welches sie, bei großer Kälte, durch Zusammendrängen hervorbringen. Allein wer selbst viel geistige Wärme hat, bedarf solcher Gruppirung nicht. Eine in diesem Sinne von mir erdachte Fabel wird man im 2. Bande dieses Werkes finden, im letzten Kapitel. Diesem Allen zufolge steht die Geselligkeit eines Jeden ungefähr im umgekehrten Verhältnisse seines intellektuellen Werthes; und »er ist sehr ungesellig« besagt beinahe schon »er ist ein Mann von großen Eigenschaften.«

Dem intellektuell hochstehenden Menschen gewährt nämlich die Einsamkeit einen zwiefachen Vortheil: erstlich den, mit sich selber zu seyn, und zweitens den, nicht mit Andern zu seyn. Diesen letzteren wird man hoch anschlagen, wenn man bedenkt, wie viel Zwang, Beschwerde und selbst Gefahr jeder Umgang mit sich bringt. *Tout notre mal vient de ne pouvoir être seuls*, sagt LABRUYERE. An sich selber so viel zu haben, daß man der Gesellschaft nicht bedarf, ist schon deshalb ein großes Glück, weil fast alle unsere

Leiden aus der Gesellschaft entspringen. Um des Glückes der Geistesruhe theilhaft zu werden, entsagten die Kyniker jedem Besitz: wer in gleicher Absicht der Gesellschaft entsagt, hat das weiseste Mittel erwählt. Denn so treffend, wie schön, ist was Bernardin de St. Pierre sagt: *la diète des alimens nous rend la santé du corps, et celle des hommes la tranquillité de l'âme.* Sonach hat wer sich zeitig mit der Einsamkeit befreundet, ja, sie lieb gewinnt, eine Goldmine erworben. Aber keineswegs vermag Dies Jeder. Denn, wie ursprünglich die Noth, so treibt, nach Beseitigung dieser, die Langeweile die Menschen zusammen. Ohne Beide bliebe wohl Jeder allein; schon weil nur in der Einsamkeit die Umgebung der ausschließlichen Wichtigkeit, ja Einzigkeit entspricht, die Jeder in seinen eigenen Augen hat, und welche vom Weltgedränge zu nichts verkleinert wird, als wo sie, bei jedem Schritt, ein schmerzliches *démenti* erhält. In diesem Sinne ist die Einsamkeit sogar der natürliche Zustand eines Jeden: sie setzt ihn wieder ein, als ersten Adam, in das ursprüngliche, seiner Natur angemessene Glück.

Aber hatte doch auch Adam weder Vater, noch Mutter! Daher wieder ist, in einem andern Sinne, die Einsamkeit dem Menschen nicht natürlich; sofern nämlich er, bei seinem Eintritt in die Welt, sich nicht allein, sondern zwischen Eltern und Geschwistern, also in Gemeinschaft, gefunden hat. Demzufolge kann die Liebe zur Einsamkeit nicht als ursprünglicher Hang daseyn, sondern erst in Folge der Erfahrung und des Nachdenkens entstehn: und Dies wird Statt haben, nach Maaßgabe der Entwickelung eigener geistiger Kraft, zugleich aber auch mit der Zunahme der Lebensjahre; wonach dann, im Ganzen genommen, der Geselligkeitstrieb eines Jeden im umgekehrten Verhältnisse seines Alters stehn wird. Das kleine Kind erhebt ein Angst- und Jammergeschrei, sobald es nur einige Minuten allein gelassen wird. Dem Knaben ist das Alleinseyn eine große Pönitenz. Jünglinge gesellen sich leicht zu einander: nur die edleren und hochgesinnten unter ihnen suchen schon bisweilen die Einsamkeit: jedoch einen ganzen Tag allein zuzubringen wird ihnen noch schwer. Dem Manne hingegen ist Dies leicht: er kann schon viel allein seyn, und desto mehr, je älter er wird. Der Greis, welcher aus verschwundenen Generationen allein übrig geblieben und dazu den Lebensgenüssen theils entwachsen, theils abgestorben ist, findet an der Einsamkeit sein eigentliches Element. Immer aber wird hiebei, in den Einzelnen, die Zunahme der Neigung zur Absonderung und Einsamkeit, nach Maaßgabe ihres intellektuellen Werthes erfolgen. Denn dieselbe ist, wie gesagt, keine rein natürliche, direkt durch die Bedürfnisse hervorgerufene, vielmehr bloß eine Wirkung gemachter Erfahrung und der Reflexion über solche, namentlich der erlangten Einsicht in die moralisch und intellektuell elende Beschaffenheit der allermeisten Menschen, bei welcher das Schlimmste ist, daß, im Individuo, die moralischen und die intellektuellen Unvollkommenheiten desselben konspiriren und sich gegenseitig in die Hände arbeiten, woraus dann allerlei höchst widerwärtige Phänomene hervorgehn, welche den Umgang der meisten Menschen ungenießbar, ja, unerträglich machen. So kommt es denn, daß, obwohl in dieser Welt gar Vieles recht schlecht ist, doch das Schlechteste darin die Gesellschaft bleibt; so daß selbst VOLTAIRE, der gesellige Franzose, hat sagen müssen: *la terre est couverte de gens qui ne méritent pas qu'on leur parle.* Den selben Grund giebt auch der die Einsamkeit so stark und beharrlich liebende, sanftmüthige PETRARKA für diese Neigung an:

> *Cercato ho sempre solitaria vita*
> *(Le rive, il sanno, e le campagne, e i boschi),*
> Per fuggir quest' ingegni storti e loschi,
> *Che la strada del ciel' hanno smarita.*

In gleichem Sinne führt er die Sache aus, in seinem schönen Buche *de vita solitaria,* welches ZIMMERMANN's Vorbild zu seinem berühmten Werke über die Einsamkeit gewesen zu seyn scheint. Eben diesen bloß sekundären und mittelbaren Ursprung der Ungeselligkeit drückt, in seiner sarkastischen Weise, CHAMFORT aus, wenn er sagt: *on dit quelquefois d'un homme qui vit seul, il n'aime pas la société. C'est souvent comme si on disait d'un homme, qu'il n'aime pas la promenade, sous le prétexte qu'il ne se promène pas volontier le soir dans la forêt de Bondy.* Aber auch der sanfte und christliche Angelus Silesius, sagt in seiner Weise und mythischen Sprache, ganz das Selbe:

»Herodes ist ein Feind; der Joseph der Verstand,
Dem macht Gott die Gefahr im Traum (im Geist) bekannt.
Die Welt ist Bethlehem, Aegypten EINSAMKEIT:
Fleuch, meine Seele! Fleuch, sonst stirbest du vor Leid.«

In gleichem Sinne läßt sich Jordanus Brunus vernehmen: *tanti uomini, che in terra hanno voluto gustare vita celeste, dissero con una voce: »ecce elongavi fugiens, et mansi in solitudine«.* In gleichem Sinne berichtet SAADI, der Perser, im Gulistan, von sich selbst: »meiner Freunde in Damaskus überdrüssig zog ich mich in die Wüste bei Jerusalem zurück, die Gesellschaft der Thiere aufzusuchen.« Kurz, in gleichem Sinne haben Alle geredet, die Prometheus aus besserem Thone geformet hatte. Welchen Genuß kann ihnen der Umgang mit Wesen gewähren, zu denen sie nur vermittelst des Niedrigsten und Unedelsten in ihrer eigenen Natur, nämlich des Alltäglichen, Trivialen, und Gemeinen darin, irgend Beziehungen haben, die eine Gemeinschaft begründen? Sonach ist es ein aristokratisches Gefühl, welches den Hang zur Absonderung und Einsamkeit nährt. Alle Lumpe sind gesellig, zum Erbarmen: aber der Mensch edler und erhabener Art, gelangt, mit den Jahren, zu der Einsicht, daß es, seltene Ausnahmen abgerechnet, in der Welt nur die Wahl giebt, zwischen Einsamkeit und Gemeinheit. Sogar auch Dieses, so hart es klingt, hat selbst Angelus Silesius, seiner christlichen Milde und Liebe ungeachtet, nicht ungesagt lassen können:

»Die Einsamkeit ist noth: doch sei nur nicht gemein:
So kannst du überall in einer Wüste seyn.«

Was nun aber gar die großen Geister betrifft, so ist es wohl natürlich, daß diese eigentlichen Erzieher des ganzen Menschengeschlechtes zu häufiger Gemeinschaft mit den Uebrigen so wenig Neigung fühlen, als den Pädagogen anwandelt, sich in das Spiel der ihn umlermenden Kinderheerde zu mischen.

Aus diesem Allen ergiebt sich also, daß die Liebe zur Einsamkeit nicht direkt und als ursprünglicher Trieb auftritt, sondern sich indirekt, vorzüglich bei edleren Geistern und erst nach und nach entwickelt, nicht ohne Ueberwindung des natürlichen Geselligkeitstriebes, ja, unter gelegentlicher Opposition mephistophelischer Einflüsterung:

»Hör' auf, mit deinem Gram zu spielen,
Der, wie ein Geier, dir am Leben frißt;
Die schlechteste Gesellschaft läßt dich fühlen,
Daß du ein Mensch mit Menschen bist.«

Mit zunehmendem Alter wird jedoch das *sapere aude* in diesem Stücke immer leichter und natürlicher, und in den sechziger Jahren ist der Trieb zur Einsamkeit ein wirklich naturgemäßer, ja, instinktartiger. Denn jetzt vereint sich Alles, ihn zu befördern. Der stärkste Zug zur Geselligkeit, Weiberliebe und Geschlechtstrieb, wirkt nicht mehr; von tausend Täuschungen und Thorheiten ist man zurückgekommen; das aktive Leben ist meistens abgethan, man hat nichts mehr zu erwarten, hat keine Pläne und Absichten mehr; die Generation, der man eigentlich angehört, lebt nicht mehr; von einem fremden Geschlecht umgeben, steht man schon objektiv und wesentlich allein. Dabei hat der Flug der Zeit sich beschleunigt, und geistig möchte man sie noch benutzen. Denn, wenn nur der Kopf seine Kraft behalten hat; so machen jetzt die vielen erlangten Kenntnisse und Erfahrungen, die allmälig vollendete Durcharbeitung aller Gedanken und die große Uebungsfertigkeit aller Kräfte das Studium jeder Art interessanter und leichter, als jemals. Man sieht klar in tausend Dingen, die früher noch wie im Nebel lagen: man gelangt zu Resultaten und fühlt seine ganze Ueberlegenheit. In Folge langer Erfahrung hat man aufgehört, von den Menschen viel zu erwarten; da sie, im Ganzen genommen, nicht zu den Leuten gehören, welche bei näherer Bekanntschaft gewinnen: vielmehr weiß man, daß, von seltenen Glücksfällen abgesehn, man nichts antreffen wird, als sehr defekte Exemplare der menschlichen Natur, welche es besser ist, unberührt zu lassen. Man ist daher den gewöhnlichen Täuschungen nicht mehr ausgesetzt, merkt Jedem bald an was er ist und wird selten den Wunsch fühlen, nähere Verbindung mit ihm einzugehn. Endlich ist auch, zumal wenn man an der Einsamkeit eine Jugendfreundin erkennt, die Gewohnheit der Isolation und des Umgangs mit sich selbst hinzugekommen und zur zweiten Natur geworden. Demnach ist jetzt die Liebe zur Einsamkeit, welche früher dem Geselligkeitstriebe erst abgerungen werden mußte, eine ganz natürliche und einfache: man ist in der Einsamkeit, wie der Fisch im Wasser. Daher fühlt jede vorzügliche, folglich den übrigen unähnliche, mithin allein stehende Individualität sich, durch diese ihr wesentliche Isolation, zwar in der Jugend gedrückt, aber im Alter erleichtert.

Denn freilich wird dieses wirklichen Vorzugs des Alters Jeder immer nur nach Maaßgabe seiner intellektuellen Kräfte theilhaft, also der eminente Kopf vor Allen; jedoch in geringerem Grade wohl Jeder. Nur höchst dürftige und gemeine Naturen werden im Alter noch so gesellig seyn, wie ehedem: sie sind der Gesellschaft, zu der sie nicht mehr passen, beschwerlich, und bringen es höchstens dahin, tolerirt zu werden; während sie ehemals gesucht wurden.

An dem dargelegten, entgegengesetzten Verhältnisse zwischen der Zahl unsrer Lebensjahre und dem Grade unsrer Geselligkeit läßt sich auch noch eine teleologische Seite herausfinden. Je jünger der Mensch ist, desto mehr hat er noch, in jeder Beziehung, zu lernen: nun hat ihn die Natur auf den wechselseitigen Unterricht verwiesen, welchen Jeder im Umgange mit seines Gleichen empfängt und in Hinsicht auf welchen die menschliche Gesellschaft eine große Bell-Lancaster'sche Erziehungsanstalt genannt werden kann; da Bücher und Schulen künstliche, weit vom Plane der Natur abliegende Anstalten sind. Sehr zweckmäßig also besucht er die natürliche Unterrichtsanstalt desto fleißiger, je jünger er ist.

»Kein Lotus ohne Stängel« lautet ein indisches Sprichwort: so hat denn auch die Einsamkeit, neben so vielen Vortheilen, ihre kleinen Nachtheile und Beschwerden, die jedoch, im Vergleich mit denen der Gesellschaft, gering sind; daher wer etwas Rechtes an sich selber hat es immer leichter finden wird, ohne die Menschen auszukommen, als mit ihnen. – Unter jenen Nachtheilen ist übrigens einer, der nicht so leicht, wie die übrigen, zum Bewußtseyn gebracht wird, nämlich dieser: wie durch anhaltend fortgesetztes Zuhausebleiben unser Leib so empfindlich gegen äußere Einflüsse wird, daß jedes kühle Lüftchen ihn krankhaft affizirt; so wird, durch anhaltende Zurückgezogenheit und Einsamkeit, unser Gemüth so empfindlich, daß wir durch die unbedeutendesten Vorfälle, Worte, wohl gar durch bloße Mienen, uns beunruhigt, oder gekränkt, oder verletzt fühlen; während Der, welcher stets im Getümmel bleibt, Dergleichen gar nicht beachtet.

Wer nun aber, zumal in jüngern Jahren, so oft ihn auch schon gerechtes Mißfallen an den Menschen in die Einsamkeit zurückgescheucht hat, doch die Oede derselben, auf die Länge, zu ertragen nicht vermag, dem rathe ich, daß er sich gewöhne, einen Theil seiner Einsamkeit in die Gesellschaft mitzunehmen, also daß er lerne, auch in der Gesellschaft, in gewissem Grade, allein zu seyn, demnach was er denkt nicht sofort den Andern mitzutheilen, und andrerseits mit Dem, was sie sagen, es nicht genau zu nehmen, vielmehr, moralisch wie intellektuell, nicht viel davon zu erwarten und daher, hinsichtlich ihrer Meinungen, diejenige Gleichgültigkeit in sich zu befestigen, die das sicherste Mittel ist, um stets eine lobenswerthe Toleranz zu üben. Er wird alsdann, obwohl mitten unter ihnen, doch nicht so ganz in ihrer Gesellschaft seyn, sondern hinsichtlich ihrer sich mehr rein objektiv verhalten: Dies wird ihn vor zu genauer Berührung mit der Gesellschaft, und dadurch vor jeder Besudelung, oder gar Verletzung, schützen. Sogar eine lesenswerthe dramatische Schilderung von restringirter, oder verschanzter Geselligkeit besitzen wir am Lustspiel *el Café* von MORATIN, und zwar im Charakter des D. Pedro daselbst, zumal in der zweiten und dritten Scene des ersten Akts. In diesem Sinne kann man auch die Gesellschaft einem Feuer vergleichen, an welchem der Kluge sich in gehöriger Entfernung wärmt, nicht aber hineingreift, wie der Thor, der dann, nachdem er sich verbrannt hat, in die Kälte der Einsamkeit flieht und jammert, daß das Feuer brennt.

10) NEID ist dem Menschen natürlich: dennoch ist er ein Laster und ein Unglück zugleich. Wir sollen daher ihn als den Feind unsers Glückes betrachten und als einen bösen Dämon zu ersticken suchen. Hiezu leitet uns SENEKA an, mit den schönen Worten: *nostra nos sine comparatione delectent: nunquam erit felix quem torquebit felicior (de ira III, 30),* und wiederum: *quum adspexeris quot te antecedant, cogita quot sequantur (ep. 15):* also wir sollen öfter Die betrachten, welche schlimmer daran sind, als wir, denn Die, welche besser daran zu seyn scheinen. Sogar wird, bei eingetretenen, wirklichen

Uebeln, uns den wirksamsten, wiewohl aus der selben Quelle mit dem Neide fließenden Trost die Betrachtung größerer Leiden, als die unsrigen sind, gewähren, und nächstdem der Umgang mit Solchen, die mit uns im selben Falle sich befinden, mit den *sociis malorum*.

Soviel von der aktiven Seite des Neides. Von der passiven ist zu erwägen, daß kein Haß so unversöhnlich ist, wie der Neid; daher wir nicht unablässig und eifrig bemüht seyn sollten, ihn zu erregen; vielmehr besser thäten, diesen Genuß, wie manchen andern, der gefährlichen Folgen wegen, uns zu versagen.

11) Man überlege ein Vorhaben reiflich und wiederholt, ehe man dasselbe ins Werk setzt, und selbst nachdem man Alles auf das Gründlichste durchdacht hat, räume man noch der Unzulänglichkeit aller menschlichen Erkenntniß etwas ein, in Folge welcher es immer noch Umstände geben kann, die zu erforschen oder vorherzusehn unmöglich ist und welche die ganze Berechnung unrichtig machen könnten. Dieses Bedenken wird stets ein Gewicht auf die negative Schale legen und uns anrathen, in wichtigen Dingen, ohne Noth, nichts zu rühren: *quieta non movere*. Ist man aber ein Mal zum Entschluß gekommen und hat Hand ans Werk gelegt, so daß jetzt Alles seinen Verlauf zu nehmen hat und nur noch der Ausgang abzuwarten steht; dann ängstige man sich nicht durch stets erneuerte Ueberlegung des bereits Vollzogenen und durch wiederholtes Bedenken der möglichen Gefahr: vielmehr entschlage man der Sache sich jetzt gänzlich, halte das ganze Gedankenfach derselben verschlossen, sich mit der Ueberzeugung beruhigend, daß man Alles zu seiner Zeit reiflich erwogen habe. Diesen Rath ertheilt auch das italiänische Sprichwort *legala bene, e poi lascia la andare*, welches Göthe übersetzt »Du, sattle gut und reite getrost«; – wie denn, beiläufig gesagt, ein großer Theil seiner unter der Rubrik »Sprichwörtlich« gegebenen Gnomen übersetzte italiänische Sprichwörter sind. – Kommt dennoch ein schlimmer Ausgang; so ist es weil alle menschlichen Angelegenheiten dem Zufall und dem Irrthum unterliegen. Daß SOKRATES, der Weiseste der Menschen, um nur in seinen eigenen, persönlichen Angelegenheiten das Richtige zu treffen, oder wenigstens Fehltritte zu vermeiden, eines war-

nenden Dämonions bedurfte, beweist, daß hiezu kein menschlicher Verstand ausreicht. Daher ist jener, angeblich von einem Papste herrührende Ausspruch, daß von jedem Unglück, das uns trifft, wir selbst, wenigstens in irgend etwas, die Schuld tragen, nicht unbedingt und in allen Fällen wahr: wiewohl bei Weitem in den meisten. Sogar scheint das Gefühl hievon viel Antheil daran zu haben, daß die Leute ihr Unglück möglichst zu verbergen suchen und, so weit es gelingen will, eine zufriedene Miene aufsetzen. Sie besorgen, daß man vom Leiden auf die Schuld schließen werde.

12) Bei einem unglücklichen Ereigniß, welches bereits eingetreten, also nicht mehr zu ändern ist, soll man sich nicht ein Mal den Gedanken, daß dem anders seyn könnte, noch weniger den, wodurch es hätte abgewendet werden können, erlauben: denn gerade er steigert den Schmerz ins Unerträgliche; so daß man damit zum *ἑαυτοντιμορουμενος* wird. Vielmehr mache man es wie der König David, der, so lange sein Sohn krank daniederlag, den Jehovah unablässig mit Bitten und Flehen bestürmte; als er aber gestorben war, ein Schnippchen schlug und nicht weiter daran dachte. Wer aber dazu nicht leichtsinnig genug ist flüchte sich auf den fatalistischen Standpunkt, indem er sich die große Wahrheit verdeutlicht, daß Alles, was geschieht, nothwendig eintritt, also unabwendbar ist.

Bei allen Dem ist diese Regel einseitig. Sie taugt zwar zu unserer unmittelbaren Erleichterung und Beruhigung bei Unglücksfällen: allein wenn an diesen, wie doch meistens, unsere eigene Nachlässigkeit, oder Verwegenheit, wenigstens zum Theil, Schuld ist; so ist die wiederholte, schmerzliche Ueberlegung, wie Dem hätte vorgebeugt werden können, zu unserer Witzigung und Besserung, also für die Zukunft, eine heilsame Selbstzüchtigung: denn *ὁ μη δαρεις ανθρωπος ου παιδευεται*.

13) In Allem, was unser Wohl und Wehe betrifft, sollen wir die Phantasie im Zügel halten: also zuvörderst keine Luftschlösser bauen; weil diese zu kostspielig sind, indem wir gleich darauf, sie, unter Seufzern, wieder einzureißen haben. Aber noch mehr sollen wir uns hüten, durch das Ausmalen bloß möglicher Unglücksfälle unser Herz zu ängstigen. Wenn nämlich diese ganz aus der Luft

gegriffen, oder doch sehr weit hergeholt wären; so würden wir, beim Erwachen aus einem solchen Traume, gleich wissen, daß Alles nur Gauckelei gewesen, daher uns der bessern Wirklichkeit um so mehr freuen und allenfalls eine Warnung gegen ganz entfernte, wiewohl mögliche Unglücksfälle daraus entnehmen. Allein mit Dergleichen spielt unsere Phantasie nicht leicht: ganz müßigerweise baut sie höchstens heitere Luftschlösser. Der Stoff zu ihren finstern Träumen sind Unglücksfälle, die uns, wenn auch aus der Ferne, doch einigermaaßen wirklich bedrohen: diese vergrößert sie, bringt ihre Möglichkeit viel näher, als sie in Wahrheit ist, und malt sie auf das Fürchterlichste aus. Einen solchen Traum können wir, beim Erwachen, nicht sogleich abschütteln, wie den heitern: denn diesen widerlegt alsbald die Wirklichkeit und läßt höchstens eine schwache Hoffnung im Schooße der Möglichkeit übrig. Aber haben wir uns den schwarzen Phantasien *(blue devils)* überlassen; so haben sie uns Bilder nahe gebracht, die nicht so leicht wieder weichen: denn die Möglichkeit der Sache, im Allgemeinen, steht fest, und den Maaßstab des Grades derselben vermögen wir nicht jederzeit anzulegen: sie wird nun leicht zur Wahrscheinlichkeit, und wir haben uns der Angst in die Hände geliefert. Daher also sollen wir die Dinge, welche unser Wohl und Wehe betreffen, bloß mit dem Auge der Vernunft und der Urtheilskraft betrachten, folglich in trockener und kalter Ueberlegung, mit bloßen Begriffen und *in abstracto* operiren. Die Phantasie soll dabei aus dem Spiele bleiben: denn urtheilen kann sie nicht; sondern bringt bloße Bilder vor die Augen, welche das Gemüth unnützer und oft sehr peinlicher Weise bewegen. Am strengsten sollte diese Regel Abends beobachtet werden. Denn wie die Dunkelheit uns furchtsam macht und uns überall Schreckensgestalten erblicken läßt, so wirkt, ihr analog, die Undeutlichkeit der Gedanken; weil jede Ungewißheit Unsicherheit gebiert: deshalb nehmen des Abends, wann die Abspannung Verstand und Urtheilskraft mit einer subjektiven Dunkelheit überzogen hat, der Intellekt müde und ϑορυβουμενος ist und den Dingen nicht auf den Grund zu kommen vermag, die Gegenstände unsrer Meditation, wenn sie unsere persönlichen Verhältnisse betreffen, leicht ein gefährliches Ansehn an und werden zu Schreckbildern. Am meisten ist dies der Fall Nachts, im Bette, als wo der Geist völlig abgespannt und daher die Urtheilskraft ihrem Geschäfte gar nicht mehr gewachsen, die Phantasie aber noch rege ist. Unsere Gedanken vor dem Einschlafen, oder gar beim nächtlichen Erwachen, sind meistens fast eben so arge Verzerrungen und Verkehrungen der Dinge, wie die Träume es sind, und dazu, wenn sie persönliche Angelegenheiten betreffen, gewöhnlich pechschwarz, ja, entsetzlich. Am Morgen sind dann alle solche Schreckbilder, so gut wie die Träume, verschwunden: dies bedeutet das Spanische Sprichwort: *noche tinta, blanco el dia* (die Nacht ist gefärbt, weiß ist der Tag). Aber auch schon Abends, sobald das Licht brennt, sieht der Verstand, wie das Auge, nicht so klar, wie bei Tage: daher diese Zeit nicht zur Meditation ernster, zumal unangenehmer Angelegenheiten geeignet ist. Hiezu ist der Morgen die rechte Zeit; wie er es denn überhaupt zu allen Leistungen, ohne Ausnahme, sowohl den geistigen, wie den körperlichen, ist. Denn der Morgen ist die Jugend des Tages: Alles ist heiter, frisch und leicht: wir fühlen uns kräftig und haben alle unsere Fähigkeiten zu völliger Disposition. Man soll ihn nicht durch spätes Aufstehn verkürzen, noch auch an unwürdige Beschäftigungen, oder Gespräche verschwenden, sondern ihn, als die Quintessenz des Lebens betrachten und gewissermaaßen heilig halten. Hingegen ist der Abend das Alter des Tages: wir sind Abends matt, geschwätzig und leichtsinnig.

Ueberhaupt aber hat Gesundheitszustand, Schlaf, Nahrung, Temperatur, Wetter, Umgebung und noch viel anderes Aeußerliches auf unsere Stimmung, und diese auf unsere Gedanken, einen mächtigen Einfluß. Daher ist, wie unsere Ansicht einer Angelegenheit, so auch unsere Fähigkeit zu einer Leistung so sehr der Zeit und selbst dem Orte unterworfen. Darum also

> »Nehmt die gute Stimmung wahr,
> Denn sie kommt so selten.«
>
> G.

Nicht etwan bloß objektive Konceptionen und Originalgedanken muß man abwarten, ob und wann es ihnen zu kommen beliebt; sondern selbst die gründliche Ueberlegung einer persönlichen

Angelegenheit gelingt nicht immer zu der Zeit, die man zum voraus für sie bestimmt und wann man sich dazu zurechtgesetzt hat; sondern auch sie wählt sich ihre Zeit selbst; wo alsdann der ihr angemessene Gedankengang unaufgefordert rege wird und wir mit vollem Antheil ihn verfolgen.

Zur anempfohlenen Zügelung der Phantasie gehört auch noch, daß wir ihr nicht gestatten, ehemals erlittenes Unrecht, Schaden, Verlust, Beleidigungen, Zurücksetzungen, Kränkungen u. dgl. uns wieder zu vergegenwärtigen und auszumalen; weil wir dadurch den längst schlummernden Unwillen, Zorn und alle gehässigen Leidenschaften wieder aufregen, wodurch unser Gemüth verunreinigt wird. Denn, nach einem schönen, vom Neuplatoniker Proklos beigebrachten Gleichniß, ist, wie in jeder Stadt, neben den Edelen und Ausgezeichneten, auch der Pöbel jeder Art *(οχλος)* wohnt, so in jedem, auch dem edelsten und erhabensten Menschen das ganz Niedrige und Gemeine der menschlichen, ja thierischen Natur, der Anlage nach, vorhanden. Dieser Pöbel darf nicht zum Tumult aufgeregt werden, noch darf er aus den Fenstern schauen; da er sich häßlich ausnimmt: die bezeichneten Phantasiestücke sind aber die Demagogen desselben.

14) Beim Anblick Dessen, was wir nicht besitzen, steigt gar leicht in uns der Gedanke auf: »wie, wenn Das mein wäre?« und er macht uns die Entbehrung fühlbar. Statt Dessen sollten wir öfter fragen »wie, wenn Das NICHT mein wäre?« ich meyne, wir sollten Das, was wir besitzen, bisweilen so anzusehn uns bemühen, wie es uns vorschweben würde, nachdem wir es verloren hätten; und zwar Jedes, was es auch sei: Eigenthum, Gesundheit, Freunde, Geliebte, Weib, Kind, Pferd und Hund: denn meistens belehrt erst der Verlust uns über den Werth der Dinge. Hingegen in Folge der anempfohlenen Betrachtungsweise derselben wird erstlich ihr Besitz uns unmittelbar mehr, als zuvor, beglücken, und zweitens werden wir auf alle Weise dem Verlust vorbeugen, also das Eigenthum nicht in Gefahr bringen, die Freunde nicht erzürnen, die Treue des Weibes nicht der Versuchung aussetzen, die Gesundheit der Kinder bewachen u. s. f. – Oft suchen wir die Trübe der Gegenwart aufzuhellen durch Spekulation auf günstige Möglichkeiten und ersinnen

vielerlei chimärische Hoffnungen, von denen jede mit einer Enttäuschung schwanger ist, die nicht ausbleibt, wann jene an der harten Wirklichkeit zerschellt. Besser wäre es die vielen schlimmen Möglichkeiten zum Gegenstand unserer Spekulation zu machen, als welches theils Vorkehrungen zu ihrer Abwehr, theils angenehme Ueberraschungen, wenn sie sich nicht verwirklichen, veranlassen würde. Sind wir doch, nach etwan ausgestandener Angst, stets merklich heiter. Ueber diese Regel ist jedoch die ihr vorhergegangene nicht zu vernachlässigen.

15) Weil die uns betreffenden Angelegenheiten und Begebenheiten ganz vereinzelt, ohne Ordnung und ohne Beziehung auf einander, im grellsten Kontrast und ohne irgend etwas Gemeinsames, als eben daß sie unsere Angelegenheiten sind, auftreten und durcheinanderlaufen; so muß unser Denken und Sorgen um sie eben so abrupt seyn, damit es ihnen entspreche. – Sonach müssen wir, wenn wir Eines vornehmen, von allem Andern abstrahiren und uns der Sache entschlagen, um Jedes zu seiner Zeit zu besorgen, zu genießen, zu erdulden, ganz unbekümmert um das Uebrige: wir müssen also gleichsam Schiebfächer unserer Gedanken haben, von denen wir eines öffnen, derweilen alle andern geschlossen bleiben. Dadurch erlangen wir, daß nicht eine schwer lastende Sorge jeden kleinen Genuß der Gegenwart verkümmere und uns alle Ruhe raube; daß nicht eine Ueberlegung die andere verdränge; daß nicht die Sorge für eine wichtige Angelegenheit die Vernachlässigung vieler geringen herbeiführe u. s. f. Zumal aber soll wer hoher und edeler Betrachtungen fähig ist seinen Geist durch persönliche Angelegenheiten und niedrige Sorgen nie so ganz einnehmen und erfüllen lassen, daß sie jenen den Zugang versperren: denn das wäre recht eigentlich *propter vitam vivendi perdere causas.* – Freilich ist zu dieser Lenkung und Ablenkung unsrer selbst, wie zu so viel Anderm, Selbstzwang erfordert: zu diesem aber sollte uns die Ueberlegung stärken, daß jeder Mensch gar vielen und großen Zwang von außen zu erdulden hat, ohne welchen es in keinem Leben abgeht; daß jedoch ein kleiner, an der rechten Stelle angebrachter Selbstzwang nachmals vielem Zwange von außen vorbeugt; wie ein kleiner Abschnitt des Kreises zunächst dem Centro einem oft

hundert Mal größern an der Peripherie entspricht. Durch nichts entziehen wir uns so sehr dem Zwange von außen, wie durch Selbstzwang: das besagt Seneka's Ausspruch: *si tibi vis omnia subjicere, te subjice rationi (ep. 37.).* Auch haben wir den Selbstzwang noch immer in der Gewalt, und können, im äußersten Fall, oder wo er unsere empfindlichste Stelle trifft, etwas nachlassen: hingegen der Zwang von außen ist ohne Rücksicht, ohne Schonung und unbarmherzig. Daher ist es weise, diesem durch jenen zuvorzukommen.

16) Unsern Wünschen ein Ziel stecken, unsere Begierden im Zaume halten, unsern Zorn bändigen, stets eingedenk, daß dem Einzelnen nur ein unendlich kleiner Theil alles Wünschenswerthen erreichbar ist, hingegen viele Uebel Jeden treffen müssen, also, mit einem Wort *απεχειν και ανεχειν, abstinere et sustinere,* – ist eine Regel, ohne deren Beobachtung weder Reichthum, noch Macht verhindern können, daß wir uns armsälig fühlen. Dahin zielt Horaz:

> *Inter cuncta leges, et percontabere doctos*
> *Qua ratione queas traducere leniter aevum;*
> *Ne te semper inops agitet vexetque cupido,*
> *Ne pavor, et rerum mediocriter utilium spes.*

17) Thätigkeit, etwas treiben, wo möglich, etwas machen, wenigstens aber etwas lernen, – ist zum Glücke des Menschen unerläßlich: seine Kräfte verlangen nach ihrem Gebrauch und er möchte den Erfolg desselben irgendwie wahrnehmen. Die größte Befriedigung jedoch in dieser Hinsicht, gewährt es etwas zu MACHEN, zu verfertigen, sei es ein Korb, sei es ein Buch; aber daß man ein Werk unter seinen Händen täglich wachsen und endlich seine Vollendung erreichen sehe, beglückt unmittelbar. Dies leistet ein Kunstwerk, eine Schrift, ja selbst eine bloße Handarbeit: freilich, je edlerer Art das Werk, desto höher der Genuß. Am glücklichsten sind, in diesem Betracht, die Hochbegabten, welche sich der Fähigkeit zur Hervorbringung bedeutsamer, großer und zusammenhängender Werke bewußt sind. Denn dadurch verbreitet ein Interesse höherer Art sich über ihr ganzes Daseyn und ertheilt ihm eine Würze, welche dem der Uebrigen abgeht, welches dem-

nach mit jenem verglichen, gar schaal ist. Für sie nämlich hat das Leben und die Welt, neben dem Allen gemeinsamen, materiellen, noch ein zweites und höheres, ein formelles Interesse, indem es den Stoff zu ihren Werken enthält, mit dessen Einsammlung sie, ihr Leben hindurch, emsig beschäftigt sind, sobald nur die persönliche Noth sie irgend athmen läßt. Auch ist ihr Intellekt gewissermaaßen ein doppelter: theils einer für die gewöhnlichen Beziehungen (Angelegenheiten des Willens), gleich dem aller Andern; theils einer für die rein objektive Auffassung der Dinge. So leben sie zwiefach, sind Zuschauer und Schauspieler zugleich, während die Uebrigen letzteres allein sind. – Inzwischen treibe Jeder etwas, nach Maaßgabe seiner Fähigkeiten. Denn wie nachtheilig der Mangel an planmäßiger Thätigkeit, an irgend einer Arbeit, auf uns wirke, merkt man auf langen Vergnügungsreisen, als wo man, dann und wann, sich recht unglücklich fühlt; weil man, ohne eigentliche Beschäftigung, gleichsam aus seinem natürlichen Elemente gerissen ist. Sich zu mühen und mit dem Widerstande zu kämpfen ist dem Menschen Bedürfniß, wie dem Maulwurf das Graben. Der Stillstand, den die Allgenugsamkeit eines bleibenden Genusses herbeiführte, wäre ihm unerträglich. Hindernisse überwinden ist der Vollgenuß seines Daseyns; sie mögen materieller Art seyn, wie beim Handeln und Treiben, oder geistiger Art, wie beim Lernen und Forschen: der Kampf mit ihnen und der Sieg beglückt. Fehlt ihm die Gelegenheit dazu, so macht er sie sich, wie er kann: je nachdem seine Individualität es mit sich bringt, wird er jagen, oder Bilboquet spielen, oder, vom unbewußten Zuge seiner Natur geleitet, Händel suchen, oder Intriguen anspinnen, oder sich auf Betrügereien und allerlei Schlechtigkeiten einlassen, um nur dem ihm unerträglichen Zustande der Ruhe ein Ende zu machen. *Difficilis in otio quies*.

18) Zum Leitstern seiner Bestrebungen soll man nicht BILDER DER PHANTASIE nehmen, sondern deutlich gedachte BEGRIFFE. Meistens aber geschieht das Umgekehrte. Man wird nämlich, bei genauerer Untersuchung, finden, daß was bei unsern Entschließungen in letzter Instanz, den Ausschlag giebt, meistens nicht die Begriffe und Urtheile sind, sondern ein Phantasiebild, welches die

eine der Alternativen repräsentirt und vertritt. Ich weiß nicht mehr in welchem Romane von Voltaire, oder Diderot, dem Helden, als er ein Jüngling und Herkules am Scheidewege war, die Tugend sich stets darstellte in Gestalt seines alten Hofmeisters, in der Linken die Tabaksdose, in der Rechten eine Prise haltend; das Laster hingegen in Gestalt der Kammerjungfer seiner Mutter. – Besonders in der Jugend fixirt sich das Ziel unsers Glückes in Gestalt einiger Bilder, die uns vorschweben und oft das halbe, ja das ganze Leben hindurch verharren. Sie sind eigentlich neckende Gespenster: denn, haben wir sie erreicht; so zerrinnen sie in nichts, indem wir die Erfahrung machen, daß sie gar nichts, von dem was sie verhießen, leisten. Dieser Art sind einzelne Scenen des häuslichen, bürgerlichen, gesellschaftlichen, ländlichen Lebens, Bilder der Wohnung, Umgebung, der Ehrenzeichen, Respektsbezeugungen u.s.w. u.s.w. *chaque fou a sa marotte:* auch das Bild der Geliebten gehört oft dahin. Daß es uns so ergehe ist wohl natürlich: denn das Anschauliche wirkt, weil es das Unmittelbare ist, auch unmittelbarer auf unsern Willen, als der Begriff, der abstrakte Gedanke, der bloß das Allgemeine giebt, ohne das Einzelne, welches doch gerade die Realität enthält: er kann daher nur mittelbar auf unsern Willen wirken. Und doch ist es nur der Begriff, der Wort hält: daher ist es Bildung, nur ihm zu trauen. Freilich wird er wohl mitunter der Erläuterung und Paraphrase durch einige Bilder bedürfen: nur *cum grano salis*.

19) Die vorhergegangene Regel läßt sich der allgemeineren subsumiren, daß man überall Herr werden soll über den Eindruck des Gegenwärtigen und Anschaulichen überhaupt. Dieser ist gegen das bloß Gedachte und Gewußte unverhältnißmäßig stark, nicht vermöge seiner Materie und Gehalt, die oft sehr gering sind; sondern vermöge seiner Form, der Anschaulichkeit und Unmittelbarkeit, als welche auf das Gemüth eindringt und dessen Ruhe stört, oder seine Vorsätze erschüttert. Denn das Vorhandene, das Anschauliche, wirkt, als leicht übersehbar, stets mit seiner ganzen Gewalt auf ein Mal: hingegen Gedanken und Gründe verlangen Zeit und Ruhe, um stückweise durchdacht zu werden; daher man sie nicht jeden Augenblick ganz gegenwärtig haben kann. Demzu-

folge reizt das Angenehme, welchem wir, in Folge der Ueberlegung, entsagt haben, uns doch bei seinem Anblick: eben so kränkt uns ein Urtheil, dessen gänzliche Inkompetenz wir kennen; erzürnt uns eine Beleidigung, deren Verächtlichkeit wir einsehn; eben so werden zehn Gründe gegen das Vorhandenseyn einer Gefahr überwogen vom falschen Schein ihrer wirklichen Gegenwart, u. s. f. In allem Diesen macht sich die ursprüngliche Unvernünftigkeit unsers Wesens geltend. Auch werden einem derartigen Eindruck die Weiber oft erliegen, und wenige Männer haben ein solches Uebergewicht der Vernunft, daß sie von dessen Wirkungen nicht zu leiden hätten. Wo wir nun denselben nicht ganz überwältigen können, mittelst bloßer Gedanken, da ist das Beste einen Eindruck durch den entgegengesetzten zu neutralisiren, z. B. den Eindruck einer Beleidigung durch Aufsuchen Derer, die uns hochschätzen; den Eindruck einer drohenden Gefahr durch wirkliches Betrachten des ihr Entgegenwirkenden. Konnte doch jener Italiäner, von dem Leibnitz (in den *nouveaux essais, Liv. 1, c. 2, §. 11.*) erzählt, sogar den Schmerzen der Folter dadurch widerstehn, daß er, während derselben, wie er sich vorgesetzt, das Bild des Galgens, an welchen sein Geständniß ihn gebracht haben würde, nicht einen Augenblick aus der Phantasie entweichen ließ; weshalb er von Zeit zu Zeit *io ti vedo* rief; welche Worte er später dahin erklärt hat. – Eben aus dem hier betrachteten Grunde ist es ein schweres Ding, wenn Alle, die uns umgeben, anderer Meinung sind, als wir, und danach sich benehmen, selbst wenn wir von ihrem Irrthum überzeugt sind, nicht durch sie wanken gemacht zu werden. Einem flüchtigen, verfolgten, ernstlich *incognito* reisenden Könige muß das unter vier Augen beobachtete Unterwürfigkeitsceremoniell seines vertrauten Begleiters eine fast nothwendige Herzensstärkung seyn, damit er nicht am Ende sich selbst bezweifle.

20) Nachdem ich schon in der Einleitung den hohen Werth der GESUNDHEIT, als welche für unser Glück das Erste und Wichtigste ist, hervorgehoben habe, will ich hier ein Paar ganz allgemeiner Verhaltungsregeln für ihre Befestigung und Bewahrung angeben.

Man härte sich dadurch ab, daß man dem Körper, sowohl im Ganzen, wie in jedem Theile, so lange man gesund ist, recht viel Anstrengung und Beschwerde auflege und sich gewöhne, widrigen Einflüssen jeder Art zu widerstehn. Sobald hingegen ein krankhafter Zustand, sei es des Ganzen, oder eines Theiles, sich kund giebt, ist sogleich das entgegengesetzte Verfahren zu ergreifen und der kranke Leib, oder Theil desselben, auf alle Weise zu schonen und zu pflegen: denn das Leidende und Geschwächte ist keiner Abhärtung fähig.

Der Muskel wird durch starken Gebrauch gestärkt; der Nerv hingegen dadurch geschwächt. Also übe man seine Muskeln durch jede angemessene Anstrengung, hüte hingegen die Nerven vor jeder; also die Augen vor zu hellem, besonders reflektirtem Lichte, vor jeder Anstrengung in der Dämmerung, wie auch vor anhaltendem Betrachten zu kleiner Gegenstände; eben so die Ohren vor zu starkem Geräusch; vorzüglich aber das Gehirn vor gezwungener, zu anhaltender, oder unzeitiger Anstrengung: demnach lasse man es ruhen, während der Verdauung; weil dann eben die selbe Lebenskraft, welche im Gehirn Gedanken bildet, im Magen und den Eingeweiden angestrengt arbeitet, Chymus und Chylus zu bereiten; ebenfalls während, oder auch nach, bedeutender Muskelanstrengung; ferner gebe man ihm das zu seiner Refektion nöthige, volle Maaß des Schlafes; und überhaupt begreife man wohl, daß unser Denken nichts Anderes ist, als die organische Funktion des Gehirns, und sonach jeder andern organischen Thätigkeit, in Hinsicht auf Anstrengung und Ruhe, sich analog verhält. Mit Recht ist gesagt worden: das Gehirn denkt, wie der Magen verdaut. Der Wahn von einer immateriellen, einfachen, wesentlich und immer denkenden, folglich unermüdlichen Seele, die da im Gehirn bloß logirte, und nichts auf der Welt bedürfte, hat gewiß Manchen zu unsinnigem Verfahren und Abstumpfung seiner Geisteskräfte verleitet; wie denn z. B. Friedrich der Große ein Mal versucht hat, sich das Schlafen ganz abzugewöhnen. Die Philosophieprofessoren würden wohl thun, einen solchen, sogar praktisch verderblichen Wahn nicht durch ihre katechismusgerechtseynwollende Rocken-Philosophie zu befördern.

C. UNSER VERHALTEN GEGEN ANDERE BETREFFEND.

21) Wer unter Menschen zu leben hat, darf keine Individualität, sofern sie doch ein Mal von der Natur gesetzt und gegeben ist, unbedingt verwerfen; auch nicht die schlechteste, erbärmlichste, oder lächerlichste. Er hat sie vielmehr zu nehmen, als ein Unabänderliches, welches in Folge eines ewigen und metaphysischen Princips, so seyn muß, wie es ist, und in den argen Fällen soll er denken: »es muß auch solche Käutze geben.« Hält er es anders; so thut er Unrecht und fordert den Andern heraus, zum Kriege auf Tod und Leben. Denn seine eigentliche Individualität, d.h. seinen moralischen Charakter, seine Erkenntnißkräfte, sein Temperament, seine Physiognomie u.s.w. kann Keiner ändern. Verdammen wir nun sein Wesen ganz und gar; so bleibt ihm nichts übrig, als in uns einen Todfeind zu bekämpfen: denn wir wollen ihm das Recht zu existiren nur unter der Bedingung zugestehn, daß er ein Anderer werde, als er unabänderlich ist. Darum also müssen wir, um unter Menschen leben zu können, Jeden, mit seiner gegebenen Individualität, wie immer sie auch ausgefallen seyn mag, bestehn und gelten lassen, und dürfen bloß darauf bedacht seyn, sie so, wie ihre Art und Beschaffenheit es zuläßt, zu benutzen; aber weder auf ihre Aenderung hoffen, noch sie, so wie sie ist, schlechthin verdammen. Dies ist der wahre Sinn des Spruches: »leben und leben lassen.« Die Aufgabe ist indessen nicht so leicht, wie sie gerecht ist; und glücklich ist zu schätzen, wer gar manche Individualitäten auf immer meiden darf. – Inzwischen übe man, um Menschen ertragen zu lernen, seine Geduld an leblosen Gegenständen, welche, vermöge mechanischer, oder sonst physischer Nothwendigkeit, unserm Thun sich hartnäckig widersetzen; wozu täglich Gelegenheit ist. Die dadurch erlangte Geduld lernt man nachher auf Menschen übertragen, indem man sich gewöhnt, zu denken, daß auch sie, wo immer sie uns hinderlich sind, Dies vermöge einer eben so strengen, aus ihrer Natur hervorgehenden Nothwendigkeit seyn müssen, wie Die,

mit welcher die leblosen Dinge wirken; daher es eben so thöricht ist, über ihr Thun sich zu entrüsten, wie über einen Stein, der uns in den Weg rollt.

22) Es ist zum Erstaunen, wie leicht und schnell Homogeneität, oder Heterogeneität des Geistes und Gemüths zwischen Menschen sich im Gespräche kund giebt: an jeder Kleinigkeit wird sie fühlbar. Betreffe das Gespräch auch die fremdartigsten, gleichgültigsten Dinge; so wird, zwischen wesentlich Heterogenen, fast jeder Satz des Einen dem Andern mehr oder minder mißfallen, mancher gar ihm ärgerlich seyn. Homogene hingegen fühlen sogleich und in Allem eine gewisse Uebereinstimmung, die, bei großer Homogeneität, bald zur vollkommenen Harmonie, ja, zum Unisono zusammenfließt. Hieraus erklärt sich zuvörderst, warum die ganz Gewöhnlichen so gesellig sind und überall so leicht recht gute Gesellschaft finden, – so rechte, liebe, wackere Leute. Bei den Ungewöhnlichen fällt es umgekehrt aus, und desto mehr, je ausgezeichneter sie sind; so daß sie, in ihrer Abgesondertheit, zu Zeiten, sich ordentlich freuen können, in einem Andern nur irgend eine ihnen selbst homogene Fiber herausgefunden zu haben, und wäre sie noch so klein! Denn Jeder kann dem Andern nur so viel seyn, wie dieser ihm ist. Die eigentlich großen Geister horsten, wie die Adler, in der Höhe, allein. – Zweitens aber wird hieraus verständlich, wie die Gleichgesinnten sich so schnell zusammenfinden, gleich als ob sie magnetisch zu einander gezogen würden: – verwandte Seelen grüßen sich von ferne. Am häufigsten freilich wird man Dies an niedrig Gesinnten oder schlecht Begabten zu beobachten Gelegenheit haben; aber nur weil diese legionenweise existiren, die bessern und vorzüglichen Naturen hingegen die seltenen sind und heißen. Demnach nun werden z. B. in einer großen, auf praktische Zwecke gerichteten Gemeinschaft zwei rechte Schurken sich so schnell erkennen, als trügen sie ein Feldzeichen, und werden alsbald, zusammentreten, um Mißbrauch, oder Verrath zu schmieden. Desgleichen, wenn man sich, *per impossibile,* eine große Gesellschaft von lauter sehr verständigen und geistreichen Leuten denkt, bis auf zwei Dummköpfe, die auch dabei wären; so werden diese sich sympathetisch zu einander gezogen fühlen und bald wird jeder

von beiden sich in seinem Herzen freuen, doch wenigstens Einen vernünftigen Mann angetroffen zu haben.

Was jedoch, selbst bei vieler Uebereinstimmung, Menschen auseinanderhält, auch wohl vorübergehende Disharmonie zwischen ihnen erzeugt, ist die Verschiedenheit der gegenwärtigen Stimmung, als welche fast immer für Jeden eine andere ist, nach Maaßgabe seiner gegenwärtigen Lage, Beschäftigung, Umgebung, körperlichen Zustandes, augenblicklichen Gedankenganges u. s. w. Daraus entstehn zwischen den harmonirendesten Persönlichkeiten Dissonanzen. Die zur Aufhebung dieser Störung erforderliche Korrektion stets vornehmen und eine gleichschwebende Temperatur einführen zu können, wäre eine Leistung der höchsten Bildung. In deren Ermangelung sind die Flaschen das gewöhnliche Mittel, eine gemeinschaftliche Stimmung in die Gesellschaft zu bringen. Sogar Thee und Kaffee dienen dieser Absicht.

Eben aber aus jener Disharmonie, welche die Verschiedenheit der momentanen Stimmung so leicht in alle Gemeinschaft bringt, ist es zum Theil erklärlich, daß in der von dieser und allen ähnlichen, störenden, wenn auch vorübergehenden, Einflüssen befreiten Erinnerung sich Jeder idealisirt, ja, bisweilen fast verklärt darstellt. Die Erinnerung wirkt, wie das Sammlungsglas in der Kamera obskura: sie zieht Alles zusammen und bringt dadurch ein viel schöneres Bild hervor, als sein Original ist. Den Vortheil, so gesehn zu werden, erlangen wir zum Theil schon durch jede Abwesenheit. Denn obgleich die idealisirende Erinnerung, bis zur Vollendung ihres Werkes, geraumer Zeit bedarf; so wird der Anfang desselben doch sogleich gemacht. Dieserwegen ist es sogar klug, sich seinen Bekannten und guten Freunden nur nach bedeutenden Zwischenräumen zu zeigen; in dem man alsdann, beim Wiedersehn, merken wird, daß die Erinnerung schon bei der Arbeit gewesen ist.

23) Keiner kann ÜBER SICH sehn. Hiemit will ich sagen: Jeder kann den Andern nur nach Maaßgabe seiner eigenen Intelligenz fassen und verstehn. Ist nun diese von der niedrigsten Art; so werden alle Geistesgaben, auch die größten, ihre Wirkung auf ihn verfehlen und er an dem Besitzer derselben nichts wahrnehmen, als

bloß das Niedrigste in dessen Individualität, also nur dessen sämmtliche Schwächen, Temperaments- und Charakterfehler. Daraus wird er für ihn zusammengesetzt seyn. Die höheren geistigen Fähigkeiten desselben sind für ihn so wenig vorhanden, wie die Farbe für den Blinden. Denn alle Geister sind unsichtbar für Den, der keinen hat: und jede Werthschätzung ist ein Produkt aus dem Werthe des Geschätzten mit der Erkenntnißsphäre des Schätzers. Hieraus folgt, daß man sich mit Jedem, mit dem man spricht, nivellirt, indem Alles, was man vor ihm voraushaben kann, verschwindet und sogar die dazu erforderte Selbstverläugnung völlig unerkannt bleibt. Erwägt man nun, wie durchaus niedrig gesinnt und niedrig begabt, also wie durchaus GEMEIN die meisten Menschen sind; so wird man einsehn, daß es nicht möglich ist, mit ihnen zu reden, ohne, für solche Zeit, (nach Analogie der elektrischen Vertheilung) selbst GEMEIN zu werden, und dann wird man den eigentlichen Sinn und das Treffende des Ausdrucks »sich gemein machen« gründlich verstehn, jedoch auch gern jede Gesellschaft meiden, mit welcher man nur mittelst der *partie honteuse* seiner Natur kommuniziren kann. Auch wird man einsehn, daß, Dummköpfen und Narren gegenüber, es nur EINEN Weg giebt, seinen Verstand an den Tag zu legen, und der ist, daß man mit ihnen nicht redet. Aber freilich wird alsdann in der Gesellschaft Manchem bisweilen zu Muthe seyn, wie einem Tänzer, der auf einen Ball gekommen wäre, wo er lauter Lahme anträfe: mit wem soll er tanzen?

24) DER Mensch gewinnt meine Hochachtung, als ein unter hundert Auserlesener, welcher, wann er auf irgend etwas zu warten hat, also unbeschäftigt dasitzt, nicht sofort mit Dem, was ihm gerade in die Hände kommt, etwan seinem Stock, oder Messer und Gabel, oder was sonst, taktmäßig hämmert, oder klappert. Wahrscheinlich denkt er an etwas. Vielen Leuten hingegen sieht man an, daß bei ihnen das Sehn die Stelle des Denkens ganz eingenommen hat: sie suchen sich durch Klappern ihrer Existenz bewußt zu werden.

25) ROCHEFOUCAULD hat treffend bemerkt, daß es schwer ist, Jemanden zugleich hoch zu verehren und sehr zu lieben. Demnach hätten wir die Wahl, ob wir uns um die Liebe, oder um die Ver-

ehrung der Menschen bewerben wollen. Ihre Liebe ist stets eigennützig, wenn auch auf höchst verschiedene Weise. Zudem ist Das, wodurch man sie erwirbt, nicht immer geeignet, uns darauf stolz zu machen. Hauptsächlich wird Einer in dem Maaße beliebt seyn, als er seine Ansprüche an Geist und Herz der Andern niedrig stellt, und zwar im Ernst und ohne Verstellung, auch nicht bloß aus derjenigen Nachsicht, die in der Verachtung wurzelt. Ruft man sich nun hiebei den sehr wahren Ausspruch des HELVETIUS zurück: *le degré d'esprit nécessaire pour nous plaire, est une mesure assez exacte du degré d'esprit que nous avons;* – so folgt aus diesen Prämissen die Konklusion. – Hingegen mit der Verehrung der Menschen steht es umgekehrt: sie wird ihnen nur wider ihren Willen abgezwungen, auch, ebendeshalb, meistens verhehlt. Daher giebt sie uns, im Innern, eine viel größere Befriedigung: sie hängt mit unserm Werthe zusammen; welches von der Liebe der Menschen nicht unmittelbar gilt: denn diese ist subjektiv, die Verehrung objektiv. Nützlich ist uns die Liebe freilich mehr.

26) Die meisten Menschen sind so subjektiv, daß sie bei Allem, was gesagt wird, sogleich an sich denken und jede zufällige, noch so entfernte Beziehung auf irgend etwas ihnen Persönliches ihre ganze Aufmerksamkeit an sich reißt; so daß sie für den objektiven Gegenstand der Rede keine Fassungskraft übrig behalten. Daher sind sie so leicht zerstreut, so leicht beleidigt oder gekränkt, wie auch so leicht geschmeichelt und gewonnen. Daher auch ist ihr Urtheil meistens bestochen und bloß ein Ausspruch zu Gunsten ihrer Partei, oder Klasse; nicht aber ein objektives und gerechtes. Dies Alles beruht darauf, daß in ihnen der Wille bei Weitem die Erkenntniß überwiegt.

27) Bei jeder Verkehrtheit, die im Publiko, oder in der Gesellschaft, gesagt, oder in der Litteratur geschrieben und wohlaufgenommen, wenigstens nicht widerlegt wird, soll man nicht verzweifeln und meynen, daß es nun dabei sein Bewenden haben werde; sondern wissen und sich getrösten, daß die Sache hinterher und allmälig ruminirt, beleuchtet, bedacht, erwogen, besprochen und meistens zuletzt richtig beurtheilt wird; so daß, nach einer, der Schwierigkeit derselben angemessenen Frist, endlich fast Alle

begreifen, was der klare Kopf sogleich sah. Unterdessen freilich muß man sich gedulden. Denn ein Mann von richtiger Einsicht unter den Bethörten, gleicht Dem, dessen Uhr richtig geht, in einer Stadt, deren Thurmuhren alle falsch gestellt sind. Er allein weiß die wahre Zeit: aber was hilft es ihm? alle Welt richtet sich nach den falsch zeigenden Stadtuhren; sogar auch Die, welche wissen, daß seine Uhr allein die wahre Zeit angiebt.

28) Die Menschen gleichen darin den Kindern, daß sie unartig werden, wenn man sie verzieht; daher man gegen keinen zu nachgiebig und liebreich seyn darf. Wie man, in der Regel, keinen Freund dadurch verlieren wird, daß man ihm ein Darlehn abschlägt, aber sehr leicht dadurch, daß man es ihm giebt; eben so, nicht leicht einen durch stolzes und etwas vernächlässigendes Betragen; aber oft in Folge zu vieler Freundlichkeit und Zuvorkommens, als welche ihn arrogant und unerträglich machen, wodurch der Bruch herbeigeführt wird. Besonders aber den Gedanken, daß man ihrer benöthigt sei, können die Menschen schlechterdings nicht vertragen: Uebermuth und Anmaaßung sind sein unzertrennliches Gefolge. Bei einigen entsteht er, in gewissem Grade, schon dadurch, daß man sich mit ihnen abgiebt, etwan oft, oder auf eine vertrauliche Weise mit ihnen spricht: alsbald werden sie meynen, man müsse sich von ihnen auch etwas gefallen lassen, und werden versuchen, die Schranken der Höflichkeit zu erweitern. Daher taugen so Wenige zum irgend vertrauteren Umgang, und soll man sich besonders hüten, sich nicht mit niedrigen Naturen gemein zu machen. Faßt nun aber gar Einer den Gedanken, er sei mir viel nothwendiger, als ich ihm; da ist es ihm sogleich, als hätte ich ihm etwas gestohlen: er wird suchen, sich zu rächen und es wiederzuerlangen. Dieserwegen ist es rathsam, Jedem, es sei Mann oder Weib, von Zeit zu Zeit fühlbar zu machen, daß man seiner sehr wohl entrathen könne: das befestigt die Freundschaft; ja, bei den meisten Leuten kann es nicht schaden, wenn man ein Gran Geringschätzung gegen sie, dann und wann, mit einfließen läßt: sie legen desto mehr Werth auf unsere Freundschaft: *chi non istima vien stimato* (wer nicht achtet wird geachtet) sagt ein feines italiänisches Sprichwort. Ist aber Einer uns wirklich sehr viel werth; so müssen

wir dies vor ihm verhehlen, als wäre es ein Verbrechen. Das ist nun eben nicht erfreulich; dafür aber wahr. Kaum daß Hunde die zu große Freundlichkeit vertragen; geschweige Menschen.

29) Daß Leute edlerer Art und höherer Begabung so oft, zumal in der Jugend, auffallenden Mangel an Menschenkenntniß und Weltklugheit verrathen, daher leicht betrogen oder sonst irre geführt werden, während die niedrigen Naturen sich viel schneller und besser in die Welt zu finden wissen, liegt daran, daß man, beim Mangel der Erfahrung, *a priori* zu urtheilen hat, und daß überhaupt keine Erfahrung es dem *a priori* gleichthut. Dies *a priori* nämlich giebt Denen vom gewöhnlichen Schlage das eigene Selbst an die Hand, den Edelen und Vorzüglichen aber nicht: denn eben als solche sind sie von den Andern weit verschieden. Indem sie daher deren Denken und Thun nach dem ihrigen berechnen, trifft die Rechnung nicht zu.

Wenn nun aber auch ein Solcher *a posteriori*, also aus fremder Belehrung und eigener Erfahrung, endlich gelernt hat, was von den Menschen, im Ganzen genommen, zu erwarten steht, daß nämlich etwan $\frac{5}{6}$ derselben, in moralischer, oder intellektueller Hinsicht, so beschaffen sind, daß, wer nicht durch die Umstände in Verbindung mit ihnen gesetzt ist besser thut, sie vorweg zu meiden und, so weit es angeht, außer allem Kontakt mit ihnen zu bleiben; – so wird er dennoch von ihrer Kleinlichkeit und Erbärmlichkeit kaum jemals einen AUSREICHENDEN Begriff erlangen, sondern immerfort, so lange er lebt, denselben noch zu erweitern und zu vervollständigen haben, unterdessen aber sich gar oft zu seinem Schaden verrechnen. Und dann wieder, nachdem er die erhaltene Belehrung wirklich beherzigt hat, wird es ihm dennoch zu Zeiten begegnen, daß er, in eine Gesellschaft ihm noch unbekannter Menschen gerathend, sich zu wundern hat, wie sie doch sämmtlich, ihren Reden und Mienen nach, ganz vernünftig, redlich, aufrichtig, ehrenfest und tugendsam, dabei auch wohl noch gescheut und geistreich erscheinen. Dies sollte ihn jedoch nicht irren: denn es kommt bloß daher, daß die Natur es nicht macht, wie die schlechten Poeten, welche, wann sie Schurken oder Narren darstellen, so plump und absichtsvoll dabei zu Werke gehn, daß man gleichsam hinter jeder solcher Person den Dichter stehn sieht, der ihre Gesinnung und Rede fortwährend desavouirt und mit warnender Stimme ruft: »dies ist ein Schurke, dies ist ein Narr; gebt nichts auf Das, was er sagt.« Die Natur hingegen macht es wie Shakespeare und Göthe, in deren Werken jede Person, und wäre sie der Teufel selbst, während sie dasteht und redet, Recht behält; weil sie so objektiv aufgefaßt ist, daß wir in ihr Interesse gezogen und zur Theilnahme an ihr gezwungen werden: denn sie ist, eben wie die Werke der Natur, aus einem innern Prinzip entwickelt, vermöge dessen ihr Sagen und Thun als natürlich, mithin als nothwendig auftritt. – Also, wer erwartet, daß in der Welt die Teufel mit Hörnern und die Narren mit Schellen einhergehn, wird stets ihre Beute, oder ihr Spiel seyn. Hiezu kommt aber noch, daß im Umgange die Leute es machen, wie der Mond und die Pucklichten, nämlich stets nur eine Seite zeigen, und sogar Jeder ein angeborenes Talent hat, auf mimischem Wege seine Physiognomie zu einer Maske umzuarbeiten, welche genau darstellt, was er eigentlich seyn SOLLTE, und die, weil sie ausschließlich auf seine Individualität berechnet ist, ihm so genau anliegt und anpaßt, daß die Wirkung überaus täuschend ausfällt. Er legt sie an, so oft es darauf ankommt, sich einzuschmeicheln. Man soll auf dieselbe so viel geben, als wäre sie aus Wachstuch, eingedenk des vortrefflichen italiänischen Sprichworts: *non è si tristo cane, che non meni la coda* (so böse ist kein Hund, daß er nicht mit dem Schwanz wedelte).

Jedenfalls soll man sich sorgfältig hüten, von irgend einem Menschen neuer Bekanntschaft eine sehr günstige Meinung zu fassen; sonst wird man, in den allermeisten Fällen, zu eigener Beschämung, oder gar Schaden, enttäuscht werden. – Hiebei verdient auch ein Wort des Seneka berücksichtigt zu werden: *argumenta morum ex minimis quoque licet capere (ep. 52).* Gerade in Kleinigkeiten, als bei welchen der Mensch sich nicht zusammennimmt, zeigt er seinen Charakter, und da kann man oft, an geringfügigen Handlungen, an bloßen Manieren, den gränzenlosen, nicht die mindeste Rücksicht auf Andere kennenden Egoismus bequem beobachten, der sich nachher im Großen nicht verleugnet, wiewohl verlarvt.

Hat nun Einer, mit dem wir in Verbindung, oder Umgang,

stehn, uns etwas Unangenehmes, oder Aergerliches erzeigt; so haben wir uns nur zu fragen, ob er uns so viel werth sei, daß wir das Nämliche, auch noch etwas verstärkt, uns nochmals und öfter von ihm wollen gefallen lassen; – oder nicht. Im bejahenden Fall wird nicht viel darüber zu sagen seyn, weil das Reden wenig hilft: wir müssen also die Sache, mit oder ohne Ermahnung, hingehn lassen, sollen jedoch wissen, daß wir hiedurch sie uns nochmals ausgebeten haben. Im verneinenden Falle hingegen haben wir sogleich und auf immer mit dem werthen Freunde zu brechen, oder, wenn es ein Diener ist, ihn abzuschaffen. Denn unausbleiblich wird er, vorkommenden Falls, ganz das Selbe, oder das völlig Analoge, wieder thun, auch wenn er uns jetzt das Gegentheil hoch und aufrichtig betheuert. Denn der Charakter ist schlechthin inkorrigibel; weil alle Handlungen des Menschen aus einem innern Princip fließen, vermöge dessen er, unter gleichen Umständen, stets das Gleiche thun muß und nicht anders kann. Man lese meine Preisschrift über die sogenannte Freiheit des Willens und befreie sich vom Wahn. Eben so wenig, und aus dem selben Grunde, dürfen wir erwarten, daß Einer, unter VERÄNDERTEN Umständen, das Gleiche, wie vorher, thun werde. Vielmehr ändern die Menschen Gesinnung und Betragen eben so schnell, wie ihr Interesse sich ändert; ja, ihre Absichtlichkeit zieht ihre Wechsel auf so kurze Sicht, daß man selbst noch kurzsichtiger seyn müßte, um sie nicht protestiren zu lassen.

Gesetzt demnach wir wollten etwan wissen, wie Einer, in einer Lage, in die wir ihn zu versetzen gedenken, handeln wird; so dürfen wir hierüber nicht auf seine Versprechungen und Betheuerungen bauen. Denn, gesetzt auch, er spräche aufrichtig; so spricht er von einer Sache, die er nicht kennt. Wir müssen also allein aus der Erwägung der Umstände, in die er zu treten hat, und des Konfliktes derselben mit seinem Charakter, sein Handeln berechnen.

Um überhaupt von der wahren und sehr traurigen Beschaffenheit der Menschen, wie sie meistens sind, das so nöthige, deutliche und gründliche Verständniß zu erlangen, ist es überaus lehrreich, das Treiben und Benehmen derselben in der Litteratur als Kommentar ihres Treibens und Benehmens im praktischen Leben zu gebrauchen, und *vice versa*. Dies ist sehr dienlich, um weder an sich, noch an ihnen irre zu werden. – Ausnahmen giebt es, ja, unbegreiflich große, und die Unterschiede der Individualitäten sind enorm: aber, im Ganzen genommen, liegt, wie längst gesagt ist, die Welt im Argen: die Wilden fressen einander und die Zahmen betrügen einander, und Das nennt man den Lauf der Welt. Was sind denn die Staaten, mit aller ihrer künstlichen, nach außen und nach innen gerichteten Maschinerie und ihren Gewaltmitteln Anderes, als Vorkehrungen, der gränzenlosen Ungerechtigkeit der Menschen Schranken zu setzen?

30) Kein Charakter ist so, daß er sich selbst überlassen bleiben und sich ganz und gar gehn lassen dürfte; sondern jeder bedarf der Lenkung durch Begriffe und Maximen. Will man nun aber es hierin weit bringen, nämlich bis zu einem nicht aus unsrer angeborenen Natur, sondern bloß aus vernünftiger Ueberlegung hervorgegangenen, ganz eigentlich erworbenen und künstlichen Charakter; so wird man gar bald das

Naturam expelles furca, tamen usque recurret.

bestätigt finden. Man kann nämlich eine Regel für das Betragen gegen Andere sehr wohl einsehn, ja, sie selbst auffinden und treffend ausdrücken, und wird dennoch, im wirklichen Leben, gleich darauf, gegen sie verstoßen. Jedoch soll man nicht sich dadurch entmuthigen lassen und denken, es sei unmöglich, im Weltleben sein Benehmen nach abstrakten Regeln und Maximen zu leiten, und daher am besten, sich eben nur gehn zu lassen. Sondern es ist damit, wie mit allen theoretischen Vorschriften und Anweisungen für das Praktische: die Regel verstehn ist das Erste, sie ausüben lernen ist das Zweite. Jenes wird durch Vernunft auf Ein Mal, Dieses durch Uebung allmälig gewonnen. Man zeigt dem Schüler die Griffe auf dem Instrument, die Paraden und Stöße mit dem Rapier: er fehlt sogleich, trotz dem besten Vorsatze, dagegen, und meint nun, sie in der Schnelle des Notenlesens und der Hitze des Kampfes zu beobachten sei schier unmöglich. Dennoch lernt er es allmälig, durch Uebung, unter Straucheln, Fallen und Aufstehn. Eben so geht es mit den Regeln der Grammatik im lateinisch

Schreiben und Sprechen. Nicht anders also wird der Tölpel zum Hofmann, der Hitzkopf zum feinen Weltmann, der Offene verschlossen, der Edle ironisch. Jedoch wird eine solche, durch lange Gewohnheit erlangte Selbstdressur stets als ein von außen gekommener Zwang wirken, welchem zu widerstreben die Natur nie ganz aufhört und bisweilen unerwartet ihn durchbricht. Denn alles Handeln nach abstrakten Maximen verhält sich zum Handeln aus ursprünglicher, angeborener Neigung, wie ein menschliches Kunstwerk, etwan eine Uhr, wo Form und Bewegung dem ihnen fremden Stoffe aufgezwungen sind, zum lebenden Organismus, bei welchem Form und Stoff von einander durchdrungen und Eines sind. An diesem Verhältniß des erworbenen zum angeborenen Charakter bestätigt sich demnach ein Ausspruch des Kaisers Napoleon: *tout ce qui n'est pas naturel est imparfait*; welcher überhaupt eine Regel ist, die von Allem und Jedem, sei es physisch, oder moralisch, gilt, und von der die einzige mir einfallende Ausnahme das, den Mineralogen bekannte, natürliche Aventurino ist, welches dem künstlichen nicht gleich kommt.

Darum sei hier auch vor aller und jeder AFFEKTATION gewarnt. Sie erweckt allemal Geringschätzung: erstlich als Betrug, der als solcher feige ist, weil er auf Furcht beruht; zweitens als Verdammungsurtheil seiner selbst durch sich selbst, indem man scheinen will was man nicht ist und was man folglich für besser hält, als was man ist. Das Affektiren irgend einer Eigenschaft, das Sich-Brüsten damit, ist ein Selbstgeständniß, daß man sie nicht hat. Sei es Muth, oder Gelehrsamkeit, oder Geist, oder Witz, oder Glück bei Weibern, oder Reichthum, oder vornehmer Stand, oder was sonst, womit Einer groß thut; so kann man daraus schließen, daß es ihm gerade daran in etwas gebricht: denn wer wirklich eine Eigenschaft vollkommen besitzt, dem fällt es nicht ein, sie herauszulegen und zu affektiren, sondern er ist darüber ganz beruhigt. Dies ist auch der Sinn des spanischen Sprichworts: *herradura que chacolotea clavo le falta* (dem klappernden Hufeisen fehlt ein Nagel). Allerdings darf, wie Anfangs gesagt, Keiner sich unbedingt den Zügel schießen lassen und sich ganz zeigen, wie er ist; weil das viele Schlechte und Bestialische unserer Natur der Verhüllung bedarf:

aber Dies rechtfertigt bloß das Negative, die Dissimulation, nicht das Positive, die Simulation. – Auch soll man wissen, daß das Affektiren erkannt wird, selbst ehe klar geworden, was eigentlich Einer affektirt.

31) Wie man das Gewicht seines eigenen Körpers trägt, ohne es, wie doch das jedes fremden, den man bewegen will, zu fühlen; so bemerkt man nicht die eigenen Fehler und Laster, sondern nur die der Andern. – Dafür aber hat Jeder am Andern einen Spiegel, in welchem er seine eigenen Laster, Fehler, Unarten und Widerlichkeiten jeder Art deutlich erblickt. Allein meistens verhält er sich dabei wie der Hund, welcher gegen den Spiegel bellt, weil er nicht weiß, daß er sich selbst sieht, sondern meint, es sei ein anderer Hund.

32) Der Mensch edlerer Art glaubt, in seiner Jugend, die wesentlichen und entscheidenden Verhältnisse und daraus entstehenden Verbindungen zwischen Menschen seien die IDEELLEN, d. h. die auf Aehnlichkeit der Gesinnung, der Denkungsart, des Geschmacks, der Geisteskräfte u. s. w. beruhenden: allein er wird später inne, daß es die REELLEN sind, d. h. die, welche sich auf irgend ein materielles Interesse stützen. Diese liegen fast allen Verbindungen zum Grunde: sogar hat die Mehrzahl der Menschen keinen Begriff von andern Verhältnissen. Demzufolge wird Jeder genommen nach seinem Amt, oder Geschäft, oder Nation, oder Familie, also überhaupt nach der Stellung und Rolle, welche die Konvention ihm ertheilt hat: dieser gemäß wird er sortirt und fabrikmäßig behandelt. Hingegen was er an und für sich, also als Mensch, vermöge seiner persönlichen Eigenschaften sei, kommt nur beliebig und daher nur ausnahmsweise zur Sprache, und wird von Jedem, sobald es ihm bequem ist, also meistentheils, bei Seite gesetzt und ignorirt. Je mehr nun aber es mit Diesem auf sich hat, desto weniger wird ihm jene Anordnung gefallen, er also sich ihrem Bereich zu entziehn suchen. Sie beruht jedoch darauf, daß, in dieser Welt der Noth und des Bedürfnisses, die Mittel, diesen zu begegnen, überall das Wesentliche, mithin Vorherrschende sind.

33) Wie Papiergeld statt des Silbers, so kursiren in der Welt, statt der wahren Achtung und der wahren Freundschaft, die äußer-

lichen Demonstrationen und möglichst natürlich mimisirten Gebärden derselben. Indessen läßt sich andrerseits auch fragen, ob es denn Leute gebe, welche Jene wirklich verdienten.

Wahre, ächte Freundschaft setzt eine starke, rein objektive und völlig uninteressirte Theilnahme am Wohl und Wehe des Andern voraus, und diese wieder ein wirkliches Sich mit dem Freunde identifiziren. Dem steht der Egoismus der menschlichen Natur so sehr entgegen, daß wahre Freundschaft zu den Dingen gehört, von denen man, wie von den kolossalen Seeschlangen, nicht weiß, ob sie fabelhaft sind, oder irgendwo existiren. Indessen giebt es mancherlei, in der Hauptsache freilich auf versteckten egoistischen Motiven der mannigfaltigsten Art beruhende Verbindungen zwischen Menschen, welche dennoch mit einem Gran jener wahren und ächten Freundschaft versetzt sind, wodurch sie so veredelt werden, daß sie, in dieser Welt der Unvollkommenheiten, mit einigem Fug den Namen der Freundschaft führen dürfen. Sie stehn hoch über den alltäglichen Liaisons, welche vielmehr so sind, daß wir mit den meisten unserer guten Bekannten kein Wort mehr reden würden, wenn wir hörten, wie sie in unsrer Abwesenheit von uns reden.

Die Aechtheit eines Freundes zu erproben, hat man, nächst den Fällen wo man ernstlicher Hülfe und bedeutender Opfer bedarf, die beste Gelegenheit in dem Augenblick, da man ihm ein Unglück, davon man soeben getroffen worden, berichtet. Alsdann nämlich malt sich, in seinen Zügen, entweder wahre, innige, unvermischte Betrübniß; oder aber sie bestätigen, durch ihre gefaßte Ruhe, oder einen flüchtigen Nebenzug, den bekannten Ausspruch des ROCHEFOUCAULD: *dans l'adversité de nos meilleurs amis, nous trouvons toujours quelque chose qui ne nous déplait pas.* Die gewöhnlichen sogenannten Freunde vermögen, bei solchen Gelegenheiten, oft kaum das Zucken zu einem leisen, wohlgefälligen Lächeln zu unterdrücken. –

Entfernung und lange Abwesenheit thun jeder Freundschaft Eintrag; so ungern man es gesteht. Denn Menschen, die wir nicht sehn, wären sie auch unsere geliebtesten Freunde, trocknen, im Laufe der Jahre, allmälig zu abstrakten Begriffen aus, wodurch unsere Theilnahme an ihnen mehr und mehr eine bloß vernünftige, ja traditionelle wird: die lebhafte und tiefgefühlte bleibt Denen vorbehalten, die wir vor Augen haben, und wären es auch nur geliebte Thiere. So sinnlich ist die menschliche Natur. –

Die Freunde nennen sich aufrichtig; die Feinde sind es: daher man ihren Tadel zur Selbsterkenntniß benutzen sollte, als eine bittre Arznei. –

Freunde in der Noth wären selten? – Im Gegentheil! Kaum hat man mit Einem Freundschaft gemacht; so ist er auch schon in der Noth und will Geld geliehen haben. –

34) Was für ein Neuling ist doch Der, welcher wähnt, Geist und Verstand zu zeigen wäre ein Mittel, sich in Gesellschaft beliebt zu machen! Vielmehr erregen sie, bei der unberechenbar überwiegenden Mehrzahl, einen Haß und Groll, der um so bittrer ist, als der ihn Fühlende die Ursache desselben anzuklagen nicht berechtigt ist, ja, sie vor sich selbst verhehlet. Ist doch Geist und Verstand an den Tag legen, nur eine indirekte Art, allen Andern ihre Unfähigkeit und Stumpfsinn vorzuwerfen. Zudem geräth die gemeine Natur in Aufruhr, wenn sie ihr Gegentheil ansichtig wird, und der geheime Anstifter des Aufruhrs ist der Neid. Denn die Befriedigung ihrer Eitelkeit ist, wie man täglich sehn kann, ein Genuß, der den Leuten über Alles geht, der jedoch allein mittelst der Vergleichung ihrer selbst mit Andern möglich ist. Auf keine Vorzüge aber ist der Mensch so stolz, wie auf die geistigen: beruht doch nur auf ihnen sein Vorrang vor den Thieren. Ihm entschiedene Ueberlegenheit in dieser Hinsicht vorzuhalten, und noch dazu vor Zeugen, ist daher die größte Verwegenheit. Er fühlt sich dadurch zur Rache aufgefordert und wird meistens Gelegenheit suchen, diese auf dem Wege der Beleidigung auszuführen, als wodurch er vom Gebiete der Intelligenz auf das des Willens tritt, auf welchem wir, in dieser Hinsicht, Alle gleich sind. – Hingegen gereicht geistige INFERIORITÄT zur wahren Empfehlung. Denn was für den Leib die Wärme, das ist für den Geist das wohlthuende Gefühl der Ueberlegenheit; daher Jeder, so instinktmäßig wie dem Ofen, oder dem Sonnenschein, sich dem Gegenstande nähert, der es ihm verheißt. Ein solcher nun ist allein der entschieden tiefer Stehende,

an Eigenschaften des Geistes, bei Männern, an Schönheit, bei Weibern. Man sehe, mit welcher herzlichen Freundlichkeit ein erträgliches Mädchen einem grundhäßlichen entgegenkommt. Körperliche Vorzüge kommen bei Männern nicht sehr in Betracht; wiewohl man sich doch behaglicher neben einem kleineren, als neben einem größeren fühlt. Demzufolge also sind, unter Männern, die dummen und unwissenden, unter Weibern die häßlichen allgemein beliebt und gesucht: sie erlangen leicht den Ruf eines überaus guten Herzens; weil Jedes für seine Zuneigung, vor sich selbst und vor Andern, eines Vorwandes bedarf. Eben deshalb ist Geistesüberlegenheit jeder Art eine sehr isolirende Eigenschaft: sie wird geflohen und gehaßt, und als Vorwand hiezu werden ihrem Besitzer allerlei Fehler angedichtet. Gerade so wirkt unter Weibern die Schönheit: sehr schöne Mädchen finden keine Freundin, ja, keine Begleiterin. Zu Stellen als Gesellschafterinnen thun sie besser sich gar nicht zu melden: denn schon bei ihrem Vortritt verfinstert sich das Gesicht der gehofften neuen Gebieterin, als welche, sei es für sich, oder für ihre Töchter, einer solchen Folie keineswegs bedarf. – Hingegen verhält es sich umgekehrt mit den Vorzügen des Ranges; weil diese nicht, wie die persönlichen, durch den Kontrast und Abstand, sondern, wie die Farben der Umgebung auf das Gesicht, durch den Reflex wirken.

35) An unserm Zutrauen zu Andern haben sehr oft Trägheit, Selbstsucht und Eitelkeit den größten Antheil: Trägheit, wenn wir, um nicht selbst zu untersuchen, zu wachen, zu thun, lieber einem Andern trauen; Selbstsucht, wenn das Bedürfniß von unsern Angelegenheiten zu reden uns verleitet, ihm etwas anzuvertrauen; Eitelkeit, wenn es zu Dem gehört, worauf wir uns etwas zu Gute thun. Nichtsdestoweniger verlangen wir, daß man unser Zutrauen ehre.

Ueber Mißtrauen hingegen sollten wir uns nicht erzürnen: denn in demselben liegt ein Kompliment für die Redlichkeit, nämlich das aufrichtige Bekenntniß ihrer großen Seltenheit, in Folge welcher sie zu den Dingen gehört, an deren Existenz man zweifelt.

36) Von der Höflichkeit, dieser chinesischen Kardinaltugend,

habe ich den EINEN Grund angegeben in meiner ETHIK S. 201: der andere liegt in Folgendem. Sie ist eine stillschweigende Uebereinkunft, gegenseitig die moralisch und intellektuell elende Beschaffenheit von einander zu ignoriren und sie sich nicht vorzurücken; – wodurch diese, zu beiderseitigem Vortheil, etwas weniger leicht zu Tage kommt.

Höflichkeit ist Klugheit; folglich ist Unhöflichkeit Dummheit: sich mittelst ihrer unnöthiger und muthwilliger Weise Feinde machen ist Raserei, wie wenn man sein Haus in Brand steckt. Denn Höflichkeit ist, wie die Rechenpfennige, eine offenkundig falsche Münze: mit einer solchen sparsam zu seyn, beweist Unverstand; hingegen Freigebigkeit mit ihr Verstand. Alle Nationen schließen den Brief mit *votre très-humble serviteur, – your most obedient servant, – suo devotissimo servo:* bloß die Deutschen halten mit dem »Diener« zurück, – weil es ja doch nicht wahr sei, –! Wer hingegen die Höflichkeit bis zum Opfern realer Interessen treibt gleicht Dem, der ächte Goldstücke statt Rechenpfennige gäbe. – Wie das Wachs, von Natur hart und spröde, durch ein wenig Wärme so geschmeidig wird, daß es jede beliebige Gestalt annimmt; so kann man selbst störrische und feindsälige Menschen, durch etwas Höflichkeit und Freundlichkeit, biegsam und gefällig machen. Sonach ist die Höflichkeit dem Menschen, was die Wärme dem Wachs.

Eine schwere Aufgabe ist freilich die Höflichkeit insofern, als sie verlangt, daß wir allen Leuten die größte Achtung bezeugen, während die allermeisten keine verdienen; sodann, daß wir den lebhaftesten Antheil an ihnen simuliren, während wir froh seyn müssen, keinen an ihnen zu haben. – Höflichkeit mit Stolz zu vereinigen ist ein Meisterstück. –

Wir würden bei Beleidigungen, als welche eigentlich immer in Aeußerungen der Nichtachtung bestehn, viel weniger aus der Fassung gerathen, wenn wir nicht einerseits eine ganz übertriebene Vorstellung von unserm hohen Werth und Würde, also einen ungemessenen Hochmuth hegten, und andrerseits uns deutlich gemacht hätten, was, in der Regel, Jeder vom Andern, in seinem Herzen, hält und denkt. Welch ein greller Kontrast ist doch zwischen der Empfindlichkeit der meisten Leute über die leiseste Andeutung eines sie treffenden Tadels und Dem, was sie hören würden, wenn sie die Gespräche ihrer Bekannten über sie belauschten! – Wir sollten vielmehr uns gegenwärtig erhalten, daß die gewöhnliche Höflichkeit nur eine grinzende Maske ist: dann würden wir nicht Zeter schreien, wenn sie ein Mal sich etwas verschiebt, oder auf einen Augenblick abgenommen wird. Wann aber gar Einer geradezu grob wird, da ist es, als hätte er die Kleider abgeworfen und stände *in puris naturalibus* da. Freilich nimmt er sich dann, wie die meisten Menschen in diesem Zustande, schlecht aus.

37) Für sein Thun und Lassen darf man keinen Andern zum Muster nehmen; weil Lage, Umstände, Verhältnisse nie die gleichen sind, und weil die Verschiedenheit des Charakters auch der Handlung einen verschiedenen Anstrich giebt, daher *duo cum faciunt idem, non est idem.* Man muß, nach reiflicher Ueberlegung und scharfem Nachdenken, seinem eigenen Charakter gemäß handeln. Also auch im Praktischen ist Originalität unerläßlich: sonst paßt was man thut nicht zu Dem, was man ist.

38) Man bestreite keines Menschen Meinung; sondern bedenke, daß wenn man alle Absurditäten, die er glaubt, ihm ausreden wollte, man Methusalems Alter erreichen könnte, ohne damit fertig zu werden.

Auch aller, selbst noch so wohlgemeinter, korrektioneller Bemerkungen soll man, im Gespräche, sich enthalten: denn die Leute zu kränken ist leicht; sie zu bessern schwer, wo nicht unmöglich.

Wenn die Absurditäten eines Gesprächs, welches wir anzuhören im Falle sind, anfangen uns zu ärgern, müssen wir uns denken, es wäre eine Komödienscene zwischen zwei Narren. *Probatum est.*

39) Wer da will, daß sein Urtheil Glauben finde, spreche es kalt und ohne Leidenschaftlichkeit aus. Denn alle Heftigkeit entspringt aus dem Willen: daher wird man DIESEM und nicht der Erkenntniß, die ihrer Natur nach kalt ist, das Urtheil zuschreiben. Weil nämlich das Radikale im Menschen der Wille, die Erkenntniß aber bloß sekundär und hinzugekommen ist; so wird man eher glauben,

daß das Urtheil aus dem erregten Willen, als daß die Erregung des Willens bloß aus dem Urtheil entsprungen sei.

40) Auch beim besten Rechte dazu, lasse man sich nicht zum Selbstlobe verführen. Denn die Eitelkeit ist eine so gewöhnliche, das Verdienst aber eine so ungewöhnliche Sache, daß, so oft wir, wenn auch nur indirekt, uns selbst zu loben scheinen, Jeder Hundert gegen Eins wettet, daß was aus uns redet die Eitelkeit sei, der es am Verstande gebricht, das Lächerliche der Sache einzusehn. – Jedoch mag, bei allen Dem, Bako von Verulam nicht ganz Unrecht haben, wenn er sagt, daß das *semper aliquid haeret*, wie von der Verläumdung, so auch vom Selbstlobe gelte, und daher Dieses, in mäßigen Dosen, empfiehlt.

41) Wenn man argwöhnt, daß Einer lüge, stelle man sich gläubig: da wird er dreist, lügt stärker und ist entlarvt. Merkt man hingegen, daß eine Wahrheit, die er verhehlen möchte, ihm zum Theil entschlüpft; so stelle man sich darüber ungläubig, damit er, durch den Widerspruch provocirt, die Arriergarde der ganzen Wahrheit nachrücken lasse.

42) Unsere sämmtlichen persönlichen Angelegenheiten haben wir als Geheimnisse zu betrachten, und unsern guten Bekannten müssen wir, über Das hinaus, was sie mit eigenen Augen sehn, völlig fremd bleiben. Denn ihr Wissen um die unschuldigsten Dinge kann, durch Zeit und Umstände, uns Nachtheil bringen. – Ueberhaupt ist es gerathener seinen Verstand durch Das, was man verschweigt, an den Tag zu legen, als durch Das, was man sagt. Ersteres ist Sache der Klugheit, Letzteres der Eitelkeit. Die Gelegenheit zu Beiden kommt gleich oft: aber wir ziehn häufig die flüchtige Befriedigung, welche das Letztere gewährt, dem dauernden Nutzen vor, welchen das Erstere bringt. Sogar die Herzenserleichterung, ein Mal ein Wort mit sich selbst laut zu reden, was lebhaften Personen wohl begegnet, sollte man sich versagen, damit sie nicht zur Gewohnheit werde; weil dadurch der Gedanke mit dem Worte so befreundet und verbrüdert wird, daß allmälig auch das Sprechen mit Andern ins laute Denken übergeht; während die Klugheit gebeut, daß zwischen unserm Denken und unserm Reden eine weite Kluft offen gehalten werde.

Bisweilen meynen wir, daß Andere etwas durchaus nicht glauben können, während ihnen gar nicht einfällt, es zu bezweifeln: machen wir jedoch, daß ihnen Dies einfällt, dann können sie es auch nicht mehr glauben. Aber wir verrathen uns oft bloß, weil wir wähnen, es sei unmöglich, daß man das nicht merke; – wie wir uns von einer Höhe hinabstürzen, aus Schwindel, d. h. durch den Gedanken, es sei unmöglich, hier fest zu stehn, die Quaal aber, hier zu stehn, sei so groß, daß es besser sei, sie abzukürzen: dieser Wahn heißt Schwindel.

Andrerseits wieder soll man wissen, daß die Leute, selbst die, welche sonst keinen besondern Scharfsinn verrathen, vortreffliche Algebristen in den persönlichen Angelegenheiten Anderer sind, woselbst sie, mittelst einer einzigen gegebenen Größe, die verwickeltesten Aufgaben lösen. Wenn man z. B. ihnen eine ehemalige Begebenheit, unter Weglassung aller Namen und sonstiger Bezeichnung der Personen erzählt; so soll man sich hüten, dabei ja nicht irgend einen ganz positiven und individuellen Umstand, sei er auch noch so gering, mit einzuführen, wie etwan einen Ort, oder Zeitpunkt, oder den Namen einer Nebenperson, oder sonst etwas auch nur mittelbar damit Zusammenhängendes: denn daran haben sie sogleich eine positiv gegebene Größe, mittelst deren ihr allgebraischer Scharfsinn alles Uebrige herausbringt. Die Begeisterung der Neugier nämlich ist hier so groß, daß, kraft derselben, der Wille dem Intellekt die Sporen in die Seite setzt, welcher nun dadurch bis zur Erreichung der entlegensten Resultate getrieben wird. Denn so unempfänglich und gleichgültig die Leute gegen ALLGEMEINE Wahrheiten sind, so erpicht sind sie auf individuelle.

Dem Allen gemäß ist denn auch die Schweigsamkeit von sämmtlichen Lehrern der Weltklugheit auf das Dringendeste und mit den mannigfaltigsten Argumenten anempfohlen worden; daher ich es bei dem Gesagten bewenden lassen kann. Bloß ein Paar Arabischer Maximen, welche besonders eindringlich und wenig bekannt sind, will ich noch hersetzen. »Was dein Feind nicht wissen soll, das sage deinem Freunde nicht.« – »Wenn ich mein Geheimniß verschweige, ist es mein Gefangener: lasse ich es entschlüpfen, bin ich sein Gefangener.« – »Am Baume des Schweigens hängt seine Frucht, der Friede.«

43) Kein Geld ist vortheilhafter angewandt, als das, um welches wir uns haben prellen lassen: denn wir haben dafür unmittelbar Klugheit eingehandelt.

44) Man soll, wo möglich, gegen Niemanden Animosität hegen, jedoch die *procédés* eines Jeden sich wohl merken und im Gedächtniß behalten, um danach den Werth desselben, wenigstens hinsichtlich unserer, festzustellen und demgemäß unser Verhalten und Betragen gegen ihn zu regeln, – stets überzeugt von der Unveränderlichkeit des Charakters. So schützt man sich vor thörichter Vertraulichkeit und thörichter Freundschaft. –

»Weder lieben, noch hassen« enthält die Hälfte aller Weltklugheit: »nichts sagen und nichts glauben« die andere Hälfte. Freilich aber wird man einer Welt, welche Regeln, wie diese und die nächstfolgenden nöthig macht, gern den Rücken kehren.

45) Zorn oder Haß in Worten, oder Mienen blicken zu lassen ist unnütz, ist gefährlich, ist unklug, ist lächerlich, ist gemein. Man darf also Zorn, oder Haß, nie anders zeigen, als in Thaten. Letzteres wird man um so vollkommener können, als man Ersteres vollkommener vermieden hat. – Die kaltblütigen Thiere allein sind die giftigen.

46) *Parler sans accent*: diese alte Regel der Weltleute bezweckt, daß man dem Verstande der Andern überlasse, herauszufinden, was man gesagt hat: der ist langsam, und ehe er fertig geworden, ist man davon. Hingegen *parler avec accent* heißt zum Gefühle reden; wo denn Alles umgekehrt ausfällt.

D. UNSER VERHALTEN GEGEN DEN WELTLAUF UND DAS SCHICKSAL BETREFFEND.

47) Das Leben, mit seinen Begebenheiten, Abenteuern, Glücks- und Unglücksfällen, gleicht der Zuckerbäckerwaare. Es sind viele und vielerlei gar krause und bunte Figuren: aber Alles ist aus Einem Teig geknetet; und was dem Einen begegnete ist Dem,

was dem Andern widerfuhr, viel ähnlicher, als dieser beim Erzählenhören denkt. Auch gleichen die Vorgänge unsers Lebens den Bildern im Kaleidoskop, in welchem wir bei jeder Drehung etwas Anderes sehn, eigentlich aber immer das Selbe vor Augen haben.

48) Drei Weltmächte giebt es, sagt, sehr treffend, ein Alter: *συνεσις, κρατος, και τυχη*, Klugheit, Stärke und Glück. Ich glaube, daß die zuletzt genannte am meisten vermag. Denn unser Lebensweg ist dem Lauf eines Schiffes zu vergleichen. Das Schicksal, die *τυχη*, die *secunda aut adversa fortuna*, spielt die Rolle des Windes, indem sie uns schnell weit fördert, oder weit zurückwirft; wogegen unser eigenes Mühen und Treiben nur wenig vermag. Dieses nämlich spielt dabei die Rolle der Ruder: wenn solche, durch viele Stunden langes Arbeiten, uns eine Strecke vorwärts gebracht haben, wirft ein plötzlicher Windstoß uns eben so weit zurück. Ist er hingegen günstig, so fördert er uns dermaaßen, daß wir der Ruder nicht bedürfen. Diese Macht des Glückes drückt unübertrefflich ein spanisches Sprichwort aus: *da ventura a tu hijo, y echa lo en el mar* (gieb deinem Sohne Glück und wirf' ihn ins Meer).

Wohl ist der Zufall eine böse Macht, der man so wenig wie möglich anheimstellen soll. Jedoch wer ist, unter allen Gebern, der einzige, welcher, indem er giebt, uns zugleich auf's deutlichste zeigt, daß wir gar keine Ansprüche auf seine Gaben haben, daß wir solche durchaus nicht unserer Würdigkeit, sondern ganz allein seiner Güte und Gnade zu danken haben und daß wir eben hieraus die freudige Hoffnung schöpfen dürfen, noch ferner manche unverdiente Gabe demuthsvoll zu empfangen? – Es ist der Zufall: er, der die königliche Kunst versteht, einleuchtend zu machen, daß gegen seine Gunst und Gnade alles Verdienst ohnmächtig ist und nichts gilt. –

Wenn man auf seinen Lebensweg zurücksieht, den »labyrinthisch irren Lauf« desselben überschaut und nun so manches verfehlte Glück, so manches herbeigezogene Unglück sehen muß; so kann man in Vorwürfen gegen sich selbst leicht zu weit gehn. Denn unser Lebenslauf ist keineswegs schlechthin unser eigenes

Werk; sondern das Produkt zweier Faktoren, nämlich der Reihe der Begebenheiten und der Reihe unserer Entschlüsse, welche stets in einander greifen und sich gegenseitig modifiziren. Hiezu kommt noch, daß in Beiden unser Horizont immer sehr beschränkt ist, indem wir unsere Entschlüsse nicht schon von Weitem vorhersagen und noch weniger die Begebenheiten voraussehn können, sondern von Beiden uns eigentlich nur die gegenwärtigen recht bekannt sind. Deshalb können wir, so lange unser Ziel noch fern liegt, nicht ein Mal gerade darauf hinsteuern; sondern nur approximativ und nach Muthmaaßungen unsere Richtung dahin lenken, müssen also oft lawiren. Alles nämlich, was wir vermögen, ist unsere Entschlüsse allezeit nach Maaßgabe der gegenwärtigen Umstände zu fassen, in der Hoffnung, es so zu treffen, daß es uns dem Hauptziel näher bringe. So sind denn meistens die Begebenheiten und unsere Grundabsichten zweien, nach verschiedenen Seiten ziehenden Kräften zu vergleichen und die daraus entstehende Diagonale ist unser Lebenslauf. – TERENZ hat gesagt: *in vita est hominum quasi cum ludas tesseris: si illud, quod maxime opus est jactu, non cadit, illud quod cecidit forte, id arte ut corrigas;* wobei er eine Art Triktrak vor Augen gehabt haben muß. Kürzer können wir sagen: das Schicksal mischt die Karten und wir spielen. Meine gegenwärtige Betrachtung auszudrücken, wäre aber folgendes Gleichniß am geeignetesten. Es ist im Leben wie im Schachspiel: wir entwerfen einen Plan: dieser bleibt jedoch bedingt durch Das, was im Schachspiel dem Gegner, im Leben dem Schicksal, zu thun belieben wird. Die Modifikationen, welche hierdurch unser Plan erleidet, sind meistens so groß, daß er in der Ausführung kaum noch an einigen Grundzügen zu erkennen ist.

Uebrigens giebt es in unserm Lebenslaufe noch etwas, welches über das Alles hinausliegt. Es ist nämlich eine triviale und nur zu häufig bestätigte Wahrheit, daß wir oft thörichter sind, als wir glauben: hingegen ist, daß wir oft weiser sind, als wir selbst vermeinen, eine Entdeckung, welche nur Die, so in dem Fall gewesen, und selbst dann erst spät, machen. Wir handeln nämlich, bei den großen Zügen, den Hauptschritten unsers Lebenslaufes nicht sowohl nach deutlicher Erkenntniß des Rechten, als nach einem innern Impuls, man möchte sagen Instinkt, der aus dem tiefsten Grunde unsers Wesens kommt, und bemäkeln nachher unser Thun nach deutlichen, aber auch dürftigen, erworbenen, ja, erborgten Begriffen: da werden wir leicht ungerecht gegen uns selbst. Aber am Ende zeigt es sich, wer Recht gehabt hat; und nur das glücklich erreichte Alter ist, subjektiv und objektiv, befähigt, die Sache zu beurtheilen.

49) Man sollte beständig die Wirkung der Zeit und die Wandelbarkeit der Dinge vor Augen haben und daher bei Allem, was jetzt Statt findet, sofort das Gegentheil davon imaginiren; also im Glücke das Unglück, in der Freundschaft die Feindschaft, im schönen Wetter das schlechte, in der Liebe den Haß, im Zutrauen und Eröffnen den Verrath und die Reue, und so auch umgekehrt, sich lebhaft vergegenwärtigen. Dies würde eine bleibende Quelle wahrer Weltklugheit abgeben, indem wir stets besonnen bleiben und nicht so leicht getäuscht werden würden. Meistens würden wir dadurch nur die Wirkung der Zeit anticipirt haben. – Aber vielleicht ist zu keiner Erkenntniß die Erfahrung so unerläßlich, wie zur richtigen Schätzung des Unbestandes und Wechsels der Dinge. Weil eben jeder Zustand, für die Zeit seiner Dauer, nothwendig und daher mit vollstem Rechte vorhanden ist; so sieht jedes Jahr, jeder Monat, jeder Tag aus, als ob nun endlich er Recht behalten wollte, für alle Ewigkeit. Aber keiner behält es, und der Wechsel allein ist das Beständige. Der Kluge ist Der, welchen die scheinbare Stabilität nicht täuscht und der noch dazu die Richtung, welche der Wechsel zunächst nehmen wird, vorhersieht. Daß hingegen die Menschen den einstweiligen Zustand der Dinge, oder die Richtung ihres Laufes, in der Regel für bleibend halten, kommt daher, daß sie die Wirkungen vor Augen haben, aber die Ursachen nicht verstehn, diese es jedoch sind, welche den Keim der künftigen Veränderungen in sich tragen; während die Wirkung, welche für Jene allein da ist, hievon nichts enthält. An diese halten sie sich und setzen voraus, daß die ihnen unbekannten Ursachen, welche solche hervorzubringen vermochten, auch im Stande seyn werden, sie zu erhalten. Sie haben dabei den Vortheil, daß wenn sie irren, es

immer *unisono* geschieht; daher denn die Kalamität, welche in Folge davon sie trifft, stets eine allgemeine ist, während der denkende Kopf, wenn er geirrt hat, noch dazu allein steht. – Beiläufig haben wir daran eine Bestätigung meines Satzes, daß der Irrthum stets aus dem Schluß von der Folge auf den Grund entsteht. Siehe »Welt als W. u. V.« Bd. 1. S. 90.

Jedoch nur theoretisch und durch Vorhersehn ihrer Wirkung soll man DIE ZEIT ANTICIPIREN, nicht praktisch, nämlich nicht so, daß man ihr vorgreife, indem man VOR der Zeit verlangt was erst die Zeit bringen kann. Denn wer Dies thut wird erfahren, daß es keinen schlimmeren, unnachlassendern Wucherer giebt, als eben die Zeit, und daß sie, wenn zu Vorschüssen gezwungen, schwerere Zinsen nimmt, als irgend ein Jude. Z. B. man kann, durch ungelöschten Kalk und Hitze einen Baum dermaaßen treiben, daß er binnen weniger Tage, Blätter, Blüthen und Früchte trägt: dann aber stirbt er ab. – Will der Jüngling die Zeugungskraft des Mannes schon jetzt, wenn auch nur auf etliche Wochen ausüben und im neunzehnten Jahre leisten was er im dreißigsten sehr wohl könnte; so wird allenfalls die Zeit den Vorschuß leisten, aber ein Theil der Kraft seiner künftigen Jahre, ja, ein Theil seines Lebens selbst, ist der Zins. – Es giebt Krankheiten, von denen man gehörig und gründlich nur dadurch genest, daß man ihnen ihren natürlichen Verlauf läßt, nach welchem sie von selbst verschwinden, ohne eine Spur zu hinterlassen. Verlangt man aber sogleich und jetzt, nur gerade jetzt, gesund zu seyn; so muß auch hier die Zeit Vorschuß leisten: die Krankheit wird vertrieben: aber der Zins ist Schwäche und chronische Uebel, Zeit Lebens. – Wenn man in Zeiten des Krieges, oder der Unruhen, Geld gebraucht und zwar sogleich, gerade jetzt; so ist man genöthigt liegende Gründe, oder Staatspapiere, für ⅓ und noch weniger ihres Werthes zu verkaufen, den man zum Vollen erhalten würde, wenn man der Zeit ihr Recht widerfahren lassen, also einige Jahre warten wollte: aber man zwingt sie, Vorschuß zu leisten. – Oder auch man bedarf einer Summe zu einer weiten Reise: binnen eines oder zweier Jahre könnte man sie von seinem Einkommen zurückgelegt haben. Aber man will nicht warten: sie wird also geborgt, oder einstweilen vom

Kapital genommen: d.h. die Zeit muß vorschießen. Da ist ihr Zins eingerissene Unordnung in der Kasse, ein bleibendes und wachsendes Deficit, welches man nie mehr los wird. – Dies also ist der Wucher der Zeit: seine Opfer werden Alle, die nicht warten können. Den Gang der gemessen ablaufenden Zeit beschleunigen zu wollen, ist das kostspieligste Unternehmen. Also hüte man sich, der Zeit Zinsen schuldig zu werden.

50) Ein charakteristischer und im gemeinen Leben sehr oft sich hervorthuender Unterschied zwischen den gewöhnlichen und den gescheuten Köpfen ist, daß Jene, bei ihrer Ueberlegung und Schätzung möglicher Gefahren, immer nur fragen und berücksichtigen, was der Art bereits GESCHEHN SEI; Diese hingegen selbst überlegen, was möglicherweise GESCHEHN KÖNNE; wobei sie bedenken, daß, wie ein spanisches Sprichwort sagt, *lo que no acaece en un año, acaece en un rato* (was binnen eines Jahres nicht geschieht, geschieht binnen weniger Minuten). Der in Rede stehende Unterschied ist freilich natürlich: denn was geschehn KANN zu überblicken erfordert Verstand, was geschehn IST, bloß Sinne.

Unsere Maxime aber sei: opfere den bösen Dämonen! D. h. man soll einen gewissen Aufwand von Mühe, Zeit, Unbequemlichkeit, Weitläuftigkeit, Geld, oder Entbehrung nicht scheuen, um der Möglichkeit eines Unglücks die Thüre zu verschließen: und je größer dieses wäre, desto kleiner, entfernter, unwahrscheinlicher mag jene seyn. Die deutlichste Exemplifikation dieser Regel ist die Assekuranzprämie. Sie ist ein öffentlich und von Allen auf den Altar der bösen Dämonen gebrachtes Opfer.

51) Ueber keinen Vorfall sollte man in großen Jubel, oder große Wehklage ausbrechen; theils wegen der Veränderlichkeit aller Dinge, die ihn jeden Augenblick umgestalten kann; theils wegen der Trüglichkeit unsers Urtheils über das uns Gedeihliche, oder Nachtheilige; in Folge welcher fast Jeder ein Mal gewehklagt hat über Das, was nachher sich als sein wahres Bestes auswies, oder gejubelt über Das, was die Quelle seiner größten Leiden geworden ist. Die hier dagegen empfohlene Gesinnung hat Shakespeare schön ausgedrückt:

I have felt so many quirks of joy and grief,
That the first face of neither, on the start,
*Can woman me unto it.**
(All's well, A. 3, sc. 2)

Ueberhaupt aber zeigt Der, welcher bei allen Unfällen gelassen bleibt, daß er weiß, wie kolossal und tausendfältig die möglichen Uebel des Lebens sind; weshalb er das jetzt eingetretene ansieht als einen sehr kleinen Theil dessen, was kommen könnte: Dies ist die stoische Gesinnung. Unfälle, große und kleine, sind das eigentliche Element unsers Lebens: Dies sollte man stets gegenwärtig haben; darum jedoch nicht, als ein *δυσκολος*, mit BERESFORD, über die stündlichen *miseries of human life* lamentiren und Gesichter schneiden, noch weniger *in pulicis morsu Deum invocare*; sondern, als ein *ευλαβης*, die Behutsamkeit im Zuvorkommen und Verhüten der Unfälle, sie mögen von Menschen, oder von Dingen ausgehn, so weit treiben und so sehr darin raffiniren, daß man, wie ein kluger Fuchs, jedem großen oder kleinen Mißgeschick (welches meistens nur ein verkapptes Ungeschick ist) säuberlich aus dem Wege geht.

Daß ein Unglücksfall uns weniger schwer zu tragen fällt, wenn wir zum voraus ihn als möglich betrachtet und, wie man sagt, uns darauf gefaßt gemacht haben, mag hauptsächlich daher kommen, daß wenn wir den Fall, ehe er eingetreten, als eine bloße Möglichkeit, mit Ruhe überdenken, wir die Ausdehnung des Unglücks deutlich und nach allen Seiten übersehn und so es wenigstens als ein endliches und überschaubares erkennen; in Folge wovon es, wenn es nun wirklich trifft, doch mit nicht mehr, als seiner wahren Schwere wirken kann. Haben wir hingegen Jenes nicht gethan, sondern werden unvorbereitet getroffen; so kann der erschrockene Geist, im ersten Augenblick, die Größe des Unglücks nicht genau ermessen: es ist jetzt für ihn unübersehbar, stellt sich daher leicht als unermeßlich, wenigstens viel größer dar, als es wirklich ist. Auf gleiche Art läßt Dunkelheit und Ungewißheit jede Gefahr größer erscheinen. Freilich kommt noch hinzu, daß wir für das als

* Ich habe schon so viele Anfälle von Freude und Gram überstanden, daß ich nie mehr vom ersten Anblicke des Anlasses zu einem von Beiden sogleich mich weibisch hinreißen lasse.

möglich anticipirte Unglück zugleich auch die Trostgründe und Abhülfen überdacht, oder wenigstens uns an die Vorstellung desselben gewöhnt haben.

Nichts aber wird uns zum gelassenen Ertragen der uns treffenden Unglücksfälle besser befähigen, als die Ueberzeugung von der Wahrheit, welche ich in meiner Preisschrift über die Freiheit des Willens aus ihren letzten Gründen abgeleitet und festgestellt habe, nämlich, wie es daselbst, S. 62, heißt: »Alles was geschieht, vom Größten bis zum Kleinsten, geschieht NOTHWENDIG.« Denn in das unvermeidlich Nothwendige weiß der Mensch sich bald zu finden, und jene Erkenntniß läßt ihn Alles, selbst das durch die fremdartigsten Zufälle Herbeigeführte, als eben so nothwendig ansehn, wie das nach den bekanntesten Regeln und unter vollkommener Voraussicht Erfolgende. Ich verweise hier auf Das, was ich (Welt als W. u. V. Bd. I. S. 345 u. 46.) über die beruhigende Wirkung der Erkenntniß des Unvermeidlichen und Nothwendigen gesagt habe. Wer davon durchdrungen ist wird zuvörderst thun was er kann, dann aber willig leiden was er muß.

Die kleinen Unfälle, die uns stündlich vexiren, kann man betrachten als bestimmt, uns in Uebung zu erhalten, damit die Kraft, die großen zu ertragen, im Glück nicht ganz erschlaffe.

52) Was aber die Leute gemeiniglich das Schicksal nennen sind meistens nur ihre eigenen dummen Streiche. Man kann daher nicht genugsam die schöne Stelle im Homer *(Il. XXIII, 313 sqq.)* beherzigen, wo er die *μητις*, d. i. die kluge Ueberlegung, empfiehlt. Denn zwar werden die schlechten Streiche erst in jener Welt gebüßt; aber die dummen schon in dieser; – wenn auch hin und wieder ein Mal Gnade für Recht ergehn mag.

Nicht wer grimmig, sondern wer klug dareinschaut sieht furchtbar und gefährlich aus: – so gewiß des Menschen Gehirn eine furchtbarere Waffe ist, als die Klaue des Löwen. –

Der vollkommene Weltmann wäre der, welcher nie in Unschlüssigkeit stockte und nie in Uebereilung geriethe.

53) Nächst der Klugheit aber ist Muth eine für unser Glück sehr wesentliche Eigenschaft. Freilich kann man weder die eine noch die andere sich geben, sondern ererbt jene von der Mutter und diesen

vom Vater: jedoch läßt sich durch Vorsatz und Uebung dem davon Vorhandenen nachhelfen. Zu dieser Welt, wo »die Würfel eisern fallen«, gehört ein eiserner Sinn, gepanzert gegen das Schicksal und gewaffnet gegen die Menschen. Denn das ganze Leben ist ein Kampf, jeder Schritt wird uns streitig gemacht und Voltaire sagt mit Recht: *on ne réussit dans ce monde, qu'à la pointe de l'épée, et on meurt les armes à la main.* Daher ist es eine feige Seele, die, sobald Wolken sich zusammenziehn, oder wohl gar nur am Horizont sich zeigen, zusammenschrumpft, verzagen will und jammert. Vielmehr sei unser Wahlspruch:

tu ne cede malis, sed contra audentior ito.

So lange der Ausgang einer gefährlichen Sache nur noch zweifelhaft ist, so lange nur noch die Möglichkeit, daß er ein glücklicher werde, vorhanden ist, darf an kein Zagen gedacht werden, sondern bloß an Widerstand; wie man am Wetter nicht verzweifeln darf, so lange noch ein blauer Fleck am Himmel ist. Ja, man bringe es dahin zu sagen:

Si fractus illabatur orbis,
Impavidum ferient ruinae.

Das ganze Leben selbst, geschweige seine Güter, sind noch nicht so ein feiges Beben und Einschrumpfen des Herzens werth:

Quocirca vivite fortes,
Fortiaque adversis opponite pectora rebus.

Und doch ist auch hier ein Exceß möglich: denn der Muth kann in Verwegenheit ausarten. Sogar ist ein gewisses Maaß von Furchtsamkeit zu unserm Bestande in der Welt nothwendig: die Feigheit ist bloß das Ueberschreiten desselben. Dies hat Bako von Verulam gar treffend ausgedrückt, in seiner etymologischen Erklärung des *terror Panicus*, welche die ältere, vom Plutarch *(de Iside et Osir. c. 14)*, uns erhaltene, weit hinter sich läßt. Er leitet nämlich denselben ab vom PAN, als der personifizirten Natur, und sagt: *Natura enim rerum omnibus viventibus indidit metum, ac formidinem, vitae atque essentiae suae conservatricem, ac mala ingruentia vitantem et depellentem. Verumtamen eadem natura modum tenere nescia est: sed timoribus salutaribus semper vanos et inanes admiscet; adeo ut omnia (si intus conspici darentur) Panicis terroribus plenissima sint, praesertim humana. (De sapientia veterum* VI.*)* Uebrigens ist das Charakteristische des Panischen Schreckens, daß er seiner Gründe sich nicht deutlich bewußt ist, sondern sie mehr voraussetzt, als kennt, ja, zur Noth, geradezu die Furcht selbst als Grund der Furcht geltend macht.

KAPITEL VI.

VOM UNTERSCHIEDE DER LEBENSALTER.

Ueberaus schön hat VOLTAIRE gesagt:

Qui n'a pas l'esprit de son âge,
De son âge a tout le malheur.

Daher wird es angemessen seyn, daß wir, am Schlusse dieser eudämonologischen Betrachtungen, einen Blick auf die Veränderungen werfen, welche die Lebensalter an uns hervorbringen.

Unser ganzes Leben hindurch haben wir immer nur die GEGENWART inne, und nie mehr. Was dieselbe unterscheidet ist bloß, daß wir am Anfang eine lange Zukunft vor uns, gegen das Ende aber eine lange Vergangenheit hinter uns sehn; sodann, daß unser Temperament, wiewohl nicht unser Charakter, einige bekannte Veränderungen durchgeht, wodurch jedes Mal eine andere Färbung der Gegenwart entsteht. –

In meinem Hauptwerke, Bd. 2, Kap. 31. habe ich auseinandergesetzt, daß und warum wir in der KINDHEIT uns viel mehr ERKENNEND, als WOLLEND verhalten. Gerade hierauf beruht jene Glücksäligkeit des ersten Viertels unsers Lebens, in Folge welcher es nachher wie ein verlorenes Paradies hinter uns liegt. Wir haben in der Kindheit nur wenige Beziehungen und geringe Bedürfnisse, also wenig Anregung des Willens: der größere Theil unsers Wesens geht demnach im ERKENNEN auf. – Der Intellekt ist, wie das Gehirn, welches schon im 7. Jahre seine volle Größe erreicht, früh entwickelt, wenn auch nicht reif, und sucht unaufhörlich Nahrung, in einer ganzen Welt des noch neuen Daseyns, wo Alles, Alles, mit dem Reize der Neuheit überfirnißt ist. Hieraus entspringt es, daß unsre Kinderjahre eine fortwährende Poesie sind. Nämlich das Wesen der Poesie, wie aller Kunst, besteht im Auffassen der Platonischen Idee, d. h. des Wesentlichen und daher der ganzen ART Gemeinsamen, in jedem Einzelnen; wodurch jedes Ding als Repräsentant seiner Gattung auftritt, und EIN Fall für tausend gilt.

Obgleich nun es scheint, daß wir in den Scenen unsrer Kinderjahre stets nur mit dem jedesmaligen individuellen Gegenstande, oder Vorgange, beschäftigt seien, und zwar nur sofern er unser momentanes Wollen interessirt; so ist dem doch im Grunde anders. Nämlich das Leben, in seiner ganzen Bedeutsamkeit, steht noch so neu, frisch und ohne Abstumpfung seiner Eindrücke durch Wiederholung, vor uns; daß wir, mitten unter unserm kindischen Treiben, stets im Stillen und ohne deutliche Absicht beschäftigt sind, an den einzelnen Scenen und Vorgängen, das Wesen des Lebens selbst, die Grundtypen seiner Gestalten und Darstellungen, aufzufassen. Daher werden die Erfahrungen und Bekanntschaften der Kindheit und frühen Jugend nachmals die stehenden Typen und Rubriken aller spätern Erkenntniß und Erfahrung, gleichsam die Kategorien derselben, denen wir alles Spätere subsumiren, wenn auch nicht stets mit deutlichem Bewußtseyn. So bildet sich demnach schon in den Kinderjahren die feste Grundlage unserer Weltansicht, mithin auch das Flache, oder Tiefe, derselben: sie wird später ausgeführt und vollendet; jedoch nicht im Wesentlichen verändert. Also in Folge dieser rein objektiven und dadurch poetischen Ansicht, die dem Kindesalter wesentlich ist und davon unterstützt wird, daß der Wille noch lange nicht mit seiner vollen Energie auftritt, verhalten wir uns, als Kinder, bei Weitem mehr rein erkennend als wollend. Daher der ernste, schauende Blick mancher Kinder, welchen Raphael zu seinen Engeln, zumal denen der Sistinischen Madonna, so glücklich benutzt hat. Eben dieserhalb sind denn auch die Kinderjahre so sälig, daß die Erinnerung an sie stets von Sehnsucht begleitet ist. – Während wir nun, mit solchem Ernst, dem ersten ANSCHAULICHEN Verständniß der Dinge obliegen, ist andrerseits die Erziehung bemüht, uns BEGRIFFE beizubringen. Allein Begriffe liefern nicht das eigentlich Wesentliche: vielmehr liegt dieses, also der Fonds und ächte Gehalt aller unserer Erkenntnisse, in der ANSCHAULICHEN Auffassung der Welt. Diese aber kann nur von uns selbst gewonnen, nicht auf irgend eine Weise uns BEIGEBRACHT werden. Daher kommt, wie unser moralischer, so auch unser intellektueller Werth nicht von außen in uns, sondern geht aus der Tiefe unsers eigenen Wesens hervor, und können keine Pestalozzische Erziehungskünste aus einem geborenen Tropf einen denkenden Menschen bilden: nie! er ist als Tropf geboren und muß als Tropf sterben. – Aus der beschriebenen, tiefinnigen Auffassung der ersten anschaulichen Außenwelt erklärt sich denn auch, warum die Umgebungen und Erfahrungen unserer Kindheit sich so fest dem Gedächtniß einprägen. Wir sind nämlich ihnen ungetheilt hingegeben gewesen, nichts hat uns dabei zerstreut und wir haben die Dinge, welche vor uns standen, angesehn, als wären sie die einzigen ihrer Art, ja, überhaupt allein vorhanden. Später nimmt uns die dann bekannte Menge der Gegenstände Muth und Geduld. – Wenn man nun hier sich zurückrufen will, was ich S. 372ff. des oben erwähnten Bandes meines Hauptwerkes dargethan habe, wie nämlich das OBJEKTIVE Daseyn aller Dinge, d. h. ihr Daseyn in der bloßen VORSTELLUNG, ein durchweg erfreuliches, hingegen ihr SUBJEKTIVES Daseyn, als welches im WOLLEN besteht, mit Schmerz und Trübsal stark versetzt ist; so wird man als kurzen Ausdruck der Sache auch wohl den Satz gelten lassen: alle Dinge sind herrlich zu SEHN, aber schrecklich zu SEYN. Dem Obigen nun zufolge sind, in der Kindheit, die Dinge uns viel mehr von der Seite des SEHNS, also der Vorstellung, der Objektivität, bekannt, als von der Seite des SEYNS, welche die des Willens ist. Weil nun jene die erfreuliche Seite der Dinge ist, die subjektive und schreckliche uns aber noch unbekannt bleibt; so hält der junge Intellekt alle jene Gestalten, welche Wirklichkeit und Kunst ihm vorführen, für eben so viele glücksälige Wesen: er meint, so schön sie zu sehn sind, und noch viel schöner, wären sie zu SEYN. Demnach liegt die Welt vor ihm, wie ein Eden: dies ist das Arkadien, in welchem wir Alle geboren sind. Daraus entsteht etwas später der Durst nach dem wirklichen Leben, der Drang nach Thaten und Leiden, welcher uns ins Weltgetümmel treibt. In diesem lernen wir dann die andere Seite der Dinge kennen, die des Seyns, d. i. des Wollens, welches bei jedem Schritte durchkreuzt wird. Dann kommt allmälig die große Enttäuschung heran, nach deren Eintritt es heißt *l'âge des illusions est passé:* und doch geht sie noch immer weiter, wird immer vollständiger. Demzufolge kann man sagen, daß in der Kindheit das

Leben sich uns darstellt wie eine Theaterdekoration von Weitem gesehn; im Alter, wie dieselbe in der größten Nähe.

Zum Glücke der Kindheit trägt endlich noch Folgendes bei. Wie im Anfange des Frühlings alles Laub die gleiche Farbe und fast die gleiche Gestalt hat; so sind auch wir, in früher Kindheit, alle einander ähnlich, harmoniren daher vortrefflich. Aber mit der Pubertät fängt die Divergenz an und wird, wie die der Radien eines Cirkels, immer größer.

Was nun den Rest der ersten Lebenshälfte, die so viele Vorzüge vor der zweiten hat, also das jugendliche Alter, trübt, ja unglücklich macht, ist das Jagen nach Glück, in der festen Voraussetzung, es müsse im Leben anzutreffen seyn. Daraus entspringt die fortwährend getäuschte Hoffnung und aus dieser die Unzufriedenheit. Gauckelnde Bilder eines geträumten, unbestimmten Glückes schweben, unter kaprizios gewählten Gestalten, uns vor, und wir suchen vergebens ihr Urbild. Hiezu trägt freilich noch bei, daß meistens uns das Leben früher durch die Dichtung, als durch die Wirklichkeit bekannt wird. Die von jener geschilderten Scenen prangen, im Morgenroth unserer eigenen Jugend, vor unserm Blick, und nun peinigt uns die Sehnsucht, sie verwirklicht zu sehn, – den Regenbogen zu fassen. So entsteht die Täuschung, welche ich, S. 374 des schon erwähnten zweiten Bandes, bereits geschildert habe. Denn was allen jenen Bildern ihren Reiz verleiht, ist gerade Dies, daß sie bloße Bilder und nicht wirklich sind, und wir daher, bei ihrem Anschauen, uns in der Ruhe und Allgenugsamkeit des reinen Erkennens befinden. Verwirklicht werden heißt mit dem Wollen ausgefüllt werden, welches Wollen unausweichbare Schmerzen herbeiführt. Auch noch auf die Stelle S. 427 des erwähnten Bandes sei der theilnehmende Leser hier hingewiesen.

Ist sonach der Charakter der ersten Lebenshälfte unbefriedigte Sehnsucht nach Glück; so ist der der zweiten Besorgniß vor Unglück. Denn mit ihr ist, mehr oder weniger deutlich, die Erkenntniß eingetreten, daß alles Glück chimärisch, hingegen das Leiden real sei. Jetzt wird daher, wenigstens von den vernünftigeren Charakteren, mehr bloße Schmerzlosigkeit und ein unangefochtener Zustand, als Genuß angestrebt. – Wenn, in meinen Jünglingsjahren, es an meiner Thüre schellte, wurde ich vergnügt: denn ich dachte, nun käme es. Aber in spätern Jahren hatte meine Empfindung, bei demselben Anlaß, vielmehr etwas dem Schrecken Verwandtes: ich dachte: »da kommt's.« – Hinsichtlich der Menschenwelt giebt es, für ausgezeichnete und begabte Individuen, die, eben als solche, nicht so ganz eigentlich zu ihr gehören und demnach, mehr oder weniger, je nach dem Grad ihrer Vorzüge, allein stehn, ebenfalls zwei entgegengesetzte Empfindungen: in der Jugend hat man häufig die, von ihr VERLASSEN zu seyn; in spätern Jahren hingegen die, ihr ENTRONNEN zu seyn. Die erstere, eine unangenehme, beruht auf Unbekanntschaft, die zweite, eine angenehme, auf Bekanntschaft mit ihr. – In Folge davon enthält die zweite Hälfte des Lebens, wie die zweite Hälfte einer musikalischen Periode, weniger Strebsamkeit, aber mehr Beruhigung, als die erste. –

Was der gereifte Mann durch die Erfahrung seines Lebens erlangt hat und wodurch er die Welt anders sieht, als der Jüngling und Knabe, ist zunächst UNBEFANGENHEIT. Er allererst sieht die Dinge ganz einfach und nimmt sie für Das, was sie sind; während dem Knaben und Jüngling ein Trugbild, zusammengesetzt aus selbstgeschaffenen Grillen, überkommenen Vorurtheilen und seltsamen Phantasien, die wahre Welt bedeckte, oder verzerrte. Denn das Erste, was die Erfahrung zu thun vorfindet, ist uns von den Hirngespinnsten und falschen Begriffen zu befreien, welche sich in der Jugend angesetzt haben. Vor diesen das jugendliche Alter zu bewahren, wäre allerdings die beste Erziehung, wenn gleich nur eine negative; ist aber sehr schwer. Man müßte, zu diesem Zwecke, den Gesichtskreis des Kindes Anfangs möglichst enge halten, innerhalb desselben jedoch ihm lauter deutliche und richtige Begriffe beibringen, und erst nachdem es alles darin Gelegene richtig erkannt hätte, denselben allmälig erweitern, stets dafür sorgend, daß nichts Dunkeles, auch nichts halb oder schief Verstandenes, zurück bliebe. In Folge hievon würden seine Begriffe von Dingen und menschlichen Verhältnissen, immer noch beschränkt und sehr einfach, dafür aber deutlich und richtig seyn, so daß sie stets nur der Erweiterung, nicht der Berichtigung bedürften; und so fort bis ins Jünglingsalter hinein. Diese Methode erfordert insbesondere, daß man keine Romane zu lesen erlaube, sondern sie durch angemessene Biographien ersetze, wie z. B. die FRANKLIN's, den Anton Reiser von Moritz u. dgl. –

Man kann ferner, in der bis hieher betrachteten Hinsicht, das Leben mit einem gestickten Stoffe vergleichen, von welchem Jeder, in der ersten Hälfte seiner Zeit, die rechte, in der zweiten aber die Kehrseite zu sehn bekäme: letztere ist nicht so schön, aber lehrreicher; weil sie den Zusammenhang der Fäden erkennen läßt. –

Die geistige Ueberlegenheit, sogar die größte, wird, in der Konversation, ihr entschiedenes Uebergewicht erst nach dem vierzigsten Jahre geltend machen. Denn die Reife der Jahre und die Frucht der Erfahrung kann durch jene wohl vielfach übertroffen, jedoch nie ersetzt werden: sie aber giebt auch dem gewöhnlichsten Menschen ein gewisses Gegengewicht gegen die Kräfte des größten Geistes, so lange dieser jung ist. Ich meyne hier bloß das Persönliche, nicht die Werke. –

Jeder irgend vorzügliche Mensch, jeder, der nur nicht zu den von der Natur so traurig dotirten $5/6$ der Menschheit gehört, wird, nach dem vierzigsten Jahre, von einem gewissen Anfluge von Misanthropie schwerlich frei bleiben. Denn er hatte, wie es natürlich ist, von sich auf Andere geschlossen und ist allmälig enttäuscht worden, hat eingesehn, daß sie entweder von der Seite des Kopfes, oder des Herzens, meistens sogar Beider, ihm in Rückstand bleiben und nicht quitt mit ihm werden; weshalb er sich mit ihnen einzulassen gern vermeidet; wie denn überhaupt Jeder nach Maaßgabe seines inneren Werthes die Einsamkeit, d. h. seine eigene Gesellschaft, lieben oder hassen wird. Von dieser Art der Misanthropie handelt auch KANT, in der Krit. d. Urtheilskraft, gegen das Ende der allgemeinen Anmerkung zum §. 29 des ersten Theils.

Die Heiterkeit und der Lebensmuth unserer Jugend beruht zum Theil darauf, daß wir, bergauf gehend, den Tod nicht sehn; weil er am Fuß der andern Seite des Berges liegt. Haben wir aber den Gipfel überschritten, dann werden wir den Tod, welchen wir bis dahin nur von Hörensagen kannten, wirklich ansichtig, wodurch, da zu derselben Zeit die Lebenskraft zu ebben beginnt, auch der Lebensmuth sinkt; so daß jetzt ein trüber Ernst den jugendlichen Uebermuth verdrängt und auch dem Gesichte sich aufdrückt.

Denn vom Standpunkte der Jugend aus gesehn, ist das Leben eine unendlich lange Zukunft; vom Standpunkte des Alters aus, eine sehr kurze Vergangenheit; so daß es Anfangs sich uns darstellt wie die Dinge, wann wir das Objektivglas des Opernkuckers ans Auge legen, zuletzt aber wie wann das Okular. Man muß alt geworden seyn, also lange gelebt haben, um zu erkennen, wie ephemer das Leben ist. – Die Zeit selbst hat in unserer Jugend einen viel langsameren Schritt; daher das erste Viertel unsers Leben nicht nur das glücklichste, sondern auch das längste ist, so daß es viel mehr Erinnerungen zurückläßt, und Jeder, wenn es darauf ankäme, aus demselben mehr zu erzählen wissen würde, als aus zweien der folgenden. Sogar werden, wie im Frühling des Jahres, so auch in dem des Lebens, die Tage zuletzt von einer lästigen Länge. Im Herbste Beider werden sie kurz, aber heiterer und beständiger.

Warum nun aber erblickt man, im Alter, das Leben, welches man hinter sich hat, so kurz? Weil man es für so kurz hält, wie die Erinnerung desselben ist. Aus dieser nämlich ist alles Unbedeutende und viel Unangenehmes herausgefallen, daher wenig übrig geblieben. Denn, wie unser Intellekt überhaupt sehr unvollkommen ist, so auch das Gedächtniß: das Erlernte muß geübt, das Vergangene ruminirt werden, wenn nicht Beides allmälig in den Abgrund der Vergessenheit versinken soll. Nun aber pflegen wir nicht das Unbedeutende, auch meistens nicht das Unangenehme zu ruminiren; was doch nöthig wäre, um es im Gedächtniß aufzubewahren. Des Unbedeutenden wird aber immer mehr: denn durch die öftere und endlich zahllose Wiederkehr wird Vielerlei, das Anfangs uns bedeutend erschien, allmälig unbedeutend; daher wir uns der früheren Jahre besser, als der spätern erinnern. Je länger wir nun leben, desto weniger Vorgänge scheinen uns wichtig, oder bedeutend genug, um hinterher noch ruminirt zu werden, wodurch allein sie im Gedächtniß sich fixiren könnten: sie werden also vergessen, sobald sie vorüber sind. So läuft denn die Zeit immer spurloser ab. – Nun ferner das Unangenehme ruminiren wir nicht gern, am wenigsten aber dann, wann es unsere Eitelkeit verwundet, welches sogar meistens der Fall ist; weil wenige Leiden uns ganz ohne unsere Schuld getroffen haben. Daher also wird ebenfalls viel Unangenehmes vergessen. Beide Ausfälle nun sind es, die unsere Erinnerung so kurz machen, und verhältnißmäßig immer kürzer, je länger ihr Stoff wird. Wie die Gegenstände auf dem Ufer, von welchem man zu Schiffe sich entfernt, immer kleiner, unkenntlicher und schwerer zu unterscheiden werden; so unsere vergangenen Jahre, mit ihren Erlebnissen und ihrem Thun. – Und warum nun wieder erblickt man in der Jugend das Leben, welches man noch vor sich hat, so unabsehbar lang? Weil man Platz haben muß für die gränzenlosen Hoffnungen, mit denen man es bevölkert, und zu deren Verwirklichung Methusalem zu jung stürbe; sodann weil man zum Maaßstabe desselben die wenigen Jahre nimmt, welche man schon hinter sich hat, und deren Erinnerung stets stoffreich, folglich lang ist, indem die Neuheit Alles bedeutend erscheinen ließ, weshalb es hinterher noch ruminirt, also oft in der Erinnerung wiederholt und dadurch ihr eingeprägt wurde.

Bisweilen glauben wir, uns nach einem fernen ORTE zurückzusehnen, während wir eigentlich uns nur nach der ZEIT zurücksehnen, die wir dort verlebt haben, da wir jünger und frischer waren. So täuscht uns alsdann die Zeit unter der Maske des Raumes. Reisen wir hin, so werden wir die Täuschung inne. –

Hinsichtlich der LEBENSKRAFT, sind wir, bis zum 36sten Jahre, Denen zu vergleichen, welche von ihren Zinsen leben: was heute ausgegeben wird ist morgen wieder da. Aber von jenem Zeitpunkt an ist unser Analogon der Rentenier, welcher anfängt, sein Kapital anzugreifen. Im Anfang ist die Sache gar nicht merklich: der größte Theil der Ausgabe stellt sich immer noch von selbst wieder her: ein geringes Deficit dabei wird nicht beachtet. Dieses aber wächst allmälig, wird merklich, seine Zunahme selbst nimmt mit jedem Tage zu: sie reißt immer mehr ein, jedes Heute ist ärmer, als das Gestern, ohne Hoffnung auf Stillstand. So beschleunigt sich, wie der Fall der Körper, die Abnahme immer mehr, – bis zuletzt nichts mehr übrig ist. Ein gar trauriger Fall ist es, wenn beide hier Verglichene, Lebenskraft und Eigenthum wirklich zusammen im Wegschmelzen begriffen sind: daher eben wächst mit dem Alter die Liebe zum Besitze. – Hingegen Anfangs, bis zur Volljährigkeit und noch etwas darüber hinaus, gleichen wir, hinsichtlich der Lebenskraft, Denen, welche von den Zinsen noch etwas zum Kapitale legen: nicht nur das Ausgegebene stellt sich von selbst wieder ein, sondern das Kapital wächst. Und wieder ist auch Dieses bisweilen, durch die Fürsorge eines redlichen Vormundes, zugleich mit dem Gelde der Fall. O glückliche Jugend! o trauriges Alter! – Nichtsdestoweniger soll man die Jugendkräfte schonen. Aristoteles bemerkt *(Polit. L. ult. c. 5.)*, daß von den Olympischen Siegern nur zwei oder drei ein Mal als Knaben und dann wieder als Männer gesiegt hätten; weil durch die frühe Anstrengung, welche die Vorübung erfordert, die Kräfte so erschöpft werden, daß sie nachmals, im Mannesalter, fehlen. Wie Dies von der Muskelkraft gilt, so noch mehr von der Nervenkraft, deren Aeußerung alle intellektuelle Leistungen sind: daher werden die *ingenia praecocia*, die Wunderkinder, die Früchte der Treibhauserziehung, welche als Knaben Erstaunen erregen, nachmals sehr gewöhnliche Köpfe. Sogar mag die frühe, erzwungene Anstrengung zur Erlernung der alten Sprachen Schuld haben an der nachmaligen Lahmheit und Urtheilslosigkeit so vieler gelehrter Köpfe. –

Ich habe die Bemerkung gemacht, daß der Charakter fast jedes Menschen Einem Lebensalter vorzugsweise angemessen zu seyn scheint; so daß er in diesem sich vortheilhafter ausnimmt. Einige sind liebenswürdige Jünglinge, und dann ist's vorbei; Andere kräftige, thätige Männer, denen das Alter allen Werth raubt; Manche stellen sich am vortheilhaftesten im Alter dar, als wo sie milder, weil erfahrener und gelassener sind: Dies ist oft bei Franzosen der Fall. Die Sache muß darauf beruhen, daß der Charakter selbst etwas Jugendliches, Männliches, oder Aeltliches an sich hat, womit das jedesmalige Lebensalter übereinstimmt, oder als Korrektiv entgegenwirkt.

Wie man, auf einem Schiffe befindlich, sein Vorwärtskommen nur am Zurückweichen und demnach Kleinerwerden der Gegenstände auf dem Ufer bemerkt; so wird man sein Alt- und älterwerden daran inne, daß Leute von immer höhern Jahren Einem jung vorkommen.

Schon oben ist erörtert worden, wie und warum Alles, was man sieht, thut und erlebt, je älter man wird, desto weniger Spuren im Geiste zurückläßt. In diesem Sinne ließe sich behaupten, daß man allein in der Jugend mit vollem Bewußtseyn lebte; im Alter nur noch mit halbem. Indem nun also das Leben immer unbewußter wird, je mehr es der gänzlichen Bewußtlosigkeit zueilt, so wird eben dadurch sein Verlauf auch immer schleuniger. In der Kindheit bringt die Neuheit aller Gegenstände und Begebenheiten Jegliches zum Bewußtseyn: daher ist der Tag unabsehbar lang. Dasselbe widerfährt uns auf Reisen, wo deshalb EIN Monat länger erscheint, als vier zu Hause. Diese Neuheit der Dinge verhindert jedoch nicht, daß die, in beiden Fällen, länger scheinende Zeit uns auch in beiden oft wirklich »lang wird«, mehr als im Alter, oder mehr als zu Hause. Allmälig aber wird, durch die lange Gewohnheit derselben Wahrnehmungen, der Intellekt so abgeschliffen, daß immer mehr Alles wirkungslos darüber hingleitet; wodurch dann die Tage immer unbedeutender und dadurch kürzer werden: die Stunden des Knaben sind länger als die Tage des Alten. Demnach hat die Zeit unsers Lebens eine beschleunigte Bewegung, wie die einer herabrollenden Kugel; und wie auf einer sich drehenden Scheibe jeder Punkt um so schneller läuft, als er weiter vom Centro abliegt; so verfließt Jedem, nach Maaßgabe seiner Entfernung vom Lebensanfange, die Zeit schneller und immer schneller. Man kann demzufolge annehmen, daß, in der unmittelbaren Schätzung unsers Gemüthes, die Länge eines Jahres im umgekehrten Verhältnisse des Quotienten desselben in unser Alter steht: wann z. B. das Jahr $\frac{1}{5}$ unsers Alters beträgt, erscheint es uns 10 Mal so lang, als wann es nur $\frac{1}{50}$ desselben ausmacht. Durch diese Beschleunigung des Laufes der Zeit, fällt in spätern Jahren meistens die Langeweile weg, und da andrerseits auch die Leidenschaften, mit ihrer Quaal, verstummen; so ist, wenn nur die Gesundheit sich erhalten hat, im Ganzen genommen, die Last des Lebens wirklich geringer, als in der Jugend: daher nennt man den Zeitraum, welcher dem Eintritt der Schwäche und der Beschwerden des höheren Alters vorhergeht, »die besten Jahre«. In Hinsicht auf unser Wohlbehagen mögen sie es wirklich seyn: hingegen bleibt der Jugend, als wo Alles Eindruck macht und Jedes lebhaft ins Bewußtseyn tritt, der Vorzug, die befruchtende Zeit für den Geist, der Blüthen-ansetzende Frühling desselben zu seyn. Tiefe Wahrheiten nämlich lassen sich nur erschauen, nicht errechnen, d. h. ihre erste Erkenntniß ist eine unmittelbare und wird durch den momentanen Eindruck hervorgerufen: sie kann folglich nur eintreten, so lange dieser stark, lebhaft und tief ist. Demnach hängt, in dieser Hinsicht, Alles von der Benutzung der Jugendjahre ab. In den späteren können wir mehr auf Andere, ja, auf die Welt einwirken; weil wir selbst vollendet und abgeschlossen sind und nicht mehr dem Eindruck angehören: aber die Welt wirkt weniger auf uns. Diese Jahre sind daher die Zeit des Thuns und Leistens; jene aber die des ursprünglichen Auffassens und Erkennens.

In der Jugend herrscht die Anschauung, im Alter das Denken vor: daher ist jene die Zeit für Poesie; dieses mehr für Philosophie. Auch praktisch läßt man sich in der Jugend durch das Angeschaute und dessen Eindruck, im Alter nur durch das Denken bestimmen. Zum Theil beruht dies darauf, daß erst im Alter anschauliche Fälle in hinlänglicher Anzahl dagewesen und den Begriffen subsumirt worden sind, um diesen volle Bedeutung, Gehalt und Kredit zu verschaffen und zugleich den Eindruck der Anschauung, durch die Gewohnheit, zu mäßigen. Hingegen ist in der Jugend, besonders auf lebhafte und phantasiereiche Köpfe, der Eindruck des Anschaulichen, mithin auch der Außenseite der Dinge, so überwiegend, daß sie die Welt ansehn als ein Bild; daher ihnen hauptsächlich angelegen ist, wie sie darauf figuriren und sich ausnehmen, – mehr, als wie ihnen innerlich dabei zu Muthe sei. Dies zeigt sich schon in der persönlichen Eitelkeit und Putzsucht der Jünglinge.

Die größte Energie und höchste Spannung der Geisteskräfte findet, ohne Zweifel, in der Jugend Statt, spätestens bis ins 35ste Jahr: von dem an nimmt sie, wiewohl sehr langsam, ab. Jedoch sind die späteren Jahre, selbst das Alter, nicht ohne geistige Kompensation dafür. Erfahrung und Gelehrsamkeit sind erst jetzt eigentlich reich geworden: man hat Zeit und Gelegenheit gehabt, die Dinge von allen Seiten zu betrachten und zu bedenken, hat jedes mit jedem zusammengehalten und ihre Berührungspunkte und Verbindungsglieder herausgefunden; wodurch man sie allererst jetzt so recht im Zusammenhange versteht. Deshalb weiß man selbst Das, was man schon in der Jugend wußte, jetzt viel gründlicher; da man zu jedem Begriffe viel mehr Belege hat: überdies weiß man auch wirklich viel mehr und hat eine nach allen Seiten durchdachte und dadurch ganz eigentlich zusammenhängende Erkenntniß; während in der Jugend unser Wissen stets lückenhaft und fragmentarisch ist. Dagegen ist in der Jugend mehr Konception; daher man alsdann aus dem Wenigen, was man kennt, mehr zu machen im Stande ist: aber im Alter ist mehr Urtheil, Penetration und Gründlichkeit. Den Stoff seiner selbsteigenen Erkenntnisse, seiner originalen Grundansichten, also Das, was ein bevorzugter Geist der Welt zu schenken bestimmt ist, sammelt er schon in der Jugend ein: aber seines Stoffes Meister wird er erst in späten Jahren. Demgemäß wird man meistentheils finden, daß die großen Schriftsteller ihre Meisterwerke um das funfzigste Jahr herum geliefert haben. Dennoch bleibt die Jugend die Wurzel des Baumes der Erkenntniß; wenn gleich erst die Krone die Früchte trägt. Wie aber jedes Zeitalter, auch das erbärmlichste, sich für viel weiser hält, als das ihm zunächst vorhergegangene, nebst früheren; eben so jedes Lebensalter des Menschen: doch irren Beide sich oft. In den Jahren des leiblichen Wachsthums, wo wir auch an Geisteskräften und Erkenntnissen täglich zunehmen, gewöhnt sich das Heute mit Geringschätzung auf das Gestern herabzusehn. Diese Gewohnheit wurzelt ein und bleibt auch dann, wann das Sinken der Geisteskräfte eingetreten ist und das Heute vielmehr mit Verehrung auf das Gestern blicken sollte; daher wir dann sowohl die Leistungen, wie die Urtheile, unserer jungen Jahre oft zu gering anschlagen.

Ueberhaupt ist hier zu bemerken, daß, obzwar, wie der Charakter, oder das Herz des Menschen, so auch der Intellekt, der Kopf, seinen Grundeigenschaften nach, angeboren ist, dennoch dieser keineswegs so unveränderlich bleibt, wie jener, sondern gar manchen Umwandelungen unterworfen ist, die sogar, im Ganzen, regelmäßig eintreten; weil sie theils darauf beruhen, daß er eine physische Grundlage, theils darauf, daß er einen empirischen Stoff hat. So hat seine eigene Kraft ihr allmäliges Wachsthum, bis zur Akme, und dann ihre allmälige Dekadenz, bis zur Imbecillität. Dabei nun aber ist andrerseits der Stoff, der alle diese Kräfte beschäftigt und in Thätigkeit erhält, also der Inhalt des Denkens und Wissens, die Erfahrung, die Kenntnisse, die Uebung und dadurch die Vollkommenheit der Einsicht, eine stets wachsende Größe, bis etwan zum Eintritt entschiedener Schwäche, die Alles fallen läßt. Dies Bestehn des Menschen aus einem schlechthin Unveränderlichen und einem regelmäßig, auf zweifache und entgegengesetzte Weise, Veränderlichen erklärt die Verschiedenheit seiner Erscheinung und Geltung in verschiedenen Lebensaltern.

Im weitern Sinn kann man auch sagen: die ersten vierzig Jahre unsers Lebens liefern den Text, die folgenden dreißig den Kommentar dazu, der uns den wahren Sinn und Zusammenhang des Textes, nebst der Moral und allen Feinheiten desselben, erst recht verstehn lehrt.

Gegen das Ende des Lebens nun gar geht es wie gegen das Ende eines Maskenballs, wann die Larven abgenommen werden. Man sieht jetzt, wer Diejenigen, mit denen man, während seines Lebenslaufes, in Berührung gekommen war, eigentlich gewesen sind. Denn die Charaktere haben sich an den Tag gelegt, die Thaten haben ihre Früchte getragen, die Leistungen ihre gerechte Würdigung erhalten und alle Trugbilder sind zerfallen. Zu diesem Allen nämlich war Zeit erfordert. –

Man pflegt die Jugend die glückliche Zeit des Lebens zu nennen, und das Alter die traurige. Das wäre wahr, wenn die Leidenschaften glücklich machten. Von diesen wird die Jugend hin und her gerissen, mit wenig Freude und vieler Pein. Dem kühlen Alter lassen sie Ruhe, und alsbald erhält es einen kontemplativen Anstrich: denn die Erkenntniß wird frei und erhält die Oberhand. Weil nun diese, an sich selbst, schmerzlos ist, so wird das Bewußtseyn, je mehr sie darin vorherrscht, desto glücklicher. Man braucht nur zu erwägen, daß aller Genuß negativer, der Schmerz positiver

Natur ist, um zu begreifen, daß die Leidenschaften nicht beglücken können und daß das Alter deshalb, daß manche Genüsse ihm versagt sind, nicht zu beklagen ist. Denn jeder Genuß ist immer nur die Stillung eines Bedürfnisses: daß nun mit diesem auch jener wegfällt, ist so wenig beklagenswerth, wie daß Einer nach Tische nicht mehr essen kann und nach ausgeschlafener Nacht wach bleiben muß. Viel richtiger schätzt Plato (im Eingang zur Republik) das Greisenalter glücklich, sofern es den bis dahin uns unablässig beunruhigenden Geschlechtstrieb endlich los ist.

Die Jugend ist die Zeit der Unruhe; das Alter die der Ruhe: schon hieraus ließe sich auf ihr beiderseitiges Wohlbehagen schließen. Das Kind streckt seine Hände begehrlich aus, ins Weite, nach Allem, was es da so bunt und vielgestaltet vor sich sieht: denn es wird dadurch gereizt; weil sein Sensorium noch so frisch und jung ist. Das Selbe tritt, mit größerer Energie, beim Jüngling ein. Auch er wird gereizt von der bunten Welt und ihren vielfältigen Gestalten: sofort macht seine Phantasie mehr daraus, als die Welt je verleihen kann. Daher ist er voll Begehrlichkeit und Sehnsucht in's Unbestimmte: diese nehmen ihm die Ruhe, ohne welche kein Glück ist. Im Alter hingegen hat sich das Alles gelegt; theils weil das Blut kühler und die Reizbarkeit des Sensoriums minder geworden ist; theils weil Erfahrung über den Werth der Dinge und den Gehalt der Genüsse aufgeklärt hat, endlich auch weil man nunmehr tausend Chimären allmälig losgeworden ist, welche früher die freie und reine Ansicht der Dinge verdeckten und entstellten; so daß man jetzt Alles richtiger und klärer erkennt und es nimmt für Das, was es ist. Durch dies Alles ist demnach Ruhe herbeigeführt worden: diese aber ist ein großer Bestandtheil des Glücks; wenn nicht gar die Hauptsache.

Ferner meint man, das Loos des Alters sei Krankheit und Langeweile. Erstere ist dem Alter gar nicht wesentlich, zumal nicht, wenn dasselbe hoch gebracht werden soll: denn *crescente vita, crescit sanitas et morbus*. Und was die Langeweile betrifft, so habe ich oben gezeigt, warum das Alter ihr sogar weniger, als die Jugend, ausgesetzt ist: auch ist dieselbe durchaus keine nothwendige Begleiterin der Einsamkeit, welcher, aus leicht abzusehenden Ursachen, das

Alter uns allerdings entgegenführt; sondern sie ist es nur für Diejenigen, welche keine anderen, als sinnliche und gesellschaftliche Genüsse gekannt, ihren Geist unbereichert und ihre Kräfte unentwickelt gelassen haben. Zwar nehmen, im höheren Alter, auch die Geisteskräfte ab: aber wo viel war, wird zur Bekämpfung der Langenweile immer noch genug übrig bleiben. Sodann nimmt, wie oben gezeigt worden, durch Erfahrung, Kenntniß, Uebung und Nachdenken, die richtige Einsicht immer noch zu, das Urtheil schärft sich und der Zusammenhang wird klar: so hat dann, durch immer neue Kombinationen der aufgehäuften Erkenntnisse und gelegentliche Bereicherung derselben die eigene innerste Selbstbildung, in allen Stücken, noch immer ihren Fortgang, beschäftigt, befriedigt und belohnt den Geist. Durch dieses Alles wird die erwähnte Abnahme in gewissem Grade kompensirt. Zudem läuft, wie gesagt, im Alter die Zeit viel schneller; was der Langenweile entgegenwirkt. Die Abnahme der Körperkräfte schadet wenig, wenn man ihrer nicht zum Erwerbe bedarf. Armuth im Alter ist ein großes Unglück. Ist diese gebannt und die Gesundheit geblieben; so kann das Alter ein sehr erträglicher Theil des Lebens seyn. Bequemlichkeit und Sicherheit sind seine Hauptbedürfnisse: daher liebt man im Alter, noch mehr als früher, das Geld; weil es den Ersatz für die fehlenden Kräfte giebt. Von der Venus entlassen, wird man gern eine Aufheiterung beim Bakchus suchen. An die Stelle des Bedürfnisses zu sehn, zu reisen und zu lernen ist das Bedürfniß zu lehren und zu sprechen getreten. Ein Glück aber ist es, wenn dem Greise noch die Liebe zu seinem Studium, auch zur Musik, zum Schauspiele und überhaupt eine gewisse Empfänglichkeit für das Aeußere geblieben ist; wie diese allerdings bei Einigen bis ins späteste Alter fortdauert. Die Meisten freilich, als welche stets stumpf waren, werden im höhern Alter mehr und mehr zu Automaten: sie denken, sagen und thun immer das Selbe, und kein äußerer Eindruck vermag mehr etwas daran zu ändern, oder etwas Neues aus ihnen hervorzurufen. Zu solchen Greisen zu reden, ist wie in den Sand zu schreiben: der Eindruck verlischt fast unmittelbar darauf. Ein Greisenthum dieser Art ist denn freilich nur das *caput mortuum* des Lebens. – Den Eintritt der zweiten Kindheit im hohen Alter scheint die Natur durch das, in seltenen Fällen, alsdann sich einstellende dritte Zahnen symbolisiren zu wollen.

Das Schwinden aller Kräfte im zunehmenden Alter, und immer mehr und mehr, ist allerdings sehr traurig: doch ist es nothwendig, ja wohlthätig; weil sonst der Tod zu schwer werden würde, dem es vorarbeitet. Daher ist der größte Gewinn, den das Erreichen eines sehr hohen Alters bringt, die Euthanasie, das überaus leichte, durch keine Krankheit eingeleitete, von keiner Zuckung begleitete und gar nicht gefühlte Sterben; von welchem man im zweiten Bande meines Hauptwerkes, Kap. 41, S. 470, eine Schilderung findet. –

Der Grundunterschied zwischen Jugend und Alter bleibt immer, daß jene das Leben im Prospekt hat, dieses den Tod; daß also jene eine kurze Vergangenheit und lange Zukunft besitzt; dieses umgekehrt. Allerdings hat man, wann man alt ist, nur noch den Tod vor sich; aber wann man jung ist, hat man das Leben vor sich; und es frägt sich, welches von Beiden bedenklicher sei. –

Zwar ist nicht, wie die Astrologie es wollte, der Lebenslauf der Einzelnen in den Planeten vorgezeichnet; wohl aber der Lebenslauf des Menschen überhaupt, sofern jedem Alter desselben ein Planet, der Reihenfolge nach, entspricht und sein Leben demnach successive von allen Planeten beherrscht wird. – Im zehnten Lebensjahre regiert MERKUR. Wie dieser bewegt der Mensch sich schnell und leicht, im engsten Kreise: er ist durch Kleinigkeiten umzustimmen; aber er lernt viel und leicht, unter der Herrschaft des Gottes der Schlauheit und Beredsamkeit. – Mit dem zwanzigsten Jahre tritt die Herrschaft der VENUS ein: Liebe und Weiber haben ihn ganz im Besitze. Im dreißigsten Lebensjahre herrscht MARS: der Mensch ist jetzt heftig, stark, kühn, kriegerisch und trotzig. – Im vierzigsten regieren die 4 PLANETOIDEN: sein Leben geht demnach in die Breite: er ist *frugi*, d. h. fröhnt dem Nützlichen, kraft der CERES: er hat seinen eigenen Heerd, kraft der VESTA: er hat gelernt was er zu wissen braucht, kraft der PALLAS: und als JUNO regiert die Herrin des Hauses, seine Gattin.* – Im funfzigsten Jahre aber herrscht

---

* Die 6 kürzlich noch hinzu entdeckten Planetoiden sind eine Neuerung, von der ich nichts wissen will. Ich mache es daher mit ihnen, wie mit mir die Philosophieprofessoren: ich ignorire sie; weil sie nicht in meinen Kram passen.

Jupiter. Schon hat der Mensch die Meisten überlebt, und dem jetzigen Geschlechte fühlt er sich überlegen. Noch im vollen Genuß seiner Kraft, ist er reich an Erfahrung und Kenntniß: er hat (nach Maaßgabe seiner Individualität und Lage) Auktorität über Alle, die ihn umgeben. Er will demnach sich nicht mehr befehlen lassen, sondern selbst befehlen. Zum Lenker und Herrscher, in seiner Sphäre, ist er jetzt am geeignetesten. So kulminirt Jupiter und mit ihm der Funfzigjährige. – Dann aber folgt, im sechzigsten Jahre, Saturn und mit ihm die Schwere, Langsamkeit und Zähigkeit des Bleies:

But old folks, many feign as they were dead;
*Unwieldy, slow, heavy and pale as lead.**
Rom. et Jul. A. 2. sc. 5.

Zuletzt kommt Uranus: da geht man, wie es heißt, in den Himmel. Den Neptun (so hat ihn leider die Gedankenlosigkeit getauft) kann ich hier nicht in Rechnung ziehn; weil ich ihn nicht bei seinem wahren Namen nennen darf, der Eros ist. Sonst wollte ich zeigen, wie sich an das Ende der Anfang knüpft, wie nämlich der Eros mit dem Tode in einem geheimen Zusammenhange steht, vermöge dessen der Orkus, oder Amenthes der Aegypter (nach Plutarch *de Iside et Os. c. 29*), der *λαμβανων και διδους*, also nicht nur der Nehmende, sondern auch der Gebende ist. Daher also, daher, aus dem Orkus, kommt Alles, und dort ist schon Jedes gewesen, das jetzt Leben hat: – wären wir nur fähig, den Taschenspielerstreich zu begreifen, vermöge dessen Das geschieht; dann wäre Alles klar.

* Viel' Alte scheinen schon den Todten gleich:
Wie Blei, schwer, zähe, ungelenk und bleich.

ARTHUR SCHOPENHAUER, geboren am 22.2.1788 in Danzig, gestorben am 21.9.1860 in Frankfurt a.M., unser Philosoph, nur unsere Ausgabe vollstreckt seinen Willen, entspricht seiner Vorstellung. *Werke in 5 Bänden* im Haffmans Verlag, neu und getreu gesetzt nach den Ausgaben letzter Hand, herausgegeben von Ludger Lütkehaus (1988 / Taschenbuch 1991). Ein *Beibuch* bringt Nachweis und Übersetzung der Zitate (1989 / Taschenbuch 1991); ein Supplementband die *Reisetagebücher* des jungen Schopenhauer (1988); ein zweiter Supplementband, *Die Schopenhauers*, vereinigt die komplette Familienkorrespondenz von Adele, Arthur, Heinrich Floris und Johanna Schopenhauer (1991); in Vorbereitung: *Arthur Schopenhauer, Der Briefwechsel mit Goethe* (1992), alle herausgegeben von Ludger Lütkehaus.

»Einen neuen Weg beschreitet die im Zürcher Haffmans Verlag erschienene Ausgabe der *Werke in 5 Bänden*. Der Herausgeber Ludger Lütkehaus, ausgewiesener Kenner der Philosophie Schopenhauers, folgt mit peinlicher Genauigkeit der in Form eines Bannfluches formulierten Anweisung Schopenhauers, kein Jota an seinen Schriften zu ändern. Seine Edition bringt sie erstmals nach den Ausgaben letzter Hand in der von Schopenhauer ausdrücklich gewünschten Abfolge. Die Haffmans-Ausgabe empfiehlt sich durch philologische und typographische Sorgfalt.« *Alfred Schmidt/Frankfurter Allgemeine Zeitung*

»Die Lütkehaus-Edition bei Haffmans ist aus dem Geist der editorischen Handlungshemmung; sie unterläßt die auf den handschriftlichen Zusätzen basierende Bearbeitung und beläßt den Text so, wie ihn Schopenhauer in der veröffentlichten Fassung letzter Hand autorisiert hinterlassen hat.« *Rüdiger Safranski/Die Zeit*

Im Haffmans Verlag erschienen außerdem als Einzelausgaben: *Eristische Dialektik* (Die Kunst, Recht zu behalten, 1983) – *Das Schopenhauer-Nachschlag-Werk* (Ein ABC für die Jetztzeit. Herausgegeben von Gerd Haffmans, 1989) – Baltasar Gracian, *Hand-Orakel und Kunst der Weltklugheit* (Deutsch von Arthur Schopenhauer, 1991) - Außerdem die Schopenhauer gewidmete Nummer 19 des Magazins für jede Art von Literatur *Der Rabe*.

NEUE AUTOREN IM HAFFMANS VERLAG

HEINZ LUDWIG ARNOLD (Hrsg.)
Komm. Zieh dich aus
Handbuch der lyrischen Hocherotik deutscher Zunge

Schriftsteller im Gespräch I & II

JULIAN BARNES
Als sie mich noch nicht kannte
Roman.
Deutsch von Michael Walter

Eine Geschichte der Welt in $10^{1/2}$ Kapiteln
Roman.
Deutsch von Gertraude Krueger

Flauberts Papagei
Roman.
Deutsch von Michael Walter

In die Sonne sehen
Roman.
Deutsch von Gertraude Krueger

Metroland
Roman.
Deutsch von Gertraude Krueger

ULI BECKER
Alles kurz und klein
Erinnerungen

Meine Fresse!
Gedichte

Das Wetter von morgen
Gedichte

F.W. BERNSTEIN
Hört, hört!
Das WimS-Vorlesebuch
(zusammen mit Robert Gernhardt)

Lockruf der Liebe
Gedichte

TV-Zombies
Bilder und Charaktere
(zusammen mit Eckhard Henscheid)

SVEN BÖTTCHER & KRISTIAN KLIPPEL
Mord zwischen den Zeilen
Ein Störmer-Krimi

VALENTIN BRAITENBERG
Gescheit sein
Wissenschaftliche und unwissenschaftliche Essays

ANTHONY BURGESS
Der lange Weg zur Teetasse
Eine Geschichte.
Deutsch von Harry Rowohlt.
Mit Bildern von Almut Gernhardt

JOHN CLEESE & CHARLES CRICHTON
Ein Fisch namens Wanda
Das vollständige Drehbuch mit vielen Fotos. Deutsch von Michel Bodmer

PHILIP K. DICK
Erinnerungen en gros
Science-Fiction-Geschichten.
Deutsch von Thomas Mohr, Denis Scheck, Michel Bodmer, Harry Rowohlt u.a.

HUGO DITTBERNER
Geschichte einiger Leser
Roman

Das Internat
Papiere vom Kaffeetisch

CARL DJERASSI
Cantors Dilemma
Wissenschafts-Roman. Deutsch von Ursula-Maria Mössner

Der Futurist
und andere Geschichten. Deutsch von Ursula Maria Mössner

NORBERT EBERLEIN
Seidenmatt
Liebesroman

EMANUEL ECKARDT
Der Hausmeister
Ein Schlüsselroman

EUGEN EGNER
Aus dem Tagebuch eines Trinkers: Das letzte Jahr
Mit Illustrationen des Autors

BERND EILERT
Das aboriginale Horoskop
Ein Senigiroba-Weg des Wissens. Nach den Lehren des Altmeisters Urug. Mit Zeichnungen von Hilke Raddatz

Eingebildete Notwehr
Krimi

Windige Passagen
Vier Erzählungen

Humoore/Scherzgebirge/ Schiefebenen
Hochkomik I - III. Herausgegeben von Bernd Eilert

Die 701 peinlichsten Persönlichkeiten 1979 - 1989
Beiträge zur Sozialhygiene. Herausgegeben von Bernd Eilert. Mit Jahresblättern von Hilke Raddatz

BERND EILERT/ ROBERT GERNHARDT/ PETER KNORR/OTTO WAALKES
Otto – Der Film
Drehbuch mit Farbfotos

Otto – Der Neue Film
Drehbuch mit Farbfotos

Otto – Der Heimatfilm
Drehbuch mit Farbfotos

FRIEDER FAIST
Der Ersatzmann
Roman

Nebenrollen
Ein Schauspielerleben in deutscher Provinz

Schattenspiele
Ein Krimi aus deutscher Provinz

ROBERT GERNHARDT
Es gibt kein richtiges Leben im valschen
Humoresken aus unseren Kreisen

Gedanken zum Gedicht
Thesen zum Thema

Glück Glanz Ruhm
Erzählung Betrachtung Bericht

Hört, hört!
Das WimS-Vorlesebuch (zusammen mit F.W. Bernstein)

Ich Ich Ich
Roman

Kippfigur
Erzählungen

Körper in Cafés
Gedichte

Letzte Ölung
Ausgesuchte Satiren

Lug und Trug
Drei exemplarische Erzählungen

Die Toscana-Therapie
Schauspiel in 19 Bildern

Was bleibt
Gedanken zur deutschsprachigen Literatur unserer Zeit

Was gibt's denn da zu lachen?
Kritik der Komiker – Kritik der Kritiker– Kritik der Komik

Wörtersee
Gedichte

MAX GOLDT
Die Radiotrinkerin
Ausgesuchte schöne Texte. Mit einem Vorwort von Robert Gernhardt

PETER GREENAWAY
Der Koch, der Dieb, seine Frau und ihr Liebhaber
Drehbuch mit Farbfotos. Deutsch von Michel Bodmer

Prosperos Bücher
Drehbuch mit Farbfotos. Deutsch von Michel Bodmer

GISBERT HAEFS
Freudige Ereignisse
Geschichten

Hannibal
Der Roman Karthagos

Das Doppelgrab in der Provence
Krimi

Mörder und Marder
Krimi

Und oben sitzt ein Rabe
Krimi

MARTIN HENKEL & ROLF TAUBERT
Versteh mich bitte falsch!
Zum Verständnis des Verstehens

ECKHARD HENSCHEID
Da lacht das runde Leder
Sämtliche Fußball-Anekdoten

Dolce Madonna Bionda
Roman

Die drei Müllerssöhne
Märchen und Erzählungen

Erledigte Fälle
Bilder deutscher Menschen. Mit 24 Portraitstudien von Hans Traxler

Franz Kafka verfilmt seinen »Landarzt«
Erzählung

Frau Killermann greift ein
Erzählungen und Bagatellen

Helmut Kohl
Biographie einer Jugend

Hoch lebe Erzbischof Paul Casimir Marcinkus!
Ausgewählte Satiren und Glossen

Kleine Trilogie der großen Zerwirrnis
Beim Fressen beim Fernsehen fällt der Vater dem Kartoffel aus dem Maul / Der Neger (Negerl) / Wir standen an offenen Gräbern

Maria Schnee
Eine Idylle

Roßmann, Roßmann . . .
Drei Kafka-Geschichten

Standardsituationen
Fußball-Dramen

Sudelblätter
Aufzeichnungen

TV-Zombies
Bilder und Charaktere (zusammen mit F.W. Bernstein)

Was ist eigentlich der Herr Engholm für einer?
Ausgewählte Satiren und Glossen

Wie Max Horkheimer einmal sogar Adorno hereinlegte
Anekdoten über Fußball, Kritische Theorie, Hegel und Schach

Wie man eine Dame verräumt
Ausgewählte Satiren und Glossen

Wir standen an offenen Gräbern
120 Nachrufe

Die Wurstzurückgehlasserin
Sieben Erzählungen

WOLFGANG HILDESHEIMER
Der Drachenthron
Komödie in drei Akten

ULRICH HORSTMANN
Patzer
Roman

GEOFFREY HOUSEHOLD
Einzelgänger, männlich
Verfolgungs-Thriller. Deutsch von Michel Bodmer

NORBERT JOHANNIMLOH
Appelbaumchaussee
Erzählungen vom Großundstark-werden

RICHARD KÄHLER
Teddy's Trends
Die abenteuerlichen Aufzeichnungen des jungen Teddy Hecht während der achtziger Jahre. Mit einem Vorwort von Eckhard Henscheid

AKI KAURISMÄKI
I Hired a Contract Killer oder Wie feuere ich meinen Mörder?
Drehbuch mit Farbfotos und einem ausführlichen Interview. Deutsch von Michel Bodmer

DAN KAVANAGH
Duffy
Krimi.
Deutsch von Willi Winkler

Vor die Hunde gehen
Ein Duffy-Krimi.
Deutsch von Willi Winkler

EGBERT KIMM
Das Mörderquartett
Krimi

HERMANN KINDER
Die Böhmischen Schwestern
Roman

Du mußt nur die Laufrichtung ändern
Erzählungen

Ins Auge
Roman

Kina Kina
Eine Geschichte

Die klassische Sau
Das Handbuch der literarischen Hocherotik. Herausgegeben von Hermann Kinder

Liebe und Tod
25 schöne Geschichten von A bis Z

Der Schleiftrog
Ein Erziehungs-Roman

Vom Schweinemut der Zeit
Roman

HANNS KNEIFEL
Angriff aus dem All
Raumpatrouille ORION I

Planet außer Kurs
Raumpatrouille ORION II

Die Hüter des Gesetzes
Raumpatrouille ORION III

Deserteure
Raumpatrouille ORION IV

Kampf um die Sonne
Raumpatrouille ORION V

Die Raumfalle
Raumpatrouille ORION VI

Invasion
Raumpatrouille ORION VII

Das brennende Labyrinth
Science-Fiction-Roman

CONNY LENS
Die Sonnenbrillenfrau
Ein Steeler-Straße-Krimi

Ottos Hobby
Ein Steeler-Straße-Krimi

Casablanca ist weit
Ein Steeler-Straße-Krimi

CHARLES LEWINSKY
Mattscheibe
Ein Fernseh-Roman

AXEL MARQUARDT
Sämtliche Werke
Band 1: Die frühe Prosa

Standbein Spielbein
Gedichte

GERHARD MENSCHING
Die abschaltbare Frau
Roman

Der Bauch der schönen Schwarzen
Kriminalroman

E.T.A. Hoffmanns letzte Erzählung
Roman

Die Insel der sprechenden Tiere
Eine Ferienabenteuergeschichte.
Mit sprechenden Bildern von
Nikolaus Heidelbach

Löwe in Aspik
Ein lustvoller Roman

Rotkäppchen und der Schwan
Drei erotische Humoresken

Die violetten Briefe
Drei kriminelle Novellen

KLAUS MODICK
Moos
Die nachgelassenen Blätter des
Botanikers Lukas Ohlburg

MONTY PYTHON
Das Leben Brians
Drehbuch mit Fotos und zusätzlichen
Szenen. Deutsch von Michel Bodmer

WOLF v. NIEBELSCHÜTZ
Auch ich in Arkadien
Respektlose Epistel an die Freunde.
Mit einer Nachbemerkung von Ilse v.
Niebelschütz und sieben arkadischen
Bildern von Irene v. Treskow

Der Blaue Kammerherr
Galanter Roman in 4 Bänden:
1. Der Botschafter der Republik
2. Der Reichsgraf zu Weißenstein
3. Der Herzog von Scheria
4. Die Bürgerin Valente

Die Kinder der Finsternis
Roman

FLANN O'BRIEN
Durst und andere dringende Dinge
Geschichten und Stücke. Deutsch von
Harry Rowohlt

In Schwimmen-zwei-Vögel oder
Sweeny auf den Bäumen
Roman.
Vollständig neu übersetzt von
Helmut Mennicken und Harry Rowohlt

Trost und Rat
Geschichten und Gedanken.
Ausgesucht und übersetzt
von Harry Rowohlt

DOROTHY PARKER
Close Harmony oder
Die liebe Familie
Schauspiel. Deutsch von
Friederike Roth

Die Geschlechter
New Yorker Geschichten. Deutsch von Ursula-Maria Mössner

Ladies im Hotel
Schauspiel. Deutsch von Friederike Roth

Eine starke Blondine
New Yorker Geschichten. Deutsch von Pieke Biermann

HANS PLESCHINSKI

Gabi Lenz
Werden und Wollen.
Ein Dokument

Der Holzvulkan
Bericht einer Biographie

Nach Ägyppten
Ein moderner Roman

Pest und Moor
Ein Nachtlicht

GERHARD POLT & HANNS CHRISTIAN MÜLLER

Der Bürgermeister von Moskau
Drehbuch mit Fotos

Da schau her
Alle alltäglichen Geschichten.
Mit Zeichnungen von Reiner Zimnik und vielen Fotos

Ja mei...
Neue und umfassende alltägliche Geschichten. Mit Zeichnungen von Volker Kriegel und vielen farbigen Fotos

Fast wia im richtigen Leben
»Da schau her« und »Ja mei« in einem Band

man spricht deutsh
Drehbuch mit Fotos

Wirtshausgespräche
Drei längere Stücke.
Mit Zeichnungen von Reiner Zimnik

WALTER E. RICHARTZ

Schöne neue Welt der Tiere
Zweiundfünfzig Tiergeschichten.
Mit neun Tierbildern von Tatjana Hauptmann

Vom Äußersten
Letzte Erzählungen.
Mit einer Grabrede von Hans-Jürgen Fröhlich und einer Erinnerung von Uwe Herms

WERNER RIEGEL

. . .beladen mit Sendung, Dichter und armes Schwein
Herausgegeben von Peter Rühmkorf.
Mit Fotos, Dokumenten, Faksimiles

PETER RÜHMKORF

Selbst III/88
Aus der Fassung
Das Gedicht »Mit den Jahren... Selbst III/88« in allen Zuständen und Vorformen

Kleine Fleckenkunde
Lyrische Klecksographie

Werner Riegel . . . beladen mit Sendung, Dichter und armes Schwein
Herausgegeben von Peter Rühmkorf.
Mit Fotos, Dokumenten, Faksimiles

MICHAEL RUTSCHKY

Reise durch das Ungeschick
und andere Meisterstücke

Was man zum Leben wissen muß
Ein Vademecum. Mit 25 Zeichnungen von F.W. Bernstein

ARNO SCHMIDT

Arno Schmidts Wundertüte
Eine Sammlung fiktiver Briefe

Atheist ? : Allerdings !
Ein Pamphlet

»Bargfelder Ausgabe«
Werkgruppe I: Romane, Erzählungen, Gedichte, Juvenilia in vier Bänden
Werkgruppe II: Dialoge in drei Bänden

...denn "wallflower" heißt »Goldlack«
Drei Dialoge

Deutsches Elend
13 Erklärungen zur Lage der Nationen

Eberhard Schlotter – Das zweite Programm
Zehn Szenen zu einem Triptychon

»Fiorituren & Pralltriller«
Randbemerkungen zu »Caliban über Setebos«

Fouqué und einige seiner Zeitgenossen
Biographischer Versuch

Griechisches Feuer
13 historische Skizzen

Julia, oder die Gemälde
Scenen aus dem Novecento

Das Leptothe=Herz
16 Erklärungen zur Lage der Literaturen

Nebenmond und rosa Augen
16 Geschichten aus der Inselstraße

Nobodaddy's Kinder
Aus dem Leben eines Fauns – Brand's Haide – Schwarze Spiegel

Stürenburg-Geschichten
12 Erzählungen

Zweite Zürcher Kassette
Das essayistische Werk zur deutschen Literatur

UVE SCHMIDT
Die Russen kommen
Roman

KARLA SCHNEIDER
Der Knabenkrautgarten
Liebes- und Abenteuergeschichten

FRANK SCHULZ
Kolks blonde Bräute
Roman

WOLFGANG SCHWEIGER
Eine Sache unter Freunden
Krimi

MARGIT SCHREINER
Mein erster Neger
Afrikanische Erinnerungen

Die Rosen des Heiligen Benedikt
Liebes- und Haßgeschichten

FRITZ SENN
Nichts gegen Joyce
Joyce versus Nothing.
Aufsätze 1959–1983

VLADIMIR SOROKIN
Marinas dreißigste Liebe
Roman. Deutsch von Thomas Wiedling

Die Schlange
Roman. Deutsch von Peter Urban

CHRISTOF STÄHLIN
Der Dandy
Monologe und Erzählungen.
Mit Handzeichnungen von Dorothee v. Harsdorf

RAINER STEPHAN
Der Bayerisch-Österreichische Krieg 1987
Ein Bericht

AL STRONG
Whisky Weiber Pokerface
Drei wüste wilde Westernstories

ACHIM SZYMANSKI
Halt durch, Steffi!
Ein bewegender Schicksalsroman

HELLA-DORE TIETJEN
. . .und sie verpfuschten mir mein Leben
Eine Abrechnung

REINHARD UMBACH
Das große Buch der Bauernregeln
Handreichungen zur Zeit.
Mit Bildern von Carsten Hildebrandt

JOSEPH v. WESTPHALEN
Moderne Zeiten I & II
Blätter zur Pflege der Urteilskraft

Warum ich Monarchist geworden bin
Zwei Dutzend Entrüstungen

Warum ich Terrorist geworden bin
Ein Pamphlet

Warum ich trotzdem Seitensprünge mache
Fünfundzwanzig neue Entrüstungen

HARALD WIESER
Von Masken und Menschen I
Portraits und Polemiken

Von Masken und Menschen II
Essais und Affairen

ROR WOLF
Das nächste Spiel ist immer das schwerste
Alte und neue Fußballspiele

Hans Waldmanns Abenteuer
Sämtliche Moritaten von Raoul Tranchirer.
Mit Collagen des Verfassers

Raoul Tranchirers Mitteilungen an Ratlose
Ein Ratschläger

UWE WOLFF
Der ewige Deutsche
Eine Geschichte aus jugendbewegten Zeiten

HANS WOLLSCHLÄGER

Herzgewächse oder Der Fall Adams
Fragmentarische Biographik in unzufälligen Makulaturblättern. Erstes Buch

In diesen geistfernen Zeiten
Konzertante Noten zur Lage der Dichter und Denker für deren Volk

»Tiere sehen dich an« oder Das Potential Mengele
Essay

Von Sternen und Schnuppen
Bei Gelegenheit einiger Bücher. Rezensionen und Zensuren

DIETER E. ZIMMER

Die Elektrifizierung der Sprache
Über Sprechen, Schreiben, Computer, Gehirne und Geist

Experimente des Lebens
Wilde Kinder, Zwillinge, Kibbuzniks und andere aufschlußreiche Wesen

Redens Arten
Über Trends und Tollheiten im neudeutschen Sprachgebrauch

So kommt der Mensch zur Sprache
Über Spracherwerb, Sprachentstehung, Sprache & Denken

Der Rabe

Magazin für jede Art von Literatur –
üppig bebilderte Taschenbücher, begründet und
herausgegeben von Gerd Haffmans, Umschlagzeichnungen
von Friedrich Karl Waechter, F.W. Bernstein, Almut Gernhardt,
Nikolaus Heidelbach und Volker Kriegel

1 **Der Erste Rabe**
vergriffen

2 **Der 20er-Jahre Rabe**
vergriffen

3 **Der erste Ferien-Rabe**
vergriffen

4 **Der Neue-deutsche-Literatur-Rabe**
vergriffen

5 **Der philosophische Rabe**
vergriffen

6 **Der Lust-Rabe**
vergriffen

7 **Der zweite Ferien-Rabe**
herausgegeben von Thomas Bodmer, vergriffen

8 **Der neue Neue-deutsche Literatur-Rabe**
vergriffen

9 **Der klassische Rabe**
vergriffen

10 **Der Brief-Rabe**
vergriffen

11 **Der Reise-Rabe**
vergriffen

12 **Der Arno-Schmidt-Rabe**
herausgegeben von Jan Philipp Reemtsma und Bernd Rauschenbach, vergriffen

13 **Der Glücks-Rabe**
vergriffen

14 **Der Musik-Rabe**
herausgegeben von Thomas Bodmer, vergriffen

15 **Der dekadente Rabe**
vergriffen

16 **Der antike Rabe**
vergriffen

17 **Der postmoderne Rabe**
vergriffen

18 **Der kulinarische Rabe**
herausgegeben von Vincent Klink, Stephan Opitz und Joseph v. Westphalen

19 **Der Schopenhauer-Rabe**

20 **Der Kino-Rabe**
herausgegeben von Thomas Bodmer

21 **Der Eifersuchts-, Ehebruch- und Leidenschafts-Rabe**
vergriffen

22 **Der politische Rabe**
vergriffen

23 **Der historische Rabe**
vergriffen

24 **Der Rausch-Rabe**
herauschgegeben von Bernd Rauschenbach

25 **Der Weiber-Rabe**
herausgegeben von Elsemarie Maletzke

26 **Der Kinder-Rabe**
herausgegeben von Nikolaus Heidelbach

27 **Der Karl-May-Rabe**
herausgegeben von Hermann Wiedenroth und Hans Wollschläger

28 **Der Sport-&-Spiel-Rabe**

29 **Der Irland-Rabe**
herausgegeben von Wolfgang Schlüter

30 **Der gesamtdeutsche Europa-Rabe**

31 **Der farbige Exoten-Rabe**

32 **Der Schweizer Rabe**
herausgegeben von der Schweiz AG

500 **Der Jubel-Rabe**
vergriffen